Vahlens Handbücher
der Wirtschafts- und Sozialwissenschaften

Grundlagen des betriebswirtschaftlichen Prüfungswesens

Prüfungsordnungen, Prüfungsorgane, Prüfungsverfahren,
Prüfungsplanung und Prüfungsbericht

von

Dr. Klaus v. Wysocki

o. Professor für Betriebswirtschaftslehre
an der Universität München
Wirtschaftsprüfer und Steuerberater

3., völlig überarbeitete Auflage

Verlag Franz Vahlen München

CIP-Titelaufnahme der Deutschen Bibliothek

Wysocki, Klaus von:
Grundlagen des betriebswirtschaftlichen Prüfungswesens :
Prüfungsordnungen, Prüfungsorgane, Prüfungsverfahren,
Prüfungsplanung u. Prüfungsbericht / von Klaus v. Wysocki. –
3., völlig überarb. Aufl. – München : Vahlen, 1988
(Vahlens Handbücher der Wirtschafts- und
Sozialwissenschaften)
ISBN 3 8006 1131 7

ISBN 3 8006 1131 7

© 1988 Verlag Franz Vahlen GmbH, München
Satz und Druck der C. H. Beck'schen Buchdruckerei, Nördlingen

Aus dem Vorwort zur ersten Auflage

Eine allgemeine Lehre des betriebswirtschaftlichen Prüfungswesens kann ihre Aussagen weder auf bestimmte Prüfungsorgane noch auf bestimmte Prüfungsarten beschränken. Sie hat die Einzelpraxen, Sozietäten und Gesellschaften freiberuflich tätiger Prüfer ebenso in ihre Untersuchungen einzubeziehen wie die Prüfungsverbände und die Organe der unternehmensinternen Prüfung (Innenrevision); sie kann sich ferner nicht auf die Darstellung von Buch- und Bilanzprüfungen (Jahresabschlußprüfungen) und der dabei zu beachtenden Vorschriften (Prüfungsordnungen) beschränken, sondern muß ihre Aussagen so allgemein fassen, daß sie auch für andere betriebswirtschaftliche Prüfungen Geltung besitzen, also z.b. für Prüfungen der Geschäftsführung, der Liquidität und Kreditfähigkeit, der Wirtschaftlichkeit usw. ...

Aus dem Vorwort zur zweiten Auflage

Die sog. meßtheoretische Konzeption einer Lehre des betriebswirtschaftlichen Prüfungswesens wurde 1967 in der 1. Auflage dieser Schrift zur Diskussion gestellt (unveränderter Nachdruck 1973). Durch eine Vielzahl von Literaturbeiträgen ist diese Konzeption seitdem vertieft und fortentwickelt worden. Dies gilt sowohl für grundsätzliche Überlegungen über das Wesen betriebswirtschaftlicher Prüfungen als auch für viele bedeutende Detailfragen, wie z.B. für die Erfassung und Messung von Merkmalsausprägungen von Soll- und Ist-Objekten, für die Möglichkeiten der Zusammenfassung von Einzelurteilen zu Gesamturteilen über komplexe Prüfungsobjekte, für die Probleme einer Automatisierung von Prüfungshandlungen, für die Verwendung statistischer Testverfahren im Prüfungswesen sowie für den gesamten Bereich der systematischen Prüfungsplanung.

Diese Diskussion gab den Anlaß, die Lehre von den Prüfungshandlungen unter Beibehaltung der Grundkonzeption von 1967 wesentlich auszubauen. Es kam mir dabei besonders darauf an, die Verbindung zwischen den angebotenen prüfungstheoretischen Ansätzen und der Praxis der Prüfungsdurchführung herzustellen bzw. zu erhalten: Die einzelnen theoretischen und methodischen Ansätze wurden nur dann weiterverfolgt, wenn sie entweder zur Erklärung oder zur Fortentwicklung der Prüfungspraxis Beiträge zu liefern versprachen. – So mußte vor allem die vehement geäußerte methodische Kritik an der Konzeption der Prüfungslehre unberücksichtigt bleiben, da bislang weiterführende Beiträge zu einer auf der Grundlage des kritischen Rationalismus zu entwickelnden „empirischen Theorie der Prüfung" noch ausstehen. ...

Vorwort zur dritten Auflage

Die Neuordnung des externen Rechnungs- und Prüfungswesens in Deutschland auf der Grundlage der 4. (Bilanz-), der 7. (Konzern-) und der 8. (Prüfer-)-Richtlinie der Europäischen Gemeinschaft sowie die notwendige Anpassung der Prüfungsverfahren an den fortschreitenden Einsatz der elektronischen Datenverarbeitung im betriebswirtschaftlichen Rechnungswesen gaben die Veranlassung zu einer weiteren Neubearbeitung des umfangreichen Stoffgebiets. Hierbei wurde die Grundkonzeption der bisherigen Auflagen beibehalten; die Ausführungen über die Prüfungsordnungen und über die Prüfungsorgane wurden (wie in der ersten Auflage) wieder in die Gesamtdarstellung integriert:

In einem ersten Hauptteil (Kapitel II: Prüfungsordnungen) werden die Rahmenbedingungen umschrieben, innerhalb derer betriebswirtschaftliche Prüfungen vorgenommen werden, bzw. vorgenommen werden müssen. Im Kapitel III (Prüfer und Prüfungsorgane) stehen die institutionellen Aspekte des betriebswirtschaftlichen Prüfungswesens im Vordergrund.

Das relativ umfangreiche Kapitel IV ist den Prüfungshandlungen selbst gewidmet. Es enthält die auf der Grundlage des „meßtheoretischen Ansatzes" entwickelten Aussagen zur Urteilsbildung (Urteilsvorbereitung) bei einfachen und bei komplexen Prüfungen. Hier geht es insbesondere um die Analyse der Prüfungsverfahren und Prüfungstechniken, die zur Vorbereitung von Gesamturteilen durch die Praxis und durch die Theorie entwickelt worden sind. Moderne Prüfungstechniken, wie vor allem die Prüfungen auf der Grundlage logischer Schlußverfahren und die Prüfungen auf der Grundlage mathematisch statistischer Verfahren nehmen hier den breitesten Raum ein. Um auch dem in der Anwendung mathematisch statistischer Verfahren ungeübten Leser den Zugang zu diesen Methoden zu eröffnen, ist dem Buch eine Programmdiskette beigefügt, die es ihm ermöglichen soll, die Funktionsweise dieser Verfahren durch Nachvollzug der vorgestellten Beispiele bzw. durch Berechnung selbstgewählter Anwendungsfälle zu studieren.[1]

Der Planung komplexer Prüfungen und der Prüfungskontrolle (Quality-Control) ist Kapitel V gewidmet; denn komplexe Prüfungen sind ohne hinreichende Planung durch die Prüfungsorgane und durch die Auftraggeber weder unter Ordnungsmäßigkeitsgesichtspunkten noch unter Wirtschaftlichkeitsgesichtspunkten durchführbar. – Unter dem Eindruck der in der jüngeren Zeit geübten heftigen Kritik an der Qualität von Prüferleistungen werden im Kapitel V auch die Maßnahmen der Prüfungskontrolle im weitesten Sinne

---

[1] Die auf der Diskette befindlichen Programme sind auf Personalcomputern, die dem Industriestandard entsprechen, unter dem Betriebssystem MS-DOS lauffähig; die Diskette enthält zu jedem Programmodul Kurzinformationen für den Benutzer sowie Hinweise auf die entsprechenden Textpassagen im Kapitel IV C des Buches. Allgemeine Informationen zur Benutzung der Programme werden mit „INFO" aufgerufen.

(Quality Control) untersucht, d.h. sämtliche Maßnahmen, die geeignet sein könnten, die Qualität von Prüferleistungen zu sichern oder zu verbessern. Das Schlußkapitel (VI) bilden die Erörterungen zur Berichterstattung über die Prüfungsergebnisse. Es geht sowohl um die Urteilsmitteilung in schriftlicher Form (Prüfungsbericht, Bestätigungsbericht, Bestätigungsvermerk) als auch um die mündliche Berichterstattung über das Prüfungsergebnis in der Form der sog. Schlußbesprechung.

Meiner Sekretärin, Frau M. Schlotterbek, danke ich für die Mühe und Geduld, mit der sie die Texterfassung (einschließlich der Druck-Steuerzeichen) bewältigt hat, meinen Mitarbeitern, den Diplom-Kaufleuten M. Auschra, H. Demmel, R. Dietl, O. Jahn, R. Krämmer und S. Rammert, für die formelle und materielle Kritik an den verschiedenen Versionen des Manuskripts.

München, im Februar 1988   *Klaus v. Wysocki*

Inhaltsübersicht

Kapitel IV. Prüfungshandlungen

Kapitel V. Prüfungsplanung und Prüfungskontrolle

Kapitel VI. Die Berichterstattung
über das Prüfungsergebnis

Inhaltsverzeichnis

Kapitel III. Prüfer und Prüfungsorgane

Kapitel IV. Prüfungshandlungen

Kapitel V. Prüfungsplanung und Prüfungskontrolle

Kapitel VI. Die Berichterstattung über das Prüfungsergebnis

Abbildungsverzeichnis

Abkürzungsverzeichnis

AcP .... Archiv für civilistische Praxis
a.F. .... alte(r) Fassung
AG .... Die Aktiengesellschaft, Zeitschrift für das gesamte Kredit-
wesen
AICPA .... American Institute of Certified Public Accountants
AktG .... Aktiengesetz
ALLGO .... Allgemeine Gebührenordnung für die wirtschaftsprüfenden
sowie wirtschafts- und steuerberatenden Berufe (früher „Es-
sener Gebührenordnung")
AO .... Abgabenordnung
AWF .... Ausschuß für wirtschaftliche Fertigung
AWV .... Ausschuß für wirtschaftliche Verwaltung

BAnz. .... Bundesanzeiger
BAV .... Bundesaufsichtsamt für das Versicherungswesen
BB .... Der Betriebs-Berater, Zehntagedienst für Wirtschafts-,
Steuer-, Arbeits- und Sozialrecht
BBK .... Buchführung, Bilanz, Kostenrechnung (Zeitschrift, Lose-
blattsammlung)
BdF .... Bundesminister der Finanzen
Begr. .... Begründung
BFH .... Bundesfinanzhof
BFuP .... Betriebswirtschaftliche Forschung und Praxis
BGB .... Bürgerliches Gesetzbuch
BGBl .... Bundesgesetzblatt
BGH............. Bundesgerichtshof
BHO .... Bundeshaushaltsordnung
BiRiLiG .... Bilanzrichtlinien-Gesetz
BMWF .... Bundesministerium für Wirtschaft und Finanzen
BpErl............ Erlaß zur Betriebsprüfungsordnung (Steuer)
BPG .... Buchprüfungs-Gesellschaft
BpO(St) .... Allgemeine Verwaltungsvorschrift für die Betriebsprüfung
– Betriebsprüfungsordnung (Steuer) –
BRAO .... Bundesrechtsanwaltsordnung
BStBl .... Bundessteuerblatt
BWM .... Bundesministerium für Wirtschaft

c. .... Chapter
CPA .... Certified Public Accountant

DB .... Der Betrieb, Wochenschrift für Betriebswirtschaft, Steuer-
recht, Wirtschaftsrecht, Arbeitsrecht
DBW .... Die Betriebswirtschaft (Zeitschrift)
DStR .... Deutsches Steuerrecht (Zeitschrift)
DVO .... Durchführungsverordnung

EFG .... Entscheidungen der Finanzgerichte
EGAktG .... Einführungsgesetz zum Aktiengesetz
EGS .... Eidgenössische Gesetzsammlung (Amtliche Sammlung der Bundesgesetze und Verordnungen in der Schweiz)
e.V. .... eingetragener Verein

FAMA .... Fachausschuß für moderne Abrechnungssysteme des Instituts der Wirtschaftsprüfer
FAZ .... Frankfurter Allgemeine Zeitung
FG .... Fachgutachten
FN .... Fachnachrichten des Instituts der Wirtschaftsprüfer
FR .... Finanz-Rundschau, Deutsches Steuerblatt
FU .... Freie Universität Berlin
FVG .... Gesetz über die Finanzverwaltung

GenG .... Gesetz, betreffend die Erwerbs- und Wirtschaftsgenossenschaften
GewStG .... Gewerbesteuergesetz
GmbH .... Gesellschaft mit beschränkter Haftung
GmbHG .... Gesetz, betreffend die Gesellschaften mit beschränkter Haftung
GOTV .... Gebührenordnung des Treuhandverbandes
GOVDB .... Gebührenordnung des ehemaligen Verbandes Deutscher Bücherrevisoren
GVBl .... Gesetz- und Verordnungsblatt

HdB .... Handwörterbuch der Betriebswirtschaft
HdF .... Handbuch der Finanzwissenschaft
HdJE .... Handbuch des Jahresabschlusses in Einzeldarstellungen
HdSW .... Handwörterbuch der Sozialwissenschaften, zugleich Neuauflage des Handwörterbuchs der Staatswissenschaften
HdW .... Handbuch der Wirtschaftswissenschaften
HdWW .... Handwörterbuch der Wirtschaftswissenschaft
He .... Hessen
HFA .... Hauptfachausschuß des Instituts der Wirtschaftsprüfer
HfW .... Hochschule für Welthandel, Wien
HGB .... Handelsgesetzbuch
HGrG .... Haushaltsgrundsätzegesetz
HWRev............ Handwörterbuch der Revision

IdW .... Institut der Wirtschaftsprüfer
IFAC .... International Federation of Accuntance

JoA............... Journal of Accountancy
JoAR .... Journal of Accounting Research

KG .... Kommanditgesellschaft
KGaA .... Kommanditgesellschaft auf Aktien
KStG .... Körperschaftsteuergesetz
KWG .... Gesetz über das Kreditwesen

MAS.............. Management Advisory Services
MBl .... Ministerialblatt

MBliV . . . . Ministerialblatt für die innere Verwaltung
MinBlFin . . . . Ministerialblatt des Bundesministers der Finanzen

NB . . . . Neue Betriebswirtschaft
Nds. . . . . Niedersachsen
N.F. . . . . Neue Folge
NRW . . . . Nordrhein-Westfalen
NWB . . . . Neue Wirtschaftsbriefe (Zeitschrift, Loseblattsammlung)

OHG . . . . Offene Handelsgesellschaft
OR . . . . Obligationenrecht (Schweiz)

PublG . . . . Gesetz über die Rechnungslegung von bestimmten Unternehmen und Konzernen

RdErl. . . . . Runderlaß
RdErl.d.MdI . . . . Runderlaß des Ministers des Innern
REFA . . . . Verband für Arbeitsstudien – REFA – e. V.
RegE . . . . Regierungsentwurf
RFH . . . . Reichsfinanzhof
RGBl . . . . Reichsgesetzblatt
RHO . . . . Reichshaushaltsordnung
RuPrMdI . . . . Reichs- und Preußischer Minister des Innern

SABI . . . . Sonderausschuß Bilanzrichtlinien-Gesetz des Instituts der Wirtschaftsprüfer
S.E. . . . . Societas Europaea (= Europäische Aktiengesellschaft)
S.E.C. . . . . Securities and Exchange Commission
Sect. . . . . Section
StBp . . . . Die steuerliche Betriebsprüfung (Zeitschrift)
StGB . . . . Strafgesetzbuch
StPO . . . . Strafprozeßordnung
StuW . . . . Steuer und Wirtschaft

TU . . . . Technische Universität, Berlin

U.E.C. . . . . Union Européenne des Experts Comptables, Economiques et Financiers
UmwG . . . . Umwandlungsgesetz
UStG . . . . Umsatzsteuergesetz

VAG . . . . Gesetz über die Beaufsichtigung der privaten Versicherungsunternehmungen und Bausparkassen
vBp . . . . vereidigter Buchprüfer
VDB . . . . Verband Deutscher Bücherrevisoren
VO . . . . Verordnung
VPÖA . . . . Verordnung PR Nr. 30/53 über die Preise bei öffentlichen Aufträgen
VSB . . . . Verband schweizerischer Bücherexperten
VST . . . . Vereinigung Schweizerischer Treuhand- und Revisions-Gesellschaften
VV-BHO . . . . Vorläufige Verwaltungsvorschriften zur Bundeshaushaltsordnung

Kapitel I
Einführung

A. Begriff und Abgrenzung der Prüfung

1. Zum Begriff der Prüfung

a) Überwachung als Oberbegriff

Betrachtet man einen beliebigen Vorgang innerhalb eines Unternehmens, so zeigt sich, daß die Phase der Verwirklichung (Realisation) eines Vorganges von der Phase der Überwachung des realisierten Vorganges organisatorisch getrennt werden kann.[1] Die Phasenaufgabe „Überwachung" ist allerdings nicht immer auf den ersten Blick erkennbar, vor allem dann nicht, wenn sie im Rahmen der konkreten organisatorischen Aufgabenverteilung demjenigen Aufgabenträger zugeordnet ist, der auch die zugehörige Realisationsaufgabe wahrnimmt. Sie tritt dagegen offen zutage, wenn aus der Möglichkeit der Phasengliederung von Betriebsaufgaben auch in organisatorischer Hinsicht Konsequenzen gezogen sind, wenn also Überwachungs- und Realisationsaufgaben verschiedenen Aufgabenträgern (Stellen) des Unternehmens zugeordnet oder die Überwachungsaufgaben sogar auf unternehmensfremde organisatorische Einheiten ausgegliedert sind.

Jede Überwachungsaufgabe läßt sich ihrerseits in die folgenden Elemente aufspalten:

- **Feststellung** der Qualität oder der Quantität eines realisierten Zustands oder Vorganges, der als Überwachungsobjekt oder als **Ist-Objekt** bezeichnet wird;

- **Feststellung** eines (u.U. nur gedachten) Zustands oder Vorganges, der als Maßstab dem Überwachungsobjekt gegenübergestellt werden kann. Dieser Zustand oder Vorgang wird als **Soll-Objekt** bezeichnet;

- **Vergleich** des Ist-Objektes mit dem dazugehörigen Soll-Objekt und Feststellung eventueller Abweichungen zwischen den Merkmalsausprägungen des Soll- und des Ist-Objektes;

- **Beurteilung** der Schwere der evtl. festgestellten Abweichung; das Ist-Ob-

---

[1] Vgl. zur Phasengliederung der Betriebsaufgaben: Kosiol, Grundlagen 1959, S. 39 ff.

jekt wird als fehlerhaft bezeichnet, sobald die Abweichung ein als zulässig
erachtetes Maß überschreitet;
- ggf. **Mitteilung** des Beurteilungsergebnisses.

b) Prüfung (Revision) und Kontrolle als Unterbegriffe

Im Sprachgebrauch wird der Begriff der Überwachung üblicherweise differenziert, um auf diese Weise der Tatsache Rechnung zu tragen, daß Überwa-
chungsmaßnahmen durch Anwendung unterschiedlicher Überwachungsver-
fahren (z.B. permanente Überwachung, sporadische Überwachung) oder
durch verschiedene Überwachungsträger (maschinelle, organisatorische
Überwachung, Überwachung durch abhängige oder unabhängige Personen
usf.) vorgenommen werden können. Es ist nicht überraschend, daß die An-
sichten über eine zweckmäßige Differenzierung des Überwachungsbegriffes
wegen der Mehrzahl der anwendbaren Unterscheidungskriterien in der Literatur und im Sprachgebrauch auseinandergehen.

Bretzke[2] hat die verschiedenen Unterscheidungsmerkmale kritisch untersucht:

- Nach dem Merkmal der **Zeitbezogenheit** soll Kontrolle gegenwartsbezogen, d.h.
  gleichzeitig mit dem Entstehen des Überwachungsobjektes vorgenommen werden,
  während Prüfung vergangenheitsbezogen sein soll und die Überwachung abgeschlossener Vorgänge umfaßt.
- Nach dem Merkmal der **Häufigkeit der Durchführung** soll Prüfung einen einmaligen Vorgang bezeichnen, während als Kontrollen nur solche Überwachungsvorgänge zu bezeichnen sind, die als ständige Einrichtungen institutionalisiert sind.
- Nach dem Merkmal der **Arbeitsweise** setzt Prüfung geistige, d.h. menschliche Arbeitsleistung voraus, während Kontrollen auch von Automaten durchgeführt werden könnten.
- Nach dem Merkmal der **Abhängigkeit** sollen als Prüfungen nur jene Überwachungsvorgänge bezeichnet werden, die durch Personen vorgenommen werden, die von
  dem Überwachungsobjekt unabhängig sind. Diese Voraussetzung soll bei Kontrollen nicht gegeben sein.
- Nach dem Merkmal des **Einbaues in betriebliche Abläufe** sollen Kontrollen in betriebliche Abläufe fest eingebaut sein, während diese Voraussetzung bei Prüfungen
  fehlen soll.

Bretzke[3] kommt zu dem Ergebnis, daß die verschiedenen Merkmale entweder keine eindeutige Abgrenzung ermöglichen oder aber aufgrund mangelnder Übereinstimmung mit der umgangssprachlich vollzogenen Trennung un-
zweckmäßig seien. Er schlägt deshalb vor, die Termini „Prüfung" und „Kontrolle" synonym zu verwenden.

Gleichwohl dürfte dieses Ergebnis unbefriedigend sein; denn es besteht
durchaus ein Bedürfnis, unterschiedliche „Typen" von Überwachungsvor-

---

[2] Vgl. Terminologie 1972, S. 253 ff., bes. S. 255 f. mit Einzelnachweisen
[3] Vgl. Terminologie 1972, S. 265

gängen zu unterscheiden. So haben Sieben und Bretzke[4] eine Typologie betriebswirtschaftlicher Überwachungsvorgänge entwickelt. Diese Typologie beruht auf Regelkreis-Überlegungen. Sie stimmt mit der Differenzierung zwischen Überwachungsvorgängen überein, die auch dieser Schrift (und den Vorauflagen) zugrundeliegt.

Wesentliches Unterscheidungsmerkmal dieser Typisierung ist die Unabhängigkeit/Abhängigkeit des Überwachenden von dem Überwachungsobjekt bzw. die organisatorische Verknüpfung/Selbständigkeit der Überwachungsinstanz von dem Überwachungsobjekt.

Die einfachste Struktur eines Überwachungssystems ist danach dann gegeben, wenn die Überwachungsfunktion von derselben Instanz wahrgenommen wird, die mit ihren Entscheidungen gestaltend auch auf die Entwicklung des Prüfungsobjektes einwirkt. Die Struktur eines derartigen Systems wird von Sieben und Bretzke[5] mit „**Prüfungssystem vom Typ I**" bezeichnet. In Übereinstimmung mit dem vorherrschenden Sprachgebrauch wird nachfolgend in dieser Schrift vom „Kontroll-Typ" der Überwachung oder kurz von **Kontrolle** gesprochen. Die nachfolgende Abb. 1 gibt die Struktur eines solchen Kontrollsystems wieder:

Abb. 1: Prüfungssystem vom Typ I nach Sieben und Bretzke (Kontrollsystem)

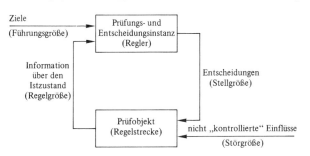

Praktische Beispiele für Kontrollsysteme der vorstehenden Art finden sich recht häufig: „So weist etwa die Fertigungskontrolle eines Industriebetriebes die Struktur eines einfachen Regelkreises auf. Auch ganze Unternehmen, in denen in Ermangelung einer selbständigen Revisionsabteilung die Kontrollfunktion vom Management selbst wahrgenommen wird, lassen sich mit Hilfe des Regelkreismodells darstellen."[6]

Von einem Prüfungssystem (Überwachungssystem) vom **Typ II** wird gesprochen, „wenn die Prüfungsfunktion von der Entscheidungsfunktion getrennt und organisatorisch verselbständigt wird, aber im Gesamtsystem der Entscheidungsbefugnis der Entscheidungsinstanz unterstellt bleibt".[7] Ein solches System läßt sich wie in Abb. 2 darstellen:

---

[4] Vgl. Typologie 1973, S. 626 ff.
[5] Vgl. Typologie 1973, S. 626
[6] Sieben/Bretzke, Typologie 1973, S. 627
[7] Sieben/Bretzke, Typologie 1973, S. 627 f.

Abb. 2: Prüfungssystem vom Typ II nach Sieben und Bretzke (Typ der internen Revision)

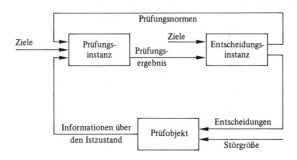

Als Beispiel für diesen Überwachungstyp wird allgemein die „interne Revision" (**Innenrevision**) genannt.[8]

Bei dem Prüfungssystem vom **Typ III** steht die Prüfungsinstanz außerhalb der Einflußsphäre der Entscheidungsinstanz. Es ist typisch oder sollte doch wenigstens typisch für die sog. externe Revision sein, daß die Prüfungsinstanz (der externe Prüfer) von der Einflußsphäre des Unternehmens, in dem das Prüfungsobjekt realisiert worden ist, getrennt bleibt. Die Struktur des Prüfungssystems vom Typ III gibt Abb. 3 wieder:[9]

Abb. 3: Prüfungssystem vom Typ III nach Sieben und Bretzke (Typ der externen Revision/Prüfung)

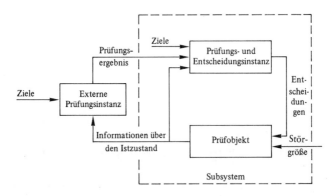

Die nachfolgenden Erörterungen beziehen sich ausschließlich auf die Prüfungssysteme II und III im vorstehend umschriebenen Sinne, d.h. sie beschäftigen sich lediglich mit jenen Überwachungsvorgängen, bei denen die Überwachungsinstanz von der Entscheidungsinstanz unabhängig ist.

---

[8] Vgl. Sieben/Bretzke, Typologie 1973, S. 627; Zünd, Revisionslehre 1982, S. 23f.
[9] Vgl. Sieben/Bretzke, Typologie 1973, S. 629; Zünd, Revisionslehre 1982, S. 24

Allerdings bedarf es noch einer Präzisierung dessen, was unter „Unabhängigkeit des Prüfers von der Prüfungsinstanz oder vom Prüfungsobjekt" verstanden werden soll.

Zimmermann spricht von „Kontrolle", wenn die Überwachung durch betriebsangehörige Personen vorgenommen wird, dagegen von Revision (= Prüfung, d.V.), wenn die Überwachung durch Personen ausgeführt wird, die dem zu überwachenden Betrieb nicht angehören.[10] Der Begriff der Abhängigkeit wird hier also dem Begriff der **Betriebsangehörigkeit** (= Vorliegen eines dauernden Arbeitsplatzes im Betrieb) gleichgesetzt.

Sicherlich hat Zimmermann recht, wenn er feststellt, daß ein dauerndes Arbeitsverhältnis ein wesentliches Indiz für die Abhängigkeit der mit Überwachungsaufgaben betrauten Person von dem Betrieb darstellt, in welchem Überwachungsaufgaben wahrgenommen werden sollen. Die Konsequenz für die Begriffsbildung wäre aber, daß bei einer Gleichsetzung von Abhängigkeit und Betriebszugehörigkeit die sog. interne Prüfung oder Innenrevision als „Kontrolle" bezeichnet werden müßte, obwohl auch hier regelmäßig Personen mit Überwachungsaufgaben betraut sind, die von den Überwachungsobjekten zumindest in organisatorischer Hinsicht unabhängig sind (Prüfungssystem vom Typ II).

Hasenack vermeidet diese Konsequenz dadurch, daß er bei der Abgrenzung nicht auf die Betriebszugehörigkeit, sondern auf die sog. **Bereichsverantwortlichkeit** abstellt. Danach liegt bei ihm Prüfung immer dann vor, wenn der Überwachende von dem zu überwachenden Verantwortungsbereich de jure oder de facto unabhängig ist.[11] Erst in einer weiteren Gliederungsebene wendet er das Merkmal der Betriebszugehörigkeit an: Erfolgt die Prüfung durch von dem zu prüfenden Verantwortungsbereich unabhängige, aber betriebsangehörige Personen, so liegt betriebsinterne Prüfung vor (Innenrevision); gehört der Überwachende dem zu überwachenden Betrieb nicht an und ist er deshalb von dem zu überwachenden Bereich unabhängig, so handelt es sich um betriebsexterne Prüfung (betriebsexterne Revision). Leider führt Hasenack nicht näher aus, wann er Abhängigkeit bzw. Unabhängigkeit von dem zu überwachenden Betriebsbereich annehmen will. Es bedarf deshalb einiger ergänzender Überlegungen mit dem Ziel, das zur Abgrenzung der Prüfungstypen II und III von den übrigen Überwachungstypen herangezogene Merkmal der „**Unabhängigkeit**" zu präzisieren.

Ausgangspunkt der Überlegungen könnte das psychischen Einflüssen unterworfene Verhältnis des Überwachenden zu seinem Überwachungsobjekt sein: Der Träger einer Überwachungsaufgabe kann dem Überwachungsobjekt innerlich frei (d.h. unbefangen) gegenüberstehen; es besteht in diesem Fall weit eher die Vermutung, daß das über das Ist-Objekt abzugebende Urteil objektiv bzw. vertrauenswürdig sein wird, als dann, wenn der Überwachungsträger dem Überwachungsobjekt gegenüber befangen, d.h. innerlich nicht frei ist. Die **Befangenheit des Überwachenden** kann die verschiedensten Gründe haben (z.B. eigenes Interesse des Überwachenden an dem Überwa-

---

[10] Vgl. Zimmermann, Theorie 1954, S. 19
[11] Vgl. Hasenack, Theorie 1955, S. 420

chungsergebnis oder Rücksichtnahme auf das Interesse Dritter an dem abzugebenden Urteil). Die Befangenheit braucht nach außen nicht in Erscheinung zu treten; es ist nach Jäckel[12] nicht einmal erforderlich, daß der Träger der Überwachungsaufgabe selbst sich ihrer bewußt ist. Eine so verstandene „Befangenheit" ist deshalb als Unterscheidungsmerkmal zwischen typischen Prüfungshandlungen und typischen Kontrollhandlungen ungeeignet. Es dürfte vielmehr zweckmäßig sein, zur Unterscheidung ein Ersatzmerkmal heranzuziehen, dessen Vorliegen einerseits objektiv nachgewiesen werden und das andererseits als hinreichend sicheres Indiz für die Befangenheit oder Unbefangenheit des Überwachungsträgers gelten kann.

Als ein solches Merkmal kann die organisatorische Gestaltung der Beziehungen zwischen Überwachungsträgern und Überwachungsobjekten herangezogen werden. Solche Beziehungen, die die Befangenheit des Überwachenden vermuten lassen, können in zweierlei Hinsicht bestehen: Sie liegen einmal dann vor, wenn ein mit Überwachungsaufgaben betrauter Aufgabenträger das Überwachungsobjekt selbst realisiert hat, d.h. wenn eine mit Überwachungsaufgaben betraute Person oder Personengesamtheit ein Urteil über einen Zustand, den sie selbst herbeigeführt, über eine Verrichtung, die sie selbst vorgenommen, oder über eine Anordnung, die sie selbst erlassen hat, abgeben soll. Es besteht in diesem Fall die begründete Vermutung, daß das abzugebende Urteil anders ausfallen wird als das eines an der Realisation des betreffenden Zustands, des Vorganges oder der Anordnung unbeteiligten Aufgabenträgers.

Werden also Realisationsaufgaben und die dazugehörigen Überwachungsaufgaben von ein und derselben Person oder Personengesamtheit wahrgenommen, so liegt in Bezug auf den Überwachungsträger eine **direkte Prozeßabhängigkeit** vor.

Organisatorische Beziehungen zwischen Überwachungsträger und Überwachungsobjekt, die eine Befangenheit des Überwachungsträgers vermuten lassen, können zum anderen dann vorliegen, wenn ein direkt prozeßabhängiger Überwachungsträger sich zur Durchführung seiner Überwachungsaufgabe einer dritten Person bedient, der gegenüber er Anordnungsbefugnisse besitzt. Es soll dann von **indirekter Prozeßabhängigkeit** gesprochen werden.

2. Abgrenzung: Interne und externe Prüfung

Das Merkmal der (direkten und indirekten) Prozeßabhängigkeit gestattet m.E. eine sinnvolle und vor allem objektivierte Abgrenzung der verschiedenen Überwachungstypen. Danach soll die Überwachung als Vergleichshandlung zwischen Ist-Objekten und den dazugehörigen Soll-Objekten in Übereinstimmung mit dem überwiegenden Sprachgebrauch dann als „**Kontrolle**" bezeichnet werden, wenn sie von direkt oder indirekt prozeßabhängigen Personen oder Personengesamtheiten vorgenommen wird.[13]

---

12 Vgl. Jäckel, Unabhängigkeit 1960, S. 38 ff.
13 Vgl. Prüfungstyp I i. S. von Sieben/Bretzke.

Von **Prüfung** soll dagegen dann gesprochen werden, wenn das Merkmal der direkten oder indirekten organisatorischen Prozeßabhängigkeit nicht gegeben ist.

Danach soll nachfolgend unter „**Prüfung**" eine von natürlichen, organisatorisch prozeßunabhängigen Personen durchgeführte Veranstaltung verstanden werden, die aus dem Vergleich von Ist-Objekten mit den entsprechenden Soll-Objekten und der daran anschließenden Urteilsbildung sowie ggf. Urteilsmitteilung besteht.

Von „**interner Prüfung**" bzw. „**interner Revision**" wird dann gesprochen, wenn der Überwachungsvorgang von organisatorisch prozeßabhängigen, aber betriebsangehörigen Personen vorgenommen wird,[14] und von „**externer Prüfung**" (externer Revision), wenn die Überwachungsträger prozeßunabhängige und unternehmensfremde Personen sind.[15]

---

[14] Vgl. Prüfungstyp II i.S. von Sieben/Bretzke
[15] Vgl. Prüfungstyp III i.S. von Sieben/Bretzke

B. Übersicht über Entwicklungstendenzen der Lehre vom betriebswirtschaftlichen Prüfungswesen

1. Ungelöste Methodenprobleme

Seit Anfang der 70er Jahre ist die Frage nach den möglichen Inhalten und nach der Methodik einer „Theorie der Prüfung" im deutschen Sprachraum intensiv diskutiert worden.[16] Anlaß dieser Diskussion waren wohl die Schriften von Loitlsberger[17] sowie v.Wysocki[18] und die mit Nachdruck vertretene Forderung, daß nur eine auf der Grundlage des „kritischen Rationalismus" zu entwickelnde „empirische Theorie der Prüfung" Erkenntnisfortschritte bringen könne;[19] alle anderen Ansätze zur Entwicklung von (Teil-)Theorien der betriebswirtschaftlichen Prüfung seien mangels empirischer Untermauerung und wegen der Nichtanwendung der Methode des kritischen Rationalismus ohne praktische Bedeutung.[20]

Leider sind derartige Forderungen bislang im wesentlichen nur Programm geblieben. In dieser Schrift wird deshalb auf Methodenprobleme nicht eingegangen. Der Verfasser ist der Auffassung, daß in einer so jungen Disziplin, wie der Lehre vom betriebswirtschaftlichen Prüfungswesen, eine allzu vorschnelle Festlegung auf bestimmte Forschungs- und Darstellungsmethoden dann von übel ist, wenn dadurch die Behandlung konkreter Fragestellungen behindert oder sogar verhindert werden würde. Nachfolgend werden ohne Bezugnahme auf bestimmte Forschungsmethoden einige **Schwerpunkte der wissenschaftlichen Bemühungen um eine Prüfungslehre** während des letzten Jahrzehnts umschrieben und deren (gewiß begrenzte) Ergebnisse vorgestellt. Es handelt sich um:

– Ansätze zur **Erklärung betriebswirtschaftlicher Prüfungen** (insbesondere der Buchprüfung) und der Verfahren der Urteilsbildung durch die Prüfer,

– Ansätze zur **Erfassung der (Rand-)Bedingungen von Prüfungsprozessen** und Beurteilungsprozessen und

– Ansätze zur Lösung von **Optimierungsproblemen im Rahmen der Prüfungsplanung.**

---

[16] Vgl. zum folgenden: v.Wysocki, Tendenzen 1980
[17] Vgl. Treuhandwesen 1961; ders., Treuhandwesen 1966
[18] Vgl. Grundlagen 1967; ders., Grundlagen 1977
[19] Vgl. Fischer-Winkelmann, Grundlagen 1972; ders., Prüfungslehre 1975 und Prüfungstheorie 1983, Sp. 1198
[20] Vgl. Fischer-Winkelmann, Prüfungslehre 1975, S. 10 ff., 123 f., 139 und 170

2. Ansätze zur Erklärung von Urteilsbildungsprozessen

Es besteht in der deutschsprachigen Prüfungsliteratur weitgehend Einigkeit darüber, daß die Feststellung der Fehlerhaftigkeit/Fehlerfreiheit von Prüfungsobjekten durch **Vergleichshandlungen** möglich ist. Im einfachsten Fall, bei sog. einfachen Prüfungen, ist stets eine bestimmte Merkmalsausprägung des Prüfungsgegenstandes (Ist-Objekt) mit der gesollten Merkmalsausprägung des Prüfungsgegenstandes (Soll-Objekt) zu vergleichen. Liegt als Ergebnis des Vergleichs eine Abweichung vor, wird vom Prüfer ein Urteil über die Fehlerhaftigkeit des Ist-Objekts verlangt.

Es liegt nahe, diesen Vergleichsprozeß als **Meßvorgang** zu interpretieren (meßtheoretischer Ansatz der Prüfungslehre):[21] Sind die Merkmalsausprägungen des Ist- und des Soll-Objekts auf ein und derselben Skala abbildungsfähig, so kann auch die Abweichung unter Beobachtung der Meßvorschriften für Nominalskalen, Rangskalen und Abstandskalen oder Kardinalskalen bestimmt werden. Der meßtheoretische Ansatz der Prüfungslehre kommt Bestrebungen zur (Teil-)Automatisierung von Prüfungshandlungen,[22] insbesondere auch im Rahmen von rechnergestützten Prüfprogrammen,[23] insoweit entgegen, als die einzelnen Vergleichsprozesse aufgrund ihrer überschaubaren logischen Struktur ihrerseits programmierbar sind.

Die meisten in der Realität vorzufindenden Prüfungen (insbesondere die Buchprüfung) sind als **komplexe Prüfungen** zu bezeichnen: Es wird ein Gesamturteil (z.B. der handelsrechtliche Bestätigungsvermerk) über eine Vielzahl von Einzeltatbeständen verlangt. Die interessante Frage, auf welche Weise solche Gesamturteile über ganze Prüfungskomplexe gebildet werden können oder müssen, ist erstaunlicherweise (auch von der Praktikerliteratur) bislang keineswegs erschöpfend behandelt worden.

Ein Teil der Versuche zur gedanklichen Durchdringung der Prozesse zur Bildung von Gesamturteilen geht davon aus, daß die **Gesamturteile analytisch** aus der Summe der Einzelurteile über die einzelnen Komponenten des Prüfungskomplexes **abgeleitet** werden müssen. Beispiele sind die Verfahren der progressiven und retrograden Bildung von Gesamturteilen über Prüfungsketten,[24] die Bildung von Gesamturteilen über eindimensionale Prüfungskomplexe aufgrund von festgestellten Fehleranteilen oder durchschnittlichen Abweichungen und die Bildung von Gesamturteilen auf der Grundlage von Fehlergewichtungssystemen bei mehrdimensionalen Prüfungskomplexen.[25]

In der jüngeren Zeit gewinnen sog. **indirekte Prüfverfahren** zunehmende wissenschaftliche Beachtung. Gemeinsames Kennzeichen dieser indirekten Ur-

---

21 Vgl. v.Wysocki, Grundlagen 1967; ders., Prüfungstheorie 1983, Sp. 1210ff.
22 Vgl. Sieben/Bretzke, Frage 1972, S. 321ff.
23 Vgl. z.B. IdW, FAMA 1/1987
24 Vgl. das sog. Stufengesetz der Prüfung nach Zimmermann, Theorie 1954, S. 40ff.
25 Vgl. z.B. Kolarik, Bilanzprüfung 1964, S. 40ff.

teilsbildungsverfahren ist es, daß der Prüfer aus der Untersuchung lediglich von Teilbereichen des Prüfungskomplexes Schlüsse auf die Struktur auch der nicht direkt untersuchten Teile des Prüfungskomplexes zieht und aufgrund dieser Schlüsse Gesamturteile fällt. Beispiele für solche indirekten Prüfungen sind im Bereich der Abschlußprüfung die Prüfung mit Hilfe des Internen Kontrollsystems sowie die sog. Programmprüfung im Rahmen der Prüfung von EDV-Buchführungen. Das Konzept der indirekten Prüfung im so verstandenen Sinne dürfte aber wesentlich weitreichender sein, als die beiden genannten Beispiele zunächst vermuten lassen.

Im Sinne des meßtheoretischen Ansatzes der Prüfungslehre handelt es sich bei diesen Verfahren um die (mit Hilfe von Ersatztatbeständen) indirekte Messung von Soll-Ist-Abweichungen. Hagest[26] ist der logischen (und psychologischen) Struktur prüferischer Überzeugungsbildung bei solchen indirekten Prüfungen nachgegangen. Er führt die indirekte Urteilsbildung des Prüfers auf allgemeine Grundsätze zurück, die sich in der „**Schlußlehre**" der **Logik** finden.

Danach besteht ein logischer Schluß darin, daß eine Feststellung, ein Schlußsatz (die Konklusion), aus den Vordersätzen (Prämissen) abgeleitet wird.[27]

Egner[28] ergänzt diesen Ansatz durch eine **allgemeine Hypothese über die prüferische Urteilsbildung**. Nach ihm formuliert der Prüfer zunächst eine „Urteilshypothese", d. h. er formuliert ein „Vor-Urteil" über das Prüfungsobjekt. In einem zweiten Schritt sammelt er Informationen zur Stützung oder zur Widerlegung der Urteilshypothese. In einem dritten Schritt bricht er schließlich die Informationssuche ab, nämlich dann, wenn sein Überzeugungsgrad einen bestimmten Schwellenwert erreicht hat. Er übernimmt dann die Urteilshypothese als Urteil.

Die Modelle von Hagest und Egner dürften in formeller Hinsicht erheblichen Erklärungswert für die Struktur von Urteilsbildungsprozessen bei komplexen Prüfungen besitzen. Die Ansätze haben ferner den Vorzug, daß mit ihrer Hilfe auch die **subjektive, psychologische und personelle Seite der Urteilsbildung** abgebildet werden kann. In materieller Hinsicht dürften die Ansätze dagegen solange „leer" bleiben, wie keine oder keine ausreichenden Informationen über die von Prüfern im Einzelfall verwendeten Hypothesen, über die Qualität der als Stützung der Urteilshypothesen verwendeten Prüferinformationen und über die Grade an (subjektiven) Wahrscheinlichkeiten, die die Prüfer bei der Urteilsabgabe mindestens zu verlangen geneigt sind, verfügbar gemacht werden können.[29]

---

[26] Vgl. Logik 1975
[27] Vgl. Hagest, Logik 1975, S. 66 mit weiteren Literaturhinweisen
[28] Vgl. Prüfungslehre 1980, S. 35 ff.; ders., Prüfungstheorie 1983, Sp. 1230 ff.
[29] Auf die Schwierigkeiten einer (empirischen) Erfassung entsprechender Daten weist Fischer-Winkelmann, Bestimmungsgrößen 1978, S. 756 ff. nachdrücklich hin.

3. Ansätze zur Erfassung der (Rand-)Bedingungen von Prüfungsprozessen

Die Überzeugung, daß Prüfungs- und Urteilsbildungsprozesse nicht losgelöst von den **gesellschaftlichen und institutionellen Randbedingungen**, innerhalb derer sie ablaufen, erklärt und umschrieben werden können,[30] hat zu Versuchen geführt, die Einflüsse auch der geprüften Unternehmen, der Prüfungsorgane und der meist berufsrechtlich geregelten Prüfungsgrundsätze explizit in die betriebswirtschaftliche Prüfungslehre einzubeziehen.

a) Spieltheoretische und systemanalytische Ansätze

Loitlsberger[31] und Klages[32] haben aufgrund der Überlegung, daß die Prüfungshandlungen nicht nur von den Prüferentscheidungen, sondern ebenso von den Verhaltensweisen der zu prüfenden „Gegenseite" abhängen, den Versuch unternommen, Prüfungsprozesse mit **spieltheoretischen Ansätzen** zu erklären.[33]

Im einfachsten Fall, im **Zweipersonen-Nullsummenspiel**, wird der Prüfer in Erwartung bestimmter Strategien des zu prüfenden Unternehmens seine eigene Prüfstrategie so einrichten, daß er eine möglichst große Zahl der vom Geprüften bewußt gelegten Fehler auch tatsächlich findet. Er wird dabei aber davon auszugehen haben, daß auch der Geprüfte seine eigenen Strategien zur Fehlerverbergung in Erwartung der Prüferstrategien so anlegen wird, daß der Prüfer eine möglichst geringe Zahl von Fehlern finden kann.

Weitet man den Ansatz zur Annäherung an konkrete Prüfungssituationen auf **Mehrpersonen-Nichtnullsummenspiele** aus und bezieht man in die Untersuchung des Spielprozesses z. B. auch die Mitarbeiter des Prüfers, die Geschäftsleitung, die Innenrevision und das Buchhaltungspersonal des geprüften Unternehmens, den Aufsichtsrat, den Fiskus sowie den Zufall (zur Erfassung der unbeabsichtigten Fehler) ein, so mag der Erklärungswert solcher Spielmodelle beachtlich sein; für die praktische Gestaltung von Prüfungsprozessen sind aber wohl aus dem spieltheoretischen Ansatz (vorerst ?) wegen der Komplexität des zu erfassenden Spielgeschehens und der nur bedingt verfügbaren spieltheoretischen Lösungsansätze kaum wesentliche Hinweise zu erwarten.

Ähnliches dürfte für den Versuch von Sieben und Bretzke[34] gelten, das Prüfungsgeschehen und dessen Umfeld systemanalytisch zu erfassen. Sie bezeichnen als „**Prüfungssystem**" die „**Gesamtheit aller Elemente (Instanzen)...**, **die durch ihr Verhalten Ablauf, Ergebnis und Wirkung einer Prüfung beeinflussen**". Es soll die Struktur eines Prüfungssystems als „Kommunikationsnetz"

---

[30] Vgl. dazu insbesondere Selchert, Begriff 1978, S. 125 ff.
[31] Vgl. Buchprüfung 1968
[32] Vgl. Spieltheorie 1968
[33] Vgl. zuletzt: Loitlsberger, Prüfungstheorie 1983, Sp. 1222 ff.
[34] Vgl. Prüfung 1975, Sp. 3269 ff.; zum systemtheoretischen Ansatz in Bezug auf multinationale Konzerne vgl. Zünd, Kontrolle 1973; zur kybernetischen Überwachungstheorie vgl. Baetge, Überwachungstheorie 1983, Sp. 1556 ff.

beschrieben werden und das Systemverhalten aus den spezifischen Informationsverarbeitungsprozessen seiner Elemente erklärt werden. Auch dieser Ansatz dürfte vorerst lediglich ein Forschungsprogramm umreißen, solange hinreichende Erkenntnisse über die (invarianten) Verhaltensweisen der Systemelemente und ihrer Einflußgrößen ausstehen.

b) Einbeziehung der Prüfungsorgane in die Prüfungslehre

Weniger umfassend sind Bemühungen, wenigstens die **Einflüsse der Prüfungsorgane** (freiberufliche Einzelpraxen, Sozietäten, Prüfungsgesellschaften, genossenschaftliche Prüfungsverbände, steuerliche Prüfungsbehörden, Rechnungshöfe, Einrichtungen der Unternehmens- und Konzernrevision) **auf die Gestaltung der Prüfungen** in die Lehre vom betriebswirtschaftlichen Prüfungswesen einzubeziehen.[35] Bei der Untersuchung der Prüfungsorgane kann es jedoch nicht nur um die Analyse der rechtlichen und organisatorischen Gestaltungen dieser Organe gehen, sondern es müssen m.E. vor allem die folgenden Einflußgrößen auf die Prüfungsdurchführung untersucht werden:

– Der Einfluß der **Zielsetzungen** der Prüfungsorgane,
– der Einfluß des **Auftragsbestands** der Prüfungsorgane,
– der Einfluß der **Qualität der Mitarbeiterstäbe** von Prüfungsorganen und
– Einflüsse Außenstehender, insbesondere der **Kapitalgeber**, der **Auftraggeber**, der **Aufsichtsinstanzen, informaler Gruppen** usw.

Zwar hat auch die Lehre von den Prüfungsinstitutionen (und ihrer Einflüsse auf die Prüfungsprozesse) noch nicht jenen Stand erreicht, der zur Erfassung der institutionellen Rahmenbedingungen der Prüfungsdurchführung wünschenswert oder erforderlich wäre; immerhin sind Ansätze durchaus zu verzeichnen, so von Ludewig[36], Loitlsberger[37], v. Wysocki[38], Schruff[39], Uhlir[40], Forster[41], Leffson[42], Egner[43] und Zünd[44].

c) Die Einbeziehung von Berufsgrundsätzen in die Prüfungslehre

Neben den von den Prüfungsorganen ausgehenden Bedingungen für die Prüfungsdurchführung sind ferner die „Prüfergrundsätze" bzw. „Prüfungs-

---

35 Vgl. zum „Institutionellen Erkenntnisobjekt" der Prüfungslehre: Loitlsberger, Treuhandwesen 1966, S. 21
36 Vgl. Auftragsbearbeitung 1966, S. 225 ff.
37 Vgl. Treuhandwesen 1966, S. 21 ff.
38 Vgl. Prüfungswesen 1972, S. 111 ff.
39 Vgl. Wirtschaftsprüfer 1973 und Wirtschaftsprüfer 1983, Sp. 1723 ff.
40 Vgl. Strukturanalyse 1974
41 Vgl. Revisionsbetriebe 1975, Sp. 3435 ff.
42 Vgl. Wirtschaftsprüfung 1985, S. 27 ff.
43 Vgl. Prüfungslehre 1980, S. 199 ff.
44 Vgl. Kontrolle 1973, bzw. S. 174 ff. und S. 253 ff.; sowie ders., Revisionslehre 1982, S. 105 ff.

grundsätze" als Rahmenbedingungen in die Prüfungslehre einzubeziehen. Gemeint sind vor allem die für externe, aber auch für interne Prüfungen maßgeblichen Grundsätze der „Unabhängigkeit und Unbefangenheit", der Grundsatz der „Eigenverantwortlichkeit", der Grundsatz der „Gewissenhaftigkeit" (einschl. der daraus abgeleiteten Verfahrensgrundsätze für die Prüfungsdurchführung), der Grundsatz der „Unparteilichkeit" und der Grundsatz der „Verschwiegenheit".

Die Beschäftigung mit den genannten Grundsätzen kann im Rahmen der Prüfungslehre auf verschiedene Weise erfolgen:

Man kann erstens die Einhaltung der genannten Grundsätze in ihrer durch gesetzliche Vorschriften, durch Berufsrichtlinien und durch vertragliche Abmachungen festgelegten konkreten Ausgestaltungsform als gegeben annehmen und sie als Rahmenbedingungen den Überlegungen über den „ordnungsmäßigen" Ablauf der Prüfungshandlungen zugrundelegen. Bei dieser Betrachtungsweise werden die Grundsätze selbst nicht zum Problem der Prüfungslehre erhoben, sondern sie geben lediglich den Rahmen ab, innerhalb dessen die verbleibenden Gestaltungsmöglichkeiten der Prüfung und der Prüfungsorgane diskutiert werden.[45]

Man kann zweitens die Gestaltung der Prüfer- bzw. Prüfungsgrundsätze selbst zum Problem im Rahmen der Prüfungslehre erheben: Die vorhandenen Grundsätze werden daraufhin untersucht, ob sie geeignet sind, den aus wirtschaftlichen, gesellschaftlichen oder politischen Zielen abgeleiteten Prüfungszwecken zu dienen, oder ob sie z. b. wegen erkannter Fehlentwicklungen im Prüfungswesen modifiziert werden müssen, um auf diese Weise sicherzustellen, daß die Prüfungszwecke tatsächlich erreicht werden können.[46]

Man kann drittens davon ausgehen, daß Prüfer- oder Prüfungsgrundsätze – gleichgültig, wie sie formuliert oder konkretisiert sein mögen – nicht notwendigerweise von allen Prüfern und Prüfungsorganen bei jeder Prüfung eingehalten werden, und daraus den Schluß ziehen, daß die auf den beiden vorhergehend analysierten Betrachtungsweisen begründeten Überlegungen insoweit praxisfremd seien.[47] Dieser Einwand mag durchaus zu Recht bestehen, zumal auch empirische Untersuchungen auf die Nichteinhaltung oder „weite Auslegung" der Grundsätze hinweisen.[48] Es fragt sich aber, ob man mit der Integration der Prüfer- und Prüfungsgrundsätze in die Prüfungslehre solange warten sollte, bis verläßliche Erkenntnisse darüber gewonnen worden sind, unter welchen Bedingungen Prüfer und Prüfungsorgane von den ihnen gesetzten Grundsätzen abweichen und welche Verhaltensnormen sie anstelle der Grundsätze befolgen.

Es ist möglich, daß die auch in Europa in Gang kommende Diskussion um die sog. Quality Control im Sinne der Summe aller Vorkehrungen insbeson-

---

[45] Diese Betrachtungsweise entspricht grundsätzlich den „älteren" Ansätzen der Prüfungslehre, vgl. z. B. v. Wysocki, Grundlagen 1967, bes. S. 95 ff.

[46] Vgl. vor allem: Jäckel, Unabhängigkeit 1960 und Kicherer, Grundsätze 1970

[47] Vgl. Fischer-Winkelmann, Prüfungslehre 1975, S. 84 f.

[48] Vgl. u. a. v. Wysocki/Keifer/Gross/Jäger/Haas, Berichterstattung 1971, S. 308 ff.

dere der Prüfer und der Prüfungsorgane zur Gewährleistung der Prüfungsqualität in der Lage sein wird, die Diskrepanz zwischen Sein und Sollen zu
verringern.

4. Ansätze zur Lösung von Optimierungsproblemen im Rahmen der Prüfungsplanung

Prüfungsplanung ist ein Themenbereich, der im jüngeren Schrifttum zunehmend bearbeitet wird.[49] Für die Planung komplexer Prüfungen sprechen vor
allem zwei Gründe:

Durch eine hinreichende Prüfungsplanung soll einerseits erreicht werden,
daß der Prüfer gerade bei der Durchführung von komplexen Prüfungen syste-
matisch vorgeht, d. h. sämtliche erforderlichen Prüfungshandlungen auch tatsächlich vornimmt (**Ordnungsmäßigkeitsaspekt der Prüfungsplanung**).[50]

Durch Prüfungsplanung soll andererseits erreicht werden, daß Prüfungen
und einzelne Prüfungshandlungen wirtschaftlich durchgeführt werden (**Wirt-
schaftlichkeitsaspekt der Prüfungsplanung**). Loitlsberger[51] bezeichnet komplexe Prüfungen, insbesondere Buchprüfungen, geradezu als wirtschaftliche
Veranstaltungen, auf die die gleichen Wirtschaftlichkeitsüberlegungen Anwendung finden können wie auf andere Bereiche menschlichen Handelns.[52]

Es fehlt nicht an Versuchen, die Problemstruktur der Planung komplexer
Prüfungen mit Hilfe von **Planungsmodellen** abzubilden. Es zeigt sich jedoch
auch hier, daß die auf die Prüfungsplanung angewendeten Planungsmodelle
meist nur Teilbereiche der Prüfungsplanung zu erfassen in der Lage sind und
daß diese Modelle meist von vereinfachenden Voraussetzungen ausgehen,
durch die ihre praktische Verwendbarkeit und ggf. ihre Erklärungskraft in
Frage gestellt werden. Es handelt sich im wesentlichen um die folgenden
Ansätze:

- **Personalzuordnungsmodelle**, mit deren Hilfe die Zuordnung von Mitar-
beitern des Prüfungsorgans auf einzelne Prüffelder und Prüffeldergruppen
entsprechend den Zielsetzungen der Prüfungsdurchführung und unter Be-
rücksichtigung von Nebenbedingungen vorgenommen werden soll.
- **Netzwerkmodelle**, mit Hilfe derer die zeitliche Strukturierung komplexer
Prüfungen erfaßt werden soll.
- Ansätze, mit Hilfe derer die **optimale Prüfungsintensität und die optimalen
Prüfungsstrategien** bestimmt werden sollen.

---

[49] U. a. von Schettler, Planung 1971; v. Wysocki, Grundlagen 1977, S. 144 ff.; Sperl,
Prüfungsplanung 1978; Leffson, Wirtschaftsprüfung 1985, S. 147 ff.; Leffson/
Bönkhoff, Prüfungsplanung 1983, Sp. 1187 ff.

[50] Das ist das in der älteren Prüfungsliteratur zu findende Hauptargument für die
Prüfungsplanung. Vgl. statt vieler: Wulf, Planung 1959, S. 509 ff.

[51] Vgl. Treuhandwesen 1966, S. 84 ff.

[52] Zur Kritik an Versuchen, Wirtschaftlichkeitsüberlegungen in die Prüfungslehre zu
integrieren, vgl. Fischer-Winkelmann, Prüfungslehre 1975, S. 42 ff.

Diese Modelle haben bislang keine große Resonanz in der Fachdiskussion gefunden; dagegen sind Versuche, die auf **mathematisch-statistischen Stichprobenverfahren** aufbauen, relativ weit fortentwickelt worden.[53] Allerdings sind auch diese Ansätze nur auf jene Prüfungsbereiche anwendbar, die einer Zufalls-Stichprobenanalyse zugänglich sind.

---

[53] Vgl. Sperl, Prüfungsplanung 1978

C. Aufbau der vorliegenden Schrift

Die dritte Auflage der „Grundlagen des betriebswirtschaftlichen Prüfungswesens" folgt einem möglichst breiten Ansatz der Prüfungslehre:

In einem **ersten Hauptteil (Kapitel II: Prüfungsordnungen)** werden die Rahmenbedingungen umschrieben, innerhalb derer betriebswirtschaftliche Prüfungen vorgenommen werden bzw. vorgenommen werden müssen. Es geht um die Erfassung der Quellen und des Inhalts von „Prüfungsordnungen" und um die Umschreibung der gesetzlich vorgeschriebenen, der vertraglich ausbedungenen und der freien Prüfungen, wobei die Prüfungen im Bereich des Rechnungswesens im Vordergrund der Ausführungen stehen.

Im **Kapitel III (Prüfer und Prüfungsorgane)** stehen die institutionellen Aspekte des betriebswirtschaftlichen Prüfungswesens im Vordergrund. Es geht zunächst um die Darstellung der Berufsorganisationen, der Zugangsvoraussetzungen zu diesen Berufsorganisationen und um die durch Gesetz oder Berufsrecht festgelegten Grundsätze der Berufsausübung der für Prüfungsaufgaben qualifizierten Personen. Institutioneller Natur sind aber auch die Erörterungen über die Gestaltungsprinzipien der Prüfungsorgane, d. h. der Organe der externen Prüfung (Einzelprüfer, Prüfergemeinschaften, Prüfungsgesellschaften) und der Organe der Innenrevision.

Das relativ umfangreiche **Kapitel IV ist den Prüfungshandlungen** selbst gewidmet. Es enthält die auf der Grundlage des „meßtheoretischen Ansatzes" entwickelten Aussagen zur Urteilsbildung (Urteilsvorbereitung) bei den sog. einfachen Prüfungen (Abschn. B) und bei den komplexen Prüfungen, d. h. bei denjenigen Prüfungen, die erst nach einer Vielzahl von Einzel- und Zwischenurteilen zu einem Gesamturteil über den betreffenden Prüfungskomplex führen können (Abschn. C). Hier geht es insbesondere um die Analyse der Prüfungsverfahren und Prüfungstechniken, die zur Vorbereitung von Gesamturteilen durch die Praxis und durch die Theorie (fort)entwickelt worden sind. Hier nehmen moderne Prüfungstechniken, wie vor allem die Prüfungen auf der Grundlage logischer Schlußverfahren und die Prüfungen auf der Grundlage statistischer Verfahren, den breitesten Raum ein.

Der **Planung komplexer Prüfungen und der Prüfungskontrolle (Quality-Control) ist Kapitel V** gewidmet. Komplexe Prüfungen sind ohne hinreichende Planung durch die Prüfungsorgane und durch die Auftraggeber weder unter Ordnungsmäßigkeitsgesichtspunkten noch unter Wirtschaftlichkeitsgesichtspunkten durchführbar. Es sind deshalb im Rahmen der Lehre vom betriebswirtschaftlichen Prüfungswesen die Träger der Prüfungsplanung, die Ziele der Prüfungsplanung und die Objekte der Prüfungsplanung unter personellen, sachlichen und zeitlichen Aspekten zu untersuchen. – Unter dem Eindruck der in der jüngeren Zeit geübten heftigen Kritik an der Qualität von Prüferleistungen sind im Kapitel V schließlich die Maßnahmen der Prüfungskontrolle im weitesten Sinne (Quality-Control) zu untersuchen, d.h. sämtliche Maßnahmen, die geeignet sein könnten, die Qualität von Prüferleistungen zu sichern oder sicherzustellen.

Das Schlußkapitel (VI) bilden die Erörterungen zur Berichterstattung über die Prüfungsergebnisse. Es geht sowohl um die Urteilsmitteilung in schriftlicher Form (Prüfungsbericht, Bestätigungsbericht, Bestätigungsvermerk) als auch um die mündliche Berichterstattung über das Prüfungsergebnis in der Form der sog. Schlußbesprechung.

Kapitel II
Prüfungsordnungen

A. Inhalt und Quellen der Prüfungsordnungen

„Prüfung" wurde oben definiert als eine von natürlichen, prozeßunabhängigen Personen durchgeführte Veranstaltung, die aus dem Vergleich von Ist-Objekten mit den entsprechenden Soll-Objekten und der daran anschließenden Urteilsbildung und Urteilsmitteilung besteht.[1] Loitlsberger hebt hervor, daß eine beliebige individuelle Prüfung durch diese Definition noch nicht hinreichend umschrieben sei. Vielmehr müßten die einzelnen Elemente des Prüfungsbegriffs konkretisiert werden; denn diese Elemente seien von Natur aus nicht eindeutig präzisiert, sondern völlig unbestimmt und nicht aufeinander abgestimmt. Die Aufgabe der Konkretisierung und gegenseitigen Abstimmung der Prüfungselemente untereinander komme der Prüfungsordnung zu: **„Unter Prüfungsordnung soll dabei das Ganze der Vorschriften und Bestimmungen verstanden werden, durch die die einzelnen ... Elemente der Prüfung bestimmt und in ihrem gegenseitigen Verhältnis festgelegt werden."**[2] Danach müssen Prüfungsordnungen regelmäßig Anordnungen in den folgenden Bereichen treffen:

- Festlegung der Prüfungsgegenstände (Ist-Objekte).

- Bestimmung der Normen, nach denen die Prüfungsobjekte beurteilt werden sollen (Bestimmung der Soll-Objekte der Prüfung).

- Auswahl der Prüfer.

- Verfahrensregeln für die Prüfungsdurchführung und für die Urteilsbildung.

- Festlegung der Art der Urteilsmitteilung.

- Ggf. Maßnahmen zur Sicherung der Prüfungsqualität.

Als Quellen der Prüfungsordnungen kommen gesetzliche Vorschriften, vertragliche Vereinbarungen, der „Prüfungsauftrag", „Prüfungsanweisungen" und die „Grundsätze ordnungsmäßiger Prüfung" sowie die „Grundsätze ordnungsmäßiger Berichterstattung" in Betracht.

---

[1] Vgl. oben, I A 2
[2] Loitlsberger, Theorie 1953, S. 23; vgl. auch Loitlsberger, Prüfungsordnungen 1983, Sp. 1184

2*

1. Inhalt der Prüfungsordnungen

a) Festlegung der Prüfungsgegenstände (Ist-Objekte)

Durch die Prüfungsordnungen bedarf es zunächst der Konkretisierung der Prüfungsgegenstände bzw. der Ist-Objekte einer Prüfung; denn der allgemeine Prüfungsbegriff deckt ohne Einschränkung alle nur denkbaren Prüfungsobjekte. Als Ist-Objekte betriebswirtschaftlicher Prüfungen kommen dementsprechend sämtliche Handlungen und Zustände im Bereich der wirtschaftenden Unternehmen in Betracht. Würden hier die Prüfungsobjekte nicht durch eine Prüfungsordnung konkretisiert werden, so hätte der Prüfer entweder jeweils eine Totalprüfung vorzunehmen oder er müßte auf die Prüfungsdurchführung mangels einer Konkretisierung der Prüfungsobjekte verzichten. Als durch die Prüfungsordnungen zu konkretisierende Prüfungsobjekte kommen sowohl **einzelne Ist-Objekte** in Betracht als auch **Prüfungsgebiete,** d.h. ganze Komplexe von Prüfungsobjekten, über die aufgrund einer Mehrzahl von Einzelurteilen ein zusammenfassendes Gesamturteil vom Prüfer verlangt wird. Beispiele für komplexe Prüfungsgebiete sind die Jahresabschlußprüfung, die Unterschlagungsprüfung, die Geschäftsführungsprüfung; Beispiele für Prüfungen, bei denen nur ein einziger Vergleich zwischen Soll- und Ist-Objekten durchzuführen ist und bei denen entsprechend nur ein einziges Urteil verlangt wird, sind Prüfungen einzelner Buchungen, einzelner Vorgänge der Geschäftsführung usw.

b) Bestimmung der Normen, nach denen die Prüfungsobjekte beurteilt werden sollen

Die Prüfungsordnung wird ferner Angaben darüber enthalten müssen, welche Normen als Maßstäbe zur Beurteilung der Ist-Objekte herangezogen werden sollen. In den meisten Fällen ist es denkbar, daß ein bestimmter Tatbestand oder Vorgang als Ist-Objekt mit Hilfe unterschiedlicher Normen und daraus abgeleiteten unterschiedlichen Soll-Objekten beurteilt werden kann, z.B.:

- Prüfung im Hinblick auf die **Wirtschaftlichkeit oder Zweckmäßigkeit** durch Vergleich des Ist-Objektes mit einer unter Wirtschaftlichkeits- oder Zweckmäßigkeitsgesichtspunkten idealen Gestaltung des Prüfungsobjektes;
- Prüfung im Hinblick auf die **Rechtmäßigkeit** durch Vergleich des Ist-Objektes mit einem der geltenden Rechtsordnung entsprechenden Soll-Objekt;
- Prüfung im Hinblick auf die **Planmäßigkeit** durch Vergleich des Ist-Objektes mit evtl. vorhandenen Planvorgaben usf.

Es werden sich, je nachdem, welche Norm (welches Soll-Objekt) dem Ist-Objekt einer Prüfung gegenübergestellt wird, „Fehler" spezifischer Art ergeben: Ein Ist-Objekt kann bei Anwendung von Rechtsnormen zwar fehlerfrei sein, aber dennoch unter Wirtschaftlichkeitsgesichtspunkten zu Beanstandungen Anlaß geben. Ebenso kann ein Prüfungsobjekt u.u. von vorgegebenen Planansätzen abweichen, aber dennoch den Anforderungen an die Rechtmäßigkeit des Prüfungsobjektes genügen. Ohne Konkretisierung der Soll-Objekte bzw. ohne Hinweise auf die Art ihrer Ermittlung wird ein eindeutiges Urteil des Prüfers über das Prüfungsobjekt kaum erwartet werden können.

c) Auswahl der Prüfer

Da Prüfungen stets geistige Arbeitsleistungen darstellen[3] und deshalb von Menschen durchgeführt werden müssen, bedarf es ferner der Bestimmung des Prüfers (der Prüfer). Die detaillierten gesetzlichen Vorschriften über die erforderliche Qualifikation und über die Auswahl der Prüfer beweisen, welche Bedeutung die Gesetzgeber vor allem bei sog. Pflichtprüfungen der Bestimmung der Prüferpersönlichkeit beimessen. Dahinter steht die Erwägung, daß die Qualität des vom Prüfer erwarteten Urteils wesentlich von der **Qualifikation** und der **Integrität der Prüferpersönlichkeit** beeinflußt wird. Ähnliches gilt auch für freiwillige Prüfungen; hier wird es dem Auftraggeber keineswegs gleichgültig sein, durch wen die Prüfung durchgeführt wird. Prüfungsordnungen können deshalb auch die Modalitäten festlegen, nach denen die Beauftragung der Prüfer vor sich zu gehen hat.

d) Verfahrensregelungen für die Prüfungsdurchführung und für die Urteilsbildung

Da Urteile – insbesondere über komplexe Prüfungsgebiete – meist auf verschiedenen Wegen gewonnen werden können und die Sicherheit und Genauigkeit der Prüferurteile durch die vom Prüfer angewendeten Prüfungsverfahren und Prüfungsstrategien beeinflußt werden, bedarf es der Umschreibung derjenigen Vorgehensweisen, die der Prüfer bei Durchführung seiner Prüfungsaufgaben zur Urteilsgewinnung anzuwenden hat. Dieser Feststellung steht nicht entgegen, daß in praxi Aussagen, die Prüfungsordnungen über die anzuwendenden Prüfungsverfahren enthalten, häufig sehr allgemein formuliert sind.[4]

e) Festlegung der Art der Urteilsmitteilung

Es ist Sache der Prüfungsordnung, den Umfang der zu gewährenden Informationen über den Prüfungsgegenstand, über das Prüfungsergebnis und den Kreis der Berichtsempfänger zu bestimmen.

---

[3] Vgl. Gerstner, Revisions-Technik 1930, S. 4
[4] Vgl. zur Problematik der Formulierung von „Grundsätzen ordnungsmäßiger Prüfung": z.B. v. Wysocki, Grundsätze 1977, S. 175 ff.; Rückle, Grundsätze 1983, Sp. 554 ff.

Bei **freiwilligen Prüfungen** werden die Auftraggeber stets die Mitteilung des Prüfungsergebnisses und die dazugehörige Begründung verlangen können; es steht ihnen frei, den Bericht über die Prüfung – ggf. nach Abstimmung mit dem Prüfungsorgan – an Dritte weiterzuleiten.

Bei **gesetzlich vorgeschriebenen Prüfungen** bedarf es immer dann eines differenzierten Informationssystems, wenn die Prüfungen im Interesse eines größeren Personenkreises, der Öffentlichkeit, vorgenommen werden, den geprüften Unternehmen aber nicht zugemutet werden soll, daß sämtliche potentiellen Interessenten an dem Prüfungsergebnis volle Kenntnis über die Interna des geprüften Unternehmens erhalten. In Abwägung des Informationsinteresses der Öffentlichkeit einerseits und der Belange des geprüften Unternehmens andererseits sehen die Prüfungsordnungen in diesen Fällen meist vor, daß der Öffentlichkeit nur Informationen über das allgemeine Prüfungsergebnis (in Form eines Bestätigungsvermerkes), einem kleineren, zur Verschwiegenheit verpflichteten Personenkreis darüberhinaus auch sog. Erläuterungsberichte zugänglich gemacht werden, die eingehende Darlegungen nicht nur über die Begründung des von dem Prüfer abgegebenen Urteils, sondern auch über das jeweilige Prüfungsgebiet selbst enthalten. Man kann in diesen Fällen von einer „**gestaffelten Publizität**" der Berichterstattung sprechen, die den durch die Rechtsordnung anerkannten unterschiedlichen Informationsinteressen der Berichtsempfänger entsprechen soll.

f) Maßnahmen zur Sicherung der Prüfungsqualität

Loitlsberger[5] weist darauf hin, daß „Prüfer aus verschiedenen Gründen manchmal unrichtige Urteile abzugeben bereit sind...". Es sei deshalb bei Prüfungen ein Sanktionsmechanismus nötig, der die Abgabe unrichtiger Urteile für den Prüfer nachteilig mache. Ein solcher Sanktionsmechanismus sei nicht von Natur aus gegeben; er müsse durch die Prüfungsordnung geschaffen werden. Die Summe aller Maßnahmen zur Sicherung der Prüfungsqualität wird in der jüngeren Vergangenheit unter der Bezeichnung „**Quality Control**" diskutiert. Durch die Quality Control sollen nicht nur in die organisatorische Gestaltung der Prüfungsorgane, sondern auch in die Abwicklung einzelner Prüfungsaufträge Kontrollen und „Nachschauen" eingebaut werden, durch die Fehlhandlungen der Prüfer und ihrer Mitarbeiter verhindert werden sollen.[6]

2. Quellen der Prüfungsordnungen

Der Inhalt der auf eine bestimmte Prüfung anzuwendenden Prüfungsordnung ist in aller Regel verschiedenen Quellen zu entnehmen. In Betracht kommen **vertragliche Vereinbarungen** zwischen dem zu prüfenden Unternehmen und den Prüfungsberechtigten, **Prüfungsaufträge und Prüfungsanweisungen,**

---

[5] Prüfungsordnungen 1983, Sp. 1184
[6] Vgl. zu den Maßnahmen zur Sicherung der Prüfungsqualität: IdW/WPK, Gewährleistung 1982; Beumer, Quality Control 1983, Sp. 1243 ff.

rechtliche Bestimmungen und die sog. **Grundsätze ordnungsmäßiger Prüfungsdurchführung.**

a) Vertragliche Vereinbarungen

Häufig ist die Aufnahme oder das Vorliegen geschäftlicher Beziehungen mit einem Unternehmen der Anlaß zu **vertraglichen Vereinbarungen über Prüfungsrechte** in diesem Unternehmen: Der Abschluß von Liefer- und Kreditverträgen, die Übernahme von Beteiligungen usf. wird davon abhängig gemacht, daß einer der Vertragspartner dem anderen vertraglich gesicherte Prüfungsrechte einräumt. Diese Prüfungsrechte erstrecken sich regelmäßig nur auf bestimmte Bereiche des betreffenden Unternehmens; sie können zeitlich begrenzt sein; es können u.U. lediglich bestimmte Prüfer oder Prüfergruppen zur Durchführung der Prüfungen zugelassen werden. Sind solche Begrenzungen der Prüfungsrechte vereinbart, so ist damit zugleich der Rahmen für die mögliche Ausgestaltung der im Einzelfall anzuwendenden Prüfungsordnung abgesteckt.

b) Prüfungsaufträge, Prüfungsanweisungen

Eine Sonderform der vertraglichen Vereinbarung stellt der Prüfungsauftrag dar. Bei externen Prüfungen wird dem Prüfer bzw. dem Prüfungsorgan (Prüfungsgesellschaft, Prüfungsstelle) durch den Prüfungsauftrag der Auftrag zur Vornahme einer bestimmten Prüfung erteilt. Dieser Auftrag, der an einen bestimmten Prüfer oder an ein bestimmtes Prüfungsorgan ergeht, muß mindestens Angaben über die Prüfungsobjekte und über die auf diese Prüfungsobjekte anzuwendenden Normen enthalten.

Bei den sog. **freien Prüfungen,** d.h. bei Prüfungen, die weder aufgrund einer gesetzlichen Prüfungspflicht noch aufgrund gesetzlich oder vertraglich sanktionierter Prüfungsrechte vorgenommen werden, ist der Prüfungsauftrag regelmäßig wesentliche Quelle der für die Prüfung maßgeblichen Prüfungsordnung.

Bei anderen Prüfungen, insbesondere bei „**Pflichtprüfungen**", treten neben den Prüfungsauftrag regelmäßig gesetzliche Bestimmungen, an die sich der Prüfer bei der Durchführung seines Auftrages zu halten hat.

Bei **internen Prüfungen** tritt an die Stelle des Prüfungsauftrages regelmäßig eine Prüfungsanweisung: Das interne Prüfungsorgan (z.B. die Innenrevision) wird durch innerbetriebliche Anweisung zur Vornahme einer bestimmten Prüfung, zur Beachtung bestimmter Prüfungsnormen, zur Durchführung bestimmter Prüfungsverfahren usw. veranlaßt.

c) Gesetzliche Vorschriften

Bei Pflichtprüfungen bzw. gesetzlich vorgesehenen Prüfungen werden die Prüfungsordnungen ferner durch gesetzliche Vorschriften beeinflußt. Wenn durch gesetzliche Maßnahmen lediglich Prüfungsrechte bestimmter Personen oder Personengruppen konstituiert werden, so gilt, falls diese Prüfungsrechte beschränkt sind, ähnliches wie für die vertraglich vereinbarten Prüfungsrechte: Das durch die rechtlichen Bestimmungen eingeräumte und durch den Gesetzgeber im einzelnen umschriebene Prüfungsrecht setzt den Rahmen für die anzuwendende Prüfungsordnung, der ohne zusätzliche Vereinbarungen zwischen den zur Prüfung berechtigten Personen und dem zu prüfenden Unternehmen nicht ohne weiteres überschritten werden kann. Beispiele für solche gesetzlichen Regelungen von Prüfungsordnungen sind die Vorschriften über die Durchführung von Sonderprüfungen nach dem geltenden Aktienrecht (§§ 142 ff. und §§ 258 ff.).

Anders liegen die Verhältnisse, wenn durch Maßnahmen des Gesetzgebers Prüfungspflichten für bestimmte Unternehmen festgelegt werden. In diesen Fällen bestimmen die durch Gesetz präzisierten Prüfungspflichten zugleich den „**Mindestinhalt**" **der Prüfungsordnung**, wobei es allerdings den Beteiligten freisteht, weitergehende Prüfungsmaßnahmen zu vereinbaren. Hauptbeispiel für die gesetzliche Konkretisierung von Prüfungsordnungen sind nach geltendem Recht die Vorschriften über die handelsrechtliche Pflichtprüfung von Kapitalgesellschaften.

d) Grundsätze ordnungsmäßiger Prüfung

Es ist kaum möglich, den Inhalt der Prüfungsordnungen durch den Prüfungsauftrag, durch Prüfungsanweisungen, durch vertragliche Vereinbarungen oder durch gesetzliche Bestimmungen bis in die letzten Einzelheiten festzulegen. Abgesehen davon wäre eine solche Festlegung auch unerwünscht, weil dadurch dem Prüfer bzw. dem Prüfungsorgan die Möglichkeit genommen würde, sich elastisch an die meist nicht vollständig vorhersehbaren Gegebenheiten seines Prüfgebiets anzupassen. Allerdings ist der Prüfer bei der Gestaltung seiner Prüfungsaufgaben innerhalb des verbleibenden Bereiches nicht vollständig frei. Es wird von ihm erwartet, daß er sich bei seinen Entscheidungen an die Grundsätze ordnungsmäßiger Prüfung hält.

Es handelt sich bei den Grundsätzen ordnungsmäßiger Prüfung um ein **System überindividueller Normen, die das Verhalten des Prüfers steuern sollen.** An der Formulierung und Fortentwicklung der Grundsätze ordnungsmäßiger Prüfung besteht nicht nur ein Interesse der zu prüfenden Unternehmen, der Auftraggeber, der Berichtsempfänger und der Öffentlichkeit, sondern auch der Prüfer und ihrer Prüferorganisationen.[7]

Die nationalen und internationalen Berufsorganisationen der Prüfer sind bemüht, Grundsätze ordnungsmäßiger Prüfung entweder für bestimmte Prüfungsarten oder für bestimmte Prüfungsverfahren schriftlich zu fixieren. Bei-

---

[7] Vgl. Rückle, Grundsätze 1983, Sp. 554 ff. Zur Rechtsnatur und zu den Bestimmungsgründen der Grundsätze ordnungsmäßiger Prüfung vgl. ausführlich: Hagest, Grundsätze 1949, S. 450 ff.; Schulze zur Wiesch, Grundsätze 1963; Spieth, Bedeutung 1968, S. 141 ff.; Rückle, Interessenausgleich 1975, S. 517 ff.; v. Wysocki, Grundsätze 1977, S. 175 ff.

spiele sind die vom Institut der Wirtschaftsprüfer in Deutschland e.v. vorgelegten **Fachgutachten:** „Grundsätze ordnungsmäßiger Durchführung von Abschlußprüfungen",[8] „Grundsätze ordnungsmäßiger Berichterstattung bei Abschlußprüfungen"[9] und „Grundsätze für die Erteilung von Bestätigungsvermerken bei Abschlußprüfungen".[10] Auch die 1951 gegründete „Union Européenne des Experts Comptables, Economiques et Financiers" (UEC) als Zusammenschluß europäischer Berufsorganisationen und die 1977 gegründete „International Federation of Accountants" (IFAC) als internationaler Zusammenschluß der Berufsorganisationen haben durch besondere Kommissionen (in Teilbereichen) Grundsätze ordnungsmäßiger Prüfungsdurchführung ausgearbeitet.

Trotz dieser Bemühungen besteht in der Fachdiskussion kaum Einigkeit darüber, auf welche Weise der konkrete Inhalt der Grundsätze ordnungsmäßiger Prüfung ermittelt werden soll. Es stehen sich in Analogie zu den Ermittlungsverfahren für die „Grundsätze ordnungsmäßiger Bilanzierung" die Methoden der „**induktiven Ermittlung**" und der „**deduktiven Ermittlung**" der Grundsätze ordnungsmäßiger Prüfung gegenüber.[11]

Bei **induktiver Bestimmung** der Grundsätze ordnungsmäßiger Prüfung werden jene Verfahrens- und Vorgehensweisen zu Grundsätzen erhoben, die der Anschauung „ehrbarer und ordentlicher Prüfer" entsprechen. Die Grundsätze ordnungsmäßiger Prüfung haben in diesem Falle lediglich eine deskriptive Funktion; sie werden durch statistische Erhebungen in der Prüfungspraxis festzustellen sein.[12]

Anstelle der induktiven Ermittlung der Grundsätze ordnungsmäßiger Prüfung kommt – wie bei den Grundsätzen ordnungsmäßiger Bilanzierung – die **deduktive Ermittlung** in Betracht. Von Grundsätzen ordnungsmäßger Prüfung könnte danach immer dann gesprochen werden, wenn die durch diese Grundsätze verlangten Vorgehens- und Verfahrensweisen im Einzelfall zu einer sachgerechten, d.h. von der Zwecksetzung der jeweiligen Prüfung bestimmten Urteilsbildung über die Prüfungsobjekte führen. Das jüngere Schrifttum gibt der deduktiven Ermittlung von Grundsätzen ordnungsmäßiger Prüfung offensichtlich den Vorzug. So sprechen sich insbesondere Kicherer[13] und Rückle[14] eindeutig für die deduktive Ermittlung aus. Beide Ermittlungsverfahren haben jedoch ihre Grenzen.

---

[8] IdW, FG 1/1977, S. 210ff.

[9] IdW, FG 2/1977, S. 214ff.

[10] IdW, FG 3/1977, S. 217ff. Die Fachgutachten 1 bis 3/1977 werden an die neuen handelsrechtlichen Rechnungslegungs- und Prüfungsvorschriften auf der Grundlage des Bilanzrichtlinien-Gesetzes angepaßt. Vgl. IdW, Entwurf FG 1987 und IdW, Entwurf FG 1988

[11] Zu den verschiedenen Verfahren der Ermittlung von Grundsätzen ordnungsmäßiger Prüfung vgl. v. Wysocki, Grundsätze 1977, S. 176ff.; Rückle, Grundsätze 1983, Sp. 559ff.

[12] Vgl. Rückle, Interessenausgleich 1975, S. 529

[13] Vgl. Grundsätze 1970, S. 29

[14] Vgl. Interessenausgleich 1975, S. 530

Gegen die Anwendung der induktiven Methode zur Ermittlung von Grundsätzen ordnungsmäßiger Prüfung können die gleichen Einwendungen erhoben werden, die auch gegen die induktive Methode der Ermittlung von Grundsätzen ordnungsmäßger Buchführung angeführt werden:

- Die induktive Methode bietet keine Möglichkeit, Verfahrenshinweise bei neu auftretenden Problemen zu geben, da es gerade dann an einer „tatsächlichen Übung", die zu ermitteln wäre, fehlt.

- Obwohl bei Anwendung der induktiven Methode auf die Verhaltensweisen „ordentlicher und ehrbarer Prüfer" abgestellt wird, kann die Methode nicht diejenigen Kriterien bereitstellen, anhand derer die Ordentlichkeit und Ehrlichkeit der Prüfer festgestellt werden könnte. Es kommt eben nicht darauf an, was die Praxis tut, sondern auf das, was sie tun sollte.[15]

Aber auch die **deduktive Methode** der Ermittlung von Grundsätzen ordnungsmäßiger Prüfung ist nicht frei von Anwendungsproblemen. So setzt eine zweifelsfreie Deduktion von Verfahrensanweisungen aus den Prüfungszielen voraus, daß die Beziehungen zwischen den Verfahrensalternativen und den diesen zuzurechnenden Zielerreichungsgraden bekannt sind, d. h., daß Informationen darüber bestehen, welche Auswirkungen die Vornahme oder die Unterlassung von bestimmten Prüfungshandlungen in der jeweiligen Prüfungssituation auf die Erreichung der Prüfungsziele haben werden; es fehlt aber (noch) an einer hinreichend aussagekräftigen Prüfungstheorie, die diese Informationen in allen Einzelfällen bereitstellen könnte.

So wird es vorerst dabei bleiben müssen, daß der Prüfer bei der Prüfungsdurchführung und bei der Gewinnung von Prüfungsurteilen in weiten Bereichen auf sein „pflichtmäßiges Ermessen" angewiesen ist.

---

[15] Vgl. Doellerer, Grundsätze 1959, S. 656

B. Prüfungsarten

Die Arten betriebswirtschaftlicher Prüfungen können nach verschiedenen Kriterien differenziert werden:

– Nach der **Rechtsnatur der anzuwendenden Prüfungsordnungen** können gesetzlich vorgeschriebene, gesetzlich vorgesehene und vertraglich ausbedungene neben freien Prüfungen unterschieden werden.

– Nach der **Häufigkeit der Prüfungen** kann zwischen periodischen Prüfungen (meist Jahresabschlußprüfungen) und aperiodischen, d.h. einmaligen oder sporadischen Prüfungen unterschieden werden.

– Vornehmlich berufsrechtliche Kriterien liegen der Unterscheidung von Prüfungen nach den **Prüfungsträgern (Prüfungsorganen)** zugrunde: Danach sind neben den internen und den externen Prüfungen die sog. Vorbehaltsprüfungen (= Prüfungen, die bestimmten Berufsträgern vorbehalten sind) und die sog. freien Prüfungen zu unterscheiden.

– Weitere Differenzierungsmöglichkeiten ergeben sich nach der **Art der auf die Prüfungsobjekte anzuwendenden Normensysteme:** Sog. Rechtmäßigkeits- und Ordnungsmäßigkeitsprüfungen unterscheiden sich mitunter erheblich von Wirtschaftlichkeits- und Geschäftsführungsprüfungen oder von sog. Aufdeckungs- und Unterschlagungsprüfungen.

– Eine Vielzahl von Prüfungsarten ließe sich schließlich nach der **Art der Prüfungsobjekte** isolieren. Es dürfte jedoch kaum möglich und auch wenig ergiebig sein, einen vollständigen Katalog sämtlicher denkbarer Einzelobjekte und Objektgesamtheiten betriebswirtschaftlicher Prüfungen aufstellen zu wollen.

Nachfolgend werden die wesentlichen Elemente der Prüfungsordnungen für die folgenden Prüfungsarten umschrieben: **Gesetzlich vorgeschriebene Prüfungen** (vgl. Abschn. II B 1), **gesetzlich vorgesehene Prüfungen** (vgl. Abschn. II B 2), **vertraglich ausbedungene Prüfungen** (vgl. Abschn. II B 3) und **freie Prüfungen** (vgl. Abschn. II B 4).

1. Gesetzlich vorgeschriebene Prüfungen

Anlaß für die Einführung gesetzlich vorgeschriebener Pflichtprüfungen ist in aller Regel das Interesse der Öffentlichkeit bzw. bestimmter außenstehender Gruppen an einer möglichst objektiven Überwachung bestimmter Unternehmen. Insbesondere die folgenden Motive dürften für die Einführung von Prüfungspflichten maßgebend sein.

Man ist der Überzeugung, daß **Großunternehmen** innerhalb der Gesamtwirtschaft ein solches Gewicht besitzen, daß sie der Überwachung durch unabhängige Prüfer unterworfen werden müssen. Hinzu kommt die Vorstellung, daß die institutionellen Aufsichtsorgane großer Unternehmen (Aufsichtsräte, Verwaltungsräte) häufig nicht in der Lage sind, ihrer Aufsichtsfunktion im Interesse der Öffentlichkeit nachzukommen.

Es hat sich die Ansicht durchgesetzt, daß die gleichen Erwägungen, die für Großunternehmen gelten, auch für **Konzerne**, d. h. für eine Mehrzahl zwar rechtlich selbständiger, aber unter einheitlicher wirtschaftlicher Leitung zusammengefaßter Einzelunternehmen gelten müssen: Die Verpflichtung der Konzernleitungen zur Veröffentlichung geprüfter Konzernabschlüsse soll Außenstehenden die Einsichtnahme in die Vermögens-, Finanz- und Ertragslage der Konzerne erleichtern.

Die „**Anonymität**" bestimmter **Rechtsformen von Unternehmen** führt dazu, daß einzelnen Gesellschaftern bzw. einzelnen Gläubigern ein individuelles Überwachungsrecht gegenüber den Unternehmen nicht in jedem Fall eingeräumt werden kann. Die Prüfungspflicht der Unternehmen soll in diesen Fällen individuelle Überwachungsrechte der Kapitalgeber und Gläubiger ersetzen und insoweit dem Gläubigerschutz bzw. dem Schutz der Eigenkapitalgeber (Gesellschafterschutz, Minderheitenschutz) dienen.

Das Überwachungsinteresse der Öffentlichkeit kann sich auch auf die **Unternehmen** – gleich welcher Rechtsform – **bestimmter Wirtschaftszweige** richten. So ist insbesondere die Wirtschaftsführung der Unternehmen im Bereich des **Kreditwesens**, des **Versicherungswesens**, der **Versorgungswirtschaft** mitunter Gegenstand besonderer Prüfungsvorschriften, weil Unternehmen dieser Wirtschaftszweige nach Ansicht des Gesetzgebers innerhalb der Gesamtwirtschaft Schlüsselstellungen einnehmen.

Sozialpolitische Gründe sind in einigen Ländern zur Einführung von Prüfungspflichten für kooperative Unternehmen ausschlaggebend. Die öffentliche Hand bekundet in diesen Fällen ein Interesse an der Gesunderhaltung der Unternehmen (Genossenschaften). Dieses Interesse wird in Deutschland durch die weitgehenden gesetzlich fixierten Beratungsaufgaben der genossenschaftlichen Prüfungsverbände ergänzt.

Schließlich wird die öffentliche Hand in eigener Sache tätig, wenn sie besondere gesetzliche Prüfungspflichten für Unternehmen einführt, die sich ganz oder teilweise im **öffentlichen Eigentum** befinden. Begründet werden diese Prüfungspflichten regelmäßig mit der besonderen Schutzwürdigkeit des öffentlichen Vermögens.

a) Gesetzlich vorgeschriebene, laufende (periodische) Prüfungen

a1) Überblick über die gesetzlichen Regelungen

Die Auswahlkriterien, nach denen der Gesetzgeber Unternehmen zu laufenden (periodischen) Prüfungen heranzieht, entsprechen den vorstehend analysierten Motiven für die Einführung von Prüfungspflichten. Es finden sich:

– Prüfungspflichten für Unternehmen bestimmter Rechtsformen
– Prüfungspflichten für Unternehmen bestimmter Größe
– Prüfungspflichten für Konzerne
– Prüfungspflichten für Unternehmen bestimmter Wirtschaftszweige
– Prüfungspflichten für Unternehmen bestimmter Eigentümer (öffentliche und gemischtwirtschaftliche Unternehmen)

a11) Prüfungspflichten für Unternehmen bestimmter Rechtsformen

a111) Prüfungspflichten für Kapitalgesellschaften

Für die Einführung von Prüfungspflichten gerade für Kapitalgesellschaften spricht folgendes: Die Gläubiger und Anteilseigner bedürfen wegen der „Anonymität" dieser Gesellschaftsformen eines besonderen Schutzes, zumal dann, wenn die Verwaltungsorgane dieser Gesellschaften relativ autonom sind und wenn die Gesellschaftsanteile breit gestreut sind. – Für die Gläubiger von Kapitalgesellschaften tritt ein besonderes Schutzinteresse, bedingt durch die Haftungsbeschränkungen der Kapitalgesellschaften, hinzu. Die Publizitäts- und Prüfungspflichten für Kapitalgesellschaften werden mitunter als „der Preis für die Haftungsbeschränkung" bezeichnet. – Es handelt sich bei Kapitalgesellschaften regelmäßig um größere Unternehmen, die wegen ihres relativen Gewichtes in der Gesamtwirtschaft überwacht werden sollen. – Schließlich gelingt über die Prüfungspflicht der Kapitalgesellschaften eine mehr oder weniger wirkungsvolle Überwachung gerade der wichtigsten Unternehmen aller Wirtschaftszweige in einer Gesamtwirtschaft.

Nach bisherigem Gesellschaftsrecht in Deutschland wurden nur die **Aktiengesellschaften** und **Kommanditgesellschaften auf Aktien** wegen ihrer Rechtsform einer Prüfungspflicht durch externe Abschlußprüfer unterworfen. Die Vorschriften über Gegenstand und Umfang der Prüfung, Bestellung und Auswahl der Abschlußprüfer sowie über den Prüfungsbericht und den Bestätigungsvermerk fanden sich in den §§ 162–169 des AktG 1965.

Nach Art. 1 Abs. 1 der 4.EG-Richtlinie wird die Prüfungspflicht für Kapitalgesellschaften auch auf die **Gesellschaften mit beschränkter Haftung ausgedehnt.**[16] Dementsprechend hat der deutsche Gesetzgeber eine generelle Prüfungspflicht in das Handelsgesetzbuch 1985 aufgenommen, der alle Kapitalgesellschaften mit Ausnahme der „kleinen" Aktiengesellschaften und der „kleinen" Gesellschaften mit beschränkter Haftung unterworfen werden.[17]

a112) Prüfungspflichten für Genossenschaften

Das aus **wirtschafts- und sozialpolitischen Gründen** vorhandene Interesse des Gesetzgebers an einer geordneten Wirtschaftsführung der Genossenschaften hat in fast allen Ländern zur Einführung von Prüfungspflichten für Genossenschaften geführt. Diese Prüfungspflichten kommen den Bedürfnissen der Genossenschaftsmitglieder und der Verwaltungsorgane von Genossenschaften vor allem dann entgegen, wenn die Mitglieder der Leitungsorgane in der Genossenschaft nur ehrenamtlich tätig sind und als solche kaufmännische Sachkunde u.U. nicht in jenem Maß besitzen wie die Leitungsorgane (Vorstände, Geschäftsführer) von Handelsgesellschaften.[18]

---

[16] Vgl. Rat der Europäischen Gemeinschaften, 4.EG-Richtlinie
[17] Vgl. Handelsgesetzbuch i.d.F. des Bilanzrichtlinien-Gesetzes vom 19.12.1985, § 316 HGB
[18] Vgl. dazu insb.: Stupka, Objekte 1962; Selchert, Genossenschaftsprüfung 1983, Sp. 455

Nach § 53 des deutschen Genossenschaftsgesetzes (GenG) sind die **Einrichtungen**, die **Vermögenslage** sowie die **Geschäftsführung** der Genossenschaft zwecks **Feststellung der wirtschaftlichen Verhältnisse** und der **Ordnungsmäßigkeit der Geschäftsführung** mindestens in jedem zweiten Jahr zu prüfen. Die Prüfung erfolgt grundsätzlich durch Prüfer eines genossenschaftlichen Prüfungsverbandes.[19]

a12) Prüfungspflichten für Unternehmen bestimmter Größe

Als weiteres Auswahlkriterium für die Einführung von laufenden Pflichtprüfungen findet sich das Merkmal der Unternehmensgröße. Es sollen nur diejenigen Unternehmen (in bestimmter Rechtsform) zur Prüfung herangezogen werden, die durch ihr relatives Gewicht innerhalb der Gesamtwirtschaft eine besondere Überwachung angezeigt erscheinen lassen.

In Deutschland ist das Merkmal der Unternehmensgröße als selbständiges Auswahlkriterium für die Einführung besonderer Publizitäts- und Prüfungspflichten erstmals durch das **Gesetz über die Rechnungslegung von bestimmten Unternehmen und Konzernen (PublG)** vom 15. August 1969[20] zur Anwendung gelangt. Nach § 1 Abs. 1 PublG erstreckt sich die Prüfungspflicht auf alle Unternehmen, deren Größe (gemessen an der Bilanzsumme, an den Jahresumsatzerlösen und an der Zahl der Arbeitnehmer) bestimmte, durch das Gesetz festgelegte Schwellenwerte überschreitet. Diese Regelung gilt grundsätzlich für sämtliche Unternehmen, soweit sie nicht bereits aufgrund anderer gesetzlicher Vorschriften offenlegungs- und prüfungspflichtig sind. Im einzelnen zählt das PublG[21] die folgenden Unternehmensformen auf: Personenhandelsgesellschaften, Einzelkaufleute, bergrechtliche Gewerkschaften, wirtschaftliche Vereine, rechtsfähige Stiftungen des bürgerlichen Rechts, sofern sie ein Gewerbe betreiben und Körperschaften, Anstalten oder Stiftungen des öffentlichen Rechts, sofern sie Kaufleute sind oder als Kaufleute in das Handelsregister eingetragen sind.

Es ist möglich, daß das Merkmal der Unternehmensgröße als Auswahlkriterium für die Konstituierung von Prüfungspflichten nicht selbständig auftritt, sondern zur weiteren Abgrenzung bzw. Abstufung von Prüfungspflichten innerhalb des Bereichs bestimmter Unternehmensformen dient.

Es wurde bereits erwähnt, daß nach der 4.EG-Richtlinie zwar eine Prüfungspflicht für Gesellschaften mit beschränkter Haftung eingeführt werden muß[22]; gleichzeitig war es aber den nationalen Regierungen überlassen, für kleinere Gesellschaften eine Befreiung von der Prüfungspflicht vorzusehen. Der deutsche Gesetzgeber hat von diesem „nationalen Wahlrecht" Gebrauch gemacht und die „kleinen" Aktiengesellschaften sowie die „kleinen" Gesellschaften mit beschränkter Haftung von der Prüfungspflicht freigestellt.[23]

a13) Prüfungspflichten für Konzerne

Falls rechtlich selbständige Unternehmen durch die Eingliederung in einen Konzern ihre wirtschaftliche Selbständigkeit verloren haben, kann deren

---

[19] Vgl. §§ 53 ff. GenG i.d.F. des Bilanzrichtlinien-Gesetzes v. 19.12.1985
[20] BGBl. I, S. 1189; zuletzt geändert durch das Bilanzrichtlinien-Gesetz v. 19.12.1985
[21] Vgl. § 3 Abs. 1 PublG
[22] Vgl. Rat der Europäischen Gemeinschaften, 4.EG-Richtlinie, Art. 1 Abs.1
[23] Vgl. Rat der Europäischen Gemeinschaften, 4.EG-Richtlinie, Art. 51, Abs. 2 i.V.m. Art.11. Zur Umsetzung in das deutsche Recht vgl. §§ 316 Abs. 1 i.V.m. § 267 Abs. 1 HGB

Vermögens-, Finanz- und Ertragslage nur noch bedingt mit Hilfe der Einzelabschlüsse der konzernangehörigen Unternehmen dargestellt werden. Selbst die postenweise Zusammenfassung der auf den gleichen Abschlußstichtag aufgestellten Einzelabschlüsse der Konzernunternehmen zu sog. **Sammelbilanzen** oder **Sammelerfolgsrechnungen** vermag ein zutreffendes Bild der Vermögens- und Ertragslage des Konzerns als wirtschaftliche Einheit nicht zu liefern, wenn zwischen den einzelnen Konzernunternehmen Schuld- und Beteiligungsverhältnisse bestehen oder wenn die einzelnen Konzernunternehmen untereinander in Liefer- und Leistungsbeziehungen stehen. Erst durch die Ausschaltung (**Konsolidierung**) der genannten innerkonzernlichen Beziehungen kann aus der Sammelbilanz und aus der Sammelerfolgsrechnung der Konzernunternehmen ein **Konzernabschluß** entwickelt werden, der die wirtschaftlichen Verhältnisse der Konzerneinheit zutreffend wiederzugeben in der Lage ist. Es bedarf dazu im einzelnen der Aufrechnung der Konzernbeteiligungen mit dem auf sie entfallenden Kapital der betreffenden Konzernunternehmen, der Aufrechnung der Konzernforderungen mit den auf sie entfallenden Konzernverbindlichkeiten, der periodenrichtigen Zuordnung der zwischen den Konzernunternehmen vorgenommenen Erfolgsausschüttungen und der periodenrichtigen Verrechnung bzw. Aufrechnung der aus konzerninternen Lieferungen und Leistungen bei den einzelnen Konzernunternehmen entstandenen Aufwendungen und Erträge.[24]

In Deutschland wurde die Verpflichtung zur Aufstellung und Prüfung von Konzernabschlüssen erstmalig durch das AktG 1965 eingeführt: Nach § 329 AktG 1965 hatte eine Konzernmuttergesellschaft mit Sitz im Inland einen Konzernabschluß aufzustellen, falls sie in den Rechtsformen entweder der **Aktiengesellschaft oder der Kommanditgesellschaft auf Aktien** geführt wurde. Das Publizitätsgesetz hat die Verpflichtung zur Offenlegung eines geprüften Konzernabschlusses auf sämtliche inländischen Konzernleitungen ausgedehnt, sofern sie ihrer Rechtsform nach unter das Publizitätsgesetz fallen und sofern die **Größenmerkmale des Publizitätsgesetzes**, bezogen auf die Gesamtheit der in den Konzernabschluß einzubeziehenden Unternehmen, überschritten werden.[25]

Nach EG-Recht[26] wird die Verpflichtung zur Vorlage von geprüften Konzernabschlüssen grundsätzlich auf alle Konzern-Obergesellschaften – unabhängig von deren Rechtsform – ausgedehnt, sofern entweder das Mutterunternehmen oder eines der einzubeziehenden Tochterunternehmen die Rechtsform einer Kapitalgesellschaft hat.[27] Die Richtlinie läßt es jedoch zu, daß nur Konzern-Mutterunternehmen in den Rechtsformen der Kapitalgesellschaften zur Konzernrechnungslegung verpflichtet werden, während Mutterunternehmen in anderen Rechtsformen von der Konzern-Rechnungslegung und -Prüfung befreit werden können.[28] Die 7. EG-Richtlinie gestattet ferner,

---

[24] Zur Aufstellung von Konzernabschlüssen nach bisherigem und neuem EG-Recht, vgl. u.a. Gross/Schruff/v.Wysocki, Konzernabschluß 1987; v.Wysocki/Wohlgemuth, Konzernrechnungslegung 1986

[25] Vgl. § 11 PublG. Diese Verpflichtung bleibt auch unter dem Bilanzrichtlinien-Gesetz v. 19. 12. 1985 bestehen

[26] Zur Konzernrechnungslegung und Prüfung von Konzernen nach EG-Recht vgl. Rat der Europäischen Gemeinschaften, 7.EG-Richtlinie

[27] Vgl. Rat der Europäischen Gemeinschaften, 7.EG-Richtlinie, Art. 4 Abs. 1

[28] Vgl. Rat der Europäischen Gemeinschaften, 7.EG-Richtlinie, Art. 4 Abs. 2

daß kleinere Konzerne von der Verpflichtung zur Aufstellung und Prüfung von Konzernabschlüssen befreit werden können, falls der Konzern bestimmte Größenmerkmale (Bilanzsumme, Außenumsatzerlöse und Zahl der Mitarbeiter) nicht überschreitet.[29] Der deutsche Gesetzgeber hat anläßlich der Umsetzung der 7.EG-Richtlinie in das deutsche Recht die genannten „nationalen Wahlrechte" an die Unternehmen weitergegeben, d.h. er verlangt die Aufstellung, Offenlegung und Prüfung von Konzernabschlüssen nur dann, wenn das Konzern-Mutterunternehmen die Rechtsform einer Kapitalgesellschaft hat (§ 290 HGB) und befreit grundsätzlich „kleine Konzerne" von der Aufstellungs-, Offenlegungs- und Prüfungspflicht (§ 293 HGB).

a14) Prüfungspflichten für Unternehmen bestimmter Wirtschaftszweige

Da die Einführung von Prüfungspflichten für bestimmte Unternehmensformen und ggf. für Unternehmen bestimmter Größe nicht ausreicht, die laufende Überwachung sämtlicher Unternehmen bestimmter Wirtschaftszweige sicherzustellen, finden sich ergänzende Regelungen, durch die Prüfungspflichten für Unternehmen vor allem in folgenden Wirtschaftszweigen vorgesehen sind: **Kreditinstitute, Kapitalanlagegesellschaften, Versicherungen, Bausparkassen, Gemeinnützige Wohnungsunternehmen, Krankenhäuser, Bauträger und Makler.**

Das **Gesetz über das Kreditwesen (KWG)** dehnt die Pflicht zur periodischen Prüfung von Kreditinstituten auf die nicht nach anderen Vorschriften prüfungspflichtigen Kreditinstitute aus. Auf die Prüfung des Jahresabschlusses von Kreditinstituten sind – vorbehaltlich von Sondervorschriften des KWG – die Prüfungsvorschriften des Handelsgesetzbuches (§§ 316 ff. HGB) anzuwenden.[30] Auf Kreditinstitute in der Rechtsform der eingetragenen Genossenschaft, deren Bilanzsumme DM 10 Mio nicht überschreitet, sind die Prüfungsvorschriften nicht anzuwenden.[31] Nach § 30 Abs. 1 KWG sind bei Kreditinstituten, die das Effektengeschäft oder das Depotgeschäft betreiben, diese Geschäfte gesondert prüfungspflichtig (**Depotprüfung**).[32]

Kapitalanlagegesellschaften sind „Unternehmen, deren Geschäftsbereich darauf gerichtet ist, bei ihnen angelegtes Geld im eigenen Namen für gemeinschaftliche Rechnung der Einleger nach dem Grundsatz der Risikomischung in Wertpapieren oder Grundstücken sowie Erbbaurechten gesondert von dem eigenen Vermögen anzulegen und über die hieraus sich ergebenden Rechte der Einleger Urkunden auszustellen".[33] Die Prüfung des Jahresabschlusses der Kapitalanlagegesellschaften richtet sich nach den für die Prüfung der Kreditinstitute geltenden Vorschriften. Zusätzlich hat die Prüfung sich auch auf die Sondervermögen und die über die Verwaltung der Sondervermögen zu erstattenden Rechenschaftsberichte zu erstrecken.[34]

---

[29] Vgl. Rat der Europäischen Gemeinschaften, 7.EG-Richtlinie, Art. 6

[30] § 27 Abs. 2 KWG in der Fassung des Bilanzrichtlinien-Gesetzes v. 19.12.1985

[31] § 27 Abs. 1 KWG in der Fassung des Bilanzrichtlinien-Gesetzes v. 19.12.1985

[32] Zur Prüfung der Kreditinstitute vgl. Scholz, Kreditinstitute 1983, Sp. 848 ff. und die dort angegebene Literatur; zur Depotprüfung vgl. Spieth/Krumb, Depotprüfung 1975 sowie Krumb, Depotprüfung 1983, Sp. 223 ff.

[33] § 1 des Gesetzes über Kapitalanlagegesellschaften vom 16. 4. 1957 in der Fassung des Bilanzrichtlinien-Gesetzes v. 19. 12. 1985

[34] Vgl. § 25 Abs. 3 Kapitalanlagegesetz. Zur Prüfung der Kapitalanlagegesellschaften vgl. Schidrich, Kapitalanlagegesellschaften 1983, Sp. 697 ff.

Nach dem Gesetz über die Beaufsichtigung der privaten Versicherungsunternehmungen und Bausparkassen (VAG) ist der Rechnungsabschluß eines Versicherungsunternehmens unter Einbeziehung der Buchführung und des Jahresberichtes, soweit er den Rechnungsabschluß erläutert, zu prüfen. Das Bundesaufsichtsamt für das Versicherungswesen ist ermächtigt, festzulegen, wie die Prüfungen durchzuführen sind. Das Aufsichtsamt hat von dieser Ermächtigung durch Rundschreiben Gebrauch gemacht.[35]

Gemeinnützige Wohnungsunternehmen sind nach § 26 des Gesetzes über die Gemeinnützigkeit im Wohnungswesen[36] regelmäßigen Abschlußprüfungen unterworfen, die nach den Prüfungsvorschriften des Genossenschaftsgesetzes sowie des Handelsgesetzbuchs vorzunehmen sind.

Eine generelle bundeseinheitliche Verpflichtung zur Prüfung von **Krankenanstalten** besteht nicht. Einige Bundesländer haben jedoch Prüfungspflichten für die Jahresabschlüsse,[37] die Selbstkosten,[38] und die Geschäftsführung[39] von Krankenanstalten eingeführt.[40]

a15) Prüfungspflichten für öffentliche Unternehmen

Die öffentliche Hand wird in eigener Sache tätig, wenn sie Prüfungspflichten für Unternehmen einführt, die sich ganz oder teilweise im öffentlichen (staatlichen oder kommunalen) Eigentum befinden. Solche Prüfungspflichten werden regelmäßig mit der besonderen Schutzwürdigkeit des öffentlichen Vermögens begründet; durch sie soll zugleich ein zweckentsprechender Einsatz dieses Vermögens sichergestellt werden. Dennoch bilden gesetzlich vorgeschriebene Prüfungen für die in öffentlichem Eigentum befindlichen Unternehmen die Ausnahme: Der öffentlichen Hand stehen nämlich auch bei Vorliegen von Beteiligungen an Unternehmen, die privatrechtlich geführt werden, wirkungsvolle Einflußmöglichkeiten zur Verfügung, von denen sie bevorzugt Gebrauch macht.

Pflichtprüfungen für öffentliche Unternehmen finden sich gegenwärtig nur im Bereich der in öffentlich-rechtlichen Formen geführten Unternehmen. Zwar wurde durch die **Notverordnung des Reichspräsidenten zur Sicherung von Wirtschaft und Finanzen** vom 6. 10. 1931[41] eine allgemeine Prüfungspflicht für die öffentlichen Unternehmen

---

[35] Vgl. § 57 Gesetz über die Beaufsichtigung der privaten Versicherungsunternehmen v. 6. 6. 1931 i. d. F. des Bilanzrichtlinien-Gesetzes v. 19. 12. 1985. Zur Prüfung der Versicherungsunternehmen vgl. insbes. Richter, Versicherungsunternehmen 1983, Sp. 1668 ff. und die dort angegebene Literatur

[36] Gesetz über die Gemeinnützigkeit im Wohnungswesen – Wohnungsgemeinnützigkeitsgesetz vom 29. 2. 1940 i. d. F. vom 19. 12. 1985. Zur Prüfung von gemeinnützigen Wohnungsunternehmen vgl. Röder, Wohnungsunternehmen 1983, Sp. 449 ff. und die dort angegebene Literatur

[37] Vgl. zur Jahresabschlußprüfung von Krankenanstalten: Munk, Krankenhäuser 1983, Sp. 819 ff.

[38] Vgl. Eichhorn, Krankenhäuser 1983, Sp. 828 ff.

[39] Vgl. Kissel, Krankenhäuser 1983, Sp. 823 ff.

[40] Der Leser findet einen Katalog der periodischen Pflichtprüfungen für Unternehmen bestimmter Wirtschaftszweige nach bisherigem Recht bei Reittinger, Pflichtprüfungen 1983, Sp. 1081 ff.

[41] Dritte Verordnung des Reichspräsidenten zur Sicherung von Wirtschaft und Finanzen und zur Bekämpfung politischer Ausschreitungen vom 6. 10. 1931, Fünfter Teil: Handels- und Wirtschaftspolitik, Kapitel VIII

eingeführt. Diese allgemeine Prüfungspflicht wurde aber bereits durch die Durchführungsverordnung zu der Notverordnung vom 6. Okt. 1931 weitgehend eingeschränkt.[42] Gegenwärtig besteht eine allgemeine Prüfungspflicht praktisch nur noch für die wirtschaftlichen Gemeindebetriebe, sofern diese in der Form eines öffentlichrechtlichen Sondervermögens (sog. Eigenbetriebe[43]) geführt werden.

a2) Prüfungsobjekte bei periodischen Pflichtprüfungen

a21) Übersicht

Die gesetzlich vorgeschriebene Überwachung von Unternehmen erschöpft sich in den meisten Fällen darin, daß vom externen Prüfer ein Urteil darüber verlangt wird, ob die Rechnungslegung des zu prüfenden Unternehmens unter Berücksichtigung der Rechnungslegungsgrundsätze und -vorschriften ein „richtiges" Bild der Vermögens-, Finanz- und Ertragslage vermittelt. Eine solche Prüfung erstreckt sich auf die gesamte Rechnungslegung und ist somit eine **Gesamtprüfung des Jahresabschlusses und der ihm zugrundeliegenden Buchführung.** Die Prüfung soll sicherstellen, daß die an der Rechnungslegung interessierten Kreise (Gesellschafter, Gläubiger, anlagesuchendes Publikum, die „Öffentlichkeit" und die Aufsichtsorgane des geprüften Unternehmens) die Gewähr haben können, daß die geprüften und evtl. publizierten Rechnungsergebnisse „richtig" sind, d.h. daß Buchführung, Bilanz, Erfolgsrechnung und Berichterstattung im Anhang als Instrumente der Darstellung von Vermögen und Erfolg entsprechend den handelsrechtlichen Vorschriften über die Rechenschaftslegung gehandhabt worden sind.

Neben der Prüfung der Rechnungslegung wird in einigen Fällen zusätzlich ein **Urteil über die Qualität der Geschäftsführung** verlangt.

Die Beglaubigung der Richtigkeit nur der Rechnungslegung durch qualifizierte und unabhängige Prüfer reicht offenbar immer dann aus, wenn die Interessenten an dem Prüfungsergebnis in der Lage sind, sich aufgrund der als richtig testierten Rechnungslegung selbst ein zutreffendes Bild über die Qualität der durch die Rechnungslegung dargestellten wirtschaftlichen Verhältnisse des Unternehmens und seiner Geschäftsführung zu machen. Dies ist nach Ansicht des Gesetzgebers offensichtlich der Fall bei den nach erwerbswirtschaftlichen Grundsätzen geführten Unternehmen.

Bei anderen Unternehmen, z.B. bei Krankenanstalten, Genossenschaften und Unternehmen im Eigentum der öffentlichen Hand, sind die Erfolgsziffern des Jahresabschlusses dagegen nicht unbedingt ein Maßstab für die **Güte der Geschäftsführung,** wenn und soweit die Unternehmen gemeinwirtschaftliche[44] Aufgaben wahrzunehmen haben. Das im Jahresabschluß ausgewiesene

---

[42] Verordnung zur Durchführung der Vorschriften über die Prüfungspflicht der Wirtschaftsbetriebe der öffentlichen Hand vom 30. März 1933
[43] Vgl. Pohl, Eigen- und Regiebetriebe 1983, Sp. 271 ff.
[44] Zu den Aufgaben öffentlicher Unternehmen vgl. z.B. Schnettler, Betriebe 1956, S. 23 ff.; ders.: Betriebe 1964, S. 435 ff.; ferner Oettle, Charakter 1966, S. 241 ff.; v. Wysocki, Betriebswirtschaftslehre 1966, S. 215

Ergebnis einer Genossenschaft gibt z. B. keinen Hinweis darauf, inwieweit die Genossenschaft ihre Aufgaben als Hilfswirtschaft ihrer Mitglieder erfüllt hat; das Jahresergebnis eines Unternehmens der öffentlichen Hand kann keine Auskunft darüber geben, inwieweit dieses Unternehmen seinen sozialpolitischen oder wettbewerbspolitischen Aufgaben nachkommen konnte und tatsächlich nachgekommen ist. Die besonderen Verpflichtungen der öffentlichen Unternehmen zur Rechenschaftslegung über die Verwendung und die Nutzung des öffentlichen Vermögens sowie die sozialpolitische Bedeutung der Genossenschaften und Krankenanstalten mögen die Gesetzgeber veranlaßt haben, hier die Prüfungspflicht auch auf die Geschäftsführung auszudehnen.

Nicht eindeutig gelöst ist die Frage, ob insbesondere im Rahmen periodischer Prüfungen der Rechnungslegung auch eine **Prüfung bzw. Darstellung der wirtschaftlichen Lage des geprüften Unternehmens** notwendig ist. Der Bundesgerichtshof hat in einem Urteil aus dem Jahre 1954[45] festgestellt, daß nicht die wirtschaftliche Lage, sondern nur die Ordnungsmäßigkeit und die Gesetzmäßigkeit des Jahresabschlusses zu prüfen seien; gleichwohl dürfte der Prüfer kaum in der Lage sein, die „Richtigkeit" der Rechnungslegung eines Unternehmens zu prüfen, wenn er sich nicht zuvor ein Bild von der wirtschaftlichen Lage des zu prüfenden Unternehmens gemacht hat.

a22) Die Prüfung der Rechnungslegung

Modell für die Umschreibung des Gegenstandsbereiches der gesetzlich erzwungenen Prüfung der Rechnungslegung sind in Deutschland die Regelungen des Handelsgesetzbuches zur Prüfung der Jahresabschlüsse von Kapitalgesellschaften.[46] Danach ist der Jahresabschluß (Bilanz, Gewinn- und Verlustrechnung und Anhang) unter Einbeziehung der Buchführung zu prüfen. Die Prüfung des Jahresabschlusses hat sich darauf zu erstrecken, ob die gesetzlichen Vorschriften und sie ergänzende Bestimmungen des Gesellschaftsvertrags oder der Satzung beachtet sind. Damit ist die Prüfung der Rechnungslegung sowohl eine **Gesetzmäßigkeits-** und eine **Rechtmäßigkeits-** als auch eine **Ordnungsmäßigkeitsprüfung.**[47] Außerdem ist zu prüfen, ob der **Lagebericht mit dem Jahresabschluß in Einklang steht** und ob die sonstigen Angaben im Lagebericht nicht eine **falsche Vorstellung von der Lage des Unternehmens** erwecken.

Nach herrschender Meinung ist somit die Rechnungslegungsprüfung **keine Unterschlagungs- oder Veruntreuungsprüfung:** Die Tatsache, daß einer Unternehmung auf unrechtmäßige Weise Vermögensteile entzogen werden, ist als solche für den Jahresabschlußprüfer im Rahmen seiner eigentlichen Aufgabe von untergeordnetem Interesse. Sie wird nach Schulze zur Wiesch[48] erst dadurch bedeutungsvoll, daß sie gegebenenfalls Zweifel an der Funktionsfä-

---

[45] Urteil des BGH vom 15.12.1954 – II ZR 322/53 – WPg 1955, S. 138 ff.
[46] Vgl. dazu §§ 316 – 324 HGB
[47] Vgl. dazu bes. § 317 Abs. 1 HGB
[48] Vgl. Grundsätze 1963, S. 85

higkeit der Buchführung begründet und möglicherweise zur Folge hat, daß in der Bilanz ausgewiesene Vermögensteile bereits aus dem Vermögen ausgeschieden sind. Nach Auffassung des Instituts der Wirtschaftsprüfer[49] hat der Abschlußprüfer die Nichtaufdeckung von Unterschlagungen und ähnlichen Straftaten nur dann zu vertreten, wenn er sie bei ordnungsmäßiger Durchführung der Abschlußprüfung mit deren Methoden hätte feststellen müssen.

Die Rechnungslegungsprüfung schließt eine Prüfung der Einhaltung rechtlicher Vorschriften insoweit ein, wie diese entweder unmittelbar die Rechnungslegung betreffen, z. b. Bewertungsvorschriften, Gliederungsvorschriften, Vorschriften über die Berichterstattung, Vorschriften über die Buchführung, Vorschriften über das Inventar usw. oder sich auf den Inhalt des Jahresabschlusses auswirken. Zu den **Vorschriften, die unmittelbar die Rechnungslegung betreffen**, gehören auch die Sondervorschriften für die Rechnungslegung durch Unternehmen einzelner Wirtschaftszweige (z. B. Kreditinstitute, Versicherungsunternehmen usw.).[50]

Andere Vorschriften sind im Rahmen einer Prüfung der Rechnungslegung nur insoweit zu berücksichtigen, als durch sie Rückwirkungen auf die Rechnungslegung zu erwarten sind. Es kann sich dabei um zwingende Vorschriften des Gesellschafts- und Handelsrechts, um Vorschriften des bürgerlichen Rechts (Schuldrechts, Sachenrechts), um Vorschriften des Strafrechts, um Vorschriften des Sozialversicherungsrechts, des Gesetzes gegen Wettbewerbsbeschränkungen und um Vorschriften des Steuer- und Devisenrechts handeln. In allen Fällen reicht die Berücksichtigung dieser Vorschriften im Zusammenhang mit der Rechnungslegungsprüfung nur so weit, wie ihre Nichtbeachtung sich auf Bilanz, Gewinn- und Verlustrechnung und Anhang (Geschäftsbericht) auswirken kann, sei es, daß das Unternehmen daraus von Dritten in Anspruch genommen werden kann (Strafen, Nachzahlungen, Herausgabeverpflichtungen), sei es, daß in den Büchern nachgewiesene Ansprüche gegebenenfalls ihrer Rechtsgrundlage entbehren.[51]

a23) Die Darstellung (Prüfung) der wirtschaftlichen Lage

Umstritten ist die Frage, ob die Rechnungslegungsprüfung auch eine **Prüfung der wirtschaftlichen Lage** des geprüften Unternehmens einschließt. Dazu ist zunächst unter sprachlichen Gesichtspunkten zu bemerken, daß man genauer statt von der Prüfung der wirtschaftlichen Lage von einer **Darstellung der wirtschaftlichen Lage** sprechen sollte. Die in den Prüfungsberichten über die Pflichtprüfung von Jahresabschlüssen in der Regel enthaltenen Ausführungen zur wirtschaftlichen Lage sind nicht das Ergebnis einer Prüfung; die vorgefundenen wirtschaftlichen Verhältnisse werden nicht an einem Vergleichsobjekt gemessen, wie es eine Prüfung voraussetzen würde.

---

[49] Vgl. IdW, FG 1/1977, Abschn. C I, Anm. 3
[50] Vgl. IdW, FG 1/1977, Abschn. C I, Abs. 2
[51] Vgl. IdW, FG 1/1977, Abschn. C I, Anm. 1

Der Bundesgerichtshof hatte in seiner Entscheidung vom 15.12.1954 zur Abgrenzung der Rechnungslegungsprüfung eine eindeutige Entscheidung gefällt:[52]

„Die Prüfung des Jahresabschlusses besteht ... in der Prüfung einer Rechnungslegung, und zwar des Vorstandes. Rechnung legen heißt, wirtschaftliche Vorgänge und Tatsachen darstellen. Die Prüfung einer Rechnungslegung bedeutet daher nicht mehr, als diese Darstellung nachprüfen. Die aktienrechtliche Abschlußprüfung hat die Prüfung der Rechnungslegung des Vorstandes auf ihre sachliche Richtigkeit, ihre Ordnungsmäßigkeit und Gesetzlichkeit zum Inhalt. Sie ist eine Rechnungslegungsprüfung und keine Prüfung der von der Rechnungslegung erfaßten wirtschaftlichen Vorgänge und Tatsachen. Gewiß muß sich der Abschlußprüfer mit dem hinter Jahresabschluß und Geschäftsbericht stehenden Sachverhalt beschäftigen, um ihre Verwertung im Jahresabschluß und ihre Behandlung im Geschäftsbericht einwandfrei beurteilen zu können. Aber dieser Zweck begrenzt auch die Prüfungsaufgabe. Die aktienrechtliche Abschlußprüfung hat ihrer Sache und ihrer gesetzlichen Regelung nach nicht das Ziel, sämtliche Geschäftsvorfälle zum Gegenstand der Untersuchung zu machen, und ist nicht dazu da, Richtigkeit und Zweckmäßigkeit der Maßnahmen der Verwaltung zu beurteilen und sagen zu können, was im einzelnen anders oder besser hätte gemacht werden können oder sollen. Sie hat nicht die Aufgabe, die Geschäftsführung der Verwaltung zu untersuchen und zu beanstanden, fehlerhafte Entschlüsse zu verhindern oder Vorstand und Aufsichtsrat die Verantwortung abzunehmen. Sie hat den geschäftlichen Vorgängen und Tatsachen nur insoweit nachzugehen, als dies erforderlich ist, um die Ordnungsmäßigkeit und Übereinstimmung der Rechnungslegung mit Bestandsverzeichnis und Geschäftsbüchern zu beurteilen und über die Einhaltung der Grundsätze vorsichtiger Bewertung, der Bilanzklarheit und -wahrheit und aller sonstigen für Jahresabschluß und Geschäftsbericht aufgestellten Erfordernisse zu wachen. Nur die Ordnungs- und Gesetzmäßigkeit der Rechnungslegung selbst ist zu prüfen....."

Die Entscheidung bestätigt, daß es nicht Aufgabe des Abschlußprüfers ist, Kritik an der Geschäftsführung anhand der von ihr geschaffenen wirtschaftlichen Lage zu üben. Zu der eigentlichen Problematik, nämlich zur Frage nach der Darstellung der wirtschaftlichen Verhältnisse im Prüfungsbericht, nimmt das Urteil nicht Stellung, weil es immer nur von der „Prüfung" der Lage spricht und nicht deutlich wird, ob damit zugleich auch die „Darstellung" der Lage gemeint ist.

Die unter dem bisherigen Recht herrschende Meinung zu dieser Frage gibt das Fachgutachten 2/1977 des Instituts der Wirtschaftsprüfer „Grundsätze ordnungsmäßiger Berichterstattung bei Abschlußprüfungen" wieder, wonach eine generelle Verpflichtung, die Berichterstattung auch auf die Entwicklung der wirtschaftlichen Grundlagen zu erstrecken, nicht besteht.[53] Zugleich wird aber festgestellt, daß eine Berichterstattung über die Entwicklung der wirtschaftlichen Grundlagen langjähriger Berufsübung entspreche. Der Umfang dieser Berichterstattung solle sich vornehmlich nach dem Informationswert richten, den er für die Berichtsempfänger habe. Bloße Wiederho-

---

[52] Urteil des BGH vom 15. Dez. 1954 – II ZR 322/53 – WPg 1955, S. 188 ff. Dieses Urteil bezieht sich zwar auf § 135 des Aktiengesetzes von 1937. Das Urteil dürfte aber auch in der jüngeren Diskussion über den Gegenstandsbereich der Jahresabschlußprüfung von Kapitalgesellschaften von Bedeutung bleiben.

[53] Vgl. IdW, FG 2/1977, Abschn. C I, Abs. 3

lungen von Angaben aus dem Geschäftsbericht seien entbehrlich.[54] Zur Darstellung der Entwicklung der Vermögens- und Ertragslage seien die Gegenüberstellung von zusammengefaßten Zahlen des Geschäftsjahres mit Vorjahreszahlen und ihre Erläuterungen zweckmäßig. Auch Erörterungen zur Liquidität, die Darstellung der Lage durch Bewegungsbilanzen, Cash-Flow-Analysen, Kapitalflußrechnungen sowie Ausführungen zur Substanzerhaltung und dergleichen könnten diesem Zweck dienen.[55]

Die vorstehende Auffassung dürfte nach der Transformation der 4.EG(Bilanz)-Richtlinie und der 7.EG(Konzern)-Richtlinie in das deutsche Handelsrecht aus den folgenden Gründen zu modifizieren sein. Die Diskussion hierüber ist indes noch nicht abgeschlossen:

– Nach neuem Handelsrecht haben der Jahresabschluß bzw. der Konzernabschluß „unter Beachtung der Grundsätze ordnungsmäßiger Buchführung **ein den tatsächlichen Verhältnissen entsprechendes Bild der Vermögens-, Finanz- und Ertragslage**" des Unternehmens bzw. des Konzerns zu vermitteln (§§ 264 Abs. 2 u. 297 Abs. 2 HGB).

– Im Bestätigungsvermerk über die durchgeführte Jahresabschlußprüfung ist die Aussagefähigkeit des Jahres- bzw. Konzernabschlusses im Hinblick auf die **Darstellung der tatsächlichen Vermögens-, Finanz- und Ertragslage** ausdrücklich durch den Prüfer festzustellen (§ 322 Abs. 1 HGB).

– Im Prüfungsbericht hat der Abschlußprüfer nach neuem Handelsrecht (§ 321 Abs. 1 Satz 4 HGB) die Pflicht, **nachteilige Veränderungen der Vermögens-, Finanz- und Ertragslage gegenüber dem Vorjahr und Verluste, die das Jahresergebnis nicht unwesentlich beeinflußt haben, ... aufzuführen und ausreichend zu erläutern.**"

– Schließlich ist – wie schon nach bisherigem Aktienrecht – dem Abschlußprüfer eine besondere „**Redepflicht**" bei **bestandsgefährdenden Entwicklungen des geprüften Unternehmens** auferlegt: „Stellt der Abschlußprüfer bei Wahrnehmung seiner Aufgaben Tatsachen fest, die den Bestand des geprüften Unternehmens gefährden oder seine Entwicklung wesentlich beeinträchtigen können ..., so hat er auch darüber zu berichten."[56]

Nach Vorstehendem dürfte im Rahmen der Jahresabschlußprüfung von Kapitalgesellschaften eine sorgfältige Analyse der wirtschaftlichen Lage des geprüften Unternehmens durch den Abschlußprüfer unumgänglich sein, wenn er seiner Bestätigungs-, Berichterstattungs- und Redepflicht nachkommen will.

Auf die Verpflichtung des Prüfers zur „**Feststellung der wirtschaftlichen Verhältnisse**" auf der Grundlage besonderer Vorschriften sei an dieser Stelle hingewiesen.[57]

---

[54] Vgl. IdW, FG 2/1977, Abschn. C I, Anm. 6
[55] Vgl. IdW, FG 2/1977, Abschn. C II, Anm. 2
[56] § 321 Abs. 2 HGB
[57] Z.B. Feststellung der wirtschaftlichen Verhältnisse nach § 53 GenG; Darstellung der Entwicklung der wirtschaftlichen Verhältnisse nach § 53 HGrG; Untersuchung der wirtschaftlichen Verhältnisse eines Kreditinstituts nach § 29 KWG

a24) Die laufende Prüfung der Geschäftsführung

Bei Unternehmen der öffentlichen Hand[58] und bei Genossenschaften[59] ist regelmäßig auch die Geschäftsführung Gegenstand einer periodischen Prüfung.[60] Ansich ist der Gegenstandsbereich einer Prüfung der Geschäftsführung kaum abzugrenzen. Die Geschäftsführungsprüfung ist vielmehr eine Totalprüfung und zusammen mit der Rechnungslegungsprüfung eine wirtschaftliche Prüfung des gesamten Unternehmens nicht nur nach der formellen, sondern auch nach der materiellen Seite. Einer Geschäftsführungsprüfung würden also sowohl die Verwaltungsakte der Geschäftsleitung als auch die unternehmerischen Entscheidungen einschließlich ihrer fachgerechten Vorbereitung und Durchführung unterworfen werden müssen.

Es sind Wirtschaftlichkeitserwägungen bei der Prüfungsdurchführung, aber auch Fragen der Abgrenzung der Verantwortlichkeiten zwischen der Geschäftsführung des geprüften Unternehmens und dem Geschäftsführungsprüfer, die zu einer Begrenzung des Gegenstandsbereichs der Geschäftsführungsprüfung führen. Es finden sich in den für Geschäftsführungsprüfungen maßgeblichen Prüfungsordnungen Hinweise, die nicht nur zu einer Konkretisierung des Gegenstandsbereichs von Geschäftsführungsprüfungen, sondern auch zur **Begrenzung des Gegenstandsbereichs dieser Prüfungen** führen.

Nach herrschender Meinung wird die Prüfung der Geschäftsführung nicht auf alle Aspekte der Geschäftsführung ausgedehnt, sondern nur auf diejenigen, die unter dem Gesichtspunkt der **Ordnungsmäßigkeit** zu erfassen sind.[61] Als Beispiel für eine solche Begrenzung können die vorläufigen Verwaltungsvorschriften des Bundesministers der Finanzen angesehen werden, in denen es heißt:[62]

„...Dabei ist zu beachten, daß § 53 Abs. 1 HGrG nicht eine Prüfung der gesamten Geschäftsführung der Gesellschaft verlangt. Vielmehr ergibt sich eine Einschränkung des Prüfungsumfangs schon daraus, daß als Prüfungsobjekt nicht die Geschäftsführung im ganzen, sondern die Frage ihrer ‚Ordnungsmäßigkeit' angesprochen wird. Den Maßstab für die Ordnungsmäßigkeit der Geschäftsführung bilden die Vorschriften des

---

[58] Bei Unternehmen der öffentlichen Hand waren nach der Verordnung des Reichspräsidenten zur Sicherung von Wirtschaft und Finanzen vom 6.10.1931 die Jahresabschlüsse zur Feststellung der wirtschaftlichen Verhältnisse zu prüfen. Diese Vorschrift wird nach Maßgabe des landesrechtlichen Eigenbetriebsrechts vornehmlich auf kommunale Wirtschaftsbetriebe (Eigenbetriebe) angewandt. Bei Gesellschaften, an denen Bund, Länder und Gemeinden mit Mehrheit beteiligt sind, kann die betreffende Gebietskörperschaft nach § 53 HGrG verlangen, daß die Beteiligungsgesellschaft auch die Ordnungsmäßigkeit der Geschäftsführung prüfen läßt.

[59] Nach § 53 des Genossenschaftsgesetzes sind die Einrichtungen, die Vermögenslage sowie die Geschäftsführung einer Genossenschaft zwecks Feststellung der wirtschaftlichen Verhältnisse und der Ordnungsmäßigkeit der Geschäftsführung zu prüfen; auf gemeinnützige Wohnungsunternehmen sind die Prüfungsvorschriften des Genossenschaftsgesetzes sinngemäß anzuwenden.

[60] Eine Übersicht über die gesetzlichen Vorschriften zur Prüfung der Geschäftsführung findet sich bei Saage, Geschäftsführungsprüfung 1983, Sp. 472 ff.

[61] Vgl. Forster, Haushaltsgrundsätzegesetz 1983, Sp. 593 f.

[62] Bundesminister der Finanzen, Verwaltungsvorschriften 1973, S. 567 f.

§ 93 Abs. 1 Satz 1 AktG bzw. § 43 Abs. 1 GmbHG, nach denen die Vorstandsmitglieder bzw. Geschäftsführer die Sorgfalt eines ordentlichen und gewissenhaften Geschäftsleiters anzuwenden haben. Der Prüfer hat festzustellen, ob die Geschäfte der Gesellschaft im abgelaufenen Geschäftsjahr mit der erforderlichen Sorgfalt, d. h. auch mit der gebotenen Wirtschaftlichkeit, und in Übereinstimmung mit den Gesetzen, der Satzung, den Beschlüssen der Haupt- oder Gesellschafterversammlung, des Aufsichtsrats und seiner Ausschüsse sowie der Geschäftsordnung für den Vorstand geführt worden sind. Insbesondere soll in diesem Zusammenhang geprüft werden, ob ungewöhnliche, risikoreiche oder nicht ordnungsgemäß abgewickelte Geschäftsvorfälle und erkennbare Fehldispositionen vorliegen. Auch ist besonders zu untersuchen, ob die Art der getätigten Geschäfte durch die Satzung gedeckt ist und ob eine nach der Satzung, der Geschäftsordnung oder einem Beschluß des Aufsichtsrats erforderliche Zustimmung eingeholt wurde. Es ist nicht Aufgabe der Prüfung der Ordnungsmäßigkeit der Geschäftsführung, den Entscheidungsprozeß in seinen Einzelheiten zu prüfen ....."

Eine so verstandene Prüfung der Ordnungsmäßigkeit der Geschäftsführung wird sich auf die Ordnungsmäßigkeit der **Geschäftsführungsorganisation,** auf die Ordnungsmäßigkeit des **Geschäftsführungs-Instrumentariums** und auf die Ordnungsmäßigkeit der **Geschäftsführungs-Tätigkeit** erstrecken.[63] Hierbei werden als Geschäftsführungs-Instrumentarium insbesondere das Rechnungswesen, die Organisation und das interne Kontrollsystem verstanden. Im Bereich der Geschäftsführungs-Tätigkeit kommt es vor allem auf die grundsätzlichen Entscheidungen und auf ihre Vereinbarkeit mit Gesetz, Satzung und anderen von der Geschäftsführung zu beachtenden Vorschriften an.[64]

a3) Bestellung der Prüfer bei periodischen Pflichtprüfungen

Ex definitione besteht bei den gesetzlich vorgeschriebenen Prüfungen für die prüfungspflichtigen Unternehmen keine Wahlfreiheit hinsichtlich des „Ob" und gegebenenfalls des „Wie" der Prüfung. Wahlfreiheiten können dagegen bei der Bestellung der Prüfer bzw. Prüfungsorgane bestehen. Diese Wahlfreiheiten sind aber regelmäßig eingeschränkt, um so eine fachgerechte und unabhängige Prüfung zu gewährleisten. Die notwendige **fachliche Qualifikation** der Pflichtprüfer suchen die Gesetzgeber auf verschiedene Weise sicherzustellen, sei es durch die allgemeine Bestimmung, daß als Prüfer nur Personen mit ausreichender Erfahrung in der Buchführung oder im Prüfungswesen bestellt werden dürfen,[65] sei es, daß die Prüfer in einem besonderen Verfahren als qualifizierte Prüfer öffentlich bestellt werden.[66]

---

[63] Vgl. Potthoff, Prüfung 1982, S. 14ff.
[64] Vgl. Forster, Haushaltsgrundsätzegesetz 1983, Sp. 594
[65] Vgl. § 59 Versicherungsaufsichtsgesetz (VAG). Nach neuem Recht sind als Prüfer nur qualifizierte Personen i. S. der Prüfungsvorschriften des Handelsgesetzbuches zur Prüfung von Versicherungsunternehmen zugelassen, vgl. § 57 VAG i.d.F.v. 19.12.1985.
[66] So die Wirtschaftsprüfer und Wirtschaftsprüfungsgesellschaften sowie die vereidigten Buchprüfer und Buchprüfungsgesellschaften nach geltendem deutschen Recht.

Je nachdem, wo der Gesetzgeber die Hauptinteressenten bei Pflichtprüfungen vermutet, räumt er den Organen der zu prüfenden Unternehmen, aber auch außenstehenden Stellen **Einflußmöglichkeiten auf die Bestimmung der Prüfer** ein. Sofern die periodische Pflichtprüfung vor allem im Interesse der Anteilseigner und der Gläubiger vorgenommen werden soll, liegt es nahe, den Anteilseignern bzw. Gläubigern auch die Pflicht zur Auswahl der Prüfer aufzuerlegen. Da die Berücksichtigung der Gläubigerbelange bei der Prüferauswahl aus technischen Gründen indes kaum zu realisieren ist, werden zumindest bei bloßen Rechnungslegungsprüfungen die Prüfer regelmäßig durch die **Hauptversammlungen (Gesellschafterversammlungen)** gewählt.[67] Die Fälle, in denen die Pflichtprüfer von den Aufsichtsorganen bestimmt werden, sind dagegen selten.[68]

Eine Einschaltung der **Gerichte (Registergerichte)**[69] ist dann vorgesehen, wenn die Unternehmensorgane (Gesellschafterversammlung, Hauptversammlung) von ihrem Wahlrecht keinen Gebrauch gemacht haben oder wenn ein gewählter Prüfer die Annahme des Auftrages abgelehnt hat bzw. an der Durchführung der Prüfung verhindert ist. Ferner müssen die Gerichte auch dann bei der Bestimmung der Prüfer tätig werden, wenn die Verwaltung der Gesellschaft oder Minderheiten der Gesellschafter gegen die Auswahl der Prüfer Einspruch erheben.[70] Die Gerichte nehmen hier also nicht nur Schiedsfunktionen wahr, sondern ihre Einschaltung stellt sicher, daß auf jeden Fall qualifizierte Prüfer rechtzeitig bestellt werden können.

Die **Einflußnahme der öffentlichen Hand** auf die Auswahl der Prüfer ist dann angezeigt, wenn die Pflichtprüfung in besonderer Weise den öffentlichen bzw. gesamtwirtschaftlichen Belangen dienen soll. Es findet sich in diesen Fällen ein Einspruchsrecht der staatlichen (Aufsichts-)Behörden.[71]

Eine Besonderheit stellt schließlich die Pflichtprüfung durch sog. **Prüfungsverbände** dar. Es handelt sich bei den Prüfungsverbänden um Vereinigungen der zu prüfenden Unternehmen zu regional oder fachlich gegliederten Verbänden, denen das Prüfungsrecht gegenüber ihren Mitgliedern verliehen worden ist. Sofern diese Verbände Zwangsverbände sind, ist den prüfungspflichtigen Unternehmen eine Einflußnahme auf die Wahl des Prüfers vollständig entzogen. Die Kompetenzen zur Bestimmung der Prüfer werden zwangsweise an den Prüfungsverband abgegeben.[72]

---

[67] Vgl. § 318 HGB

[68] Vgl. z. B. § 58 Abs. 1 VAG: Bestimmung durch den Aufsichtsrat

[69] Vgl. § 318 Abs. 4 HGB: Registergericht auf Antrag des Vorstands, des Aufsichtsrats oder der Aktionäre

[70] Vgl. § 318 Abs. 3 HGB

[71] Nach § 28 Abs. 1 KWG haben die Kreditinstitute dem Bundesaufsichtsamt die Bestellung eines Prüfers anzuzeigen. Das Aufsichtsamt kann die Bestellung eines anderen Prüfers verlangen, „wenn dies zur Erreichung des Prüfungszweckes geboten ist"; nach § 58 Abs. 2 des Versicherungsaufsichtsgesetzes ist dem Aufsichtsamt anzuzeigen, wer als Prüfer bestimmt worden ist. Die Aufsichtsbehörde kann verlangen, daß ein anderer Prüfer zu bestimmen ist oder die Bestimmung selbst vornehmen.

[72] Vgl. §§ 54 ff. GenG; §§ 14 ff. Gesetz über die Gemeinnützigkeit im Wohnungswesen

b) **Aperiodische Pflichtprüfungen**

b1) Übersicht

Von aperiodischen Pflichtprüfungen kann immer dann gesprochen werden, wenn die Gesetzgeber einzelne Vorgänge in den Unternehmen als prüfungspflichtig erklären. Aperiodische Pflichtprüfungen finden dementsprechend – im Gegensatz zur periodischen Prüfung der Rechnungslegung oder Geschäftsführung – **unregelmäßig** statt; sie sind, da der Gesetzgeber unabhängige Prüfungsurteile erwartet, ebenso wie die gesetzlich vorgeschriebenen laufenden Prüfungen, **unternehmensexterne Prüfungen**.

Objekte der aperiodischen Pflichtprüfungen sind meist **finanzwirtschaftlich bedeutsame Vorgänge** bei Kapitalgesellschaften und Genossenschaften, durch die Interessen der Gläubiger und der Gesellschafter berührt werden könnten. Anlässe für aperiodische Pflichtprüfungen sind dementsprechend Gründungen, Kapitalveränderungen, Umwandlungen und Verschmelzungen. Die aperiodischen Pflichtprüfungen sollen die vorgeschriebene periodische Prüfung der Rechnungslegung bzw. der Geschäftsführung überall dort ergänzen, wo ein besonderer Schutz der durch die genannten Maßnahmen betroffenen Personengruppen auch außerhalb der periodischen Pflichtprüfungen notwendig erscheint.

Die Tatsache, daß der durch die außerordentlichen Vorgänge betroffene Personenkreis häufig sehr genau abgegrenzt werden kann und daß dem Gesetzgeber zur Sicherung abgrenzbarer Interessen außer der Einführung von aperiodischen Pflichtprüfungen auch noch andere rechtliche Mittel zur Verfügung stehen, ist wahrscheinlich ein Grund für die **relative Seltenheit aperiodischer Pflichtprüfungen**. So kann z. B. ein Schutz der an der Geschäftsführung nicht beteiligten Gesellschafter auch dadurch erreicht werden, daß ihnen bei den in Frage stehenden Vorgängen lediglich Prüfungsrechte eingeräumt werden, derer sie sich bedienen können, wenn sie Unregelmäßigkeiten vermuten; so kann der Schutz von Gläubigerinteressen durch die Verpflichtung zur Leistung von Sicherheiten, durch Offenlegungsvorschriften, durch das Verbot von Zahlungen an die Gesellschafter usw. ebenfalls erreicht werden.[73]

b2) Gründungsprüfungen

Gründungsprüfungen als aperiodische Pflichtprüfungen sollen verhindern, daß einzelne Gründer sich auf Kosten der übrigen Gesellschafter und der Gläubiger ungerechtfertigte Vermögensvorteile verschaffen. Nach den Erfahrungen der „Gründerjahre" wird vor allem auch ein Interesse der Allgemeinheit geltend gemacht, **unreelle und unsolide Gründungen** von Kapitalgesellschaften zu unterbinden.[74] Dementsprechend hat sich die (aktienrechtliche)

---

[73] Eine Übersicht über die nach bisherigem deutschen Recht vorzunehmenden sowie über die nach neuem Recht vorgesehenen aperiodischen Pflichtprüfungen findet sich bei Hanisch, Pflichtprüfungen 1983, Sp. 1058 ff.; vgl. ferner zum Gesamtbereich: Schedlbauer, Sonderprüfungen 1984, besonders S. 41–138 und Selchert, Prüfungen 1977.

[74] Vgl. Bussmann, Prüfung 1972, S. 172

Gründungsprüfung nach deutschem Recht vor allem darauf zu erstrecken, ob die Angaben der Gründer über die Übernahme der Aktien, über die Einlagen auf das Grundkapital, über die an einzelne Aktionäre gewährten Vorteile sowie über die etwa übernommenen Sacheinlagen richtig und vollständig sind und ob die für die evtl. eingelegten Sachen und Rechte gewährten Leistungen angemessen sind. Diese Prüfung muß nach Aktienrecht stets durch den ersten Vorstand und den ersten Aufsichtsrat einer Aktiengesellschaft vorgenommen werden.[75]

Besteht aber die Gefahr, daß einzelnen Gesellschaftern oder Gründern ungerechtfertigte Vorteile gewährt worden sind oder daß Vorstand und Aufsichtsrat bei der Gründungsprüfung ein unabhängiges Urteil abzugeben nicht in der Lage sind, weil deren Mitglieder z. B. selbst zu den Gründern gehören, fordert der Gesetzgeber eine erneute **Prüfung des gesamten Gründungsherganges durch ausreichend erfahrene externe Prüfer**, die vom Registergericht bestellt werden, bevor die Gesellschaft zur Eintragung in das Handelsregister angemeldet werden kann.

Die Einzelanlässe zur Vornahme von Gründungsprüfungen durch externe Prüfer werden im Gesetz[76] aufgezählt (sog. qualifizierte Gründungen). Danach hat die externe Gründungsprüfung stattzufinden, wenn ein Mitglied des Vorstands oder des Aufsichtsrats zu den Gründern gehört oder wenn bei der Gründung für Rechnung eines Mitglieds des Vorstands oder des Aufsichtsrats Aktien übernommen worden sind. Eine Prüfung durch unabhängige Prüfer hat auch dann stattzufinden, wenn ein Mitglied des Vorstands oder des Aufsichtsrats sich einen besonderen Vorteil, eine Entschädigung oder eine Belohnung für die Gründung oder ihre Vorbereitung ausbedungen hat oder wenn eine Gründung mit Sacheinlagen[77] bzw. eine sog. Nachgründung[78] vorliegt.[79]

b3) Aperiodische Pflichtprüfungen bei Kapitalveränderungen

Die Vorschriften über die aktienrechtliche Gründungsprüfung sind sinngemäß auch bei **Kapitalerhöhungen mit Sacheinlagen** anzuwenden. Auch hier geht es darum, durch die Prüfung zu verhindern, daß Gläubiger und Gesellschafter durch Überbewertung von anläßlich der Kapitalerhöhung geleisteten Sacheinlagen geschädigt werden. Gegenstand der Prüfung ist deshalb die Angemessenheit von Leistung und Gegenleistung bei dem Austausch von neuen Aktien und Sachwerten. Die Prüfer müssen nach den Vorschriften des Aktienrechts[80] „in der Buchführung ausreichend vorgebildet und erfahren"

---

[75] Vgl. § 33 Abs. 1 AktG
[76] Vgl. § 33 Abs. 2 AktG
[77] Vgl. § 27 AktG
[78] Vgl. § 52 AktG
[79] Einzelheiten zur Gründungsprüfung und zur Nachgründungsprüfung vgl. bei: Selchert, Prüfungen 1977, S. 5 ff; Munkert, Gründungsprüfung 1971; Munkert, Gründungsprüfung 1983, Sp. 542 ff.; Schedlbauer, Sonderprüfungen 1984, S. 42 ff.
[80] Vgl. §§ 33 ff. AktG

sein; sie werden durch das Registergericht bestellt und müssen von dem zu prüfenden Unternehmen unabhängig sein.

Das geltende Aktienrecht verweist auf die aktienrechtlichen Vorschriften zur Gründungsprüfung (§§ 33 ff.) bei der **Kapitalerhöhung gegen Einlagen** (§ 183 Abs. 3), bei der **bedingten Kapitalerhöhung** (§ 194 Abs. 4) und im Zusammenhang mit dem „**genehmigten Kapital**" (§ 205 Abs. 2).

Bei der **Kapitalerhöhung aus Gesellschaftsmitteln** (§§ 207 ff. AktG) kann eine der Gründungsprüfung nachgebildete Prüfung von Sacheinlagen entfallen. Anstelle dessen ist die der Kapitalerhöhung zugrundeliegende Bilanz, sofern diese nicht die letzte Jahresbilanz ist, einer aperiodischen Abschlußprüfung zu unterziehen (§ 209 Abs. 2 AktG).[81]

b4) Aperiodische Pflichtprüfungen bei Umwandlungsvorgängen

Unter Umwandlung versteht man die Änderung der Rechtsform eines Unternehmens bei Aufrechterhaltung seiner Identität.[82] Veranlassung zur Pflichtprüfung des Umwandlungsherganges ist auch hier der Schutz der Gläubiger und der Gesellschafter des umzuwandelnden Unternehmens. Gleichwohl ist nach geltendem Recht eine aperiodische Pflichtprüfung der Umwandlung nur dann vorgeschrieben, wenn die Umwandlung in eine Unternehmensform erfolgt, für die die Vornahme einer Gründungsprüfung obligatorisch ist.[83]

Als Umwandlungsprüfer kommen auch hier die in § 33 Abs. 2 bis 5 AktG bezeichneten Personen in Betracht (Gründungsprüfer). Die Prüfung erstreckt sich auf den gesamten Hergang der Umwandlung. Sie umfaßt demnach insbesondere die Umwandlungsbeschlüsse einschließlich der Beschlüsse über die Wahl des (neuen) Aufsichtsrats und über die Wahl des (neuen) Vorstands, den Umwandlungsbericht, die Umwandlungsbilanz und ggf. das Umtauschverhältnis der Aktien der umgewandelten Aktiengesellschaft (Kommanditgesellschaft auf Aktien).[84]

b5) Aperiodische Pflichtprüfungen bei Verschmelzungen

Mit „Verschmelzung" wird die Vereinigung mehrerer rechtlich selbständiger Unternehmen zu einer rechtlichen Einheit im Wege der Gesamtrechtsnachfolge bezeichnet.[85] Das Aktiengesetz 1965 unterscheidet die **Verschmelzung durch Neubildung** und die **Verschmelzung durch Aufnahme**.[86] Im ersten Fall wird ein neues Unternehmen aus den verschmelzenden Unternehmen gebil-

[81] Zur Prüfung von Kapitalveränderungen vgl. insbesondere Drukarczyk, Kapitalerhöhung 1983, Sp. 701 ff. und die dort angegebenen Quellen.

[82] Vgl. Kleineidam, Umwandlung 1983, Sp. 1574

[83] Zu den Rechtsgrundlagen der Umwandlung von Unternehmen beliebiger Rechtsform in eine Aktiengesellschaft bzw. Kommanditgesellschaft auf Aktien vgl. Kleineidam, Umwandlung 1983, Sp. 1577 f.; Schedlbauer, Sonderprüfungen 1984, S. 92 f.; Selchert, Prüfungen 1977, S. 129 ff.

[84] Zur Prüfung der Umwandlung vgl. im einzelnen: Kleineidam, Umwandlung 1983, Sp. 1578 ff.; Schedlbauer, Sonderprüfungen 1984, S. 94 ff.

[85] Vgl. Kleineidam, Umwandlung 1983, Sp. 1574

[86] Vgl. § 339 Abs. 1 AktG

det; im zweiten Fall bleibt eines der zu verschmelzenden Unternehmen bestehen.

Auf der Grundlage der dritten gesellschaftsrechtlichen Richtlinie der Europäischen Gemeinschaften (Verschmelzungsrichtlinie)[87] ist die Verschmelzung – sofern Aktiengesellschaften durch die Verschmelzung betroffen sind – im Jahre 1982 neu geregelt worden. Der deutsche Gesetzgeber hat diese Richtlinie durch das „Verschmelzungsrichtlinie-Gesetz" vom 25.10.1982 in das deutsche Recht transformiert. Geändert wurden vor allem die §§ 339–358 AktG.

Grundlage der Verschmelzungsprüfung ist der von den Leitungsorganen der verschmelzenden Unternehmen abzuschließende **Verschmelzungsvertrag** und dessen Begründung und Erläuterung, der **Verschmelzungsbericht**. Der Verschmelzungsvertrag ist für jedes der beteiligten Unternehmen durch Verschmelzungsprüfer zu prüfen; es ist aber auch möglich, daß für sämtliche verschmelzenden Unternehmen ein Verschmelzungsprüfer durch das Registergericht bestellt wird. Als Verschmelzungsprüfer können nur Wirtschaftsprüfer und Wirtschaftsprüfungsgesellschaften bestellt werden.

Der Gegenstandsbereich der Verschmelzungsprüfung wird im Gesetz präzise umschrieben:[88] Zu prüfen ist die **Vollständigkeit des Verschmelzungsvertrages**, die **Richtigkeit der Angaben im Verschmelzungsvertrag** und die **Angemessenheit des Umtauschverhältnisses** der Aktien (Gesellschaftsanteile) der verschmelzenden Unternehmen.

Bei der Prüfung der Angemessenheit des Umtauschverhältnisses sind insbesondere die Methoden festzustellen, nach denen das Umtauschverhältnis ermittelt worden ist; es sind die Gründe für die Angemessenheit der Methoden zu prüfen; es sind die Umtauschverhältnisse festzustellen, die sich bei Anwendung verschiedener Methoden jeweils ergeben würden; es ist auf die besonderen Schwierigkeiten hinzuweisen, die bei der Bewertung der beteiligten Unternehmen aufgetreten sind. Die Verschmelzungsprüfung ersetzt die Gründungsprüfung für die entstehende oder übernehmende Aktiengesellschaft.[89]

b6) Aperiodische Pflichtprüfungen nach dem Genossenschaftsgesetz

Die nach dem deutschen Genossenschaftsgesetz zwingend vorgeschriebenen **Stellungnahmen der Prüfungsverbände zu einzelnen Vorgängen** in den Genossenschaften sind insofern außergewöhnlich, als sie in erster Linie den Beratungs- und Betreuungsfunktionen der genossenschaftlichen Prüfungsverbände entspringen und die von den Prüfern verlangten Urteile z.T. nach genossenschaftspolitischen bzw. sozialpolitischen Normen zu fällen sind. Das zeigen die durch das Genossenschaftsgesetz zwingend vorgeschriebenen aperiodischen Prüfungen: Es ist zu prüfen,

– ob eine zu errichtende Genossenschaft in einen Prüfungsverband aufgenommen werden soll (§ 11 Abs. 2 Ziff. 4 GenG);

---

[87] Rat der Europäischen Gemeinschaften, 3.EG-Richtlinie
[88] Vgl. § 340b AktG
[89] Zur Durchführung der Verschmelzungsprüfung nach neuem Recht vgl. insbesondere Schedlbauer, Sonderprüfungen 1984, S. 114 ff.

- ob die Fortführung einer durch Zeitablauf oder freiwillig aufgelösten Genossenschaft mit den Interessen der Genossen vereinbar ist (§ 79a Abs. 2 GenG);
- ob die Erhöhung von Geschäftsanteilen erforderlich ist, um die Durchführung der Liquidation einer Genossenschaft unter Abwendung des Konkurses zu sichern (§ 87a Abs. 2 GenG);
- ob die Verschmelzung von Genossenschaften mit den Belangen der Genossen und der Gläubiger der Genossenschaft vereinbar ist (§ 93b Abs. 2 GenG);
- ob ein Zwangsvergleich mit den Interessen der Genossen vereinbar ist (§ 115e Abs. 2 Nr. 1 GenG).

2. Gesetzlich vorgesehene, vertraglich ausbedungene und freie Prüfungen

Während bei den gesetzlich vorgeschriebenen periodischen und aperiodischen Prüfungen eine Prüfung immer dann vorgenommen werden muß, wenn die Voraussetzungen gegeben sind, an die der Gesetzgeber die Prüfungspflicht knüpft, ist die **Entscheidung, ob Prüfungen vorgenommen werden sollen,** bei den gesetzlich vorgesehenen Prüfungen, bei den vertraglich ausbedungenen Prüfungen und bei den freien Prüfungen jeweils **den prüfungsberechtigten Stellen vorbehalten.** Diese Prüfungen können vorgenommen werden; ein Zwang zur Vornahme besteht nicht.

Die **gesetzlich vorgesehenen Prüfungen** werden aufgrund eines Prüfungsrechts vorgenommen. Die zur Vornahme oder Veranlassung von Prüfungen Berechtigten und der zulässige Höchstumfang der Prüfungsrechte werden gesetzlich bestimmt; die Prüfungsberechtigten sind aber nicht gezwungen, von ihren Rechten Gebrauch zu machen; andererseits können ihre Rechte regelmäßig nicht vertraglich eingeschränkt werden. Die Folge ist, daß durch die gesetzlich vorgesehenen Prüfungsrechte die anzuwendenden Prüfungsordnungen nur im Hinblick auf die Grenzen des Prüfungsrechts durch den Gesetzgeber festgelegt werden. Innerhalb dieses Rahmens bleibt die Gestaltung der Prüfungsordnungen den Prüfungsberechtigten überlassen.

Die **vertraglich ausbedungenen Prüfungsrechte** setzen dagegen eine Übereinkunft zwischen den Prüfungsberechtigten und den zu prüfenden Unternehmen voraus. Meist wird durch Verträge der zulässige Höchstumfang der vertraglich ausbedungenen Prüfungsrechte festgelegt. Der aus einem Vertrag zur Vornahme oder zur Veranlassung von Prüfungen Berechtigte wird auch hier nicht gezwungen, von seinen Rechten in vollem Umfang Gebrauch zu machen.

Die gesetzlich vorgesehenen und die vertraglich ausbedungenen Prüfungen sind immer **unternehmensexterne Prüfungen,** da es den gesetzlich oder vertraglich zur Prüfung Berechtigten auf die Gewinnung eines auch von den Unternehmensleitungen unabhängigen Urteils ankommt.

Dies gilt nicht für die **freien Prüfungen,** d.h. für Prüfungen, die von den Unternehmensleitungen kraft ihrer Aufsichts- und Sorgfaltspflichten in ihrem

Zuständigkeitsbereich veranlaßt werden. Es ist den Leitungsorganen der Unternehmen freigestellt, sich bei der Durchführung ihrer Überwachungsaufgaben **unternehmensinterner** wie auch **unternehmensexterner Prüfer** zu bedienen. Die Ausgestaltung von Prüfungsordnungen ist im Rahmen ihrer allgemeinen Aufsichtspflicht auch ausschließlich ihnen überlassen. Die mit der Vornahme der Prüfungen beauftragten Prüfer oder Prüfungsorgane sind bei der Vornahme der Prüfungen deshalb auch weder an gesetzlich noch an vertraglich fixierte Begrenzungen gebunden, sondern lediglich an den ihnen erteilten Prüfungsauftrag und an die allgemeinen Grundsätze ordnungsmäßiger Prüfungsdurchführung.

a) Gesetzlich vorgesehene Prüfungen

a1) Motive

Die Möglichkeit zur Vornahme von Prüfungen kann bestimmten, an der Unternehmensleitung nicht beteiligten, d. h. außenstehenden Personen, Personengruppen oder Institutionen durch Gesetz vorbehalten werden. Der Gesetzgeber wird solche Prüfungsrechte vor allem dann vorsehen,

- wenn sie das **Bestehen von Sonderinteressen** an der Überwachung der Rechnungslegung, der Geschäftsführung, der Erfolgs-, Finanz- oder Vermögenslage anerkennen;
- wenn die **Personen, Personengruppen oder Institutionen,** deren Sonderinteressen an der Überwachung anerkannt sind, **exakt bezeichnet** werden können;
- wenn nach Abwägung der Sonderinteressen mit den Belangen des zu prüfenden Unternehmens ein **Überwiegen der Sonderinteressen** gegeben zu sein scheint;
- wenn die Sonderinteressen an der Überwachung der Unternehmen **aufgrund anderer Rechtstitel** (gesetzliche Prüfungspflichten, vertraglich gesicherte Prüfungsrechte) **nicht ohne weiteres gesichert** werden können.

Derartige gesetzlich vorgesehene Prüfungsrechte werden meist den von der Geschäftsführung ausgeschlossenen Gesellschaftern und der öffentlichen Hand eingeräumt. Bei den **von der Geschäftsführung ausgeschlossenen Gesellschaftern** sind es vor allem Vermögensinteressen, die durch Prüfungsrechte gesichert werden sollen, soweit dies mit den Belangen der übrigen Gesellschafter und den Belangen des Unternehmens vereinbar ist. Die **öffentliche Hand** wird ihren Organen Prüfungsrechte vorbehalten und diese Prüfungsrechte ggf. auch gesetzlich sichern, wenn sie aus wirtschaftspolitischen Gründen (z. B. Sicherung des Geldwesens), aus fiskalischen Gründen (z. B. Überprüfung der durch die Steuerpflichtigen deklarierten steuerlichen Bemessungsgrundlagen) oder zum Zwecke der Tatbestandsfeststellung bzw. Tatbestandssicherung (Prüfungsrechte der Gerichte) auf die Möglichkeit der unmittelbaren Einsichtnahme bei den Unternehmen nicht verzichten zu können glaubt.

a2) Prüfungsrechte der von der Geschäftsführung ausgeschlossenen Gesellschafter

a21) Prüfungsrechte der Gesellschafter von Personengesellschaften

Im Bereich der Personengesellschaften können die Geschäftsführungsbefugnisse der Gesellschafter durch die Gesellschaftsverträge in verschiedener Weise geregelt werden. Soweit die Gesellschafter einzeln oder gemeinsam mit den übrigen Gesellschaftern zur Geschäftsführung befugt sind, ergeben sich für sie Prüfungsrechte innerhalb des Bereiches ihres Direktionsrechtes. Diese Prüfungsrechte unterliegen dann keinen Beschränkungen. Sind aber Gesellschafter durch Gesellschaftsvertrag oder aufgrund ihrer Rechtsstellung (Kommanditisten, Stille Gesellschafter) von der Geschäftsführung ausgeschlossen, bedarf es wegen ihres Prüfungsrechts besonderer Feststellungen. Die von der Geschäftsführung ausgeschlossenen Gesellschafter werden, da sie entweder mit ihrem ganzen Vermögen oder als Kommanditisten bzw. Stille Gesellschafter bis zur Höhe ihrer Einlage haften, ein berechtigtes Interesse daran haben, daß ihnen Überwachungsrechte in ausreichendem Maße eingeräumt werden. Dieses Interesse wird durch den Gesetzgeber dadurch anerkannt, daß er Mindestprüfungsrechte zwingend vorschreibt. Diese Mindestprüfungsrechte können durch die Gesellschaftsverträge oder durch sonstige Abmachungen meist nicht beschnitten werden. Solche Prüfungsrechte finden sich für die **Gesellschafter der Offenen Handelsgesellschaft,**[90] der **Gesellschaft nach bürgerlichem Recht,**[91] der **Kommanditgesellschaft**[92] und der **Stillen Gesellschaft.**[93]

Im deutschen Recht werden die Prüfungsrechte der von der Geschäftsführung ausgeschlossenen Gesellschafter nach dem Umfang ihrer Haftung bzw. ihrer Beteiligung am Verlust der Gesellschaft differenziert. Die vollhaftenden Gesellschafter einer Offenen Handelsgesellschaft, einer Gesellschaft des bürgerlichen Rechts und einer Kommanditgesellschaft haben ein weitergehendes Prüfungsrecht als die Kommanditisten oder die Stillen Gesellschafter. Der Gesetzgeber versucht hier, den **Umfang der Prüfungsrechte nach der Intensität des Vermögensinteresses der Gesellschafter abzustufen:**

Die **Gesellschafter einer Offenen Handelsgesellschaft, einer Gesellschaft nach bürgerlichem Recht und die Komplementäre einer Kommanditgesellschaft** haben, auch wenn sie von der Geschäftsführung ausgeschlossen sind, das Recht, „sich von den Angelegenheiten der Gesellschaft persönlich zu unterrichten, die Handelsbücher und die Papiere der Gesellschaft einzusehen und sich aus ihnen eine Bilanz anzufertigen".[94] Sollte dieses Recht im Gesellschaftsvertrag oder sonst beschränkt oder ausgeschlossen sein, so steht das „der Geltendmachung des Rechts nicht entgegen, wenn Grund zu der Annahme unredlicher Geschäftsführung besteht".[95] Es genügt also ein begründeter

---

[90] § 118 HGB
[91] § 716 BGB
[92] § 166 HGB
[93] § 233 HGB
[94] Vgl. § 118 Abs. 1 HGB; nahezu wörtlich übereinstimmend: § 716 Abs. 1 BGB
[95] Vgl. § 118 Abs. 2 HGB; § 716 Abs. 2 BGB

Verdacht einer unredlichen Geschäftsführung, um auf jeden Fall die auf die Rechnungslegung und die Geschäftsführung bezogenen Prüfungsrechte geltend machen zu können.

Die **Prüfungsrechte der Stillen Gesellschafter und der Kommanditisten** sind wesentlich geringer. Sie beschränken sich nur auf die Prüfung der jährlichen Rechnungslegung. Die Gesellschafter sind berechtigt, „die abschriftliche Mitteilung der jährlichen Bilanz zu verlangen und ihre Richtigkeit unter Einsicht der Bücher und Papiere zu prüfen".[96] Nur bei Vorliegen wichtiger Gründe kann das zuständige Amtsgericht auf Antrag die Mitteilung der Bilanz oder sonstiger Aufklärungen sowie die Vorlegung der Bücher jederzeit anordnen.[97]

Die gekennzeichneten Prüfungsrechte der Gesellschafter stehen nach deutschem Gesellschaftsrecht den Gesellschaftern nur persönlich[98] zu. Das Prüfungsrecht ist an die Gesellschaftereigenschaft gebunden und kann daher nicht übertragen bzw. abgetreten werden. Nach herrschender Meinung ist die Ausübung der Prüfungsrechte durch Bevollmächtigte nur dann möglich, wenn der Gesellschafter an der persönlichen Ausübung seines Rechtes aus dem Gesellschaftsverhältnis verhindert ist, z.B wegen Krankheit oder wegen dauernder Abwesenheit. Die **Nichtabtretbarkeit des Prüfungsrechtes** schließt aber nicht aus, daß sich der prüfungsberechtigte Gesellschafter bei der Ausübung seines Prüfungsrechts durch sachverständige Dritte unterstützen lassen kann; er hat bei der Auswahl der sachverständigen Dritten aber die Belange der Gesellschaft bzw. der anderen Gesellschafter zu berücksichtigen. So wäre es z.B. mit den Pflichten des Gesellschafters gegenüber der Gesellschaft unvereinbar, wenn er sich bei der Ausübung des Prüfungsrechtes etwa durch Konkurrenten der Gesellschaft unterstützen ließe. Wenn das Prüfungsrecht selbständig durch einen von dem prüfungsberechtigten Gesellschafter zu beauftragenden unabhängigen Prüfer ausgeübt werden soll, bedarf es einer entsprechenden Regelung im Gesellschaftsvertrag oder der Zustimmung aller übrigen Gesellschafter.

a22) Prüfungsrechte der Minderheiten von Kapitalgesellschaften

Bei Kapitalgesellschaften steht das Recht, außer den regelmäßigen Jahresabschlußprüfungen außerordentliche Prüfungen zu veranlassen, grundsätzlich nur den Gesellschafterversammlungen zu.[99] Kollektive Sonderinteressen werden dann ggf. nur insoweit berücksichtigt, wie bestimmten **Minderheiten der Gesellschafter** die Möglichkeit eingeräumt wird, die Durchführung von Sonderprüfungen zu erzwingen, ohne selbst unmittelbar zur Durchführung der Prüfung berechtigt zu sein. Im übrigen sind die Gesellschafter von Kapitalgesellschaften hinsichtlich ihrer Informationsrechte auf die nach gesetzlichen Vorschriften zu erfolgende Offenlegung von Unterlagen angewiesen.[100]

Nach § 131 AktG kann das **Informationsrecht des Aktionärs**, d.h. die Befugnis, Auskunft zu verlangen, **nur im Rahmen der Hauptversammlung** geltend

---

[96] Vgl. §§ 166 Abs. 1; 233 Abs. 1 HGB
[97] Vgl. §§ 166 Abs. 3; 233 Abs. 3 HGB
[98] Vgl. § 716 BGB und § 118 HGB
[99] Vgl. z.B. § 46 Ziff. 6 GmbHG
[100] Vgl. §§ 325 ff. HGB

gemacht werden, wenn diese Auskunft zur sachgemäßen Beurteilung des Gegenstandes der Tagesordnung erforderlich ist. Das Informationsrecht erstreckt sich auch auf die rechtlichen und geschäftlichen Beziehungen der Aktiengesellschaft zu einem verbundenen Unternehmen i.S.v. § 15 AktG. Die Auskunft darf verweigert werden, „soweit die Erteilung der Auskunft nach vernünftiger kaufmännischer Beurteilung geeignet ist, der Gesellschaft oder einem verbundenen Unternehmen einen nicht unerheblichen Nachteil zuzufügen",[101] „soweit sie sich auf steuerliche Wertansätze oder die Höhe einzelner Steuern bezieht",[102] soweit sie sich auf einzelne Wertansätze und Bewertungsmethoden bezieht[103] oder „soweit sich der Vorstand durch die Erteilung der Auskunft strafbar machen würde".[104] Zum Ausgleich sieht das Aktiengesetz „**Sonderprüfungen**" vor.

Die Hauptversammlung kann zur Prüfung von Vorgängen bei der Gründung oder der Geschäftsführung, namentlich auch bei Maßnahmen der Kapitalbeschaffung und Kapitalherabsetzung mit einfacher Stimmenmehrheit Sonderprüfer bestellen.[105] Lehnt die Hauptversammlung einen Antrag auf Bestellung von Sonderprüfern zur Prüfung eines Vorganges bei der Gründung oder eines nicht über fünf Jahre zurückliegenden Vorganges bei der Geschäftsführung ab, so hat das Registergericht auf Antrag einer Minderheit, deren Anteile zusammen den zehnten Teil des Grundkapitals oder den Nennbetrag von DM 2 Mio erreichen, Sonderprüfer zu bestellen, wenn Tatsachen vorliegen, die den Verdacht rechtfertigen, daß bei dem Vorgang Unredlichkeiten oder grobe Verletzungen des Gesetzes oder der Satzung vorgekommen sind.[106]

Neben den Prüfungsrechten nach § 142 AktG gibt das Aktienrecht Minderheiten bzw. sogar einzelnen Aktionären in zwei besonders geregelten Fällen die Möglichkeit, Sonderprüfungen zu veranlassen:

Nach § 258 AktG hat das Registergericht auf Antrag einer Minderheit, deren Anteile den zwanzigsten Teil des Grundkapitals oder den Nennbetrag von DM 1 Mio erreichen, Sonderprüfer zu bestellen, wenn Anlaß zu der Annahme besteht, daß in einem festgestellten Jahresabschluß bestimmte Posten im Sinne des § 256 Abs. 5 Satz 3 AktG nicht unwesentlich unterbewertet sind oder im Anhang zum Jahresabschluß Pflichtangaben fehlen oder nicht vollständig enthalten sind und der Vorstand in der Hauptversammlung Auskünfte über die betreffenden Angaben verweigert hat. Sonderprüfer können im Falle der Sonderprüfungen wegen unzulässiger Unterbewertung oder wegen fehlender Angaben nach § 258 AktG nur Wirtschaftsprüfer und Wirtschaftsprüfungsgesellschaften sein.[107]

Gegenstand einer besonderen Vorschrift (§ 315 AktG) ist auch das Recht geworden, Sonderprüfer zur Prüfung der geschäftlichen Beziehungen einer abhängigen Gesellschaft zu dem herrschenden Unternehmen oder einem mit ihm i.S.v. § 15 AktG verbundenen Unternehmen zu bestellen. Die Bestellung eines Prüfers kann in diesem Falle

---

[101] Vgl. § 131 Abs. 3 Nr. 1 AktG
[102] Vgl. § 131 Abs. 3 Nr. 2 AktG
[103] Vgl. § 131 Abs. 3 Nr. 3 u. 4 AktG
[104] Vgl. § 131 Abs. 3 Nr. 5 AktG
[105] Vgl. § 142 Abs. 1 AktG
[106] Vgl. § 142 Abs. 2 AktG. Zur Durchführung der Sonderprüfung nach § 142 AktG vgl. insbesondere Schedlbauer, Sonderprüfungen 1984, S. 139 ff.
[107] Vgl. § 258 Abs. 4 AktG. Zur Sonderprüfung wegen unzulässiger Unterbewertung vgl. im einzelnen: Frey, Sonderprüfung 1966, S. 633 ff.; Voß, Sonderprüfung 1969, S. 443 ff.; Schedlbauer, Sonderprüfungen 1984, S. 156 ff.

von jedem Aktionär beantragt werden, wenn der Bestätigungsvermerk zum Bericht über die Beziehungen zu verbundenen Unternehmen eingeschränkt oder versagt worden ist (§ 313 Abs. 4 AktG) oder der Aufsichtsrat Einwendungen gegen die zusammenfassende Erklärung des Vorstands am Schluß des Berichts über die Beziehungen zu verbundenen Unternehmen erhoben hat oder der Vorstand selbst zugegeben hat, daß die Beziehungen zu verbundenen Unternehmen zum Nachteil der Gesellschaft ausgenutzt worden sind, ohne daß ein Ausgleich stattgefunden hat.[108]

a3) Prüfungsrechte der öffentlichen Hand

Auch die der öffentlichen Hand eingeräumten, gesetzlich vorgesehenen Prüfungsrechte geben ihr nur die **Möglichkeit, Prüfungen durchzuführen**; ob diese Möglichkeiten voll ausgenützt werden, bleibt der öffentlichen Hand als der Prüfungsberechtigten überlassen.

Prüfungsrechte der öffentlichen Hand werden mit der **öffentlichen Aufsichtspflicht** begründet. Es geht darum, eine Handhabe zu gewinnen, z. B. die Durchführung wirtschafts- und sozialpolitischer Maßnahmen zu überwachen, die Vollständigkeit und Richtigkeit der Besteuerungsgrundlagen zu prüfen, der Rechtsprechung Beweisunterlagen zugänglich zu machen oder spezielle Überwachungsrechte bei den in privatrechtlicher Form geführten Unternehmen der öffentlichen Körperschaften sicherzustellen.

Da es sich bei Prüfungsrechten der öffentlichen Hand stets um Eingriffe in die Autonomie der zu prüfenden Unternehmen handelt, werden diese **Prüfungsrechte nur aufgrund gesetzlicher Ermächtigungen** wahrgenommen werden können. Generelle, d. h. allgemeine und umfassende Ermächtigungen der öffentlichen Hand, Prüfungen durchzuführen oder in ihrem Auftrag durchführen zu lassen, bilden die Ausnahme.

So sah in Deutschland die „Verordnung über Auskunftspflicht" (Notverordnung)[109] für die Reichsregierung, die obersten Landesbehörden und für die von diesen bezeichneten Stellen ein allgemeines Auskunfts- und Prüfungsrecht vor: „Die zuständigen Stellen ... und die von ihnen Beauftragten sind, auch wenn sie Auskunft vorher nicht verlangt haben, befugt, zur Ermittlung richtiger Angaben Geschäftsbriefe und Geschäftsbücher, insbesondere auch Unterlagen für die Bemessung von Preisen und Vergütungen, einzusehen sowie Betriebseinrichtungen und Räume zu besichtigen und zu untersuchen, in denen Waren hergestellt, gelagert oder feilgehalten werden oder in denen Gegenstände zu vermuten sind, über die Auskunft verlangt wird."[110]

Aus Gründen der Rechtssicherheit werden Prüfungsrechte öffentlicher Stellen vielmehr meist in Einzelvorschriften, spezifiziert nach Voraussetzungen und Umfang des Prüfungsrechts und nach prüfungsberechtigten Stellen, festgelegt. Solche Bestimmungen finden sich unmittelbar im **Gesellschafts-**

---

[108] Vgl. § 315 Abs. 1 AktG; zu Einzelheiten vgl. Schedlbauer, Sonderprüfungen 1984, S. 178 ff.
[109] Verordnung zur Ausführung des Art. VI Abs. 3 des Notgesetzes vom 13. Juli 1923 (RGBl. I 1923, S. 699). Darin enthalten: Verordnung über Auskunftspflicht, S. 723
[110] Verordnung über Auskunftspflicht, § 4 Abs. 1

recht,[111] im Handelsgesetzbuch,[112] im Zivil- und Strafprozeßrecht,[113] im öffentlichen Haushaltsrecht[114] sowie insbesondere in den Steuergesetzen.

Das deutsche Steuerrecht räumt der **Finanzverwaltung** umfassende Prüfungsrechte in nahezu allen Fällen ein, in denen eine Überwachung zur Feststellung und Sicherung der Besteuerungsgrundlagen und der Steuerzahlungspflicht angebracht erscheint.

Rechtsgrundlage für Prüfungen im Bereich der allgemeinen Steueraufsicht sind §§ 193–207 der Abgabenordnung. Die **allgemeine Außenprüfung** wird als sog. ordentliche Betriebsprüfung oder Turnusprüfung durch den Betriebsprüfungsdienst der Finanzverwaltung vorgenommen (§ 193 Abs. 1 AO). § 193 Abs. 2 Ziff. 1 AO kennt eine **besondere Außenprüfung wegen Steuereinbehaltung für andere** bei solchen Steuerpflichtigen, die für Rechnung eines anderen Steuern zu entrichten haben (z.B. Lohnsteuer). Nach § 193 Abs. 2 Ziff. 2 AO kann eine **besondere Außenprüfung wegen aufklärungsbedürftiger Verhältnisse** bei allen Steuerpflichtigen durchgeführt werden.[115]

b) Vertraglich ausbedungene Prüfungen

Prüfungsrechte Außenstehender gegenüber einem Unternehmen bedürfen nicht unbedingt einer Sanktion durch den Gesetzgeber. Es reicht zur Begründung des Prüfungsrechtes eines Außenstehenden aus, wenn der Berechtigte sich auf vertragliche Vereinbarungen mit dem zu prüfenden Unternehmen berufen kann. Da die Unternehmensleitungen ohne zwingenden Grund Außenstehenden gewöhnlich keine Prüfungsrechte zugestehen werden, sind die den hier besprochenen Prüfungsrechten zugrundeliegenden Verträge meist an andere **Lieferungs- oder Leistungsverträge** gebunden.

Maßgebend für den Inhalt der vertraglich ausbedungenen Prüfungsrechte werden vor allem die mit dem Prüfungsrecht verbundenen vertraglichen Beziehungen zwischen dem Prüfungsberechtigten und dem zu prüfenden Unternehmen sein. Allgemeine Aussagen über den Inhalt vertraglich ausbedungener Prüfungsrechte sind deshalb nicht möglich; es können lediglich einige Beispiele vertraglich ausbedungener Prüfungsrechte angeführt werden.

---

[111] Das AktG 1965 sieht in den Fällen der §§ 188 Abs. 4 und 195 Abs. 3 anläßlich von Kapitalerhöhungen Sonderprüfungen vor, wenn das Registergericht Zweifel darüber hegt, ob der Wert von Sacheinlagen den Nennbetrag der dafür zu gewährenden Aktien erreicht.

[112] Z.B. §§ 258–260 HGB. Danach kann im Rechtsstreit das Gericht von Amts wegen die Vorlage von Handelsbüchern verlangen, in die Handelsbücher Einsicht nehmen und geeignetenfalls Auszüge anfertigen.

[113] Nach §§ 415 ff. ZPO kann die Vorlage von Urkunden zum Zwecke der Beweiserhebung verlangt werden. Durch das Gericht kann „die Einnahme des Augenscheins und die Vernehmung von Zeugen und Sachverständigen zur Sicherung des Beweises angeordnet werden" (§ 485 ZPO); §§ 94 ff. StPO regeln die Beschlagnahme und Durchsuchung im Zusammenhang mit Strafverfahren.

[114] Vgl. § 53 HGrG. Zum Gegenstand der Prüfung nach § 53 HGrG vgl. oben, Abschn. II B a24)

[115] Zur steuerlichen Außenprüfung vgl. Schröder/Muuss, Handbuch ab 1980; Erhard, Betriebsprüfung 1980; Frotscher, Außenprüfung 1980; Kellerbach, Betriebsprüfung 1981; Rose, Außenprüfung 1983, Sp. 82 ff.

Besonders häufig sind vertraglich ausbedungene Prüfungsrechte aus Anlaß von **Kreditverträgen oder Kreditsicherungsverträgen**: Die kreditgewährende Bank läßt sich durch „Allgemeine Geschäftsbedingungen" oder im Kreditvertrag selbst Prüfungsrechte einräumen, die der Feststellung der Kreditfähigkeit des Kreditnehmers und ggf. der Überwachung der Einhaltung von Verwendungsbedingungen für den Kreditbetrag dienen sollen.

Werden **Zuwendungen öffentlicher Stellen** (Bund, Länder oder Gemeinden) an außerhalb der Verwaltung stehende Stellen gewährt (z. B. öffentliche Kredite, öffentliche Beihilfen usw.), so ist die öffentliche Verwaltung in aller Regel haushaltsrechtlich gebunden, sich (bzw. der zuständigen Rechnungsprüfungsbehörde) auf vertraglichem Wege ein Prüfungsrecht, das sich im wesentlichen auf die Überwachung der bewilligungsgemäßen Verwendung der Mittel erstreckt, auszubedingen. So haben nach § 39 BHO bei Kreditzusagen sowie bei der Übernahme von Bürgschaften, Garantien oder sonstigen Gewährleistungen die zuständigen Bundesbehörden darauf zu dringen, daß sie oder ihre Beauftragten bei den Beteiligten jederzeit prüfen können, (1) ob die Voraussetzungen für die Kreditzusage oder ihrer Erfüllung vorliegen oder vorgelegen haben und (2) ob im Falle der Übernahme einer Gewährleistung eine Inanspruchnahme der öffentlichen Hand in Betracht kommen kann oder die Voraussetzungen für eine solche vorliegen oder vorgelegen haben.[116]

Als weiteres Beispiel seien die vertraglich ausbedungenen Prüfungsrechte der öffentlichen Hand bei der **Vergabe öffentlicher Aufträge** angeführt. Nach der Verordnung über die Preise bei öffentlichen Aufträgen[117] sind die für die Preisbildung und Preisüberwachung zuständigen Behörden berechtigt zu prüfen, ob die Preisbildungsvorschriften beachtet worden sind. Mit ministerieller Ermächtigung sind sie ferner berechtigt festzustellen, ob ein etwa zu vereinbarender Selbstkostenpreis den Preisbildungsvorschriften bei öffentlichen Aufträgen entspricht.[118]

c) Freie Prüfungen

Kennzeichen der freien Prüfungen ist es, daß die ihnen zugrundeliegenden Prüfungsordnungen allein durch die Prüfungsaufträge bestimmt werden, die der Prüfer bzw. das Prüfungsorgan von der die Prüfung veranlassenden Stelle erhält. Da die veranlassende Stelle nur ein Aufgabenträger des zu prüfenden Unternehmens sein kann – ein Außenstehender müßte sich bei der Veranlassung einer Prüfung auf eine bestehende Prüfungspflicht oder auf ein Prüfungsrecht berufen können – bleibt die Wahl des Prüfungsobjektes, die Wahl

---

[116] Zur Prüfung aufgrund von öffentlichen Zuwendungen vgl. Becker, Prüfung 1983, Sp. 1148 ff.; Einzelheiten über Arten und Ausgestaltungsformen öffentlicher Finanzierungshilfen vgl. bei: v. Wysocki, Finanzierungshilfen·1961.

[117] Verordnung PR Nr. 30/53 über die Preise bei öffentlichen Aufträgen vom 21.11.1953 (BAnz Nr. 244 vom 18.12.1953)

[118] § 10 der Verordnung PR Nr. 30/53 über die Preise bei öffentlichen Aufträgen; zur Prüfung bei öffentlichen Aufträgen vgl. Ebisch/Gottschalk, Preise 1977, sowie Beißel, Preisprüfung 1983, Sp. 1093 ff.

des Prüfers und die Festlegung der Art des von dem Prüfer verlangten Urteils über das jeweilige Prüfungsobjekt auch allein der veranlassenden unternehmensinternen Stelle überlassen. Es ist deshalb nicht möglich, die freien Prüfungen anders zu umschreiben als durch den allgemeinen Prüfungsbegriff und durch seine denkbaren Elemente.[119] Mit diesen Einschränkungen sei die nachfolgende **Übersicht** gegeben. Im Anschluß an Hintner lassen sich zweckmäßigerweise **vier Kategorien freier Prüfungen** unterscheiden:[120]

Unter **Ordnungsprüfungen**, von Hintner als freiwillige Bilanzprüfungen bezeichnet,[121] werden Prüfungen verstanden, die in erster Linie der Feststellung der Einhaltung bestimmter gesetzlicher oder statutarischer Vorschriften dienen sollen.[122] In Frage kann aber auch der Nachweis kommen, ob und inwieweit innerbetriebliche Anweisungen eingehalten worden sind.

Situationsprüfungen liegen dann vor, wenn durch die Prüfung die allgemeine (wirtschaftliche) Situation eines Unternehmens festgestellt werden soll. Hierzu gehören im wesentlichen Rentabilitätsprüfungen, Kreditwürdigkeits- und Liquiditätsprüfungen, Kostenprüfungen usw. Es handelt sich hierbei um freiwillige Prüfungen der wirtschaftlichen Lage.

Unter **Institutionsprüfungen** werden Prüfungen verstanden, die sich auf die Organisation des Unternehmens beziehen. Die Organisationsprüfung ist meist gleichzeitig eine Organisationsberatung. Diese Prüfungen sind stets auf die Zweckmäßigkeit und Wirtschaftlichkeit vorhandener oder zu schaffender Einrichtungen gerichtet. Die Organisationsprüfung kann sich deshalb auch auf das Rechnungswesen, auf einzelne Betriebsabteilungen, auf den Verkauf, auf die Werbung und die Marktanalyse sowie auf den Einkauf beziehen.

Es ist die Aufgabe von **Aufdeckungsprüfungen**, insbesondere strafbare Handlungen aufzudecken und zu klären (Unterschlagungs- oder Veruntreuungsprüfungen). Die Unterschlagungsprüfung beschränkt sich nicht auf bestimmte strafbare Tatbestände, bezieht sich also nicht allein auf die Feststellung einer etwaigen Unterschlagung im Sinne von § 246 StGB, sondern auch auf Vorgänge, die sowohl unter § 242 StGB (Diebstahl) als auch beispielsweise unter § 263 StGB (Betrug), § 266 StGB (Untreue) oder unter § 267 StGB (Urkundenfälschung) fallen können. Veranlaßt wird die Unterschlagungsprüfung gewöhnlich durch einen Verdacht, eine Anzeige oder eine bereits ganz oder teilweise bekannte Veruntreuung. Sie kann auch als allgemeine Überwachungsprüfung des in einem Unternehmen tätigen Personals vorkommen. Sie bezieht sich bei Verdacht auf bestimmte Teilgebiete, die genau abgegrenzt werden können; in der Form der allgemeinen Überwachungsprüfung erstreckt sie sich auf erfahrungsgemäß besonders gefährdete Gebiete wie Geldverkehr, Lohn- und Gehaltswesen, Warenverkehr und Lagerbuchhaltung; sie stellt im wesentlichen eine Prüfung der Wirksamkeit des Internen Kontrollsystems eines Unternehmens dar.

---

[119] Zu den Entscheidungskriterien, nach denen freie Prüfungen veranlaßt werden, vgl. Richter, Veranlassung 1978, S. 716 ff.

[120] Vgl. Hintner, Praxis 1949, S. 37 ff.; vgl. dazu auch Bussmann, Prüfung 1972, S. 42

[121] Vgl. Hintner, Praxis 1949

[122] Vgl. auch Bussmann, Prüfung 1972, S. 42

Kapitel III
Prüfer und Prüfungsorgane

A. Der Beruf des qualifizierten externen Prüfers

1. Übersicht

Bei den **unternehmensinternen Prüfungen** sind Auswahl und Überwachung der Prüfer ausschließlich Sache der Unternehmensleitungen bzw. der für den Einsatz der Internen Revision verantwortlichen unternehmensinternen Stellen. Auswahl und laufende Überwachung der unternehmensinternen Prüfer unterliegen weder besonderen gesetzlichen noch standesrechtlichen Reglementierungen irgendwelcher Art.

Ähnlich liegen die Verhältnisse bei externen Prüfungen, sofern es sich um **freie Prüfungen** oder um **Prüfungen aufgrund von vertraglich ausbedungenen oder gesetzlich vorgesehenen Prüfungsrechten** handelt. In aller Regel sind die Auftraggeber auch bei diesen Prüfungen in der Auswahl der mit der Prüfung zu beauftragenden Personen frei; ihnen allein obliegt auch die Überwachung der Prüfungsdurchführung. Weder der Gesetzgeber noch die Vertragspartner haben bei diesen Prüfungen Veranlassung, etwa Mindestanforderungen an die Qualifikation der Prüfer oder Grundsätze für die Art der Prüfungsdurchführung verbindlich festzulegen. Sie können davon ausgehen, daß die Auftraggeber in diesen Fällen aus eigenem Interesse die erforderliche Sorgfalt bei der Auswahl und bei der Überwachung der Prüfer walten lassen werden.

Bei den **gesetzlich vorgeschriebenen Prüfungen** dagegen glauben die Gesetzgeber, sich nicht in jedem Fall darauf verlassen zu können, daß die prüfungspflichtigen Unternehmen von sich aus bei der Auswahl von Prüfern die für die Erreichung des Prüfungszwecks erforderliche Sorgfalt aufwenden werden. Die Gesetzgeber erlassen in den Fällen, in denen sie Pflichtprüfungen vorschreiben, regelmäßig zugleich Vorschriften über die verlangte Mindestqualifikation der Prüfer.

Im In- und Ausland sind diejenigen Personen, die für die Vornahme externer Pflichtprüfungen qualifiziert sind, regelmäßig in **Berufsorganisationen** zusammengeschlossen.

Diese Berufsorganisationen verdanken ihre Entstehung vor allem den folgenden Überlegungen: Berufsorganisationen, die die Aufnahme von Mitgliedern an mehr oder weniger strenge Bedingungen fachlicher und persönlicher Art knüpfen und die Mitglieder verpflichten, ihren Beruf unter Beachtung bestimmter Grundsätze auszuüben, können den potentiellen Auftraggebern die

Gewähr dafür bieten, daß die als Mitglieder der Berufsorganisation mit Prüfungsaufgaben betrauten Prüfer wenigstens diejenige **Mindestqualifikation** aufweisen, die die Berufsorganisationen für die Erlangung und Aufrechterhaltung der Mitgliedschaft verlangen. Umgekehrt können sich die den Berufsorganisationen angehörenden Prüfer ihrerseits auf ihre Mitgliedschaft berufen, wenn sie Dritten gegenüber ihre Eignung für die fachgerechte und sorgfältige Durchführung eines Prüfungsauftrages nachweisen wollen.

Für Prüfer, die aufgrund besonderer Eignungsnachweise und aufgrund ihrer Zugehörigkeit zu Prüferorganisationen von Gesetzes wegen zu Trägern von Vorbehaltsaufgaben erklärt worden sind, sowie für Prüfer, die, ohne Träger von Vorbehaltsaufgaben zu sein, nach erbrachtem Eignungsnachweis Mitglieder von Berufsorganisationen sind, hat sich ein **besonderes Berufsrecht** herausgebildet. Für andere Prüfer, die als „freie" Prüfer oder als Prüfer im unternehmensinternen Prüfungswesen tätig werden, fehlt dagegen ein eigenes Berufsrecht. Auf sie wird im Zusammenhang mit der Besprechung der Prüfungsorgane einzugehen sein.[1]

Der Rat der Europäischen Gemeinschaften hat am 10.04.1984 die **8.EG-Richtlinie, die sog. Prüferbefähigungsrichtlinie,** verabschiedet.[2] Durch diese Richtlinie sollen die Zulassungsbestimmungen für die zur Vornahme von Pflichtprüfungen der Einzel- und Konzernabschlüsse von Kapitalgesellschaften befähigten Personen und Gesellschaften innerhalb der Mitgliedstaaten der Europäischen Gemeinschaft harmonisiert werden. Auf die Einzelvorschriften der 8.EG-Richtlinie wird bei der Besprechung des geltenden deutschen Berufsrechts einzugehen sein.

Nicht eingegangen wird auf die beruflichen Verhältnisse der freien Prüfer sowie derjenigen Personen und Personenvereinigungen, die vornehmlich auf dem Gebiet des Beratungswesens tätig werden, wie z.B. Steuerberater, Steuerbevollmächtigte, Rechtsanwälte, Rechtsbeistände, Unternehmensberater, beratende Volks- und Betriebswirte, beratende Ingenieure usw.

Die Berufsorganisationen sind in den verschiedenen Ländern unterschiedlich gestaltet. Diese Unterschiede lassen sich im wesentlichen auf die Intensität und die Art der Maßnahmen zurückführen, mit Hilfe derer die Gesetzgeber auf die Qualifikation der Prüfer Einfluß zu nehmen suchen. Wenn die Übernahme von Pflichtprüfungsaufträgen nicht an bestimmte Bedingungen hinsichtlich der Person des Prüfers geknüpft ist, muß sich der Gesetzgeber darauf verlassen, daß sich die Berufsorganisationen um die Erhaltung und Sicherung eines ausreichend qualifizierten Berufsstandes bemühen und daß Prüfungsaufträge durch die prüfungspflichtigen Unternehmen möglichst nur an Mitglieder dieser Berufsorganisationen vergeben werden. Die Gesetzgeber können ggf. auf die Entwicklung eines qualifizierten Berufsstandes dadurch hinwirken, daß sie die **Möglichkeit zum Erwerb staatlicher Diplome** in der Erwartung schaffen, daß diplomierte Prüfer bei der Vergabe von Prüfungs-

---

[1] Vgl. unten, Kap. III B 2 und Kap. III B 3
[2] Rat der Europäischen Gemeinschaften, 8.EG-Richtlinie, S. 20–26

aufträgen vorgezogen werden (so z.B. in der Schweiz).[3] Sollen die Pflichtprüfungen dagegen besonders qualifizierten Prüfern vorbehalten werden, so
kann die öffentliche Hand sich entweder die **Nachprüfung der Qualifikation**
und die **laufende Überwachung der Berufstätigkeit** selbst vorbehalten (z.B.
Deutschland, Frankreich, Schweden, USA)[4] oder sie kann sich bestehender
(privater) Berufsorganisationen bedienen, indem sie ausschließlich deren
Mitglieder als für die Vornahme bestimmter Pflichtprüfungen hinreichend
qualifiziert bezeichnet (so z.B. in Großbritannien).[5]

Nach der 8.EG-Richtlinie bedarf es im Bereich der Mitgliedstaaten der Europäischen Gemeinschaft stets einer Zulassung der zur Pflichtprüfung befugten
Personen und Prüfungsgesellschaften durch die Behörden der Mitgliedstaaten.[6] Die Richtlinie gestattet jedoch ausdrücklich, daß die Zulassung – wie in
Großbritannien – auch durch private Berufsorganisationen ausgesprochen
werden kann.[7]

2. Berufsorganisation

In den meisten Ländern behält sich der Staat eine **direkte Aufsicht über die
Auswahl der zur Vornahme von Pflichtprüfungen qualifizierten Personen**
ebenso vor wie die laufende Überwachung der mit Pflichtprüfungsaufgaben
betrauten Personen. Das zeigen z.B. die Regelungen in Deutschland, Frankreich und den USA.

In Deutschland sind Abschlußprüfungen von Kapitalgesellschaften einschließlich der Prüfung von Konzernabschlüssen seit dem 1.1.1986 im Zuge
der Anpassung des Rechnungslegungsrechts der Kapitalgesellschaften an die
4., 7. und 8.EG-Richtlinie im Dritten Buch des Handelsgesetzbuches geregelt
(§§ 316-324 HGB). Nach § 319 Abs. 1 HGB ist die Vornahme von Pflichtprüfungen der Kapitalgesellschaften (Aktiengesellschaften, Gesellschaften
mit beschränkter Haftung und Kommanditgesellschaften auf Aktien) den
öffentlich bestellten Wirtschaftsprüfern, den **öffentlich bestellten vereidigten
Buchprüfern** sowie den **öffentlich anerkannten Wirtschaftsprüfungsgesellschaften** bzw. **Buchprüfungsgesellschaften** vorbehalten.[8]

---

3 Zum Pflichtprüfungswesen in der Schweiz vgl. Helbling, Wirtschaftsprüfung 1983,
  Sp. 1804 ff., Sp. 1807
4 Zum Pflichtprüfungswesen in Frankreich vgl. Perridon, Wirtschaftsprüfung 1983,
  Sp. 1763 ff.; zum Pflichtprüfungswesen in Schweden vgl. Graf v. Schwerin/Breycha,
  Wirtschaftsprüfung 1983, Sp. 1800 ff.; zum Pflichtprüfungswesen in den USA vgl.
  Schoenfeld, Wirtschaftsprüfung 1983, Sp. 1822 ff.
5 Zum Pflichtprüfungswesen in Großbritannien vgl. Macharzina, Wirtschaftsprüfung
  1983, Sp. 1814 ff.
6 Vgl. Rat der Europäischen Gemeinschaften, 8.EG-Richtlinie, Art. 2
7 Vgl. Rat der Europäischen Gemeinschaften, 8. EG-Richtlinie, Art. 2 Abs. 2
8 Das aktive Prüfungsrecht der vereidigten Buchprüfer und der Buchprüfungsgesellschaften wird durch § 319 Abs. 1 HGB allerdings auf die Vornahme von Pflichtprüfungen der Jahresabschlüsse von „mittleren" Gesellschaften mit beschränkter Haftung i.S.v. § 267 Abs. 2 HGB begrenzt. Zu anderen „Vorbehaltsaufgaben" der
  Wirtschaftsprüfer und Wirtschaftsprüfungsgesellschaften vgl. die Übersicht bei
  Reittinger, Pflichtprüfungen 1983, Sp. 1073 ff.

Die Bestellung der Wirtschaftsprüfer und der vereidigten Buchprüfer erfolgt nach § 15 bzw. **§ 130 des Gesetzes über eine Berufsordnung der Wirtschaftsprüfer (Wirtschaftsprüferordnung – WPO)** durch die obersten Landesbehörden, die auch für die Anerkennung von Wirtschaftsprüfungsgesellschaften und Buchprüfungsgesellschaften (§ 30 i.V.m. § 130 WPO) zuständig sind.

Voraussetzung für die Bestellung zum Wirtschaftsprüfer bzw. zum vereidigten Buchprüfer ist grundsätzlich das **Bestehen einer Prüfung**, die, sofern der Bewerber die Bedingungen der Zulassung zur Prüfung nach §§ 8 ff., 131 bzw. 131c WPO erfüllt hat, von den bei den obersten Landesbehörden gebildeten Prüfungsausschüssen abgenommen wird (§§ 12 ff., 131a Abs. 4 bzw. 131e Abs. 4 WPO). Die Berufsbezeichnungen „Wirtschaftsprüfer", „vereidigter Buchprüfer" sowie die Bezeichnungen „Wirtschaftsprüfungsgesellschaft" und „Buchprüfungsgesellschaft" sind durch die WPO geschützt. Die Führung verwechslungsfähiger Berufsbezeichnungen ist untersagt und kann geahndet werden (§§ 132 u. 133 WPO).

Die weitgehende staatliche Einflußnahme auf den Zugang zum Beruf des Wirtschaftsprüfers bzw. des vereidigten Buchprüfers wird ergänzt durch die **Zwangsmitgliedschaft sämtlicher WP und vBP bei der Wirtschaftsprüferkammer**, der als Körperschaft des öffentlichen Rechts die Selbstverwaltungsangelegenheiten des Berufsstandes der WP und der vBP sowie die Berufsaufsicht anvertraut sind (§§ 4, 58 u. 128 WPO). Die Wirtschaftsprüferkammer hat die Aufgabe, die beruflichen Belange ihrer Mitglieder zu wahren und zu fördern; sie hat ihre Mitglieder in standesrechtlichen Fragen zu beraten und zu belehren; sie führt die Aufsicht über die berufliche Tätigkeit ihrer Mitglieder und kann Einrichtungen für die Ausbildung des Berufsnachwuchses schaffen (§ 57 WPO).

Um außer den Berufsträgern auch die Organe der Berufsausübung möglichst vollständig in den Aufsichtsbereich der Wirtschaftsprüferkammer einzubeziehen, sind neben den Wirtschaftsprüfern und den vereidigten Buchprüfern auch die staatlich anerkannten **Wirtschaftsprüfungsgesellschaften**, die **Buchprüfungsgesellschaften**, die **Mitglieder des Vorstands**, die **Geschäftsführer und die vertretungsberechtigten persönlich haftenden Gesellschafter von Wirtschaftsprüfungs- und Buchprüfungsgesellschaften** zur Mitgliedschaft verpflichtet, auch wenn diese Personen nicht selbst als Wirtschaftsprüfer oder als vereidigte Buchprüfer bestellt sind. Die **genossenschaftlichen Prüfungsverbände**, die **Sparkassen- und Giroverbände** mit ihren Prüfungsstellen sowie die **überörtlichen Prüfungseinrichtungen für öffentliche Körperschaften** (Rechnungshöfe usw.) können die Mitgliedschaft bei der Wirtschaftsprüferkammer erwerben (§ 58 WPO).

3. Zugangsvoraussetzungen

a) Allgemeine Eignung

Die mit dem Prüferberuf verbundene Verantwortung den Auftraggebern und der Öffentlichkeit gegenüber, die insbesondere dann gegeben ist, wenn dem Prüfer die Durchführung von Pflichtprüfungen vorbehalten ist, hat in fast allen Ländern dazu geführt, daß die Zulassung zum Beruf bzw. zu den Berufsorganisationen dem Bewerber dann versagt wird, wenn **in seiner Person liegende Gründe eine ordnungsmäßige Erfüllung der Berufsaufgaben zweifelhaft erscheinen lassen.** So heißt es in der 8.EG-Richtlinie (Art. 3):

„Die Behörden eines Mitgliedstaats erteilen die Zulassungen nur solchen Personen, die ehrenhaft sind und keine Tätigkeit ausüben, die nach dem Recht dieses Mitgliedstaats mit der Pflichtprüfung der in Artikel 1 Absatz 1 genannten Unterlagen (= Jahresabschlüsse, d.V.) unvereinbar ist."

Die Wirtschaftsprüferordnung konkretisiert die persönlichen Zulassungsbedingungen. Der Nachweis des **Fehlens der persönlichen Eignung** gilt nach § 10 Abs. 1 WPO als geführt, „wenn

– der Bewerber infolge strafgerichtlicher Verurteilung die Fähigkeit zur Bekleidung öffentlicher Ämter nicht besitzt;
– der Bewerber in einem Dienststrafverfahren durch rechtskräftiges Urteil mit der Entfernung aus dem Dienst bestraft worden ist;
– der Bewerber sich eines Verhaltens schuldig gemacht hat, das die Ausschließung aus dem Beruf rechtfertigen würde;
– der Bewerber infolge eines körperlichen Gebrechens dauernd unfähig ist, den Beruf ... ordnungsgemäß auszuüben;
– der Bewerber sich nicht in geordneten wirtschaftlichen Verhältnissen befindet."

In § 10 Abs. 2 WPO sind weitere Gründe genannt, bei deren Vorliegen die Zulassung versagt werden kann. Solche Gründe sind gegeben, „wenn der Bewerber infolge gerichtlicher Anordnung in der Verfügung über sein Vermögen allgemein beschränkt ist; der Bewerber sich so verhalten hat, daß die Besorgnis begründet ist, er werde den Berufspflichten ... nicht genügen; der Bewerber nicht Deutscher im Sinne des Art. 116 Abs. 1 des Grundgesetzes ist."

Eine **Begrenzung der Zulassung nach dem Alter des Bewerbers** kennen weder die 8.EG-Richtlinie noch die Wirtschaftsprüferordnung. Eine solche Begrenzung ist wohl deshalb nicht erforderlich, weil die Anforderungen, die an die Vorbildung der Bewerber gestellt werden, eine Bestellung zum Prüfer in allzu jugendlichem Alter ausschließen dürften.

b) Fachliche Vorbildung

Großer Wert wird auf den Nachweis einer hinreichenden fachlichen Vorbildung gelegt, der durch praktische (Prüfungs-)Tätigkeit und durch ein Zulassungsexamen erbracht werden kann. Es heißt in der 8.EG-Richtlinie (Art. 4):

„Zur Durchführung der Pflichtprüfung der in Artikel 1 Absatz 1 genannten Unterlagen (= Jahresabschlüsse, d.V.) darf eine natürliche Person nur zugelassen werden, wenn sie nach Erlangung der Hochschulreife eine theoretische und eine praktische Ausbildung erhalten hat und sich mit Erfolg einer staatlichen oder staatlich anerkannten beruflichen Eignungsprüfung auf dem Niveau eines Hochschulabschlusses unterzogen hat."

Die 8. EG-Richtlinie enthält ausführliche Vorschriften über den **Mindestumfang** und die **Art der praktischen Ausbildung** (Art. 8):

„Damit gewährleistet ist, daß die Fähigkeit zur praktischen Anwendung der in der Prüfung verlangten theoretischen Kenntnisse vorhanden ist, ist eine praktische Ausbildung von mindestens drei Jahren, die sich insbesondere auf die Prüfung des Jahresabschlusses, des konsolidierten Abschlusses oder ähnlicher Finanzabschlüsse erstrecken muß, durchzuführen. Diese praktische Ausbildung muß zu mindestens zwei Dritteln bei einer nach dem Recht des Mitgliedstaats gemäß dieser Richtlinie zugelassenen Person erfolgen; die Mitgliedstaaten können allerdings zulassen, daß die praktische Ausbildung bei einer nach dem Recht eines anderen Mitgliedstaats gemäß dieser Richtlinie zugelassenen Person erfolgt. Die Mitgliedstaaten stellen sicher, daß die gesamte praktische Ausbildung bei Personen erfolgt, die ausreichende Garantien für die Ausbildung des Praktikanten bieten."

Nach § 8 WPO wird die **Bestellung zum Wirtschaftsprüfer** von den folgenden Voraussetzungen abhängig gemacht:

- Nachweis eines Hochschulstudiums (Wirtschaftswissenschaften, Technik, Landwirtschaft; § 8 Abs. 1 Ziff. 1 WPO);[9]
- fünfjährige praktische Tätigkeit, von der wenigstens vier Jahre als Prüfungstätigkeit (davon mindestens zwei Jahre bei einem WP, einem vBP, bei einer WPG, bei einer BPG oder einem genossenschaftlichen Prüfungsverband, vgl. § 9 Abs. 4 WPO) abgeleistet sein müssen. Der Nachweis der Prüfungstätigkeit entfällt allerdings für Bewerber, die seit mindestens fünfzehn Jahren den Beruf als Steuerberater ausgeübt haben; dabei sind bis zu zehn Jahre Berufstätigkeit als Steuerbevollmächtigter anzurechnen (§ 8 Abs. 1 Ziff. 2 WPO);
- Bestehen einer schriftlichen und mündlichen Prüfung (§ 12 ff. WPO; § 5 Prüfungsordnung für Wirtschaftsprüfer).
- Während einer Übergangsfrist bestehen erleichterte Zugangsvoraussetzungen (§ 134a WPO)

Auf den Nachweis eines abgeschlossenen Hochschulstudiums kann verzichtet werden, wenn der Bewerber eine mindestens zehnjährige Praxistätigkeit in einem Prüfungsorgan nachweist, in der er sich „bewährt" hat oder wenn der Bewerber seit mindestens fünf Jahren den Beruf eines Steuerberaters oder vereidigten Buchprüfers ausgeübt hat (§ 8 Abs. 2 WPO).[10]

Die **Bestellung zum vereidigten Buchprüfer** wird von dem Bestehen eines Zulassungsexamens (§ 131a WPO) und von den folgenden Voraussetzungen abhängig gemacht (§ 131 WPO):

- Der Bewerber muß Steuerberater oder Rechtsanwalt sein und mindestens fünf Jahre den Beruf eines Steuerberaters, Steuerbevollmächtigten oder Rechtsanwalts ausgeübt haben und

---

[9] Die Gleichstellung des technischen und landwirtschaftlichen Studiums mit dem wirtschaftswissenschaftlichen Hochschulstudium wird in diesem Zusammenhang kritisiert, vgl. z. B. Kicherer, Grundsätze 1970, S. 134. Zur Bedeutung des Hochschulstudiums für die Ausbildung zum Wirtschaftsprüfer vgl. v. Wysocki, Bedeutung 1968, S. 391 ff. Zu den Zulassungsvoraussetzungen für Wirtschaftsprüfer nach bisherigem Recht (bis 1985) vgl. Buchner, Wirtschaftsprüfer 1985, S. 123 ff.

[10] Die Änderung von § 8 WPO erfolgte durch das Bilanzrichtlinien-Gesetz zur Anpassung des deutschen Berufsrechts an die Art. 10 bis 22 der 8. EG-Richtlinie

– wenigstens drei Jahre Prüfungstätigkeit nachweisen. Auf den Nachweis der Prüfungstätigkeit wird jedoch verzichtet, wenn der Bewerber seit mindestens fünfzehn Jahren den Beruf eines Steuerberaters ausgeübt hat; während einer Übergangsfrist (bis zum 31.12.1989) wird aus berufspolitischen Gründen der Nachweis einer praktischen Prüfungstätigkeit überhaupt nicht verlangt (!).

c) Zulassungsexamen

Die Zulassung (Bestellung) als Wirtschaftsprüfer oder als vereidigter Buchprüfer wird – wie bisher in Deutschland – auch nach der 8.EG-Richtlinie von dem Bestehen eines besonderen Zulassungsexamens abhängig gemacht, in dem hinreichende Kenntnisse auf den für die Berufsausübung wesentlichen Fachgebieten des „Wirtschaftlichen Prüfungswesens", der „Betriebs- und Volkswirtschaft", des „Wirtschaftsrechts" und des „Steuerrechts" durch schriftliche und/oder mündliche Examensleistungen unter Beweis gestellt werden müssen.

Die Anforderungen des **Zulassungsexamens für die Bestellung zum vereidigten Buchprüfer** nach § 131 a WPO sind im Vergleich zu den Anforderungen, die im Zulassungsexamen für die Bestellung zum Wirtschaftsprüfer verlangt werden, geringer. Die Erleichterungen betreffen zunächst den Fächerkanon des Zulassungsexamens: Im Fach „Wirtschaftliches Prüfungswesen" werden lediglich Kenntnisse über die Pflichtprüfung des Jahresabschlusses der GmbH verlangt, im Fach „Wirtschaftsrecht" ist nur „unter besonderer Berücksichtigung des Rechts der GmbH" zu prüfen; Kenntnisse im Fach „Volkswirtschaft" werden nicht verlangt. Die Erleichterungen betreffen ferner die Zahl der im schriftlichen Teil des Examens anzufertigenden Aufsichtsarbeiten: Es ist anstelle von sechs Aufsichtsarbeiten lediglich eine Aufsichtsarbeit zu schreiben, von der zudem unter bestimmten Bedingungen befreit werden kann. Schließlich sind Hochschullehrer der Betriebswirtschaftslehre nicht als Mitglieder der nach § 131a Abs.4 WPO zu bildenden Prüfungsausschüsse vorgesehen. [11]

d) Bestellung

Eine öffentlich-rechtliche Bestellung derjenigen Personen, die ihre Eignung durch Ablegung der Zulassungsexamina und Ableistung der vorgeschriebenen Praktika unter Beweis gestellt haben, erfolgt naturgemäß nur in denjeni-

---

[11] Zu den Befreiungen und Erleichterungen, die die Mitgliedstaaten der EG bei der Ablegung der Berufsexamina gewähren können, vgl. Rat der Europäischen Gemeinschaften, 8.EG-Richtlinie, Art. 7. Zur Ausgestaltung des Berufsexamens für die Zulassung als vereidigter Buchprüfer vgl. § 131 a WPO; zur Ausgestaltung eines erleichterten Übergangsexamens für vereidigte Buchprüfer, für Steuerberater und für Rechtsanwälte als Voraussetzung zur Bestellung zu Wirtschaftsprüfern vgl. §§ 131c–131e WPO; zur Kritik an den auf der Grundlage des Bilanzrichtlinien-Gesetzes erfolgten Neuregelungen des Berufsrechts vgl. Kühnberger, Anmerkungen 1987, S. 460ff.

gen Ländern, in denen der Staat sich die Auswahl der zur Durchführung bestimmter Prüfungen berechtigten Prüfer vorbehalten hat. In denjenigen Ländern, in denen sich der Staat einer direkten Einflußnahme auf die Zulassung und Überwachung der für Vorbehaltsaufgaben qualifizierten Prüfer enthält, fehlt entsprechend auch eine öffentliche Bestellung. An die Stelle der Bestellung tritt entweder der Erwerb der Vollmitgliedschaft in einer der Berufsvereinigungen, wie z. b. in Großbritannien, oder die Eintragung in ein der Öffentlichkeit zugängliches Register, wie z. B. in der Schweiz.[12]

Nach dem **deutschen Berufsrecht** ist die Bestellung ein Verwaltungsakt, durch den der Bewerber die mit dem Beruf verbundenen Rechte und Pflichten übernimmt. Die Bestellung zum Wirtschaftsprüfer bzw. zum vereidigten Buchprüfer erfolgt, nachdem der Bewerber den Berufseid abgelegt hat (§§ 17, 131 b WPO), durch Aushändigung einer von der obersten Landesbehörde für Wirtschaft ausgestellten Urkunde (§§ 15, 131 b WPO).

Die Bestellung erlischt durch Tod, durch Verzicht, durch rechtskräftige Ausschließung aus dem Beruf (§§ 19, 131 b WPO) oder durch Zurücknahme (§§ 20, 131 b WPO). Die Zurücknahme muß seitens der zuständigen obersten Landesbehörde erfolgen, wenn ein Berufsangehöriger wesentliche Berufspflichten verletzt hat oder wenn ein Mangel in der persönlichen Eignung festgestellt wird (§§ 20 Abs. 1 Nr. 1-4, 131 b WPO). Die Bestellung kann zurückgenommen werden, wenn der Berufsangehörige „infolge gerichtlicher Anordnung in der Verfügung über sein Vermögen allgemein beschränkt ist" oder wenn der Berufsangehörige nicht innerhalb von sechs Monaten nach der Bestellung eine berufliche Niederlassung begründet hat (§§ 20 Abs. 3, 131 b WPO). Mit der Bestellung erwirbt der Wirtschaftsprüfer bzw. vereidigte Buchprüfer zugleich die (Zwangs-)Mitgliedschaft bei der Wirtschaftsprüferkammer (§§ 58 Abs. 1 Satz 1, 128 Abs. 3 WPO).

Um Härtefälle auszuschließen, sieht die WPO eine zeitlich befristete vorläufige Bestellung in den Fällen vor, in denen für Steuerberater, Steuerbevollmächtigte oder Rechtsanwälte Mandatsverluste bei den nach dem neuen Bilanzrecht prüfungspflichtigen Gesellschaften mit beschränkter Haftung zu befürchten sein könnten (vgl. dazu §§ 131 b Abs. 2 und 131 f Abs. 2 WPO).

4. Grundsätze der Berufsausübung

Wie für die Träger aller freien Berufe haben sich auch für die Träger externer Prüfungen **Standesregeln** herausgebildet, die als Teile des Berufsrechts in den einzelnen Ländern mehr oder weniger präzise kodifiziert sind und deren Verletzung ggf. disziplinarisch geahndet wird. Teilweise sind diese „Grundsätze der Berufsausübung" auch im Gesellschaftsrecht kodifiziert, und zwar dann, wenn nach dem Willen des Gesetzgebers Verstöße gegen die Berufsgrundsätze auch gesellschaftsrechtliche Folgen haben sollen.

Die für die deutschen Wirtschaftsprüfer, vereidigten Buchprüfer, Wirtschaftsprüfungs- und Buchprüfungsgesellschaften geltenden Berufsgrundsätze sind zum Teil im Handelsgesetzbuch enthalten,[13] ausführlicher in der

---

12 Vgl. Art. 27 Abs. 3 Reglement über die höheren Fachprüfungen für Bücherexperten
13 Vgl. §§ 319 Abs. 2 u.3, 323 Abs. 1 HGB. Entsprechende Regelungen waren bis 1965 in §§ 164 und 168 AktG enthalten.

Wirtschaftsprüferordnung formuliert[14] und im einzelnen in den „Richtlinien für die Berufsausübung der Wirtschaftsprüfer und vereidigten Buchprüfer"[15] zusammengefaßt worden, die die Wirtschaftsprüferkammer gemäß des ihr in § 57 Abs. 1 WPO erteilten Auftrages festgestellt hat.

Die Berufsrichtlinien gelten für die gesamte berufliche Tätigkeit der Wirtschaftsprüfer und vereidigten Buchprüfer in Deutschland und sind sinngemäß auch auf Wirtschaftsprüfungs- und Buchprüfungsgesellschaften sowie auf deren Organe anzuwenden, auch soweit deren Mitglieder nicht Berufsangehörige sind.[16]

Die Richtlinien nennen folgende Berufsgrundsätze:

- Unabhängigkeit und Unbefangenheit
- Eigenverantwortlichkeit
- Verschwiegenheit
- Unparteilichkeit
- Gewissenhaftigkeit
- Berufswürdiges Verhalten.

Die Richtlinien umschreiben ferner die mit dem Beruf des Wirtschaftsprüfers oder vereidigten Buchprüfers nicht zu vereinbarenden Tätigkeiten, die Grundsätze für die Kundmachung und den Auftragsschutz sowie die Regeln für die Unterzeichnung von Bestätigungsvermerken und Prüfungsvermerken.

Um eine Vereinheitlichung der Grundsätze der Berufsausübung durch externe Prüfer sind auch die internationalen Berufsorganisationen bemüht. So haben die **International Federation of Accountants (IFAC)**[17] und die **Union Européenne des Experts Comptables Economiques et Financiers (UEC)**[18] den Inhalt von Berufsgrundsätzen formuliert. Diese Grundsätze müssen von den Berufsangehörigen jedoch nur dann beachtet werden, wenn die Grundsätze nicht im Widerspruch zu den nationalen gesetzlichen Regelungen und Richtlinien und nicht im Widerspruch zur (nationalen) Berufsauffassung stehen.

---

[14] Vgl. §§ 43-54 WPO
[15] Wirtschaftsprüferkammer, Richtlinien 1987
[16] Vgl. Wirtschaftsprüferkammer, Richtlinien 1987, S. 5
[17] Vgl. z.B. Guideline: Professional Ethics for the Accountancy Profession, IFAC, Ethics 1980; ferner die folgenden Statements of Guidance on Ethics (SGE): Advertising, Publicity and Solicitation, IFAC, SGE 1 1982; Professional Competence, IFAC, SGE 2 1982; Integrity, Objectivity and Independence, IFAC, SGE 3 1983; Confidentiality, IFAC, SGE 4 1983; Ethics Across International Borders, IFAC, SGE 5 1983; Conditions for Acceptance of an Appointment when another Accountant in Public Practice is already carrying out Work for the same Client, IFAC, SGE 6 1983; Conditions for Superseding another Accountant in Public Practice, IFAC, SGE 7 1983; weitere Stellungnahmen und Diskussionsentwürfe werden laufend veröffentlicht.
[18] Vgl. z.B. die folgenden Empfehlungen zu den Berufsgrundsätzen: Union Européenne des Experts Comptables Economiques et Financiers, Rahmen-Berufsgrundsätze 1977; Unabhängigkeit 1979; Kundmachung 1980; Berufsausübung 1983; Verschwiegenheit 1983; Beziehungen 1983; Mandantengelder 1984; Grundregeln 1984. Weitere Empfehlungen sind in Bearbeitung.

Die **8.EG-Richtlinie** befaßt sich nur am Rande mit den Grundsätzen der Berufsausübung. In Art. 23 der Richtlinie wird verlangt, daß die Jahresabschlußprüfung mit „beruflicher Sorgfalt" durchgeführt wird; Art. 24 stellt fest, daß Jahresabschlußprüfungen nicht von Personen durchgeführt werden dürfen, wenn diese „nach dem Recht des Mitgliedstaats, der die Pflichtprüfung vorschreibt, nicht unabhängig sind". Darüberhinaus enthält die Richtlinie einige Organisationsregeln, durch die die Unabhängigkeit auch der Prüfungsgesellschaften sichergestellt werden soll.[19]

a) Der Grundsatz der Unabhängigkeit und Unbefangenheit

a1) Das Wesen der Unabhängigkeit und ihre begriffliche Unterscheidung von der Unbefangenheit

Der Grundsatz der Unabhängigkeit gehört zu den fundamentalen Berufsgrundsätzen der prüfenden Berufe in allen Ländern. Der Begriff der „**Abhängigkeit**" wird regelmäßig mit dem Begriff der „**Befangenheit**" und dem Begriff der „**Besorgnis der Befangenheit**" gemeinsam benutzt:

„Der Wirtschaftsprüfer muß bei seinen Feststellungen, Beurteilungen und Entscheidungen frei von Einflüssen, Bindungen und Rücksichten sein, die seine Unabhängigkeit und Unbefangenheit beeinträchtigen könnten.

Er hat seine Tätigkeit zu versagen, wenn seine Unabhängigkeit gefährdet ist oder er sich befangen fühlt; das gilt auch dann, wenn gesetzliche Vorschriften über die Auswahl der Abschlußprüfer der Bestellung nicht entgegenstehen.

Der Wirtschaftsprüfer hat seine Tätigkeit ferner zu versagen, wenn ein sachlich vernünftiger Grund besteht, aus dem die Besorgnis abgeleitet werden kann, er sei befangen, also innerlich nicht frei."[20]

Die Berufsrichtlinien der Wirtschaftsprüferkammer scheinen mit der Unterscheidung der Abhängigkeit von der Befangenheit und von der Besorgnis der Befangenheit den **Grad der Bindung des Prüfers an das Prüfungsobjekt** zum Ausdruck bringen zu wollen. Darauf deutet zumindest die Erläuterung zum Grundsatz der Unabhängigkeit und Unbefangenheit hin,[21] in der es heißt, daß im Falle naher Beziehungen des Wirtschaftsprüfers zu leitenden Persönlichkeiten des zu prüfenden Unternehmens die Besorgnis der Befangenheit entstehen könnte, wenn nicht sogar Abhängigkeit oder Befangenheit gegeben sei.

Gegen diese Auffassung wendet sich Jäckel.[22] Für ihn ist die „Befangenheit" der zentrale Begriff. Es komme darauf an, daß der Prüfer innerlich frei sei, d.h. keinerlei Einflüssen unterliege, die die Objektivität seines Urteils gefährden könnten. Die **Befangenheit** sei danach ein Tatbestand, der nur **die innere Einstellung des Prüfers zum Prüfungsobjekt** betreffe. Nach außen brauche sie nicht in Erscheinung zu treten, ja, es sei sogar denkbar, daß der Prüfer selbst sich ihrer manchmal nicht bewußt wird.

---

[19] Vgl. Rat der Europäischen Gemeinschaften, 8.EG-Richtlinie, Art. 2 Abs. 1 b)
[20] Wirtschaftsprüferkammer, Richtlinien 1987, I Abs. 1 bis 3
[21] Vgl. Wirtschaftsprüferkammer, Richtlinien 1987, I, Richtungweisende Feststellungen, Ziff. 1
[22] Vgl. Unabhängigkeit 1960, S. 38 ff.

Eine so verstandene „Befangenheit" ist als kodifizierbarer Tatbestand berufs-rechtlicher Vorschriften ungeeignet. Es wird deshalb auf die häufigste **nach außen in Erscheinung tretende Ursache der Befangenheit, die Abhängigkeit,** zurückgegriffen und z.B. in § 319 Abs. 2 HGB eine Reihe von Abhängig-keitsverhältnissen aufgezählt, bei deren Bestehen die Befangenheit des Prü-fers unwiderlegbar vermutet wird. Darauf, ob der Prüfer tatsächlich befan-gen ist, kommt es im Falle der Abhängigkeit nicht an.

Auf der Grundlage dieser Abgrenzung der Begriffe „Befangenheit" und „Ab-hängigkeit" gelingt auch die Einordnung und Umschreibung des Tatbestan-des der „**Besorgnis der Befangenheit**". Es handelt sich nach Jäckel bei der Besorgnis der Befangenheit um eine Generalklausel, die ergänzend zu denje-nigen im Berufsrecht oder im Gesellschaftsrecht aufgezählten Abhängigkeits-verhältnissen tritt, die auf eine Befangenheit schließen lassen. Wann ein sol-cher, den Verdacht der Befangenheit rechtfertigender äußerer Tatbestand vorliegt, entscheidet sich danach, ob ein **Dritter einen „sachlich vernünftigen Grund" zu Zweifeln an der Unbefangenheit** hat. Es müssen Sachverhalte vorliegen, die nach der allgemeinen Lebenserfahrung nicht ohne Auswirkung auf das Handeln oder die Willensbildung des Prüfers bleiben.[23] Läßt sich die Berechtigung der Besorgnis nachweisen, so wird die Befangenheit wiederum vermutet.[24]

Der Betroffene kann eine solche Vermutung nicht widerlegen, er kann nur den Besorgnistatbestand leugnen. Dem Standesrecht kommt es dabei nicht nur auf die Frage an, ob der Betreffende tatsächlich befangen ist, sondern auch darauf, ob er in den Augen der interessierten Öffentlichkeit als unbefan-gen erscheint. Dem Ansehen des Berufs würde es abträglich sein, wenn der Eindruck entstünde, die Unbefangenheit der Prüfer sei nicht in allen Fällen gewährleistet.

Fragt man nach dem Charakter der „Einflüsse, Bindungen und Rücksich-ten", bei deren Vorliegen die Richtlinien für die Berufsausübung die Gefahr einer Beeinträchtigung der Unbefangenheit erblicken, so ergeben sich im wesentlichen **zwei Arten von Beziehungen, die eine Befangenheit des Prüfers vermuten lassen:** Ein eigenes (wirtschaftliches oder sonstiges persönliches) Interesse des Prüfers am Prüfungsergebnis und die Rücksichtnahme auf ein fremdes (wirtschaftliches oder sonstiges persönliches) Interesse am Prüfungs-ergebnis. Die in berufsrechtlichen und handelsrechtlichen Vorschriften auf-geführten Abhängigkeitstatbestände lassen sich alle auf die herausgestellten Beziehungen des Prüfers zum Prüfungsobjekt oder zu Dritten zurückführen.

a2) Befangenheitsvermutungen

a21) Eigenes Interesse des Prüfers am Prüfungsergebnis

Das eigene Interesse des Prüfers am Prüfungsergebnis kann entweder ein **wirtschaftliches Interesse** oder auch ein **persönliches Interesse** des Prüfers an einem positiven Prüfungsergebnis sein.

---

[23] Vgl. Adler/Düring/Schmaltz, Rechnungslegung 1971, Tz. 32 zu § 163 AktG 1965
[24] Vgl. dazu auch Leffson, Wirtschaftsprüfung 1985, S. 70

a211) Wirtschaftliches Interesse des Prüfers

Im Falle eines eigenen Interesses des Prüfers an dem Ergebnis der Prüfung wird deutlich, daß Befangenheit nicht immer Abhängigkeit voraussetzt. Infolgedessen sehen die Richtlinien für die Berufsausübung die Gefahr der Besorgnis der Befangenheit bei **„finanziellen oder kapitalmäßigen Bindungen des Wirtschaftsprüfers"** gegenüber dem zu prüfenden Unternehmen. Ein solches wirtschaftliches Interesse des Prüfers am Prüfungsergebnis kann zunächst in kapitalmäßigen Bindungen zwischen dem Prüfer und dem geprüften Unternehmen bestehen. Es muß davon ausgegangen werden, daß das durch eine kapitalmäßige Bindung des Prüfers bewirkte besondere Interesse an dem „Wohlergehen" des zu prüfenden Unternehmens ggf. nicht ohne Auswirkungen auf das Prüfungsurteil sein kann. Folgerichtig wird in den Richtlinien der Wirtschaftsprüferkammer für die Berufsausübung der Wirtschaftsprüfer und vereidigten Buchprüfer festgestellt:

„Die Tätigkeit als Abschlußprüfer ist mit einem Anteilsbesitz (Aktien, Geschäftsanteile usw.) an dem zu prüfenden Unternehmen nicht vereinbar. Bei WPG und sonstigen beruflichen Zusammenschlüssen gilt dies auch für gesetzliche Vertreter bzw. Partner, angestellte WP sowie mit der Auftragsdurchführung befaßte Personen."[25]

Eine ähnliche Vorschrift war noch in den Entwürfen für eine 8.EG-Richtlinie enthalten.[26] Die endgültige Fassung der Richtlinie verzichtet auf eine entsprechende europäische Regelung.

Wirtschaftliches Interesse des Prüfers an dem Prüfungsergebnis kann sich auch durch die sog. **Kundenabhängigkeit** ergeben:

„Stellt das von einem Mandanten, für den Prüfungsaufträge durchgeführt werden, insgesamt gezahlte Honorar auf Dauer einen wesentlichen Anteil der Einkünfte des WP dar, so kann dadurch eine Abhängigkeit vom Mandanten begründet werden."[27]

Auch die Kundenabhängigkeit ist in der verabschiedeten Fassung der 8.EG-Richtlinie nicht mehr angesprochen; gleichwohl ist seit 1986 eine entsprechende Vorschrift in das Handelsgesetzbuch aufgenommen worden:[28]

„Ein Wirtschaftsprüfer oder ein vereidigter Buchprüfer darf nicht Abschlußprüfer sein, wenn er oder eine Person, mit der er seinen Beruf gemeinsam ausübt, ... in den letzten fünf Jahren jeweils mehr als die Hälfte der Gesamteinnahmen aus seiner beruflichen Tätigkeit aus der Prüfung und Beratung der zu prüfenden Kapitalgesellschaft und von Unternehmen, an denen die zu prüfende Kapitalgesellschaft mehr als zwanzig vom Hundert der Anteile besitzt, bezogen hat und dies auch im laufenden Geschäftsjahr zu erwarten ist; ...."

---

[25] Wirtschaftsprüferkammer, Richtlinien 1987, I, Richtungweisende Feststellungen, 2
[26] Vgl. Art. 11 Abs. 1 Entwurf der 8.EG-Richtlinie i.d.F. v. 1.3.1982
[27] Wirtschaftsprüferkammer, Richtlinien 1987, I, Richtungweisende Feststellungen, 9
[28] Vgl. § 319 Abs. 2 Ziff. 8 HGB; zur Frage der Kundenabhängigkeit vgl. ferner: Sieben/Ossadnik/Russ, Unabhängigkeit 1983, Sp. 1596 f.; Leffson, Wirtschaftsprüfung 1985, S. 111; Egner, Prüfungslehre 1980, S. 222; Buchner, Wirtschaftsprüfer 1985, S. 156

a212) Sonstiges persönliches Interesse

Außer dem Interesse am Fortbestand und an einer ungehinderten wirtschaftlichen Entwicklung des zu prüfenden Unternehmens können auch andere persönliche Beziehungen zum Prüfungsobjekt die Unbefangenheit des Prüfers in Frage stellen. Zweifel an der Objektivität des Prüfers werden vor allem dann aufkommen können, wenn er an dem Zustandekommen des zu beurteilenden Prüfungsgegenstandes selbst mitgewirkt hat, wenn er also „prozeßabhängig" ist. Diese allgemeine Feststellung hat ihren Niederschlag auch in den Richtlinien der Wirtschaftsprüferkammer gefunden: „... die Besorgnis der Befangenheit (kann) auch durch eigene Beziehungen zur Sache gegeben sein, z. B. wenn der WP einen Tatbestand zu beurteilen hat, an dessen Zustandekommen er selbst maßgeblich mitgewirkt hat."[29] Im Vordergrund der Diskussion steht dabei der Fall, daß der Prüfer an der Aufstellung des zu prüfenden Jahresabschlusses selbst mitgewirkt hat. Hierzu heißt es in den Richtlinien der Wirtschaftsprüferkammer:

„Führt der WP die Bücher eines Mandanten, ist er für die Kontierung von Belegen oder das Erteilen von Buchungsanweisungen zuständig, oder hat er den Jahresabschluß erstellt oder über die Prüfungstätigkeit hinaus an der Erstellung mitgewirkt, so ist eine Jahresabschlußprüfung nach Art und Umfang einer Pflichtprüfung mit der Erteilung eines Bestätigungsvermerks durch ihn ausgeschlossen."[30]

Die Abgrenzung zwischen „Erstellung" bzw. „maßgeblicher Mitwirkung bei der Erstellung" und bloßer „Mithilfe" ist allerdings klärungsbedürftig. Parczyk und Knorr versuchen beispielsweise zwischen der vermerksunschädlichen Erstellungshilfe und der vermerksschädlichen Erstellungstätigkeit zu differenzieren, indem sie letztere immer dann annehmen, wenn der Abschlußprüfer „ursprüngliche" Rechenschaftslegungspflichten des zu prüfenden Unternehmens selbst übernimmt. Dies soll der Fall sein z. b. bei Verlagerung von Inventarisierung und Buchführungsarbeiten auf den Prüfer, nicht aber bei allgemeinen Organisationshilfen anläßlich der Einrichtung des Rechnungswesens, bei der Erteilung von Ratschlägen in Buchführungsfragen und anläßlich der Aufstellung des Jahresabschlusses.[31]

Auskünfte, die der Abschlußprüfer z.B. im Verlauf von sog. Zwischenprüfungen über die Beurteilung anstehender Probleme im Rechnungswesen, bei der Bilanzierung und bei der Bewertung erteilt, dürften in diesem Zusammenhang ebenso unschädlich sein wie Änderungsvorschläge, die er während der laufenden Prüfung, anläßlich der sog. Schlußbesprechung oder im Prüfungsbericht äußert oder geäußert hat. Die praktische Erfahrung lehrt jedenfalls, daß die Erteilung solcher Auskünfte weder in personeller noch in sachlicher Hinsicht von der eigentlichen Prüfungstätigkeit zu trennen ist. Diese Auffassung dürfte auch der neuen Regelung in § 319 Abs. 2 Ziff. 5 HGB zugrundeliegen, wenn es dort – wie erwähnt – heißt: Ein Wirtschaftsprüfer

---

[29] Wirtschaftsprüferkammer, Richtlinien 1987, I, Richtungweisende Feststellungen Ziff. 3 Abs. 1
[30] Wirtschaftsprüferkammer, Richtlinien 1987, ebd.
[31] Vgl. Parczyk/Knorr, Befangenheit 1968, S. 229 ff.

5*

oder vereidigter Buchprüfer darf nicht Abschlußprüfer sein, wenn er „bei der Führung der Bücher oder der Aufstellung des Jahresabschlusses ... über die Prüfungstätigkeit hinaus mitgewirkt hat."[32] In jüngerer Zeit sind Befangenheitstatbestände zunehmend diskutiert worden, die sich aus der **Verbindung von Prüfungs- und Beratungsaufgaben** in der Person des Abschlußprüfers ergeben können. Konflikte können hier immer dann entstehen, wenn nach u.U. fehlerhafter oder mangelhafter Beratung die gleichen Tatbestände nach ihrer Realisation durch den Berater zu prüfen sind oder wenn umgekehrt ein im Rahmen einer Prüfung nicht erkannter Tatbestand später im Rahmen eines Beratungsauftrages aufgedeckt werden muß. Die Berufsorganisationen halten gleichwohl Beratungs- und Prüfungsaufgaben grundsätzlich für miteinander vereinbar. Zur Begründung für diese Meinung mag angeführt werden können, daß der Berater in einem Unternehmen regelmäßig nur **entscheidungsvorbereitende** oder **entscheidungsmitwirkende Funktionen** besitzt, die Entscheidung über die Realisation des Beratungsvorschlages aber bei dem Unternehmen bzw. bei den für sie verantwortlichen Personen bleibt,[33] so daß der Prüfer insoweit nicht in einen Verantwortungskonflikt kommen könne. Wohl deshalb nimmt das AICPA eine Unvereinbarkeit zwischen Prüfung und Beratung solange nicht an, wie der Prüfer „does not make management decisions or take position which might impair that objectivity".[34]

Zu einem ähnlichen Ergebnis kommen die Richtlinien der Wirtschaftsprüferkammer für die Berufsausübung: „Die Beratung oder Vertretung eines Auftraggebers in steuerlichen und wirtschaftlichen Angelegenheiten ist mit einer Prüfung durch denselben Wirtschaftsprüfer in der Regel vereinbar; Entsprechendes gilt für eine gutachterliche Tätigkeit. Eine Beratungstätigkeit, die über eine fachliche oder wissenschaftliche Sachklärung oder über eine gutachtliche Darstellung von Alternativen (Entscheidungshilfe) hinausgeht, steht der gleichzeitigen Tätigkeit als Abschlußprüfer desselben Unternehmens entgegen, wenn dadurch die Besorgnis hervorgerufen wird, daß die Funktion des außenstehenden, objektiven, unabhängigen und unbefangenen WP nicht mehr gegeben ist. Eine solche Ausschließung liegt z.B. dann vor, wenn der WP anstelle seines Mandanten eine wesentliche unternehmerische Entscheidung getroffen hat."[35]

---

[32] Zur Problematik der Abgrenzung zwischen unschädlicher und schädlicher Mitwirkung bei der Aufstellung des Jahresabschlusses vgl. Sieben/Ossadnik/Russ, Unabhängigkeit 1983, Sp. 1597 ff. und die dort angegebene Literatur. Haegert, Grundsatz 1985, S. 212, gibt im Gegensatz dazu mit guten Gründen zu bedenken, daß nicht einzusehen sei, warum ein von der Unternehmensleitung aufgestellter Jahresabschluß, der notwendigerweise nur stichprobenweise geprüft werden könne, ein größeres Vertrauen in seine Gesetzmäßigkeit beanspruchen dürfe als eine Bilanz, die ein seinen Berufsgrundsätzen verpflichteter, nicht an Weisungen gebundener Wirtschaftsprüfer erstellt habe. Es gäbe im Gegenteil gute Gründe für die Annahme, daß eine solche Bilanz mit weit geringerer Wahrscheinlichkeit gegen gesetzliche Bestimmungen verstoße und aussagekräftiger sei als eine vom Unternehmen erstellte Bilanz.

[33] Zur Abgrenzung der Beratung von der Entscheidung vgl. Pougin/v.Wysocki, System 1970, S. 150 ff.

[34] AICPA, Code 1969, S.25

[35] Wirtschaftsprüferkammer, Richtlinien 1987, I, Richtungweisende Feststellungen Ziff. 3 Abs. 2; zur Trennung von Pflichtprüfung und Beratung vgl. insbesondere

a22) Rücksichtnahme auf fremde Interessen am Prüfungsergebnis

Im Vordergrund der Betrachtung des Grundsatzes der Unabhängigkeit und Unbefangenheit stehen auch die **Beziehungen des Prüfers zu Dritten,** die geeignet sind, seine Unbefangenheit gegenüber dem Prüfungsobjekt zu beeinträchtigen. Die Bindungen können rechtlicher und wirtschaftlicher oder aber rein persönlicher Natur sein, wie z.b. im Falle eines Freundschafts- oder eines Verwandtschaftsverhältnisses zwischen Prüfer und Geprüftem.

Nach den Berufsrichtlinien der Wirtschaftsprüferkammer kann die „Besorgnis der Befangenheit vorliegen, wenn nahe Beziehungen des WP zu einer leitenden Persönlichkeit des Unternehmens oder zu einem an der Sache Beteiligten oder widerstreitend Interessierten bestehen. Die nahe Beziehung kann rein persönlicher, verwandtschaftlicher oder geschäftlicher Art sein. Hinderlich für die Auftragsabwicklung ist die Beziehung dann, wenn sie nach Lage der Sache die Urteilsbildung beeinflussen könnte."[36]

In das HGB 1985 ist ein Katalog von Befangenheitstatbeständen aufgenommen worden, bei deren Vorliegen der Gesetzgeber Abhängigkeit und damit die nicht widerlegbare Vermutung der Befangenheit des Abschlußprüfers feststellt. Obwohl dieser Katalog der Abhängigkeitsvermutungen wesentlich über den entsprechenden Katalog nach § 164 des Aktiengesetzes von 1965 hinausgeht, ist offensichtlich, daß auch dieser Katalog nicht sämtliche denkbaren Befangenheitsgründe umschreiben kann. Es dürfte letztlich eine rechtspolitische Frage sein, ob eine so umfangreiche positiv-rechtliche Regelung einer knappen Grundsatzregelung vorzuziehen war.[37]

a3) Maßnahmen zur institutionellen Sicherung der Unabhängigkeit und der Unbefangenheit des Prüfers

Es mag ferner dahingestellt bleiben, ob die in der Literatur vorgeschlagenen institutionellen Vorkehrungen zur weiteren Absicherung der Unabhängigkeit und Unbefangenheit des Prüfers in der Lage sein könnten, die Objektivität insbesondere der Pflichtprüfung von Jahresabschlüssen zu erhöhen. Dies zu entscheiden, dürfte eine Frage des Vertrauens sein, das man solchen zusätzlichen institutionellen Sicherungen einerseits, dem Berufsrecht der Prüferorganisationen sowie der Objektivität und der Sachkunde der mit berufsrechtlichen Fragen befaßten Gerichte andererseits entgegenbringt.[38] Es werden im wesentlichen die folgenden **Organisationsvorschläge** erörtert:

Leffson, Wirtschaftsprüfung 1985, S. 112f.; Sieben/Ossadnik/Russ, Unabhängigkeit 1983, Sp. 1597ff. und die dort angegebenen Quellen

[36] Wirtschaftsprüferkammer, Richtlinien 1987, I, Richtungweisende Feststellungen, Ziff. 1

[37] Es ist bemerkenswert, daß der Handelsgesetzgeber sich zu einer über die Mindestanforderungen der 8.EG-Richtlinie weit hinausgehenden Regelung von Einzelheiten bereitgefunden hat, obwohl er sich in anderen Bereichen des neuen Handels- und Gesellschaftsrechts lediglich auf die Transformation der in den EG-Richtlinien enthaltenen Mindestvorschriften beschränkt hat.

[38] Vgl. v.Wysocki, Kontrolle 1969, S. 47f.

– Schaffung eines Aufsichtsamts für das Prüfungswesen,
– Besoldung und/oder Wahl des Abschlußprüfers durch eine neutrale Instanz,
– regelmäßiger Prüferwechsel unabhängig vom Modus der Bestellung.[39]

b) Der Grundsatz der Eigenverantwortlichkeit

Der Grundsatz der Eigenverantwortlichkeit gehört neben dem der Unabhängigkeit zu den wichtigsten Berufsgrundsätzen externer Prüfer. In Deutschland trifft daher die Wirtschaftsprüferordnung umfangreiche Vorkehrungen, um die Eigenverantwortlichkeit der Prüfer zu sichern.[40] Der Prüfer soll die volle Verantwortung für sein Handeln allein tragen, insbesondere sich sein Urteil selbst bilden und seine Entscheidungen selbst treffen. Er soll keine Möglichkeit haben, sich zu exkulpieren und seine Verantwortung abzuwälzen.

Die Berufsgrundsätze sehen die Eigenverantwortlichkeit in zweifacher Weise gefährdet: Durch die **Weisungsgebundenheit des Prüfers** und durch mangelnde Urteilsfähigkeit infolge eines **zu großen Aufgabenbereichs.**

Die Richtlinien für die Berufsausübung nehmen zu dem Grundsatz der Eigenverantwortlichkeit wie folgt Stellung:

„Der Wirtschaftsprüfer hat sein Handeln in eigener Verantwortung zu bestimmen. Die Eigenverantwortlichkeit verlangt, daß er sich sein Urteil selbst bildet und seine Entscheidungen selbst trifft. Er muß in der Lage sein, die Tätigkeit von Mitarbeitern derart zu überblicken und zu beurteilen, daß er sich eine auf Kenntnissen beruhende, eigene Überzeugung bilden kann.

Auch der im Anstellungsverhältnis tätige Wirtschaftsprüfer hat im Rahmen der ihm gestellten Aufgaben eigenverantwortlich zu handeln. Eine eigenverantwortliche Tätigkeit übt nicht aus, wer sich als zeichnungsberechtigter Vertreter oder als zeichnungsberechtigter Angestellter an Weisungen zu halten hat, die ihn verpflichten, Prüfungsberichte und Gutachten auch dann zu unterzeichnen, wenn ihr Inhalt sich mit seiner Überzeugung nicht deckt. Weisungen, die solche Verpflichtungen enthalten, sind unzulässig (§ 44 Abs. 2 WPO)."[41]

Eine selbständige, keinerlei Weisungen unterworfene Berufsausübung soll nach der Wirtschaftsprüferordnung[42] nur dann gewährleistet sein, wenn die Prüfertätigkeit von **selbständigen Wirtschaftsprüfern (vereidigten Buchprüfern)** und von WP bzw. vBP, die **Vorstandsmitglieder, Geschäftsführer oder persönlich haftende Gesellschafter einer Wirtschaftsprüfungsgesellschaft (Buchprüfungsgesellschaft)** sind, ausgeübt wird.

Zeichnungsberechtigte Vertreter oder Angestellte bei WP, vBP oder Prüfungsgesellschaften, genossenschaftlichen Prüfungsverbänden, bei Prüfungsstellen von Sparkassen- und Giroverbänden oder überörtlichen Prüfungsein-

---

[39] Vgl. zu den Maßnahmen Leffson, Wirtschaftsprüfung 1985, S. 104ff.; Sieben/Ossadnik/Russ, Unabhängigkeit 1983, Sp. 1592ff.; Buchner, Wirtschaftsprüfer 1985, S. 172ff.

[40] Vgl. §§ 44 bis 47 WPO

[41] Wirtschaftsprüferkammer, Richtlinien 1987, III

[42] Vgl. §§ 44 und 45 WPO

richtugen für öffentliche Körperschaften üben nach der Wirtschaftsprüferordnung ebenfalls eine eigenverantwortliche Tätigkeit aus, **wenn sie nicht verpflichtet sind, Gutachten und Prüfungsberichte gegen ihre Überzeugung zu unterzeichnen.** Vorstandsmitglieder, Geschäftsführer und Gesellschafter einer Prüfungsgesellschaft, die nicht Berufsangehörige sind, und Mitglieder des Aufsichtsrats der Prüfungsgesellschaft dürfen auf die Durchführung von Abschlußprüfungen nicht in einer Weise Einfluß nehmen, die die Unabhängigkeit des verantwortlichen berufsangehörigen Prüfers beeinträchtigt.[43] Um die Eigenverantwortlichkcit auch nach außen zu dokumentieren, müssen bei Prüfungsgesellschaften angestellte WP oder vBP Prokura erhalten.[44]

Die genannten Vorschriften sollen sicherstellen, daß der Prüfer seine Entscheidungen nach eigenem pflichtmäßigen Ermessen treffen kann. Das Berufsrecht begnügt sich aber nicht damit, den Prüfer für alle Handlungen, die in seinem Namen ausgeführt werden, verantwortlich zu machen; es verlangt darüberhinaus, daß der **Tätigkeitsbereich** eines WP und eines vBP für ihn selbst so **überschaubar** bleibt, daß er die Verantwortlichkeit für Prüfungshandlungen, die in seinem Namen vorgenommen werden, auch tatsächlich zu übernehmen in der Lage ist. Er soll sich von der Tätigkeit seiner Angestellten, für die er verantwortlich ist, ein ausreichendes Bild machen können, damit diese Tätigkeit ihm nicht nur formal, sondern als mit seinem Wissen und mit seiner Billigung ausgeübt wie seine eigene Tätigkeit zugerechnet werden kann.

Die Berufsrichtlinien sehen deshalb eine **Höchstzahl der als Hilfskräfte tätigen Prüfer** bzw. sonstigen Mitarbeiter vor:

„Der Grundsatz der Eigenverantwortlichkeit verlangt, daß Hilfskräfte mit besonderer Sorgfalt ausgewählt und in ihrer Tätigkeit überwacht werden. Die Arbeitsverteilung muß so geordnet sein, daß der verantwortliche WP oder vBP zuverlässig zur eigenen Urteilsbildung gelangen kann.

Die Zahl der in allen Niederlassungen ständig tätigen Prüfer einschließlich der in der Beratung tätigen Mitarbeiter und Berichtskritiker darf fünf für jeden in eigener Praxis oder in einer Sozietät tätigen WP(vBP) nicht überschreiten. Spezialisten, wie Ingenieure, Versicherungsmathematiker, Organisatoren usw., können mit Genehmigung der Wirtschaftsprüferkammer außerhalb der Berechnungen bleiben ...

Bei Buchstellentätigkeit kann die Wirtschaftsprüferkammer auf Antrag ... eine höhere Zahl von fachlichen Mitarbeitern – bis 10 – zulassen, wenn überwiegend Buchstellenaufgaben wahrgenommen werden.

Ein WP(vBP), der in einem genossenschaftlichen Prüfungsverband, einer Prüfungsstelle von Sparkassen- und Giroverbänden oder in einer überörtlichen Prüfungseinrichtung für öffentliche Körperschaften tätig ist, hat in seiner Tätigkeit ebenfalls den Grundsatz der Eigenverantwortlichkeit zu beachten. Für die unter der Verantwortung dieser WP(vBP) ständig tätigen Prüfer einschließlich der in der Beratung tätigen Mitarbeiter und Berichtskritiker kann die Wirtschaftsprüferkammer eine höhere Zahl von Mitarbeitern zulassen."[45]

---

[43] Vgl. § 44 Abs. 1 und 2 WPO
[44] Vgl. § 45 WPO
[45] Wirtschaftsprüferkammer, Richtlinien 1987, III, Richtungweisende Feststellungen, Ziff. 5

Eine eigenverantwortliche Tätigkeit des Prüfers gilt auch dann als ggf. in Frage gestellt, wenn er seinen Beruf in mehreren Gesellschaften zugleich oder in einer Gesellschaft sowie als Einzelprüfer ausübt.[46]

Von der Absicht, eine ausreichende Überwachung der Mitarbeiter zu gewährleisten, ist schließlich die Vorschrift der Wirtschaftsprüferordnung[47] bestimmt, nach der Zweigniederlassungen nur dann begründet werden dürfen, wenn ein am Niederlassungsort ansässiger Prüfer ihre fachliche Leitung übernimmt.[48]

c) Der Grundsatz der Verschwiegenheit

Den Grundsatz der Verschwiegenheit haben die externen Prüfer mit anderen freien Berufen, z. B. den Rechtsanwälten, Ärzten und Steuerberatern, gemein. Die Inanspruchnahme der Leistungen der genannten Berufe beruht auf einem Vertrauensverhältnis; sie zwingt die Mandanten regelmäßig zur Offenlegung von Sachverhalten aus ihrer privaten oder geschäftlichen Sphäre, deren Kenntnis sie Dritten vorenthalten möchten.

Der Strafgesetzgeber hält dieses Interesse für so schutzwürdig, daß er die Verletzung des Berufsgeheimnisses durch Ärzte, Apotheker, Anwälte, Notare, Wirtschaftsprüfer, vereidigte Buchprüfer und Steuerberater sowie durch ihre Gehilfen mit Gefängnisstrafe und mit Geldstrafe bedroht.[49]

Welche Bedeutung auch das Berufsrecht dem Grundsatz der Verschwiegenheit beimißt, ergibt sich bereits aus der Aufnahme der Verpflichtung zur Verschwiegenheit in die Eidesformel, die die Wirtschaftsprüfer und vereidigten Buchprüfer bei ihrer Bestellung zu leisten haben.[50]

Darüberhinaus verpflichtet die Wirtschaftsprüferordnung den WP(vBP) ausdrücklich zur Wahrung des Berufsgeheimnisses.[51] Die Verpflichtung zur Verschwiegenheit durch die Wirtschaftsprüferordnung geht insoweit über die strafrechtliche Verpflichtung hinaus, als sie auch die unbefugte Verwertung von Geschäfts- und Betriebsgeheimnissen für eigene Zwecke des Wirtschaftsprüfers einschließt.[52]

Die Wirtschaftsprüferordnung erstreckt die Verschwiegenheitspflicht auch auf Vorstandsmitglieder, Geschäftsführer und persönlich haftende Gesellschafter, die nicht Berufsangehörige sind, sowie auf die Mitglieder der durch

---

[46] Vgl. Wirtschaftsprüferkammer, Richtlinien 1987, III, Richtungweisende Feststellungen, Ziff. 3
[47] Vgl. § 47 WPO
[48] Zum Grundsatz der Eigenverantwortlichkeit vgl. insbesondere Meyer, Eigenverantwortlichkeit 1983, Sp. 279 ff.
[49] Vgl. § 300 Abs. 1 und 2 StGB
[50] Vgl. § 17 WPO
[51] Vgl. § 43 Abs. 1 WPO
[52] Vgl. Gerhard, Wirtschaftsprüferordnung 1961, S. 79; Wirtschaftsprüferkammer, Richtlinien 1987, IV Abs. 1

Gesetz, Satzung oder Gesellschaftsvertrag vorgesehenen **Aufsichtsorgane der Prüfungsgesellschaften.**[53]
Um auch die letzte Lücke zu schließen, durch die Dritte Kenntnis von Betriebsgeheimnissen erhalten könnten, die dem Prüfer und seinen Mitarbeitern anläßlich der Prüfungsdurchführung zugänglich sind, veranlaßt die Wirtschaftsprüferordnung den WP(vBP), die **Gehilfen** zur Verschwiegenheit zu verpflichten,[54] soweit sie nicht bereits durch Gesetz[55] zur Verschwiegenheit verpflichtet sind.

Außer den angeführten strafrechtlichen und berufsrechtlichen Vorschriften über die Wahrung des Berufsgeheimnisses unterliegt der Prüfer besonderen gesetzlichen Regelungen seiner **Verschwiegenheitspflicht in seiner Eigenschaft als Abschlußprüfer.**[56] Nach § 232 Abs. 3 HGB besteht die Verpflichtung zur Verschwiegenheit, wenn eine Prüfungsgesellschaft Abschlußprüfer ist, auch gegenüber dem **Aufsichtsrat und den Mitgliedern des Aufsichtsrats der Prüfungsgesellschaft.**

Der Grundsatz der Verschwiegenheit würde durchbrochen werden, wenn die Verschwiegenheitspflicht nicht auch gegenüber Gerichten, dem Fiskus und gegenüber Strafverfolgungsbehörden bestehen würde. Im Zivilprozeß gewährt § 383 Abs. 1 Ziff. 5 ZPO dem Prüfer und seinen Gehilfen ein Zeugnisverweigerungsrecht. Nach den Berufsgrundsätzen ist er grundsätzlich verpflichtet, von diesem Recht Gebrauch zu machen, sofern er nicht durch den Auftraggeber von seiner Verschwiegenheitspflicht ausdrücklich entbunden ist.

Die entsprechende Vorschrift der **Strafprozeßordnung** findet sich in § 53 Abs. 1 Ziff. 3 StPO. Sie berechtigt den WP(vBP), ebenso wie andere zur Verschwiegenheit verpflichtete Berufsgruppen, zur Verweigerung seines Zeugnisses über das, was er im Zusammenhang mit seiner beruflichen Tätigkeit erfährt. Auch seinen Gehilfen steht ein Zeugnisverweigerungsrecht zu, über dessen Ausübung der verantwortliche WP(vBP) zu entscheiden hat.[57]

Im **steuerlichen Strafverfahren** kann sich der WP(vBP) auf die ihm im allgemeinen Strafverfahren gewährten Rechte berufen.[58] Im **steuerlichen Verwaltungsverfahren** werden die WP(vBP) und ihre Gehilfen neben anderen zur Verschwiegenheit verpflichteten Berufen von der Auskunftspflicht gegenüber dem Finanzamt ausgenommen.[59]

---

[53] Vgl. § 56 Abs. 2 WPO; Wirtschaftsprüferkammer, Richtlinien 1987, IV Abs. 2
[54] Vgl. § 50 WPO
[55] Vgl. § 300 Abs. 2 StGB
[56] Vgl. § 323 HGB
[57] Vgl. § 53a Abs. 1 StPO
[58] Vgl. § 385 Abs. 1 AO i.V.m. §§ 53, 97 StPO
[59] Vgl. § 102 Abs. 1 Ziff. 3b, § 104 Abs. 1 AO; § 84 FGO i.V.m. § 102 AO; zur umfassenden Darstellung des Grundsatzes der Verschwiegenheit vgl. Sigloch, Verschwiegenheit 1983, Sp. 1663 ff.

d) Der Grundsatz der Unparteilichkeit

Wirtschaftsprüfer und vereidigte Buchprüfer müssen sich in ihrem Berufseid zur unparteiischen Erstattung von Prüfungsberichten und Gutachten verpflichten.[60] In der Wirtschaftsprüferordnung ist dieser Grundsatz noch einmal unter den allgemeinen Berufspflichten aufgezählt;[61] schließlich verpflichtet das Handelsgesetzbuch die Abschlußprüfer, ihre Gehilfen und die bei der Prüfung mitwirkenden gesetzlichen Vertreter einer Prüfungsgesellschaft zur unparteiischen Prüfung.[62]

Die geforderte Unparteilichkeit bezieht sich auf die Erstattung von **Prüfungsberichten** und **Gutachten** sowie auf die Tätigkeit als **Sachverständiger** vor Behörden und Gerichten.

In den Berufsrichtlinien der Wirtschaftsprüferkammer heißt es:

„Der WP(vBP) hat bei Prüfungsfeststellungen und bei der Erstattung von Gutachten alle für die Beurteilung wesentlichen Tatbestände zu erfassen und sie allein aus der Sache heraus zu werten und darzustellen; er hat sich hierbei unparteiisch zu verhalten.

Bei Gutachten für Gerichte und öffentliche Stellen sowie bei Schiedsgutachten oder bei ähnlichen Aufgaben sind außerdem gegensätzliche Auffassungen zur Sache darzustellen und gegeneinander abzuwägen."

Der Grundsatz der Unparteilichkeit ist auch bei der Abfassung von **Parteigutachten**, bei der **Beratung** und bei der **Wahrung der Interessen des Auftraggebers in steuerlichen und wirtschaftlichen Angelegenheiten** zu beachten. Die Auslegung des Grundsatzes in den vorgenannten Fällen ergibt sich aus den „Richtungweisenden Feststellungen" zu den Berufsrichtlinien der Wirtschaftsprüferkammer:

„Der WP (vBP) darf in einem Gutachten wesentliche Tatbestände nicht verschweigen und keine einseitigen Feststellungen treffen, auch wenn er bei widerstreitenden Interessen nur von einer beteiligten Partei beauftragt ist. Er muß seine Schlußfolgerungen so abwägen, daß sein Gutachten die Grundlage einer sachlichen Beurteilung der Probleme bilden kann. Der Auftraggeber muß aus dem Gutachten erkennbar sein."[63]

e) Nicht mit dem Prüferberuf zu vereinbarende Tätigkeiten

Insbesondere die Berufsgrundsätze der Unabhängigkeit und der Eigenverantwortlichkeit werden durch Bestimmungen ergänzt, die die mit dem Prüferberuf nicht zu vereinbarenden Tätigkeiten umschreiben.

Es heißt in den Berufsgrundsätzen der Wirtschaftsprüferkammer:

„Der WP(vBP) als Angehöriger eines freien geistigen Berufes hat sich jeder Tätigkeit zu versagen, welche die Einhaltung der Berufspflichten gefährden oder das Ansehen oder

---

60 § 17 WPO
61 Vgl. § 43 Abs. 1 WPO
62 Vgl. § 232 HGB
63 Wirtschaftsprüferkammer, Richtlinien 1987, V, Richtungweisende Feststellungen, Ziff. 1; zum Grundsatz der Unparteilichkeit vgl. ausführlich Klein, Unparteilichkeit 1983, Sp. 1610 ff. und die dort angegebene Literatur

die Würde des Berufes verletzen kann. Er darf weder gewerblich tätig werden noch Tätigkeiten übernehmen, die seine Eigenverantwortlichkeit gefährden oder die gesetzlich nicht erlaubt sind.

Prüfungen und Beratungen auf wirtschaftlichem und steuerlichem Gebiet sowie Treuhandaufgaben gehören zum Tätigkeitsbereich und damit zum Berufsbild des WP(vBP) ...‟[64]

Die Wirtschaftsprüferordnung läßt aber ausdrücklich verschiedene Ausnahmen zu.

Es sind trotz des generellen Verbots einer gewerblichen Betätigung und trotz des generellen Verbots einer Tätigkeit als Angestellter oder Beamter die folgenden Tätigkeiten ausdrücklich erlaubt:[65]

– Die Tätigkeit als Angestellter bei einem WP(vBP), bei einer WPG/BPG oder bei einem Prüfungsverband usw.;
– alle Tätigkeiten, welche die Beratung und Wahrung fremder Interessen in wirtschaftlichen Angelegenheiten zum Gegenstand haben;
– die Ausübung eines freien Berufes auf dem Gebiet der Technik und des Rechtswesens;
– die Tätigkeit an wissenschaftlichen Instituten und als Lehrer an Hochschulen;
– die treuhänderische Verwaltung; in Ausnahmefällen kann die Wirtschaftsprüferkammer eine ausschließliche Tätigkeit in einem Treuhandverhältnis für vereinbar erklären, wenn sie nur vorübergehende Zeit dauert;
– die freie schriftstellerische und künstlerische Tätigkeit.

Die Richtungweisenden Feststellungen der Wirtschaftsprüferkammer zu den Berufsrichtlinien weisen auf eine Mehrzahl von Grenzfällen hin. Sie verpflichten die Berufsangehörigen, in Zweifelsfällen das Vorhaben vor Inangriffnahme der Wirtschaftsprüferkammer anzuzeigen. Diese hat zu prüfen, ob die Aufgabe unter die zu vereinbarenden Tätigkeiten fällt; sie kann ihre Entscheidung auch mit Auflagen in sachlicher und zeitlicher Hinsicht verbinden.[66]

f) Grundsätze für die Kundmachung und den Auftragsschutz

Die Wirtschaftsprüferordnung verpflichtet die Berufsangehörigen „zu berufswürdigem Verhalten bei der Kundmachung seiner Tätigkeit und bei der Auftragsübernahme" und untersagt ihm jegliche Werbung. Kollegialität und Werbeverbot gehören seit jeher zum Berufsbild der freien Berufe.

Über die Bedeutung dieser Grundsätze für den WP(vBP) haben die Berufsorganisationen im Laufe der Zeit sehr genaue Vorstellungen entwickelt. Diese betreffen vor allem die Form, in der der Prüfer an die Öffentlichkeit tritt. Werbewirkungen sollen weitgehend verhindert werden und, wo sie unvermeidlich sind, von allen Berufsangehörigen in denselben Grenzen genutzt werden können.[67]

---

[64] Wirtschaftsprüferkammer, Richtlinien 1987, VIII
[65] Vgl. § 43 Abs. 3 Ziff. 2, Abs. 4 Ziff. 1–5 WPO
[66] Vgl. Wirtschaftsprüferkammer, Richtlinien 1987, VIII, Richtungweisende Feststellungen, Ziff. 1; zu weiteren Einzelfällen vgl. Kloock, Tätigkeiten 1983, Sp. 1623 ff.
[67] Vgl. Grote, Wettbewerbsprobleme 1970, S. 197 ff.

So bestehen sehr eingehende Vorschriften über die **zulässigen Berufsbezeichnungen**, die möglichst frei von werbenden Zusätzen gehalten werden sollen, und über die **Ausgestaltung des Dienstsiegels**, das der Prüfer zu führen verpflichtet ist. Darüberhinaus regeln die Richtlinien für die Berufsausübung die Voraussetzungen für die Zulässigkeit von **Anzeigen in Zeitungen und Zeitschriften**, für die Versendung von **Rundschreiben und Geschäftsberichten** und für die **Aufnahme in Verzeichnisse**. Auch für die Anbringung von **Praxisschildern**, die Ausgestaltung der **Geschäftspapiere** und die Angabe des Verfassers bei **fachlichen Veröffentlichungen** existieren Richtlinien.[68] Das absatzpolitische Instrument „Werbung" kann deshalb von Berufsangehörigen nur begrenzt eingesetzt werden.[69]

Ein ähnlich strenges Werbeverbot existiert nicht in allen Ländern. So sind die Berufsangehörigen in Großbritannien befugt, ihre Tätigkeitsbereiche in Anzeigen zu beschreiben. In der Schweiz gibt es kein Werbeverbot und keine Kundmachungsbeschränkungen auf berufsrechtlicher Basis. In den USA ist die Kundmachung weitgehend frei.[70] Es bleibt abzuwarten, ob im Zuge internationaler Harmonisierungsbestrebungen eine Liberalisierung auf dem Gebiet der Werbung durch freie Berufe auch in Deutschland eintreten wird.

Die Gefahr eines Konfliktes mit dem Grundsatz kollegialen Verhaltens besteht vor allem bei den Bemühungen um die **Erlangung von Aufträgen**. Der Berufsangehörige soll sich nur aufgrund einer Aufforderung durch schriftliche Angebote oder Besuche um einen Auftrag bemühen.[71]

g) Der Grundsatz der Gewissenhaftigkeit

Im Gegensatz zu den übrigen in den Katalog der Grundsätze der Berufsausübung aufgenommenen Verhaltensregeln ist die Forderung nach gewissenhafter, d.h. **nach bestem Wissen und Gewissen sorgfältiger Ausübung des Berufs**[72] kein allein durch die Freiberuflichkeit oder durch die Eigenarten des Prüferberufes bedingter Grundsatz. Gewissenhaftigkeit wird überall im Berufsleben, ebenso wie im privaten Bereich, verlangt, wenn auch die Anforderungen an die Sorgfaltspflicht etwa bei der Feststellung des Verschuldens im Sinne von § 276 Abs. 1 BGB je nach der beruflichen Stellung verschieden streng sein mögen. Dennoch führen sowohl die Wirtschaftsprüferordnung als auch die Berufsrichtlinien der Wirtschaftsprüferkammer und das Handelsrecht die Verpflichtung des Prüfers zu gewissenhaftem Handeln ausdrücklich auf.[73]

Nach den Richtlinien für die Berufsausübung muß der Prüfer bei Erfüllung seiner Aufgaben „**Gesetze und fachliche Regeln beachten sowie nach seinem**

---

[68] Vgl. Wirtschaftsprüferkammer, Richtlinien 1987, IX
[69] Vgl. Selchert, Absatz 1971, S. 1 ff.
[70] Vgl. Thümmel, Kundmachung 1983, Sp. 885
[71] Vgl. Wirtschaftsprüferkammer, Richtlinien 1987, IX und XIII
[72] Vgl. Gerhard, Wirtschaftsprüferordnung 1961, S. 79
[73] Vgl. § 43 Abs. 1 Satz 1 WPO; Wirtschaftsprüferkammer, Richtlinien 1987, II; § 323 Abs. 1 Satz 1 HGB

Gewissen handeln. Er hat sich hierbei von dem Grundsatz der getreuen und sorgfältigen Rechenschaftslegung leiten zu lassen."[74] Er hat also die für die jeweilige Prüfung gültige Prüfungsordnung zu beachten. Ein Abweichen von den durch Gesetz, durch vertragliche Vereinbarung mit dem Auftraggeber oder auf andere Weise (z.B. durch Gewohnheitsrecht) für die Prüfer verbindlichen Regeln der Prüfungsdurchführung und Berichterstattung ist zugleich ein Verstoß gegen den Grundsatz der Gewissenhaftigkeit. In den Richtungweisenden Feststellungen der Wirtschaftsprüferkammer zum Grundsatz der Gewissenhaftigkeit heißt es:

„Die von den Fachausschüssen des Instituts der Wirtschaftsprüfer abgegebenen Fachgutachten und Stellungnahmen legen die Auffassung des Berufs zu fachlichen Fragen, insbesondere der Prüfung und Bilanzierung, dar oder tragen zu ihrer Entwicklung bei. Der WP(vBP) hat daher sorgfältig zu prüfen, ob die Grundsätze eines Fachgutachtens oder einer Stellungnahme in dem von ihm zu bearbeitenden Fall anzuwenden sind.

Soweit von internationalen Berufsorganisationen, denen der deutsche Berufsstand angehört, abgegebene fachliche Verlautbarungen Grundsätze enthalten, denen nationale Vorschriften oder Grundsätze entgegenstehen, gehen die nationalen Vorschriften oder Grundsätze vor."[75]

h) Berufswürdiges Verhalten

Wie andere Standesorganisationen haben auch die Standesorganisationen der Prüfer ein besonderes Interesse an der **Wahrung ihres Ansehens nach außen.** Die Wirtschaftsprüferordnung enthält deshalb auch die Verpflichtung der Berufsangehörigen zu berufswürdigem Verhalten.[76] In den Richtlinien der Wirtschaftsprüferkammer heißt es dementsprechend:

„Der WP(vBP) muß sich so verhalten, daß er das besondere Vertrauen der Öffentlichkeit rechtfertigt und seine Treuepflicht gegenüber dem Auftraggeber wahrt; das gilt auch außerhalb der Berufstätigkeit. Im Verkehr mit WP(vBP) hat er sich kollegial zu verhalten."[77]

Die Richtungweisenden Feststellungen zu den Berufsrichtlinien führen zunächst beispielhaft einige Verhaltensregeln auf, durch die verhindert werden soll, daß das von der Öffentlichkeit den Berufsangehörigen entgegengebrachte Vertrauen erschüttert wird. Verstöße gegen die Berufspflichten stellen danach z.B. die **Unterstützung unlauterer Machenschaften der Auftraggeber,** die Vereinbarung von **Erfolgshonoraren** und die **leichtfertige Zerrüttung der eigenen finanziellen Verhältnisse** dar. Der Prüfer darf seine **Haftung** gegenüber seinen Mandanten nur in Ausnahmefällen ausschließen; er hat sich gegen Haftpflichtgefahren aus seiner Berufstätigkeit angemessen, mindestens in Höhe der gesetzlichen Mindestdeckungssummen, zu versichern.

---

[74] Wirtschaftsprüferkammer, Richtlinien 1987, II
[75] Wirtschaftsprüferkammer, Richtlinien 1987, II, Richtungweisende Feststellungen, Ziff. 2; zum Grundsatz vgl. Sigloch, Gewissenhaftigkeit 1983, Sp. 514 ff.
[76] § 43 Abs. 2 Satz 3 WPO
[77] Wirtschaftsprüferkammer, Richtlinien 1987, VI

Berufswürdig soll auch das **Verhalten gegenüber Berufskollegen** sein. Der Prüfer soll sich leichtfertiger Anschuldigungen gegenüber Berufskollegen enthalten. Zur Kollegialität ist der Prüfer vor allem beim Erwerb oder bei der Veräußerung seiner Praxis aufgerufen, zumal, wenn es sich um die Übernahme der Praxis eines hilfsbedürftigen oder verstorbenen Kollegen handelt. Zulässig und sogar üblich sind sog. **Mandatsschutzvereinbarungen,** durch die die Mitarbeiter der Prüfer vertraglich verpflichtet werden können, keine in den Aufgabenbereich des Prüfers fallenden Tätigkeiten außerhalb ihres Dienstverhältnisses auszuüben und während einer gewissen Frist nach Beendigung des Dienstverhältnisses nicht für Mandanten des Dienstherren tätig zu werden oder eine Stellung bei einem Mandanten anzunehmen. Es ist nicht zulässig, Mitarbeiter eines anderen Berufsangehörigen **abzuwerben.**

5. Zivil- und strafrechtliche Verantwortlichkeit des Prüfers, Disziplinarbestimmungen

Die Berufsausübung der für Vorbehaltsaufgaben qualifizierten externen Prüfer unterliegt neben der zivilrechtlichen (Haftung) und der strafrechtlichen Verantwortlichkeit auch der berufsrechtlichen Verantwortlichkeit.

Die **zivilrechtliche Verantwortlichkeit** des externen Prüfers richtet sich nach dem Rechtsverhältnis zwischen Prüfer und Auftraggeber. Bei den freiwilligen, d. h. den gesetzlich nicht vorgeschriebenen Prüfungen, ergibt sich eine Haftung der Prüfer aus den allgemeinen schuldrechtlichen Bestimmungen in Verbindung mit dem Inhalt des Prüfungsauftrages. Der Prüfungsauftrag kann in der Regel als **Werkvertrag** angesehen werden, auf den die Vorschriften des BGB anzuwenden sind. Hiernach hat der Schuldner seine Leistungen so zu bewirken, wie es Treu und Glauben mit Rücksicht auf die Verkehrssitte erfordern (§ 242 BGB). Er hat Vorsatz und Fahrlässigkeit auch seiner Erfüllungsgehilfen zu vertreten. Die zivilrechtliche Verantwortlichkeit des Prüfers in seiner Eigenschaft als Pflichtprüfer wird durch einige spezielle Rechtsvorschriften erweitert, z. B. durch § 323 HGB.

Die **strafrechtliche Verantwortlichkeit** des Prüfers ergibt sich, abgesehen von den allgemeinen strafrechtlichen Tatbeständen, bei Pflichtprüfungen z. B. aus den besonderen Strafvorschriften in §§ 331 ff. HGB.

Neben die zivilrechtliche Haftung und die strafrechtliche Verantwortlichkeit des Prüfers tritt ggf. seine **berufsrechtliche Verantwortlichkeit:** Als strafbaren Tatbestand nennt § 67 Abs. 1 WPO ganz allgemein die schuldhafte Verletzung von Pflichten des Berufsangehörigen. Die Wirtschaftsprüferordnung verzichtet auf eine nähere Umschreibung der zu ahndenden Tatbestände: „Die in Betracht kommenden Tatbestände sind so vielgestaltig, daß eine Aufzählung im einzelnen nicht möglich und tunlich erscheint."[78] Regelmäßig

---

[78] Vgl. Begr. zu § 67 WPO, abgedr. bei Gerhard, Wirtschaftsprüferordnung 1961, S. 105

wird es sich um Verstöße gegen die oben wiedergegebenen Grundsätze der Berufsausübung handeln.

§ 68 WPO nennt an berufsgerichtlichen Strafen die „**Warnung**", den „**Verweis**", eine „**Geldbuße bis zu zwanzigtausend Deutsche Mark**" und als schwerste Strafe die „**Ausschließung aus dem Beruf**". Der Vorstand der Wirtschaftsprüferkammer hat darüberhinaus das Recht, eine **Rüge** zu erteilen, wenn die Schuld des Mitglieds gering ist und ein Antrag auf Einleitung des berufsgerichtlichen Verfahrens nicht erforderlich erscheint.[79]

Das **berufsgerichtliche Verfahren** erfolgt in Deutschland und in Frankreich unter Einschaltung der ordentlichen Gerichte. Nach der WPO sind im berufsgerichtlichen Verfahren folgende Instanzen vorgesehen: Im ersten Rechtszug (§ 72 WPO) eine Kammer des Landgerichts, in dessen Bezirk die Wirtschaftsprüferkammer ihren Sitz hat (Düsseldorf), im zweiten Rechtszug (§ 73 WPO) ein Senat des Oberlandesgerichts (Düsseldorf) und im dritten Rechtszug (§ 74 WPO) ein Senat bei dem Bundesgerichtshof. An den Hauptverhandlungen wirken jeweils Berufsangehörige als Beisitzer mit.[80]

---

[79] Vgl. 63 Abs. 1 WPO
[80] Vgl. §§ 72 Abs. 2, 73 Abs. 2, 74 Abs. 2 WPO

B. Prüfungsorgane

1. Übersicht

Nach Zimmermann sind viele Eigenarten des betriebswirtschaftlichen Prüfungswesens auf die Tatsache zurückzuführen, daß zwischen dem Auftraggeber einer externen Prüfung und den die Prüfungstätigkeit ausübenden Prüfern sog. **Prüfungsorgane** geschaltet sind. Er versteht unter einem Prüfungsorgan eine organisatorische Einheit von Prüfungs- und Verwaltungskräften, die Prüfungsaufträge von den dazu jeweils berechtigten Auftraggebern entgegennimmt und durch ihre Prüfer ausführen läßt.[81] Als Prüfungsorgane in diesem Sinne können unterschieden werden:[82]

A. Organe der externen Prüfung
  I. Öffentlich-rechtliche (behördliche) Prüfungsorgane
    a) Rechnungshöfe und Rechnungsämter der öffentlichen Gebietskörperschaften (z.B. Bundesrechnungshof, kommunale Rechnungsprüfungsämter)
    b) Betriebsprüfungsstellen der öffentlichen Finanzverwaltung
    c) Aufsichtsbehörden wie z.b. Bundesaufsichtsamt für das Kreditwesen, Bundesaufsichtsamt für das Versicherungs- und Bausparwesen, Kartellbehörden, Preisüberwachungsstellen
  II. Privatrechtlich organisierte Prüfungsorgane
    a) Organe mit gesetzlich sanktionierten Vorbehaltsaufgaben im Bereich der Prüfung
      1. Freiberuflich tätige Prüfer und Prüfergemeinschaften
      2. Wirtschaftsprüfungsgesellschaften und Buchprüfungsgesellschaften (Personengesellschaften, Kapitalgesellschaften)
      3. Prüfungsverbände (im Bereich der genossenschaftlichen Prüfung und im Bereich der Sparkassenprüfung)
    b) Organe ohne gesetzlich sanktionierte Vorbehaltsaufgaben im Bereich der Prüfung
      1. Freiberuflich oder in Gesellschaftsform tätige Organe, die meist neben anderen Aufgaben (Steuer- und Unternehmensberatung) auch Prüfungsaufgaben im Bereich der freien bzw. gesetzlich vorgesehenen Prüfungen wahrnehmen (z.B. Unternehmens- oder Steuerberatungsgesellschaften)
      2. Unternehmenseigene Prüfungsstellen, die zur Wahrnehmung von (meist vertraglich ausbedungenen) Prüfungsrechten bei Dritten eingesetzt werden (z.B. Kreditprüfung durch bankeigene Stellen bei aktuellen oder potentiellen Kreditnehmern der betreffenden Bank)

---

[81] Vgl. Zimmermann, Theorie 1954, S. 24
[82] Vgl. eine ähnliche Gliederung bei Meyer, Prüfungseinrichtungen 1970, Sp. 1468

B. Organe der internen Prüfung

I. Organe der sog. Internen Revision, d.s. Prüfungsstellen eines Unternehmens, die Prüfungsaufgaben im Bereich desselben Unternehmens wahrnehmen

II. Organe der sog. Konzernrevision, d.s. Prüfungsstellen eines Konzerns (der Konzernleitung), die Prüfungsaufgaben auch in anderen (konzernangehörigen) Unternehmen wahrnehmen.

Im folgenden werden lediglich die privatrechtlich organisierten Prüfungsorgane mit gesetzlich sanktionierten Vorbehaltsaufgaben im Bereich der Prüfung und die Organe der Internen Revision einer eingehenderen Analyse unterzogen.

2. Organe der externen Prüfung

a) Freiberuflich tätige Einzelprüfer und Prüfergemeinschaften

Mit der Kennzeichnung des Prüferberufs als freien Beruf, der im wesentlichen von einzelnen, besonders qualifizierten Personen getragen wird, verbindet sich die Vorstellung, daß der Beruf wie andere freie Berufe nur von Einzelpersonen, nicht aber von Personengemeinschaften und von Gesellschaften ausgeübt werden kann. Diese Auffassung wird bestärkt durch die Formulierung von Berufsgrundsätzen. Die Grundsätze der Unabhängigkeit und Unbefangenheit, der Gewissenhaftigkeit, der Eigenverantwortlichkeit, der Verschwiegenheit und der Unparteilichkeit, die Verpflichtung zu berufswürdigem Verhalten und das Verbot, Tätigkeiten auszuüben, die mit der Zugehörigkeit zu einem freien Beruf unvereinbar sind, bestimmen unmittelbar nur das **Berufsverhalten des einzelnen berufsangehörigen Prüfers** und damit nur indirekt die Gestaltung des Prüfungsorgans, dessen dieser sich zur Ausübung seines Berufes bedient. Dennoch ist nach den einschlägigen berufsrechtlichen Vorschriften die Berufsausübung in Form von Gemeinschaften und Gesellschaften zwischen mehreren Berufsangehörigen möglich.[83] Auch die 8. EG-Richtlinie läßt nach Art. 2 Abs. 1 b) die Ausübung der Pflichtprüfungstätigkeit durch Prüfungsgesellschaften ausdrücklich zu.

Die loseste Form des Zusammenschlusses von Prüfern stellt die sog. **Bürogemeinschaft** dar, bei der zwei oder mehrere freiberuflich tätige Berufsangehörige ein gemeinschaftliches Büro unterhalten, im übrigen aber ihren Beruf unabhängig voneinander im eigenen Namen und auf eigene Rechnung ausüben. Die Vereinbarung einer Bürogemeinschaft begründet nach herrschender Meinung noch kein Gesellschaftsverhältnis, sondern lediglich eine Rechtsgemeinschaft, die in dieser Form im BGB nicht besonders geregelt ist, auf die jedoch die Vorschriften über die Gemeinschaft nach Bruchteilen[84] und, etwa im Falle des Abschlusses von Miet- oder Dienstverträgen durch die

---

[83] Vgl. z.B. § 1 Abs. 3 WPO
[84] Vgl. §§ 741 ff. BGB

Bürogemeinschaft, einzelne Vorschriften über die Gesellschaft bürgerlichen Rechts[85] Anwendung finden können.

Die Beschränkung der Zusammenarbeit zwischen den Partnern einer Bürogemeinschaft auf die gemeinsame Inanspruchnahme der Büroräume und -einrichtungen und ggf. der Schreib- und sonstigen Hilfskräfte verändert das Bild ihrer freiberuflichen Tätigkeit so unwesentlich, daß in Deutschland **Bürogemeinschaften mit Angehörigen auch anderer freier Berufe uneingeschränkt zulässig sind.**[86]

b) Gesellschaften bürgerlichen Rechts, Sozietäten

Als **Sozietät** wird regelmäßig der Zusammenschluß von Angehörigen freier Berufe **in der Form der Gesellschaft nach §§ 705 ff. BGB** bezeichnet. Da bei der BGB-Gesellschaft Träger von Rechten und Pflichten nur die Gesellschafter (nicht die Gesellschaft) sein können und der Zweck der Gesellschaft nicht gewerblicher Natur zu sein braucht, eignet sich die Sozietät vorzüglich als Rahmen für eine auf Unabhängigkeit und Eigenverantwortlichkeit beruhende freiberufliche Tätigkeit. Darüberhinaus läßt die Form der BGB-Gesellschaft den Gesellschaftern einen weiten Spielraum bei der Gestaltung der Gesellschaftsverhältnisse.

In ihrer typischen Erscheinungsform tritt die Gesellschaft nach außen als solche auf; in ihrem Namen vorgenommene Rechtsgeschäfte wirken für oder gegen alle Gesellschafter.[87] Das eingebrachte und erworbene Vermögen gehört den Gesellschaftern zur gesamten Hand.[88] An die Stelle der gesamthänderischen Bindung des Vermögens können jedoch auch andere Eigentumsformen treten, etwa Bruchteilseigentum oder Alleineigentum eines Gesellschafters, dessen Nutzung den Gesellschaftern gemeinschaftlich zusteht.

Im Falle der sog. **Innengesellschaft** bestehen gesellschaftsrechtliche Beziehungen nur im Innenverhältnis zwischen den Gesellschaftern, während Verträge mit Dritten von den Gesellschaftern nur im eigenen Namen geschlossen werden können. Praktische Bedeutung dürfte die Innengesellschaft zwischen freiberuflich tätigen Prüfern vor allem als Vorstufe zur typischen BGB-Gesellschaft haben, die mit der Bezeichung „Sozietät" gemeint ist.

Da die persönliche Verantwortung der Gesellschafter einer Sozietät in vollem Umfang erhalten bleibt, läßt das Berufsrecht Sozietäten zwischen Berufsangehörigen zu. Die Richtlinien für die Berufsausübung der Wirtschaftsprüfer sehen vor, daß **Sozietäten unter den Namen und Berufsbezeichnungen der Partner auftreten, also als Außengesellschaft geführt werden;** die Führung

---

[85] Vgl. §§ 705 ff. BGB
[86] Vgl. IdW, WP-Handbuch 1985/86, Bd. I, S. 36; Schruff, Wirtschaftsprüfer 1983, Sp. 1728, behandelt als weitere „unechte Formen der Berufsausübung" neben der Bürogemeinschaft die „Auftragsgemeinschaft" und die „Arbeitsgemeinschaft" zwischen Berufsangehörigen.
[87] Vgl. § 714 BGB
[88] Vgl. § 719 BGB

von Sammelbezeichnungen (z. B. Wirtschaftsprüfergemeinschaft oder Buchprüfergemeinschaft) ist aber nicht statthaft.[89]
Eine Beeinträchtigung der Entscheidungsfreiheit des einzelnen Gesellschafters könnte allerdings in der Vorschrift des § 709 Abs. 1 BGB erblickt werden, nach der für jedes Geschäft einstimmige Zustimmung der Gesellschafter erforderlich ist. Im Gesellschaftsvertrag kann aber auch das Mehrheitsprinzip vereinbart sein.

In beiden Fällen stellt sich jedoch die Frage, ob die **Eigenverantwortlichkeit** der an der Sozietät beteiligten Gesellschafter noch gewahrt ist, wenn sich einer der Gesellschafter mit seiner Auffassung gegenüber seinen Mitgesellschaftern nicht durchsetzen kann.

Im Fall einer Anwaltssozietät kommt der Bundesgerichtshof zu dem Ergebnis, daß unter der gemeinsamen Führung der Geschäfte im Sinne des § 709 Abs. 1 BGB nur das Betreiben der Praxis, nicht aber die Vertretung eines Mandanten in einem Rechtsstreit durch einen der Rechtsanwälte zu verstehen sei, bei der der Anwalt eine größere Selbständigkeit haben müsse.[90]

Vorstehende Erwägungen sind der Hauptgrund dafür, daß das Berufsrecht die **Bildung und Fortführung von Sozietäten an bestimmte Bedingungen** knüpft, ohne damit mögliche Bedenken gegen die freiberufliche Zusammenarbeit von Berufsangehörigen in Sozietäten ganz ausräumen zu können:

– Die Richtlinien für die Berufsausübung der Wirtschaftsprüfer stellen fest, daß sich die Partner einer Sozietät der gegenseitigen Verantwortung, auch bezüglich des beruflichen Verhaltens, bewußt zu sein haben.[91] Dadurch soll verhindert werden, daß die Partner einer Sozietät sich gegenseitig zu Handlungen zwingen, die der beruflichen Überzeugung auch nur eines der Partner zuwiderlaufen.

– Vorbehaltsaufgaben dürfen nur von Sozietäten wahrgenommen werden, bei denen sämtliche Partner die erforderliche Berufsqualifikation besitzen.[92] Dadurch soll auf jeden Fall vermieden werden, daß die Wahrnehmung von Vorbehaltsaufgaben unter den Einfluß nichtqualifizierter Sozietätspartner gerät.

– Auch soweit es sich nicht um Vorbehaltsaufgaben handelt, ist die Zusammenarbeit in Sozietäten mit Angehörigen verwandter Berufsgruppen nur dann zulässig, wenn die Grundsätze der Berufsausübung der einzelnen Berufsgruppen einander im wesentlichen entsprechen. Diese Bedingung gilt für Sozietäten zwischen Wirtschaftsprüfern, vereidigten Buchprüfern, Steuerberatern und Rechtsanwälten nach den Berufsrichtlinien als erfüllt.[93]

Im Schrifttum wird die BGB-Gesellschaft nicht uneingeschränkt als ideale Rechtsform für die Zusammenarbeit von freiberuflich tätigen Prüfern angesehen. Als nachteilig wird vor allem die jeweils **unbeschränkte Haftung** der

---

[89] Vgl. Wirtschaftsprüferkammer, Richtlinien 1987, VIII, Richtungweisende Feststellungen, 1 b)

[90] Vgl. BGH v. 4.5.1960 – IV ZR 309/59 – BB 1960, S. 681

[91] Vgl. Wirtschaftsprüferkammer, Richtlinien 1987, III, Richtungweisende Feststellungen, Ziff. 6

[92] Vgl. IdW, WP-Handbuch 1985/86, Bd. I, S. 36

[93] Vgl. Wirtschaftsprüferkammer, Richtlinien 1987, III, Richtungweisende Feststellungen, Ziff. 6; Sozietäten zwischen Notaren und Wirtschaftsprüfern sind nach höchstrichterlicher Rechtsprechung unzulässig, vgl. IdW, WP-Handbuch 1985/86, Bd. II, S. 36

Gesellschafter für ein Verschulden ihrer Mitgesellschafter und der Gehilfen angesehen. Als Nachteil gilt ferner, daß Anteile an der Gesellschaft grundsätzlich nicht veräußert werden können; ein **Gesellschafterwechsel** ist nur in der Weise möglich, daß die Gesellschaft mit Zustimmung des ausscheidenden Gesellschafters unter den übrigen Gesellschaftern fortgesetzt und ein neuer Gesellschafter aufgenommen wird.

c) Gesellschaften des Handelsrechts

c1) Zulässigkeit

Nach § 27 Abs. 1 WPO können Aktiengesellschaften, Kommanditgesellschaften auf Aktien, Gesellschaften mit beschränkter Haftung, Offene Handelsgesellschaften und Kommanditgesellschaften ... als Wirtschaftsprüfungsgesellschaften anerkannt werden. (Nach § 130 Abs.2 WPO sind die Vorschriften für Wirtschaftsprüfungsgesellschaften entsprechend auf Buchprüfungsgesellschaften anzuwenden). § 28 WPO knüpft die **Anerkennung von Wirtschaftsprüfungsgesellschaften** aber an bestimmte **Voraussetzungen.**

So müssen nach § 28 Abs. 1 WPO die Mitglieder des Vorstands, die Geschäftsführer oder die persönlich haftenden Gesellschafter Berufsangehörige sein und mindestens ein Mitglied des Vorstands, ein Geschäftsführer oder ein persönlich haftender Gesellschafter seinen Wohnsitz am Sitz der Gesellschaft haben.

In Ausnahmefällen dürfen nach § 28 Abs. 2 WPO auch besonders befähigte Personen, die nicht Wirtschaftsprüfer sind, z.B. Juristen, Techniker, Vorstandsmitglieder, Geschäftsführer oder persönlich haftende Gesellschafter von Wirtschaftsprüfungsgesellschaften sein. Die Zahl dieser Vorstandsmitglieder, Geschäftsführer oder persönlich haftenden Gesellschafter darf die Zahl der Wirtschaftsprüfer im Vorstand, unter den Geschäftsführern oder unter den persönlich haftenden Gesellschaftern nicht übersteigen.

Für Aktiengesellschaften und Kommanditgesellschaften auf Aktien ist nach § 28 Abs. 5 WPO die Anerkennung darüberhinaus davon abhängig, daß nur Aktien ausgegeben werden, die auf den Namen lauten; die Übertragung der Aktien muß an die Zustimmung der Gesellschaft gebunden sein (vinkulierte Namensaktien). Gleiches gilt für die Übertragung von Geschäftsanteilen an einer GmbH. Da alle Wirtschaftsprüfungsgesellschaften jährlich eine Liste mit Angaben über ihre Gesellschafter bei der Wirtschaftsprüferkammer einreichen müssen (§ 41 Abs. 2 WPO), ist der Kammer eine ständige Übersicht darüber möglich, in wessen Händen sich die Anteile befinden.

Von den Wirtschaftsprüfungsgesellschaften in der Form der Gesellschaft mit beschränkter Haftung verlangt die WPO in § 28 Abs. 6 ein voll eingezahltes Stammkapital in Höhe von mindestens DM 50.000,-.

Die Anerkennung von Offenen Handelsgesellschaften und Kommanditgesellschaften setzt voraus, daß sie „wegen ihrer Treuhandtätigkeit als Handelsgesellschaften in das Handelsregister eingetragen worden sind" (§ 27 Abs. 2 WPO).

Die vorstehenden Zulassungsvoraussetzungen des geltenden Berufsrechts sind grundsätzlich mit den Vorschriften der **8.EG-Richtlinie** vereinbar. Gleichwohl hat der deutsche Gesetzgeber im Zuge der Anpassung des Rechnungslegungs- und Prüfungsrechts an die EG-Richtlinien eine grundsätzliche Neuordnung der Beteiligung Berufsfremder an Wirtschaftsprüfungsgesellschaften veranlaßt. Voraussetzung für die Anerkennung von Wirtschaftsprüfungsgesellschaften ist ab 1986 u.a., daß Gesellschafter nur noch Wirtschaftsprüfer, Wirtschaftsprüfungsgesellschaften, in der Gesellschaft tätige vereidigte Buchprüfer, Steuerberater, Steuerbevollmächtigte, Rechtsanwälte oder solche Personen sind, deren Tätigkeit als gesetzliche Vertreter der Gesellschaft von der Wirtschaftsprüferkammer genehmigt worden ist (§ 28 Abs. 4 WPO).

Neu in die WPO aufgenommen ist ferner die Vorschrift, daß bei Wirtschaftsprüfungsgesellschaften in der Form der Kapitalgesellschaft die Mehrheit der Anteile Wirtschaftsprüfern oder Wirtschaftsprüfungsgesellschaften gehören muß und daß sich bei Kommanditgesellschaften die Mehrheit der Kommanditeinlagen in Händen von WP oder WPG befinden muß. Wirtschaftsprüfungsgesellschaften, die vor 1986 bereits anerkannt waren, bleiben von der Neuregelung zunächst unberührt. Ändert sich jedoch der Gesellschafterbestand oder das Beteiligungs- oder Stimmrechtsverhältnis bei diesen Gesellschaften nach dem Jahre 1987, so ist eine Anpassung an das neue Recht vorzunehmen (vgl. § 134 a Abs. 2 WPO). Mit der Neuregelung sollen Befangenheitstatbestände, die sich aus finanziellen Verflechtungen der Prüfungsgesellschaften vor allem mit Auftraggebern ergeben können, ausgeräumt werden; zugleich soll aber den betroffenen Gesellschaften ausreichende Gelegenheit gegeben werden, ihre Beteiligungs- und Gesellschaftsverhältnisse neu zu ordnen.

c2) Eignung der Gesellschaften im Hinblick auf die Grundsätze der Berufsausübung

c21) Gewerbliche Tätigkeit

Nach der Wirtschaftsprüferordnung[94] übt der Wirtschaftsprüfer (vBP) einen freien Beruf aus. Seine Tätigkeit ist kein Gewerbe. Da der Begriff des freien Berufes gesetzlich nicht definiert ist, können aus dieser Vorschrift keine Folgerungen hinsichtlich der Möglichkeit einer Ausübung des Prüferberufs in oder durch Gesellschaften gezogen werden. Es wäre auch nicht zutreffend, wenn man die handelsrechtliche Gesellschaft lediglich als den Rahmen für die darin tätigen Wirtschaftsprüfer betrachten würde, die im übrigen selbst Träger des Berufs sind und ihn selbständig und eigenverantwortlich ausüben. Das Handelsgesetzbuch[95] und die Wirtschaftsprüferordnung[96] lassen jedoch erkennen, daß die **Wirtschaftsprüfungsgesellschaften als solche das Recht zur Durchführung von Pflichtprüfungen und zur Erteilung von Bestätigungsvermerken** besitzen. Gleiches gilt analog für die Buchprüfungsgesellschaften. Bedenken gegen die Zulassung von handelsrechtlichen Personengesellschaften als Prüfungsgesellschaften könnten sich aus §§ 105 und 161 HGB erge-

---

[94] Vgl. § 1 Abs. 2 WPO
[95] Vgl. § 319 Abs. 1 HGB
[96] Vgl. z.B. § 32 WPO, Bestätigungsvermerke; § 56 Abs. 1 WPO, Anwendung der Vorschriften über die Rechte und Pflichten der Wirtschaftsprüfer auf Wirtschaftsprüfungsgesellschaften; § 57 Abs. 2 WPO, Berufsaufsicht; § 130 Abs. 2 WPO, analoge Anwendung der Vorschriften für WP und WPG auf Buchprüfungsgesellschaften

ben, wonach **Offene Handelsgesellschaften und Kommanditgesellschaften ein Gewerbe betreiben müssen**, um in das Handelsregister eingetragen werden zu können. Andererseits stellt die Wirtschaftsprüferordnung, wie erwähnt, fest, daß **Wirtschaftsprüfer einen freien Beruf ausüben** und daß **ihre Tätigkeit kein Gewerbe ist**. Eine gewerbliche Tätigkeit wird sogar, mit Ausnahme der Treuhandtätigkeit, als unvereinbar mit der Ausübung des Berufes eines Wirtschaftsprüfers angesehen.[97]

Um die Personengesellschaften des Handelsrechts als Wirtschaftsprüfungsgesellschaften (Buchprüfungsgesellschaften) dennoch anerkennen zu können, verlangt die Wirtschaftsprüferordnung – wie erwähnt – in § 27 Abs. 2, daß Offene Handelsgesellschaften und Kommanditgesellschaften wegen ihrer Treuhandtätigkeit als Handelsgesellschaften in das Handelsregister eingetragen sein müssen. Diese in formaler Hinsicht einwandfreie Lösung hat allerdings den Nachteil, daß in der Öffentlichkeit der Eindruck entstehen könnte, daß die gesamte berufliche Tätigkeit der in der Gesellschaft tätigen Berufsangehörigen gewerblicher Art sei.

Mit einer freiberuflichen Tätigkeit von Berufsangehörigen in einer Kommanditgesellschaft scheint es ferner nicht vereinbar zu sein, daß **berufsfremde Personen als Kommanditisten Mitgesellschafter von Berufsangehörigen** sein können. Das bisherige Berufsrecht hat hieran offensichtlich keinen Anstoß genommen, solange die Kommanditisten weder zur Geschäftsführung berechtigt sind noch Vertretungsbefugnisse haben.[98] Auf die Neuregelung der Vertretungsverhältnisse als Voraussetzung für die Zulassung von Personenhandelsgesellschaften als Prüfungsgesellschaften im Zuge der Umsetzung von Art. 2 Abs. 1 b) der 8.EG-Richtlinie wurde im vorhergehenden Abschnitt hingewiesen.

c22) Unabhängigkeit und Unbefangenheit

Die möglichen Abhängigkeits- und Befangenheitsverhältnisse zwischen Prüfungsgesellschaften und zu prüfenden Unternehmen sind offensichtlich vielschichtiger als die Abhängigkeits- und Befangenheitsverhältnisse zwischen Einzelprüfern und zu prüfenden Unternehmen.

Die Wirtschaftsprüferordnung sucht möglichen Abhängigkeits- und Befangenheitsverhältnissen zwischen den Prüfungsgesellschaften und den zu prüfenden Unternehmen dadurch zu begegnen, daß sie die Beachtung der Berufsgrundsätze nicht nur für die in den Gesellschaften tätigen Prüfer, sondern auch für die Gesellschaften selber, also für die Prüfungsorgane als verbindlich erklärt.[99] Ergänzend stellt das neue Handelsrecht für eine Vielzahl möglicher Beziehungen zwischen Prüfungsgesellschaft und zu prüfendem Unternehmen unwiderlegbare Vermutungen der Abhängigkeit auf,[100] auf die oben ausführlich hingewiesen wurde.

---

[97] Vgl. § 43 Abs. 3 Nr. 1 WPO
[98] Vgl. § 164 und § 170 HGB
[99] Vgl. § 56 Abs. 1 WPO
[100] Vgl. § 319 Abs. 3 HGB

c23) Eigenverantwortlichkeit

Einen weiteren Ansatzpunkt zur Kritik an der Zulässigkeit von Wirtschaftsprüfungsgesellschaften bietet der Grundsatz der Eigenverantwortlichkeit.[101]
Es wird angeführt, daß ein angestellter Wirtschaftsprüfer eine von der Auffassung des Vorstands oder der Geschäftsführung abweichende Meinung in
wesentlichen Fragen nicht ohne Schwierigkeiten durchsetzen könne. Dieser
Einwand richtet sich dagegen, daß **Wirtschaftsprüfer (vereidigte Buchprüfer)
ihren Beruf als Angestellte ausüben** können. Er trifft insbesondere die Wirtschaftsprüfungsgesellschaften in der Form der Kapitalgesellschaften, da bei
ihnen selbst die Vorstandsmitglieder und Geschäftsführer in einem Dienst-
verhältnis zur Gesellschaft stehen.

Der deutsche Gesetzgeber hat die Schwierigkeiten, die daraus entstehen können, zu überwinden versucht, indem er angestellten Wirtschaftsprüfern den
Status der eigenverantwortlichen Tätigkeit nicht grundsätzlich abspricht,
sondern nur dann, wenn sie an Weisungen gebunden sind, die sie verpflichten, Prüfungsberichte und Gutachten auch dann zu unterzeichnen, wenn ihr
Inhalt sich nicht mit ihrer Überzeugung deckt.[102] Daß das Problem durch
eine solche Vorschrift nicht vollständig gelöst werden kann, liegt auf der
Hand; denn bei der Beantwortung der Frage, ob ein Prüfer eigenverantwortlich handelt, kommt es entscheidend auf die faktischen Verhältnisse und
nicht allein auf die im Dienstvertrag niedergelegten Rechte und Pflichten an.
Auch die Vorschrift der Wirtschaftsprüferordnung, nach der **angestellten
Wirtschaftsprüfern die Prokura erteilt werden muß**,[103] kann zu keiner anderen Beurteilung der Situation führen, weil durch diese Vorschrift lediglich die
Voraussetzungen für eine eigenverantwortliche Tätigkeit geschaffen werden,
ohne diese auch zu gewährleisten.

Ob die neu in die WPO eingefügte Vorschrift, nach der Vorstandsmitglieder,
Geschäftsführer und Gesellschafter, die nicht Wirtschaftsprüfer sind, auf die
Durchführung von Abschlußprüfungen keinen Einfluß nehmen dürfen (§ 44
Abs. 2 Satz 2 WPO), von wesentlicher Bedeutung sein wird, bleibt abzuwar-
ten.

Um die Eigenverantwortlichkeit der in den Wirtschaftsprüfungsgesellschaften tätigen Wirtschaftsprüfer wenigstens in bezug auf die Vorbehaltsaufgaben der Wirtschaftsprüfer auch äußerlich stärker zum Ausdruck zu bringen,
schreibt die WPO vor, daß gesetzlich vorgeschriebene **Bestätigungsvermerke
der Wirtschaftsprüfungsgesellschaften nur von Wirtschaftsprüfern unter-
zeichnet** werden dürfen.[104]

Allerdings bleibt die Wirtschaftsprüferordnung hier auf halbem Wege stehen: Es wird ausdrücklich festgestellt, daß eine Mitunterzeichnung durch
einen weiteren Wirtschaftsprüfer zulässig ist,[105] ohne die Eigenverantwort-

---

[101] Vgl. dazu oben, Kap. III A 4b
[102] Vgl. § 44 Abs. 2 WPO
[103] Vgl. § 45 WPO
[104] Vgl. § 32 WPO
[105] Vgl. § 44 Abs. 3 WPO

lichkeit des unterzeichnenden anderen Wirtschaftsprüfers zu beeinträchtigen. Wenn auch in der Praxis die Übung besteht, daß derjenige Prüfer, der für eine durchgeführte Pflichtprüfung verantwortlich ist, auch den Bericht und den Bestätigungsvermerk zu unterzeichnen hat, so findet sich doch weder in der WPO noch in den Richtlinien für die Berufsausübung ein Hinweis darauf, daß in der bezeichneten Weise verfahren werden muß.

c24) Verschwiegenheit

Die Einhaltung des Grundsatzes der Verschwiegenheit auch im Rahmen von Wirtschaftsprüfungsgesellschaften sollen sowohl Vorschriften der Wirtschaftsprüferordnung als auch handelsrechtliche Vorschriften sichern. § 56 Abs. 2 WPO verpflichtet auch diejenigen Vorstandsmitglieder, Geschäftsführer und persönlich haftenden Gesellschafter, die nicht Wirtschaftsprüfer sind, sowie die Mitglieder der durch Gesetz, Satzung oder Gesellschaftsvertrag vorgesehenen Aufsichtsorgane der Prüfungsgesellschaften zur Verschwiegenheit.

Das HGB konstituiert für den Bereich der Pflichtprüfungen von Kapitalgesellschaften auch eine **Verschwiegenheitspflicht der in einer Prüfungsgesellschaft tätigen Prüfer gegenüber dem Aufsichtsrat und den Mitgliedern des Aufsichtsrats** der als Abschlußprüfer bestellten Prüfungsgesellschaft.[106] Ob der Aufsichtsrat seinen Überwachungspflichten überhaupt nachkommen kann, wenn ihm die Kontrolle über eine wesentliche Tätigkeit der Prüfungsgesellschaft genommen ist, mag dahingestellt bleiben. Ebensowenig kann entschieden werden, ob eine Prüfungsgesellschaft aufgrund ihrer Struktur anfälliger gegen Indiskretionen ist als ein Einzelprüfer oder eine Sozietät.

c3) Quantitative Übersicht

Am 1. Januar 1987 gab es in der Bundesrepublik insgesamt 1.034 Wirtschaftsprüfungsgesellschaften.[107] Davon waren 34 Aktiengesellschaften; 935 Gesellschaften wurden in der Form der Gesellschaft mit beschränkter Haftung geführt; auf die Rechtsform der Kommanditgesellschaft entfielen 29 Gesellschaften und auf die Rechtsform der Offenen Handelsgesellschaft 36 Gesellschaften. Am 1. Mai 1987 existierte dagegen nur eine Buchprüfungsgesellschaft. Die Gesamtzahl der als Wirtschaftsprüfer bestellten natürlichen Personen betrug am 1.5.1987 5.305 und die Gesamtzahl der vereidigten Buchprüfer insgesamt 611.

d) Prüfungsverbände

Als Träger externer Prüfungen finden sich im deutschen Rechtsbereich neben den freiberuflich tätigen Einzelprüfern und deren Zusammenschlüssen Fach-

---

[106] Vgl. § 323 Abs. 3 HGB
[107] Vgl. hierzu und zum folgenden: Wirtschaftsprüferkammer, Mitteilungsblatt Nr. 127 vom 15.5.1987, S. 4

verbände, denen als **Verbandsaufgabe** besonderer Art die **Vornahme von Pflichtprüfungen bei ihren Mitgliedsunternehmen** übertragen worden ist. Beispiele sind die genossenschaftlichen Prüfungsverbände und die Sparkassen- und Giroverbände mit ihren Prüfungsstellen.

d1) Die genossenschaftlichen Prüfungsverbände

Das Genossenschaftsgesetz[108] führte im Jahre 1889 die Pflichtprüfung der Genossenschaften als **erste Pflichtprüfung innerhalb des deutschen Rechtsbereichs** ein. Die Veranlassung dazu gaben Zusammenbrüche von Genossenschaften, die nach der Begründung zum Genossenschaftsgesetz auf unqualifizierte Geschäftsführung und mangelnde Überwachung zurückzuführen waren.[109] Der Gesetzgeber konnte bei der Einführung der Prüfungspflicht weitgehend auf die bereits bestehenden verbandseigenen genossenschaftlichen Prüfungseinrichtungen zurückgreifen, denen sich bereits vor Einführung der Pflichtprüfung eine Vielzahl von Einzelgenossenschaften angeschlossen hatte.

Die Vorschriften über die Prüfung der Genossenschaften und über die genossenschaftlichen Prüfungsverbände finden sich in den §§ 53 bis 64c des Genossenschaftsgesetzes. Danach besteht für alle eingetragenen Genossenschaften der **Zwang zum Anschluß an einen Prüfungsverband.**[110] Trotz dieses sog. **Anschlußzwangs** bleibt der einzelnen Genossenschaft die Möglichkeit, die Verbandsmitgliedschaft zu wechseln;[111] sie muß aber innerhalb einer vom Gericht zu bestimmenden Frist die Mitgliedschaft bei einem anderen Verband erwerben.

Das **Prüfungsrecht** wird den genossenschaftlichen Prüfungsverbänden durch den **Bundesminister für Wirtschaft,** falls deren Prüfungsgebiet über die Grenzen eines Bundeslandes hinausgeht, sonst durch den **zuständigen Landesminister** verliehen.[112] Die Verleihung soll nur dann erfolgen, wenn der Verband die Gewähr für die Erfüllung der von ihm zu übernehmenden Aufgaben bietet und wenn ein Bedürfnis für eine Prüfungstätigkeit des Verbandes besteht. Dabei kann dem Verband die Erfüllung von Auflagen zur Pflicht gemacht werden (z.B. Abschluß einer ausreichenden Haftpflichtversicherung).[113] Der Minister übt die **allgemeine Aufsicht über die Prüfungsverbände** aus;[114] er kann das Prüfungsrecht entziehen, wenn der Verband die genannten Bedingungen nicht mehr erfüllt.[115]

---

[108] Gesetz, betreffend die Erwerbs- und Wirtschaftsgenossenschaften v. 1. Mai 1889 i.d.F. des Bilanzrichtlinien-Gesetzes vom 19.12.1985

[109] Vgl. Zirwas/Buchholz, Prüfungswesen 1938, S. 2

[110] Vgl. § 54 GenG

[111] Vgl. § 54a GenG

[112] Vgl. § 63 GenG i.v.m. § 2 des Gesetzes über genossenschaftliche Vereinigungen v. 23.8.1948 (WiGBl. S. 83)

[113] Vgl. § 63a Abs. 3 GenG

[114] Vgl. § 64 GenG

[115] Vgl. § 64a GenG

Die genossenschaftlichen Prüfungsverbände sollen die **Rechtsform eines eingetragenen Vereins** haben.[116] Mitglieder dieses Vereins sind die verbandsangehörigen eingetragenen Genossenschaften sowie ohne Rücksicht auf ihre Rechtsform solche Unternehmen, die sich ganz oder teilweise in der Hand eingetragener Genossenschaften befinden.[117] Der Mitgliederkreis eines genossenschaftlichen Prüfungsverbandes kann entweder regional oder fachlich begrenzt sein.[118] Die genossenschaftlichen Prüfungsverbände sind ihrerseits, ggf. unter Zwischenschaltung von Fachverbänden, zu **Spitzenverbänden** zusammengeschlossen – Deutscher Genossenschafts- und Raiffeisenverband e.V., Gesamtverband Gemeinnütziger Wohnungsunternehmen e.V., Zentralverband deutscher Konsumgenossenschaften e.V. –[119] die, sofern ihnen das Prüfungsrecht verliehen ist, auch selbst prüfend tätig werden können.

Die Prüfungsverbände bedienen sich bei der Prüfung ihrer Mitgliedsgenossenschaften der von ihnen angestellten Prüfer; diese Prüfer sollen **im genossenschaftlichen Prüfungswesen ausreichend vorgebildet und erfahren** sein.[120] Zur Unterstützung des Verbandsvorstands sowie insbesondere zur Überwachung der Verbandsprüfer und zur Überprüfung der Prüfungsberichte sieht das Genossenschaftsgesetz vor, daß mindestens ein Vorstandsmitglied des Verbandes oder mindestens ein angestellter Prüfer als **genossenschaftlicher Wirtschaftsprüfer öffentlich bestellt** sein soll.[121] Die in den genossenschaftlichen Prüfungsverbänden tätigen Wirtschaftsprüfer sind wie die in Prüfungsgesellschaften tätigen Wirtschaftsprüfer persönlich an die Berufsgrundsätze gebunden. Die Tätigkeit von Wirtschaftsprüfern als Angestellte in genossenschaftlichen Prüfungsverbänden wird durch die WPO ausdrücklich als mit den Berufsgrundsätzen vereinbar erklärt, sofern die Wirtschaftsprüfer sich nicht an Weisungen zu halten haben, die sie verpflichten, Prüfungsberichte und Gutachten auch dann zu unterzeichnen, wenn ihr Inhalt sich nicht mit ihrer Überzeugung deckt.[122]

Die Prüfungsverbände sind verpflichtet, die durch Gesetz oder ggf. durch die Satzung der Mitgliedsgenossenschaften vorgeschriebenen Prüfungen durchzuführen.[123] Entscheidender Grundzug des genossenschaftlichen Prüfungswesens ist aber, daß sich die Tätigkeit der genossenschaftlichen Prüfungsverbände nicht auf die bloße **Feststellung der Ordnungsmäßigkeit bzw. Fehlerhaftigkeit** der Einrichtungen, der Vermögenslage und der Geschäftsführung

---

[116] Vgl. § 63b Abs. 1 GenG
[117] Auf die Zwangsmitgliedschaft von gemeinnützigen Wohnungsunternehmen bei genossenschaftlichen Prüfungsverbänden auch dann, wenn diese in den Rechtsformen der Aktiengesellschaft oder der Gesellschaft mit beschränkter Haftung geführt werden, sei an dieser Stelle hingewiesen (vgl. § 14 Wohnungsgemeinnützigkeitsgesetz (WGG) vom 29.2.1940).
[118] Vgl. Stupka, Genossenschaftsverbände 1958, Sp. 2217
[119] Vgl. Selchert, Genossenschaftsprüfung 1983, Sp. 458
[120] Vgl. § 55 Abs. 1 GenG
[121] Vgl. § 63b Abs. 5 GenG. Diese Vorschrift ist nach Art. 1 Abs. 1 der Verordnung über das Inkrafttreten des Gesetzes zur Änderung des Genossenschaftsgesetzes vom 4.12.1934 noch nicht in Kraft, da es bislang an der erforderlichen Anzahl der öffentlich bestellten genossenschaftlichen Wirtschaftsprüfer fehlte.
[122] Vgl. §§ 43 Abs. 3 Nr. 2, 44 Abs. 1 Nr. 2 und Abs. 2 WPO
[123] Vgl. § 63b Abs. 4 GenG

der Mitgliedsgenossenschaften beschränkt,[124] sondern, daß ihnen Mittel an die Hand gegeben sind, auf eine **Beseitigung der aufgrund der Prüfung etwa festgestellten Mängel** hinzuwirken:[125]

Vorstand und Aufsichtsrat der Mitgliedsgenossenschaft müssen in gemeinsamer Sitzung, an der auch der Prüfer und der Prüfungsverband teilnehmen können, über den **Prüfungsbericht beraten;**[126] die Mitglieder der Genossenschaft sind im Rahmen der Generalversammlung **über wesentliche Feststellungen und Beanstandungen der Prüfung zu unterrichten;** auf Antrag des Verbandes ist der Prüfungsbericht ganz oder in Teilen zu verlesen;[127] der Verband hat das Recht, ggf. eine außerordentliche **Generalversammlung einzuberufen** und zu bestimmen, über welche Gegenstände zwecks Beseitigung festgestellter Mängel verhandelt und beschlossen werden soll;[128] der Verband kann den ihm angehörenden übrigen Mitgliedsgenossenschaften sowie dem Spitzenverband unter bestimmten Bedingungen vom Inhalt des Prüfungsberichts Kenntnis geben;[129] es kann schließlich zum **Ausschluß der Genossenschaft aus dem Verband** kommen, sofern die Genossenschaft den Prüfungserinnerungen des Prüfungsverbandes nicht nachkommt.

Es entwickelt sich aufgrund dieser weitgehenden Möglichkeiten des Prüfungsverbandes, gegebenenfalls Prüfungserinnerungen durchzusetzen, in aller Regel ein **intensives Betreuungs- und Beratungsverhältnis.** Das Genossenschaftsgesetz[130] gestattet den Prüfungsverbänden auch die **gemeinsame Wahrnehmung von Interessen der Verbandsmitglieder und die „Unterhaltung gegenseitiger Geschäftsbeziehungen"** zwischen den Mitgliedsgenossenschaften. Es liegt auf der Hand, daß die Kombination der Prüfungsaufgaben der genossenschaftlichen Prüfungsverbände mit den Verbandsaufgaben ein weit engeres Verhältnis zwischen Prüfungsorgan und geprüftem Unternehmen nach sich zieht, als dies bei anderen Organen der externen Prüfung regelmäßig der Fall ist (und der Fall sein darf). Dennoch dürfte sich die Verbandsprüfung im Genossenschaftsbereich bewährt haben.

d2) Prüfungsstellen der Sparkassen- und Giroverbände

Etwa seit 1880 begannen sich die öffentlichen Sparkassen, wie die Genossenschaften, zu Verbänden zusammenzuschließen. Der Zweck dieser Verbände bestand nicht nur darin, die verbandsangehörigen Sparkassen wirtschaftspolitisch zu vertreten und sie in Fragen der Organisation und der Rechnungslegung zu beraten, sondern auch darin, **Prüfungen der verbandsangehörigen Sparkassen durchzuführen.**

Der Anlaß für diese Entwicklung ist vor allem in dem Bedürfnis nach Prüfungen durch Sachverständige zu sehen, welche die durch die kommunalen Aufsichtsbehörden und durch die Verwaltungsräte der Sparkassen durchgeführten Prüfungen ablösen soll-

[124] Vgl. § 53 Abs. 1 GenG
[125] Vgl. Stupka, Genossenschaftsprüfung 1958, Sp. 2215
[126] Vgl. § 58 Abs.4 GenG
[127] Vgl. § 59 GenG
[128] Vgl. § 60 GenG
[129] Vgl. § 62 Abs. 3 GenG
[130] Vgl. § 63b Abs. 4 GenG

ten.[131] Allerdings liefen zunächst die Verbandsprüfungen und die aufsichtsbehördlichen Prüfungen parallel nebeneinander her. Erst durch einen Runderlaß des Preußischen Ministers des Inneren vom 30. 12. 1925[132] wurden für Preußen die Prüfungen durch die Aufsichtsbehörden und die Prüfungen durch die Sparkassenverbände miteinander verbunden, und zwar in der Weise, daß der Prüfungsauftrag immer von der Aufsichtsbehörde erteilt, die Prüfungsdurchführung dagegen in aller Regel den Prüfungsstellen der Sparkassenverbände übertragen wurde.

Im Gegensatz zu den genossenschaftlichen Prüfungsverbänden wurde den Prüfungsstellen der Sparkassen- und Giroverbände jedoch **kein Prüfungsmonopol** eingeräumt; die Aufsichtsbehörden konnten sich auch anderer Prüfer bzw. anderer Prüfungsorgane bedienen.

Diese Regelung wurde auch nach der Neuordnung des gesamten Pflichtprüfungswesens durch die Notverordnung zur Sicherung von Wirtschaft und Finanzen[133] und die dazu ergangenen Durchführungsbestimmungen[134] beibehalten. Ein Erlaß des Reichs- und Preußischen Wirtschaftsministers aus dem Jahre 1937,[135] dessen Bestimmungen auch den außerpreußischen Landesregierungen zur Übernahme empfohlen wurden, führte schließlich zu einer weitgehenden Vereinheitlichung des Prüfungswesens bei den öffentlichen Sparkassen.

Die Prüfungserlasse von 1925 und 1937 sind mittlerweile außer Kraft gesetzt worden. Die obersten Sparkassenaufsichtsbehörden der Länder haben in den Jahren 1969 und 1970 jedoch inhaltlich weitgehend übereinstimmende neue Vorschriften für die Prüfung der Sparkassen veröffentlicht.[136] Ergänzt werden die Erlasse der Aufsichtsbehörden durch die Sparkassengesetze der einzelnen Bundesländer und z.T. durch die Satzungen der Institute.

Die Prüfungsstellen der Sparkassen- und Giroverbände sind **organisatorisch verselbständigte Abteilungen der Verbände.** Um die Eigenverantwortlichkeit der Prüfungsstellenleiter und der in den Prüfungsstellen tätigen Prüfer möglichst sicherzustellen, sehen die Satzungen der Sparkassenverbände regelmäßig eine **direkte Unterstellung der Prüfungsstellen nur unter den Verbandsvorsitzenden** vor, dessen Weisungsbefugnis sich nicht auf Einzelfragen der Durchführung von Prüfungen und der Abfassung von Prüfungsberichten erstreckt.[137] Die Arbeit der Prüfungsstellen wird im übrigen durch die Prüfungsordnungen der Verbände geregelt, die von den Verbandsorganen beschlossen und durch die Aufsichtsbehörden genehmigt werden müssen.[138]

Die formellen Voraussetzungen für die Beschäftigung öffentlich bestellter Wirtschaftsprüfer in den Prüfungsstellen der Sparkassen- und Giroverbände

---

131 Vgl. Frick, Staatsaufsicht 1962, S. 128 f.

132 Vgl. RdErl.d.MdI. vom 30.12.1925 – IVb 2505 –

133 Vgl. Dritte Verordnung des Reichspräsidenten zur Sicherung von Wirtschaft und Finanzen vom 6.Oktober 1931, Fünfter Teil, Kap. VIII

134 Vgl. Verordnung über die Durchführung der Vorschriften über die Prüfungspflicht der Wirtschaftsbetriebe der öffentlichen Hand v. 30.3.1933

135 Vgl. RdErl.d.Reichs- und Preußischen Wirtschaftsministers – I 30 384/36 – betr. Prüfung der öffentlichen Sparkassen vom 2.2.1937

136 Vgl. z.B. Entschließung des Bayerischen Staatsministeriums des Inneren v. 4.8.1969 Nr. I B 1 – 3062 – 9,4

137 Vgl. z.B. § 24 Abs. 2 der Satzung des Hessischen Sparkassen- und Giroverbandes

138 Vgl. z.B. § 15 Ziff. 10 der Satzung des Hessischen Sparkassen- und Giroverbandes

wurden erst im Jahre 1949 durch eine Vereinbarung zwischen der Arbeitsgemeinschaft Deutscher Sparkassen- und Giroverbände und Girozentralen und
dem Institut der Wirtschaftsprüfer in Deutschland geschaffen.[139]
Die Wirtschaftsprüferordnung[140] erkennt ausdrücklich die Tätigkeit in Prüfungsstellen von Sparkassen- und Giroverbänden als „eigenverantwortliche
Wirtschaftsprüfertätigkeit" an, sofern – wie bei Tätigkeiten in Wirtschaftsprüfungsgesellschaften und genossenschaftlichen Prüfungsverbänden – der
Wirtschaftsprüfer als Angestellter nicht an Weisungen gebunden ist, die ihn
verpflichten, Prüfungsberichte und Gutachten auch dann zu unterzeichnen,
wenn ihr Inhalt sich nicht mit seiner Überzeugung deckt.

Die Wirtschaftsprüferordnung erkennt die Prüfungsstellen der Sparkassen-
und Giroverbände ferner als geeignet für die Ausbildung des Berufsnachwuchses an.[141] Sie räumt den Sparkassen- und Giroverbänden für ihre Prüfungsstellen, ebenso wie den genossenschaftlichen Prüfungsverbänden, die
Möglichkeit ein, die Mitgliedschaft bei der Wirtschaftsprüferkammer zu erwerben.[142]

Die engen **Verflechtungen zwischen Prüfungsstellen und prüfungspflichtigen
Verbandsmitgliedern**, die sich vor allem durch die umfassende Beratungstätigkeit der Prüfungsstellen ergeben können, werden vom Gesetzgeber im
Bereich der Sparkassen-Pflichtprüfung ebenso wie im Bereich der genossenschaftlichen Pflichtprüfung als **unschädlich für die Einhaltung der Grundsätze der Unabhängigkeit und Unbefangenheit** angesehen.

3. Organe der Innenrevision

Im funktionellen Sinn kann unter Interner Prüfung jede Überwachungstätig-
keit verstanden werden, die **durch unternehmensangehörige, aber prozeßunabhängige Personen**[143] wahrgenommen wird. Das Merkmal der Prozeßunabhängigkeit haben interne und externe Prüfung gemeinsam. Interne und externe Prüfung unterscheiden sich dadurch, daß die Prüfungsaufgaben bei der
ersteren durch unternehmensangehörige, bei der letzteren durch unternehmensfremde Prüfer durchgeführt werden.

Im institutionellen Sinn werden als Interne Prüfung diejenigen **Stellen oder
Stellengesamtheiten** eines Unternehmens bezeichnet, denen **ausschließlich
oder überwiegend Prüfungsaufgaben innerhalb des betreffenden Unternehmens** übertragen sind. Anstelle der Bezeichnung „Interne Prüfung" finden
sich auch die Wortbildungen: Innenrevision, Interne Revision, Prüfstelle,
Revisionsabteilung, Hausrevision, Eigenrevision, betriebseigene Revision,

---

[139] Vgl. o.V., Zusammenarbeit 1950, S. 573
[140] Vgl. § 44 Abs. 3 WPO
[141] Vgl. §§ 8 Abs. 2 Nr. 1, 9 Abs. 2 und 5, 137 WPO
[142] Vgl. § 58 Abs. 2 WPO
[143] Zum Begriff der Prozeßunabhängigkeit vgl. oben, Kap. I A 1 b

Konzernrevision usw. Die gebräuchlichsten Bezeichnungen sind „Innenrevision" und „Interne Revision",[144] die im folgenden verwandt werden.

a) Aufgaben der Internen Revision

a1) Prüfungsaufgaben

Die Interne Revision hat „in erster Linie die Aufgabe, die Unternehmensleitung in ihrer ... Überwachungspflicht zu unterstützen. Das soll durch gründliche und umfassende Untersuchungen und durch objektive Berichterstattung geschehen".[145] Diese Umschreibung der Prüfungsaufgaben stimmt inhaltlich mit dem „Statement of Responsibilities of the Internal Auditor" des Institute of Internal Auditors, New York, überein. Danach besteht das umfassende Ziel der Internen Revision darin, die Mitglieder der Geschäftsleitung bei der Erledigung ihrer Aufgaben durch Lieferung objektiver Analysen, Gutachten und Berichte über die geprüften Vorgänge zu unterstützen. Die Interne Revision hat die Funktionsweise sämtlicher interner Kontrolleinrichtungen, die Einhaltung interner Planvorgaben, Richtlinien und Anweisungen sowie die Zuverlässigkeit des gesamten Informations- und Rechnungswesens des Unternehmens zu überwachen.[146] Dabei ist es durchaus möglich, daß die Interne Revision als Führungsinstrument innerhalb des Unternehmens sich nicht nur auf die **formelle und materielle Überwachung der Ordnungsmäßigkeit** beschränkt, sondern darüberhinaus sich auch der **Prüfung der ökonomischen Zweckmäßigkeit** bestimmter Vorgänge und Maßnahmen in dem Unternehmen widmet.

Im Schrifttum wird darauf hingewiesen, daß sich in den letzten Jahrzehnten die Aufgabenstellung der Internen Revision dadurch gewandelt habe, daß die Unternehmensleitungen Bereiche ihrer Überwachungsfunktion vermehrt an die Interne Revision delegiert haben. In gleichem Maße verlagerte sich das Tätigkeitsgebiet der Internen Revision vom Finanz- und Rechnungswesen auf andere Unternehmenssektoren; es wechselten die Aufträge von reinen Ordnungsmäßigkeitsprüfungen auf Systemprüfungen.[147]

Nach diesen Feststellungen sind der Internen Revision grundsätzlich weder in bezug auf die möglichen Beurteilungsmaßstäbe (Soll-Objekte) noch in bezug auf die möglichen Prüfungsobjekte (Ist-Objekte) eindeutige Grenzen gesetzt. Empirische Untersuchungen[148] lassen erkennen, daß sich aus der Übernahme von Teilbereichen der Überwachungsfunktion der Unternehmensleitungen folgende Hauptprüfungsgebiete der Internen Revision ergeben:

– Funktionsfähigkeit der internen Kontrollsysteme,
– Einhaltung von Anweisungen der Unternehmensleitung,
– sachliche und formelle Ordnungsmäßigkeit der Rechnungslegung,

---

144 Vgl. dazu Blohm/Brenneis, Revision 1968, S. 17
145 Deutsches Institut für Interne Revision e.V., Aufgaben 1959, S. 17
146 Vgl. Institute of Internal Auditors, Survey 1957, S. 7 f.
147 Vgl. Böhmer/Hengst/Hofmann/Müller/Puchta, Revision 1981, S. 24
148 Vgl. z. B. Deutsches Institut für Interne Revision e.V., Revision 1983

- Wirtschaftlichkeit und Rentabilität und
- Vermögenssicherung.[149]

a2) Die Übernahme sonstiger Aufgaben durch die Interne Revision

In zweierlei Hinsicht bedarf der Aufgabenbereich der Internen Revision einer ergänzenden Abgrenzung: Wegen der Gleichartigkeit der Tätigkeiten muß untersucht werden, ob und inwieweit unternehmensinterne und unternehmensexterne Prüfungsorgane einander ergänzen können; zum anderen muß auf die in der Praxis sehr häufige Übertragung von prüfungsfremden Aufgaben auf die Interne Revision eingegangen werden.

a21) Die Zusammenarbeit zwischen internen und externen Prüfungsorganen

Der „Arbeitskreis Krähe" der Schmalenbach-Gesellschaft umschreibt den Aufgabenbereich der internen Revisionsabteilungen im Verhältnis zum Aufgabenbereich externer Prüfer wie folgt:[150]

„Will ... die Leitung des Gesamtunternehmens darüber unterrichtet werden, ob die einzelnen Abteilungen und ihre Leiter den Vorschriften entsprechend und ferner sachgemäß, zweckmäßig und wirtschaftlich arbeiten, so wird sie sich dafür der eigenen Revisionsabteilung bedienen. Wollen sich ... die Eigentümer oder Gesellschafter eines Unternehmens, sofern sie nicht gleichzeitig die Leitung haben, ihrerseits davon überzeugen, daß die Leitung des Unternehmens richtig gearbeitet hat, so werden sie sich dafür in der Regel eines Wirtschaftsprüfers oder einer Wirtschaftsprüfungsgesellschaft bedienen, weil die Revisionsabteilung von der Leitung abhängig ist und deshalb nicht als unparteiisch gelten kann."

Diese für das Gebiet der freiwilligen Prüfungen getroffene Feststellung läßt sich auf das gesamte Gebiet der Pflichtprüfungen übertragen: Die Gesetzgeber gingen – wie gezeigt[151] – bei der Einführung von Pflichtprüfungen davon aus, daß die Öffentlichkeit in den die Prüfungspflicht auslösenden Fällen ein Interesse daran hat, durch externe Prüfer ein von der Leitung der prüfungspflichtigen Unternehmen unbeeinflußtes Urteil über die Qualität der Rechnungslegung, der Geschäftsführung usw. und damit indirekt auch über die Leitungsorgane des zu prüfenden Unternehmens zu erhalten. Die Gesetzgeber haben deshalb auf die Einhaltung des Unabhängigkeitspostulates bei der Durchführung der Pflichtprüfungen stets besonderen Wert gelegt. **Der externe, mit Pflichtprüfungsaufgaben betraute Prüfer kann und darf somit seine Prüfungsaufgaben nicht auf unternehmensangehörige** und damit von der zu überwachenden Unternehmensleitung beeinflußbare **Prüfer delegieren.**

Dieser Gedanke wird auch von den betroffenen Berufsorganisationen vertreten. In der **gemeinsamen Erläuterung der Grundsätze für die Zusammenarbeit der Wirtschaftsprüfer mit der Internen Revision** durch das Institut der Wirtschaftsprüfer und durch das Institut für Interne Revision heißt es:[152]

---

149 Vgl. Böhmer/Hengst/Hofmann/Müller/Puchta, Revision 1981, S. 25
150 Arbeitskreis Krähe der Schmalenbach-Gesellschaft, Unternehmensorganisation 1963, S. 125 f.
151 Vgl. oben, Kap. II B 1a)
152 IdW, Erläuterung 1966, S. 122

„Der Abschußprüfer hat bei der Pflichtprüfung die alleinige Verantwortung für die ihm durch Gesetz übertragenen Aufgaben. Eine Teilung der Verantwortung und somit eine Arbeitsteilung der Prüfungsaufgaben mit Personen, die nicht Abschlußprüfer oder Prüfungsgehilfen sind, ist daher bei Pflichtprüfungen nicht zulässig. Eine Eingliederung von Personal der Internen Revision als Instrument der Unternehmungsführung in die Prüfergruppe des Abschlußprüfers ist zur Gewährleistung klarer Verantwortungsbereiche nicht möglich."

Bereits in einem älteren Fachgutachten des Instituts der Wirtschaftsprüfer[153] wird nicht verkannt, daß eine gut funktionierende Interne Revision die Urteilsbildung des externen Prüfers wesentlich erleichtern kann:

„Indessen kann das Vorhandensein einer abhängigen Prüfungseinrichtung zu einer Abkürzung der Prüfung beitragen. Denn der Umfang und die Art der Prüfungen des Wirtschaftsprüfers werden von der Klarheit und Übersichtlichkeit der bei dem Unternehmen vorhandenen Organisation, insbesondere des Buchhaltungssystems und seiner ordnungsmäßigen Handhabung, beeinflußt. Der Wirtschaftsprüfer kann in diesen Fällen insbesondere formale Prüfungen einschränken, wenn ihm die Prüfung des Buchhaltungssystems und seine Handhabung die Überzeugung verschafft hat, daß Zweckmäßigkeit und zwangsläufige Kontrollen obwalten. Bei Beurteilung des Systems der Buchhaltung ist auch das Vorhandensein und die Arbeitsweise einer abhängigen Prüfungseinrichtung zu werten. Darüber hinaus kann seine Arbeit durch die Heranziehung einer solchen Prüfungseinrichtung zur Vorbereitung des Materials für seine Prüfung beschleunigt werden. In welchem Ausmaß diese Heranziehung erfolgt und inwiefern zuverlässige Kontrollen durch abhängige Prüfungseinrichtungen ihm eine gewisse Beschränkung bei den formalen Prüfungen gestatten, unterliegt der verantwortlichen Beurteilung des einzelnen Falles durch den Wirtschaftsprüfer."

Eine ähnliche Auffassung wird in dem Fachgutachten 1/1977 des Instituts der Wirtschaftsprüfer „Grundsätze ordnungsmäßiger Durchführung von Abschlußprüfungen"[154] vertreten. Danach ergibt sich, daß externe (Pflicht-)prüfung und interne Prüfung zueinander wohl in ein **Ergänzungsverhältnis**, nicht aber in ein **Verhältnis der Arbeitsteilung** treten können.[155]

a22) *Prüfungsfremde Aufgaben*

In der Praxis werden der Internen Revision neben Prüfungsaufgaben häufig auch prüfungsfremde Aufgaben zugeordnet. Diese prüfungsfremden Aufgaben von Organen der Innenrevision bleiben auf die Qualität der Prüfungshandlungen ohne Einfluß, sofern es sich um Leitungs-, Planungs- und Ausführungsaufgaben beliebiger Art handelt, die in keinem Zusammenhang mit gleichzeitig oder zukünftig etwa durch die gleiche Revisionsstelle vorzunehmenden Prüfungen stehen. Dies gilt z.B. für Arbeiten auf dem Gebiet der Betriebsstatistik, für die Erstattung von Bewertungsgutachten über evtl. zu

---

153 IdW, FG 6/1934
154 Vgl. IdW, FG 1/1977, Abschn. C VI und VIII
155 Zur Frage der Zusammenarbeit zwischen interner Prüfung und externer Prüfung vgl. Niehus, Bemerkungen 1965, S. 29 ff.; Union Européenne des Experts Comptables Economiques et Financiers, Empfehlung 1978, S. 261 ff.; Neitemeier, Übernahme 1979; Spieth, Revision 1980, S. 253 f.; Böhmer/Hengst/Hofmann/Müller/ Puchta, Revision 1981, S. 19 ff.; Klein, Ergebnisse 1983, Sp. 317

erwerbende Unternehmen sowie für die Schulung von Nachwuchskräften usw.

Die Übernahme prüfungsfremder Aufgaben kann aber auf die Qualität der Prüfungsdurchführung zurückwirken, sofern durch diese prüfungsfremden Aufgaben das **Unabhängigkeitspostulat der Internen Revision** berührt wird. Dies kann vor allem dann der Fall sein, wenn eine Revisionseinheit Ausführungs-(Realisations-)Aufgaben wahrnimmt, deren Überwachung ihr gleichzeitig oder später übertragen wird. Die Interne Revision kommt dann notwendigerweise in die Verlegenheit, kritisch zu denjenigen Entscheidungen, Anordnungen und Planungen Stellung zu nehmen, die sie selbst vorbereitet oder vorgenommen hat.

Im Schrifttum werden diese Bedenken ebenfalls geltend gemacht. Man ist jedoch teilweise bereit, sie zugunsten rein praktischer Erwägungen zurückzustellen, soweit es sich um Beratungs- und Realisationsaufgaben speziell auf dem Gebiete des Organisationswesens handelt. Die Argumente sind die folgenden:

Der Prüfer solle nicht nur Kritiker sein, sondern man erwartet von ihm, daß er, wenn sich anläßlich einer Prüfung Mängel vor allem organisatorischer Art ergeben, versucht, Wege und Möglichkeiten zur Behebung dieser Mängel aufzuzeigen und in dem Prüfungsbericht niederzulegen.

Auch außerhalb der eigentlichen Prüfungstätigkeit sei der Prüfer für Beratungen auf betriebswirtschaftlichem und organisatorischem Gebiet besonders qualifiziert, da er aufgrund seiner Vorbildung und aufgrund seiner Erfahrungen durch Prüfungen über ausgezeichnete Sachkenntnisse verfüge.

Würde man die Überwachungsaufgaben in jedem Fall auch organisatorisch von den Realisations- und Beratungsaufgaben trennen, so wäre das Unternehmen gezwungen, Beratungs- und Prüfungsstellen mit hochqualifizierten Mitarbeitern „doppelt" zu besetzen; seien Beratungs- und Prüfungsaufgaben in einer Stelle oder doch in einer Abteilung zusammengefaßt, so vermeide man unnötig lange Informationswege, was letztlich der Qualität der Beratungsergebnisse zugute komme.

Da überdies die „betriebswirtschaftlichen Abteilungen" oder die „Organisationsabteilungen" meist den gleichen Instanzen unterstellt seien wie die Revisionsabteilungen, stehe einer engen Zusammenarbeit der einzelnen Abteilungen bzw. ihrer organisatorischen Zusammenfassung nichts im Wege.[156]

Diese Argumente mögen ausreichen, um die in der Praxis vorzufindende Vermischung von Realisations-, Beratungs- und Überwachungsaufgaben zu rechtfertigen. Die Aufgabenmischung bleibt aber bedenklich, wenn gleichzeitig die Forderung nach Prozeßunabhängigkeit der Internen Revision erhoben wird.

---

[156] Vgl. zum Problem der Aufgabenmischung: Brimberg, Aufbauorganisation 1962, S. 116 ff.; Blohm, Innenrevision 1957, S. 65 ff.; Petersen, Gedanken 1955, S. 391; Ballmann, Unternehmensprüfung 1962, S. 37 f.; Freiling, Erfahrungsbericht 1967, S. 65 ff.; Wörtmann, Strukturprobleme 1971, S. 177; Egner, Prüfungslehre 1980, S. 289 ff.; Zünd, Revisionslehre 1982, S. 513 ff.

Das Institut für Interne Revision hat durch eine empirische Untersuchung die in Abb. 4 wiedergegebenen zusätzlichen Arbeitsgebiete der Internen Revision ermittelt.[157]

Abb. 4: Zusätzliche Aufgaben der Internen Revision

Art der zusätzlichen Aufgaben der Internen Revision	häufig		selten	
	1973 %	1983 %	1973 %	1983 %
1. Unternehmensplanung	8	8	12	12
2. Statistik	10	7	23	16
3. Rationalisierung	30	24	43	36
4. Rentabilitäts- und Wirtschaftlichkeitsanalysen	30	24	46	37
5. Organisationsberatung				
a) Im Stammhaus und bei Beteiligungsgesellschaften	38	31	28	17
b) Bei fremden Unternehmen	1	–	7	6
6. Unternehmensbewertungen	6	5	27	11
7. Tätigkeit als Datenschutzbeauftragter	+	34	+	9
8. Sonstige zusätzliche Aufgaben	13	7	6	1
Zahl befragter Unternehmen (= 100%)	377	550	377	550

+ nicht erhoben

Aus der Abb. 4 geht hervor, daß in praxi die Aufgabenmischung im Bereich der Internen Revision eine nicht unerhebliche Rolle spielt. Es ist allerdings zu bemerken, daß im Vergleich zwischen den Erhebungen von 1983 und von 1973 der Umfang der zusätzlichen Aufgaben relativ abgenommen hat. Dies gilt insbesondere für die Aufgaben im Bereich der Statistik, für Rationalisierungsaufgaben, für Rentabilitäts- und Wirtschaftlichkeitsanalysen und für die Tätigkeit im Rahmen von Unternehmensbewertungen.

b) Die Eingliederung der Internen Revision in die Unternehmensorganisation

b1) Disziplinarische und funktionelle Unterstellung der Internen Revision

Da die Interne Revision selbst keine Anweisungs-(Leitungs-)Aufgaben gegenüber anderen Stellen des Unternehmens wahrzunehmen hat, wird sie in aller Regel einer bestehenden Instanz als sog. **Stabsstelle** (Stabsabteilung) zugeordnet. Als „Stab" wird in der Organisationsliteratur eine Stelle oder Stellengesamtheit bezeichnet, die einer Instanz als Hilfsstelle zugeordnet ist.[158] Stäbe können den Instanzen eines Unternehmens auf allen Rangstufen zugeordnet

---

[157] Nach: Deutsches Institut für Interne Revision e.V., Revision 1983, S. 42 f.
[158] Vgl. z. B. Kosiol, Organisation 1962, S. 136 ff.

werden, also sowohl der obersten Unternehmensleitung als auch sämtlichen nachgeordneten Instanzen innerhalb der Unternehmenshierarchie. Auf eine rechtliche Sondergestaltung des Verhältnisses der Internen Revision zum Unternehmen sei hier hingewiesen: Die Innenrevision erhält den Status einer rechtlich selbständigen Prüfungsgesellschaft, auf die das Unternehmen (der Konzern) lediglich im Wege normaler Konzernbeziehungen Einfluß nimmt.[159]

Um den potentiellen Prüfungsbereich der Internen Revision nicht von vornherein einzuschränken, empfiehlt es sich, die Interne Revision als Stabsstelle **möglichst der Spitze der Unternehmenshierarchie zuzuordnen.**[160] Der Verwirklichung dieses Postulats stehen allerdings mitunter organisatorische Schwierigkeiten entgegen, die meist durch die Struktur der obersten Leitungsorgane bei Gesellschaften des Handelsrechts bedingt sind.

In Deutschland haben sich bisher **einheitliche Lösungen des Unterstellungsproblems nicht durchsetzen können.** Das ergibt sich aus den Ergebnissen der empirischen Untersuchungen, die das Institut für Interne Revision für die Jahre 1973 und 1983 durchgeführt hat.[161] Die Ergebnisse dieser Untersuchungen sind in Abb. 5 zusammengefaßt.

Abb. 5: Disziplinarische und funktionelle Unterstellung der Internen Revision

Unterstellung der Internen Revision	disziplinarisch		funktionell	
	1973 %	1983 %	1973 %	1983 %
1. Unter den Vorsitzenden (Sprecher) des Vorstandes (der Geschäftsleitung)	27	35	23	30
2. Unter den Gesamtvorstand (Gesamtgeschäftsleitung)	13	19	24	31
3. Unter ein Mitglied des Vorstandes (der Geschäftsleitung)	43	35	36	29
4. Unter den Leiter des Finanz- und Rechnungswesens (nicht Vorstand)	7	3	8	3
5. Unter sonstige Instanzen	10	8	9	7
Zusammen v. H.	100	100	100	100
Zahl der befragten Unternehmen (= 100%)	377	550	377	550

Die **Unterstellung der Internen Revision direkt unter eine direktoriale Spitzeninstanz** (Sprecher des Vorstands oder der Geschäftsleitung) bietet zwar keine organisatorischen Probleme, stellt aber eine Ausnahme dar, weil die obersten Instanzen großer Unternehmen regelmäßig Kollegialinstanzen sind

---

[159] Vgl. Zünd, Konzernrevision 1983, Sp. 798; Hofmann, Revision 1972, S. 39
[160] So auch: Böhmer/Hengst/Hofmann/Müller/Puchta, Revision 1981, S. 27f.
[161] Vgl. Deutsches Institut für Interne Revision e.V., Revision 1983, S. 19

(vgl. z.B. §§ 76 f. AktG). Gegen die Unterstellung unter eine direktoriale Gesamtleitung spricht lediglich die mutmaßliche Arbeitshäufung bei dieser Instanz mit der Folge, daß die Möglichkeiten des Instruments der Internen Revision u.U. nicht vollständig genutzt werden. Bei Revisionsstäben mittlerer und unterer Instanzen ist die direkte Unterstellung unter eine Direktorialinstanz dagegen zweckmäßig und dementsprechend auch häufig.

Die **Unterstellung der Innenrevision unter eine Kollegial-Instanz** (z.B. Gesamtvorstand) ist nach der Erhebung des Instituts für Interne Revision in der Praxis in funktioneller Hinsicht in einem Drittel der befragten Unternehmen verwirklicht. Allerdings ist eine solche Unterstellung unter die kollegiale Gesamtleitung nicht unproblematisch. Brimberg[162] stellt dazu fest, daß ein kollegiales Organ nur wenig geeignet erscheine, als Ganzes im gemeinsamen Zusammenwirken kontinuierlich auftretende Leitungsaufgaben ständig zu erfüllen. Das Mitglied einer kollegialen Instanz werde oft wenig geneigt sein, seine Arbeitskraft voll für die Durchführung seiner Leitungsaufgaben in bezug auf die Revisionseinheit einzusetzen, sondern sich darin zu sehr auf die anderen Kollegen verlassen. Der Erfolg sei dann, daß sich effektiv keiner ausreichend darum kümmere.

Es finden sich deshalb in der Praxis verschiedene Kompromißlösungen:

Ist ein **Sprecher des Vorstands oder der Geschäftsführung** als „Primus inter pares" vorhanden, so empfiehlt es sich, die Innenrevision ihm direkt zu unterstellen. Es handelt sich auch dabei um eine Unterstellung unter die Gesamtleitung, wenn und soweit sämtliche übrigen Vorstandsmitglieder bzw. Geschäftsführer sich als Kollegium unmittelbar an die Innenrevision wenden können. Dem Sprecher des Vorstands fallen bei dieser Lösung vor allem Koordinierungs- und Ausgleichsaufgaben zu. Es ist dabei durchaus möglich, daß die funktionelle Unterstellung von der disziplinarischen Unterstellung abweicht (vgl. Abb. 5).

Die Erhebung des Instituts für Interne Revision zeigt, daß nicht die Unterstellung der Internen Revision unter die Gesamtleitung und nicht die Unterstellung unter den Vorsitzenden der Gesamtleitung, sondern auch die **Unterstellung unter eine oder mehrere Ressortleitungen** zu den häufigsten Lösungen des Eingliederungsproblems gehört (vgl. Abb. 5, Zeile 3). Als Nachteil der Unterstellung unter einzelne Ressortleitungen ist vor allem die zu erwartende Einschränkung des potentiellen Prüfungsbereiches der Internen Revision zu nennen. Dieser Nachteil kann indes durch besondere organisatorische Gestaltungen ausgeglichen werden: Zu nennen sind die Bildung informaler Gremien durch die einzelnen Ressortleiter sowie die Mehrlinienunterstellung der Internen Revision unter mehrere Ressortleiter.

Neben der Unterstellung der Innenrevision unter die Gesamtleitung und neben der Unterstellung unter einzelne Ressortleitungen nennt Brimberg[163] als weiteren Haupttyp die **Unterstellung der Internen Revision unter einzelne Ressortleitungen mit Einschaltung von Zwischeninstanzen.** Es ist zu vermu-

---

[162] Vgl. Brimberg, Aufbauorganisation 1962, S. 51
[163] Vgl. Brimberg, Aufbauorganisation 1962, S. 67 ff.

ten, daß bei dieser Eingliederungsform der potentielle Prüfungsbereich der
Innenrevision im Vergleich zu den vorher beschriebenen Eingliederungsfor-
men weiter eingeschränkt wird.

Als allgemeine Begründung für die Eingliederung auf einer relativ niedrigen
Ebene der Unternehmenshierarchie führt Brimberg das Maß an Bedeutung
an, welches der Revisionsabteilung von den Mitgliedern der jeweiligen Leitungsspitze beigelegt wird. „Nur wenn die Revisionsaufgabe ihr Interesse
nicht in ausreichendem Maße beansprucht, sind sie bereit, das direkte An-
ordnungsrecht über die Revisionseinheit an eine Zwischeninstanz zu delegieren."[163a] Brimberg weist ferner darauf hin, daß die rangmäßige Schlechter-
stellung ihrerseits gewisse Rückwirkungen auf die Qualität der Revisionslei-
stungen habe, was dann wiederum eine plausible Erklärung und Begründung
für die niedrige rangmäßige Einordnung der Innenrevision abgäbe. Dabei sei
es oft schwierig, Ursache und Wirkung voneinander zu trennen.

Abb. 5 zeigt, daß bei den befragten Unternehmen im Jahre 1983 die Unter-
stellung zu gleichen Teilen entweder unter den Vorsitzenden der Geschäfts-
leitung, unter die gesamte Geschäftsleitung oder unter nur ein Mitglied der
Geschäftsleitung erfolgt. Die Unterstellung unter Instanzen auf niedrigerer
Ebene weist im Vergleich zur Erhebung aus dem Jahre 1973 eine rückläufige
Tendenz auf. Es zeigt sich ferner, daß die disziplinarische Unterstellung bei
der Mehrzahl der befragten Unternehmen entweder unter den Sprecher der
Geschäftsleitung oder unter ein Mitglied des Vorstands erfolgt; die
Mehrfachunterstellung unter den Gesamtvorstand (Gesamtgeschäftsleitung)
findet vergleichsweise selten statt. Insgesamt läßt sich aus Abb. 5 die **Ten-
denz zur zunehmenden Zentralisierung der Innenrevision** erkennen.

*b2) Verkehrswege zwischen der Internen Revision und den übrigen Stellen
des Unternehmens*

Sämtliche Verkehrswege zwischen der Internen Revision und den übrigen
Stellen des Unternehmens sollten den Leitungsbeziehungen innerhalb des
Unternehmens angepaßt sein. Auf diese Weise soll die Entstehung informaler
Abhängigkeiten zwischen Interner Revision und anderen Stellen vermieden
werden.[164]

b21) Prüfungsaufträge und Prüfungsanregungen

**Prüfungsaufträge sollte nur diejenige Instanz erteilen, die der Internen Revi-
sion funktionell vorgesetzt ist.** Diese Instanz wird Prüfungsaufträge nur für
Prüfungen innerhalb ihres eigenen Leitungsbereiches und innerhalb des Leitungsbereiches der ihr nachgeordneten Instanzen vergeben. Das bedeutet
aber nicht, daß die Interne Revision jede einzelne Prüfung nur kraft besonderen Auftrages durchführen könnte; periodische Prüfungen und Routineprü-
fungen können vielmehr auch durch einen **generellen Prüfungsplan** festgelegt

---

[163a] Brimberg, Aufbauorganisation 1962, S. 67
[164] Vgl. Petersen, Gedanken 1955, S. 389

werden. Dieser Plan muß jedoch in Zusammenarbeit mit dem zuständigen Leitungsorgan festgelegt werden bzw. zumindest seiner Genehmigung unterliegen. Von den Prüfungsaufträgen sind die **Prüfungsanregungen** zu trennen. Die Prüfungsanregungen brauchen nicht von den Leitungsorganen auszugehen; sie können ebenso von der Internen Revision oder von den zu prüfenden Stellen des Unternehmens kommen. Es sollten aber, um informale Einflüsse zu verhindern, nur diejenigen Anregungen der zu prüfenden Stellen Berücksichtigung finden, die unmittelbar den Geschäftsbereich der anregenden Stelle betreffen. – Stets bedarf es aber der Anordnung des für die Interne Revision funktionell verantwortlichen Leitungsorgans, ehe aufgrund der Anregung eine Prüfung durchgeführt werden kann.

b22) Prüfungsberichte

Prüfungsberichte sollten in erster Linie der der Internen Revision unmittelbar vorgesetzten Leitungsinstanz zugänglich gemacht werden. Sie dienen der Leitungsinstanz als Nachweis für die Erfüllung der ihr obliegenden Überwachungspflicht und als objektives, sachverständiges Gutachten, das Grundlage entsprechender Entscheidungen sein kann.[165] Für die Interne Revision selbst sind sie ein Nachweis darüber, wie die Prüfungsaufgaben im einzelnen erfüllt worden sind. Nur die der Internen Revision unmittelbar vorgesetzte Instanz sollte darüber zu entscheiden haben, ob Prüfungsberichte den Leitern der geprüften Abteilungen oder dritten Stellen zugänglich gemacht und ob Prüfungsergebnisse in Konferenzen mit den geprüften Stellen erörtert werden (z. B. in Schlußbesprechungen). Anderenfalls besteht die Gefahr, daß die Interne Revision informell in die Einflußsphäre anderer Berichtsempfänger gerät.

b23) Information der Internen Revision

Die Interne Revision ist auf vollständige und laufende Informationen über die Vorgänge, Anordnungen usw. innerhalb ihres Prüfungsbereichs angewiesen. Sie bedarf zur Durchführung ihrer Aufgaben eines möglichst lückenlosen **aktiven Informationsrechts**.[166]

Dieses aktive Informationsrecht der Internen Revision gegenüber den zu prüfenden Stellen wird in der Regel nicht ausreichen. „Um objektiv arbeiten zu können, darf der Prüfer seine Informationen nicht einseitig von den betreffenden Dienststellen selbst beziehen, da schon in dem, was diese sagen und was sie verschweigen, eine Beeinflussung liegen kann. Es ist auch möglich,

---

165 Vgl. Böhmer/Hengst/Hofmann/Müller/Puchta, Revision 1981, S. 110 ff.

166 Zu der Forderung eines lückenlosen Informationsrechtes der Internen Revision innerhalb ihres potentiellen Prüfungsbereiches vgl. Deutsches Institut für Interne Revision e.V., Aufgaben 1959, S. 38; Blohm, Innenrevision 1957, S. 45 f.; Ballmann, Unternehmensprüfung 1962, S. 23 f.; Böhmer/Hengst/Hofmann/Müller/ Puchta, Revision 1981, S. 34 ff.

daß die Dienststellen selbst über sie betreffende Vorgänge nicht hinreichend orientiert sind."[167]

Das aktive Informationsrecht muß deshalb durch ein zur Vermeidung einer „Überinformation" wohldosiertes **passives Informationsrecht** der Internen Revision gegenüber ihren vorgesetzten Instanzen ergänzt werden. Man kann mit Ballmann[168] davon ausgehen, daß das der Internen Revision vorgesetzte Leitungsorgan laufend über alle Vorgänge innerhalb seines Leitungsbereiches informiert wird. Dieser Instanz wird selbst daran gelegen sein, im Interesse der Funktionsfähigkeit ihres Revisionsstabs die ihn betreffenden Informationen auch an ihn weiterzuleiten. Das Zugeständnis eines umfassenden passiven Informationsrechts stößt sicher nur dann auf Schwierigkeiten, wenn der Prüfungsbereich eines Revisionsstabs über den Leitungsbereich der ihm unmittelbar vorgesetzten Instanz hinausreicht.

Ergänzende Informationsmöglichkeiten, wie z.B. Übertragung von (prüfungsfremden) Nebenaufgaben auf die Revisionsstäbe (z.B. statistische Arbeiten), Austausch von Prüfungserfahrungen zwischen den einzelnen Prüfern und Personalaustausch mit anderen Abteilungen, können geeignet sein, die Informationsmöglichkeiten der Internen Revision zu verbessern.

b3) Zentralisation und Dezentralisation der Internen Revision bei tiefgegliederten Unternehmen und Konzernen (Konzernrevision)

Die Aufgaben der Internen Revision können von einem einzigen Revisionsstab innerhalb des Unternehmens vorgenommen (zentralisierte Innenrevision), aber auch, insbesondere in Großunternehmen und Konzernen, auf mehrere Revisionsstäbe verteilt werden (dezentralisierte Innenrevision).

Eine horizontale Dezentralisation ist zwar denkbar, allerdings im Bereich der obersten Leitungsebene selten. Wo **horizontal dezentralisierte Revisionsstäbe** vorhanden sind, ist ihre Existenz entweder auf die geographisch-räumliche Verteilung von Prüfungsobjekten oder aber auf die relativ starke Selbständigkeit einzelner Ressorts der im übrigen kollegialen obersten Unternehmensleitung zurückzuführen. Im letzten Fall handelt es sich um eine unbefriedigende Lösung des bereits behandelten Problems der Unterstellung von Revisionsstäben unter kollegiale Leitungsinstanzen. Bei einer solchen Konstruktion wird die Abstimmung zwischen den einzelnen Prüfungsarbeiten erschwert und zudem ein Beschäftigungsausgleich verschiedener Revisionsabteilungen sicherlich verhindert.

Im Gegensatz dazu findet sich die **vertikale Dezentralisation interner Revisionsabteilungen** häufig in tiefgegliederten Unternehmen und Konzernen: Außer der Zentralrevision finden sich bei den Leitungsorganen der Gliedbetriebe sog. **Gliedrevisionen** und ggf. bei den einzelnen Werken sog. **Werksrevisionen.**

---

[167] Blohm, Innenrevision 1957, S. 46
[168] Vgl. Ballmann, Unternehmensprüfung 1962, S. 21 f.

Die Gründe dafür sind verschiedener Art: Räumliche Dezentralisation des Unternehmens, das Bestreben, die Zentralverwaltung relativ klein zu halten, das Bedürfnis der Gliedbetriebs- bzw. Werksleitungen, den Überwachungspflichten innerhalb ihres Verantwortungsbereiches selbständig nachkommen zu können, bessere Detailinformationen der Gliedbetriebs- oder der Werksrevision, Ersparnis von Reisekosten usw. Es sind aber auch unternehmenshistorische Gründe für eine Dezentralisation des internen Revisionswesens denkbar. Breng stellt z.b. fest, daß mitunter neu in den Konzern aufgenommene, ursprünglich selbständige Unternehmen ihre eigenen internen Prüfungsstäbe mitbringen, die als Gliedrevisionen zunächst noch beibehalten werden.[169]

Die **Aufgabenverteilung zwischen den verschiedenen Revisionsstäben** folgt grundsätzlich der Kompetenzabgrenzung zwischen den Instanzen, denen die verschiedenen Stäbe zugeordnet sind. Aus der bereichsmäßigen Aufgabenverteilung ergibt sich dann zumeist auch die sachliche Aufgabenverteilung.

Ohne auf Einzelheiten der Aufgabenverteilung einzugehen, sei hier auf ein Koordinierungsproblem hingewiesen, das sich bei vertikaler Dezentralisation des internen Revisionswesens ergeben kann: Die der Leitungsspitze des Gesamtunternehmens zugeordnete sog. **Zentralrevision als „Führungsstelle"** hat neben der Wahrnehmung von eigenen Prüfungsaufgaben auch die Koordination der rangniederen Revisionsstäbe zu übernehmen.[170] In diesem Falle lassen sich unbeabsichtigte Mehrlinienbeziehungen kaum vermeiden, da die rangniederen Stabsabteilungen nicht nur ihren unmittelbaren Vorgesetzten unterstellt sind, sondern auch fachliche Anweisungen von der übergeordneten, aber nicht unmittelbar vorgesetzten Stabsabteilung erhalten.[171]

4. Aufbau- und Ablauforganisation der Prüfungsorgane

Interne und externe Prüfungsorgane unterscheiden sich hinsichtlich ihrer Aufgabenbereiche, hinsichtlich ihrer rechtlichen Gestaltung und hinsichtlich der Struktur ihrer obersten Leitungsorgane. Sie weisen dagegen in ihrer organisatorischen Gestaltung weitgehende Übereinstimmungen auf. Diese Übereinstimmungen sind bedingt durch die Eigenart der Prüfungsaufgaben; sie sind bei Organen der Internen Revision ebenso vorzufinden wie bei Verbandsprüfungsstellen, bei Sozietäten freiberuflicher Prüfer und bei Prüfungsgesellschaften.

Die Grundsätze der **Eigenverantwortlichkeit** und der **Verschwiegenheit** erfordern im Vergleich zu anderen Unternehmen besondere organisatorische Berücksichtigung. Für die Organe der externen Prüfung ist die Einhaltung dieser Grundsätze durch das Berufsrecht zwingend vorgeschrieben; für die übri-

---

[169] Vgl. Breng, Revision 1955, S. 356
[170] Vgl. Breng, Revision 1955, S. 354 f.
[171] Zur Organisation der Konzernrevision vgl. Zünd, Konzernrevision 1983, Sp. 792 ff. und das dort angegebene Schrifttum

gen Prüfungsorgane entspricht die Beobachtung dieser Grundsätze Zweck-
mäßigkeitserwägungen.

Abgesehen davon wird die interne Organisation eines Prüfungsorgans weitgehend durch die Größe dieses Organs (Zahl der Mitarbeiter) bestimmt. Die
Breite der Stellengliederung innerhalb eines Prüfungsorgans hängt von der
Zahl der eigenverantwortlich innerhalb des Prüfungsorgans tätigen Prüfer
und ihrer Prüfungsgehilfen ab. Die Größe des Prüfungsorgans bestimmt
auch, inwieweit neben den mit den Prüfungsaufgaben direkt befaßten Stellen
(**Außendienststellen**) durch Verselbständigung von Verwaltungs-, Planungs-
und Kontrollaufgaben besondere sog. **Innendienststellen** gebildet werden
können oder müssen.[172]

a) Prüfungsstellen (Außendienststellen)

Die Richtlinien für die Berufsausübung der Wirtschaftsprüfer sehen zur
Wahrung des Grundsatzes der Eigenverantwortlichkeit vor, daß die Zahl der
in allen Niederlassungen ständig tätigen Prüfer fünf für jeden in eigener
Praxis, in einer Sozietät oder in einer Wirtschaftsprüfungsgesellschaft tätigen
Wirtschaftsprüfer nicht überschreiten darf.[173] Die Begründung für diese **1 : 5
Regel** liegt in der Erwägung, daß der eigenverantwortliche Prüfer sich von
der Tätigkeit seiner Mitarbeiter ein ausreichendes Bild machen können muß,
damit diese Tätigkeit ihm nicht nur formal, sondern als mit seinem Wissen
und mit seiner Billigung ausgeführt wie seine eigene Tätigkeit zugerechnet
werden kann.

Bei **Einzelpraxen, in denen nur ein qualifizierter Prüfer tätig ist,** wird die
Gliederung der Prüfungsstellen durch den Grundsatz der Eigenverantwortlichkeit relativ eindeutig vorgegeben: Der qualfzierte Prüfer ist zugleich Leitungsinstanz; ihm kann nur eine begrenzte Anzahl von Prüfungsgehilfen unmittelbar oder mittelbar unterstellt werden. Zur Bildung von Zwischeninstanzen wird in diesen Fällen keine Veranlassung bestehen. Der Praxisinhaber wird sich, da er in den meisten Fällen an der Durchführung der Prüfungsaufgaben selbst beteiligt ist, die erforderliche Übersicht über die Prüfungshandlungen seiner Mitarbeiter direkt verschaffen können. Die gleichen Erwägungen gelten für alle kleineren Prüfungsorgane, also auch für kleinere
Prüfungsabteilungen der Internen Revision. Auch hier besteht meist wohl
keine Veranlassung zur Ausbildung komplizierterer aufbauorganisatorischer
Gestaltungen.

Trotz der Begrenzung der Zahl der einem einzelnen qualifizierten Prüfer
unterstellten Prüfungsgehilfen durch die 1 : 5 Regel kann die Kapazität des

---

172 Über die interne Struktur der Prüfungsorgane liegen nur wenige Veröffentlichungen vor. Zu nennen sind u.a. Forster, Revisionsbetriebe 1976, Sp. 3435 ff.; Knapp,
Organisation 1977; Großmann, Aufbau 1959, S. 258 ff.; Loitlsberger, Treuhandwesen 1966, S. 47 ff.; Ludewig, Auftragsbearbeitung 1966; v.Wysocki/Brand,
Wirtschaftsprüfung 1982, S. 231 ff.; Hoffmann, Revision 1983, Sp. 668; Sieben/
Ossadnik/Russ, Organsation 1983, Sp. 1011
173 Zum Grundsatz der Eigenverantwortlichkeit vgl. oben, III B 2 c23)

Prüfungsorgans kurzfristig durch Übertragung von Aufgaben an sog. **freie Mitarbeiter** erhöht werden. Berufsrechtlich stehen formal einer solchen Kapazitätserweiterung keine Bedenken entgegen, da die Richtlinien für die Berufsausübung lediglich die Zahl der ständig tätigen Prüfer begrenzen.

Vom organisatorischen Standpunkt ist indes nicht ganz einzusehen, warum zwischen den ständig tätigen Mitarbeitern und den freien Mitarbeitern ein Unterschied gemacht wird, da die freien Mitarbeiter mindestens ebenso der eigenverantwortlichen Leitung durch das Prüfungsorgan bedürfen wie die ständig tätigen Prüfer. Offensichtlich strebt das Berufsrecht aber eine starre Begrenzung der Mitarbeiterzahl nicht an. Die in den Berufsrichtlinien genannten Ausnahmen bestätigen dies. Es geht lediglich darum, eine nachprüfbare Norm für die Einhaltung des Grundsatzes der Eigenverantwortlichkeit zu bestimmen, von der in begründeten Fällen abgewichen werden kann.

Eine **nachhaltige Erweiterung der Kapazität eines Prüfungsorgans** ist bei den dem Berufsrecht unterworfenen Prüfungsorganen nur durch Hinzuziehung weiterer berufsrechtlich qualifizierter Prüfer möglich: Es werden entweder weitere qualifizierte Prüfer angestellt oder die Einzelpraxis wird zur Sozietät bzw. zur Prüfungsgesellschaft erweitert. Unter Einhaltung der 1 : 5 Regel kann dann die Zahl der im Prüfungsbereich des Prüfungsorgans mitarbeitenden Prüfungsgehilfen nach Maßgabe der Zahl der insgesamt in dem Prüfungsorgan tätigen qualifizierten Berufsangehörigen erhöht werden.[174]

Unkompliziert ist die **organisatorische Nebeneinanderschaltung der einzelnen qualifizierten berufsangehörigen Prüfer** und der ihnen unterstellten Prüfungsgehilfen in den Fällen, in denen die qualifizierten Prüfer als kollegiale Instanz zugleich die oberste Leitung des Prüfungsorgans innehaben. Diese Organisationsform wird sich aber nur dann bewähren, wenn innerhalb der kollegialen Leitung des Prüfungsorgans eine einheitliche Willensbildung möglich ist, d. h. wenn die Berufsqualifikation bei sämtlichen Mitgliedern des Kollegiums gegeben ist und wenn das Kollegium nicht zu groß wird. Andernfalls ist die **Bildung von Zwischeninstanzen** unumgänglich; ein Teil der in dem Prüfungsorgan zusammenarbeitenden qualifizierten Prüfer muß auf einer niedrigeren Stufe in die Leitungshierarchie des Prüfungsorgans eingegliedert werden.

Während bei den Prüfungsabteilungen der Internen Revision eine hierarchische Unterstellung auch der qualifizierten Prüfer unter eine einheitliche Oberleitung des Prüfungsorgans nicht auf berufsrechtliche Schwierigkeiten stößt, steht bei den dem Berufsrecht unterworfenen Prüfungsgesellschaften der Grundsatz der Eigenverantwortlichkeit einer **vollständigen hierarchischen Einordnung der auch persönlich dem Berufsrecht unterworfenen Berufsangehörigen** entgegen.

Auf die Tatsache, daß ein Wirtschaftsprüfer einerseits in die Leitungshierarchie eines Prüfungsorgans eingeordnet sein kann, andererseits aber an Weisungen, die sich auf die Beurteilung von Sachverhalten beziehen, nicht gebunden sein darf, wurde bereits hingewiesen.[175]

---

[174] Zur Saisonabhängigkeit von Wirtschaftsprüfungsunternehmen vgl. Russ/Schmitz, Saisonabhängigkeit 1982, S. 149 ff.
[175] Vgl. Abschn. III B 2 c 23)

Es ist in diesem Zusammenhang auch darauf hinzuweisen, daß bei Vorliegen einer tiefgegliederten Leitungsorganisation die 1 : 5 Regel zu einem rein formalen Prinzip werden kann: Dies ist z.b. der Fall, wenn die Regel zwar bezogen auf das gesamte Prüfungsorgan eingehalten wird, ein Teil der Berufsangehörigen aber nicht unmittelbar mit Prüfungsaufgaben, sondern mit Leitungs- und Verwaltungsaufgaben befaßt ist. Es muß dann auf den Rest der innerhalb des Prüfungsorgans tätigen Berufsangehörigen eine entsprechend größere Anzahl von Prüfungsgehilfen entfallen.

Die **Zuordnung der Prüfungsassistenten zu den verschiedenen Prüfungsaufträgen** eines Prüfungsorgans kann unter verschiedenen Gesichtspunkten erfolgen:[176]

Bei dem sog. **Referentenprinzip** werden den einzelnen Prüfungsgehilfen jeweils alle mit einem Prüfungsauftrag zusammenhängenden Prüfungshandlungen zur selbständigen Erledigung übertragen.

Die Referenten unterliegen dabei lediglich der Aufsicht eines Prüfungsleiters, dem sie damit sowohl disziplinarisch als auch funktionell unterstellt sind. Der Nachteil dieser Regelung liegt nicht nur darin, daß die Prüfungsleiter gezwungen sind, die Aufsicht über die Durchführung mehrerer Prüfungsaufträge gleichzeitig durchzuführen, sondern auch darin, daß bei der Durchführung der einzelnen Aufträge auf eine Arbeitsteilung verzichtet wird. Die Anwendung dieses Prinzips empfiehlt sich deshalb nur dann, wenn dem Prüfungsorgan als Prüfungsgehilfen Allround-Prüfer zur Verfügung stehen und wenn die Einzelaufträge in angemessener Zeit von einem einzelnen Prüfer erledigt werden können. Andererseits bietet das Referentenprinzip die idealen Voraussetzungen zur Einhaltung des Verschwiegenheitsgrundsatzes innerhalb des Prüfungsorgans: Der Kreis derjenigen Personen, die Kenntnis über die Interna des zu prüfenden Unternehmens erhalten müssen, ist auf den jeweiligen Referenten und seinen unmittelbaren Vorgesetzten sowie ggf. auf das mit Verwaltungsarbeiten betraute Personal begrenzt.

Bei dem sog. **Teamprinzip** werden ständig zusammenbleibende Teams aus je einem Prüfungsleiter und mehreren Prüfungsgehilfen gebildet, die arbeitsteilig sämtliche bei der Erledigung eines dem Team zugewiesenen Prüfungsauftrages anfallenden Prüfungsverrichtungen gemeinsam vornehmen.

Je nach der Anzahl der bei einem Prüfungsorgan gebildeten Prüfungsteams können bei dieser Organisationsform mehrere Prüfungsaufträge gleichzeitig und unabhängig voneinander abgewickelt werden, wobei die verschiedenen Teams nach Prüfungsart (Abschlußprüfungen, Sonderprüfungen usw.) oder nach Prüfungsobjekten (z.B. Wirtschaftszweigen) spezialisiert sein können.

Das Teamprinzip hat gegenüber dem Referentenprinzip mehrere Vorzüge: Der Prüfungsleiter ist von Anfang bis Ende einer Prüfung nur mit einem Prüfungsauftrag befaßt; er ist deshalb weit eher als bei Anwendung des Referentenprinzips in der Lage, eigenverantwortlich ein Gesamturteil über das gesamte Prüfungsobjekt zu gewinnen. Ferner gestattet das Teamprinzip im Rahmen des Teams gewisse Spezialisierungen. Der Prüfungsleiter kennt aufgrund der längeren Zusammenarbeit die speziellen persönlichen und fachlichen Qualitäten seiner Mitarbeiter; er kann sie aufgrund dieser Kenntnis entsprechend ihren Fähigkeiten und entsprechend ihrer Eignung optimal auf die einzelnen Teilverrichtungen der Auftragsdurchführung verteilen.

Als Nachteil des Teamprinzips (wie auch des Referentenprinzips) wird in der Literatur auf die Gefahr der Fraternisierung zwischen Prüfern und den Mitarbeitern der Auftraggeber hingewiesen.[177]

---

[176] Vgl. dazu Loitlsberger, Treuhandwesen 1966, S. 50 f.
[177] Vgl. Loitlsberger, Treuhandwesen 1966, S. 51

Bei dem sog. **Spezialistenprinzip** sind die einzelnen Mitarbeiter des Prüfungsorgans von vornherein auf die Vornahme bestimmter Einzelverrichtungen
bei sämtlichen anfallenden Prüfungsaufträgen spezialisiert. Sie werden dann
entsprechend ihrer Spezialausbildung und entsprechend ihrer Spezialerfah-
rungen innerhalb verschiedener Prüfungsaufträge möglichst nur auf ihrem
Spezialgebiet eingesetzt. Allerdings dürfte dieses Prinzip kaum in reiner Form
verwirklicht werden. Loitlsberger weist darauf hin, daß bei Prüfungen, die
nach dem Spezialistenprinzip organisiert sind, der Prüfungsleiter selbst nicht
gewechselt wird, damit wenigstens ein Prüfer in die Lage versetzt wird, sich
ein Gesamturteil über das Prüfungsobjekt zu bilden; nur die Prüfungsgehilfen
werden jeweils nach Erfüllung ihrer Spezialaufgabe bei einem anderen Auftrag eingesetzt.

Die Vorzüge dieser Organisationsform liegen auf der Hand: Das Prüfungsorgan kann
sich die wirtschaftlichen Vorteile sehr weitgehender Arbeitsteilung zunutze machen;
die Gefahr einer Fraternisierung der Prüfungsgehilfen mit den Mitarbeitern des zu
prüfenden Unternehmens ist wegen des ständigen Wechsels der Prüfer fast ausgeschlossen. Die Tatsache, daß, mit Ausnahme des Prüfungsleiters, keiner der Spezialisten einen Gesamtüberblick über das Prüfungsergebnis gewinnen kann, mag schließlich im Hinblick auf den Verschwiegenheitsgrundsatz positiv zu beurteilen sein.

Andererseits führt die Spezialisierung der einzelnen Prüfer dazu, daß die Prüfer Einzelurteile innerhalb ihres Spezialgebiets nur isoliert von allen übrigen Einzelurteilen abzugeben in der Lage sind, d. h. ihre Feststellungen nicht im Hinblick auf das durch den
Prüfungsleiter bzw. das Prüfungsorgan abzugebende Gesamturteil treffen können.

Abgesehen davon zieht die Anwendung des Spezialistenprinzips einige Schwierigkeiten
bei der Leitungsorganisation des Prüfungsorgans nach sich. Die Spezialisten können
nicht – wie bei der Anwendung des Teamprinzips – einem einzelnen Prüfungsleiter
disziplinarisch und funktionell unterstellt werden. Wegen des ständigen Wechsels der
Spezialisten ist vielmehr eine Unterstellung unter eine den einzelnen Prüfungsleitern
vorgesetzte Instanz erforderlich. Diese Instanz hat dann auch die Prüfereinsatzplanung
zu koordinieren, d. h. die Anforderungen der einzelnen Prüfungsleiter auf Zuteilung
der Spezialisten zeitlich aufeinander abzustimmen. Abgesehen davon, daß dadurch der
Spielraum eigenverantwortlicher Entscheidungen der Prüfungsleiter eingeschränkt
wird, lassen sich bei Anwendung des Spezialistenprinzips Mehrfachunterstellungen
nicht vermeiden: Die Entscheidungen über den Prüfereinsatz in terminlicher und quantitativer Hinsicht werden den Prüfungsleitern entzogen werden müssen; nur die Einzelentscheidungen über die Art und Weise der Durchführung einzelner Prüfungshandlungen können nach Zuteilung der Spezialisten den Prüfungsleitern überlassen werden.
Die relativ starke Stellung, die die Spezialisten dadurch gegenüber den Prüfungsleitern
gewinnen, ist sicherlich geeignet, in vielen Fällen die Vorzüge der Spezialisierung zu
kompensieren.

b) Innendienststellen

b1) Planungs- und Überwachungsstellen

Die vorstehenden Überlegungen führten bereits zu dem Ergebnis, daß bestimmte **Planungsaufgaben** im Interesse einer einheitlichen und vor allem
wirtschaftlichen Leitung der Prüfungsorgane gegenüber den Realisationsaufgaben der Auftragsbearbeitung durch Bildung von Planungsstellen verselb-

ständigt werden können. Dies gilt insbesondere für die Prüfungsprogramm-
sowie Prüfungsterminplanung und bei Anwendung des Spezialistenprinzips
auch für die Besetzungsplanung. Ebenso sollten zur Überwachung der Be-
triebsgebarung insbesondere die Terminkontrolle und die sog. Berichtskritik
organisatorisch von den mit der Prüfungsdurchführung befaßten Stellen getrennt werden.

Nur bei sehr kleinen Prüfungsorganen, z.B. bei Einzelpraxen, werden die
genannten Überwachungs- und Planungsaufgaben neben der Gesamtleitung
durch den Praxisinhaber selbst vorgenommen werden müssen. Das gleiche
gilt für kleinere Stäbe der Internen Revision, bei denen die genannten Aufgaben in der Hand des Leiters der Innenrevision vereinigt werden können. Bei
größeren Prüfungsorganen empfiehlt sich dagegen die Bildung von besonderen Stabstellen, die der Leitung des Prüfungsorgans unmittelbar unterstellt
sind.

Inwieweit selbständige Terminüberwachungsstellen, die zumeist auch die
Aufgabe der Terminplanung übernehmen, einzurichten sind, ergibt sich aus
dem Gesamtumfang der durchzuführenden Prüfungen. Bei einer nicht vollständigen Auslastung der Terminplanungs- und Terminüberwachungsstellen
bietet sich die Möglichkeit an, diesen Stellen Nebenaufgaben aus dem Bereich der Verwaltung zusätzlich zu übertragen.

Die Berichtskritik kann in zwei Teilbereiche aufgespalten werden: Die materielle Berichtskritik betrifft den sachlichen Inhalt der Prüfungsberichte, während die formelle Berichtskritik die äußere Gestaltung der Berichte zu überwachen hat. Wegen der Bedeutung der materiellen Berichtskritik kann sie bis
auf die oberste Leitungsinstanz des Prüfungsorgans ausgegliedert werden.[178]

Die Übertragung der materiellen Berichtskritik auf besondere Berichtskritik-
stellen wird erst ab einer bestimmten Größe des Prüfungsorgans zweckmäßig
sein. Es ist dann üblich, diese Stellen als Stabstellen entweder der Gesamtleitung des Prüfungsorgans oder doch wenigstens einem Mitglied des Leitungs-
kollegiums zu unterstellen.

Die formelle Berichtskritik braucht, sofern dafür besondere Stellen gebildet
werden, nicht der obersten Leitung unmittelbar unterstellt zu werden; es
genügt, wenn sie einer Zwischeninstanz, etwa dem Innendienstleiter, zugeordnet wird.

b2) Verwaltungsstellen

Bei kleineren Prüfungsorganen können die meisten Verwaltungsaufgaben
von den Prüfungsleitern – mit Ausnahme der Schreibarbeiten – selbst wahrgenommen werden. Erst bei erheblich größerem Arbeitsanfall bilden Verwaltungsaufgaben die Basis für die Einrichtung verschiedenartiger Verwaltungs-
untereinheiten: Zu nennen sind zunächst die Schreibstellen und die Registra-
turstellen. Das Festhalten von Prüfungsergebnissen in Schriftform kann nur
innerhalb des Prüfungsorgans selbst geschehen. Aus Geheimhaltungsgründen

---

[178] Vgl. Gerstner, Organisation 1926, S. 70

verbietet sich eine Delegation auf Schreibbüros außerhalb des Prüfungsorgans.[179]

In aller Regel verfügen größere Prüfungsorgane auch über eine besondere **Berichtsregistratur**, durch die sämtliche Prüfungsunterlagen, die dazugehörige Korrespondenz, Rundschreiben usw. gesammelt und unter Beachtung des Verschwiegenheitsgrundsatzes für eine spätere Auswertung zur Verfügung gehalten werden.

Weitere Verwaltungsstellen wie **Rechnungswesenstellen, Finanzstellen, Personalstellen** usw. finden sich nur bei selbständigen Organen der externen Prüfung. Organe der Innenrevision sowie amtliche Prüfungsstellen bedürfen als rechtlich, finanziell und organisatorisch unselbständige Abteilungen solcher Stellen nicht.

Abb. 6 gibt als Beispiel die Aufbauorganisation einer großen Wirtschaftsprüfungs-Aktiengesellschaft wieder.[180]

Abb. 6: Aufbauorganisation einer großen Wirtschaftsprüfungs-Aktiengesellschaft

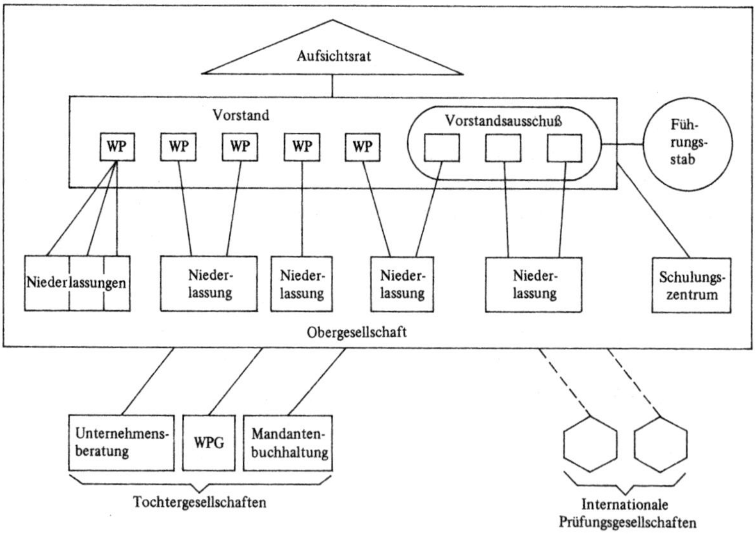

Abb. 7 zeigt als Beispiel die Aufbauorganisation einer Niederlassung einer großen Wirtschaftsprüfungsgesellschaft.[181]

---

[179] Vgl. Großmann, Aufbau 1959, S. 258 ff.
[180] Nach Knapp, Organisation 1977, S. 136
[181] Nach Knapp, Organisation 1977, S. 138

Abb. 7: *Aufbauorganisation der Niederlassung
einer großen Wirtschaftsprüfungsgesellschaft*

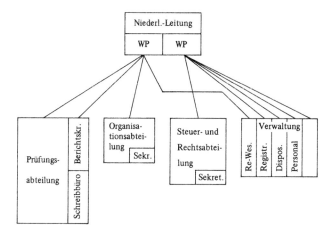

c) **Phasen der Auftragsbearbeitung bei Prüfungen**

Die Ablaufphasen anläßlich der Bearbeitung eines Prüfungsauftrages durch eine WP-Aktiengesellschaft gehen aus dem folgenden Beispiel hervor:[182]

- Auftragseingang beim Vorstand bzw. bei der Niederlassungsleitung.
- Überprüfung durch die Geschäftsleitung, ob ein Tatbestand der Befangenheit vorliegen könnte oder ob aus allgemeinen Gründen der Auftrag abgelehnt werden soll. Liegt kein Ablehnungsgrund vor: Bestimmung des verantwortlichen Prüfungsleiters.
- Auftragsbestätigung und Übersendung der allgemeinen Auftragsbedingungen (bei neuen Mandanten zuvor Kontaktgespräche mit dem Mandanten).
- Zusammenstellung des Prüfungsteams durch den zuständigen Prüfungsleiter und den Einsatzplaner; sachliche und zeitliche Disposition der Prüfungsdurchführung (ggf. in Abstimmung mit dem Auftraggeber); Anlage von Arbeitsunterlagen.
- Ggf. Durchführung einer Vor- oder Zwischenprüfung.
- Durchführung der Hauptprüfung (vorwiegend Mitglieder der Prüfungsabteilung unter Einbeziehung von Spezialisten aus anderen Fachabteilungen); gleichzeitig Terminüberwachung durch den Innendienst.
- Entwurf des Prüfungsberichts durch den Prüfungsleiter.
- Schreiben des Prüfungsberichts (Schreibbüro der Prüfungsabteilung).
- Übergabe eines Vorwegexemplars an den Mandanten.
- Schlußbesprechung mit dem Mandanten (Prüfungsleiter und ggf. das zuständige Mitglied der Geschäftsleitung der Prüfungsgesellschaft).

---

[182] Vgl. Forster, Revisionsbetriebe 1976, Sp. 3441 ff., ergänzt nach Knapp, Organisation 1977, S. 108 f.

– Nochmalige Kollation durch Mitglieder der Berichtskritik.
– Schreiben des endgültigen Prüfungsberichts (Schreibbüro der Prüfungsabteilung).
– Vervielfältigung und Binden des Prüfungsberichts.
– Unterzeichnung des Bestätigungsvermerks und des Prüfungsberichts (durch Prüfungsleiter und Geschäftsleitung).
– Übersendung des bestätigten Jahresabschlusses und des Prüfungsberichts an den Auftraggeber.
– Rückgabe der Unterlagen an das Archiv.
– Erstellen, Schreiben und Versenden der Rechnung an den Auftraggeber (Rechnungsbüro).

5. Aufwendungen und Erträge der Prüfungsorgane

a) Erträge und Ertragsgestaltung bei spezieller Entgeltlichkeit der Prüfungsleistungen

a1) Spezielle und generelle Entgeltlichkeit der Prüfungsleistungen

Die freiberuflich tätigen Einzelprüfer, die Prüfergemeinschaften und die Prüfungsgesellschaften sowie die Prüfungsverbände berechnen für ihre Prüfungsleistungen und für die damit verbundenen Nebenleistungen ihren Auftraggebern Entgelte (Honorare, Gebühren). Ihren Prüfungsleistungen sind somit spezielle Erträge zurechenbar; es handelt sich um finanzwirtschaftlich selbständig disponierende Betriebe. Loitlsberger spricht deshalb von einem „Sektor der speziellen Entgeltlichkeit"[183] innerhalb des betriebswirtschaftlichen Prüfungswesens.

Im Gegensatz hierzu wird von einem „Sektor der generellen Entgeltlichkeit" gesprochen, wenn „für die Bewertung der zu erstellenden Leistung kein Erlös zur Verfügung" steht.[184] Die internen Revisionsabteilungen sind finanzwirtschaftlich so in die Unternehmen eingegliedert, daß regelmäßig eine gesonderte Verrechnung ihrer Leistungen durch Gebühren oder Honorare nicht in Betracht kommt. Die Aufwendungen für die im Sektor der generellen Entgeltlichkeit tätigen Prüfungsorgane übernehmen diejenigen Unternehmen, denen diese Prüfungsorgane eingegliedert sind. Insofern bestehen für diese Prüfungsorgane keine Möglichkeiten der Ertragsgestaltung; es kommt allenfalls eine **innerbetriebliche Leistungsverrechnung** in Betracht.

a2) Grundlagen der Gebühren- und Honorarbemessung

Der Vertrag zwischen einem Prüfer (Abschlußprüfer) und seinem Auftraggeber ist in aller Regel ein **Werkvertrag** i.S.v. § 631 BGB; nimmt der Prüfer jedoch Beratungs- oder Betreuungsaufgaben wahr, so handelt es sich regel-

---

183 Vgl. Loitlsberger, Treuhandwesen 1966, S. 42
184 Loitlsberger, Treuhandwesen 1966, S. 43

mäßig um einen **Dienstvertrag** i. S. v. § 611 BGB.[185] Für derartige schuld-rechtliche Verträge gilt das Prinzip der Vertragsfreiheit. Damit steht grund-sätzlich auch die Vereinbarung eines Entgelts im freien Belieben der beteilig-ten Vertragspartner.[186] Eine solche freie Vereinbarung findet ihre Grenze lediglich in den allgemeinen gesetzlichen Vorschriften über Rechtsgeschäfte, die nichtig sein können, wenn sie gegen ein Gesetz (§ 134 BGB) oder gegen die guten Sitten (§ 138 BGB) verstoßen.

Ist ein Honorar nicht ausdrücklich vereinbart worden, dann greifen die Vor-schriften der §§ 612 bzw. 632 BGB ein. Danach gilt eine **Vergütung in übli-cher Höhe als stillschweigend vereinbart**. Soweit Gebührenordnungen beste-hen, sind deren Gebührensätze von den Gerichten weitgehend als „übliche Vergütung" anerkannt worden. Soweit eine Gebührenregelung nicht besteht, und auch eine übliche Vergütung nicht zu ermitteln ist, kann das Prüfungsor-gan nach §§ 315 und 316 BGB die Vergütung nach **billigem Ermessen** be-stimmen.

Bei **gesetzlich vorgeschriebenen Prüfungen** (Pflichtprüfungen) soll die freie Honorarvereinbarung grundsätzlich nicht zum Zuge kommen, weil bei die-sen Prüfungen für die Auftraggeber ein **Kontrahierungszwang** mit Angehöri-gen der zur Vornahme dieser Prüfungen allein berechtigten Personenkreise vorliegt. In § 55 WPO ist deshalb der Erlaß einer Gebührenordnung für Pflichtprüfungen durch den Bundesminister für Wirtschaft vorgesehen. Von dieser Ermächtigung ist allerdings bislang kein Gebrauch gemacht worden.

In Ermangelung einer gesetzlichen Gebührenregelung wird deshalb die Prü-fungstätigkeit üblicherweise nach Maßgabe der Gebührenordnung für Pflichtprüfungen (WPGO vom 11.4.1939)[187] abgerechnet. Allerdings sind die in dieser Gebührenordnung aufgeführten Gebührensätze keineswegs mehr zeitentsprechend. Die Gebührenordnung wird deshalb nur noch in Bezug auf die Bemessungsgrundlagen angewandt.[188]

Für die **Pflichtprüfung gemeindlicher Betriebe** bestehen Sonderregelungen. Die Gebüh-ren werden hier aufgrund von Länderregelungen abgerechnet, die hinsichtlich ihres wesentlichen Inhalts mit der für die Gebiete des ehemaligen Landes Preußen erlassenen Anweisung des früheren Reichs- und Preußischen Ministers des Inneren vom 25.3.1935 übereinstimmen. Die Gebührensätze, die nach Gemeindegrößen gestaffelt sind, wurden in der Vergangenheit im Turnus von zwei Jahren angepaßt.[189]

Nach dem **Gesetz über die Entschädigung von Zeugen und Sachverständigen** haben die Prüfer bei Anfertigung von Gerichtsgutachten und -stellungnahmen Anspruch auf Ent-schädigung ihrer Leistungen in bestimmter Höhe.

Nach § 318 Abs. 5 HGB haben die vom Gericht bestellten Abschlußprüfer „**Anspruch auf Ersatz angemessener barer Auslagen und auf Vergütung für ihre Tätigkeit**"; dassel-be gilt für die nach §§ 142 und 258 AktG vom Gericht bestellten Sonderprüfer.

---

[185] Vgl. Thümmel, Gebührenwesen 1983, Sp. 443
[186] Vgl. Gerhard, Wirtschaftsprüferordnung 1961, S. 92
[187] Gebührenordnung für Pflichtprüfungen, Erlaß des Reichswirtschaftsministers vom 11.4.1939 – IV Kred. 28 984/39 – MBl des Reichswirtschaftsministers 1939, S. 339
[188] Vgl. Thümmel, Gebührenwesen 1983, Sp. 445
[189] Vgl. Thümmel, Gebührenwesen 1983, Sp. 445

Das Institut der Wirtschaftsprüfer publizierte verschiedentlich sog. Gebüh-renfeststellungen, aus denen hervorgehen sollte, welche Entgelte zwischen Wirtschaftsprüfern bzw. Wirtschaftsprüfungsgesellschaften und den prü-fungspflichtigen Unternehmen tatsächlich vereinbart worden sind. Diese Ge-bührenfeststellungen wurden von Zeit zu Zeit wiederholt, um sie den verän-derten Verhältnissen anzupassen.[190]

Gegen die Herausgabe „privater Honorarverzeichnisse" hat das Bundeskar-tellamt wettbewerbsrechtliche Bedenken in den Fällen erhoben, in denen die Herausgabe solcher Verzeichnisse in der Absicht erfolgt, ein gleichförmiges Verhalten der Berufsangehörigen bei den Honorarforderungen zu bewirken (Verstoß gegen § 38 Abs. 2 Satz 2 GWB).[191]

Es stellt sich indes die Frage, ob das Verbot der Herausgabe von Gebühren-verzeichnissen den Besonderheiten des Pflichtprüfungswesens gerecht wird. Egner stellt hierzu fest: „Zumindest im Bereich der Pflichtprüfungen ... bietet der Jahresabschlußprüfer den Unternehmen ja nicht Leistungen an, an denen sie ein eigenes Interesse haben. Diese Leistungen werden aufgrund eines gesetzlichen bzw. vertraglichen Auftrages erbracht, um Interessen au-ßenstehender, vom Jahresabschluß betroffener Personen zu schützen. ... Ein Preiswettbewerb auf dem Markt für Pflichtprüfungen könnte im übrigen dazu führen, daß WP die Prüfungsintensität senken und damit in Konflikt mit den Berufsgrundsätzen der Gewissenhaftigkeit und der Eigenverantwort-lichkeit gelangen."[192]

Die genossenschaftlichen Prüfungsverbände rechnen im wesentlichen nicht anders ab als die übrigen Prüfungsorgane im Bereich der speziellen Entgelt-lichkeit. Die Prüfungsentgelte orientieren sich an den Prüfungskosten der Prüfungsverbände.[193] Allerdings erhalten die Prüfungsverbände von ihren Mitgliedsgenossenschaften außer den Prüfungshonoraren auch Verbandsbei-träge.[194] Diese sollen zur Erfüllung der „sonstigen Pflichten der Prüfungsor-gane" dienen, doch wird „durch sie oft auch ein Teil des Aufwands für die Prüfungstätigkeit bestritten. Besonders bei den persönlichen Unkosten z. B. für die Verbandsleitung ... ist die Scheidung schwer durchzuführen. Auf alle Fälle muß ein Teil der Verbandsbeiträge den Prüfungskosten zugeschlagen werden, wenn man die tatsächlichen Kosten der Prüfung für die Genossen-schaft erfassen will".[195]

Für die Prüfungsstellen der Sparkassen- und Giroverbände ergibt sich im wesentlichen dieselbe Situation. Die Verbände stellen den Sparkassen das Prüfungshonorar und die Spesen in Rechnung. Für die Finanzierung der Gesamtauswertung der Prüfungsergebnisse und für die Finanzierung anderer Verbandsaufgaben muß der Weg einer „Umlage" beschritten werden, welche regelmäßig nach den Bilanzsummen der Mitgliedskassen bemessen wird.[196]

---

[190] Die letzte „Feststellung" stammt vom 22. Juni 1971
[191] Gesetz gegen Wettbewerbsbeschränkungen vom 27.7.1957 (BGBl. I S. 1081)
[192] Egner, Prüfungslehre 1980, S. 264
[193] Vgl. Stupka, Objekte 1962, S. 105
[194] Vgl. Letschert, Pflichtprüfung 1951, S. 148
[195] Letschert, Pflichtprüfung 1951, S. 148
[196] Vgl. Gumpp, Sparkassenprüfung 1951, S. 22 ff., S. 33

a3) Bemessungsgrundlagen der Prüfungsgebühren

a31) Pauschalgebühren

Die Gebührenordnungen und Gebührenfeststellungen sahen die Berechnung von Pauschalgebühren für Prüfungsleistungen grundsätzlich nicht vor. Der Grund dafür liegt darin, daß eine Pauschalgebühr das Risiko in bezug auf die Deckung der Prüfungskosten dem Prüfungsorgan überläßt, das seinerseits an die Berufsgrundsätze insbesondere der Eigenverantwortlichkeit und der Gewissenhaftigkeit gebunden ist. Die Gebührenordnungen benutzen vielmehr eine Kombination von mehreren Bemessungsgrundlagen – meist Zeitgebühren und Wertgebühren – um auf diese Weise sicherzustellen, daß das Prüfungsorgan eine nach der zu übernehmenden Verantwortung und der aufzuwendenden Arbeitszeit angemessene Vergütung erhält.

a32) Zeitgebühren

Die Zeitgebühren orientieren sich an der tatsächlich benötigten Prüfungszeit. Bemessungsgrundlage sind die für die Prüfung einschließlich der Berichterstattung aufgewendeten Arbeitszeiten der Prüfer. Die Zeitgebührensätze können ihrerseits gestaffelt sein. So ist z.b. eine Staffelung der Zeitgebühren nach der Qualifikation der durch das Prüfungsorgan eingesetzten Prüfer üblich.

Eine Besonderheit zeigt die amtliche Gebührenordnung für gemeindliche Pflichtprüfungen. Der Zeitgebührensatz ist dort von der Einwohnerzahl der jeweiligen Gemeinden abhängig, deren Betriebe geprüft werden. Offensichtlich wird hier davon ausgegangen, daß die für die Prüfung erforderliche Prüferqualifikation und damit die bei den Prüfungsorganen anfallenden Prüfungskosten je Tagewerk der eingesetzten Prüfer mit der Größe der Gemeinde zunehmen.

Der **Vorteil der Berechnung reiner Zeitgebühren** liegt darin, daß für das Prüfungsorgan, bei hinreichender Höhe der Zeitgebührensätze, die Deckung der prüferzeitabhängigen Prüfungsaufwendungen stets sichergestellt ist, selbst dann, wenn sich im Verlauf der Prüfung herausstellen sollte, daß der Umfang der Prüfungsarbeiten wesentlich größer ist als dies bei der Übernahme des Prüfungsauftrages zu erwarten gewesen war.

Der **Nachteil der Berechnung reiner Zeitgebühren** liegt nicht nur darin, daß in den Gebührensätzen nur auf die prüferzeitabhängigen Aufwendungen, nicht aber auf die auftragsabhängigen Aufwendungen Bezug genommen wird, sondern auch darin, daß das Prüfungsorgan, besonders in beschäftigungsschwachen Zeiten, zu einer „Streckung" der Prüfungsarbeiten veranlaßt werden könnte.

a33) Wertgebühren

Eine Wertgebühr bemißt das Prüfungsentgelt an dem wertmäßigen Umfang des Prüfungsgegenstandes. Wertgebühren eignen sich besonders zur Abdeckung der nicht prüferzeitabhängigen Aufwendungen der Prüfungsorgane. Sie werden mitunter auch als „eine Art Risikoprämie für die Übernahme der Verantwortung bei der Durchführung von Pflicht- und freiwilligen Prüfungen" bezeichnet.[197]

Eine Wertgebühr kann zusätzlich nach den Prüfungsobjekten und nach der Art der vorzunehmenden Prüfungshandlungen differenziert werden. Eine solche Differenzierung wird vor allem dann erforderlich sein, wenn neben der Wertgebühr keine Zeitgebühr erhoben wird, da sonst dem von Prüfung zu Prüfung differierenden Prüfungsaufwand des Prüfungsorgans bei der Berechnung der Prüfungsgebühren nicht Rechnung getragen werden kann.

Der **Vorzug der Wertgebühren** besteht darin, daß sie im Vergleich zu der Abrechnung mit Zeitgebühren eine wesentlich genauere Vorausberechnung der Prüfungsentgelte gestatten. Aber auch bei sehr weitgehender Differenzierung der Sätze können Wertgebühren zu einer Schematisierung der durch das Prüfungsorgan vorzunehmenden Prüfungshandlungen führen.

Nachteilig ist, daß Wertgebühren mitunter einen Anreiz bieten, Prüfungen nicht mit der notwendigen Intensität durchzuführen und damit gegen den Grundsatz der Gewissenhaftigkeit zu verstoßen.

a34) Vergütungen für Nebenleistungen und Auslagenerstattungen

Bestimmte Sonderaufwendungen im Zusammenhang mit einzelnen Aufträgen können den Auftraggebern besonders berechnet werden. So ist es üblich, die Fahrtkosten, die Kosten für die auswärtige Unterbringung der Prüfer und den Verpflegungsmehraufwand der Prüfer gesondert in Rechnung zu stellen.

b) Die Aufwandsstruktur der Prüfungsorgane

Für die im Sektor der speziellen Entgeltlichkeit tätigen Prüfungsorgane stehen analysierbare Aufwandsrechnungen zur Verfügung: Die Jahresabschlüsse der in der Rechtsform der Aktiengesellschaft geführten Prüfungsorgane sind publizitätspflichtig; das Statistische Bundesamt hat Kostenstrukturerhebungen für die „prüfenden sowie wirtschafts- und steuerberatenden Berufe" angestellt und veröffentlicht.[198]

Beide Erkenntnisquellen sind jedoch nur unter Vorbehalt auswertbar: Entsprechend dem in § 2 WPO niedergelegten Berufsbild der Wirtschaftsprüfer beschränkt sich der Tätigkeitsbereich der Wirtschaftsprüfungsgesellschaften und der freiberuflich tätigen Wirtschaftsprüfer (Buchprüfer) nicht auf die Vornahme betriebswirtschaftlicher Prüfungen (§ 2 Abs. 1 WPO), sondern er umfaßt in erheblichem Umfang auch die Beratung und Vertretung der Auftraggeber in steuerlichen Angelegenheiten (§ 2 Abs. 2 WPO) sowie beratende Tätigkeiten auf den Gebieten der wirtschaftlichen Betriebsführung (§ 2 Abs. 3 WPO) und Treuhandtätigkeiten.

Die Erhebungen beziehen sich ferner nur auf die im Sektor der speziellen Entgeltlichkeit tätigen Prüfungsorgane. Es muß dahingestellt bleiben, ob die festgestellten Auf-

197 Richter, Wirtschaftlichkeit 1964, S. 46
198 Statistisches Bundesamt, Wiesbaden, Fachserie C, Unternehmen und Arbeitsstätten, Reihe 1, die Kostenstruktur in der Wirtschaft, IV, Freie Berufe

wandsziffern auch für die im Sektor der generellen Entgeltlichkeit tätigen Prüfungsorgane sowie für die verbandseigenen Prüfungsorgane repräsentativ sind.

Nach den Kostenstrukturerhebungen des Statistischen Bundesamtes ergibt sich, ausgedrückt in Prozentsätzen der „Gesamtkosten", die in Abb. 8 wiedergegebene Aufwandsstruktur für die Jahre 1963, 1967 und 1971, und zwar getrennt für:

1. Einzelpraxen von Wirtschaftsprüfern sowie von Wirtschaftsprüfern mit der weiteren Berufsqualifikation als Steuerberater,
2. Sozietäten von Wirtschaftsprüfern, vereidigten Buchprüfern, Steuerberatern und Steuerbevollmächtigten sowie von Inhabern mehrerer dieser Berufsqualifikationen und
3. Kapitalgesellschaften als Wirtschaftsprüfungs- und Steuerberatungsgesellschaften.[199]

Abb. 8: Aufwandsstruktur externer Prüfungsorgane

Aufwandsarten	Einzelpraxen			Sozietäten			Kapital-gesellschaften		
	1963	1967	1971	1963	1967	1971	1963	1967	1971
1. Personalaufwendungen	52,6	51,1	67,2	54,0	55,9	69,1	71,0	71,7	77,1
2. Raumaufwendungen	6,4	7,2	5,3	6,7	5,8	5,0	3,4	3,3	3,0
3. Abschreibungen (ohne Kfz)	3,3	4,0	3,5	3,1	3,4	3,2	1,5	1,9	1,3
4. Beiträge und Versicherungen	2,3	2,8	1,7	2,1	1,8	1,5	1,2	1,0	1,0
5. Literatur, Tagungen	3,2	3,2	1,8	2,6	2,2	1,4	1,0	0,9	0,8
6. Reisekosten u. Kfz.	15,2	13,8	8,6	13,5	12,3	8,9	9,3	8,3	7,0
7. Sonstige Aufwendungen	17,0	17,9	11,9	18,0	18,6	10.9	12,6	12,9	9,8
Zusammen (%)	100	100	100	100	100	100	100	100	100

Die Erhebungen verdeutlichen anschaulich den **überragenden Anteil der Personalaufwendungen,** der bei den Kapitalgesellschaften mit steigender Tendenz weit über 70% beträgt. Bei den Einzelpraxen und bei den Sozietäten werden zwar niedrigere Prozentsätze ausgewiesen; diese Abstufung dürfte aber damit zu erklären sein, daß nur bei den Kapitalgesellschaften auch die Gehälter für die Unternehmensleitungen in den Personalaufwendungen enthalten sind, während der „Unternehmerlohn" bei den Einzelpraxen und bei den Sozietäten als Erfolgsbestandteil ausgewiesen wird.

Von den übrigen Aufwandsarten hat die Einzelgruppe **Reisekosten und Kraftfahrzeugkosten** den größten Anteil. Beide personalbezogenen Aufwandsarten zusammen (75,8% bei den Einzelpraxen, 78% bei den Sozietäten und 84,1% bei den Kapitalgesellschaften) charakterisieren die Aufwandsstruktur überörtlich tätiger Prüfungsorgane.

---

[199] Es handelt sich um ungewogene Mittelwerte aus den Angaben des Statistischen Bundesamts

Der größte Teil der genannten Aufwandsarten ist in Bezug auf die einzelnen durchzuführenden Prüfungsaufträge als „fix" zu bezeichnen, d.h., die Prüfungsorgane können sich mit diesen Aufwendungen in aller Regel nicht kurzfristig an eine schwankende Auftragslage anpassen.[200]

Als **auftragsfix** in diesem Sinne müssen regelmäßig angesehen werden: Raumkosten, die Vermögensteuer, die Beiträge zu Berufsorganisationen, die Versicherungsbeiträge, die Finanzierungskosten, die Abschreibungen, die Aufwendungen für Fachliteratur und für Fortbildung und nicht zuletzt die Personalaufwendungen (einschließlich der Sozialaufwendungen), sofern sie Mitarbeiter betreffen, die entweder aufgrund langfristiger Anstellungsverträge beschäftigt sind oder die das Prüfungsorgan in auftragsschwachen Zeiten auch dann hält, wenn sie nur „Leerkosten" verursachen, um in beschäftigungsstärkeren Zeiten sofort auf ausgebildete und eingearbeitete Mitarbeiter zurückgreifen zu können.

Als **auftragsabhängig** (**auftragsvariabel**) sind dagegen nur diejenigen Aufwendungen anzusehen, die erst mit der Durchführung eines Prüfungsauftrages entstehen, wie vor allem die Aufwendungen für Reisen und auswärtigen Aufenthalt der Mitarbeiter, die Aufwendungen für die Beschäftigung sog. freier Mitarbeiter, sofern diese für die Mitarbeit bei einzelnen Aufträgen oder auf der Basis von Tageshonoraren kurzfristig eingesetzt und wieder entlassen werden können, die Umsatzsteuer und schließlich die mit der Prüfungsdurchführung anfallenden Post- und Fernmeldegebühren.

Nach den Kostenstrukturerhebungen des Statistischen Bundesamtes betragen die Honorare, die für freie Mitarbeiter, für Vertretungen usw. gezahlt werden, lediglich 3% bis höchstens 10% der gesamten Personalaufwendungen, so daß die auftragsfixen Aufwendungen bei Einzelpraxen und Sozietäten über 70% und bei Kapitalgesellschaften nicht weniger als rd. 80% der Gesamtaufwendungen ausmachen dürften.

---

[200] Zur Saisonabhängigkeit von Wirtschaftsprüfungsunternehmen vgl. Russ/Schmitz, Saisonabhängigkeit 1982, S. 149 ff.

Kapitel IV
Prüfungshandlungen

A. Übersicht

Eine Gemeinsamkeit sämtlicher im Kapitel II umschriebenen Prüfungen besteht darin, daß die Urteilsbildung durch den Prüfer stets auf **Vergleichshandlungen** beruht. So lassen sich bei allen Prüfungen die folgenden Teilprozesse unterscheiden:

- Ermittlung der zu beurteilenden Merkmalsausprägung eines realisierten Zustands, eines Vorgangs, einer Information, eines Dokuments etc., d.h. Feststellung der Ist-Merkmalsausprägung des Prüfungsobjekts, kurz: **Feststellung des Ist-Objekts.**
- Ermittlung der aus sog. Normen abgeleiteten Soll-Merkmalsausprägung des Prüfungsobjekts, kurz: **Feststellung des Soll-Objekts.**
- Gegenüberstellung (Vergleich) der Ist-Merkmalsausprägung und der Soll-Merkmalsausprägung des Prüfungsobjekts mit Feststellung (Messung) der Übereinstimmung bzw. Abweichung zwischen den Merkmalsausprägungen, kurz: **Soll-Ist-Vergleich.**
- **Beurteilung** der „Schwere" der evtl. festgestellten Abweichung zwischen der Ist- und der Soll-Merkmalsausprägung des Prüfungsobjekts, d.h. Feststellung, ob und inwieweit die Abweichung ein durch die Norm festgelegtes tolerierbares Maß überschreitet.
- **Formulierung** des Prüfungsergebnisses und ggf. **Mitteilung** des Ergebnisses an den Auftraggeber der Prüfung.

Prüfungsobjekt kann nach Hagest[1] jeder abgrenzbare Betrachtungsgegenstand sein, der durch den Prüfer zu beurteilen ist. Es handelt sich dabei stets um einzelne Merkmalsausprägungen, die zum Gegenstand von Prüfungshandlungen gemacht werden können.

So wird z.B. im Rahmen der Prüfung eines Buchungsbeleges nicht der „Beleg an sich" beurteilt, sondern immer nur ein bestimmtes Belegmerkmal, wie z.B. das Merkmal „Datierung" oder das Merkmal „Betrag" oder das Merkmal „Belegtext" usw.[2]

Es wird immer dann von „**einfachen Prüfungen**" gesprochen, wenn das abzugebende Prüfungsurteil sich nur auf einen einzigen Soll-Ist-Vergleich (Primärvergleich) bezieht, wenn also als Prüfungsobjekt nur eine einzige Ist-Merkmalsausprägung ausgewählt wird, die mit der entsprechenden Soll-Merk-

---

[1] Vgl. Hagest, Logik 1975, S. 21
[2] Vgl. Hagest, Logik 1975, S. 21

malsausprägung zu vergleichen ist und über die ein Urteil abgegeben werden soll.

Ist dagegen ein Urteil über eine Mehrzahl von Einzelmerkmalen verlangt, sind also mehrere primäre Soll-Ist-Vergleiche zur Urteilsabgabe erforderlich, wird von „**komplexen Prüfungen**" gesprochen.

Solche komplexen Prüfungen liegen nicht nur dann vor, wenn das Prüfungsobjekt in bezug auf die zu betrachtenden Einzelmerkmale mehrdimensional ist, wenn also – um bei dem Belegbeispiel zu bleiben – ein Urteil über einen Buchungsbeleg sowohl im Hinblick auf das Merkmal „Betrag" als auch im Hinblick auf das Merkmal „Kontierung" als auch im Hinblick auf das Merkmal „Belegtext" abgegeben werden soll.

Komplexe Prüfungen liegen auch dann vor, wenn das abzugebende Urteil sich auf ein „plurales" Prüfungsobjekt bezieht, d. h. wenn z. B. ein Urteil über eine Menge von Buchungsbelegen (über das Belegwesen) auf der Grundlage von Einzelurteilen über Merkmalsausprägungen der einzelnen Belege gefällt werden muß.[3]

Bei sämtlichen komplexen Prüfungen bedarf es neben der Durchführung einer Mehrzahl von Einzelvergleichen besonderer Vorgehensweisen des Prüfers (Prüfungsmethoden), um die mit Hilfe der Einzelvergleiche gewonnenen Einzelurteile zu einem **Gesamturteil** über den Merkmalskomplex innerhalb des Prüfgebiets zu verknüpfen.

Komplexe Prüfungen sind in der Prüfungspraxis weitaus häufiger zu finden als einfache Prüfungen. Gleichwohl erscheint es sinnvoll, in einem ersten Abschnitt (Kap. IV B) die Probleme der **Erfassung, Messung und Beurteilung von Abweichungen bei einfachen Prüfungen** zu analysieren, um auf diese Weise jene Grundlagen zu gewinnen, die auch für die Analyse der vielfältigen Gestaltungsmöglichkeiten komplexer Prüfungen von Bedeutung sind.

Ein weiterer Abschnitt ist der **Analyse komplexer Prüfungen** gewidmet (Kap. IV C). Hier geht es zunächst um die Analyse der Möglichkeiten der **Bildung von Gesamturteilen auf der Grundlage unverbundener Einzelurteile**, d. h. jenes häufigen Falles, in dem der Prüfer ein Urteil über einen Prüfungskomplex erst dann abgeben kann, wenn er vorher eine Mehrzahl von Einzelurteilen über die verschiedenen Merkmalsausprägungen der Ist-Objekte eines Prüfungskomplexes gefällt hat.

Breiter Raum ist schließlich den Methoden der Urteilsbildung über komplexe Prüfungsgebiete mit Hilfe von sog. Schlußverfahren gewidmet. Es geht um die **indirekten Prüfungen** sowie um die Bildung von Gesamturteilen mit Hilfe von **Auswahlprüfungen**.

---

[3] Zum Begriff des mehrdimensionalen und des pluralen Prüfungsobjekts vgl. Hagest, Logik 1975, S. 22 f.

B. Erfassung, Messung und Beurteilung von Abweichungen bei einfachen Prüfungen

1. Elemente einfacher Prüfungen

Die Ausführung einer Vergleichstätigkeit setzt voraus, daß mindestens zwei vergleichbare Objekte vorhanden sind. Die zu vergleichenden Objekte sind dazu in einer für den Vergleich geeigneten Form einander gegenüberzustellen.[4] Der Fehlerfeststellungsprozeß im Rahmen von einfachen Prüfungen unterscheidet sich von anderen Vergleichstätigkeiten (z. B. Betriebsvergleich) dadurch, daß die Vergleichsobjekte untereinander in ein Rangverhältnis gesetzt werden. Eines der Vergleichsobjekte wird zum **Soll-Objekt** erhoben, an dem der zu überprüfende Tatbestand oder die zu überprüfende Handlung als **Ist-Objekt** gemessen wird. Es ist dabei gleichgültig, ob es sich um Arbeitsausführungen, Zahlenwerte oder Zustände handelt. Es kann nichts geprüft werden, für das es nicht eine Norm gibt, an der das Festgestellte zu messen ist.[5]

Von einem durch die Prüfung aufgedeckten **Fehler** kann man dann sprechen, wenn der Vergleich zu einer unzulässigen Abweichung zwischen bestimmten Merkmalen des Ist-Objekts und den zum Vergleich herangezogenen entsprechenden Merkmalen des Soll-Objekts geführt hat.

Die einzelnen Elemente bzw. Teilprozesse einer einfachen Prüfung, nämlich:

– Feststellung des Soll-Objekts,
– Feststellung des Ist-Objekts,
– Vergleich des Ist- mit dem Soll-Objekt,
– Beurteilung der evtl. festgestellten Abweichung und
– ggf. Mitteilung des Prüfungsergebnisses,

lassen sich im Anschluß an Egner[6] schematisch wie folgt darstellen (Abb. 9).

Die nachfolgenden Überlegungen beschäftigen sich zunächst mit der **Ermittlung der Ist-Objekte und der Soll-Objekte**, um damit die Grundlagen für den Vergleich zwischen den Soll-Merkmalsausprägungen und den Ist-Merkmalsausprägungen, d. h. für die **Messung von Abweichungen** zu gewinnen.

Ferner ist auf Einzelprobleme bei der Beurteilung der durch Anwendung von Meßverfahren möglicherweise festgestellten Abweichungen einzugehen; es geht um die Frage, **inwieweit solche Abweichungen auch als „Fehler" klassifiziert werden können**.

---

[4] Vgl. Schnettler, Betriebsvergleich 1961, S. 6 f.
[5] Vgl. Danert, Betriebskontrollen 1952, S. 15
[6] Egner, Programm 1970, S. 775

Abb. 9: Prozeßfolge bei einfachen Prüfungen

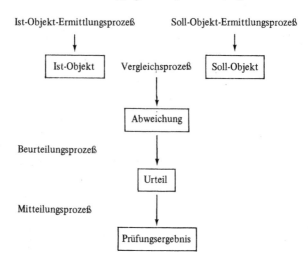

2. Zum Begriff und zur Ermittlung der Ist-Objekte

Bei einfachen Prüfungen wird als **Ist-Objekt nur jenes Einzelmerkmal bezeichnet, auf das sich der jeweils anzustellende Soll-Ist-Vergleich bezieht.** Gegenstand eines Soll-Ist-Vergleichs bei einer einfachen Prüfung kann immer nur ein einzelnes Merkmal bzw. eine einzelne Merkmalsausprägung aus den möglicherweise komplexen „realen" Tatbeständen und nicht der komplexe Tatbestand selbst sein.

Um nochmals an das bereits zitierte Belegbeispiel anzuknüpfen, kann bei einfachen Prüfungen weder ein einzelner Beleg „an sich" Prüfungsobjekt sein, noch die Menge sämtlicher Belege, die z.B. innerhalb eines Zeitraumes angefallen sind, sondern es können nur einzelne Merkmale mit ihren jeweiligen Ausprägungen Prüfungsobjekte dieser einfachen Prüfungen sein, z.B.:

– Die auf einem einzelnen Beleg vorhandene Unterschrift,
– die Datumsangabe auf einem bestimmten Beleg,
– die Angabe eines Kontos, auf dem der Belegbetrag zu verbuchen ist,
– die Angabe eines Gegenkontos auf einem bestimmten Beleg,
– die sich auf einem konkreten Beleg befindende Betragsangabe,
– die Nummer eines bestimmten Beleges,
– das Formblatt, welches für die Belegerstellung verwandt worden ist,
– der Ablageort eines bestimmten Belegs usw.

Jedes dieser Merkmale kann für sich genommen als Ist-Objekt einer einfachen Prüfung bezeichnet werden, wenn es anläßlich einer Prüfung dem entsprechenden Soll-Objekt gegenübergestellt wird; bei einfachen Prüfungen in dem hier verstandenen Sinn umfaßt das Ist-Objekt jeweils nur eine der beispielhaft aufgezählten Merkmalsausprägungen des Buchungsbeleges.

Die Umschreibung des Ist-Objekts als eines dem Prüfungsstoff entnommenen Merkmals läßt die Frage nach dem Zustandekommen des Merkmals bewußt außer Betracht.[7] Ferner braucht die Frage nach der Auswahl der im Rahmen einer Prüfung zu isolierenden Ist-Objekte bei einfachen Prüfungen nicht geklärt zu werden;[8] es handelt sich dabei um Sonderprobleme der unten ausgiebig zu erörternden komplexen Prüfungen.

3. Zum Begriff und zur Ermittlung der Soll-Objekte

a) Begriffliche Grundlagen

Bei einem Soll-Objekt handelt es sich um ein gedachtes bzw. konstruiertes Merkmal, das geeignet ist, dem jeweiligen Ist-Merkmal eines Prüfungsobjekts vergleichend gegenübergestellt zu werden. Die Merkmalsausprägung eines solchen Soll-Objekts muß als verbindlich für die Gestaltung des entsprechenden Ist-Merkmals angesehen werden können. Unter dieser Bedingung und nur unter dieser Bedingung ist ein Soll-Objekt maßgebend für die Feststellung eines Fehlers des Ist-Objekts.

Das Prüfungsurteil bei einfachen Prüfungen bezieht sich dann zwar immer auf das prüfungsrelevante Merkmal, also auf das Ist-Objekt. Das Urteilsprädikat gibt jedoch nicht die Ist-Ausprägung des prüfungsrelevanten Merkmals wieder, sondern die Beziehung der Ist-Ausprägung zu einer normgerechten Ausprägung, der Soll-Ausprägung des Prüfungsobjekts. Das Prüfungsurteil kennzeichnet somit den Grad der Normentsprechung des Ist-Objekts.[9]

Leffson[10] und ihm folgend Egner[11] weisen darauf hin, daß bei Prüfungen jeder Art Soll-Merkmale grundsätzlich in vergleichsfähiger Form nicht zur Verfügung stehen, sondern daß diese in aller Regel aus den für die betreffende Prüfung heranzuziehenden Normen abgeleitet werden müssen.

Bei dieser Ableitung ist nicht nur darauf zu achten, daß das zu konstruierende Soll-Merkmal einen Vergleich mit dem entsprechenden Ist-Merkmal gestattet, daß also beide Merkmalsausprägungen auf der gleichen Skala direkt oder indirekt abbildungsfähig sind, sondern auch, daß das konstruierte Soll-Merkmal seinerseits in jeder Beziehung normgerecht ist. Anderenfalls wäre mit Hilfe des Vergleichsprozesses eine Feststellung, ob das Ist-Objekt fehlerfrei oder fehlerbehaftet ist, nicht möglich.

Danach kann unter einem Soll-Objekt die mit dem dazugehörigen Ist-Objekt hinsichtlich des prüfungsrelevanten Merkmals vergleichsfähige – regelmäßig nicht real existierende – normgemäße Gestaltung des Ist-Objekts verstanden

---

[7] A.A. wegen einer offensichtlich anderen Fragestellung: Leffson, Prüfungswesen 1969, S. 394

[8] So: Selchert, Diskussion 1972, S. 104f.

[9] Zu den Urteilsprädikaten bei einfachen Prüfungen vgl. Hagest, Logik 1975, S. 25 ff.

[10] Vgl. Leffson, Prüfungswesen 1969, S. 394f.

[11] Vgl. Egner, Programm 1970, S. 780

werden. Es handelt sich dabei meist um ein Konstrukt, dessen „Dimension" auf das prüfungsrelevante Merkmal begrenzt ist.

Eine **Norm** umschreibt dagegen – meist in allgemeiner Form – gesollte Merkmalsausprägungen von (Prüfungs-)Objekten.

Damit man von einer Norm sprechen kann, muß die Normaussage sich auf bestimmte abgrenzbare Klassen von Objekten beziehen, d. h. es müssen der Bereich oder die Bedingungen angegeben werden, für die sie Gültigkeit besitzt; aus ihr müssen Merkmalsausprägungen der in ihren Gültigkeitsbereich fallenden Objekte abgeleitet werden können, und sie muß schließlich Verbindlichkeitscharakter besitzen, d. h. die ableitbaren Merkmalsausprägungen der in ihren Gültigkeitsbereich fallenden Objekte müssen Beurteilungsgrundlage für die entsprechenden Ist-Merkmale dieser Objekte sein können.

b) Zur Ableitung von Soll-Objekten aus Normen

Die Ableitung von Soll-Objekten aus vorgegebenen Normen wirft einige Probleme auf. Schwierigkeiten können sich daraus ergeben, daß Normen regelmäßig generell formuliert sind, wodurch ein Subsumtionsproblem entstehen kann. Probleme können ferner dann auftreten, wenn der Verbindlichkeitsgrad einer Norm oder ganzer Normensysteme nicht ohne weiteres bestimmbar ist. Schließlich sind Auswahlprobleme zu lösen, wenn einem bestimmten Ist-Objekt zugleich mehrere Soll-Objekte gegenübergestellt werden können, die aus verschiedenen, miteinander konkurrierenden Normen abgeleitet sind.

b1) Quellen von Prüfungsnormen

Es gibt eine Mehrzahl von Versuchen, Normen für Prüfungszwecke zu systematisieren.[12] Hier wird der Systematisierung nach Quellen der Prüfungsnormen der Vorzug gegeben.

b11) Metabetriebliche Normen

Metabetriebliche Normen empfangen ihre Sanktion von außerhalb des zu prüfenden Unternehmens stehenden Stellen; sie können deshalb von dem zu prüfenden Unternehmen (unmittelbar) nicht beeinflußt werden.

---

[12] So unterscheidet Mann, Revisionswesen 1967, S. 402: (1) objektiviertes Soll (z.B. eine gesetzliche Norm), (2) objektives Soll (z.B. Normen, die in der Verkehrsauffassung enthalten sind), (3) subjektives Soll (individuelle Normvorstellungen). Vgl. ähnliche Auffassungen bei Fettel, Maßstäbe 1949, S. 275 f. sowie bei Selchert, Diskussion 1972, S. 105; ähnlich wie hier systematisieren Sieben/Bretzke, Theorie 1975, Sp. 3272 ff., nach den Quellen, aus denen Normen gewonnen werden: Normen als Zielsetzungen des Überwachenden selbst – Normen als Ziele einer unternehmenseigenen, aber von dem Prüfungsorgan organisatorisch getrennten Entscheidungsinstanz des geprüften Unternehmens – Normen, die nicht aus dem Zielsystem der Entscheidungsinstanz des Unternehmens abgeleitet sind.

Zu den metabetrieblichen Normen gehören die **ethischen Normen** als allgemeine Grundvorstellungen über die Ziele und Mittel menschlichen Handelns und die **Rechtsnormen** i. S. aller derjenigen Handlungsmaximen, die durch rechtliche Bestimmungen im weitesten Sinne fixiert und sanktioniert sind.

Die Rechtsnormen haben offensichtlich die Funktion, das unternehmensindividuelle Interesse gegenüber Interessen von Außenstehenden abzugrenzen. Wegen dieser Funktion empfangen Rechtsnormen ihre Sanktion durch Stellen außerhalb des zu prüfenden Unternehmens; sie besitzen Verbindlichkeit auch dann, wenn ihre Einhaltung sich als den unternehmerischen Interessen, Zielen, Planungen usw. zuwiderlaufend herausstellen sollte.

b12) Betriebliche Zielnormen

Als Zielnormen können diejenigen Gestaltungsmaximen bezeichnet werden, die mittelbar oder unmittelbar aus den Zielsetzungen von Personen oder Institutionen abgeleitet werden können.

Verfahrensweisen und Strukturen im Unternehmen werden daraufhin beurteilt, ob sie geeignet sind, die jeweils vorgegebenen Ziele zu erreichen. Die Hauptschwierigkeit bei Prüfungen mit Hilfe von Zielnormen besteht in der Ableitung der Soll-Objekte für den einzelnen Prüfungsgegenstand: Der Prüfer hat die für die Konstruktion der Soll-Objekte erforderlichen Merkmale, die er für den Vergleich mit den jeweiligen Ist-Objekten benötigt, aus den Gesamtzielen des Unternehmens bzw. aus den Teil- und Unterzielen abzuleiten.

Bei der Ermittlung von Zielnormen kann sich der Prüfer allerdings häufig bestimmter **Hilfsgrößen** bedienen. In Betracht kommen sowohl aus Planvorgaben abgeleitete Normen als auch aus Betriebsvergleichen gewonnene Normen.

Sämtliche Planvorgaben können nach Realisation des Geplanten dazu benutzt werden, das Erreichte mit Hilfe der ursprünglichen Planansätze zu beurteilen. Wo intern geplant und nicht nur improvisiert wird, fallen als Nebenergebnis der Planung auch **Planungsnormen** an. Im Planungszeitpunkt kann mit einiger Sicherheit unterstellt werden, daß die Planvorgaben die Vorstellungen der Planungsträger über die zielgerichtete Gestaltung wiedergeben. Da dies zu späteren Zeitpunkten, z. B. nach Änderung der Umweltdaten, nicht mehr ohne weiteres unterstellt werden kann, ist der Verbindlichkeitsgrad von Planungsnormen im Prüfungszeitpunkt meist stark relativiert.

Es besteht ferner die Möglichkeit, als Prüfungsnormen realisierte Tatbestände aus anderen Perioden (Zeitpunkten) oder aus anderen Unternehmen heranzuziehen. Das Verfahren zur Bestimmung von Soll-Objekten mit Hilfe von **Betriebsvergleichsnormen** ist im Vergleich zu den oben behandelten Normen ein grundsätzlich anderes: Die jeweiligen Ist-Objekte werden mit zur Norm erhobenen entsprechenden Tatbeständen entweder anderer vergleichbarer Betriebe (zwischenbetrieblicher Vergleich) oder des gleichen Betriebs, aber aus anderen Zeiträumen oder Zeitpunkten verglichen (Zeitvergleich).

Auch die Betriebsvergleichsnormen können keine absolute Verbindlichkeit besitzen. Unter der Voraussetzung der Vergleichbarkeit der Ist-Objekte mit den aufgrund von Betriebsvergleichen konstruierten Soll-Objekten kann eine Merkmalsübereinstimmung zwischen den Soll- und den Ist-Objekten nicht unbedingt als erstrebenswert angesehen werden, da in keinem Fall feststeht, daß die zur Norm erhobenen Vergleichstatbestände „besser" oder „schlechter" sind als die zu beurteilenden Ist-Objekte. Treffend bemerkt Schmalenbach hierzu, daß bei Betriebsvergleichen immer die Gefahr bestehe, daß „Schlendrian mit Schlendrian" verglichen werde.[13]

b2) Prüfungsrelevante Beziehungen zwischen Normen

Die Vielfalt möglicher Normen läßt es angezeigt erscheinen, auf prüfungsrelevante Zusammenhänge zwischen verschiedenen Normen hinzuweisen, die bei der Ableitung der Soll-Objekte beachtet werden müssen. Von Bedeutung sind insbesondere die unmittelbare und die mittelbare **Normenkonkurrenz**.

b21) Unmittelbare Normenkonkurrenz

Unmittelbare Normenkonkurrenz liegt immer dann vor, wenn mehrere Normen für ein und dasselbe prüfungsrelevante Merkmal des Ist-Objekts vorliegen, z.B. dann, wenn die Norm A die Bewertung eines Vermögensgegenstands in der Bilanz mit dessen Anschaffungskosten, zugleich aber die Norm B die Bewertung des gleichen Vermögensgegenstands mit dessen Tageswert verlangt.

Das Vorliegen einer unmittelbaren Normenkonkurrenz dürfte nur dann unproblematisch sein, wenn sämtliche Normen in Bezug auf das zu beurteilende Merkmal (z.B. den Wertansatz eines bestimmten Vermögensgegenstands in der Bilanz) die gleiche Merkmalsausprägung (z.B. den gleichen in Geldeinheiten bezifferten Wertansatz des betreffenden Vermögensgegenstands) fordern.

Postulieren dagegen verschiedene Normen unterschiedliche Merkmalsausprägungen für das gleiche Merkmal des Prüfungsobjekts (z.B verschiedene Wertansätze für ein und denselben Vermögensgegenstand in der Bilanz), so liegt ein unmittelbarer **Normenkonflikt** vor, der anläßlich der Ableitung eines widerspruchsfreien Soll-Objekts beseitigt werden muß.

Eine Lösung des durch Normenkonkurrenz entstehenden Konflikts kann zunächst durch „**Normendominanz**" herbeigeführt werden, d.h. durch die Dominanz einer einzelnen Norm bleiben bei der Ableitung des Soll-Objekts alle übrigen konkurrierenden Normen unberücksichtigt:

Im Bereich der Rechtsnormen weisen bestimmte Regeln der Rechtsauslegung auf dieses Verfahren hin. So führt z.B. der Grundsatz „lex specialis derogat legi generali" zu eindeutigen Lösungen, wenn die unterstellte Normenkonkurrenz zwischen einer allgemeinen Vorschrift und einer Spezialvorschrift besteht: Die Spezialvorschrift hat die allgemeine Vorschrift zu dominieren.

Normendominanz kann auch im Verhältnis zwischen Normen verschiedener Herkunft ein geeignetes Mittel zur Lösung eines unmittelbaren Normenkonflikts sein: Für die

---

[13] Vgl. Schmalenbach, Selbstkostenrechnung 1934, S. 263

Bewertung eines bestimmten Vermögensgegenstands sind handelsrechtlich höchstens dessen Anschaffungskosten zulässig, während das Ziel der „richtigen" Darstellung der Vermögenslage in inflationären Zeiten einen Ansatz zu dem (höheren) Tageswert fordern mag. Bei einer Prüfung der Rechtmäßigkeit des Wertansatzes dominiert wegen des rechtlich verankerten Nominalwertprinzips zweifelsfrei die Rechtsnorm über die konkurrierende wirtschaftliche Norm, während bei einer Prüfung der zu einem bestimmten Stichtag vorhandenen Vermögenssubstanz das Umgekehrte der Fall sein mag.

Es wird generell nicht feststellbar sein, welche Norm im Falle der unmittelbaren Normenkonkurrenz zu dominieren hat oder dominieren kann. Offensichtlich ist aber, daß in den meisten Fällen die Entscheidung hierüber dem Prüfer entzogen ist. Sie ergibt sich vielmehr entweder aus dem Verhältnis der konkurrierenden Normen untereinander (z.B. aus dem Vorrang der Spezialnorm vor der Generalnorm) oder aus der Prüfungsordnung bzw. dem Prüfungsauftrag.

Wenn z.B. der Auftrag lautet: „Die Prüfung ist nach betriebswirtschaftlichen Gesichtspunkten, losgelöst von rechtlichen Gesichtspunkten vorzunehmen", dann ist es eindeutig, daß die Rechtsnormen dominiert werden sollen. In anderen Fällen, d.h. dann, wenn dem Prüfer die Auswahl der anzuwendenden Normen überlassen bleibt, hätte dieser anläßlich der Urteilsmitteilung seine eigene Entscheidung zu begründen, mindestens aber seinem Auftraggeber mitzuteilen, z.B.: „Bei der Beurteilung des Wertansatzes sind ausschließlich handelsrechtliche, nicht steuerrechtliche Gesichtspunkte maßgebend gewesen."

Eine weitere Lösung des Normenkonflikts könnte durch einen **Normenkompromiß** herbeigeführt werden. Bei dem Normenkompromiß kommen die konkurrierenden Normen bei dem abzugebenden Urteil zugleich zur Anwendung, wobei der Konflikt durch Gewichtung, d.h. durch Bewertung der Normen gelöst wird.

Ob ein solcher Kompromiß überhaupt möglich ist, hängt wiederum entweder von den konkurrierenden Normen selbst oder von der anzuwendenden Prüfungsordnung ab. Bei Geschäftsführungsprüfungen, bei denen ggf. von mehrdeutigen Zielsetzungen des Unternehmens bei der Ermittlung der Soll-Objekte ausgegangen werden soll, kann ein Normenkompromiß ein vertretbares Mittel zur Lösung des Normenkonflikts sein.

b22) Mittelbare Normenkonkurrenz

Von mittelbarer oder merkmalsbezogener Normenkonkurrenz kann dann gesprochen werden, wenn verschiedene Merkmale eines Prüfungsobjekts untereinander in einem komplementären Verhältnis stehen. Es handelt sich um Fälle, in denen die normgemäße Ausprägung eines Ist-Objekts zugleich eine normgemäße Ausprägung eines anderen Ist-Objekts bedingt.

Der Prüfer kann sich in solchen Fällen auf die Prüfung nur eines Ist-Objekts beschränken und sein Urteil ohne zusätzliche Prüfungshandlungen auf das komplementäre Ist-Objekt ausdehnen. Die Praxis spricht bei solchen Vorgehensweisen von **indirekten Prüfverfahren**.

Ergibt sich z.B. aus einer Norm (Grundsatz ordnungsmäßiger Buchführung), daß Übereinstimmung zwischen einer bestimmten Buchung und dem dazugehörigen Beleg

(Merkmal 1) bestehen muß, ergibt sich aus einer anderen Norm z. B., daß ein funktionsfähiges internes Kontrollsystem auch die Übereinstimmung zwischen Buchführung und Belegwesen sicherzustellen habe (Merkmal 2), so wird der Prüfer, wenn er die Funktionsfähigkeit des internen Kontrollsystems festgestellt hat, auf die Überprüfung der Übereinstimmung des Einzelbelegs mit der dazugehörigen Buchung verzichten können. Oder umgekehrt: Wenn er die Übereinstimmung der Einzelbelege mit den dazugehörigen Buchungen festgestellt hat, wird er ohne besondere Prüfungshandlungen daraus schließen können, daß das interne Kontrollsystem insoweit funktionsfähig war.

4. Die Messung von Abweichungen zwischen Soll- und Ist-Objekten

a) Problemstellung

Es wäre unbefriedigend, wenn das Ergebnis des Vergleichs zwischen den Merkmalsausprägungen der Soll-Objekte und denen der Ist-Objekte nur in der Feststellung bestehen könnte, daß entweder eine Abweichung zwischen den Merkmalsausprägungen besteht oder daß eine solche Abweichung nicht vorliegt.

Vor allem im Hinblick auf die durch den Prüfer vorzunehmende Beurteilung der evtl. festgestellten Abweichungen ist es wünschenswert, daß der Vergleichsprozeß auch Aussagen über die Richtung und ggf. über den Umfang der festgestellten Abweichungen liefert. Der Prüfer wird deshalb versuchen, die evtl. **Abweichungen zwischen entsprechenden Merkmalsausprägungen des Soll-Objekts und des Ist-Objekts zu messen** und das Meßergebnis seiner Urteilsbildung zugrunde zu legen.

Als Messung im weitesten Sinne kann die Zuordnung von Zahlen oder Symbolen (Meßwerten) zu Objekten (Maßgrößen) nach bestimmten Regeln verstanden werden.[14] Voraussetzung der Zuordnung von Meßwerten zu Maßgrößen ist, daß die Menge, der die zu messenden Maßgrößen angehören, geordnet werden kann und daß die Struktur der so geordneten Menge durch Zuordnung von Symbolen oder Zahlen zu den einzelnen Elementen der Menge durch Meßwerte auf einer sog. Skala abgebildet werden kann.

Die Messung von Abweichungen setzt dementsprechend voraus, daß die zu prüfende Merkmalsausprägung des Ist-Objekts als Maßgröße des Ist-Objekts auf der gleichen Skala durch einen Meßwert abgebildet werden kann wie die entsprechende Merkmalsausprägung des dazugehörigen Soll-Objekts.

Durch Bestimmung des Verhältnisses beider Meßwerte auf der betreffenden Skala sind dann **Aussagen über die Art und ggf. über die Richtung und den Umfang der Abweichung der Maßgröße des Ist-Objekts von der Maßgröße des Soll-Objekts möglich.**

---

[14] Vgl. Mattessich, Messung 1959, S. 180; vgl. auch Committee on Measurement of the British Association for the Advancement of Science, Report 1940, S. 340

b) Skalierungsverfahren und direkte Messung von Abweichungen

Als Skalierung werden sämtliche Verfahren bezeichnet, mit Hilfe derer die Struktur der Elemente (Maßgrößen) bestimmter Mengen durch Symbole oder Zahlen (Meßwerte) so abgebildet wird, daß **die Meßwerte die Struktur der abzubildenden Mengen wiedergeben.**[15]

Bezeichnet man mit Y_a^*, Y_b^*, Y_c^* ... die Elemente einer Menge M_y^*, so besteht die Aufgabe des Skalierungsverfahrens darin, die Struktur dieser Menge durch Zuordnung von Symbolen oder Zahlen (Y_a, Y_b, Y_c ...) zu den einzelnen Elementen der Menge M_y^* abzubilden. Ausgangsbasis der Zuordnung sind verschiedene Ordnungskriterien der Elemente der abzubildenden Menge, die in der Ordnung der zur Abbildung verwendeten Symbole (Ziffern) wiederkehren müssen. Die wichtigsten Ordnungskriterien der abzubildenden Elemente sind die „Diversität", der „Rang" und der „Abstand".[16]

b1) Diversitätsskalen, Nominalskalen

b11) Darstellung

Über die Elemente einer beliebigen Menge kann die Aussage gemacht werden, daß diese Elemente entweder hinsichtlich ihrer Merkmalsausprägung **voneinander verschieden** sind oder daß sie **merkmalsgleich** sind. Sollen diese Aussagen durch Zahlen oder Symbole abgebildet werden, so müssen die dabei zu beachtenden Meßvorschriften lediglich sicherstellen, daß merkmalsverschiedenen Elementen auch verschiedene Symbole (Zahlen) zugeordnet werden. Skalen, die aufgrund des Ordnungskriteriums „Diversität" aufgestellt werden, heißen Diversitätsskalen. Gebräuchlich sind auch die Bezeichnungen: Nominalskalen, Unterschiedsskalen oder Klassifikationsskalen.[17]

Die **Meßvorschriften** für die Konstruktion von Diversitätsskalen lauten:

– Es muß eine Vorschrift geben, nach der die **Merkmalsgleichheit (Identität)** bzw. die **Merkmalsverschiedenheit (Diversität)** der Elemente der zu skalierenden Menge untereinander festgestellt werden kann. Dies kann dadurch geschehen, daß diejenigen Merkmale präzisiert werden, auf die sich die Messung beziehen soll. Bestehen Schwierigkeiten bei der Erfassung der Merkmale, so können durch die Meßvorschrift Bereiche angegeben werden, innerhalb derer Merkmalsgleichheit als gegeben angenommen werden soll (Unschärfebereiche, Toleranzen).

– Jedem Element der Menge ist, wenn es von einem anderen Element der Menge verschieden ist, ein eigenes Symbol (Zahl) zuzuordnen; denn die Abbildung der Verschiedenheit zwischen den Elementen erfolgt bei Diversitätsskalen bereits dadurch, daß **verschiedenen Elementen auch verschiedene Symbole (Zahlen) zugeordnet werden.**

---

[15] Nach Scheuch, Skalierungsverfahren 1962, S. 348, bezeichnet man mit dem Terminus Skala „standardisierte Instrumente, durch welche die relative Position einer Einheit auf einem Kontinuum möglichst in numerischer Form wiedergegeben wird."

[16] Vgl. Adam, Messen 1959, S. 19

[17] Vgl. Adam, Messen 1959, S. 20

Bezeichnet man die Elemente (Maßgrößen) der Menge M_y^* mit: Y_a^*, Y_b^*, Y_c^*, Y_d^*, die den Elementen zugeordneten Symbole (Meßwerte) des Maßausdrucks M_y mit: Y_a, Y_b, Y_c, Y_d, so läßt sich eine Diversitätsskala wie in Abb. 10 darstellen:[18]

Abb. 10: Nominalskala, Zuordnung von Meßwerten zu Maßgrößen

$$M_y^* \;:\; Y_a^* \;\neq\; Y_b^* \;\neq\; Y_c^* \;\neq\; Y_d^*$$
$$\downarrow \qquad \downarrow \qquad \downarrow \qquad \downarrow$$
$$M_y \;:\; Y_a \;\neq\; Y_b \;\neq\; Y_c \;\neq\; Y_d$$

– Es ist erlaubt, die **Symbole untereinander beliebig zu vertauschen**; dementsprechend wäre auch die folgende Zuordnung gestattet:

Abb. 11: Nominalskala, Alternative Zuordnung von Meßwerten zu Maßgrößen

$$M_y^* \;:\; Y_a^* \;\neq\; Y_b^* \;\neq\; Y_c^* \;\neq\; Y_d^*$$
$$M_y \;:\; Y_a \;\neq\; Y_b \;\neq\; Y_c \;\neq\; Y_d$$

– Nicht gestattet ist es dagegen, **einem Element mehrere Meßwerte bzw. einem Meßwert mehrere Elemente zuzuordnen.**

b12) Messung von Abweichungen

Nach allem geht es bei der Konstruktion von Diversitätsskalen nur darum, daß „unterscheidbare Individuen oder Klassen mit unterschiedlichen Symbolen oder Zahlen benannt werden".[19] Dementsprechend gestattet die Verwendung von Diversitätsskalen bei der Prüfung keine weitere Feststellung als die, daß eine Abweichung zwischen der zu prüfenden Merkmalsausprägung des Ist-Objekts und der des Soll-Objekts entweder vorliegt oder daß Identität der Merkmalsausprägungen gegeben ist.

Im Bereich des betriebswirtschaftlichen Prüfungswesens gibt es eine Fülle von Prüfungsvorgängen, bei denen tatsächlich zwischen den zu prüfenden Merkmalen der Ist-Objekte und den entsprechenden Merkmalen der Soll-Objekte keine anderen Beziehungen festgestellt werden können als die Identität bzw. Diversität der Merkmalsausprägungen.

So lassen z. B. Rechtmäßigkeitsprüfungen häufig nur die Feststellung zu, daß das Merkmal des Ist-Objekts der Rechtsnorm entspricht oder aber daß diese Entsprechung nicht gegeben ist; über die Richtung und über den Umfang der Abweichung sind keine Aussagen möglich, weil für die Beurteilung des Ist-Objekts nur die beiden Argumentwerte „rechtlich zulässig" oder „rechtlich unzulässig" gelten.

Das gleiche gilt für eine Vielzahl von Prüfungen im Rechnungswesen: Bei der Prüfung, ob z. B. eine Buchung in der richtigen Kontenklasse vorgenommen worden ist, kommen stets nur die beiden Urteile „richtig" oder „falsch" in Betracht. Es wäre wenig sinnvoll, wenn man z. B. eine Buchung in der Kontenklasse 5 anstelle einer Buchung in

---

[18] Vgl. dazu eine ähnliche Darstellung bei Adam, Messen 1959, S. 21
[19] Szyperski, Problematik 1962, S. 65

der (richtigen) Kontenklasse 2 für „falscher" halten würde als eine Buchung in der (ebenfalls falschen) Kontenklasse 3.

Die klassifikatorischen Merkmalsausprägungen, auf die sich die genannten Prüfungen beziehen, lassen eine über die Feststellung der evtl. Abweichung hinausgehende Analyse der Abweichung durch das zur Verfügung stehende Meßverfahren nicht zu.

b2) Rangskalen, Ordinalskalen

b21) Darstellung

Als Ordnungskriterium kann auch ein etwa bestehendes **Rangverhältnis zwischen den einzelnen Elementen der abzubildenden Menge** herangezogen werden.

Durch die Skalierung werden unterschiedliche Intensitäten (Valenzen) der Merkmalsausprägungen der einzelnen Elemente durch reelle Zahlen oder Symbole abgebildet, wobei die einzelnen voneinander abweichenden Valenzen der Elemente auch durch die abbildenden Symbole (Zahlen) zum Ausdruck gebracht werden. Solche Skalen werden Rangskalen oder Ordinalskalen genannt.[20]

Die Rang- oder Ordinalskalen stellen insofern einen Sonderfall der Diversitätsskalen dar, als durch sie nicht nur berücksichtigt wird, daß überhaupt Abweichungen zwischen den Merkmalsausprägungen der Elemente einer Menge bestehen (Diversitätsskalen), sondern daß darüberhinaus unterschiedliche Valenzen der Merkmalsausprägungen vorhanden sind.

So ist es z.B. möglich, die Elemente einer Menge, die alle das gemeinsame Merkmal „Ausdehnung" besitzen, so zu ordnen, daß die Elemente je nach der Intensität oder Valenz ihrer Merkmalsausprägungen in zunehmender oder abnehmender Reihung zueinander in Beziehung gesetzt werden, während Elemente mit gleicher „Ausdehnung" ein und derselben Valenzklasse zugeordnet werden.

Ist die betreffende Menge in dieser Weise ordnungsfähig, so kann eine Rangskala wie in Abb. 12 dargestellt werden:

Abb. 12: Rangskala, Zuordnung von Meßwerten zu Maßgrößen

$$M_y^* : \quad Y_a^* \ < \ Y_b^* \ < \ Y_c^* \ < \ Y_d^*$$
$$M_y : \quad Y_a \ < \ Y_b \ < \ Y_c \ < \ Y_d$$

Die **Meßvorschriften** für alle ordinalen Messungen sind die folgenden:

– Es muß eine Vorschrift vorhanden sein, nach der die Valenzabweichungen bzw. die Äquivalenz der einzelnen Elemente einer Menge untereinander festgestellt werden kann. Diese Vorschrift kann von vornherein Unschärfebereiche festlegen, innerhalb derer eine Äquivalenz der Merkmalsausprägungen angenommen werden soll.

---

[20] Vgl. Adam, Messen 1959, S. 20

– Jedem Element der Menge ist, wenn Valenzunterschiede zu anderen Elementen bestehen, die über die zulässigen Unschärfebereiche hinausgehen, ein besonderes Symbol zuzuordnen. Dieses Symbol muß den Rang des zugehörigen Elements im Vergleich zu anderen Elementen der Menge wiedergeben. Die Symbole können im übrigen willkürlich gewählt werden. So ist es zulässig, anstelle der vorstehenden Zuordnung unter sonst gleichen Umständen auch die folgende Zuordnung vorzunehmen:[21]

Abb. 13: Rangskala, alternative Zuordnung von Meßwerten zu Maßgrößen

$$M_y^* \ : \ Y_a^* \ < \ Y_b^* \ < \ Y_c^* \ < \ Y_d^*$$

$$M_y \ : \ Y_a \ < \ Y_b \ < \ Y_c \ < \ Y_d$$

– Nicht gestattet sind dagegen die Zuordnungen nach Abb. 14:

Abb. 14: Rangskalen, unzulässige Zuordnungen von Meßwerten zu Maßgrößen

$$M_y^* \ : \ Y_a^* \ < \ Y_b^*$$
$$M_y \ : \ Y_a \ < \ Y_b$$

$$M_y^* \ : \ Y_a^* \ < \ Y_b^*$$
$$M_y \ : \ Y_a \ < \ Y_b$$

b22) Messung von Abweichungen

Sind die Merkmalsausprägungen der Elemente einer Menge auf einer Rangskala abbildungsfähig, so sind damit im Vergleich zur bloßen Diversitätsfeststellung weitere Aussagen über die evtl. vorhandenen Abweichungen zwischen den Merkmalsausprägungen der Ist-Objekte und denen der Soll-Objekte möglich. Es ist dazu erforderlich, aufgrund der anzuwendenden Norm zunächst den Ort des Meßwertes für die Merkmalsausprägung des Soll-Objekts auf der Rangskala zu bestimmen. Durch die Bestimmung des Meßwertes für das Soll-Objekt ist eine Bezugsgrundlage für alle übrigen Meßwerte gewonnen:

Weicht der Meßwert für ein Ist-Objekt von dem Meßwert für das Soll-Objekt ab, so kann mit Hilfe der Rangskala die „**Richtung**" der Abweichung festgestellt werden. Dagegen sind mit Hilfe von Rangskalen noch keine Aussagen über den **Umfang der evtl. festgestellten Abweichungen** möglich.

Zwar kann z.B. anläßlich einer Organisationsprüfung festgestellt werden, daß, gemessen an der durch die organisatorische Gestaltung verursachten „Reibung" im Betriebsablauf, die zur Norm erhobene Organisationsform A der realisierten Organisationsform C vorzuziehen ist. Es kann ferner zusätzlich über die Organisationsform C ausgesagt werden, daß sie zwar noch ungünstiger ist als die ebenfalls nicht normgemäße Organisationsform B, andererseits aber der Organisationsform D vorzuziehen wäre.

Dennoch kann, da Rangskalen nur die Rangordnung der Merkmalsausprägungen angeben, aus der Anzahl der Rangstufen, die zwischen dem Meßwert

---

[21] Vgl. Adam, Messen 1959, S. 21

für das Soll-Objekt und dem Meßwert für das Ist-Objekt liegen, kein Rückschluß auf die relativen oder absoluten Abstände zwischen den Soll- und den Ist-Meßwerten gezogen werden.

b3) Abstandskalen und Kardinalskalen

b31) Darstellung der Meßvorschriften für Abstandskalen

Die möglichen Aussagen über die Struktur einer bestimmten Menge können wesentlich verfeinert werden, wenn durch geeignete Skalierungsmethoden nicht nur die Verschiedenartigkeit und die Rangfolge zwischen den Elementen der Menge wiedergegeben wird, sondern wenn es gelingt, die „Abstände" der Merkmalsintensitäten (Valenzen) der einzelnen Elemente so auf einer Skala abzubilden, daß die den einzelnen Elementen zugeordneten Symbole (Zahlen) zugleich auch Aussagen über die Intensitäts- oder Valenz-Differenzen zwischen den Merkmalsausprägungen der Elemente zulassen. Man bezeichnet diese Skalen als Intervall- oder Abstandskalen.[22]

Durch die Konstruktion von Abstandskalen wird nicht nur der Tatsache Rechnung getragen, daß unterschiedliche Merkmalsausprägungen der Elemente vorhanden sind (Diversitätsskalen) und daß ggf. unterschiedliche Valenzen der Merkmalsausprägungen auf der Skala abgebildet werden (Rangskalen), sondern es werden auch die **Abstände zwischen den Merkmalsausprägungen skaliert.**

Sofern die zu prüfenden Sachverhalte und die zur Verfügung stehenden Normen die Konstruktion von Abstandskalen gestatten, ist es somit möglich, nicht nur die Richtung der evtl. Abweichungen zu bestimmen, sondern auch den Umfang der Abweichungen durch reelle Zahlen auszudrücken. Eine Abstandskala kann allgemein wie in Abb. 15 dargestellt werden:

Abb. 15: Abstandskala, Zuordnung von Meßwerten zu Maßgrößen

$$M_y^* \; : \; Y_a^* \; \leftrightarrow \; Y_b^* \; \leftrightarrow \; Y_c^* \; \leftrightarrow \; Y_d^* \; \leftrightarrow \; Y_e^*$$

$$M_y \; : \; Y_a \; \leftrightarrow \; Y_b \; \leftrightarrow \; Y_c \; \leftrightarrow \; Y_d \; \leftrightarrow \; Y_e$$

Setzt man für Y_a, Y_b, ... Y_e reelle Zahlen, so müssen diese Zahlen ihrerseits nicht nur die **Rangordnung der Elemente,** sondern auch das **Verhältnis der Abstände zueinander** zum Ausdruck bringen, z. B. (Abb. 16):

Abb. 16: Abstandskala, Zuordnung von reellen Zahlen zu Maßgrößen

$$M_y^* \; : \; Y_a^* \; \leftrightarrow \; Y_b^* \; \leftrightarrow \; Y_c^* \; \leftrightarrow \; Y_d^* \; \leftrightarrow \; Y_e^*$$

$$M_y \; : \; 1 \; \leftrightarrow \; 1,5 \; \leftrightarrow \; 2 \; \leftrightarrow \; 4 \; \leftrightarrow \; 5$$

Verhältnis der
Abstände zu-
einander: 0,5 : 0,5 :   2 : 1

---

[22] Vgl. Adam, Messen 1959, S. 20

Die bei der Konstruktion von Abstandskalen des gekennzeichneten Typs zu beachtenden **Meßvorschriften** sind diese:

- Es muß eine Vorschrift geben, nach der nicht nur die Diversität und die Rangordnung in Bezug auf die Merkmalsausprägungen der Elemente festgestellt werden können, sondern auch die „Abstände" zwischen den Valenzen der Merkmalsausprägungen.
- Dementsprechend gelten die für die Rangskalen festgestellten Meßvorschriften auch hier: Es ist nicht gestattet, zwei verschiedenen Elementen der Menge außerhalb der zulässigen Unschärfebereiche ein einziges Symbol (Zahl) zuzuordnen; ferner ist es nicht gestattet, die Symbole (Zahlen) willkürlich untereinander auszutauschen, weil dann die Rangfolge der Maßgrößen nicht mehr durch die entsprechenden Meßwerte zum Ausdruck gebracht würde.
- Es ist gestattet, die den einzelnen Elementen der Menge zugeordneten Zahlen durch lineare Transformation der gesamten Skala (Multiplikation sämtlicher Meßwerte mit einer Konstanten) beliebig zu verändern. Werden die Meßwerte der Menge M_y des vorstehenden Beispiels z.B. mit 2 multipliziert: $2Y_a = 2$; $2Y_b = 3$; $2Y_c = 4$; $2Y_d = 8$; $2Y_e = 10$, so werden durch diese Operation zwar die durch reelle Zahlen ausgedrückten Abstände zwischen den einzelnen Meßwerten absolut verändert, das Verhältnis der Abstände untereinander bleibt dadurch aber unberührt: Die Abstände verhalten sich unabhängig von der linearen Transformation ebenfalls wie 0,5 : 0,5 : 2 : 1. Ein Beispiel für die Transformation von Abstandskalen durch Multiplikation der Meßwerte mit einer Konstanten sind die Umrechnungen von Geldbeträgen verschiedener Währungen unter Zuhilfenahme von Wechselkursen.
- Wenn eine Abstandskala lediglich die Relationen zwischen den einzelnen Abständen eindeutig wiedergeben soll, ist es ferner gestattet, den Nullpunkt der Skala durch Addition einer Konstanten zu jedem einzelnen Meßwert beliebig zu verschieben. Dadurch werden zwar die einzelnen Meßwerte absolut verändert, unverändert bleiben aber die absoluten Abstände der einzelnen Meßwerte zueinander und damit auch die Relationen zwischen den einzelnen Abständen. Als Beispiel für die mögliche Verschiebung des Nullpunkts einer Abstandskala wird in der Literatur die kalendare Zeitmessung genannt: Die Daten eines bestimmten Kalendersystems können ohne weiteres in solche eines anderen übersetzt werden.[23]
- Beide zulässigen Umformungen von Abstandskalen können kombiniert werden: Ein Beispiel für die zulässigen Umformungen gemäß den obigen Meßvorschriften ist die alternative Temperaturmessung in „Celsius" und in „Fahrenheit". Es zeigt sich, daß die Meßwerte durch Multiplikation mit einer Konstanten und durch Verschiebung des fiktiven Nullpunkts umgeformt werden können. Für die Umformung der Abstandskala von C auf F gilt: F = 32, 6 C.[24]

b32) Messung von Abweichungen mit Hilfe von Abstandskalen

Solange der Nullpunkt einer Abstandskala willkürlich oder durch Konvention festgelegt ist, gestattet eine Abstandskala lediglich die Feststellung von **Abweichungsrelationen.**

Das bedeutet, daß die Differenz zwischen dem Meßwert für das Soll-Objekt und dem Meßwert für das Ist-Objekt mit einer anderen Differenz auf der gleichen Skala verglichen werden muß. Es ist deshalb mit Hilfe von Abstandskalen lediglich die Aussage möglich, daß die festgestellte Abweichung

---

[23] Vgl. Mattessich, Messung 1959, S. 182
[24] Vgl. Adam, Messen 1959, S. 22

zwischen dem Meßwert für das Soll-Objekt und dem Meßwert für das Ist-Objekt ein Vielfaches oder ein Bruchteil des durch die gleiche Skala festgelegten „Normal"-Abstands ist.

So kann bei der Überprüfung eines Liefertermins, der z. b. durch Vertrag oder Planvorgabe auf den Anfang des Jahres 1987 festgelegt (= Meßwert für das Soll-Objekt), aber erst Mitte 1987 (= Meßwert für das Ist-Objekt) realisiert ist, die Abweichung wahlweise in Jahren, Monaten oder Tagen, d. h. in „Normaleinheiten" der Skala ausgedrückt werden.

Zu beachten ist aber, daß immer dann, wenn die verwendeten Abstandskalen einen willkürlich gewählten Nullpunkt besitzen, die Bildung von Verhältniszahlen zwischen den einzelnen Meßwerten bzw. zwischen der Abweichung und einem der Meßwerte nicht gestattet ist; denn jede Verschiebung des Nullpunkts einer Abstandskala wird auch eine Veränderung der genannten Verhältniszahlen bewirken.

Es wäre z. B. sinnlos, die sich bei der Überprüfung des Liefertermins ergebende Abweichung von 0,5 Jahren auf den Meßwert des Soll-Objekts (1987) zu beziehen. Eine so ermittelte „relative" Abweichung von 0,025164% kann, da ein absoluter Nullpunkt des Kontinuums Zeit nicht festgestellt werden kann, die Abweichung zwischen den Meßwerten des Soll- und des Ist-Objekts nicht eindeutig wiedergeben.

b33) Kardinalskalen als Sonderfall der Abstandskalen

Es gibt jedoch eine Vielzahl von abstandskalierbaren Sachverhalten, deren Merkmalsausprägungen die Bestimmung eines „absoluten" Nullpunktes auf der Skala gestatten. Es handelt sich, wie Mattessich ausführt, einmal um das System der Kardinalzahlen selbst,[25] dann aber auch um Merkmale wie Menge, Wert, Länge, Fläche, Raum, Gewinn, Erfolg, Aufwand, Leistung, Kosten, Geld usw.

Wird bei der Konstruktion von Abstandskalen der Meßwert „Null" denjenigen Elementen der abzubildenden Menge zugeordnet, die die abzubildende Merkmalsausprägung nicht aufweisen (= absoluter Nullpunkt der Abstandskala), so spricht man von Kardinalskalen als einer besonderen Klasse der Abstandskalen.

Für diese Kardinalskalen gelten die gleichen Meßvorschriften wie für die Abstandskalen, jedoch mit der Abweichung, daß der Nullpunkt dieser Skalen ex definitione nicht durch Addition von Konstanten zu den einzelnen Meßwerten oder durch Subtraktion von Konstanten von den einzelnen Meßwerten verschoben werden kann.

Läßt die zu skalierende Menge die Bestimmung eines absoluten Nullpunktes für die Merkmalsausprägung zu, so erhöht sich die Aussagefähigkeit der möglichen Meßoperationen um einen weiteren Schritt: **Bei Kardinalskalen ist nicht nur wie bei den übrigen Abstandskalen das Verhältnis zwischen den Abständen der einzelnen Maßgrößen durch Zuordnung von Meßwerten bestimmt, sondern es ist darüberhinaus möglich, mit Hilfe von Meßwertfest-**

---

[25] Vgl. u.a. Mattessich, Messung 1959, S. 182

stellungen Aussagen über die Relationen zwischen den Maßgrößen zu treffen.

So ist bei kardinalen Messungen aus den Relationen der einzelnen Meßwerte zueinander ein Schluß auf die Intensität der Merkmalsausprägung der den Meßwerten zugeordneten Maßgrößen möglich.

Beträgt z.B. der Meßwert des Soll-Objekts 15 Einheiten und der Meßwert des Ist-Objekts 5 Einheiten, so erschöpft sich die Aussage über die beiden Meßwerte nicht darin, daß der Abstand des Meßwertes für das Ist-Objekt vom entsprechenden Meßwert für das Soll-Objekt -10 Normaleinheiten beträgt, sondern es kann darüberhinaus aus den beiden Meßwerten der Schluß gezogen werden, daß die Intensität der Merkmalsausprägung des Ist-Objekts nur ein Drittel derjenigen des Soll-Objekts ausmacht oder daß die Abweichung bezogen auf das Soll-Objekt -66,67% beträgt.

b4) Zusammenfassung

Zusammenfassend kann über die Möglichkeiten und Grenzen der Messung von Abweichungen zwischen den Merkmalsausprägungen der Soll-Objekte und denen der Ist-Objekte folgendes festgestellt werden:

Ob und inwieweit Abweichungen gemessen werden können, hängt von den Prüfungsgegenständen und den auf sie anzuwendenden Normen ab.

Allgemeine Voraussetzung für die Messung von Abweichungen ist, daß die zu prüfende **Merkmalsausprägung des Ist-Objekts und die aufgrund der anzuwendenden Norm festgestellte Merkmalsausprägung des Soll-Objekts auf ein und derselben Skala abbildungsfähig** sind.

Soweit überhaupt Prüfungsmöglichkeiten bestehen, werden **Soll- und Ist-Tatbestände stets mit Hilfe von Diversitätsskalen abbildungsfähig** sein, d.h. es wird feststellbar sein, ob eine Abweichung vorliegt oder nicht.

Sind **Angaben über die Richtung der Abweichung** verlangt, so setzt dies, über die bloße Klassifizierbarkeit der Merkmalsausprägungen hinaus, eine Ordnungsfähigkeit der zu prüfenden Merkmale nach dem Rang der Merkmalsausprägungen voraus.

Soll schließlich eine Aussage über den **Umfang der evtl. Abweichung** ermöglicht werden, so ist dies nur dann möglich, wenn die zu prüfenden Merkmale nicht nur rang-, sondern auch abstandskalierbar sind.

Die absolute und relative Messung der Abweichungen nach Richtung und Umfang ist schließlich nur bei denjenigen Merkmalen möglich, die die Bildung von Kardinalskalen zulassen.

Es zeigt sich, daß **mit zunehmender Verfeinerung der Meßmethoden der Anwendungsbereich dieser Methoden abnimmt.** Die Prüfungsordnungen können nur dann die Anwendung präziser Meßmethoden von dem Prüfer verlangen, wenn die zu beurteilenden Merkmale der Ist-Objekte und die maßgebenden Merkmale der Soll-Objekte die Anwendung der betreffenden Meßverfahren erlauben.

Umgekehrt sollte der Prüfer die Möglichkeiten der Aussagegewinnung über die jeweiligen Ist-Objekte nach Maßgabe der ihm zur Verfügung stehenden

Meßmethoden voll ausschöpfen, um sein Urteil auf möglichst vollständige Informationen über das Ist-Objekt stützen zu können.

Beträgt z.B. der Wertansatz eines Vermögensgegenstands in der Bilanz DM 220.–, der aufgrund der anzuwendenden Norm richtige Wertansatz aber nur DM 200.–, so kann sich der Prüfer gewiß mit der Feststellung, daß der Bilanzansatz „falsch" sei, begnügen (nominale Messung der Abweichung). Durch Rangskalierung kann er die weitergehende Aussage gewinnen, daß der Bilanzansatz „zu hoch" ist. Die Abstandskalierung gestattet ihm ferner die Feststellung, daß der Bilanzansatz „um DM 20.– zu hoch" ist. Die kardinale Skalierung schließlich führt ihn zu der weitestgehenden Aussage, nämlich zu der Feststellung, daß die (fehlerhafte) Abweichung des Ist-Objekts von der normgerechten Gestaltung 10%, bezogen auf das Soll-Objekt, ausmacht.

Nur die kardinale Messung erlaubt ihm, sein Vergleichsergebnis in einer Weise zu präsentieren, die bei der Auswertung des Vergleichsergebnisses nicht zu rechentechnischen Beschränkungen führt.

c) Die indirekte Messung von Abweichungen

c1) Zur Technik des indirekten Messens

Bei der Besprechung der Skalierungsverfahren wurde unterstellt, daß die Zuordnung von Meßwerten zu den einzelnen Maßgrößen stets unmittelbar und direkt erfolgt bzw. erfolgen kann.

Anstelle der direkten Zuordnung ist in vielen Fällen aber auch **eine bloß indirekte Zuordnung von Meßwerten zu den Maßgrößen zulässig, angebracht oder erforderlich** (indirektes Messen).

Bei dem indirekten Messen wird neben der abzubildenden Menge M_y^* eine Ersatzmenge M_z^* herangezogen, deren Struktur durch die Maßausdrücke M_z abgebildet werden kann. Bestehen nun zwischen der Menge M_y^* und der Menge M_z^* und damit zwischen den entsprechenden Maßausdrücken M_y und M_z eindeutige **funktionelle Beziehungen**, so können bei Kenntnis dieser Beziehungen **aus den Maßausdrücken für die eine Menge auf indirektem Wege Rückschlüsse auf die Struktur der anderen Menge** gezogen werden.

Es ist dann möglich, durch Abbildung der Menge M_y^* auf M_y mit Hilfe bekannter Abhängigkeiten auch Rückschlüsse auf die Struktur der Menge M_z^* oder durch Abbildung der Menge M_z^* auf M_z Rückschlüsse auf die Menge M_y^* zu ziehen. Dies sei anhand einer schematischen Darstellung (Abb. 17) erläutert:[26]

Abb. 17: Schematische Darstellung des indirekten Messens

abzubildende Menge	M_y^* :	$Y_a^* \leftrightarrow Y_b^* \leftrightarrow Y_c^* \leftrightarrow Y_d^* \leftrightarrow \ldots$
Maßausdrücke der abzubildenden Menge	M_y :	$Y_a \leftrightarrow Y_b \leftrightarrow Y_c \leftrightarrow Y_d \leftrightarrow \ldots$
Ersatzmenge	M_z^* :	$Z_a^* \leftrightarrow Z_b^* \leftrightarrow Z_c^* \leftrightarrow Z_d^* \leftrightarrow \ldots$
Maßausdrücke der Ersatzmenge	M_z :	$Z_a \leftrightarrow Z_b \leftrightarrow Z_c \leftrightarrow Z_d \leftrightarrow \ldots$

$$M_y = f(M_z)$$

---

[26] Vgl. ähnlich: Szyperski, Problematik 1962, S. 69

Es wird angenommen, daß die Menge M_y^* durch M_y z.B. auf einer Kardinalskala abgebildet ist. Ferner sei M_z^* durch M_z ebenfalls auf einer Kardinalskala abgebildet. Ist nun zwischen M_y und M_z eine Verknüpfung der Art gegeben, daß für jeden Meßwert von M_y ein entsprechender Meßwert von M_z bestimmt werden kann ($M_y = f(M_z)$), dann ist es möglich, jedes Element der Menge M_y^* indirekt durch Meßwerte aus M_z abzubilden.

c2) Wahlweise indirektes Messen

Nicht immer besteht für den Messenden die Wahlmöglichkeit, bestimmte Sachverhalte entweder direkt oder indirekt zu messen.

Beim wahlweise indirekten Messen[27] ist es ex definitione möglich, die beiden Mengen M_y^* und M_z^*, d.h. die Menge, der der zu messende Tatbestand angehört und die Ersatzmenge unabhängig voneinander zu skalieren und dementsprechend die Maßausdrücke M_y und M_z unabhängig voneinander zu bestimmen.

Es ist somit bei dem wahlweise indirekten Messen auch stets möglich, die für das indirekte Messen notwendige Verknüpfung der Maßausdrücke für die beiden Mengen durch Gegenüberstellung der einzelnen, unabhängig voneinander gewonnenen Meßwerte zu bestimmen bzw. das Bestehen einer angenommenen Verknüpfung zwischen den Mengen durch eine solche Gegenüberstellung nachzuweisen.

So kann z.B. eine etwa erforderliche Bestandsfeststellung von Massen- oder Stapelgütern entweder durch direkte Messung (Wiegen oder Zählen) vorgenommen werden; der Prüfer kann aber auch, wenn er der Überzeugung ist, eine hinreichende Meßgenauigkeit zu erzielen, u.U. elegantere indirekte Methoden der Bestandsfeststellung anwenden. So wäre es möglich, zunächst das Volumen der Lagerbehälter zu messen, um dann mit Hilfe einer z.B. durch die Erfahrung gewonnenen funktionalen Verknüpfung zwischen Lagervolumen und Lagermenge (z.B. Kg/m³) indirekt auf die vorhandene Lagermenge zu schließen. Es handelt sich bei diesem indirekten Meßverfahren letztlich um nichts anderes als um eine lineare Transformation der (kardinalen) Volumenskala in die (ebenfalls kardinale) Gewichtsskala durch Multiplikation der Meßwerte für das Lagervolumen mit dem Umrechnungsfaktor Kg/m³.

c3) Zwangsweise indirektes Messen

Bei dem zwangsweise indirekten Messen[28] besteht im Gegensatz zum wahlweise indirekten Messen keine Möglichkeit, eine Menge ohne Zuhilfenahme einer Ersatzmenge auf einer Skala abzubilden. Es besteht also keine Möglichkeit, z.B. die Menge M_y^* direkt durch einen Maßausdruck M_y abzubilden. Eine Abbildung der Menge M_y^* ist beim zwangsweise indirekten Messen allenfalls dadurch möglich, daß der Maßausdruck M_z der Menge M_z^* ersatzweise auch zur Abbildung der Menge M_y^* herangezogen wird.

Voraussetzung einer isomorphen Abbildung der Menge M_y^* durch die Ausdrücke M_z ist – wie beim wahlweise indirekten Messen -, daß eine Verknüp-

---

[27] Vgl. Szyperski, Problematik 1962, S. 70f.
[28] Vgl. zum Begriff: Szyperski, Problematik 1962, S. 70f.

fung der beiden Mengen besteht. **Die Schwierigkeit liegt beim zwangsweise indirekten Messen nur darin, daß das Bestehen einer Verknüpfung zwischen abzubildender Menge und Ersatzmenge nicht durch voneinander unabhängige Abbildungen beider Mengen ermittelt werden kann.** Die Verknüpfung zwischen beiden Mengen beruht vielmehr auf Annahmen, die lediglich durch außerhalb des Meßvorgangs liegende Überlegungen gestützt werden können.

Zwangsweise indirektes Messen liegt z. B. dann vor, wenn die Leistung eines Arbeitnehmers, die direkt nicht meßbar ist, ersatzweise durch die Arbeitszeit in Stunden oder durch die je Zeiteinheit bearbeiteten Werkstücke gemessen wird, um so zu einer Bemessungsgrundlage für die Berechnung des Arbeitsentgelts zu gelangen. Auch die Messung der Gebrauchsabnutzung maschineller Anlagen kann nur indirekt erfolgen: Anstelle der nicht möglichen direkten Messung der Gebrauchsabnutzung werden als Ersatzmaßstäbe die Zeit der effektiven Nutzung, die Zeit der Betriebszugehörigkeit, die Menge der abgegebenen Leistungen usw. herangezogen. Die in den genannten Fällen benutzten Bestimmungsgleichungen können linearer Art sein, z. B. dann, wenn unterstellt wird, daß sich die Arbeitsleistung oder die Anlagennutzung proportional zum Zeitablauf verhalten (lineare Zeitabschreibung, Zeitlohn); sie können aber auch nicht-linear sein, z. B. bei bestimmten Prämienlohnsystemen, bei degressiver oder progressiver Abschreibung nach der Zeit usw.

Leffson[29] und ihm folgend Egner[30] haben auf einen im Bereich der Buchprüfung praktisch unvermeidbaren Fall zwangsweise indirekten Messens hingewiesen: Es ist zwar Zweck einer Buchprüfung, die Übereinstimmung der zu verbuchenden Geschäftsvorfälle (= reale Tatbestände) mit den dadurch ausgelösten Buchungen zu überprüfen. Im Prüfungszeitpunkt ist aber der Geschäftsvorfall nicht mehr unmittelbar zu beobachten oder zu messen. Ein Prüfer, der z. B. den Ein- oder Verkauf einer Ware prüfen will, kann außer in Ausnahmesituationen sich nicht durch Beobachtung von der Existenz des Tatbestandes überzeugen[31]; der Prüfer wird vielmehr darauf angewiesen sein, den realen Tatbestand indirekt, d. h. über die entsprechenden Dokumente zu erfassen.

Leffson bemerkt dazu treffend: Wieweit eine Überprüfung des aufgrund der Dokumente zu unterstellenden Tatbestands möglich sei, hänge vom Einzelfall ab. „Ganz überwiegend wird völlige Sicherheit über den realen Tatbestand nicht zu erlangen sein. Selbst notarielle Dokumente, wie ein Grundstücks-Kaufvertrag, können den zugrunde liegenden Sachverhalt falsch wiedergeben, z. B. bezüglich des Kaufpreises."[32]

In den vorstehend genannten Beispielen ist der Ersatzcharakter der Meß- und Prüfungsobjekte klar erkennbar: **Anstelle der ihnen zugrunde liegenden Vorgänge, Tatbestände etc. geht der Prüfer regelmäßig von Ersatztatbeständen, d. h. dem Niederschlag dieser Tatbestände in Dokumenten aus.** Dabei habe sich, wie Egner[33] feststellt, eine Übereinkunft dahingehend herausgestellt, daß der Prüfer betriebsexterne Dokumente nicht weiter prüfe, d. h. die Rich-

---

[29] Vgl. Leffson, Prüfungswesen 1969, S. 394f.
[30] Vgl. Egner, Programm 1970, S. 777ff.
[31] Vgl. Egner, Programm 1970, S. 777
[32] Leffson, Prüfungswesen 1969, S. 394f.
[33] Vgl. Egner, Programm 1970, S. 777

tigkeit unterstelle, soweit es sich um unbedeutende Beträge oder Dokumente von amtlichen oder halbamtlichen Stellen handele, und daß er bei höheren Beträgen bzw. bei weniger „glaubwürdigen" externen und bei betriebsinternen Dokumenten versuche, durch Vergleich mehrerer unabhängiger Unterlagen über den gleichen Vorgang eine relative Sicherheit zu erlangen.

Es zeigt sich somit: Alle zwangsweise indirekten Messungen können nur durchgeführt werden, weil **bestimmte Annahmen über das Verhältnis zwischen zu messender Menge und der zwangsweise zur Messung herangezogenen Ersatzmenge unterstellt werden.** Diese Annahmen können zwar durch außerhalb des eigentlichen Meßvorgangs liegende Erwägungen gestützt werden; im Hinblick auf den Meßvorgang bleiben die Annahmen aber Fiktionen; **der Prüfer beurteilt, wenn er sich zwangsweise indirekter Meßverfahren bedient, nicht das Prüfungsobjekt, sondern dessen Ersatzmenge.**[34]

5. Die Beurteilung von Soll-Ist-Abweichungen bei einfachen Prüfungen

a) Zum Begriff des Fehlers

Unter einem Fehler kann jede aufgrund der anzuwendenden Norm unzulässige, meßbare Abweichung der Merkmalsausprägung eines Ist-Objekts von der Merkmalsausprägung des dazugehörigen Soll-Objekts verstanden werden.

Als Fehler in diesem Sinne kann also nicht jede im Vergleichsprozeß festgestellte Abweichung angesprochen werden. Fehlerhaft ist ein Ist-Objekt erst dann, wenn eine evtl. festgestellte Abweichung die durch die jeweilige Norm bestimmte bzw. bestimmbare **Toleranz** überschreitet.

Weitere Voraussetzung für die Fehlerfeststellung ist, daß die unzulässige Abweichung zweifelsfrei festgestellt werden kann, d. h. daß die gemessene Abweichung außerhalb der bei der Messung der Soll- und der Ist-Objekte zu berücksichtigenden „Unschärfebereiche" liegt.

Die „Schwere" eines so festgestellten Fehlers kann meßtechnisch nach dem absoluten oder nach dem relativen Umfang der über den Toleranz- und/oder Unschärfebereich hinausgehenden Abweichung bestimmt werden; im übrigen kann die Schwere einer unzulässigen Abweichung nur aus der Prüfungsordnung und dem anzuwendenden Normensystem abgeleitet werden.

b) Die Berücksichtigung fehlerfreier Bereiche (Toleranzen)

Nicht immer ist durch die auf das Ist-Objekt anzuwendenden Normen der Spielraum der fehlerfreien Gestaltung des Ist-Objekts derartig eingeschränkt,

---

[34] Insoweit kann auch eine sog. Vollständigkeitserklärung, d. h. eine umfassende Versicherung der Unternehmensleitung über die Vollständigkeit der erteilten Auskünfte und Nachweise, kein Ersatz für Prüfungshandlungen sein, sondern allenfalls eine sachgerechte Ergänzung der Abschlußprüfung; vgl. dazu IdW, FG 1/1977: Grundsätze ordnungsmäßiger Durchführung von Abschlußprüfungen, Abschn. IX

daß als fehlerfrei nur eine einzige Merkmalsausprägung des Ist-Objekts angesehen werden kann.

In vielen Fällen lassen die Normen einen mehr oder weniger großen Spielraum, innerhalb dessen eine fehlerfreie Gestaltung des Ist-Objekts in Bezug auf das zu prüfende Merkmal möglich ist. Diese Spielräume sollen als **Toleranzen** bezeichnet werden.

Beispiele für das **Fehlen eines Toleranzbereichs** finden sich bei allen Arten der Normen: Die Rechtsordnung kann z.b. für Unternehmen bestimmter Wirtschaftszweige nur eine einzige Rechtsform als zulässig zur Verfügung stellen; für die Bewertung eines Vermögensgegenstands in der Bilanz kann nur ein einziger zulässiger Wertansatz vorgeschrieben sein; im Bereich der einzelwirtschaftlichen Zielnormen läßt z.b die systemnotwendige Forderung nach rechnerischer Richtigkeit der Kontenführung nur eine einzige Gestaltungsmöglichkeit des Ist-Objekts als fehlerfrei zu; schließlich können Planvorgaben durch eine Planungsstelle mit einem solchen Grad an Verbindlichkeit versehen werden, daß jede Abweichung des realisierten Ist-Objekts von exakt festgelegten Vorgaben als fehlerhaft anzusehen ist.

Die in anderen Fällen **zulässigen Toleranzen** können je nach dem durch die Normensetzung verfolgten Zweck verschieden ausgestaltet sein. Typisch sind die folgenden Beispiele:

b1) Fehlerfreie Bereiche bei Geboten

Die Rechtsordnung kann die an sich möglichen und denkbaren **Merkmalsausprägungen des Ist-Objekts** z.b. im Interesse der Übersichtlichkeit und Klarheit rechtlicher Gestaltungen **auf einige wenige zulässige Merkmalsausprägungen beschränken.**

So sind in Bezug auf das Merkmal „Rechtsform der Handelsgesellschaften" nur einige wenige mehr oder weniger exakt umschriebene Typen zulässig. Fehlerfreiheit in Bezug auf das Merkmal „Rechtsform" ist hier nur dann gegeben, wenn das Ist-Objekt alternativ einer der möglichen, d.h. rechtlich zulässigen Gestaltungen entspricht. Die Normen haben in diesem Fall den Charakter von Geboten.

b2) Fehlerfreie Bereiche bei Verboten

Umgekehrt können **aus einer Vielzahl denkbarer Merkmalsgestaltungen des Ist-Objekts einige wenige als unzulässig bezeichnet** werden. Die Normen gewinnen den Charakter spezieller Verbote.

Bestehen solche Verbote, so wird der Prüfer in die Lage versetzt, einer Vielzahl von möglichen Gestaltungen der Ist-Objekte merkmalsgleiche Soll-Objekte gegenüberzustellen und damit Fehlerfreiheit zu konstatieren; nur dort, wo ein solches Verbot nicht eingehalten worden ist, kann er dem Ist-Objekt ein merkmalsgleiches Soll-Objekt nicht mehr gegenüberstellen. Er muß wegen der Merkmalsabweichung die Fehlerhaftigkeit des Ist-Objekts feststellen.

b3) Einseitige und zweiseitige Begrenzung zulässiger Merkmalsausprägungen

Möglich sind schließlich einseitig oder zweiseitig begrenzte zulässige Merkmalsausprägungen der Ist-Objekte.

Einseitige Begrenzungen liegen z.B. dann vor, wenn das handelsrechtliche Bewertungsrecht für die Bewertung von Vermögensgegenständen in der Bilanz entweder einseitige Bewertungsobergrenzen oder einseitige Bewertungsuntergrenzen festgelegt hat, wenn durch Bilanzformblätter für bestimmte Unternehmensformen Mindestgliederungen der Bilanzpositionen verbindlich vorgeschrieben oder wenn durch betriebsinterne Planvorgaben Mindestbestände von bestimmten Vermögensgegenständen festgelegt worden sind, die wohl beliebig überschritten, aber nicht unterschritten werden dürfen.

In allen diesen Fällen können innerhalb der durch die Normen gesetzten einseitigen Begrenzungen zulässiger Merkmalsausprägungen der Ist-Objekte jedem beliebigen Ist-Objekt merkmalsäquivalente Soll-Objekte gegenübergestellt werden. Der Bereich der Fehlerhaftigkeit beginnt erst jenseits der durch die Normen gezogenen Grenzen.

Das hat zur Folge, daß Abweichungen von den durch die Normen festgelegten Zulässigkeitsgrenzen nur jeweils in einer „Richtung" als fehlerhaft bezeichnet werden müssen, während in der entgegengesetzten „Richtung" eine Abweichung der Merkmalsausprägung der Ist-Objekte von der Zulässigkeitsgrenze als fehlerfrei bezeichnet werden kann.

Ähnliche Überlegungen gelten für **zweiseitige Begrenzungen der zulässigen Merkmalsausprägungen der Ist-Objekte.** Beispiele hierfür sind: Die Festlegung von Bewertungsober- und -untergrenzen für die Bewertung von Bilanzpositionen; Planvorgaben, durch die lediglich „Bereiche" festgelegt sind, die bei Vollzug des Plans nicht überschritten werden sollen; aus dem „äußeren Betriebsvergleich" abgeleitete Rahmensätze wie sie der steuerliche Außenprüfungsdienst zur „Verprobung" des Umsatzes, des Gewinns usw. verwendet.

Auch hier sind innerhalb der durch die jeweiligen Normen abgesteckten Bereiche beliebige Merkmalsausprägungen der Ist-Objekte fehlerfrei; Fehler sind erst dann festzustellen, wenn die Merkmalsausprägung des Ist-Objekts keine Entsprechung mehr zu innerhalb des Toleranzbereichs liegenden Soll-Objekten findet.

c) Die Berücksichtigung von Unschärfebereichen

Die gekennzeichneten Toleranzen sind stets durch die auf die zu prüfenden Ist-Objekte anzuwendenden Normen festgelegt.

Toleranzen sind nicht zu verwechseln mit **Unschärfebereichen** (sog. **Fehlerunschärfen**), die immer dann in Kauf genommen werden müssen, wenn die durch den Prüfer zu vergleichenden Merkmale der Soll- oder der Ist-Objekte nicht hinreichend exakt erfaßt werden können.

Beim Merkmalsvergleich ergeben sich dann Bereiche, innerhalb derer die Fehlerhaftigkeit oder die Fehlerfreiheit der Ist-Objekte nicht zweifelsfrei festgestellt werden kann. Solche Fehlerunschärfen entstehen sowohl aufgrund von Schwierigkeiten bei der Merkmalserfassung (Messung) der Ist-Objekte; sie sind aber auch bedingt durch die Eigenarten der durch die Prüfungsordnungen vorgegebenen und auf die Ist-Objekte anzuwendenden Normen.

Metabetriebliche Normen sind regelmäßig abstrakt formuliert, da sie auf eine Vielzahl meist nicht von vornherein überschaubarer Fälle Anwendung finden sollen. So entstehen bei der Anwendung von Rechtsnormen Unschärfebereiche durch Auslegungsschwierigkeiten der abstrakt formulierten Rechtssätze: Die mit Hilfe der Rechtssätze durch den Prüfer zu konstruierenden Soll-Objekte sind insoweit nicht exakt bestimmbar, als die Anwendung der abstrakt formulierten Rechtsnormen auf den konkreten Prüfungsgegenstand nicht zweifelsfrei gelingt. Dies gilt auch für die nicht kodifizierten sonstigen (ethischen) metabetrieblichen Normen.

Einzelwirtschaftliche Zielnormen müssen, wie oben gezeigt, aus den jeweiligen Zielen der Unternehmen bzw. ihrer Teileinheiten abgeleitet werden. Die zum Zwecke des Vergleichs zu bestimmenden Soll-Objekte stellen ideale Gestaltungsmöglichkeiten des jeweiligen Ist-Objekts dar, die der Prüfer in jedem Einzelfall entwickeln muß. Wenn die Merkmalsausprägungen der Soll-Objekte in vielen Fällen nicht eindeutig zu bestimmen sind, so gibt es dafür verschiedene Gründe:

Es ist denkbar, daß die Ziele (Teilziele) eines Unternehmens selbst mehrdeutig oder in sich widerspruchsvoll sind. Es ist ferner möglich, daß es dem Prüfer an sicheren Informationen über die unternehmensindividuellen Datenkonstellationen, Handlungsalternativen und Handlungsfolgen fehlt. Dieser Mangel kann subjektiver Natur sein, z. B. dann, wenn es dem Prüfer an dem notwendigen Überblick fehlt, der ihn in die Lage versetzen würde, aus sämtlichen denkbaren Gestaltungsmöglichkeiten des Prüfungsobjekts die jeweils zieladäquate Alternative zu ermitteln und dem Ist-Objekt als Norm gegenüberzustellen. Der Mangel kann aber auch objektiver Natur sein, z. B. dann, wenn bei der Bestimmung des Soll-Objekts ungewisse Erwartungen entscheidenden Einfluß besitzen.

Schließlich ist mit spezifischen Fehlerunschärfen bei der Verwendung von Planungs- und Betriebsvergleichsnormen zu rechnen.

Bei der Verwendung von betriebsinternen Planvorgaben als Normen hängt die Definierbarkeit der Soll-Objekte ausschließlich von der Qualität der Planvorgaben ab. Handelt es sich um exakt formulierte Planvorgaben, so sind auch die aus ihnen entwickelten Soll-Objekte exakt formulierbar; handelt es sich dagegen um allgemeine Vorstellungen der Planungsträger über die zukünftige Gestaltung und über den zukünftigen Ablauf des Unternehmens, so werden auch die aus diesen Vorstellungen entwickelten Soll-Objekte ungenau formuliert sein müssen. Die Fehlerfeststellung mit Hilfe solcher Soll-Objekte ist dann mit entsprechenden Unschärfen belastet.

Was die Exaktheit der aus Betriebsvergleichen gewonnenen Soll-Objekte angeht, so sei an dieser Stelle auf die Schwierigkeiten verwiesen, die sich insbesondere bei dem Vergleich von Daten konkreter Betriebe aufgrund mangelnder Vergleichbarkeit oder mangelnder Nachprüfbarkeit der zum Vergleich herangezogenen Merkmale ergeben können.

d) Ergebnis: Zur Bestimmbarkeit der „Schwere" der bei einfachen Prüfungen festgestellten Fehler

Als Index für die Schwere eines festgestellten Fehlers bei einfachen Prüfungen kommt in erster Linie der **absolute oder relative „Umfang"** der **unzulässigen Abweichung** von der dazugehörigen normgemäßen Merkmalsausprägung des Soll-Objekts in Betracht.

Sind die Merkmalsausprägung des Ist-Objekts und die dazugehörige Merkmalsausprägung des Soll-Objekts auf ein und derselben **Abstandskala** meßbar, so kann, wie die Ausführungen dieses Abschnitts gezeigt haben, der absolute (bei kardinalskalierbaren Merkmalsausprägungen auch der relative) Abstand direkt oder indirekt gemessen werden.

Ein solcher Index versagt aber immer dann, wenn die Prüfungsobjekte und die dazugehörigen Normen lediglich **rang- oder diversitätsskalierbar** sind.

Während bei rangskalierbaren Prüfungsobjekten allenfalls eine Rangfolge alternativer fehlerhafter Gestaltungen des Ist-Objekts festgestellt werden kann, verbleibt bei lediglich diversitätsskalierbaren Prüfungsobjekten nur die Möglichkeit, das Vorliegen einer Abweichung zu konstatieren, ohne, wie gezeigt, über Umfang und Richtung der Abweichung etwas aussagen zu können.

Als weiterer Index für die Schwere eines Fehlers kommt die **Sicherheit** in Betracht, **mit der eine Überschreitung** des für die Gestaltung des Ist-Objekts maßgebenden Toleranzbereichs durch den Prüfer **feststellbar ist.**

Liegt eine durch den Prüfer festgestellte Abweichung mit Sicherheit außerhalb des bei der betreffenden Prüfung zu beachtenden Unschärfebereiches, so wird das Urteil über das zu prüfende Ist-Objekt anders ausfallen müssen als in den keineswegs seltenen Fällen, in denen der Prüfer eine Abweichung lediglich innerhalb des mutmaßlichen Unschärfebereiches der betreffenden Prüfung festgestellt hat.

Schließlich wird die Schwere eines festgestellten Fehlers entscheidend von dem **Grad an Verbindlichkeit** abhängen, der der bei der Prüfung herangezogenen Norm im Einzelfall zukommt. Die Prüfungslehre selbst kann indes mit ihren Mitteln eine Aussage darüber nicht treffen.[35]

---

[35] Es hieße, den meßtheoretischen Ansatz einer Prüfungslehre zu überfordern, wenn weitergehende Aussagen über die Schwere der festgestellten Fehler verlangt würden, wie dies offenbar Fischer-Winkelmann, Prüfungslehre 1975, S. 135ff. vorschwebt. Der Hinweis auf mehrdimensionale Meßverfahren bei Fischer-Winkelmann, Prüfungslehre 1975, S. 137f. führt die Problemlösung insoweit nicht weiter, als das dort angeführte Beispiel (Belegprüfung) sich nicht auf einfache Prüfungen bezieht.

C. Die Urteilsbildung bei komplexen Prüfungen

Im Gegensatz zu den einfachen Prüfungen soll immer dann von komplexen oder zusammengesetzten Prüfungen gesprochen werden, wenn die Prüfungsordnung von dem Prüfer oder von dem Prüfungsorgan die **Abgabe eines Urteils verlangt, das aufgrund einer Mehrzahl von Einzelvergleichen** (Primärvergleichen) zu bilden ist.

Die meisten der in der Praxis durchzuführenden betriebswirtschaftlichen Prüfungen sind als komplex im vorstehenden Sinne zu bezeichnen; denn es geht bei ihnen stets um die Beurteilung einer Vielzahl von Merkmalen von Ist-Objekten.

Bei der Pflichtprüfung eines Jahresabschlusses z.B. hat der Prüfer als Ergebnis seiner Prüfungshandlungen ein (Gesamt-)Urteil darüber abzugeben, ob die Buchführung und der Jahresabschluß (Bilanz, Erfolgsrechnung, Anhang) den gesetzlichen Vorschriften entsprechen und ob der Jahresabschluß unter Beachtung der Grundsätze ordnungsmäßiger Buchführung ein den tatsächlichen Verhältnissen entsprechendes Bild der Vermögens-, Finanz- und Ertragslage des Unternehmens vermittelt (§§ 321 Abs. 1; 322 Abs. 1 HGB).

Ein solches Urteil ist nur aufgrund einer Vielzahl vorangegangener Einzelvergleiche, durch Zusammenfassung der einzelnen Vergleichsergebnisse zu Zwischenurteilen und ggf. durch weitere Verdichtung der Zwischenurteile zu dem Gesamturteil als Ergebnis der komplexen Prüfung zu gewinnen.

Die Prüfungsordnungen lassen regelmäßig präzise Angaben über die Art, über den Umfang und über die Reihenfolge der durchzuführenden Einzelvergleiche und über die Art der Zusammenfassung der Vergleichsergebnisse zu Teil- und Gesamturteilen vermissen. Selbst für Standardprüfungen, wie die gesetzlich vorgeschriebenen Pflichtprüfungen der Jahresabschlüsse von Kapitalgesellschaften, fehlt es an einigermaßen erschöpfenden Hinweisen über die Art und Weise der Prüfungsdurchführung. Den Prüfern bzw. den Prüfungsorganen bleiben damit bei komplexen Prüfungen wesentlich mehr Entscheidungsmöglichkeiten hinsichtlich der anzuwendenden Verfahren zur Gewinnung der verlangten Gesamturteile als bei einfachen Prüfungen.

Für den Bereich der gesetzlich vorgeschriebenen Abschlußprüfungen werden diese Erwägungen z.B. in dem Fachgutachten 1/1977 „**Grundsätze ordnungsmäßiger Durchführung von Abschlußprüfungen**" des Instituts der Wirtschaftsprüfer bestätigt:

„Offensichtlich geht der Gesetzgeber davon aus, daß es nicht möglich ist, alle mit der Prüfungsdurchführung zusammenhängenden Fragen gesetzlich zu regeln, und daß es auch nicht zweckmäßig erscheint, durch starre Normen die Entwicklungsmöglichkeiten auf diesem Gebiet zu hemmen. Es liegt also im pflichtgemäßen Ermessen des Abschlußprüfers, im Einzelfall Art und Umfang der Prüfungsdurchführung zu bestimmen. Er muß sich dabei an die Grundsätze halten, die sich aus der Zielsetzung der Abschlußprüfung ergeben."[36]

und:

„Der Abschlußprüfer muß Art und Umfang der Prüfungshandlungen so bemessen, daß eine sichere Beurteilung der Gesetz- und Ordnungsmäßigkeit der Rechnungslegung möglich ist. Unter dieser Zielsetzung sind Art und Umfang der Prüfungshandlungen gewissenhaft und mit berufsüblicher Sorgfalt zu bestimmen. Wesentliche Kriterien sind dabei die organisatorischen Gegebenheiten des zu prüfenden Unternehmens, ferner die Bedeutung des einzelnen Prüfungsgegenstandes sowie die Wahrscheinlichkeit von Fehlern oder von Verstößen gegen die Rechnungslegungsvorschriften (,Fehlerrisiko')."[37]

Hier bleiben Formulierungen wie „pflichtgemäßes Ermessen des Abschlußprüfers", „Grundsätze, die sich aus der Zielsetzung der Abschlußprüfung ergeben", „sichere Beurteilung" und „Grundsätze der Gewissenhaftigkeit und der berufsüblichen Sorgfalt" in weiten Bereichen auslegungsbedürftig; sie sind jedenfalls weder vom Gesetzgeber noch von Berufsorganisationen noch in der Literatur so eindeutig umschrieben, daß Prüfungshandlungen bei komplexen Prüfungen als determiniert angesehen werden könnten.

Es kann deshalb auch nicht Aufgabe der folgenden Überlegungen sein, ein verbindliches, auf einige oder sogar alle komplexen Prüfungen anwendbares System optimaler oder hinreichender Prüfungsdurchführung zu entwickeln; es geht lediglich darum, die Besonderheiten komplexer Prüfungen im Gegensatz zu einfachen Prüfungen herauszuarbeiten, d. h. den möglichen Verfahren zur Bildung von Gesamturteilen auf der Basis einer Mehrzahl von Einzelvergleichen nachzugehen.

Die Bildung eines Gesamturteils kann in der Weise erfolgen, daß zunächst sämtliche im Rahmen einer komplexen Prüfung erforderlichen Einzelvergleiche durchgeführt und auf ihrer Grundlage Einzelurteile über jedes einzelne zum Prüfungskomplex gehörende prüfungsrelevante Merkmal gefällt werden. Die so gewonnenen Primärurteile werden dann durch geeignete Verfahren (z. B. Bildung von Durchschnitten, von Anteilswerten, Anwendung von Gewichtungssystemen etc.) zu Gesamturteilen zusammengefaßt.

Da in diesen Fällen das Urteilsbildungsverfahren über den Prüfungskomplex dadurch gekennzeichnet ist, daß die Einzelurteile vor ihrer Zusammenfassung zu einem Gesamturteil isoliert voneinander gefällt werden, d. h. ohne Bezugnahme auf evtl. Interdependenzen zwischen den einzelnen prüfungsrelevanten Merkmalen, soll von der **Zusammenfassung unverbundener Einzelurteile gesprochen werden** (vgl. unten, 1).

Die Verfahren für die Zusammenfassung von unverbundenen Einzelurteilen lassen sich offenbar immer dann nicht anwenden, wenn ein komplexes Urteil über mehrere miteinander verbundene Ist-Objekte gefällt werden muß, wie dies bei Abstimmungsprüfungen der Fall sein kann.

Die bekanntesten Beispiele komplexer Abstimmungsprüfungen im Bereich der Buchführung sind die sog. **progressive und die sog. retrograde Prüfung.**

---

36 IdW, FG 1/1977, Abschn. A Abs. 1
37 IdW, FG 1/1977, Abschn. C V

In beiden Fällen sind die zu fällenden Einzelurteile dadurch miteinander verbunden (verkettet), daß die den zeitlich nacheinander geschalteten Primärvergleichen zugrundeliegenden Soll-Objekte aus den (geprüften) Ist-Objekten des vorgeschalteten Primärvergleichs abgeleitet werden müssen. Die Bildung von Zwischen- oder Gesamturteilen auf der Grundlage der in der gekennzeichneten Weise **verbundenen Primärvergleiche** wird in diesem Abschnitt unter Ziff. 2 erörtert.

Gesamturteile (Teilurteile) über Prüfungskomplexe können auch auf indirektem Wege gewonnen werden. Man spricht hier von sog. **indirekten Prüfungen.**

Kennzeichen der indirekten Prüfungen ist es, daß entweder bei der Ermittlung der Soll- oder Ist-Objekte indirekte Meßverfahren angewandt werden oder daß die Urteilsbildung über Prüfungskomplexe unter Zuhilfenahme von Ersatztatbeständen vorgenommen wird: Aus der Prüfung von Ersatztatbeständen werden Rückschlüsse auf die Qualität des eigentlichen Prüfungskomplexes gezogen. Probleme der indirekten Prüfverfahren werden in diesem Abschnitt unter Ziff. 3 behandelt.

Schließlich kann die Urteilsbildung über Prüfungskomplexe auch mit Hilfe von **Stichprobenprüfungen (Auswahlprüfungen)** erfolgen. Bei diesen Prüfverfahren werden Gesamt- oder Teilurteile über Prüfungskomplexe in der Weise gewonnen, daß nach Prüfung nur eines Teiles der zu einem Prüfungskomplex gehörenden Prüfungsobjekte Rückschlüsse auch auf die Qualität der nicht geprüften Prüfungsobjekte des Prüfungskomplexes gezogen werden. Die entsprechenden Verfahren werden ausgiebig unter Ziff. 4 dieses Abschnittes erörtert.

1. Die Urteilsbildung auf der Grundlage unverbundener Einzelurteile (Einzelfallprüfungen)

Ein Gesamturteil, durch das eine Mehrzahl unabhängig voneinander ermittelter Einzelurteile (Einzelvergleiche, Primärvergleiche) zusammengefaßt werden soll, kann nur dann abgegeben werden, wenn es gelingt, Verfahren zu finden, mit Hilfe derer die durch die Einzelvergleiche gewonnenen Aussagen über die verschiedenen prüfungsrelevanten Merkmale des Prüfungskomplexes zu einem Urteil über den gesamten Prüfungskomplex verdichtet werden können. Diese Verfahren sind offensichtlich abhängig von der Struktur der einzelnen Merkmale, über die Einzelurteile gefällt worden sind und von den Meßmethoden, mit Hilfe derer evtl. Abweichungen zwischen den Ist-Merkmalsausprägungen und den Soll-Merkmalsausprägungen festgestellt worden sind:

Geht es darum, lediglich Alternativurteile zusammenzufassen, d. h. Urteile über diversitätsskalierbare Merkmale der Ist-Objekte, werden andere Methoden angewandt werden müssen als dann, wenn darüberhinaus die Richtung (Rangurteile) und ggf. der mit Hilfe von Abstand- oder Kardinalskalen gemessene Umfang der evtl. festgestellten Einzelabweichungen bei der Bildung des Gesamturteils berücksichtigt werden sollen;

geht es darum, Einzelurteile über ein bestimmtes Merkmal, das bei einer Mehrzahl von Untersuchungseinheiten vorhanden ist, zusammenzufassen, werden andere Vorgehensweisen notwendig sein als dann, wenn das Gesamturteil auf der Grundlage von Einzelurteilen über verschiedenartige prüfungsrelevante Merkmale eines Prüfungskomplexes gewonnen werden soll.

Hagest[38] stellt die **Kombinationsmöglichkeiten von Einzelurteilen über Merkmalskomplexe, die zu Gesamturteilen zusammenzufassen sind,** übersichtlich in der Form einer Matrix dar (Abb. 18):

Abb. 18: Matrix mehrdimensionaler und pluraler Merkmalskomplexe

Untersuchungs-einheiten E_j (j = 1...n) \\ Prüfungsrelevante Merkmale Y_k (k = 1...m)	Y_1	Y_2	Y_3	$\cdots$	Y_m
E_1	Y_{11}	Y_{21}	Y_{31}		Y_{m1}
E_2	Y_{12}	Y_{22}	Y_{32}		Y_{m2}
E_3	Y_{13}	Y_{23}	Y_{33}		Y_{m3}
$\cdots$					
E_n	Y_{1n}	Y_{2n}	Y_{3n}		Y_{mn}

Die **Zeilen dieser Matrix** beschreiben die komplexen Prüfungsobjekte hinsichtlich ihrer verschiedenen Merkmale Y_1 bis Y_m, also z.B. anläßlich einer Belegprüfung die Belegmerkmale „Betrag", „Kontierung", „Belegtext", „Unterschrift" etc.; die **Spalten der Matrix** beschreiben den Prüfungskomplex hinsichtlich der Ausprägungen der einzelnen Merkmale in den Untersuchungseinheiten E_1 bis E_n. Im Rahmen des Beleg-Beispiels wären als „Untersuchungseinheiten" die Einzelbelege, die in dem Prüfungskomplex „Belegwesen" zusammengefaßt sind, anzusehen.

Auf der Grundlage der Darstellung in Abb. 18 lassen sich die folgenden **(Grenz-)Fälle der Zusammenfassung von unverbundenen Einzelurteilen zu Gesamturteilen** herausarbeiten:

– **Sämtliche Untersuchungseinheiten (Einzelbelege E_1 bis E_n) werden nur auf jeweils ein bestimmtes Merkmal hin untersucht** (z.B. Y_1: „Betrag"): In dem Gesamturteil sind dementsprechend die Einzelurteile über die Merkmalsausprägungen Y_{11}, Y_{12}, Y_{13} ... und Y_{1n} sämtlicher Untersuchungsein-

---

[38] Vgl. Hagest, Logik 1975, S. 23; in jüngerer Zeit verwendet auch Loitlsberger eine ähnliche Matrizendarstellung, vgl. Loitlsberger, Fehlergewichtung 1985, S. 190ff.

heiten zusammenzufassen. Das abzugebende Gesamturteil wäre hinsichtlich der Merkmalsart als „eindimensional" und hinsichtlich der Zahl der in das Urteil einbezogenen Untersuchungseinheiten als „plural" zu bezeichnen.

– Eine Untersuchungseinheit (z.B. der erste Beleg: E_1) wird auf sämtliche Merkmale (Y_1 bis Y_m) hin untersucht: In dem Gesamturteil sind dementsprechend die Einzelurteile über die Merkmalsausprägungen Y_{11}, Y_{21}, Y_{31} und Y_{m1} der betrachteten Untersuchungseinheit zusammenzufassen. Das abzugebende Gesamturteil wäre in diesem Falle hinsichtlich der Merkmalsarten als „mehrdimensional" und hinsichtlich der Zahl der betrachteten Untersuchungseinheiten als „singulär" zu bezeichnen.

– Beide „Richtungen" der Zusammenfassung von Einzelurteilen können kombiniert werden: Ein Gesamturteil, in dem die Einzelurteile sämtlicher Felder der Matrix (Abb. 18) zusammengefaßt sind, wäre als „mehrdimensional" hinsichtlich der Merkmalsarten und als „plural" hinsichtlich der Zahl der in das Gesamturteil einbezogenen Untersuchungseinheiten zu bezeichnen.[39]

Nachfolgend werden einige Möglichkeiten zur Bildung von eindimensionalen (pluralen) Gesamturteilen und die Möglichkeiten zur Bildung mehrdimensionaler Gesamturteile aufgezeigt.

a) Die Urteilsbildung über eindimensionale Prüfungskomplexe

a1) Die Zusammenfassung unverbundener Alternativurteile

Ist das Merkmal, auf das sich die eindimensionale Prüfung einer Mehrzahl von Untersuchungseinheiten erstreckt, lediglich auf einer Nominalskala skaliert, liegen also als Ergebnisse der Merkmalsprüfung bei sämtlichen Untersuchungseinheiten Urteile vor, die in bezug auf das geprüfte Merkmal entweder auf „falsch" oder auf „richtig" lauten, so lassen sich Gesamturteile nur in zwei Grenzfällen unmittelbar ableiten: Lauten sämtliche Einzelurteile auf „richtig", so muß auch das Gesamturteil über das prüfungsrelevante Merkmal sämtlicher Untersuchungseinheiten auf „richtig" lauten; ergeben sämtliche Einzelvergleiche das Urteil „falsch", so ist damit auch das Gesamturteil eindeutig auf „falsch" festgelegt.

Befinden sich unter den Einzelurteilen dagegen sowohl solche, die auf „falsch", als auch solche, die auf „richtig" lauten, so kann die Bildung eines (eindimensionalen) Gesamturteils über sämtliche zu einem Prüfungskomplex zusammengefaßten Untersuchungseinheiten durch die Ermittlung von (gewogenen oder ungewogenen) „Fehleranteilen" vorbereitet werden.

Im einfachsten Fall werden lediglich die (prozentualen) Anteile der auf „falsch" bzw. auf „richtig" lautenden Einzelurteile an der Gesamtzahl der

---

[39] Zu den Begriffspaaren „eindimensional-mehrdimensional" und „singulär-plural" vgl. Hagest, Logik 1975, S. 22ff.; in dieser Terminologie sind die oben behandelten Einzelurteile sämtlich als „eindimensional-singulär" zu klassifizieren.

zusammenzufassenden Einzelurteile ermittelt.[40] Der Prüfer hat dann zu entscheiden, ob ihm der ermittelte Fehleranteil noch akzeptabel erscheint oder nicht.

Der Nachteil dieses einfachen Verfahrens liegt darin, daß der unterschiedlichen „Schwere" von Einzelabweichungen bei der Zusammenfassung nicht Rechnung getragen werden kann. **Die Ermittlung ungewogener Anteilswerte führt offenbar nur dann zu vertretbaren Ergebnissen, wenn der Prüfer davon ausgehen kann, daß es für die Bildung des Gesamturteils unerheblich ist, bei welchen Untersuchungseinheiten ggf. Fehler in bezug auf das untersuchte Merkmal festgestellt worden sind.**

Ist der Prüfer dagegen der Auffassung, daß den evtl. Fehlern in bezug auf das prüfungsrelevante Merkmal bei den verschiedenen Untersuchungseinheiten unterschiedliche Gewichte beizumessen sind, so muß die Methode der Ermittlung von ungewogenen Anteilswerten versagen.

Das könnte bei der Belegprüfung der Fall sein, wenn z. B. dem Fehlen der Datumsangabe (= prüfungsrelevantes Merkmal) auf Belegen, die auf große Beträge lauten, größeres Gewicht bei der Bildung des Gesamturteils beigemessen werden soll als dem Fehlen der Datumsangabe auf Belegen, die lediglich auf geringe Beträge lauten.

Hier kann die Bildung von Anteilswerten, in denen die „Wichtigkeit" der einzelnen Untersuchungseinheiten explizit zum Ausdruck kommt, Abhilfe schaffen. Dies kann durch die Ermittlung von **gewogenen Anteilswerten** geschehen, indem beispielsweise die einzelnen Untersuchungseinheiten mit „Gewichten" versehen werden (bei der Belegprüfung könnte der Belegbetrag als „Gewicht" benutzt werden). Der gewogene Fehleranteil kann dann durch den Quotienten aus der Summe der Gewichte der fehlerhaften Untersuchungseinheiten und der Summe der Gewichte sämtlicher Untersuchungseinheiten bestimmt werden.[41]

a2) Die Zusammenfassung unverbundener Rangurteile

Die Verfahren zur Zusammenfassung von nominal gemessenen Einzelabweichungen zu Maßausdrücken für die „Gesamtabweichung" sind auf alle Einzelabweichungen, unabhängig von dem bei ihrer Ermittlung benutzten Meßverfahren anwendbar, also sowohl auf rangskalierte wie auch auf abstand- und kardinalskalierte Einzelabweichungen, weil sämtliche gemessenen Abweichungen mindestens die Information enthalten, daß die zu beurteilenden Merkmalsausprägungen der Ist-Objekte mit den entsprechenden Merkmals-

---

[40] Dieses Verfahren wird regelmäßig im Rahmen der mathematisch-statistischen Anteilswertschätzung angewendet: Es wird der Fehleranteil der in eine Stichprobe gelangten Untersuchungselemente ermittelt und mit Hilfe statistischer Schätzverfahren auf den (wahrscheinlichen) Fehleranteil in der „Grundgesamtheit", d. h. in dem gesamten Prüfungskomplex geschlossen. Vgl. dazu unten, Ziff. 4

[41] Auch gewogene Fehleranteile werden im Rahmen der mathematisch-statistischen Schätzverfahren benutzt; es besteht ferner die Möglichkeit, die verschiedenen möglichen Fehler nach Gewichten zu klassifizieren und (getrennte) Anteile der einzelnen Fehlerklassen an dem Untersuchungskomplex zu ermitteln bzw. zu schätzen

ausprägungen der Soll-Objekte entweder übereinstimmen oder von ihnen abweichen. Soll das abzugebende Gesamturteil darüberhinaus **auch durch die „Richtung" der evtl. bei den Einzelvergleichen festgestellten Abweichungen beeinflußt werden,** so setzt das voraus, daß die zusammenzufassenden Einzelabweichungen zumindest rangskaliert sind. Das ist außer bei den rangskalierten Abweichungen selbst auch bei den abstandskalierten und den kardinalskalierten Abweichungen der Fall.

Da ein Rangurteil, wie oben dargelegt, entweder in der Feststellung besteht, daß die Merkmalsausprägung des Ist-Objekts der Merkmalsausprägung des entsprechenden Soll-Objekts **äquivalent** ist oder aber in der Feststellung, daß die **Intensität der Merkmalsausprägung größer oder kleiner** ist als die des Soll-Objekts, sind bei der Zusammenfassung rangskalierter Einzelabweichungen die folgenden Fälle denkbar:

- **Durch sämtliche Einzelvergleiche wird Äquivalenz zwischen den jeweiligen Merkmalsausprägungen der Ist- und der dazugehörigen Soll-Objekte festgestellt:** Das abzugebende Gesamturteil wird ebenfalls Äquivalenz in bezug auf das geprüfte Merkmal innerhalb des gesamten Prüfungskomplexes festzustellen haben.
- **Durch sämtliche Einzelvergleiche wird eine größere (kleinere) Intensität der Merkmalsausprägungen der Ist-Objekte im Vergleich zu denen der entsprechenden Soll-Objekte festgestellt:** Das abzugebende Gesamturteil wird in bezug auf das prüfungsrelevante Merkmal dieser eindeutigen Tendenz im gesamten Prüfungskomplex Rechnung zu tragen haben.
- **Durch die Einzelvergleiche sind neben Äquivalenzen Abweichungen zwischen den Merkmalsausprägungen der Ist-Objekte und denen der jeweils zugehörigen Soll-Objekte nach „beiden Seiten" festgestellt worden:** Diesem Ergebnis der Einzelvergleiche kann nur bedingt durch Bildung eines einheitlichen Maßausdrucks über die Qualität des Prüfungskomplexes Rechnung getragen werden; es ist insbesondere darauf hinzuweisen, daß immer dann, wenn durch die Einzelvergleiche Abweichungen in beiden „Richtungen" festgestellt worden sind, **kompensatorische Effekte** zwischen den einzelnen Abweichungen nicht ohne weiteres unterstellt werden können; denn an Rangskalen gemessene Abweichungen können ex definitione nur Informationen über die Richtung der Abweichungen, nicht aber über ihren „Umfang" enthalten.

Die Ableitung von Maßausdrücken für die Qualität des Prüfungskomplexes nach Feststellung rangskalierter Einzelabweichungen zur Vorbereitung eines Gesamturteils wird wiederum wohl nur über die **Ermittlung von gewogenen oder ungewogenen Fehleranteilen** möglich sein, wobei, im Gegensatz zu der Bildung von Gesamturteilen auf der Grundlage von bloß nominal gemessenen Abweichungen, sich die explizite Berücksichtigung der „Richtung" der Abweichungen empfiehlt.

Auch hier kann durch die (formale) Zusammenfassung der Einzelurteile die Abgabe eines Gesamturteils nur vorbereitet werden. Es muß sich aus den Normen für den betreffenden Prüfungskomplex ergeben, **welcher Anteil von**

Abweichungen in der einen Richtung und welcher Anteil von Abweichungen in der anderen Richtung im Rahmen des gesamten Prüfungskomplexes noch toleriert werden darf und welche Konsequenzen in bezug auf das Urteil aus dem Vorliegen von Abweichungen in beiden Richtungen zu ziehen sind.

a3) Die Zusammenfassung unverbundener quantitativer Einzelurteile

Sind sämtliche Einzelabweichungen im Rahmen eines Prüfungskomplexes als Soll-Ist-Differenzen mit Hilfe von Abstand- oder Kardinalskalen sowohl der „Richtung" als auch dem „Umfang" nach ermittelt, so können diese Abweichungen durch Errechnung ihrer **Mittelwerte** und/oder ihrer **Streuung** zu Maßausdrücken über die Fehlerhaftigkeit bzw. Fehlerfreiheit des durch die Einzelvergleiche erfaßten Prüfungskomplexes zusammengefaßt werden. Die formelle Voraussetzung für eine solche rechnerische Zusammenfassung, nämlich daß sämtliche Einzelabweichungen auf der gleichen Skala gemessen sind (z. B. als Wertgrößen auf einer DM-Skala), dürfte bei eindimensionalen (pluralen) Prüfungskomplexen stets gegeben sein.

Es liegt nahe, als Maßausdruck für den Umfang der bei den Einzelvergleichen innerhalb des Prüfungskomplexes festgestellten Abweichungen deren Durchschnitt zu benutzen, wobei sich in aller Regel das sog. **arithmetische Mittel** als brauchbar erweist.

Auch hier kann eine Gewichtung der gemessenen Einzelabweichungen nach Maßgabe der relativen „Schwere", die den Einzelabweichungen nach dem zugrunde liegenden Normensystem (oder nach dem subjektiven Ermessen des Prüfers) zukommt, vorgenommen werden: Durch die Bildung des sog. **gewogenen arithmetischen Mittels** läßt sich auch unter dieser Voraussetzung ein einheitlicher Maßausdruck für das Prüfungsergebnis finden.[42]

Voraussetzung für die Verwendung des gewogenen oder ungewogenen arithmetischen Mittels bei der Zusammenfassung kardinalskalierter Einzelabweichungen ist aber stets, daß bei der Bildung des Gesamturteils über den Prüfungskomplex die Kompensationsfähigkeit der verschiedenen Einzelabweichungen untereinander nach dem zugrundeliegenden Normensystem gegeben ist. Das arithmetische Mittel der Einzelabweichungen ist nämlich nicht nur dann gleich Null, wenn sämtliche Einzelabweichungen gleich Null sind, sondern auch dann, wenn sich Einzelabweichungen mit positivem Vorzeichen und Einzelabweichungen mit negativem Vorzeichen gegenseitig aufheben.

Der bei der Bewertung von Vermögensgegenständen in der Handels- und Steuerbilanz regelmäßig zu beachtende „**Grundsatz der Einzelbewertung**" ist

---

[42] Das einfache arithmetische Mittel findet insbesondere im Rahmen der mathematisch-statistischen Stichprobenverfahren Anwendung: Bei der sog. Differenzenschätzung werden aus dem arithmetischen Mittel der in den Einzelelementen der Stichproben gefundenen quantitativen Abweichungen Rückschlüsse auf die durchschnittliche quantitative Abweichung bei sämtlichen Elementen des Prüfungskomplexes (der Grundgesamtheit) gezogen. Das gewogene arithmetische Mittel findet dagegen in diesem Bereich keine Anwendung. Vgl dazu näheres unten

als mögliches Beispiel dafür anzuführen, daß die verlangte **Kompensationsfähigkeit** der Einzelabweichungen durch die (Bewertungs-)Normen selbst **ausgeschlossen** sein kann: Die Vermögensgegenstände sind in der Bilanz einzeln zu bewerten, d. h. eine Überbewertung eines Vermögensgegenstandes kann nicht durch die Unterbewertung eines anderen Vermögensgegenstandes ausgeglichen werden.[43]

Zur Beantwortung der Frage, inwieweit ein Kompensationseffekt bei der Ermittlung von Mittelwerten eingetreten ist, bietet sich die Berechnung von sog. **Streuungsmaßen** an, d. h. von Maßausdrücken für die Verteilung der Einzelabweichungen. Unter den verschiedenen, von der statistischen Methodenlehre bereitgestellten Streuungsmaßen hat insbesondere die sog. **Standardabweichung (quadratischer durchschnittlicher Abstand; standard deviation)** Bedeutung erlangt.[44]

Eine weitere Verfeinerung der quantitativen Analyse der zusammenzufassenden einzelnen Vergleichsergebnisse ist dadurch möglich, daß die einzelnen Differenzen, je nachdem, ob sie ein positives oder ein negatives Vorzeichen besitzen, getrennt zur Berechnung von Streuungsmaßen zusammengefaßt werden. Das Verhältnis beider Streuungsmaße ist dann zugleich ein Maßausdruck für die „Schiefe" der Verteilung der Einzeldifferenzen.[45]

b) Zur Urteilsbildung über mehrdimensionale Prüfungskomplexe

Die vorstehend besprochenen Verfahren zur Gewinnung von Maßgrößen der Fehlerhaftigkeit bzw. Fehlerfreiheit lassen sich offensichtlich nicht unbesehen auf mehrdimensionale Prüfungskomplexe anwenden, d. h. auf Prüfungskomplexe, in denen sich die zusammenzufassenden Einzelurteile auf mehrere verschiedene Merkmalsarten beziehen.

Sowohl bei singulär-mehrdimensionalen Prüfungskomplexen (z. B. ein Beleg, der auf mehrere Merkmale hin untersucht wird) als auch bei pluralen mehrdimensionalen Prüfungskomplexen (z. B. die Gesamtheit aller Belege, die auf

---

[43] Die Frage der Kompensationsfähigkeit positiver und negativer Einzelabweichungen hat in der Diskussion um die Anwendung mathematisch-statistischer Verfahren bei der Inventur nach § 241 Abs. 1 HGB eine erhebliche Rolle gespielt. Zur Problematik vgl. v. Wysocki, Überlegungen 1981, S. 283ff.; IdW, Stellungnahme 1/1981, Abschn. IV 1 b

[44] Auf die Standardabweichung als Streuungsmaß im Rahmen mathematisch-statistischer Stichprobenverfahren wird unten ausgiebig eingegangen. Die Streuung der Einzelwerte der in eine Stichprobe gelangten Untersuchungselemente spielt eine wesentliche Rolle bei der Bestimmung der Genauigkeit, mit der Rückschlüsse von dem Stichprobenergebnis auf die Struktur des Prüfungskomplexes (der Grundgesamtheit) gezogen werden können.

[45] Hinzuweisen ist an dieser Stelle auf ein aus der statistischen Methodenlehre bekanntes Verfahren, auf den „Vorzeichen-Rang-Test" nach Wilcoxon. Hier werden die einzelnen Abweichungen nach ihrem Umfang in ein Rangverhältnis gesetzt und die sich unter Berücksichtigung der Vorzeichen ergebenden Rangsummen zueinander in Beziehung gesetzt. Vgl. dazu v. Wysocki/Schmidle, Verwendung 1979, S. 429 mit weiteren Nachweisen.

mehrere Merkmale hin untersucht wird) ist die Tatsache zu berücksichtigen, daß die möglicherweise festgestellten Einzelabweichungen, die zu einem Maßausdruck für die Gesamtabweichung zusammenzufassen sind, **auf unterschiedlichen Skalen gemessen wurden**; deshalb verbietet sich auch die unmittelbare Errechnung von Fehleranteilen ebenso wie die Ermittlung von durchschnittlichen Abweichungen und ggf. Streuungsmaßen. Die Ergebnisse solcher Rechnungen würden wohl kaum zu haltbaren Maßgrößen für die (normgemäße) Gestaltung des mehrdimensionalen Prüfungskomplexes herangezogen werden können.

Nur in zwei Grenzfällen kann auch über mehrdimensionale Prüfungskomplexe ein Gesamturteil unmittelbar aus den Einzelurteilen abgeleitet werden:

— Die Untersuchung sämtlicher zu einem mehrdimensionalen Prüfungskomplex zusammengefaßten Einzelurteile hat **in keinem einzigen Fall zu Abweichungen** zwischen der Ausprägung der untersuchten Einzelmerkmale und ihrer normgemäßen Ausprägung geführt: Das Gesamturteil muß eindeutig auf „fehlerfrei" lauten.

— Die Untersuchung sämtlicher zu einem mehrdimensionalen Prüfungskomplex zusammengefaßten Einzelurteile hat **in sämtlichen Fällen zu Abweichungen** zwischen der Ausprägung der untersuchten Einzelmerkmale und ihrer normgemäßen Ausprägung geführt: Das Gesamturteil muß eindeutig auf „fehlerhaft" lauten.

In allen anderen Fällen bedarf es zur Ableitung eines Maßausdrucks für die Qualität des Prüfungskomplexes einer Gewichtung (Bewertung) der verschiedenen Merkmalsarten untereinander. Diese Gewichtung kann es dann gestatten, einen (eindimensionalen) Index für die Güte (Fehlerhaftigkeit bzw. Fehlerfreiheit) des gesamten mehrdimensionalen Prüfungskomplexes zu ermitteln.

Bei **mehrdimensionalen singulären Prüfungskomplexen** geht es ausschließlich darum festzulegen, in welchem relativen Umfang Abweichungen bei den einzelnen prüfungsrelevanten Merkmalen in das Urteil über die Untersuchungseinheit eingehen sollen.

Bei **mehrdimensionalen pluralen Prüfungskomplexen** geht es um eine Gewichtung der je Merkmalsart festgestellten Fehleranteile, durchschnittlichen Abweichungen etc. Die möglichen Vorgehensweisen hängen von der Skalierbarkeit der Einzelabweichungen bei den verschiedenen Merkmalskategorien ab.

Ohne denkbaren Verfahren der Ermittlung von Qualitäts-Indizes über mehrdimensionale Prüfungskomplexe in allen Einzelheiten nachzugehen, sei hier als Beispiel nur die von Kolarik[46] vorgeschlagene Vorgehensweise zur **Ermittlung eines „Ordnungsmäßigkeitsprozentsatzes"** wiedergegeben.

Das Beispiel bezieht sich auf den Spezialfall, daß ein Prüfungskomplex mehrere offenbar nur nominal meßbare Merkmalskategorien und einen „quantitativen Sachverhalt"

---

[46] Vgl. Kolarik, Buchprüfung 1964, S. 40ff. In jüngerer Zeit hat sich auch Loitlsberger mit der Fehlergewichtung beschäftigt. Er schlägt die Entwicklung von „Fehlergewichtungsmatrizen" vor, vgl. Loitlsberger, Fehlergewichtung 1985, S. 187ff.

(= ein kardinal meßbares Merkmal) enthält. Das Verfahren läuft darauf hinaus, einen Quotienten als **Ordnungsmäßigkeitsprozentsatz** zu bilden, in dessen Zähler die Summe der mit den „Fehlergewichten" multiplizierten „quantitativen Sachverhalte" der fehlerhaften Untersuchungseinheiten und in dessen Nenner die Summe der „quantitativen Sachverhalte" der fehlerfreien Untersuchungseinheiten aufzunehmen sind. Unter dem „quantitativen Sachverhalt" einer Untersuchungseinheit wird dabei – um im Beispiel zu bleiben – der Buchungsbetrag eines zu prüfenden Beleges verstanden.

Die formale Exaktheit solcher Verfahren kann jedoch nicht darüber hinwegtäuschen, daß auch bei ihrer Anwendung die Existenz bestimmter, aus den zugrundeliegenden Normen oder aus der Prüfungsordnung abzuleitender Beurteilungsregeln für den Prüfungskomplex vorausgesetzt wird, und zwar ist es für die Abgabe eines Gesamturteils über den Prüfungskomplex erforderlich zu wissen, wie die Gewichtungsfaktoren für die einzelnen Fehlerklassen bestimmt werden und welchen Ordnungsmäßigkeitsprozentsatz der Prüfer bei bekanntem Gewichtungssystem gerade noch als tolerierbar ansehen muß.[47]

2. Die Urteilsbildung auf der Grundlage verbundener Einzelurteile

a) Die Bildung von Prüfungsketten

Nicht immer können bei komplexen Prüfungen die Einzelvergleiche unabhängig voneinander vorgenommen werden, wie dies vorstehend unterstellt wurde. Bei Abstimmungsprüfungen, insbesondere im Bereich der Buchprüfungen, besteht regelmäßig die Notwendigkeit, die dem Urteil über einen Prüfungskomplex zugrundezulegenden Soll-Ist-Vergleiche in Form von sog. Prüfungsketten vorzunehmen.

Unter einer Prüfungskette wird eine Aneinanderreihung von Soll-Ist-Vergleichen verstanden, die dadurch miteinander verkettet sind, daß das Soll-Objekt des nachfolgenden Soll-Ist-Vergleichs nach bestimmten Regeln aus dem Ist-Objekt des vorhergehenden Soll-Ist-Vergleichs abgeleitet wird.

Die Besonderheit bei der Bildung eines Gesamturteils auf der Grundlage der zu einer Prüfungskette zusammengeschlossenen einzelnen Soll-Ist-Vergleiche besteht darin, daß **das Ergebnis des letzten Soll-Ist-Vergleichs einer solchen Kette jeweils das Gesamturteil über die zur Prüfungskette verbundenen Einzelurteile bestimmt.**[48]

Die Technik der Verkettung mehrerer Einzelvergleiche läßt sich gut an den **Beispielen der sog. progressiven bzw. retrograden (Buch-)Prüfung** darstellen.

---

[47] Zu den Grenzen der Zusammenfassung von Einzelurteilen zu Teilurteilen und zu Gesamturteilen vgl. unten, Kap. IV C 5.

[48] Zur Diskussion über die logische Struktur der Urteilsbildung auf der Grundlage von Prüfungsketten vgl. v. Wysocki, Grundlagen 1967, S. 248ff. sowie die Beiträge von Leffson, Prüfungswesen 1969, S. 393ff. und Egner, Programm 1970, S. 775ff.. Die vorstehende Definition einer Prüfungskette entspricht dem Vorschlag von Egner, Programm 1970, S. 775

Bei Jahresabschlußprüfungen gibt es, wie Minz ausführt, selten Prüfungshandlungen, die mit einer Operation, z.B. dem Vergleich von Buchung und Beleg, abgeschlossen sind. In der Regel löse jeder Geschäftsvorfall eine ganze Kette von Buchungen aus, der es nachzugehen gelte: „Die progressive Prüfung geht den Weg von der eigentlichen Buchungsgrundlage, dem Beleg, über Grundbücher, Journale, Hauptbuch zur Bilanz bzw. Gewinn- und Verlustrechnung. Die retrograde Prüfung geht den umgekehrten Weg von der Bilanz bzw. Gewinn- und Verlustrechnung zum Beleg."[49]

Ausgangspunkt der Kettenbildung bei der progressiven Prüfung kann also der durch die Buchhaltung zu erfassende und durch den Abschluß darzustellende **wirtschaftliche Tatbestand (Geschäftsvorfall)** sein. Aus dem wirtschaftlichen Tatbestand kann sich der Prüfer unter Zuhilfenahme der für die Beleggestaltung maßgebenden Normen als Soll-Objekt jenen (gedachten) Beleg konstruieren, dessen Merkmale als Soll-Objekte dem **tatsächlich vorhandenen Beleg** gegenübergestellt werden (1. Vergleich). Mit Hilfe des geprüften (und als richtig befundenen) Belegs ist es möglich, gedanklich eine normentsprechende **Journal-Eintragung** zu konstruieren, die als Soll-Objekt mit der in der Buchhaltung vorgefundenen Eintragung (Ist-Objekt) verglichen wird (2. Vergleich). Die daraus entwickelte Soll-Hauptbucheintragung dient zur Prüfung der tatsächlichen **Hauptbucheintragung** (3. Vergleich). Stimmen schließlich die aus den Hauptbucheintragungen abzuleitenden Bilanz- oder Erfolgsrechnungsausweise mit den entsprechenden **Positionen des vorgelegten Jahresabschlusses** überein (4. Vergleich), so ist mit dieser Feststellung sichergestellt, daß der durch das System der Rechnungslegung zwingend verlangte Zusammenhang zwischen dem durch den Beleg repräsentierten wirtschaftlichen Tatbestand und dem Abschluß besteht.

Bei der retrograden (Buch-)Prüfung ist das Vorgehen umgekehrt: Ausgangspunkt der Kettenbildung sind die **Positionen des Abschlusses**. Man kann mit ihrer Hilfe die **Hauptbucheintragungen** (1. Vergleich), die **Journaleintragungen** (2. Vergleich), die **Belege** (3. Vergleich) und die ihnen zugrunde liegenden **wirtschaftlichen Tatbestände** (4. Vergleich) auf gegenseitige Übereinstimmung prüfen, wobei allerdings die Richtigkeit des Abschlußausweises erst dann endgültig feststeht, wenn in der retrograden Prüfungskette Fehler nicht festgestellt werden konnten.

Schematisch läßt sich die **progressive Prüfungskette** wie in Abb. 19 darstellen:

Abb. 19: Progressive Prüfungskette

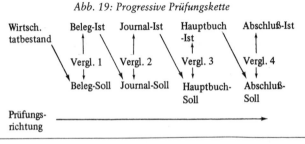

[49] Minz, Prüfungsmethoden 1960, S. 91

Umgekehrt ist die **retrograde Prüfungskette** wie nach Abb. 20 zu charakterisieren:

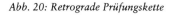

Abb. 20: Retrograde Prüfungskette

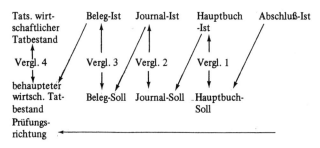

In beiden Fällen wird das Soll-Objekt eines einzelnen Vergleichs jeweils aus dem geprüften oder als „richtig" unterstellten Ist-Objekt des vorgeschalteten Einzelvergleichs unter Zuhilfenahme der für die Gestaltung des Soll-Objekts maßgebenden Verfahrensregeln (Normen) gewonnen. Die Verknüpfung zwischen den einzelnen Gliedern der progressiven bzw. retrograden Prüfungskette ergibt sich somit lediglich aus der durch das Rechnungslegungs-System bedingten Forderung nach (betragsmäßiger) Übereinstimmung zwischen den einzelnen Gliedern der Prüfungskette.

Die vorstehenden **Überlegungen lassen sich verallgemeinern:** Eine Verknüpfung von Einzelvergleichen zu Prüfungsketten wird bei komplexen Prüfungen immer dann erforderlich, wenn zwischen zwei oder mehreren Ist-Objekten Entsprechungen der gekennzeichneten Art postuliert werden. Die Bildung von Prüfungsketten ist deshalb auch keineswegs auf herkömmliche Abstimmungsprüfungen im Bereich konventioneller Buchführungen beschränkt. So läßt sich z.B. der **Datenfluß bei Anwendung automatisierter Abrechnungssysteme,** auch wenn diese Systeme für außerbuchhalterische Zwecke benutzt werden, wohl nur durch stufenweises Vorgehen (im Rahmen der sog. Systemprüfung) überprüfen.

Typisch ist dabei die folgende (progressive) Prüfungskette: **Originalbeleg – Umwandlung der Daten in maschinell lesbare Daten – Eingabe und Umwandlung in die rechnerinterne Darstellungsform – Verarbeitung durch die Anlage** (Programmprüfung und Datenspeicherung) – **Ausgabe.**

Immer dann, wenn mehrere Einzelurteile miteinander verkettet sind, stößt die Zusammenfassung dieser Einzelurteile mit Hilfe der Berechnung von Fehleranteilen, Mittelwerten und Streuungen auf Schwierigkeiten. Der Grund dafür liegt darin, **daß innerhalb einer Prüfungskette auftretende Abweichungen sich,** wenn sie nicht im Zuge des Prüfungsprozesses korrigiert werden, **auf das Vergleichsergebnis des Folgevergleichs auswirken;** man spricht von einem Abweichungs- oder Fehlerfortpflanzungseffekt.

b) Die Bildung eines Urteils über eine progressive Prüfungskette

Zimmermann formuliert ein „Stufengesetz der Prüfung", durch das die logische Struktur der Bildung von Urteilen über progressive Prüfungsketten treffend wiedergegeben wird.

Er vergleicht den Prüfer mit einem Menschen, „der die Treppe eines ihm unbekannten baufälligen Hauses in der Dunkelheit ersteigt und vorsichtig erst jede Stufe auf Haltbarkeit und Zustand untersucht, ehe er zur nächsten weitertritt".[50] Er stellt fest, daß der Prüfer sich in vielen Fällen bei der Beurteilung eines Prüfvorgangs erst stufenweise von der Tragfähigkeit der entsprechenden Prüfunterlagen überzeugen müsse und daß es bei Prüfungen Urteile gäbe, die ohne vorherige Beurteilung anderer Prüfvorgänge gar nicht gebildet werden können. „Beachtet der Prüfer dieses Gesetz nicht, so können sich schwerste Folgen für eine Prüfung ergeben ... . Wenn er Vorgänge (A$_n$) zuerst prüft, für deren Beurteilung andere Vorgänge (B$_n$) herangezogen werden müssen, so läuft er Gefahr, daß er unrichtig urteilt oder später diese Prüfungsarbeiten wiederholen muß. Es kann sich bei der späteren Prüfung der Vorgänge (B$_n$) ergeben, daß sie anders als bisher zu beurteilen sind und daß dadurch auch die bereits abgeschlossene Beurteilung der Vorgänge (A$_n$) wieder geändert werden muß."[51]

Danach ergibt sich für die Urteilsbildung über progressive Prüfungsketten grundsätzlich das Folgende:

– **Jede progressive Prüfungskette beginnt mit einem Glied, welches selbst mit Hilfe der miteinander verketteten Soll-Ist-Vergleiche nicht auf seine Richtigkeit hin überprüft werden kann** (vgl. oben, Abb. 19, „wirtschaftlicher Tatbestand"), dessen Richtigkeit aber gleichwohl für die nachgeschalteten verketteten Soll-Ist-Vergleiche von entscheidender Bedeutung ist. Der Prüfer muß deshalb, bevor er mit der progressiven Prüfung beginnt, versuchen, sich auf andere Weise Gewißheit über die Richtigkeit des Ausgangstatbestands zu verschaffen. Leffson und Egner weisen mit Recht darauf hin, daß sich gerade bei der Prüfung der Richtigkeit der der Buchführung zugrundeliegenden wirtschaftlichen Tatbestände schwierige Probleme ergeben können, die wegen des Effekts der Fehlerfortpflanzung bei Kettenprüfungen nicht ohne Auswirkungen auf das Gesamtergebnis der Buchprüfung bleiben.[52]

– **Werden innerhalb der Prüfungskette Abweichungen festgestellt, so lassen die Verfahren zur Bildung von Gesamturteilen aus unverbundenen Einzelurteilen keinen zuverlässigen Schluß auf die Qualität der zur Vergleichskette zusammengeschlossenen Ist-Objekte mehr zu.** Der Grund dafür ist ebenfalls der Fehlerfortpflanzungseffekt.

– **Stößt der Prüfer innerhalb einer progressiven Prüfungskette auf Abweichungen,** so wird er deshalb gut daran tun, entweder das im Zuge seiner Prüfungshandlungen als fehlerbehaftet festgestellte Ist-Objekt zu berichtigen, ehe er es der Konstruktion des Soll-Objekts für den Folgevergleich zugrundelegt (= Beachtung des Stufengesetzes nach Zimmermann) oder aber die Vergleichsergebnisse der Folgevergleiche um die fortgepflanzte

---

50 Zimmermann, Theorie 1954, S. 40
51 Zimmermann, Theorie 1954, S. 42
52 Vgl. Leffson, Prüfungswesen 1969, S. 394ff.; Egner, Programm 1970, S. 777ff.

Abweichung zu korrigieren. Ihm kommt dabei zugute, daß sich bei progressiven Prüfungen festgestellte Fehler immer nur in der Prüfungsrichtung fortpflanzen;[53] einer Korrektur der in der Prüfungskette vorgelagerten Ist-Objekte bedarf es bei der progressiven Prüfung – im Gegensatz zur retrograden Prüfung – dagegen nicht.

– Ergibt sich aus dem letzten Soll-Ist-Vergleich einer progressiven Prüfungskette (nach Berichtigung etwaiger fehlerhafter Glieder in der Prüfungskette oder nach Korrektur der fortgepflanzten Fehler) **keine Abweichung,** so ist damit zugleich ein **positives Gesamturteil über die zur Prüfungskette zusammengeschlossenen Ist-Objekte** möglich.

c) Die Bildung eines Urteils über eine retrograde Prüfungskette

Auch die retrograde Prüfungskette geht von einem ungeprüften und deshalb nur zunächst als richtig angenommenen **Ausgangstatbestand aus** (vgl. Abb. 20: „Abschluß-Ist"). Im Unterschied zur progressiven Prüfungskette kann die Richtigkeit dieses Ausgangstatbestands regelmäßig nicht auf andere Weise festgestellt werden, sondern sie soll ja gerade mit Hilfe der Prüfungskette nachgewiesen werden.

Das Verfahren, mit Hilfe einer retrograden Prüfungskette zu einem Urteil auch über den Ausgangstatbestand dieser Kette zu gelangen, läßt sich plastisch aus der **Umkehrung des Stufengesetzes von Zimmermann** ableiten:

Betritt der Prüfer in dem baufälligen Haus die Treppe von oben, so sind notwendigerweise der oberste Treppenabsatz wie auch die Basis der Treppe noch ungeprüft. Betritt der Prüfer nun eine Stufe nach der anderen und kommt er dabei wohlbehalten an der Basis an, so wird er erst dann ein positives Urteil über die gesamte Treppe einschließlich des obersten Absatzes abgeben können.

Zur **Erläuterung der Urteilsbildung über eine retrograde Prüfungskette** lassen sich die folgenden **Fälle unterscheiden:**

– Stellt der Prüfer bei sämtlichen Einzelvergleichen im Ablauf einer retrograden Prüfungskette **Abweichungen nicht fest,** dann kann er nach Abschluß des letzten Einzelvergleichs den Schluß ziehen, daß die zwischen Anfangsglied, Zwischengliedern und Endglied festgestellten Beziehungen normgerecht sind, d.h. er kann dann und erst dann dem zunächst ungeprüften Anfangstatbestand der retrograden Kette ein äquivalentes Soll-Objekt gegenüberstellen.

– Stellt der Prüfer innerhalb der retrograden Prüfungskette **bei einem Soll-Ist-Vergleich eine Abweichung** fest, so ist er gezwungen, **sämtliche vorhergehenden Einzelurteile zu revidieren.** Kommt er z.B. zu dem Ergebnis, daß die Journal-Eintragung mit der Buchungssumme auf dem Ist-Beleg nicht übereinstimmt, so kann er daraus – unter der Voraussetzung, daß der Ist-Beleg den wirtschaftlichen Tatbestand richtig wiedergibt – nur den Schluß ziehen, daß die vorher getroffenen Urteile über die Richtigkeit des Journals, des Hauptbuchs und des Abschlusses unzutreffend waren. Der Grund

---

53 Vgl. dazu Egner, Programm 1970, S. 778

dafür ist darin zu suchen, daß bei der retrograden Prüfung die **Prüfungsrichtung und die Richtung der Fehlerfortpflanzung voneinander abweichen.** Ein Gesamturteil über die Prüfungskette wird der Prüfer nach Feststellung dieser Abweichung jedoch noch nicht abgeben können; er muß zunächst die restlichen Soll-Ist-Vergleiche der retrograden Prüfungskette vornehmen, um sicherzustellen, daß sich bei den Folgevergleichen nicht noch weitere Abweichungen ergeben. Erst dann können endgültige Urteile über jede Stufe der Kette abgegeben werden, indem der Prüfer – um im Beispiel zu bleiben – stufenweise die Soll-Objekte für die Journal-Eintragung, die Hauptbucheintragung und den Ausweis korrigiert und auf diese Weise den aufgelaufenen Fehler bis zum Anfangsglied der retrograden Kette (Ausweis-Ist) zurückverfolgt und ggf. die dazugehörigen Ist-Objekte richtigstellt.

d) Die Bildung von Urteilen über verzweigte Prüfungsketten

Die vorstehend behandelten **einfachen Prüfungsketten sind ein Sonderfall.** Insbesondere innerhalb des betrieblichen Rechnungswesens sind die verschiedenen wirtschaftlichen Tatbestände, Geschäftsvorfälle usw. als Ausgangsdaten des Rechnungswerkes in vielfältiger Weise untereinander und mit den Zwischen- oder Endergebnissen verflochten.

Die Zwischen- oder Endergebnisse können als „**Knotenpunkte**" verzweigter **Prüfungsketten** aufgefaßt werden, die je nach der Zahl der in die Zwischen- oder Endergebnisse eingegangenen Ausgangsdaten eine mehr oder weniger große Anzahl von „Ästen" aufweisen. Ursache von Verzweigungen kann sein, daß ein Vorgang mehrere Folgevorgänge auslöst. Ein Knoten ist in diesen Fällen Ursprung von selbständigen Prüfungsketten. Umgekehrt kann ein Knoten auch dadurch zustande kommen, daß einzelne Ketten in einem Punkt zusammenlaufen, wie dies z. B. bei der Aggregation von Geschäftsvorfällen auf Konten der Fall ist.[54]

Gleichwohl wird der Prüfer auch bei Vorliegen verzweigter Prüfungsketten sein Gesamturteil nach den gleichen Grundsätzen, wie sie für einfache Prüfungsketten entwickelt wurden, zu bilden haben. Er wird bei progressiver Prüfungsrichtung das Stufengesetz der Prüfung und die daraus ableitbaren Grundsätze der Fehlerfortpflanzung über sämtliche Zweige seiner Prüfungskette ebenso zu beachten haben, wie den vorläufigen Charakter seiner Einzelurteile bei retrogradem Vorgehen, der grundsätzlich so lange bestehen bleibt, bis der Prüfer schrittweise die Ausgangstatbestände sämtlicher Zweige seiner Prüfungskette erreicht hat.

---

54 Vgl. Knoth, Prüfung 1983, Sp. 1133

3. Indirekte Prüfverfahren

a) Indirekte Prüfverfahren und prüferische Schlußverfahren

Unter der Bezeichnung „indirekte Prüfverfahren" verbergen sich offensichtlich verschiedenartige Vorgehensweisen des Prüfers, nämlich:

– Ermittlung der Merkmalsausprägung des **Ist-Objekts auf direktem Wege;**
Ermittlung der Merkmalsausprägung des dazugehörigen **Soll-Objekts auf
indirektem Wege.** Beispiele sind die sog. Globalabstimmung und die sog.
wirtschaftliche Verprobung.

– indirekte **Ermittlung von Soll-Ist-Abweichungen,** d. h. Rückschluß auf die
Gestaltung des Prüfungsobjekts durch Prüfung eines Ersatzgegenstands,
von dem angenommen werden kann, daß dessen Qualität maßgebend
auch für die Qualität des Prüfungsgegenstands ist. Ein Beispiel ist die
Prüfung des internen Kontroll- oder Überwachungssystems als Ersatzgröße für die unter dem System abgewickelten Einzelvorfälle. Ein weiteres
Beispiel stellt die sog. Systemprüfung im Rahmen EDV-gestützter Buchführungen dar; hier wird nicht die Masse der durch das System verarbeiteten Einzelvorgänge, sondern die Funktionsfähigkeit des Verarbeitungssystems beurteilt.

Gemeinsam ist den vorstehend umschriebenen indirekten Prüfverfahren, daß
sich der Prüfer zur Bildung eines Urteils über den Prüfungsgegenstand bestimmter Ersatztatbestände bedient, um aus bekannten oder unterstellten
Zusammenhängen zwischen dem Prüfungsgegenstand und dem Ersatztatbestand einen Rückschluß auf die Normgerechtigkeit des oder der Prüfungsgegenstände zu gewinnen.

Hagest[55] und ihm folgend Egner[56] weisen darauf hin, daß die Urteilsbildung
durch den Prüfer auf „indirektem" Wege auf allgemeine Grundsätze, die sich
in der **Schlußlehre der Logik** finden, zurückgeführt werden kann.

Danach besteht ein „Schluß" darin, daß eine Feststellung, ein Urteil als
„Schlußsatz" oder **„Konklusion"** aus „Vordersätzen" oder „Prämissen" abgeleitet wird. Die hier interessierenden „mittelbaren" (indirekten) Schlüsse
bestehen im einfachsten Fall aus zwei Prämissen, einem allgemeinen Satz,
dem sog. **„Obersatz"** oder der **„Majorprämisse",** und einem **„Untersatz"**
oder der **„Minorprämisse".** Es ergibt sich dann das folgende Schlußschema,
das in der Schlußlehre der Logik als **„Syllogismus"** bezeichnet wird:

Abb. 21: Syllogismus

Majorprämisse (Obersatz): Erfahrungssätze, theoretische Annahmen, Gesetzmäßigkeiten etc.

Minorprämisse (Untersatz): Prüferfeststellung, Prüfungsinformation, unmittelbare
Aussage über die untersuchten Sachverhalte

(r) ⸻⸻⸻⸻⸻⸻⸻⸻

Konklusion (Schlußfolgerung): Vertretenes Urteil

---

[55] Vgl. Hagest, Logik 1975, S. 66 f.
[56] Vgl. Egner, Prüfungslehre 1980, S. 31; Egner, Prüfungstheorie 1983, Sp. 1234 f.

Die **Majorprämisse** kann eine allgemeine Gesetzmäßigkeit, „aber ebenso auch eine auf Erfahrungen des Prüfers basierende Wahrscheinlichkeitshypothese über Zusammenhänge in der Realität"[57] sein. Im Beispiel der Abb. 17 (schematische Darstellung des indirekten Messens) ist die festgestellte oder angenommene funktionale Beziehung zwischen den Meßwerten der abzubildenden Menge und der Ersatzmenge $(M_y = f(M_z))$ die Majorprämisse.

Die **Minorprämissen** können Feststellungen, Erhebungen oder die Prüfungsinformationen sein, die der Prüfer anläßlich der Prüfungshandlungen über sein Ersatzprüfungsobjekt gefunden hat. Im Beispiel der Abb. 17 handelt es sich um die Meßwerte der Ersatzmenge (M_z).

Der Doppelstrich in dem Schema symbolisiert den Schlußvorgang, wobei der in Klammern gesetzte Buchstabe „r" die „**Relation**" zwischen den Prämissen und der Konklusion wiedergibt. Im Beispiel der Abb. 17 handelt es sich um den Schluß von der Ersatzmenge auf die abzubildende Menge.

Als **Konklusion** oder Schlußsatz ergeben sich schließlich die mittelbaren „Schluß"-Informationen, im Beispiel der Abb. 17 also die Maßausdrücke für die Menge (M_y).

b) Globalabstimmung und Verprobung

Bei Globalabstimmungen und Verprobungen geht es darum, bestimmten Ist-Objekten als Vergleichsgrößen Soll-Objekte gegenüberzustellen, die zwar auf anderem Wege gewonnen worden sind, die aber mit den Ist-Objekten in einem bestimmten oder angenommenen funktionalen Verhältnis stehen. Man spricht von „**Globalabstimmung**", wenn Datenbestände aus der Buchführung, die systembedingt mit anderen Datenbeständen aus der Buchhaltung übereinstimmen müssen, miteinander verglichen werden, und von „**Verprobung**", wenn zu beurteilende Ist-Objekte und die zur Ableitung der Soll-Objekte benutzten Sachverhalte lediglich in einem sachlogischen Zusammenhang zueinander stehen[58].

Das WP-Handbuch 1973[59] nennt als Beispiele solcher indirekten Prüfverfahren: Die „Abstimmung zwischen dem Umsatz eines Fertigungsbetriebs und der zugekauften Handelsware, wenn diese Handelsware in einem festen Verhältnis zum Fertigerzeugnis steht (Kraftfahrzeuge und zugekaufte Felgen, d.V.); Gegenüberstellung der provisionspflichtigen Umsätze und der gezahlten Provisionen, Abstimmung der umsatzsteuerpflichtigen Umsätze mit der Umsatzsteuer." Weitere Beispiele sind nach Becker/Petersen[60] die Abstimmung zwischen der Gewinnausschüttung einer Totogesellschaft mit

---

[57] Hagest, Logik 1975, S. 66f.
[58] Vgl. Lachnit, Globalabstimmung 1983, Sp. 520f.; Minz, Prüfungsmethoden 1960, S. 91; Lachnit unterscheidet ferner die folgenden Verprobungsarten: Verprobung mit Kontenformeln, Verprobung mit Input-Output-Relationen, Verprobung mit betriebswirtschaftlichen Vergleichen, Verprobung mit kalkulationsmäßigen Rechnungen und Verprobung durch Gesamtvermögensvergleich und Gesamtgeldverkehrsrechnung, vgl. Globalabstimmung 1983, Sp. 523ff.
[59] IdW, WP-Handbuch 1973, S. 972
[60] Vgl. Becker/Petersen, Entwicklungstendenzen 1964, S. 411

der Höhe des Wetteinsatzes (z.B. 50% Gewinnausschüttung), Abstimmung der Fahrgeldeinnahmen eines Verkehrsunternehmens mit dem Verbrauch an Fahrkarten, Abstimmung der Debitoren mit den Zielumsätzen etc.

In allen genannten Fällen sucht sich der Prüfer eine Ersatzmenge, die zu der Merkmalsausprägung des Ist-Objekts in einem so **engen funktionalen Zusammenhang** steht, daß über die Ersatzmenge ein Schluß auf den (Soll)-Meßwert der zu prüfenden Größe ermöglicht wird. Unter der Voraussetzung, daß die Ersatzmenge „richtig" ist und daß die unterstellte funktionale Beziehung tatsächlich besteht, läßt sich ein Soll-Objekt mit einer bestimmten Merkmalsausprägung gewinnen, welches dem dazugehörigen (zu prüfenden) Ist-Objekt zum Vergleich gegenübergestellt werden kann.

Der funktionale Zusammenhang zwischen den miteinander abzustimmenden Größen kommt in den angeführten Beispielen deutlich zum Ausdruck: Werden die Kraftfahrzeuge z.B. mit fünffacher Bereifung geliefert, so muß das Verhältnis zwischen der Umsatzmenge an Kraftfahrzeugen und den verbrauchten (zugekauften) Felgen 1:5 betragen; die Verknüpfung zwischen den provisionspflichtigen Umsätzen und der gezahlten Provision ergibt sich unmittelbar aus dem jeweiligen Provisionssatz; die Verknüpfung der umsatzsteuerpflichtigen Umsätze mit dem ausgewiesenen Umsatzsteueraufwand ist bestimmt durch die anzuwendenden Umsatzsteuersätze; der Zusammenhang zwischen Wetteinsatz und Gewinnausschüttung bei Toto-Unternehmen ergibt sich aus der Ausschüttungsquote; bewertet man die verbrauchten Fahrkarten in einem Verkehrsunternehmen mit ihren Verkaufspreisen, so muß schließlich der Gesamtwert der verkauften Fahrkarten mit den ausgewiesenen Fahrgeldeinnahmen übereinstimmen.

Sind die jeweiligen funktionalen Beziehungen zwischen den Meßwerten der Ersatzmenge und den Meßwerten des Ist-Objekts bekannt und als solche eindeutig, so bereitet der **indirekte Schluß auf die gesuchte Merkmalsausprägung des Soll-Objekts** keine Schwierigkeiten.

Die Union Européenne des Experts Comptables (UEC) bezeichnet die vorwiegend **materielle Überprüfung von Ergebnissen der Rechnungslegung mit Hilfe von Kennziffern als „wirtschaftliche Verprobung"**.[61] Es soll mit Hilfe von Kennziffern, die entweder aus dem Zeitvergleich (Zahlen eines Betriebs im Vergleich zu Zahlen aus anderen Zeitpunkten oder Perioden desselben Betriebs) oder aus dem zwischenbetrieblichen Vergleich stammen, versucht werden, den vorgelegten Ergebnissen der Rechnungslegung (Ist-Objekte) eine auf andere Weise gewonnene Größe (Soll-Objekt) gegenüberzustellen, um so wenigstens Anhaltspunkte für die Richtigkeit der zu prüfenden Ist-Objekte zu gewinnen. „Im Gegensatz zur Globalabstimmung (werden) keine exakten Kontrollrechnungen durchgeführt, sondern durch vergleichende Rechnungen und Betrachtungen nur mehr oder minder exakte Hinweise darauf gewonnen, ob bei einem Unternehmen in dem untersuchten Teilbereich normale oder ... abnormale Verhältnisse vorliegen".[62]

Auch bei der „wirtschaftlichen Verprobung" kommen somit die typischen Schlußverfahren bei indirekter Ermittlung der Soll-Objekte zum Tragen: Er-

---

[61] Vgl. UEC, Prüfung 1973, S. 41; ferner: Becker/Petersen, Entwicklungstendenzen 1964, S. 412 f.; Adler/Düring/Schmaltz, Rechnungslegung 1971, § 162, Tz. 162 f.
[62] Becker/Petersen, Entwicklungstendenzen 1964, S. 412

gibt der Vergleich zwischen der Merkmalsausprägung des Ist-Objekts und der des indirekt ermittelten Soll-Objekts keine Abweichung, so kann daraus geschlossen werden, daß das Ist-Objekt „richtig" ist. Dieser Schluß gilt allerdings auch hier nur unter der Voraussetzung, daß die zugrundegelegten Abhängigkeiten zwischen den Merkmalen des Ist-Objekts und des indirekt ermittelten Soll-Objekts tatsächlich bestehen (z.B. unveränderte Bilanzrelationen im Zeitablauf; Vergleichbarkeit der individuellen Untersuchungsgrößen in den zu prüfenden Unternehmen mit den Durchschnittssätzen der betreffenden Branche etc.).

Ein Hauptanwendungsgebiet finden die Verprobungsverfahren auch im Rahmen der steuerlichen Außenprüfung. Hier werden mit Hilfe von sog. Richtsätzen, die aus dem „inneren" oder „äußeren" Betriebsvergleich gewonnen worden sind, Beziehungen z.B. zwischen dem Wareneinsatz und dem Umsatz (Rohaufschlagsatz), zwischen Umsatz und Gewinn (Reingewinnsatz), zwischen Umsatz und Anzahl der Beschäftigten, zwischen Materialeinsatz und Ausbringung (Ausbeutekennzahlen) usw., Aussagen über die Soll-Gestaltung bestimmter Prüfungsobjekte abgeleitet.[63]

Zusammenfassend geht es in sämtlichen Beispielen zur Globalabstimmung und zur Verprobung darum, den dem Prüfer vorgelegten Buchhaltungsergebnissen, Steuererklärungen usw. ein Meßergebnis gegenüberzustellen, welches unabhängig von den zu prüfenden Buchhaltungsergebnissen, Steuererklärungen usw. durch indirektes Messen gewonnen worden ist. Auf diese Weise stehen Soll-Meßwerte für die Prüfungsobjekte zur Verfügung, die den dem Prüfer vorgelegten Ist-Meßwerten gegenübergestellt werden können. Stimmen die durch indirekte Messung gewonnenen Soll-Meßwerte mit den entsprechenden Ist-Meßwerten überein, so besteht die Vermutung, daß die dem Prüfer vorgelegten Ist-Objekte fehlerfrei sind.

Ergeben sich bei dem Vergleich Abweichungen, so kommen für diese **Abweichungen mehrere Gründe** in Betracht, sofern unterstellt werden kann, daß der Prüfer bei der Bestimmung der Ersatztatbestände und ihrer Meßwerte fehlerfrei gearbeitet hat:

– Abweichungsursachen können **Meß- und Verrechnungsfehler** bei der Ermittlung der dem Prüfer vorgelegten Buchführungsergebnisse, Steuererklärungen usw. sein, und zwar sowohl bei den Ist-Objekten als auch bei den als Ersatzgrößen herangezogenen Tatbeständen.

– Die der indirekten Prüfung zugrundegelegten funktionalen Beziehungen zwischen dem Prüfungsobjekt und dem indirekt ermittelten Soll-Objekt sind unzutreffend, d.h. die unterstellten **funktionalen Verknüpfungen haben tatsächlich nicht bestanden.**

Deshalb besteht der **Nachteil** der durch indirekte Ermittlung der Merkmalsausprägungen der Soll-Objekte gekennzeichneten indirekten Prüfungsverfahren darin, daß die verschiedenartigen möglichen Abweichungsursachen nicht ohne weiteres lokalisiert werden können. Der Prüfer wird deshalb regelmäßig gezwungen sein, den aufgrund einer solchen Prüfung festgestellten Abweichungen mit Hilfe direkter Prüfungsmethoden nachzugehen, um auf diese Weise die Abweichungsursachen festzustellen. Insofern ist den Ausführungen

---

[63] Zur Richtsatz- und Kennziffernprüfung der Finanzverwaltung vgl. Sauer, Richtsatz 1983, Sp. 1305 mit weiteren Quellen.

des WP-Handbuchs zuzustimmen, durch die die Bedeutung der indirekten Prüfung im vorstehenden Sinn zusammenfassend gewürdigt wird:[64]

„Indirekte Prüfungshandlungen führen i.d.R. zu Global- oder Pauschalergebnissen. Sie können jedoch verhindern, daß der Prüfer im ‚Meer der Einzelprüfungen versinkt' und den Blick für wirtschaftliche Zusammenhänge verliert. Außerdem verlangt die indirekte Prüfung einen wesentlich geringeren Zeitaufwand als die direkte Prüfung. Man darf jedoch nicht darüber hinwegsehen, daß die Ergebnisse der indirekten Prüfung nur innerhalb gewisser Grenzen aussagefähig und keineswegs so beweiskräftig sind, wie die Ergebnisse der direkten Prüfung. Die indirekte Prüfung kann daher vielfach nur als Ergänzungsprüfung verwendet werden. Sie ist darüber hinaus vorzüglich geeignet, mögliche Fehlerfelder einzukreisen, die dann nach direkter Methode genauer zu untersuchen sind, sowie Teile der Rechnungslegung, die mit hinreichender Wahrscheinlichkeit ordnungsgemäß sind, von der weiteren Prüfung auszuschließen."

c) Indirekte Urteilsbildung durch Prüfung von Ersatztatbeständen

Während bei den vorstehend dargestellten Formen „indirekter" Prüfungen lediglich die Merkmalsausprägungen der Soll-Objekte indirekt ermittelt wurden, gewinnen in der jüngeren Zeit Prüfungsverfahren zunehmend an Bedeutung, bei denen sowohl das Soll-Objekt als auch das Ist-Objekt und damit auch die Abweichungen bzw. Übereinstimmungen zwischen Soll- und Ist-Objekten auf indirektem Wege ermittelt werden: **Aus der Prüfung eines Ersatztatbestands sollen Rückschlüsse auf die Qualität des eigentlichen Prüfungsobjekts gezogen werden.**

Beispiele für solche indirekten Prüfungen sind im Bereich der Abschlußprüfung die Prüfung mit Hilfe des internen Kontrollsystems sowie die sog. Programmprüfung im Rahmen der Prüfung von EDV-Buchführungen. In beiden Fällen wird ein Ersatztatbestand (internes Kontrollsystem, EDV-Programm) auf seine „Richtigkeit" bzw. Funktionsfähigkeit hin direkt überprüft, um aus dem Prüfungsergebnis indirekte Aussagen über den eigentlichen Prüfungsgegenstand, nämlich über das durch das Kontrollsystem überwachte Rechnungswesen bzw. über den mit Hilfe eines EDV-Programms verarbeiteten Buchungsstoff zu gewinnen.

Die logischen Schlüsse (Syllogismen), die beiden Beispielen indirekter Ermittlung der Soll-Ist-Abweichungen zugrundeliegen, lassen sich formal wie folgt darstellen (vgl. Abb. 22 und 23):

Abb. 22: Schlußverfahren bei der Prüfung mit Hilfe des internen Kontrollsystems

Majorprämisse: In Bereichen, in denen ein funktionsfähiges internes Kontrollsystem besteht, ist aller Wahrscheinlichkeit nach mit fehlerhaften Gestaltungen des Buchungsstoffs nicht zu rechnen.

Minorprämisse: Im Bereich der Lohnbuchhaltung besteht ein lückenloses funktionsfähiges internes Kontrollsystem.

(r) ——————————————————————————————

Konklusion: Also werden im Bereich der Lohnbuchhaltung (wahrscheinlich) keine bzw. wenige Fehler enthalten sein.

---

[64] IdW, WP-Handbuch 1985/86, Bd. I, S. 952

Abb. 23: Schlußverfahren bei der Prüfung von EDV-Verarbeitungsprogrammen[65]

Majorprämisse: Bei Verwendung des richtigen Verarbeitungsprogramms wird der eingegebene Buchungsstoff durch die EDV-Anlage richtig verarbeitet.

Minorprämisse: Das richtige, fehlerfreihe und freigegebene Verarbeitungsprogramm wurde verwendet

(r) _____

Konklusion: Der eingegebene Buchungsstoff ist (wahrscheinlich) richtig verarbeitet worden.

c1) Beispiel: Prüfung mit Hilfe des internen Kontrollsystems

Unter dem Kontrollsystem eines Unternehmens werden alle Maßnahmen verstanden, die den folgenden Zwecken dienen:[66]

- Sicherung und Schutz des vorhandenen Vermögens vor Verlusten;
- Bereitstellung genauer, aussagefähiger, zeitnaher und verläßlicher Aufzeichnungen über alle Geschäftsvorfälle;
- Förderung der Produktivität und Wirtschaftlichkeit des Unternehmens;
- Unterstützung der Befolgung der vorgeschriebenen Geschäftspolitik.

Der Bereich der Einzelgestaltungen und -maßnahmen, die ein internes Kontrollsystem ausmachen, ist schwer abschließend zu umschreiben. Es gehören dazu vor allem organisatorische Gestaltungen der Arbeitsabläufe und die in das Unternehmensgeschehen eingebauten, ggf. automatisierten Kontrollmaßnahmen und Kontrolleinrichtungen einschließlich der unternehmenseigenen internen Revision (Konzernrevision).[67]

Das Fachgutachten 1/1977 des Instituts der Wirtschaftsprüfer führt zur Prüfung mit Hilfe des internen Kontrollsystems aus:[68]

„Die Prüfung und Beurteilung des internen Kontrollsystems, insbesondere soweit es der Sicherung einer ordnungsmäßigen Rechnungslegung dient, bietet dem Abschlußprüfer die Möglichkeit, Art und Umfang seiner Prüfungshandlungen in zweckmäßiger Weise festzulegen. Er muß unter den jeweils gegebenen Verhältnissen sachgerecht entscheiden, welche Stellung und welches Gewicht der Prüfung des internen Kontrollsystems im Rahmen der Jahresabschlußprüfung beizulegen ist und seine Prüfungshandlungen danach ausrichten; mit der Größe des zu prüfenden Unternehmens und fortschreitender Automatisierung des Rechnungswesens wächst die Bedeutung der Prüfung des internen Kontrollsystems als sachgemäßer und vorrangiger Prüfungshandlung." Ergänzend wird dazu festgestellt: „Hat sich der Abschlußprüfer von der Wirksamkeit vorhandener Kontrollen überzeugt, so kann er seine weiteren Prüfungshand-

---

[65] Bei der indirekten Urteilsbildung durch Prüfung von Ersatztatbeständen handelt es sich um Fälle der Nutzung sog. mittelbarer Normenkonkurrenz, vgl. oben, Kap. IV B 3 b22)

[66] Vgl. International Federation of Accountants, IAPC 6/1981; Horváth, Kontrollsystem 1983, Sp. 629 mit umfangreichen weiteren Nachweisen; IdW, WP-Handbuch 1985/86, Bd. I, S. 954 mit weiteren Nachweisen.

[67] Vgl. IdW, WP-Handbuch 1985/86, Bd. I, S. 954 ff. sowie Wanik, Kontrollsystem 1983, Sp. 643; Leffson, Systemprüfung 1983, Sp. 1519 ff.

[68] IdW, FG 1/1977, Abschn. VI, Anmerkungen 2 und 4

lungen entsprechend einrichten. ... wesentliche Schwächen und Unzulänglichkeiten des internen Kontrollsystems erfordern eine entsprechende Ausdehnung und Vertiefung der weiteren Prüfungshandlungen."

Hier kommt die Vorgehensweise bei Urteilsbildungen auf der Grundlage von Ersatztatbeständen deutlich zum Ausdruck: Der Prüfer geht von der Hypothese aus, daß zwischen der Qualität des internen Kontrollsystems und der Qualität des durch das interne Kontrollsystem abgedeckten Prüfungsbereichs ein enger gleichgerichteter Zusammenhang besteht. Dieser Zusammenhang erlaubt es dann, aus dem Zustand des internen Kontrollsystems Schlüsse auf die Qualität des betreffenden Prüfungsbereichs zu ziehen und Art und Umfang der (direkten) Prüfungshandlungen danach zu bestimmen, also im Grenzfall – bei voll funktionsfähigem internen Kontrollsystem – auf weitere Einzelfallprüfungen zu verzichten.

Die **Vorgehensweise** des Prüfers bei Prüfungen mit Hilfe des internen Kontrollsystems ergibt sich aus dem Vorstehenden: Der Prüfer wird in einer **ersten Phase** den Soll-Zustand des für den Prüfbereich maßgeblichen internen Kontrollsystems in dem zu prüfenden Unternehmen zu erfassen haben. Grundlagen hierfür können die Organisationsunterlagen, Arbeitsanweisungen etc. des betreffenden Unternehmens sein.[69] Diese Erhebung kann durch **Einsichtnahme in die entsprechenden Organisationsunterlagen** und Arbeitsanweisungen, aber auch durch **Befragungen** der in dem Prüfbereich tätigen Mitarbeiter des zu prüfenden Unternehmens vorgenommen werden. Die **Verwendung von standardisierten Fragebögen** und das sog. **Flow-Charting**, d. h. die graphische Darstellung der Arbeitsabläufe mit Hilfe bestimmter Symbole, sind hierbei weitverbreitete Techniken.[70] In Deutschland wird der Fragebogen-Methode üblicherweise der Vorzug gegeben, weil der Zeitaufwand für die Prüfung des internen Kontrollsystems mit Hilfe der Fragebogentechnik relativ gering ist und weil auch ein in der Organisation des zu prüfenden Unternehmens weniger erfahrener Prüfer sich mit Hilfe eines Fragebogens schnell in die individuellen Verhältnisse hineinfinden kann und somit nicht Gefahr läuft, wesentliche Sachverhalte zu übersehen.[71]

In einer **zweiten Phase** hat sich dann eine sog. Wirksamkeitsprüfung der festgestellten internen Kontrollmaßnahmen und -einrichtungen anzuschließen, weil die Erfahrung lehrt, daß institutionalisierte Instrumente des internen Kontrollsystems keineswegs immer in der vorgesehenen Weise gehandhabt werden. Es ist deshalb zu überprüfen, ob die vorgesehenen internen Sicherungsmaßnahmen tatsächlich wie vorgesehen gehandhabt werden und ob durch die tatsächliche Handhabung die Funktionsfähigkeit des internen Kontrollsystems gewährleistet ist. Nicht die Existenz vorgesehener interner Sicherungsmaßnahmen allein, sondern **die Wirksamkeit dieser Sicherungsmaßnahmen** ist für die Gewinnung eines Prüferurteils über die Funktionsfä-

---

[69] Vgl. IdW, WP-Handbuch 1985/86, Bd. I, S. 956 ff.
[70] Zur Fragebogentechnik vgl. Sauer, Fragebögen 1983, Sp. 437 ff. mit weiteren Nachweisen; zum Flow-Charting vgl. Stratmann, Flowcharts 1983, Sp. 378 ff. mit Beispielen und weiteren Nachweisen.
[71] Vgl. IdW, WP-Handbuch 1985/86, Bd. I, S. 960

higkeit des internen Kontrollsystems von Bedeutung. Im WP-Handbuch 1985/86 wird hierzu ausgeführt:[72]

„Hat der Prüfer sich ein ausreichend sicheres Bild des Sollzustands gemacht, so muß er sich von der tatsächlichen Umsetzung und Funktionsfähigkeit des Systems überzeugen. Dies ist durch persönliche Beobachtung bei der Ausführung von Verarbeitungs- und Kontrollprozessen oder durch eine stichprobenweise Nachvollziehung von Abläufen und Kontrollen möglich. Ähnlich wie bei einer EDV-Anlage, deren Ordnungsmäßigkeit durch einen Satz Testkarten erprobt werden kann, sollte der Prüfer einige Arbeitsgänge von ihrer Entstehung bis zur endgültigen Erledigung verfolgen (z.B. Verkauf eines Erzeugnisses: Bitte um Angebot, Angebot, Auftragseingang, Auftragsbestätigung, Fertigung, Lieferung, Rechnungserteilung, Buchung der Forderung, Eingang eines Schecks, Ausbuchen der Forderungen, Einreichen des Schecks bei der Bank, Gutschrift auf dem Bankkonto). Bei der Wiederholung des Arbeitsablaufs wird er insbesondere darauf zu achten haben, ob die Belege alle erforderlichen Bearbeitungsstationen durchlaufen haben, alle Kontroll- und Abstimmungsvermerke enthalten und der Grundsatz der Funktionstrennung stets gewahrt wurde. ... Insbesondere sollte der Prüfer jedoch solche Vorgänge herausgreifen, die wegen ihres Schwierigkeitsgrades und der Vielzahl möglicher Entscheidungen oder ihrer Seltenheit uU nicht das vorgesehene Kontrollsystem durchlaufen."

c2) Beispiel: Programmprüfung bei EDV-gestützten Rechenwerken

Eng verwandt mit der Urteilsbildung auf der Grundlage des internen Kontrollsystems ist die Programmprüfung bei EDV-gestützten Rechenwerken. Auch hier überzeugt sich der Prüfer von der Richtigkeit und von der Zwangsläufigkeit der EDV-Verarbeitungsprogramme, obwohl diese – zumindest im Bereich der Jahresabschlußprüfung – nicht direkt Prüfungsgegenstand sind. **Die Programmprüfung ist nicht Selbstzweck der Prüfungshandlungen**, sondern der Prüfer geht von der Erwägung aus, daß bei automatisierter Datenverarbeitung die in das System eingegebenen Daten dann und nur dann richtig verarbeitet werden, wenn der EDV-Anwender bei einer gegebenen Maschinenkonfiguration die „richtigen" Anwendungsprogramme verwendet hat, durch die die eingegebenen Daten zwangsläufig nach den durch das Verarbeitungsprogramm festgelegten Verarbeitungsregeln bearbeitet werden.

Hat sich der Prüfer davon überzeugt, daß die eingegebenen Daten sämtlich unter Verwendung der „richtigen" Verarbeitungsprogramme bearbeitet worden sind, erübrigt sich insoweit die Nachprüfung jedes einzelnen Verarbeitungsfalls (Geschäftsvorfalls). **Auch hier tritt an die Stelle der Prüfungsobjekte „einzelne Geschäftsvorfälle" das Ersatzobjekt „Datenverarbeitungssystem" bzw. „Anwenderprogramm".**

Der „Fachausschuß für moderne Abrechnungssysteme" (FAMA) des Instituts der Wirtschaftsprüfer[73] trägt der engen Verwandtschaft zwischen der

---

[72] IdW, WP-Handbuch 1985/86, Bd. I., S. 960 f.
[73] Vgl. IdW, FAMA 1/1987, S. 1 ff. Zur Verfahrensprüfung vgl. Wanik, Kontrollsystem 1983, Sp. 650 ff.; Minz, Buchführungssysteme 1985, Abt. I/3; Nagel, Programmprüfung 1983, Sp. 1115 ff.; IdW, WP-Handbuch 1985/86, Bd. I, S. 964 – jeweils mit zahlreichen Nachweisen.

Prüfung mit Hilfe des internen Kontrollsystems und der EDV-Verfahrensprüfung Rechnung. Für ihn ist die Prüfung der Anwenderprogramme Teil einer umfassenden Prüfung des internen Kontrollsystems bei EDV-gestützten Rechenwerken, die er als „Verfahrensprüfung" bezeichnet.[74]

In der älteren Literatur und in den älteren fachlichen Stellungnahmen zur Prüfung von EDV-gestützten Rechenwerken wurde als geeignetes Verfahren zur Prüfung der Anwenderprogramme noch die „sachlogische Programmprüfung" oder der sog. Schreibtischtest empfohlen. Danach sollte der (Abschluß-)Prüfer anhand der Programmdokumentation die einzelnen durch das Anwenderprogramm vorgesehenen Verarbeitungsschritte „sachlogisch" nachvollziehen und sich so ein Bild von der „Richtigkeit" des zu beurteilenden Anwenderprogramms machen. Angesichts der zunehmenden Komplexität der Anwenderprogramme und angesichts der tiefgehenden Programmierkenntnisse, die ein solches prüferisches Vorgehen verlangen würde, wird eine solche Prüfung heute nur noch selten empfohlen oder praktiziert.

Ähnliches gilt für das **Verfahren der Arbeitswiederholung**. Die Prüfung der Richtigkeit des verwendeten Anwenderprogramms soll durch nochmalige Verarbeitung der (Buchhaltungs-)Daten geprüft werden. Offensichtlich kann ein solches Verfahren nur dann zu glaubwürdigfrfahren nur dann zu glaubwürdigen und zutreffenden Urteilen über die Richtigkeit des verwendeten Anwenderprogramms führen, wenn für die nochmalige Verarbeitung des Buchungsstoffs nicht das von dem zu prüfenden Unternehmen benutzte Anwenderprogramm zum Vergleich herangezogen wird.[75] Da das Verfahren der Arbeitswiederholung – auch wenn es nur auf bestimmte Teilbereiche des Buchungsstoffs angewandt wird – sehr aufwendig und nicht immer aussagekräftig ist, wird auch dieses Vorgehen als Programmprüfungsverfahren kaum noch empfohlen und praktiziert.[76]

Dagegen hat sich die **Prüfung von Anwenderprogrammen mit Hilfe von Testfällen** durchaus bewährt. Der Prüfer konstruiert eine Serie von durch die EDV des Mandanten zu verarbeitenden Geschäftsvorfällen, die auch ungewöhnliche Konstellationen der zu verarbeitenden Daten enthalten können oder sollten und überprüft die Richtigkeit der Verarbeitung durch Vergleich der Computerergebnisse mit den ihm bekannten Ergebnissen der Testfälle. Die entsprechende Vorgehensweise wird durch die Stellungnahme FAMA 1/1987 wie folgt beschrieben und gewürdigt:[77]

„Das Ziel computergestützter Programmfunktionsprüfungen ist die Feststellung, ob die in der Software enthaltenen Verarbeitungsregeln richtig sind. Zu den von ihm ausgewählten Vorgängen von besonderer materieller Wichtigkeit führt der Prüfer zu diesem Zweck eine Testverarbeitung durch. Der Prüfer konstruiert Vorgänge zu den zu prüfenden Programmfunktionen. Das vom Computer aus den konstruierten Vorgän-

---

[74] Vgl. IdW, FAMA 1/1987, Abschn. C II 1.
[75] Ein solches Vorgehen könnte allenfalls zur Prüfung der „Programmidentität" sinnvoll sein; vgl. dazu IdW, FAMA 1/1987, Abschn. C II 1.2.2.
[76] Die Arbeitswiederholung wird als Programmprüfungsverfahren in der Stellungnahme IdW, FAMA 1/1987 nicht mehr erwähnt.
[77] IdW, FAMA 1/1987, Abschn. C II 1.2.1.

gen errechnete Resultat wird mit den zu diesen Vorgängen manuell berechneten Ergebnissen verglichen. Stimmen beide Ergebnisse überein, so ist die Bearbeitung der Vorgänge durch die beim Test eingesetzte Software unter Verwendung der zugehörigen Stamm- und Tabellendaten richtig erfolgt. Da durch den Prüfer nur bestimmte Vorgänge gezielt getestet werden, ergibt sich aus seinem Test keine Aussage, ob die Software insgesamt korrekt ist. Der Test des Prüfers erlaubt nur eine Aussage zu den durch seine Testfälle angesprochenen Verarbeitungsregeln."

Der Prüfungsaufwand im Bereich der Programmprüfung kann wesentlich verringert werden, wenn die Verfahrensprüfung möglichst frühzeitig,[78] zweckmäßigerweise bereits **während des Zeitraums der Verfahrensentwicklung** einsetzt. Eine so frühzeitig einsetzende Verfahrensprüfung hat den Vorteil, daß der Prüfer während dieses Zeitraums noch die Gelegenheit hat, auf Mängel, insbesondere im Bereich der programmierten Kontrollen des Programms, d. h. auf maschinell durchzuführende Plausibilitätskontrollen, hinzuweisen. Nachträgliche zeitaufwendige Programmänderungen können zu erheblichem Aufwand sowohl für das zu prüfende Unternehmen als auch für den Prüfer führen.

Schaltet sich der Prüfer zwar nach dem Zeitraum der Verfahrensentwicklung, aber vor der Verfahrensanwendung, d. h. anläßlich der **Testphase des Verfahrens im zu prüfenden Unternehmen** ein, so kann er eigene Programmtests ggf. durch Beobachtung der vom zu prüfenden Unternehmen (im eigenen Interesse) durchgeführten Verfahrenstests und Parallelläufe ersetzen und sich auf diese Weise von der Ordnungsmäßigkeit und ggf. von der Zweckmäßigkeit des freizugebenden Verarbeitungsverfahrens überzeugen.

Erfolgt dagegen die **Prüfung erst nach der Freigabe des Verarbeitungsprogramms**, so besteht für den Prüfer nur noch die Möglichkeit, durch eigene Prüfungshandlungen, z. B. durch auf seine Veranlassung nachträglich durchgeführte Testläufe, ein Urteil über die Ordnungsmäßigkeit des Verarbeitungsverfahrens zu gewinnen.

Ist die Ordnungsmäßigkeit des Verarbeitungsverfahrens, insbesondere der Anwenderprogramme, festgestellt worden, können die Prüfungshandlungen zu späteren Zeitpunkten, z. B. anläßlich von Folgeprüfungen, auf die **Prüfung der Programmidentität**, d. h. auf die Übereinstimmung zwischen den getesteten und freigegebenen Anwenderprogrammen mit den vom geprüften Unternehmen genutzten Anwenderprogrammen sowie auf die **Prüfung des Änderungsdienstes** konzentriert werden. Wesentliche Voraussetzung für die Durchführung solcher Prüfungen ist das Vorhandensein einer vollständigen und verläßlichen **Dokumentation der Verfahren und ihrer Änderungen.**

4. Auswahlprüfungen, Prüfungen mit Hilfe von Stichproben

a) Einführung

Eine Eigenart vieler komplexer Prüfungen im betriebswirtschaftlichen Bereich liegt darin, daß die bei der Bildung von Gesamturteilen zu beachtenden

---

[78] Zum Zeitpunkt der Verfahrensprüfung vgl. IdW, FAMA 1/1987, Abschn. C III.

Normen regelmäßig einen mehr oder weniger großen **Toleranzbereich** zulassen.[79] Solche Toleranzen geben dem Prüfer die Möglichkeit, ein positives (bestätigendes) Gesamturteil über einen Prüfungskomplex (z. B. ein Prüffeld) auch dann noch abzugeben, wenn die aufgrund der durchgeführten Einzelvergleiche abgegebenen Einzelurteile zwar eine vollständige Fehlerfreiheit des Prüfungskomplexes nicht haben erkennen lassen, der Fehleranteil, die durchschnittliche Soll-Ist-Abweichung oder die Streuung der festgestellten Soll-Ist-Abweichungen ein Höchstmaß aber nicht überschreiten.

Die Existenz solcher durch die Prüfungsordnung und die Normen bestimmter Toleranzen, d. h. die Tatsache, daß in bestimmten Fällen ein positives Gesamturteil auch dann noch abgegeben werden kann, wenn nicht alle zu einem Prüfungskomplex zusammengefaßten Ist-Objekte als fehlerfrei befunden worden sind, sowie die Tatsache, daß die **Prüfungsordnungen eine absolute Urteilssicherheit regelmäßig nicht verlangen,** lassen den Schluß zu, daß der Prüfer sein Gesamturteil nicht nur aufgrund einer lückenlosen Prüfung sämtlicher zum Prüfungskomplex gehöriger Ist-Objekte fällen kann, sondern häufig auch aufgrund einer stichprobenweisen Prüfung (Auswahlprüfung). Nach dieser Überlegung kann eine stichprobenweise Prüfung als Grundlage eines Gesamturteils über einen Prüfungskomplex auch dann schon zulässig sein, wenn der Prüfer mit „hinreichender Sicherheit" die Aussage vertreten kann, daß z. B. der Fehleranteil innerhalb des Prüfungskomplexes einen durch die Toleranzgrenze bestimmten Prozentsatz (nicht) überschreitet, daß die durchschnittliche Abweichung der Ist-Objekte von den dazugehörigen Soll-Objekten (nicht) größer ist, als dies durch die Prüfungsordnung noch toleriert wird oder daß die Wertansätze für bestimmte Vermögensgegenstände im Jahresabschluß mit hinreichender Sicherheit außerhalb (innerhalb) der zulässigen Bewertungsgrenzen liegen.

Soweit eine vollkommene Sicherheit des Gesamturteils über einen Prüfungskomplex nicht verlangt wird, ist unter **Wirtschaftlichkeitsgesichtspunkten die Auswahlprüfung der lückenlosen Prüfung (Vollprüfung) vorzuziehen,** d. h. an die Stelle einer vollständigen Ermittlung sämtlicher Einzelurteile tritt die Prüfung einer Auswahl von Ist-Objekten (= Stichprobenelemente) aus der Menge des Prüfungskomplexes (= Grundgesamtheit).

Entsprechend wird in dem Fachgutachten 1/1977 des Instituts der Wirtschaftsprüfer festgestellt:[80]

„Der Abschlußprüfer muß Art und Umfang der Prüfungshandlungen so bemessen, daß eine sichere Beurteilung der Gesetz- und Ordnungsmäßigkeit der Rechnungslegung möglich ist. Unter dieser Zielsetzung sind Art und Umfang der Prüfungshandlungen gewissenhaft und mit berufsüblicher Sorgfalt zu bestimmen. Wesentliche Kriterien sind dabei die organisatorischen Gegebenheiten des zu prüfenden Unternehmens, ferner die Bedeutung des einzelnen Prüfungsgegenstandes sowie die Wahrscheinlichkeit von Fehlern oder von Verstößen gegen die Rechnungslegungsvorschriften (‚Fehlerrisiko')."

---

[79] Vgl. oben, Kap. IV B 5 b)
[80] IdW, FG 1/1977, Abschn. C V

Speziell zur Prüfung mit Hilfe von Stichproben wird ferner ausgeführt:[81]

„Die Zielsetzung der Abschlußprüfung erfordert im allgemeinen keine lückenlose Prüfung. ... Das Fehlerrisiko im Rahmen der Rechnungslegung hängt u.a. ab von Art, Größe und wirtschaftlicher Lage des zu prüfenden Unternehmens sowie von Verwertbarkeit und Art der Vermögensgegenstände bzw. Schulden. Bei der Abschätzung des Fehlerrisikos ist der Stand des internen Kontrollsystems von Bedeutung. ... Der Abschlußprüfer kann sich bei der Stichprobenprüfung einzelner Prüfungsgebiete, soweit zweckmäßig, auch mathematisch-statistischer Methoden bedienen. Der notwendige Sicherheitsgrad und der zulässige Vertrauensbereich sind unter Beachtung der Bedeutung des einzelnen Prüfungsgegenstandes und des Fehlerrisikos zu bemessen. ... Werden durch Stichproben Verstöße oder Fehler aufgedeckt, so werden die Prüfungshandlungen auszudehnen sein."

Die **Unsicherheiten, die für den Prüfer bei der Benutzung von Stichprobenverfahren** zur Stützung seines Urteils über einen Prüfungskomplex bestehen, lassen sich wie folgt umschreiben:

Das Fehlurteil, welches dem Prüfer dadurch unterlaufen kann, daß er die Ordnungsmäßigkeit eines Prüfungskomplexes aufgrund seiner Stichprobenanalyse als nicht gegeben annimmt, obwohl der Prüfungskomplex in Wahrheit ordnungsmäßig ist, wird in der Literatur als Fehler 1. Art bezeichnet.[82] Das entsprechende Risiko, aufgrund des Stichprobenergebnisses die Ordnungsmäßigkeit des Prüfungskomplexes abzulehnen, obwohl die Ordnungsmäßigkeit tatsächlich gegeben ist, wird als α-Risiko bezeichnet. Die Literatur spricht auch – unter Bezugnahme auf das Prüfungswesen – von dem „Risiko des Prüfungsauftraggebers",[83] da es impliziert, daß ein ansich noch tolerables Prüffeld zu Lasten des Auftraggebers als nicht ordnungsgemäß verworfen wird.

Das Fehlurteil, welches dem Prüfer dadurch unterlaufen kann, daß er das in Frage stehende Prüfgebiet aufgrund seiner Stichprobenanalyse als ordnungsmäßig annimmt, obwohl die Ordnungsmäßigkeit in Wahrheit nicht besteht, wird dementsprechend in der Literatur als Fehler 2. Art bezeichnet. Das entsprechende Risiko, nämlich aufgrund des Stichprobenergebnisses das Prüffeld als ordnungsmäßig anzunehmen, obwohl in Wahrheit die Ordnungsmäßigkeit nicht gegeben ist, wird als das sog. β-**Risiko** bezeichnet. Schulte[84] spricht hier von dem „Prüferrisiko", da es die Irrtumsmöglichkeit des Prüfers umschreibe, aufgrund seiner Stichprobe ein ansich nicht ordnungsmäßiges Prüffeld als ordnungsmäßig anzusehen. Die Abb. 24 kennzeichnet die vorstehend umschriebenen alternativen Risiken des Prüfers bei der Anwendung von Stichprobenprüfungen.

In der Literatur wird hervorgehoben, daß im Bereich des betriebswirtschaftlichen Prüfungswesens, vor allem bei der Jahresabschlußprüfung, das β-Risiko das für die Qualität des Prüfungsurteils gefährlichere Risiko sei. Das **Prüferri-**

---

[81] IdW, FG 1/1977, Abschn. C V, Nrn. 1, 4, 5 und 6
[82] Die Bezeichnung geht auf Neyman/Pearson, Contributions 1936, S. 1 ff. zurück, vgl. dazu: Schulte, Methoden 1970, S. 108
[83] Vgl. Schulte, Methoden 1970, S. 109
[84] Vgl. Schulte, Methoden 1970, S. 109

Abb. 24: *Urteilsrisiken bei Anwendung von Stichproben-Prüfungsverfahren*

Prüfer- urteil	tatsächlicher Zustand des Prüffeldes	Prüffeld ordnungsmäßig	Prüffeld nicht ordnungsmäßig
Prüffeld nicht ordnungsmäßig		Fehlurteil (Fehler 1. Art; α-/Auftraggeber-Risiko)	zutreffendes Prüferurteil
Prüffeld ordnungsmäßig		zutreffendes Prüferurteil	Fehlurteil (Fehler 2. Art; β-/Prüfer-Risiko)

siko müsse deshalb bei der Planung einer Stichprobenprüfung grundsätzlich kleiner gehalten werden als das entsprechende α- oder **Auftraggeber-Risiko**.[85] Diese Aussage darf indes nicht so verstanden werden, daß vom Prüfer ein beliebig hohes Auftraggeber-Risiko in Kauf genommen werden könnte; der Prüfer wird vielmehr – schon aus Gründen der Wahrung seines Ansehens – auch das Risiko, ein Prüffeld zunächst abzulehnen, um bei einer anschließenden lückenlosen Prüfung dann doch die Ordnungsmäßigkeit feststellen zu müssen, nicht allzu groß werden lassen wollen.

Von wesentlicher Bedeutung für die Qualität eines auf der Grundlage von Stichproben gewonnenen Prüferurteils und damit auch für die Bestimmung bzw. Bestimmbarkeit des in Kauf zu nehmenden Prüfer- oder Auftraggeber-Risikos ist die Auswahl der Stichprobenelemente. Sollen die Risiken der nur stichprobenweisen Prüfung mit Hilfe von wahrscheinlichkeitstheoretischen Überlegungen quantifiziert werden, so muß die Auswahl der zu prüfenden Stichprobenelemente aus dem Prüffeld, über dessen Qualität ein Urteil angestrebt wird, zufallsgesteuert erfolgen. Man spricht in diesem Fall von **Zufallsauswahl** bzw. **zufallsgesteuerten Stichprobenverfahren**. - Erfolgt die Auswahl der Stichprobenelemente dagegen anhand nicht zufallsgesteuerter Kriterien, die der Prüfer aufgrund seiner (Vor-)Informationen über die (hypothetische) Struktur des stichprobenweise zu prüfenden Prüffelds festlegt, so liegt regelmäßig „**bewußte Auswahl**" vor. Es wird auch von „**Urteilsstichproben**" oder von „**detektivistischer Auswahl**" gesprochen.[86] Bei der bewußten Auswahl nutzt der Prüfer seine persönlichen Erfahrungen, seine Kenntnisse über das zu prüfende Unternehmen sowie ggf. seine Branchenkenntnisse,[87] um diejenigen Bereiche des Prüffeldes in seine Stichprobe zu bekommen, die er für die Ableitung seines Urteils für besonders bedeutungsvoll hält oder bei denen er eine erhöhte Gefahr fehlerhafter Gestaltungen oder Abläufe vermutet.

---

[85] Vgl. dazu Leffson/Lippmann/Baetge, Sicherheit 1969, S. 59
[86] Vgl. Hagest, Urteilsstichprobe 1976, S. 114
[87] Vgl. Lanfermann, Stichprobenprüfung 1983, Sp. 1468

Auch bei dem Schluß von Auswertungsergebnissen der gezogenen Stichproben auf die Struktur des Prüffeldes (der „Grundgesamtheit"), aus dem die Stichproben gezogen wurden, verwendet der Prüfer die oben umschriebenen Syllogismen.[88] Ausgehend von einer oder mehreren „Majorprämissen" und von getroffenen Prüferfeststellungen in den Stichproben („Minorprämissen") erfolgt ein Schluß auf die Struktur der Grundgesamtheit, d. h. des Prüffeldes, aus dem die Stichprobenelemente gezogen wurden.

Bei Anwendung der mathematisch-statistischen Zufallsstichprobenverfahren wird bei den sog. **Repräsentationsschlüssen**[89] als Majorprämisse eine Hypothese über die „Verteilung" der aus einer Grundgesamtheit ziehbaren Stichproben, die die statistische Methodenlehre bereitstellt, verwendet. Als Minorprämisse geht in das Schlußverfahren das Auswertungsergebnis einer zufällig ausgewählten Stichprobe bestimmten Umfangs ein. Aus beiden Prämissen wird mit Hilfe der Wahrscheinlichkeitsrechnung eine Aussage über die Struktur der Grundgesamtheit, des Prüffeldes gewonnen. Die Vorgehensweise bei Schätzungen mit Hilfe von statistischen Repräsentationsschlüssen geht aus dem Beispiel nach Abb. 25 hervor.

Abb. 25: Statistischer Repräsentationsschluß aus einer Zufallsstichprobe

Majorprämisse: Angenommene Gesetzmäßigkeit des Zufallswirkens (z. B. die Fehleranteile in zufällig gezogenen Stichproben sind hypergeometrisch verteilt)

Minorprämisse: Prüferfeststellung (z. B. in einer Stichprobe vom Umfang n = 100 aus einer Grundgesamtheit mit N = 800 Elementen werden fünf fehlerhafte Elemente gefunden)

(r) ⎯⎯⎯⎯⎯⎯⎯⎯⎯⎯⎯⎯

Konklusion: Schätzung des Fehleranteils in der Grundgesamtheit (z. B. mit einer Irrtumswahrscheinlichkeit von 5% liegt der Fehleranteil in der Grundgesamtheit nicht über 9,896%; er liegt mit einer Irrtumswahrscheinlichkeit von ebenfalls 5% nicht unter 2,794%)

Bei bewußter Auswahl der Stichprobenelemente ist dagegen eine ziffernmäßige Berechnung der Irrtumswahrscheinlichkeiten, des Prüferrisikos, nicht möglich. Die Schlußfolgerung erfolgt vielmehr **formlos auf der Grundlage von Vorinformationen** bzw. „Vorurteilen" des Prüfers über das Prüfungsgebiet. Hat der Prüfer z. B. anläßlich der Prüfung des internen Kontrollsystems im Bereich seines Prüffeldes Schwachstellen des internen Kontrollsystems festgestellt, so kann er seine Prüfungshandlungen bewußt auf jene Vorfälle, Buchungen etc. konzentrieren, in denen er Auswirkungen des mangelhaften internen Kontrollsystems vermutet. Sein Schlußschema könnte dann der Abb. 26 entsprechen.

Bestätigt sich dagegen die Hypothese des Prüfers, findet er also in dem von ihm untersuchten Bereich fehlerhafte Gestaltungen, so ist gleichwohl die Schlußfolgerung nicht ohne weiteres erlaubt, daß auch in dem nicht unter-

---

[88] Vgl. oben, Kap. IV C 3a)
[89] Vgl. dazu: Kellerer, Theorie 1963, S. 29

Abb. 26: *Schlußschema bei bewußter Auswahl von Stichprobenelementen*

Majorprämisse: Annahmen aufgrund von Vorinformationen (z.b. in Bereichen, in denen das interne Kontrollsystem Lücken aufweist, ist mit erhöhter Fehlerwahrscheinlichkeit zu rechnen)

Minorprämisse: Prüferfeststellung (z.B. im Bereich der Schwachstellen des internen Kontrollsystems wurden fehlerhafte Gestaltungen nicht gefunden)

(r) ⸻

Konklusion: Ergebnis der Prüfung (z.B. es werden wahrscheinlich auch in den Bereichen, in denen das interne Kontrollsystem funktionsfähig ist, keine Fehler enthalten sein)

suchten Bereich des Prüffeldes entsprechende fehlerhafte Gestaltungen enthalten seien. Es kann – unter der Voraussetzung, daß die Majorprämisse in dem Schlußschema nach Abb. 26 zutrifft – vielmehr unterstellt werden, daß der mit Hilfe von bewußt ausgewählten Stichproben untersuchte Bereich des Prüffeldes nicht repräsentativ für die Struktur des nicht untersuchten Bereichs des Prüffeldes ist. Es ist vielmehr anzunehmen, daß der Fehleranteil in dem nicht untersuchten Bereich des Prüffeldes geringer sein wird als in dem untersuchten Bereich.

Hierin liegt ein wesentlicher Unterschied zwischen Auswahlprüfungen auf der Grundlage der bewußten Auswahl und Auswahlprüfungen auf der Grundlage der Zufallsauswahl. **Ziel der Zufallsauswahlverfahren ist es, über die in die Stichprobe gelangten Untersuchungselemente ein repräsentatives Bild der Struktur des betreffenden Prüfgebietes zu gewinnen,** um auf diese Weise ein Urteil auch über die nicht in die Stichprobe gelangten Untersuchungselemente abgeben zu können. – Bei Anwendung von Verfahren der **bewußten** Auswahl ist diese Repräsentanz gerade nicht gewollt, weil die Auswahl der Untersuchungselemente bewußt so angelegt ist, daß möglichst **sämtliche in dem Prüfgebiet vorhandenen, für das Prüfungsurteil wesentlichen Untersuchungselemente in die Stichprobe gelangen** und nicht in dem ungeprüften Teil der Grundgesamtheit verbleiben.[90]

Nachfolgend werden im Abschnitt b die Auswahlprüfungen auf der Grundlage der bewußten Auswahl und im Abschnitt c die Auswahlprüfungen auf der Grundlage der Zufallsauswahl vorgestellt. Erst dann kann im Abschnitt d ein Vergleich der Möglichkeiten und Grenzen von Auswahlprüfungen mit bewußter Auswahl und mit Zufallsauswahl der Stichprobenelemente erfolgen.

b) Urteilsbildung auf der Grundlage der bewußten Auswahl von Stichprobenelementen

b1) Auswahlprinzipien

Die Grundsätze ordnungsmäßiger Durchführung von Abschlußprüfungen des Instituts der Wirtschaftsprüfer[91] und die Verlautbarung zur Anwendung

---

[90] Vgl. v.Wysocki, Auswahl 1986, S. 395
[91] Vgl. IdW, FG 1/1977, Abschn. V

stichprobengestützter Prüfungsmethoden bei der Jahresabschlußprüfung[92] nennen in Übereinstimmung mit der Prüfungspraxis als Kriterien für die bewußte Stichprobenauswahl:

– Die **Bedeutung des einzelnen Prüfungsgegenstands** im Rahmen der Gesamtprüfung, und zwar in absoluter und relativer Hinsicht und
– das „**Fehlerrisiko**", d.h. die Wahrscheinlichkeit, mit der bei bestimmten Prüfungsobjekten unzulässige Abweichungen zu erwarten sind.
– Ferner wird die „**Auswahl typischer Fälle**" genannt.

b11) Auswahl nach der Bedeutung der Prüfungsgegenstände

Nach den „Grundsätzen ordnungsmäßiger Abschlußprüfung" soll zunächst die Bedeutung der Prüfungsobjekte im Rahmen der gesamten Prüfung ausschlaggebend für die Auswahl der Stichprobenelemente sein, wobei bei Abschlußprüfungen die Bedeutung an dem absoluten oder relativen Wert der einzelnen Prüfungsgegenstände gemessen werden soll. Die Auswahl nach der absoluten oder relativen Bedeutung des Prüfungsobjekts wird auch als Auswahl nach dem „**Konzentrationsprinzip**" bzw. nach dem „**cut-off-Verfahren**"[93] bezeichnet. Der Prüfer wählt bei diesem Verfahren nur solche Elemente aus, denen er ein besonderes Gewicht beimißt, so z.B., wenn nur Geschäftsvorfälle, die eine bestimmte Wert- oder Mengengrenze überschreiten, in die Prüfung einbezogen werden, wenn nur der Zahlungs- und Leistungsverkehr mit bestimmten Großlieferanten oder -abnehmern lückenlos geprüft werden soll oder wenn bei Betrieben mit Einzelfertigung bei der Stichprobenauswahl vornehmlich Aufträge für Großobjekte berücksichtigt werden sollen.

Die Grundsätze ordnungsmäßiger Abschlußprüfung gehen offenbar davon aus, daß immer dann, wenn schon nicht sämtliche Ist-Objekte innerhalb des Prüfungskomplexes in die Prüfung einbezogen werden, doch wenigstens diejenigen Positionen, Geschäftsvorfälle usw. als Stichprobenelemente bei der Bildung des Urteils über das Prüffeld berücksichtigt werden müssen, die wegen ihres Gewichts das abzugebende Gesamturteil entscheidend zu beeinflussen in der Lage sind.

Die Folge eines Schlußverfahrens, das sich an der absoluten oder relativen Bedeutung der Prüfungsobjekte orientiert, ist, daß dieses Verfahren keinen Schluß auf die Fehlerhaftigkeit oder Fehlerfreiheit in dem nicht geprüften Teil der Grundgesamtheit zuläßt, sondern nur **den Schluß, daß die nicht entdeckten Fehler nur bei Prüfungsobjekten auftreten können, die von geringer Bedeutung sind**. Es bleiben also Fehler bei denjenigen Ist-Objekten, die dem Prüfer als unbedeutend erscheinen, mit Sicherheit unentdeckt, was besonders dann zu Fehlurteilen führen kann, wenn dem zu prüfenden Unternehmen das vom Prüfer angewandte Auswahlkriterium z.B. aus vorhergehenden Prüfungen bekannt ist.

---

[92] Vgl. IdW, Entwurf 1987, Abschn. C
[93] Der Begriff „cut-off" ist darauf zurückzuführen, daß bei dieser Auswahlmethode die unbedeutenden Elemente der Grundgesamtheit weglassen („abgeschnitten") werden, vgl. Kellerer, Theorie 1963, S. 11

b12) Auswahl der Prüfungsgegenstände nach dem Fehlerrisiko

Als weiteres Auswahlkriterium bei der bewußten Auswahl von Stichproben-elementen kann das „Fehlerrisiko" herangezogen werden. Der Prüfer soll bei der Durchführung komplexer Prüfungen sein Augenmerk vor allem auf diejenigen Ist-Objekte richten, bei denen Fehler am ehesten zu erwarten sind. Das Schlußverfahren, mit Hilfe dessen der Prüfer zu einem zutreffenden Gesamturteil zu kommen trachtet, ist bei allen nachfolgend wiedergegebenen Beispielen das gleiche: Wenn Teile eines Prüfungskomplexes mit erhöhtem Fehlerrisiko behaftet sind (= Majorprämisse) und in diesen Bereichen ein bestimmtes Prüfungsergebnis ermittelt werden konnte (= Minorprämisse), dann ist der Schluß naheliegend, daß die mit geringerem Fehlerrisiko behafteten und deshalb nicht geprüften Teilbereiche des Prüfungskomplexes – unter der Voraussetzung, daß die Majorprämisse des Prüfers zutrifft – wahrscheinlich weniger fehlerbehaftete Elemente enthalten werden als die geprüften Teilbereiche.

Die Fehlererwartung innerhalb eines Prüfungsgebiets wird ihrerseits von verschiedenen Faktoren beeinflußt, die in der Literatur teilweise als selbständige Auswahlkriterien genannt werden:

Im Bereich der Buch- und Abschlußprüfung kommt der **Organisation des Rechnungswesens und der Funktionsfähigkeit des internen Kontrollsystems** ein wesentlicher Einfluß auf die Fehlererwartung zu. Je wirkungsvoller das unternehmensinterne Kontrollsystem arbeitet, desto geringer wird der Anteil der erwarteten Fehler, insbesondere der unbeabsichtigten Fehler im Bereich des betrieblichen Rechnungswesens sein. Der Prüfer soll sich deshalb einen Überblick über die Art und die Wirksamkeit des bestehenden internen Kontrollsystems verschaffen. „Wesentliche Schwächen und Unzulänglichkeiten des internen Kontrollsystems erfordern (dann) eine entsprechende Ausdehnung und Vertiefung der weiteren Prüfungshandlungen."[94]

Es wird ferner darauf hingewiesen, daß das **Fehlerrisiko von der Art, der Größe und der wirtschaftlichen Lage des zu prüfenden Unternehmens abhängen** kann: Ein Großunternehmen wird eher in der Lage sein, seine internen Kontroll- und Prüfungseinrichtungen auszubauen als ein kleineres Unternehmen; Unternehmen verschiedener Wirtschaftszweige können verschiedene typische Fehlerquellen besitzen; die Gefahr von „Abschlußfrisuren" wird bei Unternehmen mit fehlender oder geringer Rendite regelmäßig größer sein als bei finanziell und erfolgsmäßig stabilen Unternehmen; in Zeiten rückläufiger Konjunktur werden andere Fehlerquellen wahrscheinlich sein als in Zeiten des Aufschwungs.

Ein erhöhtes Fehlerrisiko kann auch **in einzelnen Bereichen des Prüfungsgebiets oder während einzelner Abschnitte des Prüfungszeitraums** bestehen. Solche Gefahrenmomente sind vor allem bei leicht verwertbaren Vermögensgegenständen gegeben. Minz[95] nennt bestimmte Funktionen (z. B. Zahlungsverkehr, Lohn- und Gehaltsverkehr, Warenverkehr), bestimmte Abteilungen (z. B. Anlagenbuchhaltung, Lagerbuchhaltung, Kontokorrentbuchhaltung, Lohnbuchhaltung) und bestimmte Zeiträume (z. B. Monate vor oder nach dem Bilanzstichtag oder sonstige Perioden starken Buchungsverkehrs). Schließlich kann ein besonderes Fehlerrisiko in den Arbeitsbereichen bestimmter Mitarbeiter des zu prüfenden Unternehmens liegen.

---

94 IdW, FG 1/1977, C VI Nr. 4
95 Vgl. Minz, Prüfungsmethoden 1960, S. 90

Gewiß kann ein abschließender Katalog von Anzeichen für das Vorliegen von Fehlerrisiken nicht aufgestellt werden; gleichwohl nennt die Verlautbarung des Instituts der Wirtschaftsprüfer zur Anwendung stichprobengestützter Prüfungsmethoden bei der Jahresabschlußprüfung[96] die folgenden **Einflußgrößen auf das Fehlerrisiko:**

- Die Art des zu prüfenden Unternehmens,
- die Größe des zu prüfenden Unternehmens,
- die wirtschaftliche Lage des zu prüfenden Unternehmens,
- die Art, die Verwendbarkeit und der Wert von Vermögensgegenständen und Schulden,
- der Stand des internen Kontrollsystems in dem Prüfgebiet,
- die Interessenlage und die Qualifikation der an der Rechnungslegung beteiligten Personen,
- Feststellungen bei Inventuren, Besichtigungen, Gesprächen,
- Ergebnisse indirekter Prüfungshandlungen (z. B. Abstimmungsprüfungen).

Kenntnisse über die individuellen Gegebenheiten des jeweils zu prüfenden Unternehmens wird der Prüfer bzw. das Prüfungsorgan bei Wiederholungsprüfungen in hinreichendem Umfang besitzen und dadurch in die Lage versetzt werden, außer den genannten Kriterien weitere, den Besonderheiten des zu prüfenden Unternehmens Rechnung tragende Prüfungsschwerpunkte zu bestimmen.

Soweit der Prüfer sich der bewußten Auswahl bedient, ist es bei Wiederholungsprüfungen wesentlich, daß er **von Prüfung zu Prüfung wechselnde Auswahlkriterien** anwendet, da sein System sonst leicht durchschaubar wird und damit die Gefahr besteht, daß einige Teile des Prüfungskomplexes nie geprüft werden, die dann leicht zu einem Bereich für beabsichtigte Unregelmäßigkeiten werden könnten. Die „Majorprämisse" des Prüfers würde in solchen Fällen durch das zu prüfende Unternehmen „unterlaufen" werden. Wohl auch aus diesem Grunde stellt die Verlautbarung zur Stichprobenprüfung des Instituts der Wirtschaftsprüfer fest, daß es zweckmäßig sein könne, die Auswahl nach dem Fehlerrisiko mit der Auswahl nach der Bedeutung des Prüfungsgegenstandes zu verbinden und z. B. zunächst nach dem Fehlerrisiko auszuwählen und daran anschließend auf die Bedeutung der verbleibenden Elemente des Prüfgebiets abzustellen.[97]

b13) Die Auswahl typischer Fälle

Schließlich wird als besondere Form der bewußten Auswahl die Auswahl typischer Geschäftsvorfälle genannt. Zur Auswahl typischer Fälle wird in der Verlautbarung zur Anwendung stichprobengestützter Prüfungsmethoden bei der Jahresabschlußprüfung ausgeführt:[98]

„Bei der Auswahl typischer Fälle konzentrieren sich die Prüfungshandlungen auf Geschäftsvorfälle, die im Prüfgebiet jeweils in gleicher Weise verarbeitet werden. Die

---

[96] Vgl. IdW, Entwurf 1987, Abschn. C II 2
[97] Vgl. IdW, Entwurf 1987, Abschn. C II
[98] IdW, Entwurf 1987, Abschn. C II 3

Auswahl typischer Fälle empfiehlt sich vor allem im Rahmen von Systemprüfungen; sie ist Grundlage von Wurzelstichproben."

Die Auswahl typischer Geschäftsvorfälle stellt somit eine Entnahmetechnik dar, bei der der Prüfer solche Sachverhalte aus einem Prüffeld herausgreift, die er z. B. aufgrund seiner bisherigen Erfahrungen **als für das Prüffeld typisch** und mit typischen Fehlern behaftet ansieht. Hierbei soll darauf geachtet werden, daß die ausgewählten Sachverhalte die Eigenart des zu beurteilenden Prüfungsfelds repräsentieren.

Dem in der statistischen und in der sozialwissenschaftlichen Literatur behandelten Verfahren der **Klumpenauswahl** liegt ein ähnlicher Gedanke zugrunde: Es werden der Grundgesamtheit, die in möglichst repräsentative Teilmengen (Klumpen) zerlegt ist, ein oder mehrere Klumpen zufällig entnommen, um so ein möglichst genaues Abbild der Grundgesamtheit zu bekommen. Der „Klumpen", der stellvertretend für das ganze Prüfgebiet steht, muß hier ein „Miniaturbild" der Grundgesamtheit liefern.[99] Schulte[100] bringt für das Klumpenstichprobenverfahren das folgende Beispiel: Wenn die zu prüfende Grundgesamtheit Ausgangsrechnungen sind, die ihrerseits nach Verkaufsbezirken geordnet sind, dann können einen „Klumpen" alle Rechnungen eines Verkaufsbezirks bilden; als Auswahleinheiten für die Stichprobe sieht man die einzelnen Verkaufsbezirke an. Nachdem ein Verkaufsbezirk ausgewählt worden ist, werden alle Ausgangsrechnungen dieses Klumpens lückenlos geprüft. Ebenso könnte man z. B. sämtliche Buchungen eines „normalen" Tages als repräsentativ für die Güte der laufenden Buchungen eines gesamten Abrechnungszeitraums ansehen; die bewußte Auswahl eines Klumpens bestünde darin, daß sich der Prüfer bei der Stichprobenauswahl primär um die Suche nach einem „normalen" Buchungstag bemüht.

b2) Auswertung der Stichprobenergebnisse bei bewußter Auswahl

Die Auswertung der Stichprobenergebnisse bei bewußter Auswahl der Stichprobenelemente muß auf der Grundlage der oben erörterten Schlußschemata erfolgen.

Bei der **Auswahl typischer Geschäftsvorfälle** wird, wie vorstehend erwähnt, unterstellt, daß die ausgewählten Bereiche repräsentativ auch für die in der Grundgesamtheit enthaltenen, nicht geprüften Geschäftsvorfälle sind. Entdeckt der Prüfer also bei Anwendung dieses Auswahlverfahrens keine Fehler in seiner Stichprobe, muß sein Schluß darin bestehen, daß auch die übrigen gleichartigen, aber nicht geprüften Geschäftsvorfälle ebenfalls fehlerfrei sein werden (und umgekehrt). Die Risiken, die der Prüfer bei Anwendung des Verfahrens der Auswahl typischer Geschäftsvorfälle eingeht, hängen dann ausschließlich davon ab, ob die in der Majorprämisse enthaltene Aussage, daß die geprüften Geschäftsvorfälle repräsentativ auch für die nicht geprüften Geschäftsvorfälle seien, zutrifft oder nicht.

---

[99] Vgl. Schulte, Methoden 1970, S. 78
[100] Vgl. Schulte, Methoden 1970, S. 78

Bei automatisierten Abrechnungssystemen dürfte diese Annahme in weiten Bereichen zutreffen, sofern durch das Abrechnungssystem sichergestellt ist, daß gleichartige Geschäftsvorfälle auch nach gleichen Regeln verarbeitet werden.

Bei der Auswahl nach der Bedeutung der Prüfungsgegenstände bzw. nach der Fehlererwartung ist dagegen die **Unterstellung, die Stichprobe sei in ihrer Struktur repräsentativ für die Grundgesamtheit, nicht mehr haltbar.** Es muß im Gegenteil davon ausgegangen werden, daß die Grundgesamtheit – entsprechend den angewandten Auswahlkriterien – relativ weniger für das Prüfungsurteil bedeutsame bzw. mit erhöhten Fehlerrisiken behaftete Elemente enthält als die Stichprobe.

Wählt der Prüfer z. B. nach der **Bedeutung der einzelnen Prüfungsgegenstände** für das von ihm abzugebende Prüfungsurteil aus und sorgt er dafür, daß die bei den in die Stichprobe gelangten bedeutenden Untersuchungselementen etwa entdeckten Fehler (durch das zu prüfende Unternehmen) korrigiert werden, dürfte der Schluß erlaubt sein, daß in dem nicht geprüften Teil der Grundgesamtheit fehlerhafte Gestaltungen, zumindest bei für das Urteil wesentlichen Prüfungselementen, nicht mehr vorhanden sind. Bleiben in dem nicht geprüften Teil des Untersuchungsbereichs fehlerhafte Gestaltungen unentdeckt, so betreffen diese fehlerhaften Gestaltungen – vorausgesetzt es sind alle für das Urteil wesentlichen Untersuchungsgegenstände in die Stichprobe gelangt – lediglich solche Untersuchungselemente, die für das abzugebende Prüferurteil von untergeordneter (unwesentlicher) Bedeutung sind.

Ähnlich ist die Vorgehensweise des Prüfers bei der **Auswahl der in die Stichprobe aufzunehmenden Untersuchungsgegenstände nach der Fehlerwahrscheinlichkeit.** Wählt er die Untersuchungselemente aufgrund seiner Vorinformationen über das Prüfgebiet nach der (subjektiven) Wahrscheinlichkeit aus, daß diese Untersuchungselemente fehlerbehaftet sind, und stellt er tatsächlich unter diesen Untersuchungselementen fehlerhafte Gestaltungen fest, für deren Verbesserung er sorgt, so ist – falls seine Hypothese über die Verteilung der Fehler in der Grundgesamtheit zutreffend ist – der Schluß erlaubt, daß in dem nicht geprüften Bereich der Grundgesamtheit fehlerhafte Elemente nicht mehr vorhanden sein dürften. – Zumindest kann der Prüfer unterstellen, daß der Anteil der fehlerhaften Elemente in dem nicht geprüften Teil geringer ist als in dem Bereich, der nach der erwarteten Fehlerwahrscheinlichkeit in die Auswahl gelangt ist.

Das Risiko, ein nicht ordnungsmäßiges Prüfgebiet als ordnungsmäßig zu beurteilen (Prüferrisiko; Fehler 2. Art; β-Risiko), kann bei Anwendung der Verfahren der bewußten Auswahl zwar nur nach Maßgabe der für die Stichprobenauswahl benutzten Hypothesen des Prüfers über die Struktur des Prüfgebiets grob abgeschätzt werden; es kann dabei aber davon ausgegangen werden, daß der nicht geprüfte Teil der Grundgesamtheit mit großer Wahrscheinlichkeit relativ weniger Fehler enthält als die Stichprobe.

Das Risiko, ein ordnungsmäßiges Prüfgebiet als nicht ordnungsmäßig abzulehnen (Auftraggeber-Risiko; Fehler 1. Art; α-Risiko), kann bei der Auswahl nach der Bedeutung der Prüfungsgegenstände oder nach der Fehlererwartung dadurch gering gehalten werden, daß der Prüfer, falls er in der Stichprobe eine erhebliche Zahl fehlerhafter Elemente findet, die Prüfungshandlungen ausdehnt, wie dies durch das Fachgutachten 1/1977 des Instituts der Wirtschaftsprüfer über die Grundsätze ordnungsmäßiger Abschlußprüfung vorgeschrieben wird.[101]

c) Urteilsbildung auf der Grundlage von Zufallsstichproben

c1) Mögliche Fragestellungen bei der Auswertung von Zufallsstichproben

Zweck der Anwendung auch von Zufallsstichproben-Verfahren für prüferische Zwecke ist es, auf der Grundlage der in die zufällig ausgewählte Stichprobe gelangten Elemente einer Grundgesamtheit Aussagen über die Struktur der Grundgesamtheit zu gewinnen. **Grundlage des Vorgehens ist der sog. Repräsentationsschluß,** der dann plausibel ist, wenn durch die Wahl geeigneter Auswahlverfahren die Repräsentanz der Stichprobe für die Grundgesamtheit unterstellt werden kann. Die Zufallsstichproben-Verfahren unterscheiden sich formal von den Verfahren der bewußten Auswahl dadurch, daß der Schluß von der Stichprobe auf die Grundgesamtheit mit Hilfe von Verfahren der Wahrscheinlichkeitsrechnung durchgeführt wird.

Die möglichen prüferischen Fragestellungen bei der Auswertung von zufallsgesteuerten Stichproben lassen sich – in Übereinstimmung mit dem einschlägigen Schrifttum – wie folgt systematisieren:

– Durch sog. **Schätzstichproben** sollen aufgrund einer Analyse der Stichprobenelemente Schätzgrößen für die Struktur der Grundgesamtheit ermittelt werden. Typische Fälle sind z.B. der Rückschluß von dem in einer Stichprobe vorgefundenen Anteil fehlerhafter Elemente auf den Anteil fehlerhafter Elemente in der Grundgesamtheit (= sog. homograder Fall: Hochrechnung diversitätsskalierter Einzelurteile aus der Stichprobe) oder der Rückschluß von den in einer Stichprobe gefundenen durchschnittlichen (kardinalskalierten) Wertansätzen oder Abweichungen auf die entsprechenden Durchschnittswerte oder Abweichungen sämtlicher Elemente der Grundgesamtheit (= sog. heterograder Fall).

– Bei den sog. **Entdeckungsstichproben** gilt es, die Entdeckungswahrscheinlichkeiten von fehlerbehafteten Elementen in der Grundgesamtheit zu berechnen. Es soll z.B. die Wahrscheinlichkeit festgestellt werden, mit der sämtliche fehlerbehafteten Elemente einer Grundgesamtheit oder eine bestimmte Zahl fehlerhafter Elemente aus einer Grundgesamtheit in eine nach dem Zufallsprinzip gezogene Stichprobe gelangen oder mit welcher Wahrscheinlichkeit in einer Stichprobe wenigstens ein fehlerhaftes Element entdeckt werden kann, falls in der Grundgesamtheit eine bestimmte Anzahl fehlerhafter Elemente enthalten ist.

– Die sog. **Annahmestichproben** dienen dem Test von Hypothesen über eine bestimmte Struktur der Grundgesamtheit, aus der eine Zufallsstichprobe entnommen wurde. Mit ihrer Hilfe soll das prüferische Urteil über die Grundgesamtheit formalisiert werden: Ist z.B. der höchstzulässige Fehler-

---

[101] Vgl. IdW, FG 1/1977, Abschn. C V, Anm. 6

anteil in der Grundgesamtheit durch die Prüfungsordnung vorgegeben, so läßt sich bei ebenfalls gegebenem (verlangtem) Sicherheits- und Genauigkeitsgrad die Anzahl der fehlerhaften Elemente einer Stichprobe berechnen, die gerade noch zu einer „Annahme" oder schon zu einer „Rückweisung" der Grundgesamtheit führt.

c2) Techniken der Zufallsauswahl

Ziel der Zufallsauswahl ist es, durch die Stichprobe ein repräsentatives Bild der Grundgesamtheit zu gewinnen, d. h. die Merkmalsstruktur der Elemente der Stichprobe soll möglichst weitgehend der Merkmalsstruktur der Elemente der Grundgesamtheit entsprechen. Dieses Ziel kann dann erreicht werden, wenn die Auswahl ausschließlich durch den Zufall bestimmt wird und subjektive Einflüsse des Prüfers vollständig ausgeschaltet sind. **Wesentliches Merkmal der Zufallsauswahl ist es, daß jedes Element der Grundgesamtheit eine bestimmte, berechenbare, positive Chance hat, in die Stichprobe einbezogen zu werden.**[102] Die Berechenbarkeit der Auswahlchance von Elementen der Grundgesamtheit ist nicht nur dann gegeben, wenn jedes Element der Grundgesamtheit die gleiche Chance hat, in die Stichprobe zu gelangen, sondern auch dann, wenn – wie bei Zufallsauswahlverfahren mit unterschiedlichen Auswahlwahrscheinlichkeiten – die Ziehungschance für jedes Element der Grundgesamtheit zwar verschieden ist, aber berechenbar bleibt.

c21) Zufallsauswahl mit vorgegebenem Stichprobenumfang

c211) Auswahlverfahren mit gleichen Auswahlwahrscheinlichkeiten

c2111) Die „echte" Zufallsauswahl

Der Forderung, daß jedes Element der Grundgesamtheit, aus der die Stichprobe zu ziehen ist, die gleiche Chance hat, in die Stichprobenauswahl zu gelangen, kann im Idealfall dadurch genügt werden, daß **sämtliche Stichprobenelemente durch Los aus der Grundgesamtheit gezogen** werden. Ein solches Vorgehen ist aber in den meisten Fällen zu aufwendig (Anfertigung der Lose, Zuordnung der Elemente der Grundgesamtheit zu den einzelnen Losen, Mischen der Lose, Auswahl der Lose), als daß es praktisch anwendbar wäre. Man wird deshalb bei der Zufallsauswahl, wo immer dies möglich ist, an vorhandene Ordnungskriterien der Grundgesamtheit anknüpfen, um zu wirtschaftlicheren Auswahlverfahren zu gelangen.

Die „echte" Zufallsauswahl kann recht gut mit Hilfe von sog. **Zufallszahlen-Tabellen** vorgenommen werden, wenn die einzelnen Elemente der Grundgesamtheit (Kontokarten, Belege) z.B. fortlaufend numeriert sind oder numeriert werden können. Zufallszahlen-Tabellen sind Tafeln, die zufällig zusammengestellte, regelmäßig durch Computer erzeugte Zahlenkombinationen enthalten. Als Beispiel diene folgender Auszug aus einer solchen Tafel (Abb. 27):[103]

---

[102] Zum Begriff der Zufallsstichprobe vgl. u.a. Kellerer, Theorie 1963, S. 13
[103] Auszugsweise entnommen bei Vance/Neter, Sampling 1961, S. 284

Abb. 27: Zufallszahlentabelle

	(1)	(2)	(3)	(4)	(5)
..	......	......	......	......	......
(26)	81525	72295	04839	96423	24878
(27)	29676	20591	68086	26432	46901
(28)	00742	57392	39064	66432	84673
(29)	05366	04213	25669	26422	44407
(30)	91921	26418	64117	94305	26766
..	......	......	......	......	......

Zur Illustration des Gebrauchs einer solchen Tabelle diene ein einfaches Beispiel: Angenommen, aus einer Grundgesamtheit von 1000 durchnumerierten Belegen seien 50 zu entnehmen. Der Prüfer kann in der Zufallszahlen-Tabelle an jeder beliebigen Stelle beginnen, z.B. in Spalte 1, Zeile 28. Der Prüfer betrachtet immer die ersten drei Ziffern der jeweiligen Zufallszahl (er könnte sich ebensogut auf die letzten drei Ziffern festlegen). Er nimmt also die Belege Nr. 7, Nr. 573, Nr. 390, Nr. 664 usw. in die Stichprobe. Die Wahl einer horizontalen Zahlenfolge ist nicht zwingend notwendig; es könnte ebensogut in der Vertikalen durch die Tafel gegangen werden, d.h. es würden die Belege Nr. 7, Nr. 53, Nr. 919 usw. entnommen. Um die gleiche Entnahmewahrscheinlichkeit für jedes Element sicherzustellen, muß im Beispiel beachtet werden, daß der Beleg Nr. 1000 wegen des Festlegens auf drei Ziffern ignoriert würde; man könnte sich im Beispiel dadurch behelfen, daß man die Ziffernfolge „000" mit der Beleg-Nr. 1000 identifiziert.

Aus dem Beispiel nach Abb. 27 gehen die drei wesentlichen Schritte hervor, die bei Gebrauch einer Zufallszahlen-Tabelle getan werden müssen:

– Es ist eine Verbindung zwischen den Elementen der Grundgesamtheit und den Ziffern der Tafel herzustellen;
– Es ist ein Startpunkt auszuwählen;
– Es ist eine Route durch die Tafel festzulegen.

Kehren die gleichen Ziffernfolgen bei der Auswahl einer Stichprobe in der Tabelle wieder, so muß bei dem „Ziehen ohne Zurücklegen" diese Ziffernfolge übersprungen werden, wenn es nicht gewünscht ist, den gleichen Beleg, Vorgang usw. zweimal zu prüfen.

Bei dem „Ziehen mit Zurücklegen" bleibt die Auswahlwahrscheinlichkeit für die einzelnen Elemente der Grundgesamtheit während des Ziehungsvorgangs unverändert. Dagegen wird bei dem „Ziehen ohne Zurücklegen" die Auswahlwahrscheinlichkeit durch jede Ziehung verändert. Es liegt auf der Hand, daß das „Ziehen ohne Zurücklegen" den Anforderungen des Prüfungswesens eher entspricht als das „Ziehen mit Zurücklegen". Allerdings führt das Ziehungsmodell ohne Zurücklegen zu nicht unerheblich höherem Rechenaufwand bei der Auswertung der Stichprobenergebnisse als das Modell des Ziehens mit Zurücklegen.

Eine „echte" Zufallsauswahl kann auch – falls Computerkapazität zur Verfügung steht, mit Hilfe von „Zufallszahlengeneratoren" realisiert werden, d.h. durch Programme, die die zufallsgesteuerte Auswahl von Stichprobenelementen (mit Zurücklegen oder ohne Zurücklegen – mit oder ohne sortierter Ausgabe) maschinell vornehmen.[104]

c2112) Die „unechte" Zufallsauswahl, „systematische" Zufallsauswahl

Kann durch das Auswahlverfahren der Forderung, daß jedes Element der Grundgesamtheit die gleiche oder berechenbare Chance hat, in die Stichprobenauswahl zu gelangen, nur näherungsweise genügt werden, so spricht man von der sog. unechten Zufallsauswahl oder von der systematischen Zufallsauswahl.

Zu nennen ist zunächst die **„systematische Auswahl mit Zufallsstart"**: Eine Stichprobe festgelegten Umfangs wird so ausgewählt, daß jedes k-te Element der Grundgesamtheit in die Stichprobe gelangt, wobei (k) dem Verhältnis der Anzahl der Elemente der Grundgesamtheit zum Stichprobenumfang entspricht, d. h. $k = N/n$, und das erste zu ziehende Element zufällig ausgewählt wird.[105]

Man kann aus einer durchnumerierten oder leicht auszählbaren Grundgesamtheit, wenn man z. B. eine zehnprozentige Auswahlquote wünscht, jede zehnte Einheit herausziehen, wobei es dem Zufall überlassen bleiben muß, mit welcher Ziffer zwischen 1 und 10 die Auswahl begonnen wird.

Ähnlich wird das sog. **„Schlußziffernverfahren"** angewandt: Um z. B. eine Auswahlquote von 30% zu erhalten, braucht man nur diejenigen Elemente auszuwählen, deren Ordnungsnummern z. B. mit der Ziffer 4, 7 und 9 enden; für eine Auswahlquote von 1% reicht es aus, z. B. alle Elemente mit der Schlußziffer 65 in die Stichprobe einzubeziehen. Voraussetzung ist dabei allerdings, daß die Schlußziffern in der Grundgesamtheit (ungefähr) gleich stark vertreten sind.[106]

Als weitere Verfahren sind zu nennen: Die sog. **„Buchstabenauswahl nach Namensanfängen"** und das **„Geburtstagsverfahren"**, sofern die Auswahl aus Personengesamtheiten erfolgen soll (z. B. Debitorenkonten usw.).

Die Verfahren der systematischen Zufallsauswahl leisten im allgemeinen dasselbe wie die der „echten" Zufallsauswahl, soweit sichergestellt ist, daß zwischen den Auswahlkriterien (Numerierung, Schlußziffern, Anfangsbuchstaben, Geburtstage) und den zu prüfenden Merkmalen innerhalb der Grundgesamtheit kein Zusammenhang besteht. Schwierigkeiten können sich z. B. ergeben, wenn das Schlußziffernverfahren auf Grundgesamtheiten angewandt wird, deren quantitative Merkmale durch Auf- oder Abrundungen verändert

---

[104] Der Leser wird darauf aufmerksam gemacht, daß die meisten Zufallszahlengeneratoren lediglich „Pseudozufallszahlen" zu erzeugen in der Lage sind. Eine Prüfung dieser Programme darauf, ob die von ihnen erzeugten Zufallszahlen etwa Periodizitäten oder einseitige Verteilungen aufweisen, ist deshalb angebracht. Das vom Verfasser benutzte PC-Programm „Zufall" dürfte von solchen Mängeln weitgehend frei sein.

[105] N = Zahl der Elemente der Grundgesamtheit; n = Zahl der Stichprobenelemente. Vgl. zur systematischen Zufallsauswahl mit Zufallsstart: Kellerer, Theorie 1963, S. 53 ff.

[106] Vgl. Kellerer, Theorie 1963, S. 59

worden sind. Es liegt ferner auf der Hand, daß die Anfangsbuchstaben der Personennamen und die Geburtstage nicht gleichmäßig über die Erhebungsmasse verteilt sind.

Pfanzagl bemerkt z. B., daß die Einwohner von Wien mit dem Anfangsbuchstaben „V" überwiegend Vorfahren haben, die aus Ländern der Monarchie mit slawischer Bevölkerung zugewandert sind.[107] Würde also bei einer Prüfung der Kundenkonten einer Wiener Firma die Buchstabenauswahl angewandt werden, so würde das Stichprobenergebnis nicht repräsentativ für das zugrundeliegende Prüffeld sein, sofern die genannte Einwohnergruppe ein besonderes Zahlungsverhalten im Vergleich zu den übrigen Einwohnern der Stadt Wien besitzen sollte.

c212) Zufallsauswahl mit unterschiedlichen Auswahlwahrscheinlichkeiten

c2121) Zufallsauswahl mit größenabhängigen Auswahlwahrscheinlichkeiten (wertproportionale Auswahl)

Aus der angelsächsischen Prüfungspraxis ist ein Auswahlverfahren bekannt, bei dem als Erhebungseinheiten nicht die einzelnen Positionen einer Grundgesamtheit (z. B. Debitorenkonten, Lagerpositionen), sondern die in diesen Positionen gebundenen Geldeinheiten herangezogen werden. Ein bekanntes Verfahren der wertproportionalen Auswahl wird deshalb auch „Dollar-Unit-Sampling (DUS)" genannt. Im Ergebnis läuft die wertproportionale Auswahl darauf hinaus, daß eine Position mit einem Geldwert von 10.000,- GE eine einhundertmal größere Auswahlwahrscheinlichkeit besitzt als eine Position mit dem Geldwert von 100,- GE. Dagegen würde eine Position mit dem Wert „Null" (z. B. eine nicht besetzte Lagerposition eines Inventars) eine Auswahlwahrscheinlichkeit von Null besitzen. Die wertproportionale Zufallsauswahl kommt somit dem Anliegen der Prüfer entgegen, höherwertige Posten wegen ihrer größeren Bedeutung für das Prüfungsurteil intensiver zu prüfen als geringerwertige Positionen. Die Vorgehensweise bei der wertproportionalen Auswahl geht aus Abb. 28 auf S. 186 hervor.

Das Beispiel zeigt deutlich, daß die Auswahlwahrscheinlichkeiten für die einzelnen Positionen der Grundgesamtheit tatsächlich proportional zu den Buchwerten der einzelnen Positionen sind. Die Proportionalität ist allerdings nicht unbedingt gegeben, wenn man die Auswahlwahrscheinlichkeiten auf die Ist-Werte der Grundgesamtheit bezieht: **Unterbewertete Positionen** erhalten eine überproportionale Auswahlwahrscheinlichkeit; **überbewertete Positionen** dagegen eine unterproportionale Auswahlwahrscheinlichkeit. So beträgt in dem Beispiel nach Abb. 28 z. B. die Auswahlwahrscheinlichkeit für das Element h 1/10, obwohl der Ist-Wert dieser Position Null beträgt; umgekehrt wird der Position e eine Auswahlwahrscheinlichkeit von 1/200 zugeordnet, obwohl eine Auswahlwahrscheinlichkeit von 1/10 dem Ist-Wert der Position e entsprechen würde.[108]

---

[107] Vgl. Pfanzagl, Methodenlehre 1 1966, S. 182
[108] Zum DUS-Verfahren vgl. Deindl, Stichprobenprüfung 1982, S. 1585ff.; Neter/Leitch/Fienberg, Dollar 1978, S. 77ff. und die dort angegebene Literatur. Die Auswertung von wertproportional gezogenen Stichproben wird wegen der gekennzeichneten Mängel des Verfahrens in dieser Schrift nicht behandelt.

Abb. 28: Beispiel zur wertproportionalen Zufallsauswahl

Wertproportionale Zufallsauswahl

Position der Grundgesamtheit	Buchwerte	Istwerte	kumulierte Buchwerte	Zufallszahlen
a	10	10	1– 10	
b	10	20	11– 20	
c	10	10	21– 30	
d	5	5	31– 35	34
e	5	100	36– 40	
f	10	10	41– 50	
g	50	40	51– 100	73
h	100	0	101– 200	
i	100	90	201– 300	219
j	50	50	301– 350	
k	100	100	351– 450	
l	200	200	451– 650	468
m	50	50	651– 700	
n	100	100	701– 800	
o	200	200	801–1000	812
Gesamtwert	1000			

In die Stichprobe gelangen die Positionen d, g, i, l und o

Wie die Abb. 28 zeigt, werden in einem ersten Schritt die (vor Ziehung der Stichproben allein bekannten) Buchwerte kumuliert. In einem zweiten Schritt werden Zufallszahlen zwischen 1 und dem Gesamtbuchwert der Grundgesamtheit ermittelt: Im Beispiel sind dies die Zufallszahlen 34, 73, 219, 468 und 812. In einem letzten Schritt werden die ermittelten Zufallszahlen den kumulierten Buchwerten in der Weise zugeordnet, daß jeweils die Position der Grundgesamtheit als gezogen gilt, in deren Wertbereich bei der Kumulation eine Zufallszahl fällt. Danach werden im Beispiel nach Abb. 28 die Positionen d, g, i, l und o ausgewählt.

c2122) Die geschichtete Auswahl

Kennzeichen der geschichteten Auswahl ist es, daß eine **Grundgesamtheit in mehrere voneinander getrennte Teil-Grundgesamtheiten (Schichten) aufgespalten wird,** die dann ihrerseits mit Hilfe von Stichprobenanalysen untersucht werden. Dieses Verfahren ist besonders dann vorteilhaft, wenn die zu beurteilende Grundgesamtheit, z. B. gemessen an der Wertausprägung der einzelnen Elemente der Grundgesamtheit, sehr inhomogen ist.

Der Prüfer kann sich bei inhomogenen Grundgesamtheiten dadurch helfen, daß er die Grundgesamtheit nach bestimmten Gesichtspunkten in mehrere insich homogene Teilgesamtheiten aufspaltet (erster Auswahlschritt), um aus diesen dann Stichproben, meist mit unterschiedlichen Auswahlsätzen und ggf. nach unterschiedlichen Zufallsauswahlverfahren, zu entnehmen (zweiter Auswahlschritt). Dadurch kann erreicht werden, daß die Stichproben je Schicht relativ klein gehalten werden können, ohne daß die Repräsentativität für die Grundgesamtheit verlorengeht.

Schulte[109] bringt dazu das folgende Beispiel: „Es sei z.B. eine Untersuchungsgesamtheit von 10.000 Debitorenkonten zu prüfen, deren Kontenbestände von 100,– DM bis 20 000,– DM schwanken. Zwar sind die Untersuchungseinheiten hinsichtlich des zu beurteilenden quantitativen Merkmals ‚Geldeinheiten' homogen, jedoch hinsichtlich der möglichen Fehler, d.h. der in Geldeinheiten zu messenden Abweichungen vom ‚wahren' Kontostand und damit hinsichtlich ihrer Bedeutung für das Prüfungsurteil, heterogen. Die Entnahme einer uneingeschränkten Stichprobe würde bei einer derartig strukturierten Untersuchungsgesamtheit leicht zu einer Verzerrung der Auswahl führen. Deshalb empfiehlt sich eine geschichtete Auswahl, zumal hier in der Höhe des Kontostandes ein geeignetes Schichtungsmerkmal besteht. Durch Variation von Auswahlsatz und Entnahmetechnik kann der Prüfer außerdem die unterschiedliche Bedeutung der einzelnen Schichten für das Prüfungsurteil berücksichtigen. So könnte man in diesem Fall eine geschichtete Auswahl etwa nach folgendem Auswahlplan vornehmen" (Abb. 29):

Abb. 29: Geschichtete Stichprobenauswahl (nach Schulte)

Schichtung der Untersuchungseinheiten	Auswahlsatz in Prozent	Entnahme-technik
1. Schicht: Alle Konten ≥ 10.000 DM	100	Vollprüfung
2. Schicht: 5.000 DM ≤ Konten < 10.000 DM	20	Zufalls-zahlen
3. Schicht: 1.000 DM ≤ Konten < 5.000 DM	10	Syste-matisch
4. Schicht: Alle Konten < 1.000DM	5	Namens-anfang

Bei der Anwendung von geschichteten Stichprobenverfahren kann im Einzelfall das Auffinden geeigneter **Schichtungsmerkmale**, die Bestimmung der **Anzahl der zu bildenden Erhebungsschichten**, die Festlegung der **Schichtgrenzen** und die **Verteilung der Stichprobenelemente auf die einzelnen Schichten** mit Schwierigkeiten verbunden sein.[110] Das Institut der Wirtschaftsprüfer empfiehlt in seiner Stellungnahme zum Stichprobenverfahren für die Vorratsinventur zum Jahresabschluß die Anwendung von Verfahren der „geschichteten Mittelwertschätzung" ausdrücklich.[111]

c22) Zufallsauswahl mit ergebnisabhängigem Stichprobenumfang

Das Grundprinzip der mehrstufigen Auswahl besteht darin, daß der Umfang der aus einer Grundgesamtheit zu ziehenden Stichprobenelemente **von dem**

---

[109] Schulte, Methoden 1970, S. 73f.
[110] Zur Theorie der optimalen Schichtung vgl. Kellerer, Theorie 1963, S. 91ff.
[111] Vgl. IdW, Stellungnahme 1/1981, Abschn. II 2 sowie Anhang, 1; die Stellungnahme enthält ferner die einschlägigen Formeln für die Bestimmung des Stichprobenumfangs, für die Aufteilung der Stichprobe auf die einzelnen Schichten und für die Hochrechnung auf den Durchschnittswert der Gesamtposition.

Ergebnis der ausgewerteten Stichprobenelemente abhängig gemacht wird:
Der Prüfer zieht aus einer Grundgesamtheit zunächst eine relativ kleine Stichprobe und hat, je nach dem Ergebnis der Untersuchung der Stichprobenelemente, daraufhin die Entscheidung zu treffen, ob er aus der gleichen Grundgesamtheit eine weitere Stichprobe ziehen will oder ob er aufgrund der bereits gezogenen Stichprobenelemente ein Urteil über die Grundgesamtheit fällen kann.[112]

Werden die einzelnen Stufen der Stichprobenauswahl sehr klein gehalten, so nähert sich die mehrstufige Auswahl der sog. **sequentiellen Zufallsauswahl.**[113]

Der Vorzug der mehrstufigen bzw. der sequentiellen Auswahl besteht darin, daß der Prüfer den Umfang seiner Prüfungshandlungen unmittelbar von denjenigen Informationen abhängig machen kann, die er in den einzelnen Stufen seiner Stichprobenprüfung gewonnen hat. Es bietet sich ihm auf diese Weise die Möglichkeit, dem durch das Fachgutachten 1/1977 aufgestellten Grundsatz zu folgen: „Werden durch Stichproben Verstöße oder Fehler aufgedeckt, so werden die Prüfungshandlungen auszudehnen sein."[114]

c3) Zur Auswertung von Zufallsstichproben

Nachfolgend werden einige wesentliche Auswertungsverfahren von Zufallsstichproben dargestellt und anhand von ausgewählten Beispielen erläutert, und zwar in Abschnitt c31) für sog. **homograde Fragestellungen** (z.B. Schätzung von Fehleranteilen) und in Abschnitt c32) für sog. **heterograde Fragestellungen** (z.B. Schätzung von Durchschnittswerten der Elemente der Grundgesamtheit).

c31) Die Auswertung von Zufallsstichproben bei homograden Fragestellungen

Bei den **homograden Schätzstichproben** lautet die Fragestellung: Wie groß ist mit einer Sicherheit (w) die Obergrenze für den Fehleranteil ($M/N=P_0$) in einer Grundgesamtheit des Umfanges (N), wenn in einer Stichprobe gegebenen Umfangs (n) eine bestimmte Zahl fehlerhafter Elemente (m) gefunden wird?

Bei den **homograden Annahmestichproben** lautet die Fragestellung: Kann die Grundgesamtheit noch als ordnungsmäßig beurteilt werden bzw. muß sie als nicht mehr ordnungsmäßig abgelehnt werden, wenn in einer Stichprobe gegebenen Umfangs eine bestimmte Zahl fehlerhafter Elemente über- oder unterschritten wird?

Bei den **homograden Entdeckungsstichproben** lautet die Fragestellung schließlich: Mit welcher Wahrscheinlichkeit wird in einer Stichprobe gegebenen Umfangs eine bestimmte Anzahl fehlerhafter Elemente entdeckt, unter

---

[112] Zur praktischen Anwendung der mehrstufigen Zufallsauswahl im Rahmen der Qualitätsprüfung vgl. Deutsche Gesellschaft für Qualität e.V., Stichprobenpläne 1980

[113] Vgl. dazu unten, Abschn. IV C 4 c3132

[114] IdW, FG 1/1977, Abschn. C V, Anm. 6

der Voraussetzung, daß die Grundgesamtheit ihrerseits eine bestimmte Zahl fehlerhafter Elemente enthält?

c311) *Zur Wahl der Verteilungsannahmen im homograden Fall*

Die Schätzung von Fehleranteilen in einer Grundgesamtheit auf der Grundlage einer Stichprobenziehung ist notwendigerweise mit Unschärfen und Unsicherheiten verbunden: Der Prüfer wird seine Prüfungsaussage, wenn er Zufallsstichproben auswertet, nur mit bedingter Präzision treffen können. Er wird z.B. nur feststellen können, daß der wahre Anteil fehlerhafter Belege von einem aufgrund der Schätzstichprobe errechneten Bereich (Vertrauensbereich, Schätzintervall), z.B. zwischen 2% (= untere Vertrauensgrenze) und 6% (= obere Vertrauensgrenze), mit einer Wahrscheinlichkeit von 95% überdeckt wird.

Eine Besonderheit im Bereich des betriebswirtschaftlichen Prüfungswesens, vor allem im Bereich der Buchprüfungen, besteht darin, daß i.d.R. mit **sehr geringen noch tolerablen Fehleranteilen** gerechnet werden muß. Die anzuwendenden statistischen Schätzverfahren müssen deshalb auch für sehr kleine Fehleranteile, die meist erheblich unter 10% liegen dürften, brauchbare Schätzergebnisse liefern.

Eine weitere Besonderheit der Anwendung mathematisch-statistischer Schätzverfahren im betriebswirtschaftlichen Prüfungswesen besteht darin, daß dem Prüfer regelmäßig nicht an der Bestimmung des wahrscheinlichsten Anteilswerts und auch nicht an einer Bestimmung der oberen und unteren Vertrauensgrenze des Schätzintervalls liegt; er ist zur Vorbereitung seines Prüfurteils weit mehr an der **Bestimmung der sog. oberen Vertrauensgrenze** als an der Bestimmung der unteren Vertrauensgrenze interessiert.

Streng genommen ist eine „Hochrechnung" der Stichprobenstruktur auf die Struktur der Grundgesamtheit nur möglich, wenn die Verteilung des Fehleranteils in der Stichprobe aufgrund sämtlicher denkbarer Stichprobenergebnisse aus einer gegebenen Grundgesamtheit bekannt ist. **Als Maß für die Eintrittswahrscheinlichkeit einer beliebigen Stichprobenrealisation gilt die relative Häufigkeit dieser Stichprobenrealisation im Rahmen eines „Zufallsexperiments"**: Würde man aus einer gegebenen Grundgesamtheit sehr viele voneinander unabhängige Stichprobenziehungen vornehmen, so würde man auch angeben können, wie oft in einer Stichprobe bestimmten Umfangs z.B. der gleiche Fehleranteil auftritt wie in der Grundgesamtheit, wie oft eine Stichprobe einen höheren oder niedrigeren Fehleranteil enthält usw.

In praxi können solche Zufallsexperimente nicht immer wieder vorgenommen werden. Der Prüfer ist deshalb darauf angewiesen, von bestimmten **Annahmen über die Wahrscheinlichkeitsverteilung der Stichprobenergebnisse**, die er aus einer bestimmten Grundgesamtheit ziehen könnte, auszugehen. Diese Annahmen stellen bei dem zur Gewinnung des Prüferurteils notwendigen Repräsentationsschluß die Majorprämisse dar, von deren Richtigkeit die Zuverlässigkeit des Rückschlusses auf die Struktur der Grundgesamtheit bestimmt wird.

Die statistische Methodenlehre stellt eine Reihe von theoretischen Verteilungsmodellen zur Verfügung, derer sich der Prüfer bedienen kann, sofern er die speziellen Bedingungen für die Anwendung dieser Verteilungsmodelle beachtet.

Das **Modell der sog. hypergeometrischen Verteilung** ist auf die Verwendung im betriebswirtschaftlichen Prüfungswesen in besonderer Weise zugeschnitten. Die hypergeometrische Verteilung ist das exakte Verteilungsmodell für das „Ziehen ohne Zurücklegen", das dem Prüfer sehr entgegenkommt, da er die bereits in die Auswahl gelangten Elemente der Grundgesamtheit nicht ein zweites Mal untersuchen wird. Diesem Vorzug steht allerdings der relativ große Berechnungsaufwand, der bei der Verwendung des Verteilungsmodells zu bewältigen ist, gegenüber.

Das **Modell der sog. Binomialverteilung** entspricht der theoretisch richtigen Verteilung für das „Ziehen mit Zurücklegen", bei dem ein schon ausgewähltes Element der Grundgesamtheit nochmals gezogen werden kann. Das Modell der Binomialverteilung erfordert einen geringeren Rechenaufwand als das Modell der hypergeometrischen Verteilung.

Wegen des bei der Anwendung der hypergeometrischen Verteilung und bei Anwendung der Binomialverteilung erforderlichen Berechnungsaufwands empfiehlt die statistische Methodenlehre als „Ersatzlösungen" die Verwendung alternativer Verteilungsmodelle, die in der praktischen Anwendung einfacher zu handhaben sind. Es sind dies vor allem die Modelle der „Normalverteilung" und der „Poisson-Verteilung". Gemeinsames Merkmal dieser Ersatzlösungen ist es aber, daß sie lediglich unter bestimmten Bedingungen die exakte Verteilung hinreichend genau approximieren und damit zu Schätzergebnissen (für die obere Vertrauensgrenze) führen, die den mit Hilfe der hypergeometrischen Verteilung oder mit Hilfe der Binomialverteilung ermittelten Schätzergebnissen näherungsweise entsprechen. Es kommt deshalb bei der Verwendung der alternativen Verteilungsmodelle in der Prüfungspraxis darauf an, ggf. einen tragbaren Kompromiß zwischen dem erforderlichen Rechenaufwand für die Schätzung einerseits und der durch die Verwendung von Ersatzlösungen bedingten relativen Fehlschätzung andererseits zu finden.

Nachfolgend wird anhand einiger durchgerechneter Testfälle auf die unterschiedliche Schätztechnik bei der Verwendung der verschiedenen Verteilungsmodelle eingegangen. Es werden damit zugleich die bei der Verwendung der Verteilungsmodelle in Kauf zu nehmenden Fehlschätzungen aufgedeckt. **Als Maßstab für die Bestimmung der jeweiligen Fehlschätzungen dienen dabei die auf der Grundlage des Modells der hypergeometrischen Verteilung gewonnenen Schätzergebnisse für die „obere Schätzgrenze".**

Die Berechnungsergebnisse für acht Testfälle sind in Abb. 30 zusammengestellt. Die Zeilen 1-5 der Abb. 30 enthalten die Daten der Testfälle; die Zeilen 6-16 enthalten die für die einzelnen Testfälle errechneten oberen Schätzgrenzen sowie die sich im Vergleich zur Anwendung des hypergeometrischen Verteilungsmodells ergebenden relativen Fehlschätzungen.[115]

---

[115] In Abb. 30 wurden die oberen Schätzgrenzen für die nicht-stetigen Verteilungen im Interesse der Vergleichbarkeit durch lineare Interpolation gewonnen.

Abb. 30: Obere Schätzgrenzen, berechnet auf der Grundlage verschiedener Verteilungsmodelle – Sicherheitsgrad 95%
(= Irrtumswahrscheinlichkeit 5%)

	Fall I	Fall II	Fall III	Fall IV	Fall V	Fall VI	Fall VII	Fall VIII
(1) Grundgesamtheit (N)	800	800	800	800	10.000	10.000	10.000	10.000
(2) Stichprobenumfang (n)	200	100	100	100	200	100	100	100
(3) Fehlerzahl in der Stichprobe (m)	1	1	5	10	1	1	5	10
(4) Fehleranteil in der Stichprobe (p = m / n)	0,005	0,01	0,05	0,10	0,005	0,01	0,05	0,10
(5) Auswahlsatz (n / N)	0,25	0,125	0,125	0,125	0,02	0,01	0,01	0,01
(6) Obere Schätzgrenze (%) *hypergeometrische Verteilung*	2,1100	4,4266	9,8972	15,9733	2,3314	4,6379	10,1997	16,3407
(7) Obere Schätzgrenze (%) *Normalverteilung (t = 1,645)*	1,211	2,532	8,356	14,619	1,312	2,629	8,567	14,911
(8) Relative Fehlschätzung	− 42,61%	− 42,80%	− 15,57%	− 8,48%	− 43,72%	− 43,31%	− 16,01%	− 8,75%
(9) Obere Schätzgrenze (%) *Millot'sches Verfahren*	1,863	4,027	9,519	15,585	2,183	4,332	9,885	16,001
(10) Relative Fehlschätzung	− 10,76%	− 9,03%	− 3,82%	− 2,43%	− 6,37%	− 6,60%	− 3,09%	− 2,08%
(11) Obere Schätzgrenze (%) *Poisson-Verteilung*	2,372	4,744	10,513	16,962	2,372	4,744	10,513	16,962
(12) Relative Fehlschätzung	+ 12,42%	+ 7,17%	+ 6,22%	+ 6,19%	+ 1,74%	+ 2,29%	+ 3,07%	+ 3,80%
(13) Obere Schätzgrenze (%) *Binominalverteilung o. Endlichkeitskorr.*	2,350	4,656	10,225	16,372	2,350	4,656	10,225	16,372
(14) Relative Fehlschätzung	+ 11,37%	+ 5,18%	+ 3,31%	+ 2,50%	+ 0,80%	+ 0,39%	+ 0,25%	+ 0,19%
(15) Obere Schätzgrenze (%) *Binominalverteilung m. Endlichkeitskorr.*	2,103	4,422	9,891	15,964	2,331	4,637	10,199	16,340
(16) Relative Fehlschätzung	− 0,33%	− 0,10%	− 0,06%	− 0,06%	− 0,02%	− 0,02%	− 0,01%	− 0,004%

c312) Schätzstichproben, Schätzung der oberen Vertrauensgrenzen

c3121) Die Ermittlung der oberen Vertrauensgrenzen bei Verwendung des Modells der Normalverteilung —▸ b-$Z\ddot{u}$-ko $gr\ddot{o}\beta er$

Das Modell der Normalverteilung erfreut sich wegen seiner rechentechnischen Einfachheit großer Beliebtheit. Der Rückschluß von dem Fehleranteil einer Stichprobe (p = m/n) auf den geschätzten „wahren" Fehleranteil der dazugehörigen Grundgesamtheit (P = M/N) besteht darin, den unteren und den oberen Stichprobenfehler, d. h. den Vertrauensbereich zu berechnen, der den Fehleranteil in der Grundgesamtheit mit einer bestimmten Wahrscheinlichkeit überdeckt. Es gilt dann für die Schätzung des „wahren" Anteilswerts (P) die folgende Beziehung (1):

$$P = p \pm e \tag{1}$$

d. h. der gesuchte Anteilswert (P) wird mit einer bestimmten Wahrscheinlichkeit durch den Bereich, der durch (p-e) und (p+e) begrenzt ist, überdeckt (**Vertrauensbereich bei der sog. zweiseitigen Fragestellung**).

Die **obere Schätzgrenze**, die hier allein untersucht wird, kann dementsprechend wie folgt bestimmt werden (2):

$$P_o = p + e \tag{2}$$

d. h. der Schätzwert für die obere Vertrauensgrenze liegt bei unterstellter Normalverteilung der Stichprobenergebnisse bei dem in der Stichprobe gefundenen Fehleranteil (p) zuzüglich des Stichprobenfehlers bei einseitiger Fragestellung (e).

Die Größe (e) kann ihrerseits nach dem folgenden Ausdruck (3) berechnet werden:

$$e = t \sqrt{\frac{p(1-p)}{n} \cdot \frac{N-n}{N-1}} \tag{3}$$

In diesem Ausdruck steht (N) für die Zahl der Elemente der Grundgesamtheit, (n) für die Zahl der Elemente der Stichprobe und (p) für den Anteil der fehlerhaften Elemente (m) an der Zahl der Stichprobenelemente (n).

Die Größe (t) ist ein Funktionswert für den verlangten Sicherheitsgrad, mit dem die statistische Schätzung vorgenommen werden soll. Die für die Normalverteilung gültigen Funktionswerte (t) für die jeweils verlangte Aussagesicherheit (w) sind für den praktischen Gebrauch „vertafelt". Einige markante Wertepaare sind in Abb. 31 wiedergegeben:

Abb. 31: Funktionswerte (t_1) für die „einseitige" Fragestellung und (t_2) für die „zweiseitige" Fragestellung in Abhängigkeit vom Sicherheitsgrad (w) bei unterstellter Normalverteilung

t_1	0,476	1,645	1,695	2,326	2,748	3,092
t_2	1,000	1,960	2,000	2,576	2,967	3,291
w(%)	68,3	95,0	95,5	99,0	99,7	99,9

In der Wirtschafts- und Sozialstatistik wird üblicherweise ein Sicherheitsgrad der statistischen Aussage von w = 0,95 (= 95%) für ausreichend erachtet; die Größe (t) kann also bei einseitiger Fragestellung mit t = 1,645 angesetzt werden.

Ist der einseitige Stichprobenfehler (e) der Schätzung bekannt, so kann die obere Vertrauensgrenze der Schätzung durch Einsetzen von (3) in (2) wie folgt bestimmt werden:[116]

$$P_o = p + t \sqrt{\frac{p(1-p)}{n} \frac{N-n}{N-1}} \tag{4}$$

Soll der **erforderliche Stichprobenumfang** auf der Grundlage der gegebenen Daten ermittelt werden, so ist der Ausdruck (3) nach (n) aufzulösen:

$$n = \frac{t^2 p(1-p)N}{t^2 p(1-p) + (N-1)e^2} \tag{5}$$

Die Verwendung der Normalverteilungshypothese bei der Schätzung der oberen Vertrauensgrenze führt, wie aus Abb. 30 (Zeile 8) hervorgeht, zu **systematischen Fehlschätzungen.**

Es zeigt sich, daß in allen Beispielsfällen im Vergleich zu der Schätzung auf der Grundlage der hypergeometrischen Verteilung mit nicht unerheblichen Unterschätzungen der oberen Vertrauensgrenze gerechnet werden muß. Die relativen Unterschätzungen sind umso größer, je kleiner der Anteil der fehlerhaften Elemente in der Stichprobe (bzw. in der Grundgesamtheit) ist. Die relative Fehlschätzung erreicht in den Fällen I, II, V und VI Werte von über 42%; die relative Fehlschätzung verringert sich dagegen in den Beispielsfällen mit zunehmendem Fehleranteil auf rd. 8% (vgl. Abb. 30, Zeile 8, Fälle IV und VIII). Aus Abb. 30 ergibt sich ferner, daß der Umfang der Grundgesamtheit (800 Elemente bzw. 10000 Elemente) ohne wesentlichen Einfluß auf den Umfang der Fehlschätzungen ist.

Die Fehlschätzungen sind z.t. dadurch begründet, daß im Ausdruck (4) der Wert für den Fehleranteil in der Grundgesamtheit (P) durch den Wert für den Fehleranteil in der Stichprobe (p) ersetzt wurde. Löst man dagegen den Ausdruck (3) mit (P) statt (p) nach (P) auf, so ergibt sich der Ausdruck (6):

$$P_o = \frac{t^2(N-n) + 2n(N-1)p + t\sqrt{t^2(N-n)^2 + 4n(N-n)(N-1)p(1-p)}}{2t^2(N-n) + 2n(N-1)} \tag{6}$$

---

[116] Die Berechnungsergebnisse für die Testfälle I-VIII finden sich in Zeile 7 der Abb. 30.

Aus Abb. 30 geht hervor (Zeile 10), daß bei Anwendung dieses sog. **Millot-'schen Verfahrens**[117] die Fehlschätzung wesentlich geringer wird; aber auch das Millot'sche Verfahren führt in jedem der untersuchten Testfälle zu Unterschätzungen der oberen Vertrauensgrenze, und zwar sind die Fehlschätzungen im Vergleich zu den Schätzungen auf der Grundlage der hypergeometrischen Verteilung auch hier umso größer, je geringer der Fehleranteil ($p = m/n$) ist.

Es bleibt somit festzustellen, daß die Benutzung des Modells der Normalverteilung in beiden dargestellten Versionen bei Grundgesamtheiten mit kleinen Fehleranteilen **tendenziell zu einer Unterschätzung der oberen Vertrauensgrenzen** führt. Es ist deshalb bei der Benutzung des Modells durch den Prüfer zu befürchten, daß er der Gefahr erliegt, ein ansich nicht mehr ordnungsmäßiges Prüffeld als ordnungsmäßig zu beurteilen (Fehler 2. Art/Prüferrisiko/ß-Risiko).[118]

c3122) Die Ermittlung der oberen Vertrauensgrenzen bei Verwendung des Modells der Poisson-Verteilung

Die statistische Methodenlehre empfiehlt für sehr kleine Fehleranteile und für nicht zu kleine Stichprobenumfänge die Verwendung des Modells der sog. Poisson-Verteilung als brauchbare Approximation. Die Poisson-Verteilung ist rechnerisch nicht so einfach zu handhaben wie das Modell der Normalverteilung.

Die Wahrscheinlichkeit, in einer Stichprobe mit (n) Elementen, die aus einer Grundgesamtheit mit einem Fehlerteil von $M/N = P$ gezogen wurde, nicht mehr als (m) fehlerhafte Elemente zu finden, wird unter Zugrundelegung der Poisson-Verteilung wie folgt berechnet:

$$w = \sum_{x=0}^{m} \frac{(nP)^x e^{-nP}}{x!} \text{ mit } e = 2{,}718281828 \tag{7}$$

Zur Bestimmung der oberen Schätzgrenze müßte der vorstehende Ausdruck nach (P) bzw. (nP) aufgelöst werden, was unmittelbar nicht möglich ist (mittelbare Lösungen sind nur durch „Probieren" möglich). Die statistische Methodenlehre empfiehlt deshalb bei unterstellter Poisson-Verteilung die Bestimmung der oberen Vertrauensgrenze mit Hilfe der sog. **Chi-Quadrat-Verteilung.**[119]

---

[117] Zur Begründung und formelmäßigen Darstellung vgl. Strobel/Sturm, Bestimmung 1974, S. 27ff., S. 43; vgl. ferner: Buchner/Reuter, Bestimmung 1976, S. 309ff., S. 317f.; Pflaumer, Bemerkungen 1981, S. 753ff. Das Millot'sche Verfahren wird im Schrifttum mitunter auch als Extremalwertverfahren bezeichnet.

[118] Vgl. oben, Kap. IV, Abschn. 4 a); zur nomographischen Darstellung der auf der Grundlage der Normalverteilung beruhenden Schätzverfahren vgl. v.Wysocki, Verwendung 1975, S. 486 ff.

[119] Der Leser findet entsprechende Berechnungsbeispiele bei Leffson, Wirtschaftsprüfung 1985, S. 171ff.

Die Poisson-Verteilung ist, wie aus Abb. 32 hervorgeht, mit Hilfe **graphischer Verfahren** ohne größeren Berechnungsaufwand unmittelbar praktisch anwendbar.

Abb. 32: Die Zusammenhänge zwischen Stichprobenumfang (n), Zahl der fehlerhaften Elemente in der Stichprobe (m) und der Schätzgrenze des oberen Stichprobenfehlers (P_o) bei unterstellter Poisson-Verteilung für einen Sicherheitsgrad von 95% (ausgezogene Linien) und für einen Sicherheitsgrad von 75% (gestrichelte Linien).

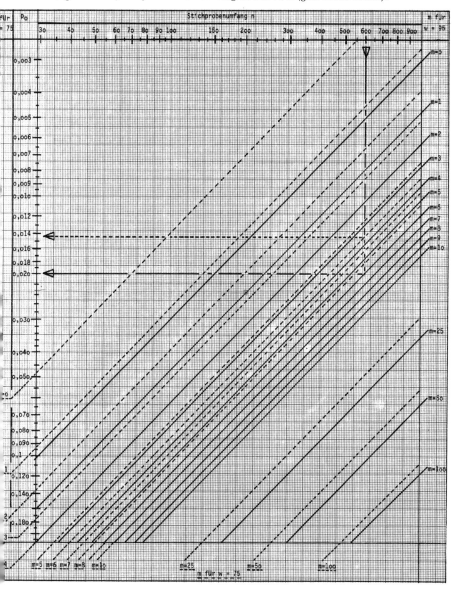

Abb. 32 gibt ein Nomogramm wieder, aus dem die Zusammenhänge zwischen dem Stichprobenumfang (n), der Zahl der fehlerhaften Elemente in der Stichprobe (m) und der oberen Schätzgrenze (P_o) für verschiedene Aussagesicherheiten (w = 0,95 bzw. 0,75) ermittelt werden können. Das doppelt-logarithmische Diagramm enthält auf der waagerechten Achse die Werte für alternative Stichprobenumfänge (n = 30-1000) und auf der senkrechten Achse die Werte für alternative obere Vertrauensgrenzen (P_o = 0,003 bis 0,18). Die diagonalen Geraden sind Hilfslinien. Jede dieser Hilfslinien repräsentiert eine bestimmte in der Stichprobe gefundene Anzahl fehlerhafter Elemente (m = 0 bis 100), und zwar stehen die ausgezogenen Linien für eine Aussagesicherheit von 95% (w = 0,95) und die gestrichelten Linien für eine Aussagesicherheit von 75% (w = 0,75). Die Benutzung des Nomogramms wird durch die folgenden Berechnungsbeispiele erläutert.

Gegeben sind folgende Daten: In einer Stichprobe mit n = 600 Elementen sind m = 6 fehlerhafte Elemente gefunden worden.

Lösung mit Hilfe des Nomogramms nach Abb. 32: Bei gegebenem Stichprobenumfang (n) suche man zunächst den Wert für (n) auf der waagerechten Skala (n = 600). Sodann fälle man ausgehend von dem Skalenwert für (n) ein Lot durch die Schar der Hilfslinien bis zu derjenigen Hilfslinie, die der in der Stichprobe gefundenen Fehlerzahl und der verlangten Aussagesicherheit entspricht (m = 6). Zieht man durch den Schnittpunkt der m-Linie mit dem Lot eine Waagerechte, so ergibt deren Schnittpunkt mit der senkrechten Skala die gesuchte obere Vertrauensgrenze der Schätzung. Diese liegt bei einer verlangten Aussagesicherheit von 95% bei P_o = 0,01974, d. h. bei knapp 2%. Bei einer verlangten Aussagesicherheit von nur 75% liegt die obere Vertrauensgrenze bei P_o = 0,014, d. h. bei 1,4% (die Lösungen sind in Abb. 32 durch Vorgehenspfeile gekennzeichnet).[120]

Mit Hilfe des Nomogramms nach Abb. 32 kann der Leser die Lösungen für die Testfälle I–VIII der Abb. 30 unmittelbar nachprüfen.[121]

Vergleicht man die mit Hilfe der Poisson-Verteilung errechneten Schätzwerte für die oberen Vertrauensgrenzen mit den entsprechenden Schätzwerten, die mit Hilfe des Modells der hypergeometrischen Verteilung ermittelt wurden (vgl. Abb. 30, Zeile 6), so zeigt sich allerdings, daß die **Verwendung der Poisson-Verteilung stets zu Überschätzungen der oberen Vertrauensgrenzen** führt, d. h. in sämtlichen acht Testfällen liegen die Schätzwerte für die oberen Vertrauensgrenzen über denjenigen Vergleichswerten, die sich bei Verwendung der hypergeometrischen Verteilungsannahme ergeben.

Der Vergleich der Schätzergebnisse für die Testfälle nach Abb. 30 zeigt überdies, daß die positiven Fehlschätzungen einerseits umso größer sind, je größer der Auswahlsatz der Stichprobe, d. h. je größer der Stichprobenumfang (n) im Verhältnis zur Größe der Grundgesamtheit (N) ist; andererseits nimmt bei kleinen Auswahlsätzen die relative Fehlschätzung mit zunehmendem Fehleranteil in der Stichprobe zu. Durch den Vergleich der Berechnungsergebnisse werden die Feststellungen der statistischen Methodenlehre bestätigt, wonach

---

[120] Mit Hilfe des Nomogramms nach Abb. 32 lassen sich umgekehrt auch der erforderliche Stichprobenumfang bzw. die höchstens zulässige Zahl fehlerhafter Elemente in der Stichprobe bestimmen, wenn die obere Vertrauensgrenze sowie die Zahl der in der Stichprobe höchstens zulässigen fehlerhaften Elemente bzw. der Stichprobenumfang gegeben sind.

[121] Vgl. die Lösungen in Abb. 30, Zeile 11

die Poisson-Verteilung als Approximation an die hypergeometrische Verteilung nur dann verwandt werden sollte, wenn der Auswahlsatz (n/N) nicht zu
groß und der Fehleranteil (M/N = P) genügend klein ist.

Im Vergleich zu den Schätzergebnissen, die mit Hilfe der Normalverteilungshypothese gewonnen wurden, **erweist sich die Poisson-Verteilung als „kon-
servativ":** Die ihr innewohnende Tendenz zur Überschätzung der oberen
Vertrauensgrenze kann den Prüfer veranlassen, in Grenzfällen eine fehlerbehaftete Grundgesamtheit nicht mehr als ordnungsmäßig zu akzeptieren, ob- $\aleph$ - $\textit{Fehler}$
wohl sie seinen Qualitätsanforderungen durchaus noch entsprechen könnte
(Fehler 1. Art/Auftraggeberrisiko/α-Risiko), während er bei Anwendung der
Normalverteilungshypothese umgekehrt veranlaßt wird, ein erhöhtes Risiko
einzugehen, die fehlerbehaftete Grundgesamtheit als noch ordnungsmäßig zu
akzeptieren, obwohl sie seinen Qualitätsansprüchen tatsächlich nicht mehr
entspricht (Fehler 2. Art/Prüferrisiko/β-Risiko).

*c3123) Die Ermittlung der oberen Vertrauensgrenzen bei Verwendung des
Modells der Binomialverteilung*

Die Binomialverteilung unterscheidet sich von dem Modell der hypergeometrischen Verteilung dadurch, daß bei ihr die **Unabhängigkeit der einzelnen
Stichprobenziehungen** voneinander unterstellt wird. Diese Unabhängigkeit
ist entweder nur dann gegeben, wenn die Grundgesamtheit unendlich groß
ist oder wenn man nach jeder Ziehung eines Stichprobenelements den ursprünglichen Zustand der Grundgesamtheit wieder herstellt, etwa dadurch,
daß der Prüfer jedes einmal gezogene Stichprobenelement nach der Ziehung
in der Grundgesamtheit beläßt, so daß dieses die Chance behält, erneut in die
Stichprobenziehung zu gelangen (= Ziehen der Stichprobenelemente „mit
Zurücklegen").

Der Rechenaufwand bei der Benutzung des Modells der Binomialverteilung
ist größer als bei Verwendung der Modelle der Normalverteilung und der
Poisson-Verteilung. Die Wahrscheinlichkeit, in einer Stichprobe mit (n) Elementen, die aus einer Grundgesamtheit mit einem Fehleranteil von M/N =
P_0 gezogen wurde, nicht mehr als (m) fehlerhafte Elemente zu finden, wird
unter Zugrundelegung der Binomialverteilung wie folgt berechnet:[122]

$$w = \sum_{x=0}^{m} \frac{n!}{x!(n-x)!} P_0^x (1-P_0)^{n-x} \tag{8}$$

Der bei Benutzung des Modells der Binomialverteilung auftretende Rechenaufwand sollte indes nicht überschätzt werden, weil einerseits die Binomialverteilung relativ gut „vertafelt" werden kann und andererseits Mikrocom-

---

[122] In dem Ausdruck (8) steht x! („x-Fakultät") für x! $= 1 \times 2 \times \ldots \times (x-1) \times x$. Für
die Berechnung der Formel empfiehlt es sich, die „Fakultäten" zu logarithmieren.

puterprogramme zur Verfügung stehen, bei deren Anwendung der erforderliche Rechenaufwand nicht mehr ins Gewicht fällt.[123]

Abb. 33 gibt die Beziehungen zwischen dem Stichprobenumfang (n), der oberen Vertrauensgrenze (P_o) und der Anzahl der in die Stichprobe gelangten fehlerhaften Elemente (m) auf der Grundlage der Binomialverteilung für einen Sicherheitsgrad von 95% (= Irrtumswahrscheinlichkeit, 1-w = 0,05) wieder. Die Abbildung enthält in den Feldern die bei gegebenen Stichprobenumfängen (n = 50 bis 1000) und gegebenen oberen Vertrauensgrenzen (P_o = 0,005 bis 0,175) höchstens zulässigen Zahlen fehlerhafter Elemente in der Stichprobe.[124]

Die **Anwendung der Tafel nach Abb.** 33 ist denkbar einfach, wie die folgenden Beispielsfälle zeigen:

Gegeben sei eine Stichprobe von n = 100 Elementen, in der m = 5 (m = 10; m = 0) fehlerhafte Elemente gefunden wurden.

Gesucht ist die obere Schätzgrenze für den Fehleranteil (P_o), die der Fehleranteil in der Grundgesamtheit (P) mit einer Wahrscheinlichkeit von 95% nicht überschreitet.

Zur Lösung ist die für den gegebenen Stichprobenumfang maßgebliche Spalte in Abb. 33 zu bestimmen (n = 100). Sodann ist in dieser Spalte der Wert für die Zahl der in der Stichprobe gefundenen fehlerhaften Elemente aufzusuchen (m =5). – Werden in der betreffenden Spalte mehrere identische m-Werte gefunden, so ist der jeweils in der obersten Zeile befindliche Wert maßgeblich. – Im Beispielsfall wird die Zeile für P_o = 10,5% gefunden. Damit ist zugleich die Lösung gegeben: Wenn in der Stichprobe von n = 100 Elementen m = 5 fehlerhafte Elemente gefunden werden, so wurde die Stichprobe mit einer Wahrscheinlichkeit von 95% einer Grundgesamtheit entnommen, deren Fehleranteil nicht größer als 10,5% beträgt. Dieses Ergebnis entspricht dem genauen Berechnungsergebnis für die Fälle III und VII in Abb. 30 (Zeile 13: P_o = 10,225%).

Entsprechend ist zu verfahren, wenn in der Stichprobe des Umfangs n = 100 zehn fehlerhafte Elemente (m = 10) gefunden wurden: Die Lösung nach Abb. 33 ergibt für P_o einen Wert von 16,5%, d.h.der Fehleranteil in der Grundgesamtheit wird von dem Intervall (0; 0,165) mit einer Wahrscheinlichkeit von 95% überdeckt. Auch dieses Ergebnis entspricht dem genauen Berechnungsresultat für die Fälle IV und VIII in Abb. 30 (Zeile 13: P_o = 16,372%).

Werden schließlich in der Stichprobe **fehlerhafte Elemente nicht gefunden,** so besagt dies keineswegs, daß die Grundgesamtheit selbst fehlerfrei ist.

In Abb. 33 sind jene Felder mit „0" gekennzeichnet, bei denen mit der verlangten Sicherheit von 95% auch dann Schlüsse auf den Fehleranteil der Grundgesamtheit gezogen werden können, wenn in der Stichprobe selbst fehlerhafte Elemente nicht

---

[123] Der Verfasser benutzt zur Berechnung ein Programm, das die bekannten Beziehungen zwischen der Binomialverteilung und der sog. F-Verteilung ausnutzt (vgl. dazu Pflaumer, Bemerkungen 1981, S. 754). Das Programm „BINOVERT" berechnet nicht nur die oberen und die unteren Vertrauensgrenzen, sondern auch den erforderlichen Stichprobenumfang und die höchst zulässige Zahl fehlerhafter Elemente in der Stichprobe.

[124] Der Leser findet entsprechende Tabellen – auch für andere Sicherheitsgrade – u.a. bei AICPA, Sampling 1974; Ernst u. Ernst, Audit 1974, S. 18 ff.

Abb. 33: Anzahl zulässiger fehlerhafter Elemente für gegebene Stichprobenumfänge und für gegebene obere Schätzgrenzen – Binominalverteilung – Sicherheitsgrad 95% (= Irrtumswahrscheinlichkeit 0,05)

P₀ \ n	50	75	100	125	150	175	200	225	250	275	300	325	350	375	400	425	450	475	500	1000
0,5%	—	—	—	—	—	—	—	—	—	—	—	—	—	—	—	—	—	—	—	1
1,0%	—	—	—	—	—	—	—	—	—	—	0	0	0	0	0	0	0	1	1	4
1,5%	—	—	—	—	—	—	0	0	0	0	0	1	1	1	1	2	2	2	2	8
2,0%	—	—	—	—	0	0	0	0	1	1	1	2	2	2	3	3	3	4	4	12
2,5%	—	—	—	0	0	0	1	1	2	2	2	3	3	4	4	5	5	6	6	16
3,0%	—	—	0	0	0	1	1	2	2	3	3	4	5	5	6	6	7	7	8	20
3,5%	—	0	0	0	1	1	2	3	3	4	5	5	6	7	7	8	9	9	10	25
4,0%	—	0	0	1	1	2	3	3	4	5	6	6	7	8	9	10	10	11	12	29
4,5%	—	0	0	1	2	3	3	4	5	6	7	8	9	10	10	11	12	13	14	33
5,0%	—	0	1	2	2	3	4	5	6	7	8	9	10	11	12	13	14	15	16	38
5,5%	0	0	1	2	3	4	5	6	7	8	9	10	12	13	14	15	16	17	18	42
6,0%	0	0	1	2	4	5	6	7	8	9	11	12	13	14	15	17	18	19	21	47
6,5%	0	1	2	3	4	5	7	8	9	10	12	13	14	16	17	19	20	21	23	51
7,0%	0	1	2	3	5	6	7	9	10	12	13	14	16	17	19	20	22	23	25	56
7,5%	0	1	2	4	5	7	8	10	11	13	14	16	17	19	21	22	24	25	27	61
8,0%	0	1	3	4	6	7	9	11	12	14	16	17	19	21	22	24	26	28	29	65
8,5%	0	2	3	5	6	8	10	12	13	15	17	19	20	22	24	26	28	30	31	70
9,0%	0	2	4	5	7	9	11	12	14	16	18	20	22	24	26	28	30	32	34	74
9,5%	1	2	4	6	8	10	11	13	15	17	19	21	23	26	28	30	32	34	36	79
10,0%	1	2	4	6	8	10	12	14	16	19	21	23	25	27	29	32	34	36	38	84
10,5%	1	3	5	7	9	11	13	15	18	20	22	24	27	29	31	33	36	38	40	88
11,0%	1	3	5	7	9	12	14	16	19	21	23	26	28	31	33	35	38	40	43	93
11,5%	1	3	6	8	10	12	15	17	20	22	25	27	30	32	35	37	40	42	45	98
12,0%	1	3	6	8	11	13	16	18	21	23	26	29	31	34	37	39	42	45	47	102
12,5%	2	4	6	9	11	14	17	19	22	25	27	30	33	36	38	41	44	47	50	107
13,0%	2	4	7	9	12	15	17	20	23	26	29	32	34	37	40	43	46	49	52	112
13,5%	2	4	7	10	13	15	18	21	24	27	30	33	36	39	42	45	48	51	54	116
14,0%	2	5	8	10	13	16	19	22	25	28	31	34	38	41	44	47	50	53	56	121
14,5%	2	5	8	11	14	17	20	23	26	29	33	36	39	42	46	49	52	55	59	126
15,0%	3	5	8	11	15	18	21	24	27	31	34	37	41	44	47	51	54	58	61	131
15,5%	3	6	9	12	15	18	22	25	29	32	35	39	42	46	49	53	56	60	63	135
16,0%	3	6	9	12	16	19	23	26	30	33	37	40	44	48	51	55	58	62	66	140
16,5%	3	6	10	13	16	20	24	27	31	34	38	42	46	49	53	57	60	64	68	145
17,0%	3	7	10	14	17	21	24	28	32	36	39	43	47	51	55	59	63	66	70	150
17,5%	4	7	10	14	18	22	25	29	33	37	41	45	49	53	57	61	65	69	73	154

gefunden wurden. – Im Beispielsfall kann dann, wenn in der Stichprobe mit n = 100 Elementen kein fehlerhaftes Element gefunden wurde, mit einer Sicherheit von 95% die Aussage getroffen werden, daß in der Grundgesamtheit nicht mehr als $P_o = 3\%$ fehlerhafte Elemente vorhanden sind. Die mit „-" gekennzeichneten Felder der Abb. 33 lassen, weil der Stichprobenumfang zu gering ist, einen Rückschluß auf die obere Vertrauensgrenze in der Grundgesamtheit nicht zu.

Der Vergleich der auf der Grundlage der Binomialverteilung durchgeführten Berechnungen der oberen Vertrauensgrenzen (vgl. Abb. 30, Zeile 13) mit den entsprechenden Ergebnissen, die auf der Grundlage der hypergeometrischen Verteilung (vgl. Abb. 30, Zeile 6) ermittelt wurden, zeigt, daß die Binomialverteilung – wie zu erwarten – eine recht gute Annäherung an die hypergeometrische Verteilung darstellt, sofern der „Auswahlsatz" genügend klein ist (vgl. Abb. 30, Fälle V-VIII). Die Berechnungsergebnisse führen dagegen – wie bei der Poisson-Verteilung – zu einer **Überschätzung der oberen Vertrauensgrenzen**, sobald die Auswahlsätze, wie in den Fällen I-IV, größer werden.

Es ist allerdings darauf hinzuweisen, daß das Modell der Binomialverteilung das **exakte Verteilungsmodell** ist, wenn der Prüfer tatsächlich die Stichprobenelemente „**mit Zurücklegen**" entnimmt.

Sind die Stichprobenelemente dagegen „ohne Zurücklegen" gezogen worden, besteht die Möglichkeit, die Fehlschätzungen, die sich ergeben, weil die Binomialverteilung ein „Ziehen mit Zurücklegen" unterstellt, durch eine sog. **Endlichkeitskorrektur** zu bereinigen. Diese Endlichkeitskorrektur läuft, wie die Beziehung (9) zeigt, darauf hinaus, die Differenz zwischen der mit Hilfe der Binomialverteilung errechneten Vertrauensgrenze (P_o) und dem in der Stichprobe gefundenen Fehleranteil (p) um den Endlichkeitsfaktor zu vermindern. Es gilt:[125]

$$\text{Korrigierte Vertrauensgrenze} = p + (P_o - p)\sqrt{\frac{N-n}{N-1}} \qquad (9)$$

Wie aus Abb. 30 (Zeilen 15 und 16) hervorgeht, sind die Berechnungsergebnisse für die acht Testfälle bei Verwendung der **Binomialverteilung mit Endlichkeitskorrektur ausgezeichnet an die Berechnungsergebnisse auf der Grundlage der hypergeometrischen Verteilung angepaßt.** Die relativen Fehlschätzungen (Zeile 16) liegen im Bereich bloßer „Rundungsfehler". Der Prüfer kann somit Urteilsrisiken, die sich aus der Verwendung der Normalverteilungshypothese oder der Poisson-Verteilung ergeben können, grundsätzlich vermeiden, wenn er im Fall des „Ziehens mit Zurücklegen" das Modell der Binomialverteilung ohne Endlichkeitskorrektur und im Fall des „Ziehens ohne Zurücklegen" das Modell der Binomialverteilung mit Endlichkeitskorrektur bei seinem Schluß auf die obere Vertrauensgrenze des Fehleranteils der Grundgesamtheit benutzt.

---

[125] Das vom Verfasser benutzte PC-Programm (BINOVERT) nimmt diese Korrektur, falls vom Anwender gewünscht, für jede Berechnung der Vertrauensgrenze, des erforderlichen Stichprobenumfangs und der zulässigen Fehlerzahl vor.

c3124) Die Ermittlung der oberen Vertrauensgrenzen bei Verwendung des Modells der hypergeometrischen Verteilung

Es bleibt abschließend der Frage nachzugehen, ob die (angeblichen) Schwierigkeiten bei der Handhabung des Modells der hypergeometrischen Verteilung im Falle des „Ziehens ohne Zurücklegen" das Ausweichen auf Näherungslösungen rechtfertigen.

Die Wahrscheinlichkeit, in einer Stichprobe mit (n) Elementen aus einer Grundgesamtheit mit insgesamt (N) Elementen und (M) fehlerhaften Elementen nicht mehr als (m) fehlerbehaftete Elemente zu finden, wird unter Zugrundelegung der hypergeometrischen Verteilung wie folgt berechnet:[126]

$$
w = \sum_{x=0}^{m} \frac{\dfrac{M!}{x!(M-x)!} \cdot \dfrac{(N-M)!}{(n-x)!((N-M)-(n-x))!}}{\dfrac{N!}{n!\,(N-n)!}} \tag{10}
$$

Auch für die Benutzung des hypergeometrischen Verteilungsmodells existieren durchgerechnete Tabellenwerke. Am bekanntesten ist das insbesondere in der Prüfungspraxis der USA angewandte „**Stop-and-Go-Verfahren**",[127] ein Auszug aus dem Tabellenwerk findet sich in Abb. 34:

Die Abb. 34 enthält in den Spalten die Wahrscheinlichkeiten (w) dafür, daß die durch die oberen Vertrauensgrenzen in der Kopfzeile (P_o = 0,01–0,10) festgelegten Vertrauensbereiche den Fehleranteil in der Grundgesamtheit überdecken, wenn bei gegebenen Stichprobenumfängen (n = 40–120) eine bestimmte Zahl fehlerhafter Elemente (m = 0–11) gefunden worden sind. Die Ergebnisse der Berechnung der oberen Vertrauensgrenzen nach Abb. 30 (Zeile 6) können nach der Stop-and-Go-Tabelle (für n = 100) nur näherungsweise nachvollzogen werden, weil es die Tabelle nicht gestattet, Zwischenwerte unmittelbar abzulesen. Es leuchtet ein, daß entsprechende Tabellenwerke, wenn sie nicht nur Daten für einige Eckwerte enthalten sollen, sehr umfangreich werden können; denn diese Tabellen müssen sämtliche relevanten Kombinationen zwischen den Umfängen der Grundgesamtheiten (N), den Stichprobenumfängen (n), der Zahl der fehlerhaften Elemente in den Stichproben (m), den oberen Vertrauensgrenzen (P_o) und den Sicherheitsgraden (w) enthalten. Insoweit ist die These von der Unhandlichkeit der hypergeometrischen Verteilung – zumindest, was die zu ihrer Anwendung erforderlichen Tabellenwerke angeht – gerechtfertigt.

---

[126] Die praktische Berechnung muß, da die „Fakultäten" für (N) sehr groß werden, logarithmisch durchgeführt werden. Die Beispielsfälle in Abb. 30, Zeile 6, sind sämtlich mit einem dem Verfasser zur Verfügung stehenden PC-Programm (HYPE-VERT) voll durchgerechnet worden. Das Programm gestattet jedoch eine Abkürzung der umfangreichen Berechnungen durch Verwendung der sog. Stirlingschen Formel für die Berechnung von „Fakultäten" großer Zahlen. Nach der Stirlingschen Formel wird der Ausdruck log x! wie folgt berechnet: log x! = x × log x – x × log 2,718281828 + 0,5 × log (2 × 3,141592653 x). Die Abweichungen, die sich durch die Verwendung der Stirlingschen Formel ergeben, sind bei Fakultäten über 200!, wie Versuche zeigen, äußerst gering.

[127] Vgl. US-Department of Air Force, Audit 1961; Institute of Internal Auditors, Sampling 1967, Tables B; Ernst u. Ernst, Audit 1974, S. 28ff.

Abb. 34: Auszug aus dem Tabellenwerk für das Stop-and-Go-Sampling – hypergeometrische Verteilung – Umfang der Grundgesamtheit N = 800 (Quelle: Ernst & Ernst, Audit 1974, S. 28ff.)

SAMPLE SIZES FOR STOP-OR-GO SAMPLING

PROBABILITY THAT ERROR RATE IN UNIVERSE SIZE OF 800 IS LESS THAN:

Size of sample examined	No. of errors found	1%	2%	3%	4%	5%	6%	7%	8%	9%	10%
40	0	33.78	56.34	71.34	81.27	87.81	92.11	94.91	96.74	97.92	98.68
	1					60.77	70.86	78.76	84.76	89.22	92.47
	2							54.21	63.68	71.77	78.45
	3										58.16
50	0	40.47	64.75	79.25	87.85	92.93	95.91	97.65	98.65	99.24	99.57
	1				60.81	73.03	81.93	88.16	92.39	95.18	97.00
	2					59.08	69.80	78.32	84.82	89.59	
	3								58.08	67.77	75.86
	4										57.42
60	0	46.56	71.63	85.04	92.16	95.93	97.90	98.92	99.45	99.72	99.86
	1			54.99	70.94	81.97	89.15	93.63	96.34	97.94	98.85
	2					59.11	71.69	81.12	87.81	92.35	95.31
	3							62.12	72.76	81.08	87.25
	4								53.52	64.59	73.93
	5										56.88
70	0	52.09	77.23	89.26	94.98	97.67	98.93	99.51	99.78	99.90	99.96
	1			63.75	78.88	88.23	93.66	96.68	98.30	99.15	99.58
	2				54.29	69.88	81.17	88.71	93.47	96.34	98.00
	3						62.15	74.32	83.34	89.61	93.74
	4							55.47	67.89	77.86	85.32
	5								49.66	61.94	72.43
	6										56.47
80	0	57.12	81.78	92.33	96.80	98.68	99.46	99.78	99.91	99.97	99.99
	1			71.20	84.92	92.47	96.38	98.31	99.23	99.66	99.85
	2				63.82	78.45	87.89	93.50	96.65	98.33	99.19
	3					58.16	72.84	83.38	90.33	94.61	97.10
	4						53.56	67.93	79.09	87.03	92.30
	5							49.67	63.58	75.04	83.71
	6									59.68	71.23
	7										56.15
90	0	61.68	85.47	94.55	97.98	99.26	99.73	99.90	99.97	99.99	100.00
	1		55.36	77.40	89.39	95.27	97.97	99.16	99.66	99.87	99.95
	2			51.90	71.97	84.97	92.44	96.38	98.34	99.26	99.68
	3					67.92	81.20	89.68	94.63	97.33	98.73
	4						64.69	77.94	87.07	92.83	96.21
	5							62.01	75.08	84.62	91.01
	6								59.71	72.53	82.34
	7									57.69	70.24
	8										55.89
100	0	65.81	88.45	96.14	98.73	99.59	99.87	99.96	99.99	100.00	100.00
	1		61.46	82.47	92.64	97.08	98.89	99.59	99.85	99.95	99.98
	2			59.50	78.70	89.76	95.40	98.04	99.20	99.69	99.88
	3				58.34	76.06	87.40	93.82	97.14	98.74	99.47
	4					57.55	74.09	85.44	92.37	96.23	98.23
	5						56.98	72.55	83.79	91.05	95.34
	6							56.54	71.31	82.38	89.85
	7								56.19	70.28	81.16
	8									55.91	69.42
	9										55.67
120	0	72.92	92.77	98.10	99.51	99.87	99.97	99.99	100.00	100.00	100.00
	1		71.90	89.76	96.59	98.93	99.68	99.91	99.97	99.99	100.00
	2			72.43	88.32	95.53	98.41	99.47	99.83	99.95	99.98
	3			49.67	73.33	87.62	94.81	97.98	99.27	99.75	99.92
	4				53.83	74.34	87.34	94.32	97.64	99.09	99.67
	5					57.13	75.36	87.29	94.01	97.38	98.93
	6						59.90	76.38	87.39	93.82	97.19
	7							62.30	77.37	87.60	93.73
	8								64.43	78.32	87.87
	9								50.01	66.35	79.25
	10									52.80	68.11
	11										55.34

Es ist fraglich, ob die Verwendung derart umfangreicher Tabellenwerke auf die Dauer gesehen sinnvoll ist, zumal bei **computergestützter Auswertung** auch für beliebige Grundgesamtheiten, Sicherheitsgrade und Stichprobenumfänge innerhalb durchaus vertretbarer Rechenzeiten exakte Ergebnisse gewonnen werden können.

c3125) Ergebnis

Zusammenfassend kann, was die Schätzung der oberen Vertrauensgrenzen im homograden Fall auf der Grundlage von Zufallsstichproben angeht, festgestellt werden:

- Die **Normalverteilung** erweist sich zwar als rechentechnisch einfach zu handhabendes Verteilungsmodell; sie führt aber in den im Prüfungswesen häufig gegebenen Grenzbereichen zu erheblichen Fehlschätzungen (Unterschätzung der oberen Vertrauensgrenze), die dieses Verteilungsmodell in den genannten Grenzbereichen als denkbar ungeeignet erscheinen lassen; die Fehlschätzungen werden bei Anwendung des Millot'schen Verfahrens zwar verringert, bleiben aber dennoch bestehen.
- Die von der statistischen Methodenlehre bei kleinen Fehleranteilen empfohlene Approximation durch die **Poisson-Verteilung,** die sich zunehmender Beliebtheit erfreut, stellt sich nach dem Vergleich als „konservatives" Verfahren heraus, d. h. die Verwendung der Poisson-Verteilung führt zu Überschätzungen der oberen Vertrauensgrenze. Wenn ihre Anwendung auch einem „vorsichtigen" Vorgehen des Prüfers entgegenkommen mag, so muß doch auf das bestehende Auftraggeberrisiko bei Anwendung dieses Verteilungsmodells hingewiesen werden.
- Die **Binomialverteilung** ist für den praktischen Gebrauch so gut aufbereitet, daß ihre Verwendung kaum Schwierigkeiten bereiten dürfte. Der Nachteil des Modells der Binomialverteilung besteht lediglich darin, daß es eine Methode der Stichprobenziehung unterstellt („Ziehen mit Zurücklegen"), die im betriebswirtschaftlichen Prüfungswesen ungewöhnlich ist. Dieser Mangel kann indes durch eine „Endlichkeitskorrektur" weitgehend gemildert werden.
- Auch die Schätzung mit der **hypergeometrischen Verteilung** ist der praktischen Anwendbarkeit im betriebswirtschaftlichen Prüfungswesen durchaus zugänglich. Es existieren, was m. E. in der deutschen Diskussion bislang kaum beachtet wurde, verläßliche Tabellenwerke; im übrigen kann der erforderliche Rechenaufwand durch Verwendung elektronischer Rechenhilfen durchaus ohne größeren Zeitaufwand bewältigt werden.

c313) Der Test von Hypothesen über Merkmalsausprägungen in der Grundgesamtheit durch Annahmestichproben

c3131) Annahmestichproben mit konkretisierter und nicht konkretisierter Gegenhypothese

Sog. Annahmestichproben dienen dem Test (der Prüfung) von Hypothesen des Prüfers über eine bestimmte Struktur der Merkmalsausprägungen der

Elemente in der Grundgesamtheit anhand einer Stichprobe. **Mit Hilfe von Annahmestichproben soll das prüferische Urteil über die Grundgesamtheit formalisiert werden:** Es geht nicht – wie bei den Schätzstichproben – um die Schätzung von Anteilswerten oder um die Schätzung von Mittelwerten der Elemente der Grundgesamtheit, sondern um die Festlegung sog. Annahme- oder Rückweisungsgrenzen, mit Hilfe derer das Alternativurteil des Prüfers über die „Annahme" oder über die „Ablehnung" der Grundgesamtheit getroffen werden soll.

Ist z.B. der höchstzulässige Fehleranteil in der Grundgesamtheit durch die Prüfungsordnung oder sonst durch das anzuwendende Normensystem vorgegeben, so läßt sich bei ebenfalls gegebenem Sicherheits- bzw. Genauigkeitsgrad der statistischen Aussage diejenige Anzahl der fehlerhaften Elemente (m) in einer Stichprobe des Umfangs (n) berechnen, die gerade noch zur „Annahme" der Grundgesamtheit durch den Prüfer berechtigen soll (oder diejenige Anzahl fehlerhafter Elemente in der Stichprobe, die den Prüfer zur „Rückweisung" der Grundgesamtheit zu veranlassen hat).

Die Unterscheidung zwischen der Annahme- und der Schätzstichprobe beruht auf den unterschiedlichen Auswertungsverfahren der Stichprobenergebnisse. Bei der Annahmestichprobe verwendet man das Stichprobenergebnis lediglich dazu, Hypothesen über die Merkmalsausprägungen in der Grundgesamtheit als richtig oder falsch einstufen zu können; im Fall der Schätzstichprobe dagegen, „um eine quantitative Aussage über den Fehleranteil in einem Prüfungsfeld mit einer bestimmten Urteilssicherheit machen zu können."[128]

Hat der Prüfer bestimmte Vermutungen über die Ausprägung der prüfungsrelevanten Parameter der Grundgesamtheit oder genügt ihm die Erkenntnis, daß das interessierende Merkmal (z.B. der Anteil fehlerhafter Elemente in der Grundgesamtheit) einen vorher festgelegten Wert nicht überschreitet, so kann er diese Vermutung als Hypothese formulieren und anhand einer Stichprobe entscheiden, ob diese Hypothese verworfen werden muß oder nicht: „Beim Prüfen statistischer Hypothesen stellt man fest, ob ein Stichprobenbefund mit einer vorgegebenen Hypothese als vereinbar angesehen und damit die betreffende Hypothese akzeptiert wird oder ob bei Gültigkeit dieser Hypothese der vorliegende Beobachtungsbefund so wenig wahrscheinlich ist, daß man sie vernünftigerweise verwirft."[129]

In der statistischen Methodenlehre bezeichnet man die zu testende Hypothese als „**Nullhypothese**". Die Formulierung:

$$HO: P = PO \tag{11}$$

besagt z.B., daß der „wahre" Fehleranteil in der Grundgesamtheit (P) dem zur Nullhypothese (HO) erhobenen Fehleranteil (PO) entspricht.

Zur Nullhypothese (HO) gehört jeweils eine sog. Gegenhypothese (H1), die stets dann als „bestätigt" (angenommen) gilt, wenn die Nullhypothese auf-

---

[128] Leffson/Lippmann/Baetge, Sicherheit 1969, S. 30
[129] Wetzel, Grundausbildung 1973, S. 195

grund des Stichprobenergebnisses „verworfen" (zurückgewiesen) werden muß.

Die Gegenhypothese (H1) braucht, im Gegensatz zur Nullhypothese (HO), nicht konkretisiert zu sein; sie kann, da die Aufgabe einer Annahmestichprobe darin besteht, die Nullhypothese des Prüfers entweder zu verwerfen oder anzunehmen, wie folgt formuliert werden:

$$H1: P \neq PO \tag{12}$$

d.h., wenn die Nullhypothese aufgrund des Stichprobenergebnisses abgelehnt wurde, gilt die so formulierte Gegenhypothese als angenommen.[130] Der Nachteil von Annahmestichproben ohne konkretisierte Gegenhypothese besteht darin, daß der Sicherheitsgrad (w) bzw. dessen Gegenwahrscheinlichkeit, die sog. Irrtumswahrscheinlichkeit (1–w), mit der die Nullhypothese entweder verworfen oder nicht verworfen wird, in den meisten Fällen nicht bestimmt werden kann.[131] Die statistische Methodenlehre empfiehlt deshalb, **bei der Konzeption von Annahmestichproben von einer konkretisierten Gegenhypothese (H1) auszugehen.** Diese Erweiterung des Ansatzes gestattet es, bei der Konstruktion von Entscheidungsregeln für die Annahme der Nullhypothese (= Ablehnung der Gegenhypothese) bzw. für die Ablehnung der Nullhypothese (= Annahme der Gegenhypothese) sowohl die Irrtumswahrscheinlichkeit bei der Ablehnung der Nullhypothese als auch die Irrtumswahrscheinlichkeit bei der Ablehnung der (konkretisierten) Gegenhypothese zu berücksichtigen und somit in jedem Fall eine statistisch gesicherte Aussage zu erhalten (sog. Alternativtest).

Es wurde oben[132] bereits auf die beiden Risiken hingewiesen, denen sich der Prüfer bei der Beurteilung von Prüffeldern mit Hilfe von Stichproben gegenübersieht, nämlich entweder ein Prüffeld als nicht ordnungsmäßig abzulehnen, obwohl es tatsächlich den gestellten Qualitätsanforderungen genügt (α-Risiko/Auftraggeberrisiko/Fehler 1. Art) oder ein Prüffeld als ordnungs-

---

[130] Der Leser sei auf die enge Verwandtschaft zwischen Schätzstichproben und Annahmestichproben hingewiesen: Bei Annahmestichproben ohne konkretisierte Gegenhypothese wird derjenige Fehleranteil in der Stichprobe bzw. diejenige Zahl der fehlerhaften Elemente in der Stichprobe ermittelt, die höchstens in der Stichprobe gefunden werden dürfen, ohne mit einem vorgegebenen Sicherheitsgrad die Hypothese (HO), die Grundgesamtheit enthalte nicht mehr als eine bestimmte Fehlerzahl, als nicht widerlegt gelten soll. So lassen sich anhand der Abb. 32, 33 und 34 die zulässigen Fehleranteile bzw. die zulässige Zahl fehlerhafter Elemente in der Stichprobe unmittelbar ermitteln. Die dem Verfasser zur Verfügung stehenden PC-Programme enthalten jeweils ein Modul, welches die Errechnung der bei gegebenem Sicherheitsgrad höchstzulässigen Anzahlen fehlerhafter Elemente in der Stichprobe gestattet.

[131] Eine solche Bestimmung ist nur dann möglich, wenn die gefundene Fehlerzahl in der Stichprobe genau mit der errechneten „Rückweisungszahl" übereinstimmt, vgl. dazu: Leffson/Lippmann/Baetge, Sicherheit 1969, S. 54

[132] Vgl. Kap. IV, Abschn. 4a)

mäßig anzunehmen, obwohl es in Wahrheit nicht den Ordnungsmäßigkeitsanforderungen entspricht (ß-Risiko/Prüferrisiko/Fehler 2. Art).

Die nachfolgend wiedergegebene Übersicht (Abb. 35) kennzeichnet die Entscheidungssituation des Prüfers bei Verwendung von Annahmestichproben mit konkretisierter Gegenhypothese (H1):

Abb. 35: Entscheidungssituation des Prüfers bei Anwendung statistischer Testverfahren

Urteil aufgrund der Stichprobenbeobachtung \ Für die Grundgesamtheit gilt tatsächlich	HO ist richtig	H1 ist richtig
HO wird angenommen	richtiges Prüfungsurteil	falsches Prüfungsurteil (β-Prüfer-Risiko)
H1 wird angenommen	falsches Prüfungsurteil (α-Prüfungsauftraggeber-Risiko)	richtiges Prüfungsurteil

Der Wert für die Nullhypothese (HO), der Wert für die (konkretisierte) Gegenhypothese (H1), der Ansatz für das α-Risiko und der Ansatz für das ß-Risiko können nicht errechnet, sondern müssen, entsprechend dem Prüfungszweck und der Bedeutung des Prüffeldes im Rahmen der jeweiligen Gesamtprüfung, durch die Prüfungsordnung oder das jeweils gültige Normensystem bestimmt werden.

Es empfiehlt sich, bei homograder Fragestellung **als Nullhypothese einen Fehleranteil anzusetzen, der, falls er tatsächlich in der Grundgesamtheit vorhanden wäre, immer noch zu einem befriedigenden (positiven) Gesamturteil über das betreffende Prüffeld führen würde.** Vance und Neter[133] empfehlen, als Nullhypothese einen (wünschenswerten) Fehleranteil zu unterstellen, bei dem „das Prüffeld mit hoher Sicherheit nicht verworfen werden soll".

Dementsprechend kann **als Gegenhypothese derjenige Fehleranteil vorgegeben werden, der, falls er tatsächlich in der Grundgesamtheit vorhanden wäre, unweigerlich zur Ablehnung des betreffenden Prüffeldes führen würde.**

Die Konstruktion von Stichprobenplänen für Annahmestichproben mit konkretisierter Gegenhypothese läuft im allgemeinen darauf hinaus, denjenigen Stichprobenumfang zu bestimmen, der es zuläßt, mit Hilfe der ebenfalls zu errechnenden Annahmegrenzen eine Entscheidung über die Annahme der Nullhypothese (und damit über die Ablehnung der Gegenhypothese) oder über die Annahme der Gegenhypothese (und damit über die Ablehnung der

---

[133] Vgl. Vance/Neter, Sampling 1956, S. 38ff.; ihnen folgend: Buchner/Reuter, Hypothesentest 1972, S. 537

Nullhypothese) zu fällen, die bei Richtigkeit der Nullhypothese höchstens mit einer Irrtumswahrscheinlichkeit von α und bei Richtigkeit der Gegenhypothese höchstens mit einer Irrtumswahrscheinlichkeit von ß belastet ist. Nachfolgend wird auf einstufige oder mehrstufige Annahmestichprobenpläne, die sämtlich von vorberechneten Stichprobenumfängen ausgehen, nicht näher eingegangen.[134] Es soll nachfolgend ausschließlich der sog. **sequentielle Hypothesentest** vorgestellt werden, der nicht von vorher berechneten Stichprobenumfängen ausgeht, sondern den für eine Entscheidung über Annahme oder Ablehnung der zu testenden Hypothesen notwendigen Stichprobenumfang von dem Ergebnis der sequentiellen Auswertung der Stichprobe selbst abhängig macht.

c3132) Der sequentielle Hypothesentest

Die Methode des sog. sequentiellen Hypothesentests wurde im Jahr 1943 von Abraham Wald entwickelt. Sie wurde – kriegsbedingt – wegen ihrer großen Bedeutung für die **statistische Qualitätskontrolle** zunächst geheimgehalten. Das Verfahren wurde erst durch eine Veröffentlichung aus dem Jahr 1947 bekannt.[135]

In jüngerer Zeit hat der Ausschuß für wirtschaftliche Verwaltung in Wirtschaft und öffentlicher Hand e.V. (AWV) den Sequentialtest nach Wald für die stichprobenweise Inventur von nicht bewegten Lagereinheiten in automatisch gesteuerten Lagersystemen aufgrund praktischer Erprobungen vorgeschlagen.[136]

Der große **Vorteil des sequentiellen Hypothesentests** besteht darin, daß nicht, wie bei herkömmlichen Hypothesentests, von vorher berechneten Stichprobenumfängen ausgegangen werden muß, sondern daß der Stichprobenumfang, der für eine Aussage mit bestimmter Irrtumswahrscheinlichkeit erforderlich ist, durch die während der Stichprobenziehung gewonnenen Informationen über die Grundgesamtheit bestimmt wird. Die Folge ist, daß im Durchschnitt aller Fälle **das Testergebnis wesentlich eher, d. h. aufgrund eines geringeren Stichprobenumfangs zur Verfügung steht**, als bei Verwendung von Annahmestichprobenplänen mit vorher festgelegtem Stichprobenumfang.

Das Verfahren läßt sich wie folgt umschreiben:

– Eine Zufallsstichprobe wird nicht in einem Durchgang gezogen, sondern **die einzelnen Elemente der Zufallsstichprobe werden sukzessive entnommen**, um die nach

---

[134] Vgl. dazu insbesondere: Deutsches Institut für Normung e.V., DIN 40 080. Es handelt sich um ein umfangreiches Tabellenwerk, das eine Übersetzung der gleichlautenden internationalen Normen ISO 2859-1974 und IEC 410 (1973) ist. Es ist wegen seiner allgemeinen Anwendbarkeit unter der Trägerschaft des Ausschusses Qualitätssicherung und angewandte Statistik (AQS) im DIN und der Mitträgerschaft der Deutschen Elektrotechnischen Kommission im DIN und VDE herausgegeben. Das Tabellenwerk fußt im wesentlichen auf der Poisson-Verteilung und auf der Binomialverteilung und enthält die Annahme- und Rückweisungskennziffern für Qualitätsprüfungen auf verschiedenem Niveau sowohl für Einfach- als auch für Mehrfachstichproben.

[135] Vgl. Wald, Analysis 1947

[136] Vgl. Ausschuß für wirtschaftliche Verwaltung, Sequentialtest 1980

jeder Entnahme gewonnene zusätzliche Information über die Grundgesamtheit auswerten zu können; dabei ist es möglich, jeweils eine bestimmte Zahl von Stichprobenelementen zu Untersuchungsgruppen zusammenzufassen. – Bei der Auswertung der Untersuchungselemente muß die Reihenfolge der Ziehungen beachtet werden.
– Nach jeder Entnahme eines Stichprobenelements bzw. einer Untersuchungsgruppe wird **eine der drei nachfolgend wiedergegebenen Entscheidungen getroffen**:
– Die **Grundgesamtheit ist abzulehnen**, wenn die in der bisherigen Stichprobe gefundene Fehlerzahl (m) eine für den jeweils erreichten Stichprobenumfang (n) errechnete Ablehnungszahl (x_{rn}) erreicht oder überschreitet, wenn also m größer oder gleich x_{rn} ist.
– Die **Grundgesamtheit ist anzunehmen**, wenn die in der bisherigen Stichprobe gefundene Fehlerzahl (m) eine für den jeweils erreichten Stichprobenumfang (n) errechnete Annahmezahl (x_{cn}) erreicht oder unterschreitet.
– Die Grundgesamtheit ist weder anzunehmen noch abzulehnen, sondern **es ist ein weiteres Element bzw. eine weitere Untersuchungsgruppe zu entnehmen**, wenn die in der bisherigen Stichprobe gefundene Fehlerzahl (m) die Ablehnungszahl unterschreitet und die Annahmezahl überschreitet.
– Die Entnahme der Stichprobenelemente bzw. der Untersuchungseinheiten ist solange fortzusetzen, bis entweder das **Urteil: „Annehmen!"** oder das **Urteil: „Ablehnen!"** gefällt werden kann.

In Abb. 36 ist die Vorgehensweise in der Form eines Ablaufdiagramms dargestellt.

Die Rückweisungszahlen (x_{rn}) und die Annahmezahlen (x_{cn}) ergeben sich für jeden Stichprobenumfang (n), wenn als Nullhypothese ein Fehleranteil von PO und als Gegenhypothese ein Fehleranteil von P1 vorgegeben ist, nach den Ausdrücken (13) und (14):

$$x_{rn} = \frac{\log\left(\frac{1-\beta}{\alpha}\right)}{\log\left(\frac{Pl(1-PO)}{PO(1-Pl)}\right)} + \frac{\log\left(\frac{1-PO}{1-Pl}\right)}{\log\left(\frac{Pl(1-PO)}{PO(1-Pl)}\right)} n = h_1 + bn \qquad (13)$$

$$x_{cn} = -\frac{\log\left(\frac{1-\alpha}{\beta}\right)}{\log\left(\frac{Pl(1-PO)}{PO(1-Pl)}\right)} + \frac{\log\left(\frac{1-PO}{1-Pl}\right)}{\log\left(\frac{Pl(1-PO)}{PO(1-Pl)}\right)} n = -h_0 + bn \qquad (14)$$

In der **graphischen Darstellung** ist der Ausdruck x_{rn} als Gerade mit dem Steigungsmaß (b) und dem Achsenabschnitt (h_1) und der Ausdruck x_{cn} als dazu parallele Gerade mit dem (gleichen) Steigungsmaß (b) und dem Achsenabschnitt $(-h_o)$ darstellbar.

Die Anwendung der Abb. 37 erläutert das nachfolgende **Berechnungsbeispiel**:

In die Abb. 37 ist ein Prüfungsergebnis (vgl. Vorgehenspfeil) eingetragen. Es sind mehr als 240 Stichprobenelemente gezogen worden. Dabei haben sich das 44., das 129. und das 192. Element als fehlerhaft erwiesen.

Abb. 36: Ablaufdiagramm zur Handhabung des sequentiellen Hypothesentests

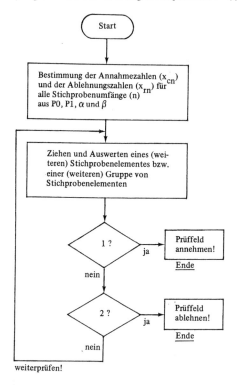

weiterprüfen!

Legende:

1. Anzahl bisher ermittelter fehlerhafter Elemente (m) kleiner als die dem erreichten Stichprobenumfang (n) entsprechende Annahmezahl (x_{cn})?

2. Anzahl bisher ermittelter fehlerhafter Elemente (m) größer als die dem erreichten Stichprobenumfang (n) entsprechende Ablehnungszahl (x_{rn})?

Dieses Prüfungsergebnis kann wie folgt ausgewertet werden: Wenn der Prüfer bei gegebenen Hypothesen (Nullhypothese = 0,01; Gegenhypothese = 0,05) ein α- und ein ß-Risiko von 20% in Kauf genommen hätte, so hätte er seine Prüfung nach dem 33. Element abbrechen können. Da das 44. Element fehlerhaft ist, hätte er das Prüffeld nach der Prüfung des 94. Elements mit einem α- und β-Risiko von 10% annehmen können. Ein Sicherheitsgrad von 95% für die Annahme des Prüffeldes hätte sich im Beispiel bei einem α- und einem β-Risiko von 5% nach der Prüfung des 112. Elements ergeben. Für in Kauf zu nehmende Risiken von 2% bzw. von 1% ergäben sich nach dem Beispiel schließlich für die Annahme des Prüffeldes erforderliche Stichprobenumfänge von n = 175 bzw. 232.

Da die Berechnung der Testgeraden für jeden Einzelfall ohne maschinelle Hilfsmittel wohl zu umständlich ist, kann der Prüfer u.U. auf bereits tabel-

14 v. Wysocki, Prüfungswesen, 3. A.

Abb. 37: Graphische Darstellung der sequentiellen Hypothesentests

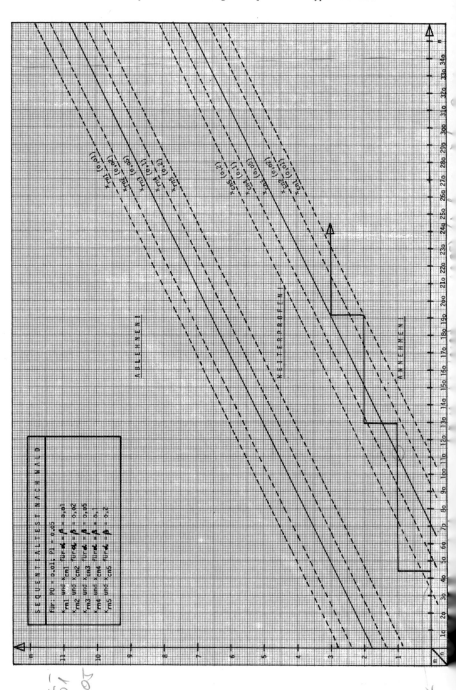

14*

Abb. 38: Beispiele für den Sequentialtest

Sequentialtest
Beispiele für: Null-Hypothese (HO) = 0,01; Gegenhypothese (H1) = 0,05; Umfang der Grundgesamtheit (N) = 800

n	α = β = 0,01 binomial x_c	x_r	hypergeom. x_c	x_r	α = β = 0,02 binomial x_c	x_r	hypergeom. x_c	x_r	α = β = 0,05 binomial x_c	x_r	hypergeom. x_c	x_r	α = β = 0,1 binomial x_c	x_r	hypergeom. x_c	x_r	α = β = 0,2 binomial x_c	x_r	hypergeom. x_c	x_r
25	—	4	—	4	—	3	—	3	—	3	—	3	—	2	—	2	—	2	—	2
50	—	5	—	4	—	4	—	4	—	4	—	3	—	3	—	3	0	3	—	3
75	—	5	—	5	—	5	—	4	0	4	0	4	0	4	0	4	1	3	1	3
100	0	6	0	5	0	5	0	5	0	5	0	4	1	4	1	4	1	4	1	4
125	0	6	1	6	0	6	1	5	1	5	1	5	1	5	1	5	2	4	2	4
150	1	7	2	6	1	7	1	6	1	6	2	6	2	6	2	5	2	5	3	5
175	2	8	2	7	2	7	2	6	2	7	2	6	3	6	3	6	3	6	3	5
200	2	8	3	8	2	8	3	7	3	7	3	7	3	7	3	6	4	6	4	6
225	3	9	4	8	3	8	3	7	3	8	4	7	4	7	4	7	5	7	4	7
250	4	10	4	8	3	9	4	8	4	9	5	8	4	8	5	7	6	8	5	7
275	4	10	5	8	4	10	5	8	5	9	6	8	5	9	5	8	6	8	6	8
300	5	11	6	9	5	10	5	9	5	10	6	8	6	9	6	8	7	9	6	8
325	5	11	6	9	5	11	6	9	6	10	7	9	6	10	7	9	7	9	7	9
350	6	12	7	9	6	12	7	9	6	11	7	9	7	11	7	9	8	10	7	9
375	7	13	7	9	7	13	7	9	7	12	8	9	8	11	8	9	9	11	8	9
400	7	13	8	9	7	13	8	+	8	12	+	+	8	11	+	+	9	11	+	+
425	8	14	+	+	8	13	+	+	8	13	+	+	9	12	+	+	10	12	+	+
450	8	15	+	+	8	14	+	+	9	14	+	+	9	13	+	+	10	13	+	+

Legende: − Eine Aussage ist wegen des zu kleinen Stichprobenumfangs nicht möglich
+ Der Test ist nicht fortgeführt, weil bereits bei geringerem Stichprobenumfang eine eindeutige Annahme- oder Rückweisungsentscheidung möglich ist.

lierte x_{cn}-Werte und x_{rn}-Werte für alternative PO, P1, α-Risiken und β-Risiken zurückgreifen, wodurch die Anwendung des Sequentialtests nach Wald wesentlich vereinfacht wird. Die Abb. 38 enthält in den Spalten, die mit „binomial" gekennzeichnet sind, die auf der Grundlage der Binomialverteilung ermittelten Annahme- und Rückweisungsziffern. In der Tabelle wurden die Annahmeziffern (x_c) jeweils auf ganze Zahlen abgerundet und die Rückweisungsziffern (x_r) jeweils auf ganze Zahlen aufgerundet, um die vorgegebenen Risiken auf keinen Fall zu überschreiten.

Da der Sequentialtest nach Wald auf der **Binomialverteilung** beruht, bleibt der Umfang der Grundgesamtheit bei der Ermittlung der Annahme- und Rückweisungsgrenzen ohne Einfluß. Strenggenommen sind deshalb die Stichprobenelemente nach dem Modell des „Ziehens mit Zurücklegen" zu erheben. Eine weitere Folge der Verwendung der Binomialverteilung ist es, daß die „Abstände" zwischen der Annahmegrenze und der Ablehnungsgrenze bei jedem Stichprobenumfang gleich bleiben. Dies kann dann zu Problemen führen, wenn die fehlerhaften Elemente in der Grundgesamtheit so verteilt sind, daß eine Annahme- oder Ablehnungsentscheidung nicht oder erst bei sehr großen Stichprobenumfängen herbeigeführt werden kann. Man kann sich in solchen Fällen entweder auf bestimmte „Stop-Regeln" einigen oder aber von vornherein den **Sequentialtest auf der Grundlage der hypergeometrischen Verteilung verwenden.**

Ein solches Vorgehen kommt den Gegebenheiten des betriebswirtschaftlichen Prüfungswesens in zweifacher Weise entgegen: Die Ziehungen der Stichprobenelemente können zum einen nach dem Modell des „Ziehens ohne Zurücklegen" erhoben werden; zum anderen führt die Verwendung der hypergeometrischen Verteilung bei dem Sequentialtest dazu, daß die „Abstände" zwischen den Annahme- und Rückweisungsgrenzen mit zunehmendem Stichprobenumfang kleiner werden, um ggf. bei großen Stichprobenumfängen so eng zusammenzurücken, daß eine eindeutige Entscheidung über die Annahme oder Ablehnung der Grundgesamtheit auf jeden Fall möglich wird, d. h. die Entscheidungsalternative „Weiterprüfen!" entfällt.

In Abb. 38 sind in den mit „hypergeom." bezeichneten Spalten die Annahme- und Rückweisungsziffern für den Sequentialtest auf der Grundlage der hypergeometrischen Verteilung wiedergegeben.[137] Der Vergleich dieser Ziffern mit den unter der Annahme der Binomialverteilung errechneten Ziffern zeigt, daß grundsätzlich eine **Entscheidung über Annahme oder Ablehnung rascher herbeigeführt werden kann als bei Verwendung der Binomialverteilung** und

---

[137] Die Berechnungen zum Sequentialtest können ebenfalls mit Hilfe von PC-Programmen einfach und mit geringem Zeitaufwand durchgeführt werden; das vom Verfasser benutzte Programm verwendet für die Berechnung des Sequentialtests unter der hypergeometrischen Verteilungsannahme eine von Lamers, Optimierung 1981, S. 108 vorgestellte Rekursionsformel. Vgl. dazu auch Pöhlmann, Jahresabschlußprüfung 1986, S. 52 und die dort angegebenen weiteren Quellenhinweise. Die Programm-Module gestatten sowohl die Errechnung von Einzeltests für bestimmte Stichprobenumfänge als auch die Berechnung von „Sequentialtabellen", wie sie in Abb. 38 dargestellt sind, für beliebige Parameter.

daß der „Weiterprüfungsbereich" bei größeren Stichprobenumfängen „geschlossen" wird (unter den Bedingungen der Beispiele in Abb. 38 bei Stichprobenumfängen zwischen n = 375 und n = 425).

c314) Entdeckungsstichproben auf der Grundlage bedingter Wahrscheinlichkeiten

Mit Hilfe von sog. Entdeckungsstichproben soll die Wahrscheinlichkeit berechnet werden, mit der in einer Grundgesamtheit vorhandene fehlerhafte Elemente in eine aus dieser Grundgesamtheit gezogene Zufallsstichprobe gelangen. Die Literatur[138] rechnet den Entdeckungsstichproben üblicherweise nur die beiden folgenden (extremen) Fragestellungen zu:

(1) Wie groß ist die Wahrscheinlichkeit, durch eine Zufallsstichprobe bestimmten Umfangs sämtliche fehlerhaften Elemente zu entdecken, die in der entsprechenden Grundgesamtheit enthalten sind, bzw. wie groß muß der Stichprobenumfang sein, um mit einer vorgegebenen Entdeckungswahrscheinlichkeit sämtliche fehlerhaften Elemente in die Stichprobe zu bekommen?

(2) Wie groß ist die Wahrscheinlichkeit, in einer Zufallsstichprobe bestimmten Umfangs nicht ein fehlerhaftes Element zu entdecken, wenn die gegebene Grundgesamtheit eine bestimmte Anzahl fehlerhafter Elemente enthält, bzw. wie groß ist die dazugehörige Umkehrwahrscheinlichkeit, nämlich wenigstens ein fehlerhaftes Element aus der Grundgesamtheit durch die Stichprobe zu entdecken?

Bei näherer Betrachtung handelt es sich bei den vorstehenden Fragestellungen lediglich um die Grenzfälle einer möglichen allgemeineren Fragestellung:

(3) Wie groß ist die Wahrscheinlichkeit, in einer Zufallsstichprobe bestimmten Umfangs (n) gerade eine bestimmte Anzahl fehlerhafter Elemente (m) zu entdecken, vorausgesetzt, daß die Grundgesamtheit gegebenen Umfangs (N) eine bestimmte Anzahl fehlerhafter Elemente (M) bzw. einen bestimmten Fehleranteil (P) enthält?

Diese allgemeine Fragestellung (3) enthält nämlich sowohl den Fall, daß sämtliche in der Grundgesamtheit vorhandenen Fehler in die Stichprobe gelangen (m = M), wie auch den anderen Grenzfall, daß keines der in der Grundgesamtheit vorhandenen fehlerhaften Elemente in die Stichprobe gelangt.

Während diese beiden Grenzfragestellungen im betriebswirtschaftlichen Prüfungswesen kaum Beachtung finden, gewinnt die allgemeine Fragestellung (3) im Rahmen der sog. Bayes-Analyse in jüngerer Zeit zunehmende (literarische) Bedeutung.

c3141) Die Wahrscheinlichkeit der Entdeckung sämtlicher fehlerhafter Elemente in der Grundgesamtheit

Die Ermittlung der Wahrscheinlichkeit, daß sämtliche fehlerhaften Elemente aus einer bestimmten Grundgesamtheit in eine Stichprobe gelangen

---

[138] Vgl. u.a. Elmendorff, Anwendbarkeit 1963, S. 21 ff.; Klein, Wahrscheinlichkeit 1911/12, S. 580 ff.; AICPA, Approach 1968, S. 44 ff.; Coenenberg/Hanisch, Stichprobenprüfung 1983, Sp. 1475

($w_{m=M|P}$), spielt im betriebswirtschaftlichen Prüfungswesen keine besondere Rolle. Der Grund dafür liegt darin, daß die erforderlichen Stichprobenumfänge (n) sehr groß werden müssen, wenn mit hinreichender Entdeckungswahrscheinlichkeit die Hypothese, der nicht geprüfte Teil der Grundgesamtheit enthalte keine fehlerhaften Elemente mehr, gestützt werden soll. Dies ergibt sich z. B. aus der Abb. 39:[139]

Abb. 39: Erforderlicher Stichprobenumfang (n) absolut und in % von (N) für das Erreichen der vorgegebenen Wahrscheinlichkeit ($w_{m=M|P}$) der Entdeckung aller vermutlich vorhandenen Fehler bei gegebenem Umfang der Grundgesamtheit (N) und gegebener vermutlicher Fehlerzahl (M) in der Grundgesamtheit

N	M	Erforderlicher Stichprobenumfang für eine Entdeckungswahrscheinlichkeit ($w_{m=M	P}$) von					
		60%		80%		90%	
		absolut	in % v. N.	absolut	in % v. N.	absolut	in % v. N.
2 000	1	1 200	60	1 600	80	1 800	90
	2	1 549	77	1 789	89	1 898	95
	3	1 687	84	1 857	93	1 931	97
10 000	1	6 000	60	8 000	80	9 000	90
	2	7 746	77	8 945	89	9 487	95
	3	8 435	84	9 283	93	9 655	97
100 000	1	60 000	60	80 000	80	90 000	90
	2	77 460	77	89 444	89	94 868	95
	3	84 443	84	92 830	93	96 550	97

Abb. 39 zeigt eindrucksvoll, daß die Auswahlsätze für derartige Entdeckungsstichproben mindestens gleich der verlangten Entdeckungswahrscheinlichkeit für sämtliche in der Grundgesamtheit enthaltenen fehlerhaften Elemente (M) sein müssen und, wenn die Zahl der in der Grundgesamtheit erwarteten Fehler größer wird, sich der Vollerhebung nähern.

c3142) Die Wahrscheinlichkeit, durch eine Stichprobe wenigstens ein fehlerhaftes Element aus der Grundgesamtheit zu entdecken

Von größerer Bedeutung kann dagegen auch für das betriebswirtschaftliche Prüfungswesen die Ermittlung der Wahrscheinlichkeit sein, wenigstens ein fehlerhaftes Element aus einer Grundgesamtheit mit bestimmter Struktur in eine Stichprobe bestimmten Umfangs zu bekommen, oder die Bestimmung desjenigen Stichprobenumfangs, der es mit einer vorgegebenen Wahrscheinlichkeit erwarten läßt, wenigstens ein fehlerhaftes Element in die Stichprobe

---

[139] Nach Elmendorff, Anwendbarkeit 1963, S. 22

zu bekommen, vorausgesetzt, die Grundgesamtheit enthält einen bestimmten Fehleranteil.

Die **Berechnung des erforderlichen Stichprobenumfangs** bzw. **der jeweiligen Entdeckungswahrscheinlichkeit** erfolgt zweckmäßigerweise über die dazugehörige Umkehrwahrscheinlichkeit, d. h. über die Wahrscheinlichkeit, in eine Stichprobe bestimmten Umfangs kein fehlerhaftes Element zu bekommen, obwohl die Grundgesamtheit eine bestimmte Anzahl fehlerhafter Elemente enthält. Diese Wahrscheinlichkeit ($w_{m=0|P}$) entspricht bei unterstellter hypergeometrischer Verteilung (Ziehung ohne Zurücklegen) dem folgenden Ausdruck:

$$w_{m=0|P} = \frac{\binom{M}{O}\binom{N-M}{n-0}}{\binom{N}{n}} \tag{15}$$

Sie ist bei unterstellter Binomialverteilung (Ziehung mit Zurücklegen) mit Hilfe des Ausdrucks (16) zu berechnen:

$$w_{m=0|P} = (1-P)^n \tag{16}$$

Darin gibt (P) den unterstellten Fehleranteil in der Grundgesamtheit wieder. Entsprechend ist die Komplementärwahrscheinlichkeit, d. h. die Wahrscheinlichkeit, mindestens ein fehlerhaftes Element aus der Grundgesamtheit durch eine Entdeckungsstichprobe zu finden, zu berechnen; es gilt:

$$w_{m\geqslant 1|P} = 1 - w_{m=0|P} \tag{17}$$

In dem Nomogramm nach Abb. 40 ist für die Binomialverteilung die Beziehung (18) ausgewertet:

$$w_{m\geqslant 1|P} = 1 - (1-P)^n = 1 - w_{m=0|P} \tag{18}$$

Die Skala 1a der Abb. 40 enthält die Werte für $w_{m\geqslant 1|P}$ von 0,5 bis 0,999; die Skala 1b enthält die entsprechenden Umkehrwahrscheinlichkeiten für $w_{m=0|P}$ für die Werte von 0,001 bis 0,5. Die Skala 2 enthält die Werte für (n); sie sind nach der Formel:

$$n = \frac{\log(1 - w_{m\geqslant 1|P})}{\log(1-P)} \tag{19}$$

für die Werte von 1-6000 errechnet. Die Skala 3 enthält schließlich die Werte für die Fehleranteile in der Grundgesamtheit (P) für P=0,001 bis 0,5 nach der Beziehung:

$$P = 1 - \sqrt[n]{1 - w_{m\geqslant 1|P}} \tag{20}$$

Abb. 40: Nomogramm zur Ermittlung von Entdeckungswahrscheinlichkeiten

Wahrscheinlichkeiten, in einer Stichprobe vom Umfang n aus einer Grundgesamtheit
mit einem Fehleranteil P mindestens ein fehlerhaftes Element zu finden ($w_{m \geqslant 1|P}$), bzw.
kein fehlerhaftes Element zu finden ($w_{m=0|P}$). – Binominalverteilung

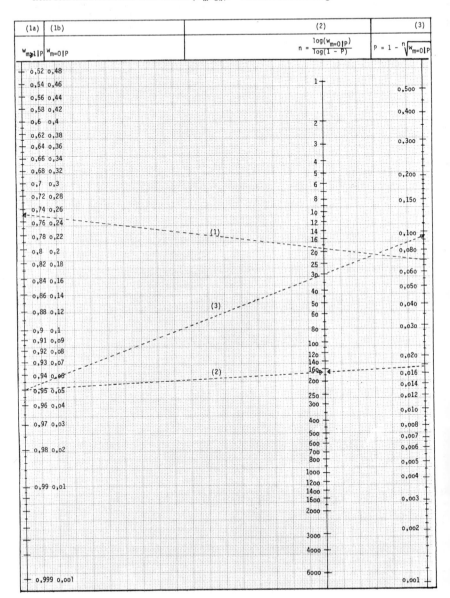

Die Benutzung des **Nomogramms** in Abb. 40 erläutern die folgenden Beispiele:

Gesucht ist die Entdeckungswahrscheinlichkeit für mindestens ein fehlerhaftes Element aus einer Grundgesamtheit, von der angenommen wird, daß sie einen Anteil von $P = 0,07$ an fehlerhaften Elementen enthält. Die zu ziehende Stichprobe soll $n = 19$ Elemente umfassen.

Lösung: Man suche auf der Skala 3 der Abb. 40 den Wert $P = 0,07$ und auf der Skala 2 den Wert $n = 19$ und verbinde beide Skalenpunkte durch eine Gerade. Verlängert man die Gerade nach links bis zur Skala 1a, so läßt sich auf der Skala 1a im Schnittpunkt mit der Geraden unmittelbar die gesuchte Entdeckungswahrscheinlichkeit mit rd. 0,748 (genau: 0,74813) ablesen.

Gesucht ist der Umfang (n) einer Entdeckungsstichprobe, durch die mit einer Entdeckungswahrscheinlichkeit von 0,95 wenigstens ein fehlerhaftes Element aus einer Grundgesamtheit entdeckt werden kann, von der angenommen wird, daß sie einen Fehleranteil $P = 0,0175$ enthält.

Lösung: Man suche auf der Skala 1a der Abb. 40 den Wert 0,95 und auf der Skala 3 den Wert $P = 0,0175$. Verbindet man beide Skalenwerte durch eine Gerade, so läßt sich als Schnittpunkt der Geraden mit der Skala 2 der gesuchte Wert für (n) ablesen. Er liegt im Beispiel ungefähr bei $n = 170$ (genau: 169,68).

In einer Entdeckungsstichprobe mit dem Umfang $n = 30$ ist ein fehlerhaftes Element nicht entdeckt worden. **Gesucht** ist eine Aussage über die Grundgesamtheit (Aussagesicherheit: 95%).

Lösung: Einer Entdeckungswahrscheinlichkeit von 0,95 und einer Stichprobe vom Umfang $n = 30$ entspricht nach der Abb. 40 ein Fehleranteil von $P = 0,095$. Aufgrund des Stichprobenergebnisses kann somit der Schluß gezogen werden, daß die Stichprobe mit einer Wahrscheinlichkeit von 95% aus einer Grundgesamtheit gezogen wurde, deren Fehleranteil nicht größer als 9,5% ist. – Aus der Tatsache, daß in der Entdeckungsstichprobe ein fehlerhaftes Element nicht gefunden wurde, kann dagegen nicht der Schluß gezogen werden, auch die Grundgesamtheit sei fehlerfrei! –

Gerade das letzte Beispiel zeigt, daß die Möglichkeiten, aus dem Ergebnis einer Entdeckungsstichprobe der hier beschriebenen Art Rückschlüsse auf die Grundgesamtheit zu ziehen, außerordentlich beschränkt sind.

c3143) Die Wahrscheinlichkeit, durch eine Stichprobe eine bestimmte Anzahl fehlerhafter Elemente zu entdecken

Die Wahrscheinlichkeiten der Entdeckung jeweils einer bestimmten Anzahl fehlerhafter Elemente ($m = 0, 1, 2, 3, \ldots M$) durch eine Stichprobe gegebenen Umfangs, die unter der Voraussetzung bestehen, daß die Grundgesamtheit eine bestimmte Anzahl (M) bzw. einen bestimmten Anteil (P) fehlerhafter Elemente enthält, werden im angelsächsischen Schrifttum als **Likelihoods** der möglichen Fehleranteile (P) in der Grundgesamtheit nach der Beobachtung (m) bezeichnet.

Die Likelihoods ($w_{m|P}$) sind somit – wie die Wahrscheinlichkeiten für die Entdeckung sämtlicher in der Grundgesamtheit enthaltener Fehler oder für die Entdeckung von mindestens einem fehlerhaften Element – **bedingte Wahrscheinlichkeiten.** Die Wahrscheinlichkeiten, in einer bestimmten Stichprobe aus einer bestimmten Grundgesamtheit gerade (m) fehlerhafte Elemente zu finden, sind nämlich immer nur unter der Bedingung vorhanden, daß die Grundgesamtheit ihrerseits eine bestimmte Fehlerzahl bzw. einen bestimmten Fehleranteil enthält.

Die bedingten Wahrscheinlichkeiten für die Entdeckung bestimmter Fehlerzahlen durch Entdeckungsstichproben sind vertafelt.[140]

c3144) Die Bestimmung von Wahrscheinlichkeiten alternativer Strukturen der Grundgesamtheit mit Hilfe des Bayes-Theorems

Die Bestimmung von Wahrscheinlichkeiten des Auftretens von fehlerhaften Elementen bzw. von Fehleranteilen in Entdeckungsstichproben hat offenbar für den Prüfer vor allem dann einen Sinn, wenn es ihm mit Hilfe dieser bedingten Entdeckungswahrscheinlichkeiten gelingt, Rückschlüsse auf die Struktur der Grundgesamtheit zu ziehen, aus der die Entdeckungsstichproben entnommen wurden.

Seine Fragestellung lautet also nicht: Mit welcher Wahrscheinlichkeit gelangen fehlerhafte Elemente aus einer bestimmten Grundgesamtheit in eine Entdeckungsstichprobe? Sondern seine Fragestellung lautet: **Welche Wahrscheinlichkeiten können alternativen Strukturen der Grundgesamtheit, die der Prüfer für möglich und ggf. für wahrscheinlich hält, auf der Grundlage von Entdeckungsstichproben zugeordnet werden?**

Zur Beantwortung dieser Frage wird seit einiger Zeit die Verwendung des sog. Bayes-Theorems empfohlen.[141] Das Bayes-Theorem ist ein erstmals (1763) von Thomas Bayes veröffentlichter Lehrsatz der Wahrscheinlichkeitsrechnung, der es u.a. erlaubt, aus den möglichen Vorinformationen über wahrscheinliche Strukturen der Grundgesamtheit (sog. a-priori-Wahrscheinlichkeiten; ex ante-Wahrscheinlichkeiten) und den durch eine Stichprobe gewonnenen neuen Informationen (Likelihoods) sog. a-posteriori-Wahrscheinlichkeiten (ex post-Wahrscheinlichkeiten) über die Existenz der alternativen, für möglich gehaltenen Strukturen der zugrundeliegenden Grundgesamtheit zu ermitteln.

Unter Verwendung der bisher benutzten Symbole kann die hier zur Diskussion stehende Frage mit Hilfe des Bayes-Theorems wie folgt beantwortet werden:

$$w_{P_i|m} = \frac{w_{P_i} \cdot w_{m|P_i}}{\sum_i w_{P_i} \cdot w_{m|P_i}} \quad (i = 1, 2, \ldots) \tag{21}$$

---

[140] Vgl. Wetzel/Jöhnk/Naeve, Tabellen 1967, und zwar für die bedingten Wahrscheinlichkeiten unter der Annahme der Binomialverteilung, S. 62 f; für die bedingten Wahrscheinlichkeiten unter der Annahme der Poisson-Verteilung, S. 86 ff. Mit Hilfe elektronischer Rechenhilfen lassen sich die bedingten Wahrscheinlichkeiten – auch für Zwischenwerte, die in den Tabellen nicht enthalten sind – ohne größeren Zeitaufwand errechnen.

[141] Vgl. u.a. Kraft, Sampling 1968, S. 49 ff.; Tracy, Intervals 1969, S. 41 ff.; Tracy, Methods 1969, S. 90 ff.; Sorensen, Analysis 1969, S. 555 ff.; Buchner/Krane/Reuter, Anwendung 1971, S. 1 ff.; Weber, Anwendungsmöglichkeiten 1972, S. 91 ff.; Krumbholz/Pflaumer, Möglichkeiten 1982, S. 1088 ff.; Stange, Bayes-Verfahren 1977; Kleiter, Bayes-Statistik 1981

Darin bedeuten:

$w_{P_i|m}$: Die gesuchten **a-posteriori-Wahrscheinlichkeiten für alternative Fehleranteile** ($P_i = M_i/N$) in der Grundgesamtheit nach Auswertung einer Entdeckungsstichprobe mit (m) fehlerhaften Elementen. Der Index (i) steht für alternative, für möglich gehaltene Fehleranteile bzw. Zahlen fehlerhafter Elemente in der Grundgesamtheit.

w_{P_i}: **A-priori-Wahrscheinlichkeiten für die alternativen Fehleranteile** ($P_i = M_i/N$) in der Grundgesamtheit, d.h. die Wahrscheinlichkeiten für das Vorhandensein der alternativen Fehleranteile, die der Prüfer aus Vorstichproben, aus Vorprüfungen, aus Prüfungen des internen Kontrollsystems, aus allgemeiner Erfahrung etc. den alternativen, für möglich gehaltenen Fehleranteilen subjektiv zuzuordnen vermag; im Grenzfall, d.h. bei Fehlen von (subjektiven) Vorstellungen über die Wahrscheinlichkeit der alternativen Fehleranteile in der Grundgesamtheit, kann Gleichwahrscheinlichkeit angenommen werden. Es gilt stets: Summe aller a-priori-Wahrscheinlichkeiten = 1.

$w_{m|P_i}$: **Bedingte Wahrscheinlichkeiten**, d.h. die Wahrscheinlichkeiten, in einer Stichprobe bestimmten Umfangs gerade (m) fehlerhafte Elemente zu finden, vorausgesetzt, die Grundgesamtheit weist tatsächlich die für möglich gehaltenen alternativen Fehleranteile ($P_i = M_i/N$) auf.

Das Bayes-Theorem ist allgemein formuliert; für die Ermittlung der bedingten Wahrscheinlichkeiten kommen deshalb neben der hypergeometrischen Verteilung auch deren Approximationen durch die Binomialverteilung oder durch die Poisson-Verteilung in Betracht.

Um die Wirkungsweise, die Möglichkeiten, aber auch die Grenzen des Bayes-Theorems bei Anwendung im homograden Fall zu erläutern, werden nachfolgend einige **durchgerechnete Beispielsfälle** vorgestellt.[142]

Die **praktische Anwendung** des Bayes-Theorems zur Ermittlung der ex post-Wahrscheinlichkeiten für das Vorhandensein bestimmter Fehlerzahlen (M_i) oder bestimmter Fehleranteile ($P_i = M_i/N$) erfolgt zweckmäßigerweise **mit Hilfe eines Arbeitsschemas**, das den folgenden Arbeitstabellen zugrundeliegt.

Spalte 1 enthält die fortlaufenden Nummern der vom Prüfer für möglich gehaltenen Fehlerzustände in der Grundgesamtheit (i). Die **Spalte 2** nimmt die für möglich gehaltenen Fehleranteile in der Grundgesamtheit (P(i)), die **Spalte 3** die diesen Fehleranteilen entsprechende Anzahl von fehlerhaften Elementen in der Grundgesamtheit (auf ganze Zahlen auf- oder abgerundet) auf.[143] **Spalte 5** der Arbeitsschemata enthält die den einzelnen Fehlerzuständen subjektiv zugeordneten a-priori (ex ante)-Wahrscheinlich-

---

[142] Die Berechnungen erfolgten mit Hilfe eines PC-Programms; die in den Beispielen dargestellten Tabellen und Histogramme sind Druckausgaben des Programms.

[143] Das benutzte PC-Programm verlangt vom Anwender die Eingabe des erwarteten Fehleranteils in der Grundgesamtheit, der nach seiner subjektiven Überzeugung mit an Sicherheit grenzender Wahrscheinlichkeit nicht überschritten wird. Das ist in den Beispielen nach Abb. 41 und 42 ein Fehleranteil von 15% (P = 0,15) und in den Beispielen nach den Abb. 43 und 44 ein Fehleranteil von 10% (P = 0,1). Das Programm fordert den Benutzer ferner auf, die Zahl der von ihm unterscheidbaren alternativen Fehlerzustände einzugeben (in den Beispielen i = 15). Das Programm teilt daraufhin den Untersuchungsbereich in i gleiche Fehlerklassen auf und verwendet deren Klassenmitten (Fehlerzahlen, Fehleranteile) für die weiteren Berechnungen; es ergeben sich die Werte für P(i) und für M(i) in den Spalten 2 und 3 der Arbeitsschemata.

keiten, die sich insgesamt auf 1 ergänzen.[144] **Spalte 6** nimmt die bedingten Wahrscheinlichkeiten auf. Es sind die Wahrscheinlichkeiten, in einer Stichprobe des Umfangs (n) gerade (m) fehlerhafte Elemente zu finden, vorausgesetzt, daß in der Grundgesamtheit M(i) fehlerhafte Elemente vorhanden sind bzw. der Fehleranteil in der Grundgesamtheit gerade P(i) beträgt.[145] Die Verknüpfung der (subjektiven) ex ante-Wahrscheinlichkeiten des Prüfers (Spalte 5) mit den bedingten Wahrscheinlichkeiten (Spalte 6) erfolgt durch Multiplikation der Werte aus Spalte 5 für jedes (i) mit den entsprechenden Werten der Spalte 6 (**Spalte 7**). In **Spalte 8** errechnen sich die gesuchten ex post-Wahrscheinlichkeiten durch Division der Zahlenwerte aus Spalte 7 jeweils durch die Summe der Zahlenwerte aus Spalte 7. **Spalte 9** schließlich nimmt die kumulierten ex post-Wahrscheinlichkeiten auf.

Abb. 41: Bayes-Analyse für N = 800, n = 100, m = 5; Gleichverteilung der a-priori-Wahrscheinlichkeiten

```
             Bayes-Analyse, homograder Fall, hypergeometrische Verteilung
Grundgesamtheit  800  Stichprobenumfang  100  Fehler i.d.  Stichprobe  5
```

(1)	(2)	(3)	(4)	(5)	(6)	(7)	(8)	(9)
i	P(i)	M(i)	Gew.	w(ante)	w(bed.)	(5)*(6)	w(post)	w(kumul)
1	0.0050	4	1	0.06667	0.00001	0.00000	0.00001	0.000006
2	0.0150	12	1	0.06667	0.00904	0.00060	0.00912	0.009131
3	0.0250	20	1	0.06667	0.06300	0.00420	0.06360	0.072732
4	0.0350	28	1	0.06667	0.14060	0.00937	0.14194	0.214673
5	0.0450	36	1	0.06667	0.18770	0.01251	0.18949	0.404167
6	0.0550	44	1	0.06667	0.18593	0.01240	0.18771	0.591872
7	0.0650	52	1	0.06667	0.15108	0.01007	0.15252	0.744392
8	0.0750	60	1	0.06667	0.10656	0.00710	0.10758	0.851972
9	0.0850	68	1	0.06667	0.06737	0.00449	0.06801	0.919984
10	0.0950	76	1	0.06667	0.03903	0.00260	0.03940	0.959387
11	0.1050	84	1	0.06667	0.02105	0.00140	0.02125	0.980635
12	0.1150	92	1	0.06667	0.01067	0.00071	0.01078	0.991410
13	0.1250	100	1	0.06667	0.00513	0.00034	0.00518	0.996589
14	0.1350	108	1	0.06667	0.00235	0.00016	0.00237	0.998960
15	0.1450	116	1	0.06667	0.00103	0.00007	0.00104	1.000000
				1.00000		1.00000		

In Abb. 41 ist angenommen worden, daß eine Zufallsstichprobe im Umfang von n = 100 aus einer Grundgesamtheit im Umfang von N = 800 gezogen wurde und daß in der Stichprobe 5 fehlerhafte Elemente gefunden worden sind.

Der Prüfer hält einen Fehleranteil von über 15% für nicht wahrscheinlich; der Untersuchungsbereich ist deshalb auf Fehleranteile in der Grundgesamtheit zwischen 0% und 15% begrenzt. Der Prüfer glaubt, 15 Fehlerklassen unterscheiden zu können; deshalb sind die Fehlerklassen 1–15 unterschieden worden, denen die Klassenmitten P(1) = 0,005 bis P(15) = 0,145 entsprechen.

Es wird unterstellt, daß der Prüfer keine Vorstellungen über die Wahrscheinlichkeiten der einzelnen Fehlerzustände besitzt; er ordnet deshalb den einzelnen Fehlerzuständen

---

[144] Zur Vereinfachung der Bestimmung der a-priori-Wahrscheinlichkeiten verlangt das erwähnte PC-Programm vom Anwender die Eingabe von Gewichtungsziffern, die er den einzelnen Fehlerzuständen zuordnen möchte (Spalte 4 der Arbeitsschemata). Diese Gewichtungsziffern werden dann auf 1 normiert und in Spalte 5 als ex ante-Wahrscheinlichkeiten ausgegeben.

[145] Die bedingten Wahrscheinlichkeiten wurden auf der Grundlage der hypergeometrischen Verteilung berechnet.

jeweils gleiche Gewichte zu, d.h. für jeden Fehlerzustand wird die gleiche a-priori-Wahrscheinlichkeit (0,06667) unterstellt.

Als Ergebnis der Analyse kann festgestellt werden, daß mit einer a-posteriori-Wahrscheinlichkeit von 95,9% der Fehlerzustand Nr. 10 (Klassenmitte: 9,5%) in der Grundgesamtheit nicht überschritten wird.

Abb. 42: Bayes-Analyse für N = 800, n = 100, m = 5; abnehmende a-priori-Wahrscheinlichkeiten für höhere Fehleranteile

Bayes-Analyse, homograder Fall, hypergeometrische Verteilung
Grundgesamtheit 800 Stichprobenumfang 100 Fehler i.d. Stichprobe 5

(1)	(2)	(3)	(4)	(5)	(6)	(7)	(8)	(9)
i	P(i)	M(i)	Gew.	w(ante)	w(bed.)	(5)*(6)	w(post)	w(kumul)
1	0.0050	4	15	0.12500	0.00001	0.00000	0.00001	0.000010
2	0.0150	12	14	0.11667	0.00904	0.00105	0.01312	0.013131
3	0.0250	20	13	0.10833	0.06300	0.00682	0.08492	0.098054
4	0.0350	28	12	0.10000	0.14060	0.01406	0.17495	0.273004
5	0.0450	36	11	0.09167	0.18770	0.01721	0.21410	0.487102
6	0.0550	44	10	0.08333	0.18593	0.01549	0.19280	0.679898
7	0.0650	52	9	0.07500	0.15108	0.01133	0.14099	0.820890
8	0.0750	60	8	0.06667	0.10656	0.00710	0.08840	0.909288
9	0.0850	68	7	0.05833	0.06737	0.00393	0.04890	0.958188
10	0.0950	76	6	0.05000	0.03903	0.00195	0.02428	0.982471
11	0.1050	84	5	0.04167	0.02105	0.00088	0.01091	0.993383
12	0.1150	92	4	0.03333	0.01067	0.00036	0.00443	0.997810
13	0.1250	100	3	0.02500	0.00513	0.00013	0.00160	0.999406
14	0.1350	108	2	0.01667	0.00235	0.00004	0.00049	0.999893
15	0.1450	116	1	0.00833	0.00103	0.00001	0.00011	1.000000

1.00000   1.00000

Die Bayes-Analyse nach Abb. 42 geht von den gleichen Ausgangsdaten aus wie die Analyse nach Abb. 41. Im Unterschied zu Abb. 41 wird jedoch unterstellt, daß der Prüfer (aufgrund seiner Vorinformationen) kleinere Fehleranteile für wahrscheinlicher hält als größere Fehleranteile. Es sind deshalb in Spalte 4 der Abb. 42 abnehmende Gewichtungsziffern für die einzelnen Fehlerzustände eingetragen worden. Dementsprechend liegen die ex ante-Wahrscheinlichkeiten zwischen 12,5% für den Fehlerzustand 1 und 0,833% für den Fehlerzustand 15.

Als Ergebnis ist festzustellen, daß der Fehlerzustand 10 (9,5%) nun mit einer a-posteriori-Wahrscheinlichkeit von 98,24% (Spalte 9, Zeile 10) nicht überschritten wird. Diese Wahrscheinlichkeit liegt nicht unerheblich über derjenigen, die sich nach der Abb. 41 ergeben hatte. Wünscht der Prüfer eine Sicherheit seiner Aussage mit mindestens 95%, so könnte er feststellen, daß – unter Berücksichtigung seiner Vorinformationen – der Fehlerzustand 9 mit einer Sicherheit von 95,8% in der Grundgesamtheit nicht überschritten wird.

Das Histogramm nach Abb. 42a läßt den **Einfluß der vom Prüfer in die Analyse eingebrachten a-priori-Wahrscheinlichkeiten** auf das Analyseergebnis erkennen.

In der Abb. 42a repräsentieren die „+++" das Analyseergebnis bei gleichverteilten a-priori-Wahrscheinlichkeiten; für jeden Fehlerzustand werden die kumulierten a-posteriori-Wahrscheinlichkeiten ausgewiesen. Die mit „#" gekennzeichneten Punkte des Histogramms geben dagegen die kumulierten a-posteriori-Wahrscheinlichkeiten wieder, die sich unter den Annahmen der Abb. 42 ergeben. Der „Aussagegewinn", der

Abb. 42a: Histogramm, N = 800, n = 100, m = 5; abnehmende a-priori-Wahrscheinlichkeiten für höhere Fehleranteile

```
                 Bayes-Analyse, Histogramm
Grundgesamtheit: 800  Stichprobenumfang: 100  Fehlerzahl: 5
Kumulierte Wahrsch.: Ohne apriori Wahrsch.: ++++; mit apriori-Wahrsch.: #

0.0050 #
0.0150 +#
0.0250 ++++++ #
0.0350 ++++++++++++++++ #
0.0450 ++++++++++++++++++++++++++++++    #
0.0550 +++++++++++++++++++++++++++++++++++++++++++    #
0.0650 +++++++++++++++++++++++++++++++++++++++++++++++++++++    #
0.0750 +++++++++++++++++++++++++++++++++++++++++++++++++++++++++++    #
0.0850 ++++++++++++++++++++++++++++++++++++++++++++++++++++++++++++++++++    #
0.0950 ++++++++++++++++++++++++++++++++++++++++++++++++++++++++++++++++++++++ #
0.1050 ++++++++++++++++++++++++++++++++++++++++++++++++++++++++++++++++++++++++++ #
0.1150 +++++++++++++++++++++++++++++++++++++++++++++++++++++++++++++++++++++++++++++#
0.1250 ++++++++++++++++++++++++++++++++++++++++++++++++++++++++++++++++++++++++++++++#
0.1350 +++++++++++++++++++++++++++++++++++++++++++++++++++++++++++++++++++++++++++++++#
0.1450 ++++++++++++++++++++++++++++++++++++++++++++++++++++++++++++++++++++++++++++++++#
P(i)/w .0    .1    .2    .3    .4    .5    .6    .7    .8    .9   1.0
```

sich aus der Berücksichtigung der konkretisierten a-priori-Wahrscheinlichkeiten ergibt, ist deutlich zu erkennen; er führt bei den (mittleren) Fehleranteilen zu einer
Verschiebung der errechneten Sicherheitsgrade.

Es hat den Anschein, daß die Bayes-Analyse gerade dann für die prüferische
Überzeugungsbildung von besonderer Bedeutung sein kann, wenn es um die
**Auswertung kleiner Stichproben geht, in denen fehlerhafte Elemente nicht
entdeckt worden sind.** Hier führen herkömmliche Schätzstichprobenverfah-
ren bei gegebenem Sicherheitsgrad zu nur sehr ungenauen Aussagen; diese
können mit Hilfe der in die Bayes-Analyse eingeführten subjektiven a-priori-
Wahrscheinlichkeiten – wie die folgenden Beispiele zeigen – wesentlich konkretisiert werden.

Abb. 43: Bayes-Analyse, N = 1000, n = 30, m = 0; Gleichverteilung der a-priori-
Wahrscheinlichkeiten

Bayes-Analyse, homograder Fall, hypergeometrische Verteilung
Grundgesamtheit 1000 Stichprobenumfang 30 Fehler i.d. Stichprobe 0

(1)	(2)	(3)	(4)	(5)	(6)	(7)	(8)	(9)
i	P(i)	M(i)	Gew.	w(ante)	w(bed.)	(5)*(6)	w(post)	w(kumul)
1	0.0033	3	1	0.06667	0.91295	0.06086	0.19866	0.198661
2	0.0100	10	1	0.06667	0.73694	0.04913	0.16036	0.359020
3	0.0167	17	1	0.06667	0.59352	0.03957	0.12915	0.488172
4	0.0233	23	1	0.06667	0.49247	0.03283	0.10716	0.595336
5	0.0300	30	1	0.06667	0.39574	0.02638	0.08611	0.681450
6	0.0367	37	1	0.06667	0.31730	0.02115	0.06904	0.750494
7	0.0433	43	1	0.06667	0.26239	0.01749	0.05710	0.807591
8	0.0500	50	1	0.06667	0.20967	0.01398	0.04562	0.853215
9	0.0567	57	1	0.06667	0.16735	0.01116	0.03642	0.889631
10	0.0633	63	1	0.06667	0.13785	0.00919	0.03000	0.919628
11	0.0700	70	1	0.06667	0.10966	0.00731	0.02386	0.943489
12	0.0767	77	1	0.06667	0.08708	0.00581	0.01895	0.962439
13	0.0833	83	1	0.06667	0.07141	0.00476	0.01554	0.977978
14	0.0900	90	1	0.06667	0.05652	0.00377	0.01230	0.990277
15	0.0967	97	1	0.06667	0.04468	0.00298	0.00972	1.000000
	1.00000						1.00000	

In der Bayes-Analyse nach Abb. 43 wird unterstellt, daß aus einer Grundgesamtheit von N = 1000 Elementen eine Stichprobe des Umfangs n = 30 gezogen worden ist, bei der fehlerhafte Elemente nicht festgestellt werden konnten.

Der Prüfer hält einen Fehleranteil von mehr als 10% in der Grundgesamtheit für nicht möglich; es sollen unterhalb dieses Fehleranteils i = 15 alternative Fehlerzustände betrachtet werden. Hat der Prüfer keine konkreten subjektiven Vorstellungen über die Wahrscheinlichkeiten der einzelnen Fehlerzustände, so kann auch hier Gleichwahrscheinlichkeit der einzelnen Fehlerzustände unterstellt werden.

Das Ergebnis der Bayes-Analyse nach Abb. 43 läßt sich in Spalte 9 ablesen: Der mutmaßliche Fehleranteil in der Grundgesamtheit überschreitet bei einer verlangten Aussagesicherheit von 95% nicht den 12. Fehlerzustand, er liegt also unter 7,67%.

Falls dem Prüfer die vorstehende Aussage zu ungenau ist und er (z.B. aus Vorprüfungen oder aus der Prüfung des internen Kontrollsystems) über **Vorstellungen über den mutmaßlichen Fehleranteil in der Grundgesamtheit** verfügt, kann er diese Vorinformationen mit – wie sich aus dem Beispiel nach Abb. 44 ergibt – erheblicher Wirkung in die Bayes-Analyse einbringen.

Abb. 44: Bayes-Analyse, N = 1000, n = 30, m = 0; konkretisierte a-priori-Wahrscheinlichkeiten

Bayes-Analyse, homograder Fall, hypergeometrische Verteilung
Grundgesamtheit 1000 Stichprobenumfang 30 Fehler i.d. Stichprobe · 0

(1)	(2)	(3)	(4)	(5)	(6)	(7)	(8)	(9)
i	P(i)	M(i)	Gew.	w(ante)	w(bed.)	(5)*(6)	w(post)	w(kumul)
1	0.0033	3	10	0.23810	0.91295	0.21737	0.36833	0.368330
2	0.0100	10	10	0.23810	0.73694	0.17546	0.29732	0.665648
3	0.0167	17	10	0.23810	0.59352	0.14131	0.23946	0.905104
4	0.0233	23	1	0.02381	0.49247	0.01173	0.01987	0.924973
5	0.0300	30	1	0.02381	0.39574	0.00942	0.01597	0.940939
6	0.0367	37	1	0.02381	0.31730	0.00755	0.01280	0.953740
7	0.0433	43	1	0.02381	0.26239	0.00625	0.01059	0.964326
8	0.0500	50	1	0.02381	0.20967	0.00499	0.00846	0.972785
9	0.0567	57	1	0.02381	0.16735	0.00398	0.00675	0.979537
10	0.0633	63	1	0.02381	0.13785	0.00328	0.00556	0.985099
11	0.0700	70	1	0.02381	0.10966	0.00261	0.00442	0.989523
12	0.0767	77	1	0.02381	0.08708	0.00207	0.00351	0.993036
13	0.0833	83	1	0.02381	0.07141	0.00170	0.00288	0.995917
14	0.0900	90	1	0.02381	0.05652	0.00135	0.00228	0.998197
15	0.0967	97	1	0.02381	0.04468	0.00106	0.00180	1.000000

1.00000   1.00000

Der Analyse nach Abb. 44 liegen die gleichen Ausgangsdaten zugrunde wie der Analyse nach Abb. 43. Der Prüfer hält jedoch aufgrund seiner Vorinformationen die ersten drei Fehlerzustände für wesentlich wahrscheinlicher als die übrigen zwölf Fehlerzustände; er ordnet deshalb den Fehlerzuständen 1-3 die Gewichte „10" zu, während er den übrigen Fehlerzuständen lediglich Gewichte in Höhe von „1" zuerkennt. Wie aus Abb. 44, Spalte 5 hervorgeht, erhalten somit die ersten drei Fehlerzustände insgesamt eine a-priori-Wahrscheinlichkeit von über 71%.

Dementsprechend kann aus Abb. 44, Spalte 9 abgeleitet werden, daß nun mit einer vorgegebenen Aussagesicherheit von 95% der Fehleranteil in der Grundgesamtheit 3,7% (Fehlerzustand 6) nicht überschreitet.

Die **Auswirkung der konkretisierten a-priori-Wahrscheinlichkeiten** kommt in dem Histogramm nach Abb. 44a sehr deutlich zum Ausdruck; die „Abstände" zwischen den kumulierten a-posteriori-Wahrscheinlichkeiten ohne konkretisierte a-priori-Wahrscheinlichkeiten (Ergebnisse der Analyse nach Abb. 43) und den a-posteriori-Wahrscheinlichkeiten nach Berücksichtigung konkretisierter a-priori-Wahrscheinlichkeiten (Ergebnisse der Analyse nach Abb. 44) sind gerade im Bereich der niedrigen Fehleranteile besonders groß.

Abb. 44a: Histogramm, N = 1000, n = 30, m = 0; konkretisierte a-priori-Wahrscheinlichkeiten

```
                    Bayes-Analyse, Histogramm
         Grundgesamtheit: 1000  Stichprobenumfang: 30  Fehlerzahl: 0
      Kumulierte Wahrsch.: Ohne apriori Wahrsch.: ++++; mit apriori-Wahrsch.: #

      0.0033 +++++++++++++++            #
      0.0100 ++++++++++++++++++++++++++++            #
      0.0167 ++++++++++++++++++++++++++++++++++++++            #
      0.0233 +++++++++++++++++++++++++++++++++++++++++++++            #
      0.0300 +++++++++++++++++++++++++++++++++++++++++++++++++            #
      0.0367 ++++++++++++++++++++++++++++++++++++++++++++++++++++++            #
      0.0433 +++++++++++++++++++++++++++++++++++++++++++++++++++++++++            #
      0.0500 +++++++++++++++++++++++++++++++++++++++++++++++++++++++++++++            #
      0.0567 ++++++++++++++++++++++++++++++++++++++++++++++++++++++++++++++++            #
      0.0633 ++++++++++++++++++++++++++++++++++++++++++++++++++++++++++++++++++            #
      0.0700 +++++++++++++++++++++++++++++++++++++++++++++++++++++++++++++++++++++            #
      0.0767 +++++++++++++++++++++++++++++++++++++++++++++++++++++++++++++++++++++++            #
      0.0833 +++++++++++++++++++++++++++++++++++++++++++++++++++++++++++++++++++++++++            #
      0.0900 +++++++++++++++++++++++++++++++++++++++++++++++++++++++++++++++++++++++++++#
      0.0967 ++++++++++++++++++++++++++++++++++++++++++++++++++++++++++++++++++++++++++++#
      P(i)/w .0    .1    .2    .3    .4    .5    .6    .7    .8    .9   1.0
```

c32) Die Auswertung von Zufallsstichproben bei heterograden Fragestellungen

Bei den sog. heterograden Fragestellungen tritt an die Stelle der Schätzung oder der Tests von Fehleranteilen in der Grundgesamtheit die **Schätzung bzw. der Test der arithmetischen Mittelwerte der (kardinal-skalierten) Elemente der Grundgesamtheit.** Die Anwendungsbereiche der stichprobengestützten Analyse bei heterograden Fragestellungen im betriebswirtschaftlichen Prüfungswesen sind sehr weit gesteckt: In Betracht kommen insbesondere Grundgesamtheiten, deren Elemente aus Wertgrößen bestehen, wie Lagerbestände, Forderungsbestände, Bestände von Verbindlichkeiten, Positionen der Bilanz und Positionen der Erfolgsrechnung. Wesentliche Bedeutung haben die Mittelwertschätzungen auf der Grundlage von Zufallsstichproben durch die auch handelsrechtlich zugelassenen Verfahren der sog. Stichprobeninventur[146] gewonnen (§ 241 Abs. 1 HGB):

---

[146] Vgl. insbesondere: IdW, Stellungnahme 1/1981, S. 479 ff.; Ausschuß für Wirtschaftliche Verwaltung (AWV), Stichprobenverfahren 1978; Ausschuß für Wirtschaftliche Verwaltung (AWV), Inventur 1982; Deindl, Quantifizierung 1982, S. 1641 ff.; v.Wysocki, Überlegungen 1981, S. 273 ff.; v.Wysocki/Schmidle, Verwendung 1979, S. 417 ff. und die dort angegebene Literatur.

„Bei der Aufstellung des Inventars darf der Bestand der Vermögensgegenstände nach Art, Menge und Wert auch mit Hilfe anerkannter mathematisch-statistischer Methoden auf Grund von Stichproben ermittelt werden. Das Verfahren muß den Grundsätzen ordnungsmäßiger Buchführung entsprechen. Der Aussagewert des auf diese Weise aufgestellten Inventars muß dem Aussagewert eines auf Grund einer körperlichen Bestandsaufnahme aufgestellten Inventars gleichkommen."

Nachfolgend werden die wesentlichen Verfahren für die Mittelwertschätzung vorgestellt, und zwar die **einfache Mittelwertschätzung** (Abschn. c321), die **geschichtete Mittelwertschätzung** (Abschn. c3221) und die sog. **gebundenen Schätzverfahren** (Abschn. c3222).

c321) Die einfache Mittelwertschätzung

Bei der sog. einfachen Mittelwertschätzung wird der arithmetische Mittelwert der in die Stichprobe gelangten Elemente der Grundgesamtheit dazu benutzt, eine Schätzung des Mittelwerts sämtlicher Elemente der Grundgesamtheit (μ_A) vorzunehmen. Für die Schätzung steht der Mittelwert sämtlicher Elemente der Stichprobe (μ_a) zur Verfügung; es gilt, den Vertrauensbereich zu ermitteln, innerhalb dessen bei verlangter Sicherheit der Schätzung von dem Mittelwert der Stichprobenelemente auf den Mittelwert der Elemente der Grundgesamtheit geschlossen werden kann.

Bei der Mittelwertschätzung wird – genügend großer Stichprobenumfang (n) vorausgesetzt – grundsätzlich die „**Normalverteilung" der Mittelwerte der Stichprobenelemente** unterstellt. Der hierfür erforderliche Formelapparat entspricht demjenigen für die homograden Schätzstichproben bei unterstellter Normalverteilung:[147]

Zu schätzen ist das arithmetische Mittel sämtlicher Elemente der Grundgesamtheit:

$$\mu_A = \frac{\Sigma\, A_K}{N} \quad (K=1,2,\ldots,N) \tag{22}$$

Bezeichnet man entsprechend das arithmetische Mittel sämtlicher Elemente der Stichprobe mit

$$\mu_a = \frac{\Sigma\, a_k}{n} \quad (k=1,2,\ldots,n) \tag{23}$$

so läßt sich zwischen μ_A und μ_a die folgende Beziehung herstellen:

$$\mu_A = \mu_a \pm e \tag{24}$$

wobei die Größe (e) auch hier als Stichprobenfehler, μ_a+e als die „obere" Vertrauensgrenze und μ_a-e als die „untere" Vertrauensgrenze bezeichnet werden.

---

[147] Vgl. oben, Kap. IV C 4 c3121

Wird unterstellt, daß die Mittelwerte sämtlicher möglicher Stichproben vom Umfang (n) um den „wahren" Mittelwert der Elemente der Grundgesamtheit „normalverteilt" sind, so kann der **Stichprobenfehler** (e) nach der Formel (25) berechnet werden:

$$e = t \sqrt{\frac{s_A^2 (N-n)}{n(N-1)}} \qquad (25)$$

Der in dieser Formel unter dem Wurzelzeichen befindliche Ausdruck ist ein Maß für die Streuung aller möglichen Stichprobenmittel (Varianz des Stichprobenmittels). Die Größe s_A^2 (Varianz) in der Formel (25) errechnet sich als der Durchschnitt der in das Quadrat erhobenen Abweichungen der einzelnen Elemente der Grundgesamtheit von ihrem arithmetischen Mittel (μ_A):

$$s_A^2 = \frac{\Sigma (A_K - \mu_A)^2}{N} \qquad (K=1,2,\ldots,N) \qquad (26)$$

Die übrigen Größen in der Formel (25) entsprechen denen in der für den homograden Fall entwickelten Formel (3).

Für den Schluß auf den gesuchten Mittelwert der Grundgesamtheit (μ_A) kann die Formel (26) jedoch nicht benutzt werden, weil die Einzelwerte sämtlicher Elemente der Grundgesamtheit unbekannt sind. Um den Repräsentationsschluß nur mit Hilfe derjenigen Größen vornehmen zu können, die aus der einzelnen Stichprobe tatsächlich bekannt sind, muß in der Formel (26) die Varianz sämtlicher Elemente der Grundgesamtheit (s_A^2) durch die Varianz der Stichprobenelemente ersetzt werden:

$$s_a^2 = \frac{\Sigma (a_k - \mu_a)^2}{n} \qquad (k=1,2,\ldots,n) \qquad (27)$$

Der Stichprobenfehler einer Zufallsstichprobe im heterograden Fall kann dann näherungsweise nach (28) bestimmt werden:

$$e = t \sqrt{\frac{s_a^2}{n} \frac{N-n}{N-1}} \qquad (28)$$

Durch Einsetzen von (28) in (24) ergibt sich somit die Formel für die Bestimmung der Vertrauensgrenzen für das arithmetische Mittel sämtlicher Elemente der Grundgesamtheit aus dem arithmetischen Mittel der Stichprobenelemente.

$$\mu_A = \mu_a \pm t \sqrt{\frac{s_a^2}{n} \frac{N-n}{N-1}} \qquad (29)$$

Ohne Berücksichtigung des Korrektionsfaktors für die Endlichkeitskorrektur vereinfacht sich der Ausdruck (29) auf:

$$\mu_A = \mu_a \pm t \sqrt{\frac{s_a^2}{n}} \tag{30}$$

Nachfolgend wird die Anwendung der Beziehung (30) anhand eines Beispiels erläutert:

Aus einer Grundgesamtheit von N = 4000 Elementen (z.B. einzelne Gegenstände des Vorratsvermögens) wird eine Stichprobe mit einem Umfang von n = 100 zufällig ausgewählt. Die Stichprobe ergibt die in Abb. 45 wiedergegebenen Merkmalswerte und -häufigkeiten:

Abb. 45: Beispielsdaten für die einfache Mittelwertschätzung

Merkmals-wert α_k	Häufigkeit g_k	$a_k \cdot g_k$	$a_k - \mu_a$	$(a_k - \mu_a)^2$	$(\alpha_k - \mu_a)^2 g_k$
40	5	200	− 20	400	2000
50	10	500	− 10	100	1000
55	20	1100	− 5	25	500
60	30	1800	0	0	0
65	15	975	+ 5	25	375
70	15	1050	+ 10	100	1500
75	5	375	+ 15	225	1125
Summe	100	6000			6500

Bei dieser Stichprobe erhält man für s_a^2 den Wert 65 und für μ_a den Wert 60. Durch Einsetzen in die Formel (30) ergibt sich, wenn eine Aussagesicherheit (w) = 95% (t = 1,96) verlangt wird, als Vertrauensbereich für μ_A ohne Berücksichtigung des Korrektionsfaktors: μ_A = 60 + 1,58 bzw. − 1,58, d.h. der gesuchte Mittelwert sämtlicher Elemente der Grundgesamtheit liegt mit einer Aussagesicherheit von 95% zwischen 58,42 und 61,58.

Das Ergebnis wird in diesem Fall durch die Berücksichtigung des Korrektionsfaktors nicht wesentlich verändert. Der Stichprobenfehler wäre unter Benutzung der Formel (29) kleiner als ohne Berücksichtigung des Korrektionsfaktors: Der „wahre" Mittelwert läge mit einer Schätzsicherheit von 95% zwischen 58,44 und 61,56.

Ist das arithmetische Mittel sämtlicher Elemente der Grundgesamtheit durch eine Schätzstichprobe ermittelt, so kann auch der Gesamtwert der Grundgesamtheit durch Multiplikation des Durchschnittswerts der Elemente mit der Anzahl der Elemente der Grundgesamtheit errechnet werden; es gilt die Beziehung:

$$\Sigma A_K = N\mu_A \quad (K=1,2,\ldots,N) \tag{31}$$

15*

Für den **Schätzwert der Summe aller Elemente der Grundgesamtheit** gilt dementsprechend nach Einsetzen von (30) in (31):

$$\Sigma\, A_K = N \left(\mu_a \pm t \sqrt{\frac{s_a^2}{n}} \right) \qquad (K=1,2,\ldots,N) \qquad (32)$$

Werden die Daten des Berechnungsbeispiels nach Abb. 45 (ohne Korrektionsfaktor) zugrundegelegt, so würde sich durch „Hochrechnung" des geschätzten arithmetischen Mittels der Grundgesamtheit mit einer Aussagesicherheit von 95% ergeben, daß der gesuchte Gesamtwert zwischen 233.680 und 246.320 liegt.

Der **erforderliche Stichprobenumfang** für einen festgelegten zulässigen Stichprobenfehler (e), für eine geschätzte Varianz (s_A^2) und für einen verlangten Sicherheitsgrad kann durch Auflösung der Formel (25) oder des zweiten Terms in Formel (30) nach (n) ermittelt werden. Aus (25) ergibt sich der Wert für (n) mit Berücksichtigung des Korrektionsfaktors:

$$n = \frac{t^2 N s_A^2}{t^2 s_A^2 + e^2 (N-1)} \qquad (33)$$

Bei Vernachlässigung des Korrektionsfaktors ergibt sich (n) aus (30) mit:

$$n = \frac{t^2 s_A^2}{e^2} \qquad (34)$$

Auch die Anwendung des Formelapparats für den heterograden Fall bei unterstellter Normalverteilung läßt sich mit Hilfe von Nomogrammen wesentlich vereinfachen.

Das als Abb. 46 wiedergegebene Nomogramm enthält – ohne Berücksichtigung des Korrektionsfaktors – auf der **Skala 1** die Werte für s_a^2 im Bereich von 10–1000 und auf der **Skala 3** die Werte für den Stichprobenfehler (e) im Bereich von 1–10. Verbindet man die jeweiligen Skalenwerte für s_a^2 und für e durch eine Gerade, so läßt sich auf der **Skala 2** der erforderliche Stichprobenumfang unmittelbar ablesen, und zwar bei der sog. zweiseitigen Fragestellung für einen Sicherheitsgrad von 68,3% (t = 1) auf der **Skala 2a** und für den (gebräuchlichen) Sicherheitsgrad von 95% (t = 1,96) auf der **Skala 2b**. Die Lösung für die Berechnungsdaten nach Abb. 45 sind in das Nomogramm eingetragen.

c322) Modifizierte Verfahren der Mittelwertschätzung

Wie die Formeln (33) und (34) zeigen, hängt der Stichprobenfehler der Schätzung (e) bei gegebenem Stichprobenumfang, gegebenem Sicherheitsgrad und gegebenem Umfang der Grundgesamtheit nur noch von der Streuung der Einzelwerte der Positionen in der Grundgesamtheit bzw. Stichprobe ab. Dies hat zur Folge, daß die **Mittelwertschätzung bei starker Streuung der Einzelpositionen nur zu sehr ungenauen Schätzergebnissen, d.h. zu Schätzergebnissen mit sehr breitem Vertrauensbereich führt.** Möchte der Prüfer zur Begründung seines Prüfungsurteils den Vertrauensbereich verkleinern, also die Prä-

Abb. 46: Nomogramm zur Bestimmung der Vertrauensbereiche, der Stichprobenum-
fänge und der Varianzen im heterograden Fall

Heterograder Fall: s^2, n und e für t = 1 (w = 68,3%) und für t = 1,96 (w = 95%)
bei unterstellter Normalverteilung
(ohne Korrektionsfaktor)

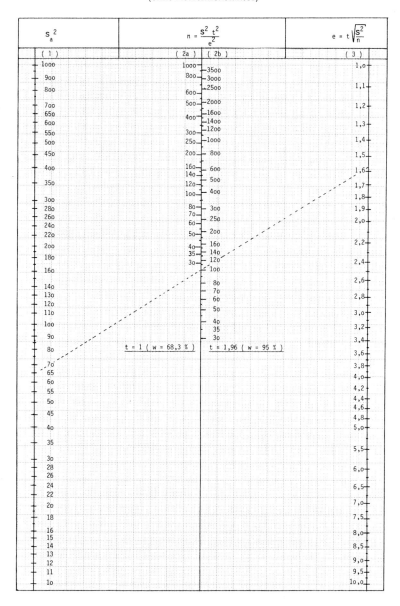

zision seiner Schätzung erhöhen, oder verlangt die Prüfungsordnung eine
sehr genaue Schätzung,[148] so bleiben dem Prüfer lediglich zwei Aktionspara-
meter, um den jeweiligen Genauigkeitsanforderungen zu genügen: Er kann
entweder den Stichprobenumfang (n) erhöhen oder aber nach Auswertungsverfahren für seine Stichprobenergebnisse suchen, die die bei der Mittelwertschätzung zu berücksichtigende Streuung der Schätzgröße verringern.
Eine Erhöhung des Stichprobenumfangs würde ggf. die Wirtschaftlichkeit
der Prüfungsdurchführung in Frage stellen. Es empfiehlt sich deshalb, das
Verfahren der Mittelwertschätzung mit dem Ziel zu modifizieren, die bei der
Schätzung zu berücksichtigende Streuung der Schätzgröße „Mittelwert" zu
vermindern. Zwei Verfahrensgruppen haben sich unter diesem Gesichtspunkt bewährt: Die **Verfahren der sog. geschichteten Mittelwertschätzung**
und die sog. **gebundenen Schätzverfahren** (Differenzenschätzung, Verhältnisschätzung und Regressionsschätzung).

Die beiden Verfahrensgruppen werden nachfolgend auf der Grundlage eines
einheitlichen, **aus der Praxis entnommenen Beispiels vorgestellt.** Die Daten
des Beispielsfalls sind in Abb. 47 enthalten:[149]

Abb. 47: Beispielsdaten für die modifizierten Mittelwertschätzungen

Umfang der Grundgesamtheit:	N =	6 266
Summe der Buchwerte:	X =	2 403 621,54 DM
Durchschnitt der Buchwerte		383,597 DM
Größter Buchwert		65 029,54 DM
Kleinster Buchwert		0,00 DM
Standardabweichung der Buchwerte	s_x =	1 612,608
Summe der Prüfwerte	Y =	2 403 714,91 DM
Durchschnitt der Prüfwerte		383,613 DM
Größter Wert der Prüfwerte		65 029,54 DM
Kleinster Wert der Prüfwerte		0,00 DM
Standardabweichung der Prüfwerte	s_y =	1 612,552
Zulässiger Stichprobenfehler (1% v. Buchwert)	e =	3,83597
Verlangter Sicherheitsgrad der Schätzung		95,5%

[148] Die Stellungnahme des Instituts der Wirtschaftsprüfer zur Stichprobeninventur
(vgl. IdW, Stellungnahme 1/1981, Abschn. IV 1 a) verlangt, daß der tolerable
Schätzfehler ein Prozent des Gesamtwerts der Grundgesamtheit nicht überschreiten
darf.

[149] Der Beispielsfall entspricht der Grundgesamtheit, mit der vom Verfasser und seinem Mitarbeiter, Dr. Schmidle, umfangreiche Simulationsstudien im Zusammenhang mit der Vorbereitung der Stellungnahme des Instituts der Wirtschaftsprüfer
zur Stichprobeninventur (vgl. IdW, Stellungnahme 1/1981) durchgeführt wurden.
Es handelt sich um eine Original-Inventurliste eines Teilelagers eines Industrieun-
ternehmens, die neben den Buchwerten der Einzelpositionen auch die vollständigen
Prüfwerte nach einer durchgeführten Vollinventur enthält. Zur Datei und zu den
Simulationsstudien vgl. v.Wysocki/Schmidle, Verwendung 1979, S. 417 ff.,
S. 423 ff. (Lagerkollektiv III).

c3221) Die geschichtete Mittelwertschätzung

Setzt man die Beispielsdaten für die Buchwerte aus Abb. 47 in die Formel (33) ein und errechnet man unter Berücksichtigung des zulässigen Stichprobenfehlers und des verlangten Sicherheitsgrades den notwendigen Stichprobenumfang bei Anwendung des Verfahrens der einfachen Mittelwertschätzung, so ergibt sich ein erforderlicher Stichprobenumfang von n = 6211 Elementen. Ein derartig großer Stichprobenumfang käme einer Vollerhebung sehr nahe; die **Anwendung des Verfahrens der einfachen Mittelwertschätzung erweist sich deshalb im vorliegenden Fall aus Wirtschaftlichkeitsgründen als wenig praktikabel.**

Bei Anwendung des Verfahrens der sog. geschichteten Mittelwertschätzung sucht man den erforderlichen Stichprobenumfang dadurch zu verringern, daß die Grundgesamtheit in **mehrere bezüglich des Untersuchungsmerkmals möglichst homogene Schichten** aufgespalten wird, aus denen unabhängig voneinander Stichproben mit vorher festgelegten Auswahlsätzen entnommen werden. Da die Streuung der Untersuchungsmerkmale innerhalb der einzelnen homogenen Schichten geringer ist als in der ungeschichteten (inhomogenen) Grundgesamtheit, gelingt es, die Sicherheits- und Genauigkeitsanforderungen mit geringeren Stichprobenumfängen zu erreichen als bei ungeschichteter Stichprobenerhebung.

Die **Anwendung des Verfahrens** erfolgt zweckmäßigerweise in den folgenden Schritten:[150]

– Festlegung des Sicherheitsgrades, des zulässigen Stichprobenfehlers und des Verfahrens der Aufteilung der Stichproben auf die Schichten der Grundgesamtheit.
– Bildung von Erhebungsschichten, ggf. einer „Vollerhebungsschicht".
– Ermittlung des erforderlichen Stichprobenumfangs.
– Aufteilung der zu ziehenden Gesamtstichprobe auf die einzelnen Schichten.
– Auswahl und Ziehung der Stichprobenelemente.
– Schätzung des Durchschnittswerts der Positionen der Grundgesamtheit und „Hochrechnung" auf den Gesamtwert der Grundgesamtheit.

c32211) Festlegung von Vertrauensbereich, Sicherheitsgrad und Aufteilungsverfahren

Im zu betrachtenden Beispielsfall (Abb. 47) wird der zulässige Stichprobenfehler in Höhe von einem Prozent des Durchschnittswerts der Buchwerte in der Grundgesamtheit festgelegt. – Bei unterstellter Normalverteilung und zweiseitiger Fragestellung entspricht einem Sicherheitsgrad von 95,5% ein Funktionswert für die Größe (t) von 2,0. – In der statistischen Methodenlehre werden als Aufteilungsverfahren die sog. **proportionale Aufteilung** oder

---

[150] Zu praxisbezogenen Verfahrensbeschreibungen vgl. Nies, Rationalisierung 1975, S. 74 ff.; Ausschuß für wirtschaftliche Verwaltung, Stichprobenverfahren 1978, S. 9 ff.; IdW, Stellungnahme 1/1981, Anhang 1b.

die sog. **optimale Aufteilung** empfohlen.[151] Da die optimale Aufteilung bei kaum höherem Rechenaufwand zu regelmäßig geringeren Stichprobenumfängen führt, wird nachfolgend das Verfahren der optimalen Aufteilung angewandt.

c32212) Bildung von Erhebungsschichten und einer Vollerhebungsschicht

Als Schichtungsmerkmal wird regelmäßig der Wert der einzelnen Positionen der Grundgesamtheit herangezogen; die **Schichtenzuordnung der Positionen erfolgt** dementsprechend **nach Maßgabe der Positionswerte**, und zwar nach den Buchwerten der einzelnen Positionen, da nur diese bekannt sind.

Praktikable Verfahren zur Bestimmung der optimalen Schichtenzahl werden in der Literatur, wenn man von heuristischen (Probier-) Verfahren absieht, nicht genannt: Eine zu geringe Schichtenzahl läßt den Rationalisierungseffekt der Schichtung nur unvollkommen zum Zuge kommen; eine große Schichtenzahl steigert den Berechnungsaufwand erheblich.

Anläßlich der Schichtenbildung kann es sich empfehlen, die werthöchsten Positionen zu einer sog. „**Vollerhebungsschicht**" zusammenzufassen, um die in diesem Bereich meist sehr großen Streuungswerte von der Stichprobenanalyse fernzuhalten.[152]

In dem Beispielsfall (Abb. 47) ergaben Voruntersuchungen, daß die erforderlichen Stichprobenumfänge in Schichten mit Positionsbuchwerten über DM 1.600,– der Vollerhebung sehr nahe kamen; es werden deshalb in dem Beispielsfall alle Positionen mit einem Buchwert über DM 1.600,- voll erhoben. In die Vollerhebungsschicht kommen damit 299 Positionen mit einem Gesamtwert von DM 1.360.913,84 (Durchschnittswert: DM 4551,55). Damit umfaßt die Vollerhebungsschicht bereits 56,6% des Gesamtbuchwertes der Grundgesamtheit, obwohl in dieser Schicht nur 4,8% der Einzelpositionen enthalten sind.[153]

Der verbleibende Teil der Grundgesamtheit wird im Beispiel in fünf Erhebungsschichten aufgeteilt, wobei das sog. „Quadratwurzelverfahren"[154] angewandt wird. Danach ergeben sich die folgenden Schichtgrenzen: 1. Schicht: Wertebereich von 0 bis 60; 2. Schicht: Wertebereich von 61 bis 180; 3. Schicht: Wertebereich von 181 bis 370; 4. Schicht: Wertebereich von 371 bis 670; 5. Schicht: Wertebereich von 671 bis 1600.

---

[151] Vgl. z.B. Kellerer, Theorie 1963, S. 95 ff.

[152] Ein solches Vorgehen entspricht im Ergebnis der „bewußten Auswahl" nach der Bedeutung der Prüfungsgegenstände.

[153] Es handelt sich hierbei um das sog. „Lagerphänomen" oder um die „80:20-Regel", nach der typischerweise bei Beständen (Vorräten, Forderungen) 20% der werthöchsten Positionen bereits ungefähr 80% des Gesamtwerts umfassen.

[154] Vgl. ein Verfahren, das hier nicht in Einzelheiten dargestellt wird, weil die Schichtenabgrenzung nicht kritisch ist: Cochran, Stichprobenverfahren 1972, S. 158 ff.; Nies, Rationalisierung 1975, S. 77 f. Der Leser sei darauf hingewiesen, daß bei jeder Schichtenbildung eine Sortierung der Positionen der Grundgesamtheit nach dem Schichtungskriterium (Positionsbuchwerte) erforderlich ist, was ohne Zuhilfenahme der EDV wirtschaftlich nicht möglich sein dürfte.

c32213) Ermittlung des erforderlichen Stichprobenumfangs

Für die Ermittlung des erforderlichen gesamten Umfangs der Stichproben, die aus dem nicht in die Vollerhebungsschicht gelangten Teil der Grundgesamtheit zu ziehen sind, gilt bei vorgegebenem Stichprobenfehler (e), bei vorgegebenem Sicherheitsgrad (w) und bei optimaler Aufteilung die Beziehung:

$$n = \frac{t^2 \left(\sum\limits_{j=1}^{m} N_j \, s_j \right)^2}{t^2 \left(\sum\limits_{j=1}^{m} N_j \, s_j^2 \right) + e^2 \, N^2} \qquad j = j-\text{te Schicht} \qquad (35)$$

Zur Berechnung des erforderlichen Stichprobenumfangs nach dieser Formel empfiehlt sich die **Verwendung eines Berechnungsschemas**, das in Abb. 48 wiedergegeben ist.

Setzt man die Ergebnisse des Berechnungsschemas nach Abb. 48[155] in die Formel (35) ein, so errechnet sich der erforderliche Stichprobenumfang mit n = 494,337 oder gerundet: n = 494. Zusammen mit den in der Vollerhebungsschicht befindlichen 299 Positionen sind somit im Beispielsfall insgesamt 793 Positionen der Grundgesamtheit zu erheben. Im Vergleich zu dem erforderlichen Stichprobenumfang bei Verwendung des Verfahrens der einfachen Mittelwertschätzung (n = 6211) hat die Schichtung eine Verringerung des Erhebungsaufwands um 87,2% ergeben.

c32214) Aufteilung der zu ziehenden Gesamtstichprobe auf die einzelnen Schichten

In einem nächsten Schritt ist die Gesamtzahl der erforderlichen Stichprobenelemente auf die einzelnen Schichten (j) aufzuteilen. Bei Benutzung des Verfahrens der optimalen Aufteilung[156] ist die Aufteilung nach der Beziehung (36) vorzunehmen:

$$n_j = n \, \frac{N_j \, s_j}{\sum\limits_{j=1}^{m} N_j \, s_j} \qquad (36)$$

Danach errechnen sich für die Daten des Berechnungsbeispiels die Stichprobenumfänge für die einzelnen Schichten wie folgt:

$n_1 = 494 \times 0,194 = \quad 96$ (Auswahlsatz: 3,1%)
$n_2 = 494 \times 0,140 = \quad 68$ (Auswahlsatz: 5,7%)
$n_3 = 494 \times 0,140 = \quad 68$ (Auswahlsatz: 9,3%)
$n_4 = 494 \times 0,146 = \quad 72$ (Auswahlsatz: 14,8%)
$n_5 = 494 \times 0,385 = 190$ (Auswahlsatz: 43,7%)

---

[155] Die Summe der N_j beträgt 5967, die Summe der $N_j \times s_j$ beträgt 287361,8, die Summe der $N_j \times s_j^2$ beträgt 36066261,5 und die Summe der Buchwerte im Stichprobenbereich beträgt 1.042.234,2 DM.
[156] Vgl. dazu z.B. IdW, Stellungnahme 1/1981, Formelanhang Nr. 5

Abb. 48: Berechnungsschema zur Ermittlung des Stichprobenumfangs im Rahmen der geschichteten Mittelwertschätzung

Schicht Nr.	Klassengrenzen von ... bis ... DM	Anzahl der Positionen N_j	Standard-abweichung s_j	Varianz s_j^2	$N_j \cdot s_j$	$N_j \cdot s_j^2$	Mittelwert je Schicht	Buchwert je Schicht
1	2	3	4	5	6	7	8	9
1	0–60	3128	17,909	320,73	56019,4	1003243,4	11,93	37317,0
2	60–180	1182	33,181	1100,98	39219,9	1301358,4	109,62	129570,8
3	180–370	734	54,151	2932,33	39746,8	2152330,2	262,37	192579,5
4	370–670	488	86,138	7419,75	42035,3	3620838,0	500,25	244125,9
5	über 670	435	253,656	64341,36	110340,4	27988491,5	1008,37	438641,0
SUMME		5967			287361,8	36066261,5		1042234,2
GRUND-GESAMT-HEIT		6266						2403621,5

Bei der praktischen Anwendung des Verfahrens ist zu beachten, daß die Standardabweichungen der Prüfwerte der zu den einzelnen Schichten gehörenden Positionen (s_j) vor der Ziehung der Stichprobenelemente regelmäßig nicht bekannt sind. Sie müssen deshalb (z. B. auf der Grundlage der Buchwerte) geschätzt oder mit Hilfe von Faustregeln[157] ermittelt werden.

c32215) Auswahl und Ziehung der Stichprobenelemente

Nun erst erfolgt die Auswahl der Stichprobenelemente jeder Schicht nach einem Zufallsauswahlverfahren und die Prüfung der in die Auswahl gelangten Elemente auf ihre Richtigkeit (Soll-Ist-Vergleich). Nach der Prüfung der Stichprobenelemente stehen für jedes Element der Stichprobe der Buchwert und der sich nach Beseitigung eventueller Abweichungen ergebende Prüfwert zur Verfügung. Die Ergebnisse dieses Verfahrensschrittes finden sich in der Abb. 49.

Abb. 49: Durchschnittliche Prüfwerte der Stichproben je Erhebungsschicht und Hochrechnung auf die Prüf-Gesamtwerte

Schicht	Zahl der Elemente	Standard- abweichung	Mittelwerte	Prüf-Gesamtwert (Mittelwert × N_j)
(1)	(2)	(3)	(4)	(5)
1	96	18,733	14,636	45 781,408
2	68	36,626	105,788	125 041,416
3	68	53,772	264,361	194 040,974
4	72	85,142	496,382	242 234,416
5	190	263,654	1008,212	438 572,220
	494			1 045 670,434

c32216) Schätzung des Durchschnittswerts der Positionen der Grundgesamtheit und „Hochrechnung" auf den Gesamtwert der Grundgesamtheit

Die durchschnittlichen Prüfwerte der einzelnen Positionen je Schicht, die in die Stichprobe gelangt sind, stellen zugleich die (Punkt-) **Schätzwerte für die Durchschnittswerte in den Schichten der Grundgesamtheit** dar (Abb. 49, Sp. 4). Deshalb kann die „Hochrechnung" auf die Gesamt-Prüfwerte je Schicht in der Grundgesamtheit durch Multiplikation der durchschnittlichen Prüfwerte je Schicht mit der Zahl der in der jeweiligen Schicht enthaltenen Posi-

---

[157] Z.B. Quadratwurzel aus einem Zwölftel der zum Quadrat erhobenen Spannweite der Schicht. Nach dieser Regel würden sich die folgenden geschätzten Standardabweichungen ergeben: Schicht 1: 17,32; Schicht 2: 34,64; Schicht 3: 54,85; Schicht 4: 86,60; Schicht 5: 268,47. Da die Schätzungen regelmäßig wenig über den Standardabweichungen der Buchwerte liegen, ist die Anwendung der Faustregel ungefährlich, denn der erforderliche Stichprobenumfang wird eher über- als unterschätzt.

tionen erfolgen. Die Ergebnisse dieser Hochrechnungen finden sich in Abb. 49, Sp. 5.

Die Addition der geschätzten Gesamt-Prüfwerte je Schicht führt dann unmittelbar zu der Schätzgröße für den Gesamtwert des durch Stichproben geprüften Bereichs der Grundgesamtheit. Er beträgt DM 1.045.670,43. Addiert man zu diesem Betrag die Summe der Prüfwerte aus der Vollerhebungsschicht mit DM 1.360.913,84 (vgl. Abb. 50), so ergibt sich als geschätzter Gesamt-Prüfwert der Grundgesamtheit ein Betrag in Höhe von DM 2.406.584,27. Von diesem Schätzwert kann aufgrund der Berechnungsvoraussetzungen ausgesagt werden, daß er unter der Normalverteilungshypothese mit einer Wahrscheinlichkeit von 95,5% von dem „wahren" Prüf-Gesamtwert um weniger als ein Prozent abweicht.

c32217) Ergebnis und Vergleich mit den Ergebnissen der Vollerhebung

In Abb. 50 sind die Schätzergebnisse, die mit Hilfe des Verfahrens der geschichteten Mittelwertschätzung gewonnen wurden und die Ergebnisse der parallelen Vollerhebung zusammengefaßt dargestellt. **Die Übersicht erlaubt es unmittelbar, die Schätzwerte und die Ergebnisse der Vollerhebung je Schicht und für die Grundgesamtheit zu vergleichen.**

Die im Zusammenhang mit der Darstellung der geschichteten Mittelwertschätzung primär interessierende Vergleichsziffer ist die Abweichung zwischen der aufgrund der Schätzstichprobe gewonnenen Aussage über den Gesamtbetrag der Prüfwerte (Abb. 50, Sp. 6) und dem aufgrund der Vollerhebung ermittelten Gesamtbetrag der Prüfwerte (Abb. 50, Sp. 4). Diese Abweichung in Höhe von + DM 2 869,40 stellt den Stichprobenfehler dar, d.h. jene Gesamtabweichung, die sich auf der Grundlage der konkret gezogenen Stichprobe als Schätzfehler herausstellt. Bezieht man diesen Stichprobenfehler auf den gesamten Prüfwert der Grundgesamtheit, so ergibt sich allerdings nur eine relative Abweichung in Höhe von + 0,124%, d.h. die Schätzung aufgrund der Stichprobe erfüllt die gestellte Genauigkeitsanforderung in dem Berechnungsbeispiel (der Stichprobenfehler soll nicht größer sein als ein Prozent des Gesamtwerts der Grundgesamtheit) recht gut.[158]

In praxi kann indes ein solcher Vergleich nicht angestellt werden, weil die Prüfwerte einer Vollerhebung nicht zur Verfügung stehen; **der Prüfer ist regelmäßig nur in der Lage, einen Vergleich zwischen den ihm vorgelegten Buchwerten (= Ist-Objekte) mit den aufgrund der Stichprobenauswertung ermittelten Schätzwerten (= Soll-Objekte) vorzunehmen.** – Das Berechnungsbeispiel zeigt deutlich, daß sich die Abweichungen zwischen den Buchwerten und den durch Vollerhebung ermittelten Prüfwerten der Grundgesamtheit sowie die Stichprobenfehler gegenseitig sowohl kompensieren als auch kumulieren können. Der Prüfer kann deshalb den Unschärfebereich, den er bei der Urteilsbildung in Kauf nehmen muß, auch bei Anwendung von Zufallsstichprobenverfahren regelmäßig nicht exakt bestimmen; er kann ihn allenfalls durch Berücksichtigung des rechnerischen Genauigkeits- und Sicherheitsgrades seiner Schätzung eingrenzen.

---

[158] Es zeigt sich aber zugleich, daß die Abweichungen in den einzelnen Schichten z.T. größer sind als die Gesamtabweichung (z.B. in der 1. Schicht); es sollte deshalb vermieden werden, aus den einzelnen Schichtergebnissen Rückschlüsse auf die Schichtqualität zu ziehen.

Abb. 50: Gesamtergebnisse der geschichteten Mittelwertschätzung

Schicht (1)	Zahl der Elemente (2)	Buchwerte (3)	Prüfwerte d. Vollerhebung (4)	Abweichung (4)–(3) (5)	Prüfwerte d Schätzung (6)	Abweichung (6)–(4) (7)
1	3 128	37 317,0	38 851,6	+ 1 534,6	45 781,4	+ 6 929,8
2	1 182	129 570,8	129 582,5	+ 11,7	125 041,4	− 4 541,1
3	734	192 579,5	191 915,5	− 664,0	194 041,0	+ 2 125,5
4	488	244 125,9	243 340,6	− 785,3	242 234,4	− 1 106,2
5	435	438 641,0	439 110,8	+ 469,8	438 572,2	− 538,6
Summen	5 967	1 042 234,2	1 042 801,0	+ 566,8	1 045 670,4	+ 2 869,4
Voller-hebung	299	1 361 387,3	1 360 913,8	+ 473,5	1 360 913,8	+ 0,0
Summen	6 266	2 403 621,5	2 403 714,8	+ 93,3	2 406 584,2	+ 2 869,4

c3222) Die gebundenen Schätzverfahren

Bei Anwendung der Verfahren der freien Mittelwertschätzung, und zwar sowohl der einfachen, wie auch der geschichteten Mittelwertschätzung, werden für den Schluß auf die Struktur der Grundgesamtheit grundsätzlich nur jene Informationen verarbeitet, die sich aus der Auswertung der gezogenen Stichprobenelemente ergeben.

Das Wesen der sog. gebundenen Schätzverfahren besteht demgegenüber darin, daß neben den aus der Stichprobe unmittelbar gegebenen Informationen für die Schätzung auch Hilfsinformationen herangezogen werden. Die Benutzung solcher Hilfsinformationen führt – in Abhängigkeit von der Qualität der Hilfsinformationen – im Vergleich zu den Verfahren der freien Hochrechnung regelmäßig bei gegebenem Sicherheits- und Genauigkeitsgrad zu einer Verringerung des erforderlichen Stichprobenumfangs bzw. bei gegebenem Stichprobenumfang zu einer Erhöhung des der Schätzung zugrundeliegenden Sicherheits- und Genauigkeitsgrades.

Im Bereich der Buchprüfung stehen dem Prüfer regelmäßig sehr aussagekräftige **Hilfsinformationen in Gestalt von Buchführungsergebnissen** zur Verfügung. Er ist z.B. bei der Prüfung der Bilanzposition „Forderungen" nicht allein darauf angewiesen, aus dem durchschnittlichen Prüfwert der in eine Zufallsstichprobe gelangten Forderungspositionen unmittelbar einen Rückschluß auf den Gesamtwert der auszuweisenden Forderungen zu ziehen, sondern er kann (und sollte) bei seiner Schätzung auch die ihm vorgelegten Buchführungsunterlagen (Saldenlisten etc.) auswerten. Bei der Prüfung bzw. Feststellung des Gesamtwerts eines Inventars ist er – falls eine Lagerbuchführung vorhanden ist – nicht darauf angewiesen, die durchschnittlichen Prüfwerte der in die Stichprobe gelangten Lagerpositionen unmittelbar hochzurechnen, sondern er kann bei seiner Schätzung z.B. die Ergebnisse der Lagerbestandsfortschreibung heranziehen.[159]

Nach Kaplan und Cochran[160] läßt sich die **Schätzfunktion für sämtliche gebundenen Schätzverfahren** wie in (37) darstellen:

$$\mu_Y = \mu_y + z(\mu_X - \mu_x) \tag{37}$$

Hierin bedeuten:

μ_Y = Durchschnittlicher Prüfwert der Grundgesamtheit
μ_X = Durchschnittlicher Buchwert der Grundgesamtheit
μ_y = Durchschnittlicher Prüfwert der Stichprobenelemente
μ_x = Durchschnittlicher Buchwert der Stichprobenelemente
z = Proportionalitätsfaktor, der den unterstellten Zusammenhang zwischen Prüfinformationen und Hilfsinformationen wiedergibt.

---

[159] Vgl. dazu die Anwendung der gebundenen Schätzverfahren auf die Stichprobeninventur gem. § 241 Abs. 1 HGB nach IdW, Stellungnahme 1/1981.

[160] Vgl. Kaplan, Sampling 1973, S. 241 und Cochran, Stichprobenverfahren 1972, S. 227

Die allgemeine Schätzfunktion nach (37) nimmt für die einzelnen Varianten der gebundenen Schätzverfahren – je nach der Ausprägung der Größe (z) unterschiedliche Formen an.[161] Bei der sog. **Differenzenschätzung** wird für die Größe (z) der Wert 1 angenommen. Aus (37) ergibt sich dementsprechend die Schätzfunktion für die Differenzenschätzung:

$$\mu_{Y_d} = \mu_X + \mu_d \qquad \text{mit } \mu_d = \mu_y - \mu_x \qquad (38)$$

Dies bedeutet, daß der gesuchte durchschnittliche Prüfwert für die Positionen der Grundgesamtheit gleich dem durchschnittlichen Buchwert der Positionen der Grundgesamtheit (μ_X) zuzüglich der durchschnittlichen bei den Stichprobenelementen gefundenen Differenzen zwischen Prüfwert und Buchwert ($\mu_d = \mu_y - \mu_x$) ist. Die Differenzenschätzung als spezielle Variante der gebundenen Schätzverfahren kommt der Vorgehensweise des Buchprüfers insofern besonders entgegen, als dieser zunächst die Soll-Ist-Abweichungen der in die Stichprobe gelangten Elemente feststellt und auf der Grundlage der festgestellten Soll-Ist-Abweichungen auf die in der Grundgesamtheit insgesamt vorhandenen Soll-Ist-Abweichungen schließt.

Bei der sog. **Verhältnisschätzung** unterstellt man für die Größe (z) aus (37) den Wert ($\mu_y/\mu_x = \mu_v$). Es gilt dementsprechend:

$$\mu_{Y_v} = \mu_X \, \mu_v \qquad (39)$$

Hier wird somit der gesuchte durchschnittliche Prüfwert der Elemente der Grundgesamtheit durch Multiplikation des durchschnittlichen Buchwerts der Grundgesamtheit (μ_X) mit dem sich aus der Analyse der Stichprobenelemente ergebenden Verhältnis zwischen dem durchschnittlichen Prüfwert der Stichprobenelemente (μ_y) und dem durchschnittlichen Buchwert der Stichprobenelemente (μ_x) geschätzt. – Eine Besonderheit der Verhältnisschätzung besteht darin, daß sie dann zu Schätzungenauigkeiten bzw. zu vergleichsweise großen Stichprobenumfängen führt, wenn die Abweichungen zwischen den Buch- und den Prüfwerten sich nicht annähernd proportional zu den Positionswerten der Grundgesamtheit verhalten.

Im Fall der sog. linearen **Regressionsschätzung** schließlich wird für die Größe (z) aus (37) der Wert des linearen Regressionskoeffizienten (r) eingesetzt. Es gilt somit für die lineare Regressionsschätzung als Schätzfunktion:

$$\mu_{Y_{regr}} = \mu_y + r(\mu_X - \mu_x) \qquad (40)$$

Die Größe (r) in (40) ist der aus der Stichprobe geschätzte lineare Regressionskoeffizient zwischen den Prüf- und den Buchwerten, d. h. eine Maßgröße für den Grad an Gleichläufigkeit zwischen den Buchwerten und den dazu-

---

[161] Wird die Größe (z) gleich Null gesetzt, so erhält man die Schätzfunktion für die einfache (ungeschichtete) Mittelwertschätzung.

gehörigen Prüfwerten der Stichprobenelemente, mit Hilfe dessen der Rückschluß auf die Gleichläufigkeit zwischen Buchwerten und Prüfwerten der Grundgesamtheit gezogen werden kann. Für (r) gilt:[162]

$$r = \frac{\sum\limits_{i=1}^{n} (y_i - \mu_y)(x_i - \mu_x)}{\sum\limits_{i=1}^{n} (x_i - \mu_x)^2} \tag{41}$$

Wie Simulationsstudien ergeben haben,[163] führt die Regressionsschätzung trotz des größeren Rechenaufwands zu Ergebnissen, die nicht wesentlich von denen der einfacher zu handhabenden Differenzenschätzung abweichen. Nachfolgend wird deshalb nur die Differenzenschätzung mit Hilfe eines Beispiels erläutert. Dem Beispiel liegen die Daten der Grundgesamtheit nach Abb. 47 zugrunde, aus der eine Stichprobe vom Umfang n = 300 gezogen wurde. Die Standardabweichung der Differenzen (s_D) in der Grundgesamtheit beträgt nur 19,787. Die geringe Standardabweichung der Differenzen im Vergleich zu den sehr großen Standardabweichungen der Buchwerte und der Prüfwerte (vgl. Abb. 47) ist einer der Hauptgründe für die Effizienz speziell der Differenzenschätzung und allgemein der gebundenen Schätzverfahren.

Auch die **Durchführung der gebundenen Schätzverfahren** erfolgt zweckmäßigerweise in mehreren Schritten, und zwar:[164]

– Festlegung des Sicherheitsgrades, des zulässigen Stichprobenfehlers und des Stichprobenumfangs
– Auswahl und Ziehung der Stichprobenelemente
– Ermittlung der Standardabweichung der Stichprobenelemente und Errechnung der maximal zulässigen Standardabweichung bzw. des ausreichenden Stichprobenumfangs
– Berechnung des durchschnittlichen Prüfwertes und „Hochrechnung".

c32221) Festlegung des Sicherheitsgrades, des zulässigen Stichprobenfehlers und des Stichprobenumfangs

Auch bei der Anwendung der gebundenen Schätzverfahren sind der verlangte Sicherheitsgrad und der zu akzeptierende Stichprobenfehler nach Maßgabe

---

[162] Kaplan, Sampling 1973, S. 242, erwähnt eine weitere Variante der gebundenen Schätzverfahren, die hier nicht weiter erörtert wird: Die Größe (z) soll aus dem Anteil derjenigen Stichprobenelemente, bei denen Abweichungen bestehen und dem durchschnittlichen Verhältnis der y- und der x-Werte, bei denen Abweichungen bestehen, ermittelt werden.

[163] Differenzen-, Verhältnis- und lineare Regressionsschätzung unterscheiden sich nicht nur hinsichtlich des erforderlichen Rechenaufwandes, sondern auch hinsichtlich ihrer Schätzergebnisse. Zu den umfangreichen Simulationsversuchen mit den gebundenen Schätzverfahren vgl. v.Wysocki/Schmidle, Verwendung 1979, S. 417 ff., 420 ff. Das hier vorgestellte Berechnungsbeispiel entspricht dem dort analysierten „Lagerkollektiv III".

[164] Vgl. dazu IdW, Stellungnahme 1/1981, Anhang 2

der Prüfungsordnung festzulegen. In den nachfolgenden Beispielsrechnungen wird von einem **Sicherheitsgrad** der Schätzung von 95% (t = 1,96) ausgegangen. Der **Stichprobenfehler** soll maximal ein Prozent vom durchschnittlichen Buchwert der Positionen der Grundgesamtheit betragen (vgl. Abb. 47, e = 3,83597).

Der erforderliche **Stichprobenumfang** kann bei unterstellter Normalverteilung nach der Formel (33) ermittelt werden, wenn der Umfang der Grundgesamtheit (N), der verlangte Sicherheitsgrad (t), der zulässige Stichprobenfehler (e) und die Standardabweichung (der Differenzen) bekannt sind. Die Erfahrung – vor allem aus dem Bereich der Inventurstichproben – zeigt indes, daß Vorausschätzungen der mutmaßlichen Standardabweichungen der Differenzen nur sehr schwer möglich sind. Der Grund dafür liegt darin, daß Abweichungen zwischen Buch- und Prüfwerten weit weniger vorhersehbaren „Gesetzmäßigkeiten" unterliegen als z.b. die Streuung der Buch- und Prüfwerte innerhalb eines Bestandskollektivs an Forderungen, Verbindlichkeiten und Vorräten.

Das Institut der Wirtschaftsprüfer empfiehlt deshalb bei Verwendung der gebundenen Schätzverfahren, den Stichprobenumfang von vornherein großzügig zu bemessen, um ggf. kostspielige Nacherhebungen zu vermeiden. Hinzu kommt, daß berechtigte Zweifel an der Gültigkeit der Normalverteilungshypothese gerade bei Grundgesamtheiten mit nur sehr kleinen Fehleranteilen nur durch großzügige Bemessung der Stichprobenumfänge ausgeräumt werden können. Aus den genannten Gründen sollte der Stichprobenumfang 250-300 Elemente nicht unterschreiten.[165] Dem Beispielsfall liegt dementsprechend ein Stichprobenumfang von n = 300 zugrunde.

c32222) Auswahl und Ziehung der Stichprobenelemente

Selbstverständlich hat auch bei Verwendung gebundener Schätzverfahren die Stichprobenziehung nach einem Zufallsauswahlverfahren zu erfolgen.

Fraglich ist, ob auch bei Verwendung der gebundenen Schätzverfahren durch eine **Schichtung der Grundgesamtheit** die Effizienz der Verfahren gesteigert werden kann. Grundsätzlich wäre diese Frage positiv zu beantworten, wenn Schichtungskriterien gefunden werden könnten, die es erlauben, Schichten abzugrenzen, innerhalb derer die Differenzen zwischen den Buch- und Prüfwerten homogener sind als in der Grundgesamtheit. Gerade dies stößt aber auf Schwierigkeiten. So hätte eine Schichtung entsprechend den Positionswerten in der Grundgesamtheit nur dann Sinn, wenn unterstellt werden könnte, daß der Umfang der Soll-Ist-Abweichungen sich grundsätzlich proportional zu den absoluten Positionswerten verhält. In dem vorliegenden Beispielsfall konnte eine solche Tendenz nicht festgestellt werden.[166] Aus den

---

[165] Vgl. IdW, Stellungnahme 1/1981, Anhang 2b. In diesem Zusammenhang wird auch auf die Ergebnisse der Simulationsstudien (vgl. FN. 163) verwiesen. Zur Frage des Mindeststichprobenumfangs vgl. auch: v. Wysocki, Einzelfragen 1980, S. 29.

[166] In dem Beispielsfall wurde z.B. eine Korrelation zwischen den Abweichungen und den dazugehörigen Buchwerten von nur 0,0415 ermittelt; vgl. v. Wysocki, Einzelfragen 1980, S. 30 f. Diese Feststellung schließt indes nicht aus, daß andere Schich-

gleichen Gründen kann ggf. auch auf die Bildung einer Vollerhebungsschicht bei Verwendung der gebundenen Schätzverfahren verzichtet werden.[167] Im vorliegenden Beispielsfall wird aus den genannten Gründen sowohl auf die Bildung einer Vollerhebungsschicht als auch auf eine weitergehende Schichtung verzichtet.

Im Beispielsfall führte die Ziehung einer (ungeschichteten) Stichprobe im Umfang von n = 300 zu dem folgenden Ergebnis:[168]

– Zahl der abweichungsbehafteten Elemente: 28
– Durchschnittliche Abweichung: – 1,182 DM
– Größte positive Abweichung: + 206,50 DM
– Größte negative Abweichung: – 182,92 DM

c32223) Ermittlung der Standardabweichung der Stichprobenelemente und Errechnung der maximal zulässigen Standardabweichung bzw. des ausreichenden Stichprobenumfangs

Da – wie erwähnt – bei Anwendung gebundener Schätzverfahren die Streuung des untersuchten Merkmals in der Grundgesamtheit nur sehr unvollkommen bestimmt werden kann, verbleibt nur die Möglichkeit, diese Streuung auf der Grundlage des Stichprobenergebnisses zu schätzen. Die Berechnung der Standardabweichung des untersuchten Merkmals aus dem Stichprobenergebnis bei gebundenen Schätzverfahren ist abhängig von der Verfahrenswahl.[169] Bei Anwendung des Verfahrens der Differenzenschätzung wird die Standardabweichung der Differenzen in der Stichprobe nach der Beziehung (42) berechnet:

$$s_d = \sqrt{\frac{\sum\limits_{i=1}^{n} (d_i - \mu_d)^2}{n - 1}} \tag{42}$$

tungskriterien sinnvoll angewandt werden können. Ist z.B. bekannt, daß die Soll-Ist-Abweichungen vornehmlich bei denjenigen Positionen der Grundgesamtheit auftreten, die während des Geschäftsjahres häufig bewegt werden (= erhöhte Gefahr von Buchungsfehlern), so könnte eine Schichtung nach der Häufigkeit der Bewegungen auf den Bestandskonten durchaus in Betracht kommen.

[167] Untersuchungen an der Grundgesamtheit haben jedenfalls ergeben, daß hier ein Rationalisierungserfolg durch Bildung einer Vollerhebungsschicht nicht erreicht werden konnte. Vgl. dazu v. Wysocki, Einzelfragen 1980, S. 29 f. Wenn das Institut der Wirtschaftsprüfer dennoch empfiehlt, auch bei Anwendung gebundener Schätzverfahren eine Vollerhebungsschicht von 3-5% der werthöchsten Bestandspositionen zu bilden, so ist dies nicht mit statistischen Argumenten zu begründen. Vgl. dazu: IdW, Stellungnahme 1/1981, Abschn. II 3.

[168] Folgende Einzelabweichungen wurden ermittelt (in DM): −8,52; +1,10; −1,59; +12,60; +49,98; −90,00; +5,64; −29,21; +35,22; −102,96; −26,34; −7,38; −10,05; +13,47; +29,89; +0,92; −100,06; −182,92; −65,75; −10,14; −2,86; −3,90; −4,65; −38,76; −24,39; −2,07; +1,56; +206,50. Die übrigen Stichprobenelemente wiesen Abweichungen nicht auf.

[169] Zur Berechnung der Standardabweichung bei Anwendung der Differenzenschätzung, der Verhältnisschätzung und der Regressionsschätzung vgl. z.B. IdW, Stellungnahme 1/1981, Anhang 3, Formeln (13), (14) und (15).

Im Beispielsfall wird nach Einsetzen in die Formel (42) eine Standardabweichung in der Stichprobe in Höhe von $s_d = 19,84501$ ermittelt. Ein Vergleich mit der auf der Grundlage der parallel durchgeführten Vollerhebung ermittelten Standardabweichung sämtlicher Differenzen der Grundgesamtheit in Höhe von $s_D = 19,787$ zeigt, daß die Schätzung aus dem Stichprobenergebnis zu einem durchaus brauchbaren Ergebnis geführt hat.

Da bei der praktischen Anwendung der gebundenen Schätzverfahren eine Kontrolle der Standardabweichung durch Vergleich mit dem Ergebnis einer Vollerhebung nicht vorgenommen werden kann, empfiehlt das Institut der Wirtschaftsprüfer die Durchführung einer alternativen Kontrollrechnung:[170] Um festzustellen, ob die aus der Stichprobe ermittelte Standardabweichung der Stichprobenelemente ausreicht, um zu einer Schätzung des durchschnittlichen Prüfwerts mit dem verlangten Sicherheits- und Genauigkeitsgrad zu kommen, soll in einem weiteren Verfahrensschritt die „**maximal zulässige Standardabweichung**" (s_{max}) nach der Beziehung (43) ermittelt werden:[171]

$$s_{(max)} = \sqrt{\left(\frac{e}{t}\right)^2 \frac{n(N - 1)}{N - n}} \qquad (43)$$

Unter der maximal zulässigen Standardabweichung wird demnach diejenige Standardabweichung verstanden, bei der eine Stichprobe des gegebenen (Mindest-)Umfangs aus einer gegebenen Grundgesamtheit gerade noch eine Stichprobenschätzung mit dem verlangten Sicherheitsgrad (im Beispielsfall $t = 1,96$, d.h. 95%) und dem zulässigen Stichprobenfehler (im Beispielsfall $e = 3,83597$) gestatten würde.

Nach Einsetzen der Daten des hier betrachteten Beispielsfalls in (43) ergibt sich die maximal zulässige Standardabweichung mit $s_{max} = 34,73913$.

Da die in der Stichprobe vorgefundene Standardabweichung der Stichprobenelemente wesentlich unter der maximal zulässigen Standardabweichung liegt, kann aufgrund der Kontrollrechnung angenommen werden, daß die aus der Stichprobe vorzunehmende Schätzung des durchschnittlichen Prüfwerts der Grundgesamtheit sowie des Prüfgesamtwertes den verlangten Mindestanforderungen an Sicherheit und Genauigkeit der Schätzung entspricht.

Wäre dagegen die in der Stichprobe ermittelte Standardabweichung größer als die maximal zulässige Standardabweichung, müßte der **Stichprobenum-**

---

[170] Vgl. IdW, Stellungnahme 1/1981, Anhang 2 b Nr. 6
[171] Das vom Verfasser benutzte PC-Programm führt die entsprechende Kontrollrechnung selbsttätig durch. Das Programm verlangt zur Durchführung der Differenzenschätzung lediglich die folgenden Eingaben: Umfang der Grundgesamtheit, Gesamtwert der Buchwerte der Grundgesamtheit, gewünschter Sicherheitsgrad, gewünschter Vertrauensbereich (Stichprobenfehler in Prozenten des Gesamtbuchwerts), Zahl der Stichprobenelemente und Einzelabweichungen (ohne Null-Abweichungen).

fang solange erhöht werden, bis der erforderliche Sicherheits- und Genauigkeitsgrad der Schätzung erreicht wäre.[172]

c32224) Berechnung des durchschnittlichen Prüfwertes und „Hochrechnung"

Nach der Kontrolle des Stichprobenergebnisses entsprechend dem vorstehenden Verfahrensschritt kann der geschätzte **durchschnittliche Prüfwert sämtlicher Elemente der Grundgesamtheit** bei Anwendung der Differenzenschätzung durch Einsetzen der Stichprobenergebnisse in die Formel (38) ermittelt werden. Er beträgt im Beispielsfall:

$$\mu_{Y_d} = 383,597 - 1,182 = 382,415 \text{ DM}$$

Wird der geschätzte durchschnittliche Prüfwert mit der Zahl der Elemente der Grundgesamtheit multipliziert, so ergibt sich unmittelbar der geschätzte **Gesamt-Prüfwert der Grundgesamtheit** mit:

$$6266 \times 382,415 \text{ DM} = 2.396.213,67 \text{ DM}$$

Da nach dem Ergebnis der parallel durchgeführten Vollerhebung der „wahre" Prüfwert der Grundgesamtheit DM 2.403.714,80 (vgl. Abb. 50, Sp. 4) beträgt, ergibt sich eine Fehlschätzung in Höhe von -7501,13 DM, das sind, bezogen auf den Prüfwert der Grundgesamtheit, -0,31%. Damit liegt auch diese Schätzung innerhalb des geforderten Stichprobenfehlers von +/− einem Prozent (e_{rechn} = 2,191334).

Vergleicht man das Verfahren der gebundenen Mittelwertschätzung mit dem Verfahren der geschichteten Mittelwertschätzung unter den strengen Voraussetzungen des Beispielsfalls, so zeigt sich, daß die gebundenen Schätzverfahren dem Verfahren der geschichteten Mittelwertschätzung insofern überlegen sind, als bei ihrer Anwendung auf die sehr aufwendige **Schichtenbildung verzichtet** werden kann. Es ist ferner bemerkenswert, daß trotz des Verzichts auf die Schichtung der **erforderliche Stichprobenumfang bei Anwendung der gebundenen Schätzverfahren keineswegs größer sein muß, sondern oft geringer sein kann als bei der geschichteten Mittelwertschätzung.** Immerhin konnte das vorstehende Schätzergebnis auf der Grundlage von 300 Stichprobenelementen gewonnen werden, während – zumindest in dem Beispielsfall zur geschichteten Mittelwertschätzung ein Erhebungsaufwand von insgesamt 494 (Stichprobe) + 299 (Vollerhebung) = 793 Elementen erforderlich war.

Den genannten Vorzügen der gebundenen Schätzverfahren steht allerdings der **Nachteil** gegenüber, daß die für die Bestimmung des Vertrauensbereichs notwendige Standardabweichung der Elemente im vorhinein kaum geschätzt

---

[172] Selbstverständlich könnte die Kontrollrechnung auch auf den Stichprobenumfang oder auf den Vertrauensbereich (Stichprobenfehler) bezogen werden. So könnte mit Hilfe der Formel (33) der Mindeststichprobenumfang (im Beispielsfall n = 102) oder mit Hilfe der Formel (25) der rechnerische Stichprobenfehler (im Beispielsfall e = 2,191) ermittelt werden. Vgl. dazu auch IdW, Stellungnahme 1/1981, Anhang 2 b, Nrn.7 und 8. Das in FN 171 erwähnte PC-Programm führt sämtliche Kontrollrechnungen selbsttätig durch und berechnet, falls der erforderliche Sicherheits- und Genauigkeitsgrad nicht erreicht wird, die Zahl der zusätzlich zu erhebenden Stichprobenelemente.

werden kann. Sie kann mit einiger Sicherheit erst nach der Stichprobenziehung aus der Stichprobe ermittelt werden.

c323) Zur Anwendung weiterer Auswertungsverfahren im heterograden Fall

Die vorstehend wiedergegebenen Auswertungsverfahren für Zufallsstichproben im heterograden Fall basieren sämtlich auf der Annahme, daß die aus der Stichprobe berechnete Schätzgröße (Mittelwert) über alle möglichen Stichproben aus der Grundgesamtheit „normalverteilt" ist.

Während im homograden Fall, d. h. bei der Schätzung von Anteilswerten, die theoretischen Modelle der hypergeometrischen Verteilung und der Binomialverteilung zur Verfügung stehen, mit Hilfe derer die Grenzen der Anwendung der Normalverteilungshypothese überprüft werden können, fehlt es im heterograden Fall an entsprechenden Modellansätzen. **Die mögliche Kritik an den bereits behandelten Auswertungsverfahren im heterograden Fall könnte somit darin bestehen, daß die Gültigkeit der Normalverteilungshypothese angezweifelt wird.**

Eine Lösung des Problems der Wahl einer angemessenen Verteilungshypothese besteht darin, Verfahren anzuwenden, die ohne Bezugnahme auf eine theoretische Verteilungsannahme zu brauchbaren Ergebnissen führen. Unter den möglichen Ansätzen seien hier der sog. Vorzeichen-Test[173] und das sog. „Bootstrap"-Verfahren[174] genannt.

Während der Vorzeichen-Test sich bei den vom Verfasser durchgeführten Simulationsstudien im Zusammenhang mit den Inventur-Stichprobenverfahren bei Anwendung auf die Test-Grundgesamtheiten nicht bewährt hat, dürfte das „Bootstrap"-Verfahren durchaus zu brauchbaren Ergebnissen führen, wenn Informationen über die „Verteilung" der Schätzgröße nicht zur Verfügung stehen, wie dies insbesondere bei Anwendung der gebundenen Schätzverfahren der Fall sein dürfte.

Der **Grundgedanke des „Bootstrap"-Verfahrens** kann wie folgt umschrieben werden:

– Aus einer Grundgesamtheit wird eine Stichprobe mit dem Umfang (n) zufällig ausgewählt (reale Stichprobe).
– Aus dieser Stichprobe werden anschließend Pseudo-Stichproben mit dem Umfang (n) „mit Zurücklegen" gezogen.
– Aus den Mittelwerten der in die Pseudo-Stichproben gelangten Elemente der realen Stichprobe wird eine „empirische" Verteilung der Schätzgröße (Stichprobenmittelwert) konstruiert. Dies setzt voraus, daß die Zahl der Pseudo-Stichprobenläufe groß genug ist.[175]
– Aus der empirischen Bootstrap-Verteilung lassen sich anschließend der Mittelwert sämtlicher Pseudo-Stichproben als Schätzgröße für den Mittel-

---

[173] Vgl. Pöhlmann, Jahresabschlußprüfung 1986, S. 137 ff. mit weiteren Nachweisen
[174] Vgl. Pöhlmann, Jahresabschlußprüfung 1986, S. 143 ff. und die dort angegebenen Quellen
[175] Die Zahl der Pseudo-Stichprobenläufe sollte 500 bis 1000 betragen, um so zu einer weitgehend stetigen empirischen Verteilung zu gelangen.

wert der Grundgesamtheit sowie der Vertrauensbereich der Schätzung durch „Abschneiden" der oberen und der unteren Extremwerte entsprechend dem geforderten Sicherheitsgrad ermitteln.

Nachfolgend wird das Bootstrap-Verfahren anhand eines Beispiels erläutert.[176]

Aus einer Grundgesamtheit von 6266 Elementen wurde eine „reale" Stichprobe von 300 Elementen gezogen. In dieser Stichprobe waren die Abweichungen zwischen den Prüf- und den Buchwerten in 272 Fällen gleich Null; in 28 Fällen ergaben sich Abweichungen zwischen den Prüf- und den Buchwerten.[177] Aus dieser Stichprobe wurden 1000 mal Pseudo-Stichproben mit dem Umfang n = 300 „mit Zurücklegen" gezogen und deren Mittelwerte in aufsteigender Reihenfolge sortiert. Das Ergebnis war die durch Simulation ermittelte Bootstrap-Verteilung.

Als Differenzen-Mittelwert sämtlicher Bootstrap-Stichproben ergab sich ein Wert von −1,1679 (Mittelwert der Differenzen in der „realen" Stichprobe: −1,1822); die mit Hilfe des Verfahrens nach „Abschneiden" von 2,5% der werthöchsten Bootstrap-Mittelwerte ermittelte obere Schätzgrenze für die durchschnittliche Differenz in der Grundgesamtheit ergab sich (interpoliert) mit +2,7814 (bei Anwendung der Differenzenschätzung auf dem 95%-Niveau: +1,0093). Entsprechend ergab sich nach „Abschneiden" von 2,5% der wertniedrigsten Bootstrap-Mittelwerte als untere Schätzgrenze −5,2666 (bei Anwendung der Differenzenschätzung: −3,3733).

Das Berechnungsbeispiel zeigt, daß die **Bootstrap-Verteilung nicht vollständig symmetrisch** war, obwohl die Normalverteilungshypothese Symmetrie der Verteilung unterstellt, und daß der durch die untere und die obere Vertrauensgrenze definierte **Vertrauensbereich bei Anwendung des Bootstrap-Verfahrens nicht unwesentlich größer** war als bei unterstellter Normalverteilung.

Ob das Bootstrap-Verfahren als geeignete Ersatzlösung für die vorstehend beschriebenen, auf der Normalverteilungshypothese beruhenden Auswertungsverfahren verwendet werden kann, kann hier nicht abschließend entschieden werden. Gegen das Verfahren spricht weniger der **nicht unerhebliche Rechenaufwand** für die Ziehung und Auswertung der großen Zahl von Bootstrap-Stichproben[178] als die Tatsache, daß die Verteilungsaussagen, die mit Hilfe des Bootstrap-Verfahrens gewonnen werden können, von der **Repräsentanz der realen Stichprobe für die Grundgesamtheit** abhängen: Eine aufgrund ihrer atypischen Struktur äußerst unwahrscheinliche Stichprobe führt selbstverständlich zu einer unzutreffenden Aussage über den Mittelwert und über die obere bzw. untere Vertrauensgrenze.[179]

Das Problem der Repräsentanz einer Stichprobe für die Grundgesamtheit besteht jedoch auch für alle anderen mathematisch-statistischen Stichproben-

---

[176] Das Beispiel entspricht dem oben im Zusammenhang mit der Differenzenschätzung vorgestellten Beispiel.

[177] Vgl. die Liste der Einzelabweichungen in Fußnote 168.

[178] Bei Einsatz elektronischer Rechenhilfen dürfte dieser Aufwand nicht unüberwindlich sein.

[179] Vgl. Pöhlmann, Jahresabschlußprüfung 1986, S. 151

prüfungen; es fragt sich nur, ob mögliche, aus einer Stichprobe gewonnene Informationen über die reale Verteilung der Schätzgröße zugunsten der Verwendung eines nur theoretischen Verteilungsmodells (Normalverteilung) in jedem Fall ungenutzt bleiben sollten.

d) Vergleich der Stichprobenverfahren mit bewußter Auswahl und der Stichprobenverfahren mit Zufallsauswahl

Zusammenfassend ist bei der Abwägung der Vorzüge und der Nachteile der auf bewußter Auswahl beruhenden Verfahren einerseits und der auf Zufallsauswahlmethoden beruhenden Verfahren andererseits festzustellen, daß **Vorzüge und Nachteile beider Verfahrensgruppen auf so unterschiedlichen Ebenen liegen, daß eine Beurteilung der Verfahren nur nach Maßgabe der jeweiligen Prüfungssituation erfolgen kann.**[180]

Die Leistungsfähigkeit von Stichprobenverfahren im Bereich des Prüfungswesens hängt in erster Linie von der **Möglichkeit** ab, aus der Auswertung der in die Stichprobe gelangten Untersuchungselemente **Rückschlüsse auf die Struktur (Fehleranteile/Durchschnittswerte) des gesamten Prüfgebiets** zu ziehen. Hier ergeben sich wesentliche Unterschiede zwischen den Verfahren der bewußten Auswahl einerseits und den Verfahren der Zufallsauswahl andererseits.

– Gelingt es dem Prüfer, **bei bewußter Auswahl** die wesentlichen oder fehlerbehafteten Untersuchungselemente in die Stichprobe zu bekommen, so kann nach Beseitigung der Abweichungen bei den in der Stichprobe gefundenen fehlerbehafteten Untersuchungselementen weit eher das Urteil abgegeben werden, das Prüfgebiet enthalte keine wesentlichen Fehler, als dies bei Anwendung von Zufallsauswahlverfahren der Fall wäre. – **Bei Anwendung von Zufallsauswahlverfahren** können lediglich die ggf. in der Stichprobe gefundenen Fehler beseitigt werden; die nicht in die Zufallsstichprobe gelangten fehlerbehafteten Untersuchungselemente müssen dagegen unkorrigiert bleiben, da sie mit Hilfe des Zufallsauswahlverfahrens nicht lokalisiert werden können. Es bleibt, falls wesentliche Fehler in der Stichprobe gefunden worden sind, entweder nur der Schluß, daß auch der nicht geprüfte Teil der Grundgesamtheit wesentliche Fehler enthält, oder es ist durch Anwendung alternativer Prüfverfahren (z. B. der bewußten Auswahl) der Versuch zu unternehmen, auch die durch die Zufallsauswahl nicht entdeckten wesentlichen Fehler aufzuspüren.

– Das **Risiko**, ein nicht ordnungsmäßiges Prüfgebiet als ordnungsmäßig zu beurteilen (Prüfer-Risiko, β-Risiko), kann bei Anwendung der Verfahren der **bewußten Auswahl** nur nach Maßgabe der für die Stichprobenauswahl benutzten Hypothesen des Prüfers über das Prüfgebiet abgeschätzt werden. – Das Risiko, ein ordnungsmäßiges Prüfgebiet als nicht ordnungsmäßig abzulehnen (Auftraggeber-Risiko; α-Risiko), dürfte bei Anwendung von Verfahren der bewußten Auswahl indes sehr gering sein, weil anzu-

---

[180] Vgl. hierzu IdW, Entwurf 1987, Abschn. E; v.Wysocki, Auswahl 1986, S. 393

nehmen ist, daß der Prüfer bei sachgerechter Auswahl der Stichprobenelemente in seiner Stichprobe einen größeren Anteil fehlerbehafteter oder
bedeutender Untersuchungselemente finden wird, als er in dem nicht untersuchten Teil des Prüfgebiets enthalten ist; er kann somit die wesentlichen Fehler beseitigen (lassen) und wird deshalb das Prüfgebiet kaum als
nicht ordnungsmäßig zurückweisen.

– Bei Anwendung von **Zufallsauswahlverfahren** und geeigneten Auswer-
tungsmethoden (z. B. Testverfahren) lassen sich das jeweilige **Auftragge-
ber- und Prüfer-Risiko** quantitativ bestimmen, indem entweder bei dem
Entwurf eines Stichprobenplans die noch tolerierbaren Risiken vorgegeben
werden, oder indem nach vollzogener Auswertung der Stichprobe die Risiken, mit denen bei dem Schluß auf die Grundgesamtheit gerechnet werden
muß, mit Hilfe der der Schätzung zugrundeliegenden Verteilungshypothese berechnet werden. In dieser Berechenbarkeit der Risiken bei der Stichprobenprüfung wird – wie erwähnt – ein wesentlicher Vorteil der mathematisch-statistischen Stichprobenmethoden gesehen.

Ausschlaggebend für die Anwendbarkeit der Auswahlverfahren kann ferner
die **Art der in der Grundgesamtheit vermuteten Fehler** sein. Eine Fehleranalyse ist nicht nur notwendige Voraussetzung für die bewußte Auswahl nach der
absoluten oder relativen Bedeutung der Untersuchungselemente und für die
Anwendung der geschichteten Zufallsauswahl, sondern auch maßgebend für
die Beurteilung des Risikos, das der Prüfer eingeht, wenn er bedeutende
Untersuchungselemente nicht in seine Stichprobe einbezieht.

Gegliedert nach der **Schwere der (unentdeckten) Fehler** lassen sich die folgenden Unterscheidungen treffen:

– **Fehler, bei deren Vorliegen die Ordnungsmäßigkeit des Jahresabschlusses
ausgeschlossen werden muß,** führen bereits dann zur Ablehnung des Prüfgebiets, wenn nur ein einziger Fehler unentdeckt bleibt. Wenn solche Fehler in dem Prüfgebiet nicht mehr mit der gebotenen Sicherheit ausgeschlossen werden können, kommt regelmäßig weder die Anwendung von bewußten Auswahlverfahren noch die Anwendung von Zufallsauswahlverfahren in Betracht; der Prüfer hat in diesen Bereichen lückenlos zu prüfen.

– **Fehler, bei deren Vorliegen die Ordnungsmäßigkeit des Prüfgebiets** weniger stark, aber doch **merklich beeinträchtigt wird,** führen erst dann zur
Ablehnung der Ordnungsmäßigkeit, wenn mehrere solche Fehler unentdeckt bleiben. Werden in der Stichprobe solche Fehler entdeckt, hängt die
Möglichkeit eines positiven Urteils über die Ordnungsmäßigkeit des Prüfgebiets von der Wahrscheinlichkeit ab, mit der gleichartige Fehler in dem
nicht untersuchten Teil der Grundgesamtheit vorhanden sind. Diese
Wahrscheinlichkeit dürfte bei sachgerechter Anwendung bewußter Auswahlverfahren – gleicher Stichprobenumfang vorausgesetzt – geringer sein
als bei Anwendung von Zufallsauswahlverfahren.

– **Fehler** schließlich, **bei deren Vorliegen die Ordnungsmäßigkeit des Prüfgebiets nur wenig beeinflußt wird,** führen erst dann zur Ablehnung der Ordnungsmäßigkeit des Prüfgebiets, wenn davon ausgegangen werden muß,
daß eine Vielzahl solcher Fehler in der Grundgesamtheit unentdeckt bleibt.
Werden in einem Prüfgebiet nur solche Fehler vermutet oder durch Stich-

proben entdeckt, so bietet sich neben der bewußten Auswahl insbesondere
bei umfangreichen Prüfgebieten die Verwendung von mathematisch-statistischen Schätz- oder Test-Stichprobenverfahren an.

Nach der **Regelmäßigkeit des Auftretens von Fehlern** kann im Rahmen der
Fehleranalyse die Trennung zwischen typischen und nicht typischen (zufälli-
gen) Fehlern Bedeutung erlangen:

– **Wiederkehrende (typische) Fehler** liegen vor, wenn in einem Prüfgebiet bei
  gleichen oder ähnlichen Voraussetzungen regelmäßig gleichartige Fehler
  auftreten (z.B. aufgrund von Mängeln im internen Kontrollsystem). Bei
  Vorliegen solcher Fehler kann der Schluß vom Ergebnis einer Stichprobe
  auf die Struktur der Grundgesamtheit meist schon auf der Grundlage der
  bewußten Auswahl einzelner typischer Fälle gewonnen werden.
– **Zufällige (nicht typische) Fehler** liegen dagegen vor, wenn die bei typischen Fehlern vorhandene Regelmäßigkeit des Auftretens fehlt. Zur Entdeckung solcher Fehler ist die Anwendung von Zufallsauswahlverfahren
  offensichtlich den Verfahren mit bewußter Auswahl überlegen, da die
  nicht typischen Fehler vom Prüfer schwer vorhersehbar sind und dementsprechend nicht durch eine bewußte Auswahl entdeckt werden können.

Für die Abschätzung des Risikos bei der Durchführung von Verfahren der
Auswahlprüfung kann schließlich die Unterscheidung zwischen **absichtlich
und unabsichtlich gelegten Fehlern** von Bedeutung sein:

– **Unbeabsichtigte Fehler** sind regelmäßig die Folge von Unzulänglichkeiten
  der im Bereich des Rechnungswesens tätigen Mitarbeiter oder des Daten-
  verarbeitungssystems des zu prüfenden Unternehmens; sie können deshalb
  ihrerseits als typische oder nicht typische Fehler zu klassifizieren sein.
– **Beabsichtigte Fehler** sind solche Fehler, die von den für das Prüfgebiet
  verantwortlichen Personen (in der Hoffnung, daß diese vom Prüfer nicht
  entdeckt werden) gelegt worden sind. Beabsichtigte Fehler können insbesondere dann unentdeckt bleiben, wenn die betreffenden Fehler in Erwartung der bewußten Anwendung bestimmter Auswahlkriterien durch den
  Prüfer gelegt werden. Hier dürfte die Anwendung von Zufallsauswahlverfahren – schon wegen ihrer größeren prophylaktischen Wirkung – der
  Verwendung von Verfahren mit bewußter Auswahl eindeutig vorzuziehen
  sein.

Sämtliche Verfahren der Auswahlprüfung finden dort die Grenze ihrer Anwendbarkeit, wo ein absolut sicheres Urteil über alle Untersuchungselemente
des Prüfgebiets verlangt wird.

5. Probleme der Zusammenfassung von Einzelurteilen zu Gesamturteilen

a) Problemlage

Bei komplexen Prüfungen, d.h. bei Prüfungen, die zu einem Gesamturteil
über eine Vielzahl von Prüfelementen führen sollen, kann ein **Gesamturteil
über den Prüfungskomplex nicht durch bloße Addition von Einzelurteilen**

über einzelne Prüfungsgegenstände, über eine Prüfungskette oder über einzelne Teilgrundgesamtheiten ermittelt werden.[181] Ein Gesamturteil über einen vielgliedrigen Prüfungskomplex ist grundsätzlich nur stufenweise möglich, indem ausgehend von den auf einzelne Prüfungsobjekte bezogenen Einzelurteilen in regelmäßig mehreren Stufen (über Prüffeldurteile und Prüffeldergruppenurteile) ein Gesamturteil über den gesamten Prüfungskomplex ermittelt wird.

Schematisch läßt sich ein solcher Prozeß der stufenweisen Zusammenfassung wie in Abb. 51 darstellen:

Abb. 51: Stufenweise Zusammenfassung von Einzelurteilen zum Gesamturteil

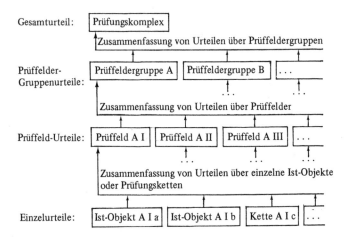

In den vorhergehenden Abschnitten wurden die **Möglichkeiten der Zusammenfassung von Einzelurteilen zu Urteilen über bestimmte Prüfgebiete** ausgiebig besprochen, namentlich:

– Die Urteilsbildung auf der Grundlage **unverbundener Einzelurteile**.[182]
– Die Urteilsbildung auf der Grundlage verbundener Einzelurteile durch **Bildung von Prüfungsketten**.[183]
– Die Bildung von Gesamturteilen über Prüfungskomplexe mit Hilfe **indirekter Prüfverfahren**.[184]
– Die Bildung von Gesamturteilen über sog. Grundgesamtheiten auf der **Grundlage von Stichproben**.[185]

---

[181] Vgl. IdW, Entwurf FG 1987, Abschn. B, Anm. 1: „Der Bestätigungsvermerk ist ein Gesamturteil. Dieses ergibt sich nicht lediglich als Summe der Urteile zu den Teilgebieten des Prüfungsgegenstandes, sondern erfordert eine Gewichtung der Einzelfeststellungen durch den Prüfer."
[182] Vgl. Kap. IV C 1
[183] Vgl. Kap. IV C 2
[184] Vgl. Kap. IV C 3
[185] Vgl. Kap. IV C 4

Es ist überraschend, daß die Literatur über das betriebswirtschaftliche Prüfungswesen – auch die Praktikerliteratur – sich darüberhinaus kaum mit den
Bedingungen befaßt, unter denen eine weitere Zusammenfassung der mit
Hilfe der verschiedenen Prüfverfahren gewonnenen Teilurteile zu einem Gesamturteil erfolgt oder erfolgen kann. Selbst die Erörterungen über den Bestätigungsvermerk bei Pflichtprüfungen enthalten regelmäßig außer einer Ka-
suistik der Verweigerungs- oder Einschränkungsgründe keine näheren Hinweise über die Ableitung dieses Gesamturteils aus den dem Gesamturteil
zugrundeliegenden Urteilen über einzelne Prüfungsobjekte, über Prüfungsketten oder über Grundgesamtheiten.[186]

Im Bereich der Buchprüfungen mag diese Abstinenz ihre Gründe haben:

– Einer dieser Gründe liegt wohl darin, daß der einfachste Fall, nämlich die
  **Zusammenfassung ausschließlich positiver, d.h. zustimmender Einzel-
  und Zwischenurteile**, in praxi den Regelfall darstellt. Die Buchprüfungs-
  praxis pflegt nämlich, wo immer dies möglich ist, vor dem Testat des
  Jahresabschlusses auf die Korrektur der etwa entdeckten Fehler hinzuwirken, sodaß insofern nach Vornahme der Korrekturen ein positives Gesamturteil angebracht ist.

– Ein weiterer Grund ist darin zu sehen, daß offensichtlich die einschlägigen
  Prüfungsordnungen bei der Ableitung des Gesamturteils aus den Einzel-
  und Zwischenurteilen einen **erheblichen Toleranz- (oder Unschärfe-)Be-
  reich** gestatten; denn der Bestätigungsvermerk zu einem handelsrechtlichen Jahresabschluß darf nach herrschender Meinung nur dann verweigert oder eingeschränkt werden, wenn wesentliche Beanstandungen bestehen; unwesentliche Abweichungen können und brauchen deshalb regelmäßig das abzugebende Gesamturteil (= den Bestätigungsvermerk) nicht
  zu beeinflussen.

– Schließlich besteht für den Prüfer nicht immer der Zwang zur Bildung von
  Gesamturteilen über komplexe Prüfungsgebiete; er kann mitunter neben
  oder anstelle von Gesamturteilen sog. **Kollektivurteile**[187] abgeben, d.h.
  lediglich seine Einzelfeststellungen zu bestimmten Ist-Objekten, Prüffeldern oder Prüffeldergruppen zusammenstellen und es ggf. dem Auftraggeber überlassen, sich auf der Grundlage der Einzelfeststellungen ein Gesamturteil selbst zu bilden.

Nachfolgend wird – ohne Anspruch auf erschöpfende Behandlung – als Ergebnis und Abschluß der Überlegungen zur Urteilsbildung über Prüfungskomplexe zwei Teilproblemen nachgegangen: Der Problematik von sog. sekundären Vergleichshandlungen bei der Urteilszusammenfassung und der
Möglichkeit, durch Bildung von Kollektivurteilen die Probleme der Urteilszusammenfassung zu umgehen bzw. abzumildern.

---

[186] Ebenfalls nur in Ansätzen finden sich Überlegungen über die Kombination von
Prüfverfahren, über das Zusammenwirken von Einzelfallprüfungen und indirekten
Prüfverfahren sowie über die Zusammenhänge zwischen indirekten Prüfverfahren
und bewußter Auswahl bei der Prüfung mit Hilfe von Stichproben; vgl. z.B. IdW,
Entwurf 1987, Abschn. F.

[187] Zum Begriff vgl. Zimmermann, Theorie 1954, S. 36

b) Probleme der Normenbestimmung bei sekundären Vergleichshandlungen

Anläßlich der Besprechung der im betriebswirtschaftlichen Prüfungswesen verwendeten Schlußverfahren, insbesondere anläßlich der Besprechung der mathematisch-statistischen Schätz- und Testverfahren wurde stets unterstellt, daß der Prüfer über Vorstellungen darüber verfügt, welche (geschätzten) Fehleranteile bzw. welche (geschätzten) durchschnittlichen Abweichungen in dem jeweiligen Prüfgebiet gerade noch als tolerabel gelten sollen und mit welcher (rechnerischen) Sicherheit prüferische Feststellungen getroffen werden sollen.

Grundsätzlich hat nämlich der Prüfer immer dann, wenn er Einzelurteile zu einem Zwischen- oder Gesamturteil zusammenzufassen hat, mindestens eine weitere Vergleichshandlung vorzunehmen. Ist-Objekt einer solchen „sekundären" Vergleichshandlung kann z. B. der Durchschnittswert der ermittelten Abweichungen, der bei gegebenem Sicherheitsgrad errechnete Vertrauensbereich, der geschätzte Fehleranteil usw. sein. – Soll-Objekt einer solchen sekundären Vergleichshandlung ist dementsprechend der mit Hilfe einer weiteren Norm bestimmte zulässige Fehleranteil, die zulässige durchschnittliche Abweichung, die vertretbare Größe des Vertrauensbereichs usw. Das zusammenfassende Sekundärurteil ist somit ein Befund über einen Komplex von Einzelurteilen, durch den angegeben wird, ob der Prüfungskomplex als solcher bestimmten durch die (sekundären) Normen festgelegten Qualitätskriterien genügt.

Auch für die zusammenfassenden Prüfurteile höherer Ordnung gilt, daß ein eindeutiges Vergleichsergebnis und damit ein eindeutiges Urteil nur dann zustande kommen kann, wenn die Ermittlung der Merkmalsausprägung der Ist-Objekte, vor allem aber auch der Soll-Objekte mit hinreichender Genauigkeit möglich ist. Gerade die Bestimmung der Soll-Objekte bei sekundären Vergleichshandlungen stößt aber mangels hinreichend präzisierter Normen, aus denen die Soll-Objekte abgeleitet werden können, auf Schwierigkeiten. Prüfungsordnungen, durch die die Normen für die Bildung von Zwischen- oder Gesamturteilen präzise festgelegt werden, sind nämlich im Bereich des betriebswirtschaftlichen Prüfungswesens ausgesprochen selten.[188] Bei Buchprüfungen fehlt es an einem sekundären Normensystem, das dem Normensystem für Primärvergleiche in Gestalt der handelsrechtlichen Bilanzierungs- und Bewertungsvorschriften entsprechen könnte, nahezu völlig. Gesetz, Berufsgrundsätze, Berufsübung und Prüfungsordnungen verweisen den Pflicht-

---

[188] Ein Ausnahme stellen z. B. im Rahmen der Qualitätskontrolle die in Lieferverträgen mitunter festgelegten Annahme- oder Rückweisungsbedingungen dar, bei deren Überschreiten der Abnehmer einer Warenlieferung berechtigt ist, die gesamte Lieferung als fehlerhaft „zurückzuweisen". Andere Prüfungsordnungen, wie z.B. die Diplomprüfungsordnungen für Kaufleute, sehen dagegen meist sehr präzise Einzelbestimmungen über die Ermittlung von Gesamturteilen vor; es finden sich Vorschriften, nach denen die Einzelnoten zur Gesamtnote zusammengefaßt werden müssen, und es finden sich ferner Vorschriften, die die Bedingungen für das Prüfungsergebnis „Nicht bestanden" genau umschreiben.

prüfer zumeist auf sein pflichtgemäßes Ermessen, das sich an der Zielsetzung der Prüfung zu orientieren habe.[189]

c) Die Bildung von Kollektivurteilen neben oder anstelle von Gesamturteilen

Kommt der Prüfer zu dem Ergebnis, daß der festgestellte Fehleranteil, die durchschnittliche Abweichung usw. eine Zurückweisung des gesamten Prüfungskomplexes noch nicht rechtfertigen, und enthält sein Gesamturteil deshalb keine Beanstandung, so sind damit alle Erkenntnisse über die einzelnen Fehler, die der Prüfer anläßlich seiner Prüfungshandlungen gewonnen hat, für den Auftraggeber bzw. für die Adressaten des Prüfungsergebnisses nicht mehr verfügbar. Überschreitet dagegen die festgestellte Fehlerquote, die durchschnittliche Abweichung usw. das zulässige Maß, weist der Prüfer also den gesamten Prüfungskomplex als fehlerhaft zurück, so enthält auch diese Aussage keinen Hinweis mehr auf diejenigen Prüfungsobjekte, die innerhalb des Prüfungskomplexes als fehlerfrei befunden wurden.

Es ist deshalb durchaus zweckmäßig, wenn der Prüfer sich bei der Darstellung seines Prüfungsergebnisses im Prüfungsbericht, in den „Arbeitspapieren" oder in einer „Schlußbesprechung" nicht auf die bloße Wiedergabe seines Gesamturteils beschränkt, sondern, wie dies der Berufsübung entspricht, auch **Erwägungen, die ihn zu dem jeweiligen Gesamturteil veranlaßt haben**, mitteilt. Er wird also vor allem über die wesentlichen (negativen) Einzelurteile und ggf. über die Zwischenurteile und über die Methoden ihrer Zusammenfassung – dies brauchen keineswegs exakte Berechnungen der oben wiedergegebenen Art zu sein – berichten, um dadurch den Auftraggeber bzw. den Berichtsempfänger in die Lage zu versetzen, die Ableitung des Gesamturteils aus den Einzelurteilen nachzuvollziehen.

Es ist – wie erwähnt – darüberhinaus sogar möglich, daß sich der Prüfer darauf beschränkt, lediglich **Kollektivurteile** abzugeben, d. h. dem Auftraggeber bzw. dem Berichtsempfänger lediglich die Einzel- oder Zwischenurteile mitzuteilen und es ihnen zu überlassen, sich aufgrund dieser Informationen ein **Gesamturteil selbst zu bilden**.[190]

Auch der deutsche Handelsgesetzgeber hat offensichtlich das Ergänzungsverhältnis zwischen Gesamturteil (= Bestätigungsvermerk) einerseits und Kollektivurteilen andererseits bei der Neufassung der Vorschriften über die Pflichtprüfung von Jahresabschlüssen der Kapitalgesellschaften berücksichtigt.

---

[189] Vgl. IdW, FG 1/1977, Abschn. C V: „Der Abschlußprüfer muß Art und Umfang der Prüfungshandlungen so bemessen, daß eine sichere Beurteilung der Gesetz- und Ordnungsmäßigkeit der Rechnungslegung möglich ist. Unter dieser Zielsetzung sind Art und Umfang der Prüfungshandlungen gewissenhaft und mit berufsüblicher Sorgfalt zu bestimmen."

[190] Zimmermann, Theorie 1954, S. 36: „Unter Abgabe eines Kollektivurteils verstehen wir, daß der Prüfer als Prüfungsbericht eine Liste seiner Beanstandungen abgibt und somit gewissermaßen die Summe seiner Einzelurteile bildet."

Er verlangt nicht nur – wie bisher – zwingend eine schriftliche Berichterstattung über das Ergebnis der Prüfung (Prüfungsbericht, § 321 Abs. 1 HGB), in der u.a. die einzelnen Posten des Jahresabschlusses „aufzugliedern und ausreichend zu erläutern" sind, wobei auch die postenbezogenen Einzel- und Gruppenurteile wiederzugeben sein dürften, sondern er verlangt neuerdings auch Zusatzangaben zum Bestätigungsvermerk (§ 322 HGB). Diese Verpflichtung zu zusätzlichen Angaben betrifft nach neuem Recht auch die Angabe von Begründungen bei Einschränkungen und bei der Versagung des Bestätigungsvermerks (§ 322 Abs. 3 HGB):

„Sind Einwendungen zu erheben, so hat der Abschlußprüfer den Bestätigungsvermerk einzuschränken oder zu versagen. Die Versagung ist durch einen Vermerk zum Jahresabschluß oder zum Konzernabschluß zu erklären. Die Einschränkung und die Versagung sind zu begründen. Einschränkungen sind so darzustellen, daß deren Tragweite deutlich erkennbar wird. Ergänzungen des Bestätigungsvermerks ... sind nicht als Einschränkungen anzusehen."

Es liegt auf der Hand, daß die Begründungen für die Einschränkung oder Versagung des Bestätigungsvermerks wohl nur darin bestehen können, daß der Prüfer das pauschale Gesamturteil im Falle der Einschränkung durch Einzelurteile über fehlerhafte Bereiche ergänzt oder im Falle der Versagung des Bestätigungsvermerks den Bestätigungsvermerk durch die Angabe der fehlerhaften Einzelgestaltungen ersetzt, also ggf. anstelle eines Gesamturteils eine Reihe von Kollektivurteilen abgibt.

Der Gesetzgeber verlangt nach neuem Recht aber auch „in geeigneter Weise" Ergänzungen des uneingeschränkten Bestätigungsvermerks (§ 322 Abs. 2 Satz 1 HGB), „wenn zusätzliche Bemerkungen erforderlich erscheinen, um einen falschen Eindruck über den Inhalt der Prüfung und die Tragweite des Bestätigungsvermerks zu vermeiden."

Auch diese Neuerung gibt dem Prüfer die Möglichkeit und die Verpflichtung, auf Besonderheiten des geprüften Jahresabschlusses und Lageberichts sowie auf seine Prüfungsergebnisse neben dem Bestätigungsvermerk hinzuweisen, wenn zwar keine Einwendungen zu erheben sind, die Adressaten des Jahresabschlusses aber zusätzlicher Informationen bedürfen, um den Jahresabschluß und den dazu erteilten Vermerk des Prüfers hinreichend würdigen zu können. Diese Ergänzungen können somit durchaus den Charakter von „Kollektivurteilen" im oben gekennzeichneten Sinn besitzen.

Kapitel V
Prüfungsplanung und Prüfungskontrolle

Die Umschreibung dessen, was als Prüfungsplanung verstanden werden kann, ist nicht einheitlich; meist werden in der Literatur nur Teilprozesse, Teilbereiche oder Methoden der Prüfungsplanung aufgezählt. Loitlsberger betrachtet die Prüfungsplanung als Prozeß, d.h. als Phasenfolge: Der Phase der Informationsgewinnung folgt die Phase der Formulierung der Alternativen, die Phase der Entscheidung und der Formulierung des Plansolls.[1] Dieser Ansatz wurde von Härle[2] wesentlich vertieft. Auch Kicherer[3] schließt sich dieser Umschreibung der Prüfungsplanung als Prozeß an, formuliert aber darüberhinaus allgemeine Planungsregeln (Grundsätze) für die Prüfungsplanung. Hervorgehoben werden durch ihn die Grundsätze der Vollständigkeit und der Flexibilität der Prüfungsplanung, der Grundsatz der Wirtschaftlichkeit, der Grundsatz der Berücksichtigung der Interdependenz der Teilpläne und der der zweckmäßigen Bestimmung des Planungshorizonts.[4]

Wulf[5] trennt – m.E. durchaus zweckmäßig – die sog. Arbeitsablaufplanung eines einzelnen Prüfungsauftrags von der sog. Bereitstellungsplanung durch das Prüfungsorgan. Er folgt damit einer Differenzierung, die schon von Zimmermann[6] vorgeschlagen wurde. Nach Zimmermann ist der Prüfungsplan das Ergebnis der planenden Tätigkeit des Prüfungsorgans für eine längere Planungsperiode; durch ihn werden die einzelnen Prüfungsaufträge zeitlich und personell aufeinander abgestimmt. Der Prüfplan dagegen befaßt sich nach Zimmermann mit der einzelnen (komplexen) Prüfung, koordiniert die hierfür erforderlichen Tätigkeiten und verteilt diese auf die durch den Prüfungsplan fixierten Prüfer innerhalb der vorgesehenen Prüfungszeit.

Im Hinblick auf die nachfolgende Darstellung dürfte es sich als zweckmäßig erweisen, von einem relativ weiten Planungsbegriff auszugehen: Planung wird als die geistige Vorwegnahme von Wahlhandlungen, d.h. von Entscheidungen über Alternativen, deren Realisation angestrebt wird, umschrieben.[7] **Unter Prüfungsplanung soll dementsprechend die Gesamtheit der Wahlhandlungen verstanden werden, die durch die mit Prüfungsaufgaben befaßten**

1 Vgl. Loitlsberger, Treuhandwesen 1966, S. 70 ff.
2 Vgl. Härle, Informationsgewinnung 1966, S. 704 ff. und Alternativplanung 1967, S. 459 ff.
3 Vgl. Kicherer, Grundsätze 1970, S. 230 ff.
4 Vgl. Kicherer, Grundsätze 1970, S. 217 ff.
5 Vgl. Wulf, Planung 1959, S. 509 ff.
6 Vgl. Zimmermann, Theorie 1954, S. 22
7 Vgl. ähnlich: Schettler, Planung 1971, S. 16 ff.

Entscheidungsträger des Prüfungsorgans (und des zu prüfenden Unternehmens) entsprechend ihren Zielvorstellungen und im Rahmen ihrer Entscheidungsfelder vorgenommen werden.

Die Ausführungen dieses Kapitels tragen im wesentlichen beschreibenden Charakter. Es ist nicht beabsichtigt, für bestimmte Arten von komplexen Prüfungen Planungs- und Optimierungsmodelle zu entwickeln, sondern lediglich die Determinanten zu umschreiben, die die Ergebnisse von Prüfungsplanungsprozessen beeinflussen können: **Zwecke** der Prüfungsplanung, **Träger** der Prüfungsplanung, **Ziele** der Prüfungsplanung, **Objekte** der Prüfungsplanung und **Begrenzungen bei der Prüfungsplanung.** Mit einem so gefaßten weiten Begriff der Prüfungsplanung werden zugleich die Kriterien zur Beurteilung der (begrenzten) Anwendbarkeit der in der jüngeren Zeit in der Literatur diskutierten Verfahren und Modelle der Prüfungsplanung gewonnen.

Ebenfalls in der jüngeren Zeit ist verstärkt der Ruf nach einer „Kontrolle der Kontrolleure" erhoben worden. Unter dem Begriff „**Quality Control**" werden sämtliche Maßnahmen und Gestaltungen im Bereich von Prüfungsorganen verstanden, die der Sicherung bzw. Gewährleistung von Qualitätsstandards im Prüfungswesen dienen sollen. Die Maßnahmen der Quality Control betreffen nicht nur die Durchführung einzelner Prüfungen oder einzelner Prüfungshandlungen, sondern auch sämtliche organisatorischen Maßnahmen im Bereich des Prüfungsorgans, die letztlich der Qualitätssicherung dienen sollen. Im Zusammenhang mit der Quality Control wird in dieser Schrift der deutsche Begriff „Kontrolle" verwandt, weil – zumindest in der Bundesrepublik – die Maßnahmen zur Qualitätssicherung üblicherweise nicht durch Dritte, sondern durch die Prüfungsorgane selbst vorgenommen werden.[8]

A. Prüfungsplanung

1. Zwecke der Prüfungsplanung

Für ein planmäßiges Vorgehen bei der Durchführung komplexer Prüfungen sprechen vor allem zwei Gründe: Durch eine hinreichende Prüfungsplanung soll unter **Ordnungsmäßigkeitsgesichtspunkten** erreicht werden, daß der Prüfer bzw. das Prüfungsorgan sämtliche erforderlichen Prüfungshandlungen nach Abstimmung mit den speziellen Bedingungen der für die betreffende Prüfung gültigen Prüfungsordnung vornimmt. Darüberhinaus sollen – soweit die Prüfungsordnungen alternative Vorgehensweisen zulassen – bereits bei der Konzeption der Prüfungshandlungen **Wirtschaftlichkeitsgesichtspunkte** bei der Prüfungsdurchführung berücksichtigt werden.

---

[8] Prüfungsplanung und Prüfungskontrolle gehören nach dem Fachgutachten 1/1977 über die Grundsätze ordnungsmäßiger Durchführung von Abschlußprüfungen zu den Prüfungsgrundsätzen: „Eine ordnungsmäßige Prüfung erfordert planvolles Vorgehen und angemessene Beaufsichtigung."; vgl. IdW, FG 1/1977, Abschn. C IV

a) Der Ordnungsmäßigkeitsaspekt bei der Prüfungsplanung

Durch Prüfungsplanung soll sichergestellt werden, daß auch komplexe Prüfungen zweckgerecht durchgeführt werden: Die Prüfungsplanung soll insbesondere die vollständige Erfassung des Prüfungsstoffs, die hinreichende Bearbeitung des Prüfungsstoffs und die fristgerechte Erledigung des Prüfungsauftrags sicherstellen. Prüfungsplanung kann somit in erster Linie der Ordnungsmäßigkeit der Prüfungsdurchführung dienen. Eine komplexe Prüfung soll nicht ziellos und willkürlich vorgenommen werden, wenn der Prüfer bzw. das Prüfungsorgan nicht Gefahr laufen wollen, sich innerhalb des komplexen Prüfungsgebiets zu verlieren und deshalb zu unvollständigen oder unzulänglichen Teil- oder Gesamturteilen über die Prüfungskomplexe zu gelangen. Es bedarf, um zu einem der Prüfungsordnung entsprechenden Gesamturteil zu kommen, konkreter Vorstellungen des Prüfers und des Prüfungsorgans über die Erfassung und Aufgliederung des Prüfungsstoffs, über die Art und Intensität der vorzunehmenden Prüfungshandlungen, über die Reihenfolge der zu bildenden Einzel- und Gesamturteile und – falls an der Prüfung mehrere Mitarbeiter des Prüfungsorgans beteiligt sind – über die Zuteilung von einzelnen Arbeitsbereichen an die an der komplexen Prüfung beteiligten Prüfer und Prüfungsgehilfen.

Es besteht weitgehend Einigkeit darüber, daß eine hinreichende Prüfungsplanung zu den sog. **Grundsätzen ordnungsmäßiger Prüfung** gehört. So heißt es in dem Fachgutachten 1/1977 des Instituts der Wirtschaftsprüfer:[9]

„Die Planung umfaßt alle Maßnahmen in personeller, sachlicher und zeitlicher Hinsicht zur Vorbereitung und Durchführung der Prüfung. Die Vorbereitung schließt die Planung des rechtzeitigen Prüfungsbeginns und des zeitlichen Ablaufs der Prüfung ein, insbesondere die Abstimmung mit dem zu prüfenden Unternehmen im Hinblick auf dessen Prüfungsbereitschaft.“

Die Form, in der eine solche Planung vorgenommen werden kann, die Tiefe und der Grad an Detailliertheit der Planung werden von Fall zu Fall unterschiedlich sein. Sicher braucht sich unter bloßen Ordnungsmäßigkeitsgesichtspunkten das Planungsergebnis nicht in bis in alle Einzelheiten festgelegten und schriftlich fixierten Prüfungsplänen niederzuschlagen. Ob ein schriftlich fixierter Prüfungsplan entbehrlich oder eine unabdingbare Voraussetzung für die Ordnungsmäßigkeit einer komplexen Prüfung ist, hängt wohl von den Gegebenheiten des Einzelfalls ab, insbesondere von der Größe und von den Besonderheiten des Prüfungsobjekts, von der Zahl und von der Qualifikation der einzusetzenden Prüfer und Prüfungsgehilfen sowie von der Strenge der Zeitbegrenzungen, innerhalb derer die Prüfung durchzuführen ist.[10]

---

[9] Vgl. IdW, FG 1/1977, Abschn. C IV Abs. 2
[10] Vgl. Schulze zur Wiesch, Grundsätze 1963, S. 131; Kicherer, Grundsätze 1970, S. 238; Spieth, Grundsätze 1970, S. 414

b) Der Wirtschaftlichkeitsaspekt der Prüfungsplanung

Das ältere Schrifttum zum betriebswirtschaftlichen Prüfungswesen schenkte Wirtschaftlichkeitsüberlegungen bei der Durchführung von komplexen Prüfungen nur am Rande Beachtung. Die Autoren versuchten vielmehr, für einzelne Arten komplexer Prüfungen bzw. für einzelne Teilbereiche komplexer Prüfungen Hinweise für die unter Ordnungsmäßigkeitsgesichtspunkten für erforderlich gehaltenen Prüfungshandlungen zu geben.[11]

Erst in jüngerer Zeit wurden verstärkt Wirtschaftlichkeitsgesichtspunkte als Kriterien für eine zweckgerechte Planung komplexer Prüfungen herangezogen. Loitlsberger z.B. bezeichnet komplexe Prüfungen, insbesondere **Buchprüfungen, geradezu als „wirtschaftliche Veranstaltungen"**, auf die die gleichen Wirtschaftlichkeitsüberlegungen Anwendung finden können wie in anderen Bereichen wirtschaftlichen Handelns.[12] Wohl unter dem Eindruck der „entscheidungsorientierten Betriebswirtschaftslehre" sollen die Gestaltungsmöglichkeiten der Prüfungsorgane in bezug auf ihren vorhandenen oder anzustrebenden Auftragsbestand und in bezug auf die Abwicklung einzelner Prüfungsaufträge näher untersucht werden. Man geht davon aus, daß die Prüfungsorgane innerhalb der durch die Prüfungsordnungen gezogenen Grenzen vor Auftragsannahme sowie vor Beginn und während des Ablaufs komplexer Prüfungshandlungen mannigfache Entscheidungen zu treffen haben, durch die deren Zielerreichungsgrade entscheidend beeinflußt werden können.

Die speziell für die Planung (und Optimierung) von Prüfungshandlungen bei komplexen Prüfungen entwickelten Entscheidungstechniken und Entscheidungsmodelle haben allerdings noch nicht jenen Grad an Vollkommenheit und/oder Praktikabilität erreicht, der es erlauben würde, von einer geschlossenen Lehre der Prüfungsplanung zu sprechen.

2. Träger der Prüfungsplanung

Regelmäßig sind an der Planung komplexer Prüfungen mehrere Planungsträger beteiligt. Als Gründe dafür können angeführt werden:

– Die Eingliederung des einzelnen Prüfers in ein Prüfungsorgan zwingt zur **Abgrenzung der Entscheidungskompetenz** des Prüfers gegenüber anderen Entscheidungsträgern (Instanzen) des Prüfungsorgans und dementsprechend zur Verteilung der Kompetenzen auf die Instanzen des Prüfungsorgans. Eine solche Verteilungsnotwendigkeit besteht nur dann nicht, wenn

---

[11] Vgl. z.B. Haaker, Prüfungsplanung 1962, S. 169 ff.; Sarkowski, Prüfungsplan 1962, S. 141 ff.; Piening, Prüfungsplan 1962, S. 113 ff.; Becker, Prüfungsplan 1962, S. 204 ff.; Heine, Prüfungsplan 1962, S. 29 ff.; Fabian, Prüfung 1962, S. 57 ff.

[12] Vgl. Loitlsberger, Revisionswesen 1966, bes. S. 84 ff.; vgl. ferner Richter, Frage 1964; zur Kritik an bisherigen Versuchen, Wirtschaftlichkeitsüberlegungen in die Prüfungslehre zu integrieren, vgl. Fischer-Winkelmann, Prüfungslehre 1975, S. 42 ff.

der Prüfer und das Prüfungsorgan identisch sind (z. B. Einzelpraxis eines Wirtschaftsprüfers, der keine Mitarbeiter beschäftigt).

– Bei komplexen Prüfungen bedarf es regelmäßig (Ausnahme: unvermutete Prüfungen) eines **Zusammenwirkens zwischen dem Prüfer bzw. dem Prüfungsorgan und dem zu prüfenden Unternehmen**, d. h. einer Abstimmung zwischen den durch den Prüfer vorzunehmenden Prüfungshandlungen und der Bereitstellung von Prüfungsunterlagen durch das zu prüfende Unternehmen (sog. Prüfungsbereitschaft).

Danach kommen als mögliche Träger von Planungsaufgaben bei komplexen Prüfungen in Betracht:

a) Das zu prüfende Unternehmen,
b) das Prüfungsorgan, und zwar:
– Der einzelne Prüfer bzw. Prüfungsgehilfe,
– der für die einzelne komplexe Prüfung verantwortliche sog. Prüfungsleiter und
– die dem Prüfungsleiter möglicherweise übergeordneten Instanzen des Prüfungsorgans (Geschäftsleitung, Niederlassungsleitung, Geschäftsbereichsleitung, Einsatzleitung).

a) Die Mitwirkung des zu prüfenden Unternehmens bei der Prüfungsplanung – Herstellung der „Prüfungsbereitschaft"

Es ist offensichtlich, daß eine komplexe Prüfung nur dann vollständig und zügig (d. h. ordnungsmäßig und wirtschaftlich) durchgeführt werden kann, wenn die für die einzelnen Prüfungshandlungen erforderlichen **Unterlagen, Nachweise, Zusammenstellungen** etc. in einer für die Prüfungsdurchführung zweckdienlichen Form und zu den Zeitpunkten zur Verfügung stehen, zu denen sie von den Prüfern benötigt werden, wenn die von dem zu prüfenden Unternehmen genannten **Auskunftspersonen** selbst ausreichend informiert sind sowie während des Prüfungsablaufs tatsächlich zur Verfügung stehen und wenn für die Prüfer entsprechende **Räumlichkeiten, maschinelle Hilfsmittel** (ggf. Rechenzeiten auf der unternehmenseigenen EDV-Anlage) und **Schreibkräfte** bereitgestellt werden.

Nach dem Schrifttum könnte der Eindruck entstehen, es sei allein Sache des Prüfers bzw. des Prüfungsorgans, auf die Herstellung der Prüfungsbereitschaft durch das zu prüfende Unternehmen hinzuwirken. Tatsächlich handelt es sich aber – wie die Praxis immer wieder zeigt – um einen laufenden **Abstimmungsprozeß zwischen dem Prüfungsorgan und dem zu prüfenden Unternehmen.** Das Prüfungsorgan wird zwar versuchen, das zu prüfende Unternehmen dazu zu veranlassen, sich hinsichtlich der Prüfungsbereitschaft an seine Vorstellungen anzupassen; es wird sich aber den Vorstellungen des zu prüfenden Unternehmens dann schwerlich verschließen können, wenn der von dem Prüfungsorgan autonom aufgestellte Prüfungsplan zu (vermeidbaren) Behinderungen des normalen Geschäftsablaufs des zu prüfenden Unternehmens führen würde.

Auch in einem weiteren Sinn kann das zu prüfende Unternehmen u.u. erheblichen Einfluß auf Art, Umfang und Zeitbezug der vorzunehmenden Prüfungshandlungen nehmen: Ein funktionsfähiges internes Kontrollsystem z.b. wird anerkanntermaßen nicht ohne Einfluß auf die Intensität und die Art der durch das Prüfungsorgan vorzunehmenden Prüfungshandlungen sein; die Einflüsse von Organisationsänderungen im Rechnungswesen auf die Vorgehensweise der Prüfer bei Buchprüfungen sind bekannt.

Es liegt im gemeinsamen Interesse des Prüfungsorgans und des zu prüfenden Unternehmens, sich gegenseitig grundsätzlich und laufend über den möglichen Ablauf der komplexen Prüfung abzustimmen und insoweit den Prüfungsplan gemeinsam aufzustellen. Eine solche Abstimmung muß nur dann unterbleiben, wenn das Prüfungsorgan bestimmte Prüfungshandlungen „unvermutet" vorzunehmen beabsichtigt oder vorzunehmen gezwungen ist (z.B. Kassenprüfung, Depotprüfung). Eine vorherige Abstimmung mit dem zu prüfenden Unternehmen würde hier dem Prüfungszweck zuwiderlaufen. Ähnliches gilt für die Bildung von Prüfungsschwerpunkten bei der Aufstellung von sog. mehrjährigen Prüfungsplänen: Sofern das Prüfungsorgan beabsichtigt, bei periodischen Prüfungen von Prüfung zu Prüfung wechselnde Schwerpunkte zu bilden, sollten diese Schwerpunkte dem zu prüfenden Unternehmen erst dann zur Kenntnis gelangen, wenn evtl. in dem Schwerpunktgebiet vorhandene Unregelmäßigkeiten nicht mehr beseitigt oder verdeckt werden können.

Es kann zweckmäßig sein, als Abstimmungsergebnis Zeitpunkte und Art der von den einzelnen Stellen des zu prüfenden Unternehmens bereitzustellenden Prüfungsunterlagen schriftlich zu fixieren (Bereitstellungsplan für Prüfungsunterlagen).[13]

b) Instanzen des Prüfungsorgans als Träger der Prüfungsplanung

Die Kompetenzen der Prüfungsplanung sind bei den Prüfungsorganen entsprechend ihrer Leitungsorganisation meist auf mehrere Instanzen verteilt. Regelmäßig werden den einzelnen Prüfer nur Teilentscheidungen bei der Prüfungsdurchführung und dementsprechend bei der Prüfungsplanung vorbehalten bleiben. Er hat sich die Planungskompetenz üblicherweise mit zwei weiteren Instanzen zu teilen: Mit dem **verantwortlichen Prüfungsleiter** und mit der **Geschäftsleitung (Bereichsleitung, Einsatzleitung) des Prüfungsorgans**. Indes bestehen bei verschiedenen Prüfungsorganen durchaus Unterschiede bei der Kompetenzverteilung. Die nachfolgenden Überlegungen können sich deshalb nur darauf beschränken, einige Kriterien, die für die Verteilung der Planungskompetenzen innerhalb eines Prüfungsorgans maßgebend sein könnten, zu umschreiben.

---

[13] Vgl. dazu: Adler/Düring/Schmaltz, Rechnungslegung 1971, § 162, Tz. 115; zur Prüfungsbereitschaft vgl. grundsätzlich: Richter, Prüfungsbereitschaft 1983, Sp. 1163 ff. und die dort angegebene Literatur; IdW, WP-Handbuch 1985/86, Bd. I, S. 990 ff.

Die **Planung des Tätigkeitsbereichs des Prüfungsorgans**, d. h. die Entscheidungen über die Auftragszusammensetzung, über die Auftragsannahme bzw. -ablehnung bei Prüfungsorganen, die im Bereich spezieller Entgeltlichkeit tätig werden (z. b. Wirtschaftsprüfungsgesellschaften), oder die Festlegung des Prüfungsprogramms bei Prüfungsorganen im Sektor genereller Entgeltlichkeit (genossenschaftliche Prüfungsverbände, Organe der Internen Revision, Organe der steuerlichen Außenprüfung etc.) dürfte in der Regel der Geschäftsleitung oder der Einsatzleitung des Prüfungsorgans vorbehalten sein. Das gleiche gilt wohl auch für die **allgemeine Bereitstellungsplanung**, d. h. für die Planung des verfügbaren Bestands an Mitarbeitern und an sachlichen Hilfsmitteln.

Bei der **Festlegung der Rahmenbedingungen für die Abwicklung einzelner Prüfungsaufträge** kann es dagegen sehr wohl zu Abgrenzungsproblemen zwischen der Planungskompetenz der Geschäfts- oder Einsatzleitung und den Planungskompetenzen der für die Abwicklung der Einzelaufträge verantwortlichen Prüfungsleiter kommen: Die Einsatz- oder Geschäftsleitung wird gezwungen sein, die ihr verfügbaren personellen und sachlichen Ressourcen den einzelnen Prüfungsaufträgen zuzuordnen, d. h. auch die spezielle Bereitstellungsplanung für die einzelnen Aufträge vorzunehmen, wenn sie ihrer Koordinationsaufgabe gerecht werden will. Sie wird dabei aber auf die Mitwirkung der für die einzelnen Aufträge verantwortlichen Prüfungsleiter nicht verzichten können, da diesen die eigenverantwortliche Durchführung des Prüfungsauftrags nur dann zugemutet werden kann, wenn ihnen zugleich die für die Auftragsdurchführung erforderlichen Ressourcen in ausreichendem Umfang zur Verfügung gestellt werden. Auf die Probleme, die sich hieraus dann ergeben können, wenn der Prüfungsleiter z. b. als angestellter Wirtschaftsprüfer dem Berufsrecht und den Berufsgrundsätzen der Eigenverantwortlichkeit und der Gewissenhaftigkeit unterliegt, sei an dieser Stelle hingewiesen.[14] Die Praxis zeigt, daß meist elastische Regelungen zur Abgrenzung der Planungskompetenz zwischen Prüfungsleitern und Geschäfts- bzw. Einsatzleitungen bevorzugt werden, indem z. b. die Besetzungsplanung im Verhandlungswege zwischen Geschäftsleitung und Prüfungsleitern vorgenommen wird, indem den Prüfungsleitern ein Mitsprache- oder Vorschlagsrecht bei der Zusammenstellung der Prüferteams eingeräumt wird oder indem die von den Prüfungsleitern aufgestellten Bereitstellungspläne der Genehmigung durch die Geschäfts- oder Einsatzleitungen unterworfen werden.

Die **Ablaufplanung der einzelnen Prüfungsaufträge** kann, wenn die Rahmenbedingungen der Auftragsabwicklung abgesteckt sind, dem verantwortlichen Prüfungsleiter überlassen werden. Ihm bleibt es regelmäßig vorbehalten, die Planung des Arbeitsablaufs bei „seinem" Auftrag vorzunehmen, also die Art der Prüfungshandlungen, die Intensität der Prüfung in den einzelnen Teilbereichen des Prüfungskomplexes, die Reihenfolge der Prüfungshandlungen (nach Abstimmung mit dem geprüften Unternehmen und mit der Bereitstel-

---

[14] Zum Grundsatz der Eigenverantwortlichkeit vgl. oben, Kap. III A 4 b; zum Grundsatz der Gewissenhaftigkeit vgl. oben, Kap. III A 4 g

lungsplanung des Prüfungsorgans) und die Zuordnung seiner Mitarbeiter zu den Teilaufgaben des Prüfungskomplexes zu bestimmen.

Der verantwortliche Prüfungsleiter wird dabei regelmäßig – allerdings je nach dem von ihm bevorzugten Führungsstil – die ihm zugeordneten Prüfungsgehilfen an den Aufgaben der Ablaufplanung beteiligen, sei es, indem er die Planungsaufgaben gemeinsam mit seinen Prüfungsgehilfen wahrnimmt, sei es, daß er sich seinerseits auf die Festlegung eines Rahmenplans für den Prüfungsablauf beschränkt. Insoweit kommen auch die Prüfungsgehilfen als Träger der Prüfungsplanung in Betracht.[15]

Die jeweilige Regelung der Planungskompetenz innerhalb eines Prüfungsorgans kann durch **generelle Anweisungen oder Richtlinien für die Prüfungsdurchführung** überlagert werden. Zu nennen sind einmal die für den Bereich des Prüfungsorgans durch die Geschäftsleitung oder durch die Einsatzleitung als maßgebend erklärten allgemeinen Prüfungsrichtlinien, durch die auch jährlich wechselnde Prüfungsschwerpunkte bezeichnet werden können, zum anderen die Entwicklung von sog. Prüfungsfragebögen für den Arbeitsbereich des Prüfungsorgans. Solche Richtlinien, Anweisungen und Fragebögen, die sich insbesondere in der angelsächsischen Prüfungspraxis großer Beliebtheit erfreuen und die auch Eingang in die deutsche Prüfungspraxis finden, haben vornehmlich den Zweck, für einzelne Prüfungsgebiete immer wiederkehrende Prüfungshandlungen zu fixieren. Sie sollen einerseits dem weniger erfahrenen Prüfungsgehilfen einen Katalog der üblicherweise erforderlichen Prüfungshandlungen zur Verfügung stellen und andererseits den erfahrenen Prüfer zur ständigen Selbstkontrolle anregen. Sie stellen schließlich nach neuerer Auffassung ein wesentliches Element der „Quality Control" dar.[16]

3. Ziele bei der Prüfungsplanung

Rationale Entscheidungen eines Entscheidungsträgers über alternative Handlungsweisen im Rahmen seines Entscheidungsfeldes setzen die Existenz von Wertordnungen (von Zielen oder Zielsystemen) voraus, an denen die relative Vorziehenswürdigkeit gemessen und dementsprechend diejenige Alternative bezeichnet werden kann, die den vergleichsweise höchsten Zielerreichungsgrad verspricht.

Ist in einem Prüfungsorgan der Planungsprozeß nicht zentral, sondern dezentral organisiert, und erfolgt die Prüfungsplanung nicht simultan, sondern sukzessive, d.h. ausgehend von der Konzeption eines Globalplanes stufenweise bis hin zur Feinplanung einzelner Prüfungshandlungen, so bedarf es nicht nur der Existenz von **(Ober-)Zielen der Geschäfts- oder Einsatzleitung** des Prüfungsorgans, sondern auch der Konkretisierung von **Zwischen- und Unterzielen**, die die nachgeordneten Planungsträger in die Lage versetzen, ihre Teilpläne in Abstimmung mit den Oberzielen des Prüfungsorgans aufzu-

---

[15] Vgl. dazu auch Kicherer, Grundsätze 1970, S. 217
[16] Vgl. Steskal, Prüfungsrichtlinien 1983, Sp. 1193 ff.

stellen.[17] Eine Umschreibung der der Prüfungsplanung zugrunde zu legenden Planungsziele kann deshalb weder bei der Analyse von Oberzielen der Prüfungsorgane bzw. deren Geschäfts- oder Einsatzleitungen stehen bleiben, noch kann sie sich auf die Umschreibung nur der bei der Planung einzelner Prüfungsaufträge möglichen Planungsziele beschränken.

Bislang fehlen leider verläßliche empirische Untersuchungen zur Zielbildung in Prüfungsorganen. Es können deshalb nachfolgend nur mögliche Ziele der Prüfungsplanung umschrieben werden, soweit sich diese deduktiv aus den Aufgabenstellungen interner oder externer Prüfungsorgane ableiten lassen.

a) Oberziele der Prüfungsorgane

a1) *Freiberufliche Prüfer, Prüfergemeinschaften, Prüfungsgesellschaften*

Im Schrifttum besteht weitgehend Einigkeit darüber, daß diejenigen Prüfungsorgane, die im Sektor der sog. speziellen Entgeltlichkeit tätig werden, d. h. die für ihre Prüfungsleistungen und die damit verbundenen Nebenleistungen ihren Auftraggebern Entgelte (Gebühren oder Honorare) berechnen, als erfolgswirtschaftlich selbständige Betriebe zu betrachten sind.[18] Sofern es sich bei den im Sektor der speziellen Entgeltlichkeit tätigen Prüfungsorganen um freiberuflich tätige Einzelprüfer, um Prüfergemeinschaften oder Prüfungsgesellschaften handelt, kann davon ausgegangen werden, daß diese Prüfungsorgane grundsätzlich nach dem **Prinzip der Gewinnmaximierung** handeln.[19] Dieser Aussage steht die Feststellung nicht entgegen, daß die Tätigkeit des Prüfers kein Gewerbe sei (§ 1 Abs. 2 WPO) und daß sie nicht vom Gewinnstreben beherrscht sein dürfe.[20] Diese Prüfungsorgane bzw. ihre Entscheidungsträger sind nämlich durch eine Vielzahl von insbesondere berufsrechtlichen Vorschriften und Regeln in ihrem Entscheidungsfeld begrenzt, sodaß insofern sicher nicht von einer „Beherrschung" durch das Gewinnstreben gesprochen werden kann. Dieser Aussage steht ferner nicht entgegen, daß andere Zielsetzungen bei den im Sektor der speziellen Entgeltlichkeit tätigen Prüfungsorganen in Konkurrenz oder komplementär zu dem Ziel der (begrenzten) Gewinnmaximierung verfolgt werden können.

a2) *Prüfungsverbände*

Zweifel daran, ob das Prinzip der (beschränkten) Gewinnmaximierung für alle im Bereich der speziellen Entgeltlichkeit tätigen Prüfungsorgane unter-

---

[17] Zur zentralen und dezentralen sowie zur simultanen und sukzessiven Entscheidungsfindung in komplexen Organisationen vgl. u.a. Heinen, Zielsystem 1966, S. 188 ff.

[18] Vgl. Loitlsberger, Treuhandwesen 1966, S. 42

[19] So auch Krüger, Grundlagen 1968, S. 13 ff.; Leffson/Lippmann/Baetge, Sicherheit 1969, S. 16 ff.; Schettler, Planung 1971, S. 21 ff.; Loitlsberger, Treuhandwesen 1966, S. 42

[20] Vgl. Begründung zur Wirtschaftsprüferordnung, zitiert nach Gerhard, Wirtschaftsprüferordnung 1961, S. 18

stellt werden kann, bestehen allerdings bei den Prüfungsverbänden.[21] Diese Prüfungsorgane sind zwar ebenfalls im Bereich der speziellen Entgeltlichkeit insofern tätig, als sie für ihre Prüfungsleistungen unmittelbar honoriert werden. Falls aber diese Honorare in einer bloßen **Kostenerstattung** bestehen oder falls die Kosten der Prüfungsorgane teilweise durch **Beiträge der Verbandsmitglieder** gedeckt werden, dürfte für eine wie auch immer begrenzte Gewinnmaximierung kein wesentlicher Spielraum bestehen. Das Oberziel dieser Verbände oder Verbandsinstitutionen dürfte vielmehr nur aus den Oberzielen ihrer Träger ableitbar sein.

a3) Prüfungsorgane im Sektor der generellen Entgeltlichkeit

Zu den Prüfungsorganen im Sektor der generellen Entgeltlichkeit[22] gehören die behördlichen Prüfungsstellen und die Organe der internen Revision. Diese Prüfungsorgane sind finanz- und erfolgswirtschaftlich so in andere Betriebe oder in andere Organisationseinheiten eingegliedert, daß regelmäßig eine gesonderte Verrechnung ihrer Leistungen für die ihnen übergeordneten Organisationseinheiten nicht in Betracht kommt. Die Aufwendungen für die im Sektor der generellen Entgeltlichkeit tätigen Prüfungsorgane übernehmen die ihnen übergeordneten Organisationseinheiten, und insofern bestehen für diese Prüfungsorgane **keine Möglichkeiten einer autonomen Erfolgspolitik,** auf die ggf. die Durchführungsplanung von Prüfungsaufträgen auszurichten wäre. Es besteht aber m.E. auch keine Möglichkeit, den Inhalt der Zielsetzungen dieser Prüfungsorgane generell zu formulieren; ihre Ziele sind vielmehr ihrerseits aus den sicherlich sehr differenzierten Zielsystemen der ihnen übergeordneten Organisationseinheiten abzuleiten. Es bleibt deshalb an dieser Stelle nur übrig, als Verhaltensmaxime der im Bereich der generellen Entgeltlichkeit tätigen Prüfungsorgane die wirtschaftliche Durchführung der ihnen jeweils gestellten Prüfungsaufgaben zu postulieren, so inhaltsleer diese Aussage auch sein mag.

b) **Zielvorgaben an nachgeordnete Entscheidungsträger des Prüfungsorgans**

Ist die Prüfungsplanung dezentral organisiert und erfolgt sie sukzessive, so muß sichergestellt werden, daß die der Geschäfts- oder Einsatzleitung nachgeordneten Planungsträger ihre Planungsentscheidungen an den Oberzielen des Prüfungsorgans orientieren oder zumindest keine Entscheidungen treffen, deren Realisation der Erfüllung des Oberzieles des Prüfungsorgans zuwiderlaufen würde. Diese **Abstimmung der nachgeordneten Einzelpläne mit der Globalplanung der Geschäfts- oder Einsatzleitung** kann auf zweierlei Weise erfolgen: Die Geschäftsleitung kann sich auf eine Rahmenplanung beschränken und deren Ergebnisse den nachgeordneten Planungsträgern als Entscheidungsdaten vorgeben. Die Koordination der nachgeschalteten Einzelplanungen mit der Rahmenplanung läuft dann auf eine Begrenzung der Entschei-

21 Genossenschaftliche Prüfungsverbände, Prüfungsstellen der Sparkassen- und Giroverbände

22 Vgl. oben, Kap. III 5 a1)

dungsfelder der nachgeschalteten Planungsträger hinaus.[23] Die Geschäfts-
oder Einsatzleitung kann aber auch daneben oder anstelle dessen den nachgeordneten Planungsträgern spezifische Ziele (Subziele, Zwischenziele oder
Unterziele) vorgeben und auf diese Weise die nachgeordneten Entscheidungsträger – gleichsam indirekt – auf die Verfolgung der Oberziele ihres Prüfungsorgans festlegen.

Gleichwohl ist es im Prüfungsschrifttum meist üblich, Wirtschaftlichkeitsüberlegungen nur auf den einzelnen Prüfungsauftrag zu beziehen, d. h. den
Mitteleinsatz jeweils mit dem Zielerreichungsgrad bei einem einzelnen Prüfungsauftrag bzw. bei einzelnen Prüfungshandlungen zu vergleichen. So formuliert Loitlsberger:[24]

„Da bei einer Buchprüfung immer mehrere Arten von Teilprozessen ausgeführt werden müssen und innerhalb jeder Art wiederum verschiedene Prozesse möglich sind,
muß jeweils der prüfungswirtschaftlichste Prozeß ausgewählt und durchgeführt werden. Dieser ist dadurch charakterisiert, daß die Kostendifferenz zu dem nächst teureren
Prozeß höher bewertet wird als die Urteilsbildungsbeitragsdifferenz zu diesem Prozeß
oder – umgekehrt formuliert – die Urteilsbildungsbeitragsdifferenz zu dem nächst
aussagefähigeren Prozeß geringer bewertet wird als die Kostendifferenz zu diesem
Prozeß; die Differenz zwischen Urteilsbildungsbeitrag und Kosten ist also unter Berücksichtigung der Nebenbedingungen bei diesem Prozeß ein Maximum. Werden innerhalb einer Prüfung nur die prüfungswirtschaftlichsten Teilprozesse ausgeführt,
wird damit auch die Wirtschaftlichkeit der Gesamtprüfung erreicht."

Eine derartige **Grenzbetrachtung** geht davon aus, daß mit zunehmender Prüfungsintensität und damit zunehmenden Prüfungskosten zwar auch die „Ur-
teilsbildungsbeiträge" steigen, dies aber mit abnehmenden Zuwachsraten.
Entsprechend soll die wirtschaftlichste Prüfungsintensität dann erreicht sein,
wenn die Grenzkosten gleich dem in Geldeinheiten bewerteten Grenz-Urteils-
bildungsbeitrag sind.

Leffson, Lippmann und Baetge weisen zu Recht darauf hin, daß ein solcher
Ansatz so lange nicht operational sei, wie die Grenz-Urteilsbildungsbeiträge
nicht erfaßt werden könnten und wie eine Bewertungsvorschrift hierfür nicht
bestehe. Sie umgehen das Problem der (monetären) Urteilsbewertung dadurch, daß nach ihrer Meinung die **Mindesturteilsqualität**, die ein Prüfungsurteil besitzen soll, durch Konvention festzulegen sei. Sie kommen deshalb zu
dem Ergebnis:[25]

„Die Prüfungsunternehmung muß die Ausführung der angenommenen Aufträge so
planen, daß sie die erforderliche Sicherheit des Urteils mit den für sie geringstmögli-
chen Kosten erreicht."

Sie gehen bei der Ableitung dieses Kostenminimierungsprinzips offenbar aber
von einem sehr **engen Begriff der Prüfungskosten** aus: Da die meisten Aufwendungen der Prüfungsorgane, insbesondere die Personalaufwendungen,
fixe Aufwendungen seien, sei das Postulat der Kostenminimierung gleichbe-

---

[23] Vgl. Schettler, Planung 1971, S. 19
[24] Loitlsberger, Treuhandwesen 1966, S. 85 mit Hinweis auf Zimmermann, Theorie
1954, S. 43 f.
[25] Leffson/Lippmann/Baetge, Sicherheit 1969, S. 20

deutend mit der Bedingung der Minimierung des den Auftraggebern in Rechnung zu stellenden Prüfungshonorars, wobei wiederum nur das Zeithonorar, nicht das Werthonorar von der Art der Prüfungsdurchführung abhängig sei. Daraus folge, daß das Wirtschaftlichkeitsprinzip bei Prüfungen dann erreicht sei, wenn das Prüfungsurteil mit der verlangten Mindestqualität zu einem minimalen Zeithonorar (d.h. mit minimalem Verbrauch an Prüferzeiten) gefällt werde.

Diese Fassung des Kostenminimierungsprinzips erscheint indessen zu eng. Sie ist offenbar nur bei entgeltlichen Prüfungsaufträgen anzuwenden; der Ansatz ist nicht bei Prüfungen im Bereich der generellen Entgeltlichkeit, z.B. im Bereich der internen Revision, und dann nicht, wenn das vereinbarte Prüfungshonorar keinen Zeitgebührenanteil enthält, anwendbar.

Sinnvoller erscheint es, bei der Formulierung des Kostenminimierungsprinzips von sämtlichen, **dem einzelnen Prüfungsauftrag zurechenbaren Kosten (Aufwendungen)** auszugehen, und zwar unabhängig von den Honorarvereinbarungen und unabhängig von der Stelle, bei der diese Kosten (Aufwendungen) anfallen. In diesem Sinne gehören zu den Prüfungskosten zunächst die dem einzelnen Prüfungsauftrag unmittelbar oder mittelbar zurechenbaren Aufwendungen des jeweiligen Prüfungsorgans.[26]

Richter[27] weist darüberhinaus zu Recht darauf hin, daß ein weiterer Teil der dem Prüfungsauftrag zurechenbaren Aufwendungen **nicht bei dem Prüfungsorgan, sondern bei dem geprüften Unternehmen** anfallen kann. Zu diesen Aufwendungen gehören:

- Die Personalkosten für die von Mitarbeitern des geprüften Unternehmens aufgewandte Arbeitszeit,
- die Raumkosten für die Arbeitsplätze der Prüfer in den Geschäftsräumen des geprüften Unternehmens und
- die sonstigen Sachkosten, z.B. für Maschinennutzungen, für Gebühren im Zusammenhang mit Grundbuchauszügen, für Sachverständigengutachten etc.

Die Höhe dieser außerhalb des Prüfungsorgans anfallenden Aufwendungen ist offenbar nicht nur von den Prüferzeiten abhängig, sondern ebenso von der Prüfungsbereitschaft des zu prüfenden Unternehmens, von Umfang, Form, Zustand und Zugänglichkeit der Dokumentation, von der fachlichen Kompetenz der Mitarbeiter sowohl des Prüfungsorgans als auch des geprüften Unternehmens. Richter kommt anhand einer empirischen Einzelfallstudie zu dem Ergebnis, daß allein **die durch die Inanspruchnahme der Mitarbeiter des geprüften Unternehmens angefallenen Personalaufwendungen 25% des gesamten vereinbarten Prüfungshonorars ausmachen** können.

Im Schrifttum finden sich darüberhinaus Vorschläge, das Kostenminimierungsprinzip auf der Grundlage eines **stark erweiterten Kostenbegriffs** anzuwenden. Nach Sorensen[28] sollen die zu minimierenden Prüfungskosten aus den folgenden Kostenkategorien bestehen:

---

[26] Vgl. v.Wysocki, Wirtschaftlichkeit 1983, Sp. 1710

[27] Richter, Umfang 1982

[28] Vgl. Sorensen, Analysis 1969, S. 555 und 558; vgl. ähnliche Gedankengänge bei Schettler, Planung 1971, S. 32 sowie bei Richter, Wirtschaftlichkeit 1964, S. 41 ff.

– Variable Prüfungskosten (cost of investigation).
– Nacharbeitskosten, die durch Nacharbeit von durch die Prüfung festgestellten fehlerhaften Daten oder durch die Vervollständigung mangelhafter Dokumentationen entstehen (cost of „re-working").
– Kosten im Sinne von Verlusten, die dem Auftraggeber dadurch entstehen, daß Fehler nicht entdeckt und dementsprechend auch nicht korrigiert worden sind (cost or economic loss because error remains uncorrected).
– Kosten durch mögliche rechtliche Inanspruchnahme des Prüfers bzw. des Prüfungsorgans durch den Auftraggeber oder durch Dritte, und zwar unabhängig davon, ob dagegen Versicherungsschutz besteht oder nicht (cost of possible law suits brought against the auditor by client or third parties).

Der vorstehende Katalog der zu minimierenden Kostenkategorien könnte durch eine weitere Kategorie, auf die Mertz hinweist, ergänzt werden:[29]

– Kosten in Form von möglichen Ansehensverlusten des Prüfers (oder des Prüfungsorgans) als Folge der Art der Durchführung eines Prüfungsauftrags. Mertz entwickelt diese Zielvorstellung für ein spezielles Entscheidungsmodell zur Optimierung der „Prüfschärfe"; er geht dabei von der Annahme aus, daß ein Prüfer, wenn er bei einem offensichtlich (d.h. z.B. aufgrund von Vorinformationen) „guten" Unternehmen „sehr streng und scharf" prüft, ebenso an Ansehen verlieren könne, wie wenn er bei einem offensichtlich „schlechten" Unternehmen „hier und da großzügig" verfahre.

Gegen die vorstehend wiedergegebenen Versuche, die Planungsziele für die Durchführung eines einzelnen Prüfungsauftrags generell und abschließend zu umschreiben, können Einwendungen erhoben werden:

Abgesehen von der mangelnden Operationalität (insbesondere der Vorschläge von Loitlsberger, Sorensen und Mertz) berücksichtigen die Vorschläge nicht, daß die Zielvorgaben für die Durchführung einzelner komplexer Prüfungsaufträge nur unter Bezugnahme auf die Bedingungen, unter denen ein Prüfungsauftrag durch das Prüfungsorgan durchgeführt werden muß, sinnvoll formuliert werden können. Ein Blick in die Praxis der Prüfungsplanung lehrt jedenfalls, daß je nach den Grundentscheidungen der Leitung des Prüfungsorgans über die Erreichung der Oberziele, je nach dem Auftragsbestand (und dessen zeitlicher Verteilung), je nach dem Umfang und der Qualität der zur Verfügung stehenden personellen und sachlichen Ressourcen und je nach den durch die Prüfungsordnungen und ggf. durch das Berufsrecht bedingten Begrenzungen der Entscheidungsfelder für verschiedene Prüfungsaufträge sehr unterschiedliche konkrete Planungsziele vorgegeben werden können bzw. müssen.

So kann es für das Prüfungsorgan z.B., wenn Termine eingehalten werden müssen, zweckmäßig sein, die erforderliche Prüfungszeit ohne Rücksicht auf die dadurch entstehenden zusätzlichen Kosten zu minimieren; es kann zweckmäßig sein, die insgesamt einzusetzenden Prüferzeiten dann nicht zu minimieren, wenn z.B. bestimmte Mitarbeiter zu Ausbildungszwecken in Bereichen eingesetzt werden, in denen sie bislang nur geringe Erfahrungen sammeln konnten; es kann zweckmäßig sein, anstelle der Kostenminimierung die Prüfungsplanung auf eine Honorarminimierung auszurichten usw.

---

[29] Vgl. Mertz, Prüfschärfe 1963, S. 315

Als Ergebnis der vorstehenden Überlegungen läßt sich nur der **unbefriedigende Stand der derzeitigen Diskussion über die Zielvorgaben bei der Prüfungsplanung feststellen:** Es bestehen erhebliche Lücken in der Zielforschung sowohl auf der Ebene der Prüfungsorgane als auch im Bereich der aus den Oberzielen der Prüfungsorgane abzuleitenden Zielvorgaben für die Durchführung einzelner Prüfungsaufträge.

4. Objekte der Prüfungsplanung

Ein Überblick über mögliche Objekte der Prüfungsplanung kann nicht mehr sein als die Umschreibung von Alternativen, die den Trägern der Prüfungsplanung als Wahlmöglichkeiten zur Verfügung stehen (können) und über die sie – entsprechend ihren Zielvorstellungen – bei der Planung zu entscheiden haben.

Das Schrifttum ist sich über die möglichen Objekte von Prüfungsplanungen relativ einig; es wird versucht, die Alternativen, die den Entscheidungsträgern der Prüfungsorgane zur Verfügung stehen, zu systematisieren, um auf diese Weise auf die Vielzahl von Überlegungen hinzuweisen, die für eine sachgerechte Gestaltung von Prüfungen erforderlich sind. Dabei werden – für den Bereich der Buch- und Jahresabschlußprüfungen – die folgenden Objektbereiche genannt:

– Abgrenzung und Gliederung der Prüfungsobjekte, speziell der Ist-Objekte, über die Einzel- bzw. Gesamturteile abgegeben werden sollen;
– Art und ggf. Intensität der Prüfungshandlungen, die als Grundlagen der Urteilsbildung vorgenommen werden sollen;
– Entscheidungen über die Zuordnung von Mitarbeitern zu Teilbereichen der komplexen Prüfung;
– Entscheidungen über die Reihenfolge der vorzunehmenden Prüfungshandlungen;
– Entscheidungen über den zeitlichen Ablauf der Prüfung bzw. der Prüfungsaufträge.

Mitunter werden die genannten Objektbereiche auch knapp zusammengefaßt: Im Rahmen des **sachlichen Objektbereichs** liegen die Entscheidungen zur Abgrenzung und Gliederung der Prüfungsobjekte sowie über Art und Intensität der Prüfungshandlungen; im **personellen Objektbereich** liegen die Planungsentscheidungen über die Zuordnung von Prüfern zu bestimmten Arbeitsbereichen; im **zeitlichen Objektbereich** liegen schließlich die Planungen über die Reihenfolge der vorzunehmenden Prüfungshandlungen und über den übrigen zeitlichen Ablauf der Prüfungen.[30]

---

[30] Vgl. zur Objektgliederung der Prüfungsplanung u.a.: Adler/Düring/Schmaltz, Rechnungslegung 1971, § 162, Tz. 105 ff; Härle, Alternativplanung 1967, S. 463 ff.; Kicherer, Grundsätze 1970, S. 224 ff.; Schettler, Planung 1971, S. 20; Kraushaar, Anwendung 1971, S. 50; Wulf, Planung 1959, S. 513; Leffson/Lippmann/Baetge, Sicherheit 1969, S. 71; Sperl, Prüfungsplanung 1978, S. 19

Der Leser sei darauf hingewiesen, daß die verschiedenen genannten Objektbereiche zueinander in vielfältigen Wechselbeziehungen stehen und daß dementsprechend die Entscheidungen über die in den verschiedenen Objektberei-
chen zur Verfügung stehenden Alternativen nicht isoliert getroffen werden
können. So wird z.B. die Aufgliederung des Prüfungsstoffs in Prüffelder nicht
losgelöst von der Entscheidung über die Zuordnung von Prüfern zu diesen
Prüffeldern getroffen werden können; die Art und die Intensität der Prüfungshandlungen werden von dem Urteil über die Funktionsfähigkeit des
internen Kontrollsystems in den einzelnen Prüffeldern abhängen müssen; die
Reihenfolge der vorzunehmenden Prüfungshandlungen wird von der Art der
verwendeten Prüfungsmethoden, aber auch von der geplanten Aufgliederung
des gesamten Prüfungsstoffs beeinflußt werden; zeitliche Dispositionen sind
ihrerseits von der Zuordnung von Prüfern zu einzelnen Prüfungsaufgaben,
von der Wahl der Prüfungsmethoden und der Prüfungsintensität sowie von
den Zwischenergebnissen der vorgeschalteten Prüfungshandlungen abhängig.

a) Sachobjekte der Prüfungsplanung

Den Sachobjekten der Prüfungsplanung werden zugerechnet: Die **Planung
des Auftragsbestands** und ggf. im Sektor der speziellen Entgeltlichkeit die
Planung der Konditionen, zu denen Aufträge durchgeführt werden sollen.
Ferner gehören zu den Sachobjekten der Prüfungsplanung die **Planung der
Abgrenzung von Prüfungsobjekten** bei den einzelnen Prüfungsaufträgen, die
Planung der möglichen Aufgliederung der Prüfungsobjekte in sog. Prüffelder
und Prüffeldergruppen und schließlich die **Planung der anzuwendenden Prüfungsmethoden und der Prüfungsintensitäten** in den einzelnen Teilbereichen
der durchzuführenden komplexen Prüfungsaufträge.

a1) Die Planung des Auftragsbestands und der Auftragsbedingungen

Die Entscheidungen über den Auftragsbestand, d.h. über die Annahme, die
Ablehnung oder die Aquisition von Aufträgen während des Planungszeitraums, fallen üblicherweise in die Kompetenz der Geschäfts- oder Einsatzleitungen der Prüfungsorgane.

Im **Sektor der speziellen Entgeltlichkeit**, also bei wirtschaftlich selbständigen,
meist freiberuflich tätigen Prüfungsorganen geht es dabei gleichzeitig um die
Festlegung der Konditionen, zu denen die einzelnen Aufträge ggf. angenommen und durchgeführt werden sollen. Es ist üblich, einen Großteil der dabei
anstehenden Fragen nicht fallweise, sondern generell zu regeln, z.B. durch
allgemeine Auftragsbedingungen. Auf die möglicherweise bestehenden, vor
allem berufsrechtlichen Begrenzungen, denen die Planungsträger der Prüfungsorgane in diesem Bereich unterliegen können, wird hingewiesen.

Im **Sektor der generellen Entgeltlichkeit**, d.h. bei solchen Prüfungsorganen,
die nicht gegen Entgelt und nicht im Auftrag Dritter tätig werden, entfallen
dagegen Planungsentscheidungen über die Konditionen der Auftragserfül-
lung weitgehend. Bei ihnen konzentriert sich die Planung in diesem Bereich

auf die Feststellung des Prüfungsprogramms während des Planungszeitraums, d.h. auf die Konkretisierung der diesen Prüfungsorganen von ihren jeweiligen Trägern gestellten Sachaufgaben.

a2) Abgrenzung der Prüfungsobjekte

Im Sachbereich der Planung einzelner Prüfungsaufträge ist zunächst die Abgrenzung der Prüfungsobjekte zu nennen. Allerdings ist die Entscheidung hierüber dem Prüfungsorgan oder dessen Planungsträgern nach Annahme eines Auftrages insoweit entzogen, als die jeweils gültige Prüfungsordnung meist den Gegenstand des Prüfungsauftrags umschreibt, sei es, daß die Prüfungsgegenstände bei Pflichtprüfungen gesetzlich festgelegt sind, sei es schließlich, daß sie bei freiwilligen Prüfungen durch den Prüfungsauftrag konkretisiert sind.[31]

Gleichwohl verbleibt trotz dieser Konkretisierung sehr häufig ein nicht zu kleiner Bereich, in dem der Planungsträger durchaus Dispositionsspielräume besitzen kann. Wenn es ihm z.B. überlassen ist, entweder direkte oder indirekte Prüfungsmethoden anzuwenden, wird ihm insoweit auch die Dispositionsfreiheit über den seinem Urteil zugrunde zu legenden Prüfungsstoff überlassen sein müssen; ähnliches gilt, falls sich der Prüfer für die Anwendung von Verfahren der Auswahlprüfung entschieden hat, für die Auswahl bestimmter Elemente des Prüfungsstoffs.

a3) Bildung von Prüffeldern und Prüffeldergruppen

Breitere Aufmerksamkeit schenkt die Literatur der zweckentsprechenden **Aufgliederung und Gruppierung der Prüfungsobjekte** einer komplexen Prüfung in sog. Prüffelder und Prüffeldergruppen.[32] Das Institut der Wirtschaftsprüfer erwähnt eine solche Aufteilung sogar im Rahmen der Grundsätze ordnungsmäßiger Durchführung von Abschlußprüfungen:[33] „Der ordnungsmäßigen Prüfung dient eine Aufteilung des Prüfungsstoffes in einzelne Prüfungsgebiete." Eine solche Gliederung einer komplexen Prüfung erscheint vor allem aus den folgenden Gründen sinnvoll:

- Durch eine möglichst klare Gliederung des gesamten Prüfgebiets wird die vollständige Erfassung sämtlicher für das abzugebende Gesamturteil wesentlicher Sachverhalte erleichtert.
- Die Gliederung des Prüfungsgebietes ist Voraussetzung der Zuordnung von abgegrenzten Arbeitsbereichen auf die an der Prüfung mitwirkenden Prüfer und Prüfungsgehilfen; sie führt dann zugleich zu einer Abgrenzung der jeweiligen Verantwortungsbereiche innerhalb des Prüfungsteams.
- Die Gliederung ist Voraussetzung für die Festlegung einer sinnvollen zeitlichen Abfolge der Prüfungshandlungen und damit Voraussetzung für die Kontrolle des Standes der Prüfungsarbeiten.

---

[31] Vgl. zu dem Inhalt von Prüfungsordnungen oben, Kap. II
[32] Zur Begriffsbildung vgl. Zimmermann, Theorie 1954, S. 26
[33] Vgl. IdW, FG 1/1977, Abschn. IV, Anm. 1

Die möglichen Kriterien zur Aufgliederung des gesamten Prüfstoffs in Prüffelder schließen sich nicht gegenseitig aus. In Betracht kommen die folgenden Gesichtspunkte für die Aufgliederung: Die Prüffelder sollten so abgegrenzt werden, daß der gesamte **Prüfstoff den verschiedenen Abschlußpositionen (bei Buchprüfungen) zugeordnet** werden kann, wobei die zu korrespondierenden Posten (Sachanlagen – Abschreibungen; Fremdkapital – Zinsaufwand) gehörenden Bereiche zweckmäßigerweise zu Prüffeldergruppen zusammengefaßt werden sollten.

Gleichzeitig wird empfohlen, die **Prüffelderbildung auf die anzuwendenden Prüfungsmethoden abzustimmen**, indem z.B. möglichst homogene Grundgesamtheiten als Voraussetzung für eine Stichprobenprüfung gebildet werden sollen.

Ferner wird die **Berücksichtigung personeller Aspekte bei der Prüffeld-Abgrenzung** empfohlen; zu Prüffeldern sollten möglichst Arbeitsgebiete bestimmten Schwierigkeitsgrades zusammengefaßt werden, damit diese den an der Prüfung beteiligten Prüfern entsprechend ihrer Qualifikation zugeordnet werden können.

Bei der Bildung von Prüffeldern und Prüffeldergruppen wird schließlich auf **zeitliche Gesichtspunkte** abgestellt, wenn bestimmte Teile des Prüfungskomplexes, die im Rahmen einer Zwischenprüfung bearbeitet werden sollen, von denjenigen getrennt werden, die Gegenstand der Hauptprüfung bleiben. Im übrigen ist bei der Prüffelderabgrenzung auf die individuellen Verhältnisse des zu prüfenden Unternehmens Rücksicht zu nehmen.[34]

Die Breite des Spielraums, die den Prüfungsorganen auch in diesem Planungsbereich verbleibt, wird einerseits durch die Feststellung umschrieben, daß es bei der Mehrzahl der auf den Prüfstoff anwendbaren Gliederungskriterien **kein allgemeingültiges Rezept für die Aufgliederung** gibt; Feststellungen, wie: „Bei gegebenem Prüferteam, gegebenen Prüfstrategien und gegebener zeitlicher Einordnung ist die gewinnmaximale Prüffeldeinteilung dann gefunden, wenn durch keine andere Aufgabenbildung und Aufgabenzuordnung der Gewinn vergrößert werden kann,"[35] führen nicht zu einer Lösung der Gliederungsprobleme, weil sie nicht operational sind und deshalb unverbindlich bleiben.

a4) Planung der Prüfungsmethoden

Ein ebenso weiter Spielraum besteht in aller Regel bei der Festlegung der anzuwendenden Prüfungsmethoden sowie bei der Festlegung der Intensität der Prüfungshandlungen. Für das Gebiet der Abschlußprüfungen wird dieser Entscheidungsbereich durch die Grundsätze ordnungsmäßiger Durchführung von Abschlußprüfungen,[36] wie bereits mehrfach erwähnt, umschrieben:

---

[34] Vgl. dazu u.a.: Zimmermann, Theorie 1954, S. 26; IdW, WP-Handbuch 1985/86, Bd. I, S. 988; Adler/Düring/Schmaltz, Rechnungslegung 1971, § 162, Tz. 107
[35] Schettler, Planung 1971, S. 39
[36] IdW, FG 1/1977, Abschn. V

„Der Abschlußprüfer muß Art und Umfang der Prüfungshandlungen so bemessen, daß eine sichere Beurteilung der Gesetz- und Ordnungsmäßigkeit der Rechnungslegung möglich ist. Unter dieser Zielsetzung sind Art und Umfang der Prüfungshandlungen gewissenhaft und mit berufsüblicher Sorgfalt zu bestimmen."

Es mag als unbefriedigend empfunden werden, wenn als Kriterien für die Wahl zwischen möglichen Prüfungshandlungen und deren Intensität lediglich auf das pflichtgemäße Ermessen, auf die Bedeutung des Prüfungsgegenstands und auf das Fehlerrisiko – jeweils begrenzt durch die Grundsätze der Gewissenhaftigkeit und der berufsüblichen Sorgfalt und ausgerichtet auf das Sachziel der jeweiligen Prüfung – abgestellt wird.

Aus der Tatsache, daß die Prüfungslehre (noch) nicht zu generellen präskriptiven Sätzen über die auf bestimmte Prüfungsobjekte anzuwendenden Prüfungsmethoden und über die notwendige Intensität der Informationsgewinnung gekommen ist, und aus der Tatsache, daß es an induktiven, d. h. empirischen Untersuchungen über die Auswahl von Prüfungsmethoden bei der Durchführung von komplexen Prüfungen fehlt, sollte aber nicht geschlossen werden, daß die Prüfungspraxis in dem hier besprochenen Bereich willkürlich verfahre oder verfahren könne; denn auch die Ermessensentscheidungen des Prüfers sind, insbesondere im Zusammenhang mit den beiden ergänzenden Kriterien der Bedeutung des Prüfungsgegenstandes und des Fehlerrisikos, in Grenzen durchaus nachprüfbar.[37]

Gleichwohl sind in der jüngeren Zeit Tendenzen erkennbar, die Aussagen über die Auswahl der anzuwendenden Prüfungsverfahren zu präzisieren, zu formalisieren und insoweit zu objektivieren, und zwar durch verstärkte Anwendung von Prüfungsrichtlinien und durch das Bemühen, mit Hilfe der Anwendung von sich ergänzenden unterschiedlichen Prüfungsverfahren die möglichen Fehlerrisiken bei der Urteilsbildung in Grenzen zu halten.

Durch sog. **Prüfungsrichtlinien, Prüfungsfragebögen und Prüfungsanweisungen** soll der einzelne Prüfer oder Prüfungsgehilfe von den Einzelentscheidungen über die Methodenwahl weitgehend entlastet werden. Es werden mit Hilfe solcher „Prüfungsprogramme" einzelne bei bestimmten (Teil-)Prüfungsobjekten regelmäßig wiederkehrende Prüfungshandlungen meist schriftlich festgelegt und dem einzelnen Prüfer zur Beachtung vorgegeben. Sanktioniert sind solche Prüfungsprogramme meist von der Geschäfts- oder Einsatzleitung des Prüfungsorgans, seltener von dem jeweiligen Prüfungsleiter; sie können aber auch in den Charakter fachlicher Stellungnahmen der Berufsorganisationen gekleidet sein und erhalten dadurch auch berufsrechtliche Verbindlichkeit.[38]

---

[37] Vgl. dazu ausführlich: Spieth, Bedeutung 1970, S. 416
[38] Vgl. z.B. IdW, FAMA 1/1987, FAMA-Checkliste „EDV-Systemprüfung", S. 17 ff.; vgl. ferner IdW/WPK, Gewährleistung 1982, Abschn. V Abs. 5: „Die Prüfungsanweisungen haben sich auf eine sachgerechte Vornahme der Prüfungshandlungen, ihre ausreichende Dokumentation sowie eine ordnungsmäßige Berichterstattung zu beziehen. Hinsichtlich der Prüfungsdurchführung sollten die Prüfungsanweisungen je Prüffeld eine Beschreibung des Prüfungszieles und der in Betracht kommenden Prüfungshandlungen geben. Hierzu sind neben beschreibenden Anweisungen auch

Inhalt und Form solcher Prüfungsprogramme und Prüfungsanweisungen sind sehr unterschiedlich: Es finden sich sowohl **allgemein gehaltene Hinweise auf die zu beachtenden Prüfungsschwerpunkte**, aber auch **detaillierte Fragebögen**, deren Beantwortung den Prüfer auf die Untersuchung genau umschriebener Sachverhalte bei dem zu prüfenden Unternehmen hinweisen soll.

Das Schrifttum bringt gegenüber allzu detaillierten Prüfungsprogrammen Skepsis zum Ausdruck: „Je weitergehender die schriftliche Planung des arbeitsmäßigen Ablaufs der Prüfung vorgenommen wird, desto weniger sollte man vergessen, daß auch Programme, die jeden Prüfungsschritt vorschreiben, nicht zugleich die Durchführung aller im Einzelfall notwendiger Prüfungsschritte zu garantieren vermögen. Dem eigenen Können und Mitdenken des einzelnen Prüfers bleibt stets eine wichtige Funktion zugemessen"[39] und: „Die Anweisungen dürfen nicht schematisch und gedankenlos angewendet werden und können das eigene Denken und Können des Prüfers nicht ersetzen."[40]

Gleichzeitig wird darauf hingewiesen, daß die isolierte Anwendung einzelner Prüfverfahren auf bestimmte Prüffelder nicht in allen Fällen zu befriedigenden Ergebnissen führt, sondern daß eine Eingrenzung des verbleibenden Prüfer- oder Auftraggeberrisikos nur durch die **kombinierte Anwendung von aufeinander aufbauenden Prüfverfahren** möglich ist. So wird im Rahmen der Verlautbarung des Instituts der Wirtschaftsprüfer zur Anwendung stichprobengestützter Prüfungsmethoden bei der Jahresabschlußprüfung ausdrücklich darauf hingewiesen, daß die Aussagefähigkeit der Ergebnisse einzelner Prüfverfahren meist nur im Zusammenhang mit z. B. aus anderen Prüfverfahren gewonnenen Vorinformationen hinreichend beurteilt werden kann. Es wird ausgeführt:[41]

„Die Planung und Durchführung der Abschlußprüfung einschließlich der Stichprobenprüfung ist ein kontinuierlicher Prozeß. Der Prüfungsplan basiert auf den dem Prüfer verfügbaren Informationen und ist, wenn erforderlich oder zweckmäßig, zu modifizieren und geänderten Fehlererwartungen anzupassen. ...

Zur Begrenzung des Fehlerrisikos ist zunächst das interne Kontrollsystem des Mandanten bestimmt. Aus Prüfung und Beurteilung dieses Kontrollsystems durch den Abschlußprüfer ergeben sich Hinweise für Zielrichtung und Umfang weiterer Prüfungshandlungen, um wesentliche durch fehlende oder mangelhafte Kontrollen nicht verhinderte Fehler zu entdecken. Daneben können globale analytische Untersuchungen Hinweise auf wesentliche Fehlermöglichkeiten ergeben.

Einzelfallprüfungen, die aufgrund der Ergebnisse vorhergehender Prüfungshandlungen und der sonstigen Vorkenntnisse und Erfahrungen des Abschlußprüfers planmäßig in Form von Stichproben vorgenommen werden, sind geeignet, das Risiko, daß durch Kontrollmaßnahmen nicht verhinderte Fehler von wesentlicher Bedeutung unentdeckt bleiben, mit einer hohen Wahrscheinlichkeit auszuschließen. Eine absolute Sicherheit

---

Fragebögen in geschlossener (ja/nein) oder offener Form (mit Erläuterungen) geeignet."

[39] Spieth, Bedeutung 1970, S. 415
[40] Adler/Düring/Schmaltz, Rechnungslegung 1971, § 162, Tz. 112
[41] IdW, Entwurf 1987, Abschn. F.

ist bei den im Rahmen der Jahresabschlußprüfung erforderlichen stichprobengestützten Prüfungen jedoch nicht zu erreichen.

Zur Bildung des Gesamturteils über den Jahresabschluß (Bestätigungsvermerk) hat der Abschlußprüfer die Einzelergebnisse seiner Prüfungshandlungen in ihrer absoluten und relativen Bedeutung sachgerecht zu würdigen. Eine mathematische Ableitung ist nicht möglich; die Urteilsbildung schließt immer zwangsläufig subjektive Komponenten ein."

b) Planungsobjekte im personellen Bereich

Zu den Planungsobjekten im personellen Bereich gehören die Entscheidungen über Zahl und Qualifikation des Mitarbeiterstabes des Prüfungsorgans, die Zuordnung von Mitarbeitern zu einzelnen durchzuführenden Prüfungsaufträgen sowie die Zuordnung von Mitarbeitern zu einzelnen Arbeitsgebieten (Prüffelder, Prüffeldergruppen) im Rahmen einer komplexen Prüfung.

Die **Auswahl und Einstellung von Mitarbeitern** wird zweckmäßigerweise der Geschäfts- oder Einsatzleitung des Prüfungsorgans vorbehalten sein. Zur Bereitstellungsplanung im weiteren Sinne gehören sicher auch sämtliche Entscheidungen über die Aus- und Fortbildung bereits vorhandener Mitarbeiter, und zwar unabhängig davon, ob diese Ausbildungsmaßnahmen intern durch das Prüfungsorgan oder durch Inanspruchnahme externer Bildungseinrichtungen durchgeführt werden.

Die **Zuordnung von Mitarbeitern zu einzelnen Prüfungsaufträgen** wird als weiteres Objekt der Bereitstellungsplanung im personellen Bereich ebenfalls auf zentraler Ebene erfolgen müssen, wenngleich, wie die Erfahrung lehrt, gerade in diesem Planungsbereich eine möglichst intensive Abstimmung mit den vorgesehenen Prüfungsleitern angestrebt werden sollte.

Nicht ohne Einfluß auf die Ablaufplanung einzelner Prüfungsaufträge dürften hier aber einige **Grundsatzentscheidungen über die Zuordnung von Mitarbeitern zu Aufträgen** sein. Erfolgt der Prüfereinsatz nach dem sog. **Team-Prinzip**,[42] d. h. werden für einen oder mehrere Aufträge Gruppen von Mitarbeitern zusammengestellt, die unter der Verantwortung eines Prüfungsleiters arbeitsteilig sämtliche bei der Erledigung eines Prüfungsauftrags anfallenden Prüfungsverrichtungen vornehmen, so kann die Geschäfts- oder Einsatzleitung es im Rahmen ihrer Planungsaufgaben bei der Zusammenstellung der Teams und bei der Zuordnung der Teams zu bestimmten Prüfungsaufträgen bewenden lassen.

Bei Anwendung des sog. **Spezialistenprinzips**[43] dagegen sind die einzelnen Mitarbeiter von vornherein auf die Vornahme bestimmter Einzelverrichtungen bei den anfallenden Prüfungsaufträgen spezialisiert. Sie werden dann entsprechend ihrer Spezialausbildung und ihrer Spezialerfahrung innerhalb verschiedener Prüfungsaufträge möglichst nur auf ihrem Spezialgebiet eingesetzt.

---

[42] Vgl. oben, Abschn. III B 4a)
[43] Vgl. oben, ebenda.

Folgt ein Prüfungsorgan dem Spezialistenprinzip, so muß offensichtlich auch die zeitliche Zuordnung von Prüfern zu Prüffeldern zentral geplant werden, da die einzelnen Prüfungsleiter kaum einen Überblick über die zeitliche Verfügbarkeit der Spezialisten haben dürften. Das führt dazu, daß den Prüfungsleitern nur noch die Einzelentscheidungen über Art und Weise der Durchführung von Prüfungshandlungen nach Zuteilung der Spezialisten überlassen werden können.

Die relativ starke Stellung, die die Spezialisten dadurch und durch ihre Sachkompetenz gegenüber dem für den Gesamtablauf des Prüfungsauftrags verantwortlichen Prüfungsleiter gewinnen können, ist sicher geeignet, in vielen Fällen die Vorzüge der weitgehenden Spezialisierung der Prüfungsgehilfen zu kompensieren. Dementsprechend findet sich die Anwendung des Spezialistenprinzips nur in wenigen Teilbereichen einer komplexen Prüfung. So werden z. B. häufig teamfremde Spezialisten zur Prüfung versicherungsmathematischer Spezialfragen, zur Prüfung des internen Kontrollsystems im Bereich der automatisierten Datenverarbeitung oder zur Klärung steuerlicher Spezialfragen bei Abschlußprüfungen eingesetzt.

c) Zeitliche Aspekte der Prüfungsplanung

Bei der Prüfungsplanung in zeitlicher Sicht geht es vornehmlich um die folgenden Teilaspekte:[44]

– Zeitliche Abstimmung der durch das Prüfungsorgan während einer mehr oder weniger langen Planungsperiode abzuwickelnden Aufträge;
– Bestimmung der Zeiten (Anfangs- und Endzeitpunkte), während derer die Mitarbeiter (die einzelnen Teams) für die Erledigung der Einzelaufträge zur Verfügung stehen sollen;
– Bestimmung der Zeiten (Anfangs- und Endzeitpunkte), während derer die Bearbeitung von einzelnen Prüffeldern bzw. Prüffeldergruppen im Rahmen der einzelnen Aufträge vorgenommen werden soll.

Die zeitliche Abstimmung der durch das Prüfungsorgan während der Planungsperiode zu erledigenden Aufträge ist – darin ist dem Schrifttum Recht zu geben – nicht losgelöst von den Grundsatzentscheidungen über den Umfang und die Qualität der insgesamt zu bearbeitenden Aufträge zu sehen, wobei neben Prüfungsaufträgen auch Beratungsaufträge, Gutachten, Treu-

---

44 Die Frage, ob die zeitliche Struktur einer komplexen Prüfung oder die Zeitstruktur des Auftragsprogramms eines Prüfungsorgans Planungsobjekt oder lediglich eine Dimension sei, in der die Prüfungsprozesse ablaufen (vgl. Schettler, Planung 1971, S. 16), wird für nicht wesentlich gehalten. Sicher ist auch die zeitliche Struktur einer komplexen Prüfung determiniert, wenn sämtliche Planungsentscheidungen im Sachbereich und im Personalbereich getroffen worden sind; zugleich dürfte aber nicht abzustreiten sein, daß durchaus Planungsentscheidungen möglich sind, die sich primär auf die zeitliche Dimension der Einzelprüfungen oder des Prüfungsprogramms erstrecken. Diese Planungsentscheidungen sind dann allerdings nicht ohne Auswirkungen auf die Planvorgaben im sachlichen und personellen Bereich.

handschaften, Buchstellentätigkeiten usw. mit in die Betrachtung einbezogen werden müssen.

Eine Besonderheit der Buchprüfungsaufträge, insbesondere der Pflichtprüfungen von Jahresabschlüssen, sind die **strengen Zeitbegrenzungen**, denen diese Aufträge üblicherweise unterliegen: Die Aufträge müssen nach dem jeweiligen Schluß der Geschäftsjahre zu einem bestimmten, auch vertraglich nicht beliebig verschiebbaren Zeitpunkt abgeschlossen sein; wegen der Häufung von Abschlußterminen konzentrieren sich solche Aufträge auf bestimmte Monate im Jahresablauf. Dennoch sind auch hier den Prüfungsorganen trotz der genannten Zeitbegrenzungen in gewissem Umfang Spielräume für Planungsentscheidungen gegeben.

Zu nennen sind vor allem die Möglichkeit, bereits vor dem Abschlußstichtag sog. **Zwischenprüfungen (Vorprüfungen)** vorzunehmen, und die Möglichkeit, durch Aufstellung von sog. **mehrjährigen Prüfungsplänen** die jährlichen Abschlußprüfungen mit wechselnden Prüfungsschwerpunkten (Turnusprüfungen) vorzunehmen. Beide Möglichkeiten führen zu wesentlichen Entlastungen der Hauptprüfungen. Es ist aber einsichtig, daß die Planung von Zwischenprüfungen und die Festlegung von jährlich wechselnden Prüfungsschwerpunkten erhebliche Auswirkungen auch auf die Planung der einzelnen Aufträge in sachlicher, personeller und selbstverständlich auch in zeitlicher Hinsicht haben werden.

Verfügt das Prüfungsorgan darüberhinaus über Aufträge für freiwillige Prüfungen, über Beratungs-, Treuhand- u.ä. Aufträge, die nicht in dem besprochenen Sinne zeitgebunden sind, so wird es die Erledigung solcher Aufträge nach Abstimmung mit den Auftraggebern in die durch termingebundene Aufträge weniger belasteten Zeiträume verlegen. Hierzu sind die Prüfungsorgane vor allem auch aus Wirtschaftlichkeitsgesichtspunkten gezwungen, wenn sie ihre Mitarbeiter nicht wegen Auftragsmangels während eines Teils des Jahres beschäftigungslos lassen wollen („Sitzzeiten") und wenn andere Möglichkeiten der kapazitiven Anpassung des Prüfungsorgans an den im Zeitablauf wechselnden Auftragsbestand ausgenutzt sind (z.B. Abstimmung der Urlaubspläne, ggf. Gewährung von Sonderurlaub zur Fortbildung und zur Vorbereitung auf Berufsexamina, Abhaltung von Schulungskursen, Durchführung auftragsfreier Facharbeiten, verstärkte Beschäftigung von freien Mitarbeitern bzw. Teilzeitbeschäftigten usf.).

Die Möglichkeit zur Durchführung von Vor- oder Zwischenprüfungen zur Entlastung der Hauptprüfungen ist z.B. durch das Handelsgesetzbuch sanktioniert. Nach § 320 Abs. 2 HGB haben die Abschlußprüfer, „soweit es die Vorbereitung der Abschlußprüfung erfordert", das Recht, bereits vor der Aufstellung des Jahresabschlusses Einblick und Aufklärung zu verlangen.

Gegenstand einer solchen Zwischenprüfung können nach herrschender Meinung alle Tatbestände sein, die sich bis zur Aufstellung des Jahresabschlusses nicht mehr ändern. Es dürfte vom Zustand des internen Kontrollsystems, von der Organisation des Rechnungswesens und von den durch das zu prüfende Unternehmen verfolgten Grundsätzen der Bilanzpolitik abhängen, um welche Prüfungsgebiete es sich dabei im einzelnen handelt. Adler/Düring/

Schmaltz bemerken z. B., daß sich dort, „wo die Grundsätze der Bilanzpolitik feststehen oder notwendige Entscheidungen z. b. über die Ausübung von Bilanzierungs- und Bewertungswahlrechten bereits im Laufe des Geschäftsjahres und nicht erst bei Aufstellung des Jahresabschlusses getroffen werden, ... sich auch solche Gebiete in die Zwischenprüfung einbeziehen (lassen), die andernfalls erst nach Aufstellung des Jahresabschlusses geprüft werden können."[45]

Die Entlastung der Hauptprüfung durch eine solche Zwischenprüfung kann beträchtlich sein. Offen bleibt dabei allerdings, da die im Rahmen einer Zwischenprüfung durchgeführten Prüfungshandlungen nicht das ganze Geschäftsjahr umfassen, wie hinsichtlich desjenigen Zeitraums zu verfahren ist, der durch die Zwischenprüfung nicht erfaßt wurde. Nach Adler/Düring/ Schmaltz bestehen hier zwei Möglichkeiten: Entweder wird die Prüfung des fehlenden Zeitraums anläßlich der Hauptprüfung nachgeholt oder dieser Zeitraum bleibt zunächst ungeprüft, um dessen Prüfung anläßlich der nächsten Zwischenprüfung nachzuholen. Die zweite Möglichkeit führt dazu, daß im Ergebnis der von der Prüfung erfaßte Zeitraum und das Geschäftsjahr auseinanderfallen.[46]

Die Durchführung der Jahresabschlußprüfung mit jährlich wechselnden Prüfungsschwerpunkten ist ausdrücklich in den Grundsätzen für die ordnungsmäßige Durchführung von Abschlußprüfungen erwähnt; es heißt dort:[47]

„Die Bildung von wechselnden Prüfungsschwerpunkten im Sinne einer jährlich wechselnden, besonders intensiven Prüfung einzelner Teilgebiete und einer weniger intensiven Prüfung anderer Teilgebiete ist zulässig. Sie setzt ein angemessen funktionierendes internes Kontrollsystem des geprüften Unternehmens voraus und erfordert einen mindestens diese Prüfungsschwerpunkte aufzeigenden, mehrjährigen Prüfungsplan."

Wenn die jährliche Prüfung mit wechselnden Prüfungsschwerpunkten zu einer spürbaren Entlastung führen soll, so setzt dies voraus, daß der gesamte Prüfungskomplex einer Abschlußprüfung daraufhin untersucht wird, welche Teilgebiete nur in einem mehrjährigen Rhythmus und welche Teilgebiete ggf. von Jahr zu Jahr mit unterschiedlicher Intensität geprüft werden können. Bei diesem Auswahlprozeß wird auf die „Dringlichkeit" der Prüfung der einzelnen Teilgebiete abgestellt.[48] Darunter dürfte die Fehlererwartung in den einzelnen Teilgebieten sowie die Bedeutung der einzelnen Prüfungsgegenstände, gemessen an ihrem absoluten und relativen Wert, zu verstehen sein; dabei kann ein gut funktionierendes internes Kontrollsystem die Veranlassung bieten, außerhalb der jährlich wechselnden Prüfungsschwerpunkte extensivere Prüfungshandlungen vorzunehmen. – Der verlangte mehrjährige Prüfungs-

---

[45] Adler/Düring/Schmaltz, Rechnungslegung 1971, § 162, Tz. 92; vgl. auch den Vorschlag für einen Sachgebietsplan einer Zwischenprüfung bei Petzel, Gliederung 1962, S. 6 f.

[46] Vgl. Adler/Düring/Schmaltz, Rechnungslegung 1971, § 162, Tz. 104, die sich hinsichtlich der zweiten Alternative auf die angelsächsische Praxis berufen; vgl. auch WP-Handbuch 1985/86, Bd. I, S. 992 f.

[47] IdW, FG 1/1977, Abschn. C IV, Anm. 3

[48] Vgl. Petzel, Gliederung 1962, S. 4

plan sollte sich als Umrißplan auf einen Turnus von drei bis fünf Jahren erstrecken; er sollte dem geprüften Unternehmen nicht bekannt sein und müßte dementsprechend von Turnus zu Turnus abgeändert werden, damit trotz der Prüfung mit wechselnden Schwerpunkten wenigstens die prophylaktische Wirkung der Prüfung nicht verlorengeht.[49]

Die **Bestimmung der Reihenfolge der Prüfungshandlungen** innerhalb eines Prüfungsauftrags oder im Rahmen einer Zwischenprüfung ist nur teilweise einer freien Planung des Prüfungsorgans zugänglich. Sofern zwischen den zu bearbeitenden Prüffeldern oder Prüffeldergruppen Reihenfolgebedingungen im Sinne des „Stufengesetzes der Prüfung" nach Zimmermann[50] zu beachten sind, d.h. sofern die Bearbeitung eines Prüffeldes nur dann möglich ist, wenn zuvor das Ergebnis der Prüfungshandlungen in einem anderen Prüffeld bekannt ist, kann von einer Dispositionsfreiheit über die Reihenfolge der Prüfungshandlungen keine Rede sein. Die Kenntnis solcher „Reihenfolgebedingungen" ist für die zeitliche Prüfungsplanung von wesentlicher Bedeutung.

5. Begrenzungen bei der Prüfungsplanung

In praxi dürfte der Planungsspielraum wesentlich enger sein als dies aus der vorstehenden Übersicht über die Objekte der Prüfungsplanung hervorzugehen scheint. Die Prüfungsorgane und ihre Träger der Prüfungsplanung sind tatsächlich einer Vielzahl von Begrenzungen unterworfen, durch die die Zahl der zulässigen Handlungsalternativen und damit ihr Planungsspielraum wesentlich eingeschränkt wird. Die Existenz solcher Begrenzungen hat verschiedene Gründe: **Endogene Begrenzungen** des Planungsspielraums der Planungsträger können sich aus der Planungsorganisation und aus den jeweils angewandten Planungsverfahren wegen der möglichen Abhängigkeiten zwischen den Einzelplänen ergeben; **exogene Begrenzungen** sind dagegen eine Folge vor allem gesetzlicher, berufsrechtlicher oder vertraglicher Regelungen, mit Hilfe derer die Prüfungsorgane und ihre Planungsträger aus ihnen übergeordneten Gesichtspunkten an der Realisation bestimmter Planungsalternativen gehindert oder auf die Realisation anderer Alternativen hingelenkt werden sollen.

a) Endogene Begrenzungen bei der Prüfungsplanung

Es sei zunächst auf die Begrenzungen hingewiesen, die sich aufgrund der jeweiligen Planungsorganisation der Prüfungsorgane, d.h. aufgrund der gegenseitigen Abhängigkeiten zwischen Einzelplänen und/oder Planungsträgern innerhalb eines Prüfungsorgans ergeben können: Sofern die Planung der Auftragszusammensetzung, die Bereitstellungsplanung und die Durchführungsplanung der einzelnen Aufträge und der einzelnen Prüfungshandlungen

---

[49] Vgl. dazu: Adler/Düring/Schmaltz, Rechnungslegung 1971, § 162, Tz. 108
[50] Vgl. Zimmermann, Theorie 1954, S. 40 ff.

nicht simultan durch einen einheitlichen Gesamtplan und damit durch eine einzige Planungsinstanz des Prüfungsorgans erfolgen, ergibt sich sowohl für den einzelnen Planungsträger wie auch für den zu planenden Teilbereich bzw. für den zeitlich abgegrenzten einzelnen Planungsabschnitt eine Fülle von **gegenseitigen Abhängigkeiten, die sich für den einzelnen Planungsträger als mehr oder weniger zwingende Begrenzungen seines Entscheidungsfeldes darstellen.**

Ohne Anspruch auf Vollständigkeit seien als endogene Begrenzungen, die sich für den einzelnen Teilplan bzw. für den einzelnen Planungsträger ergeben können, die folgenden aufgezählt:

– Begrenzung einer kurzfristigen (Detail-)Planung durch einen langfristigen Rahmenplan.
– Begrenzung des Entscheidungsspielraums nachgeordneter Planungsträger (z.B. Prüfungsgehilfe, Prüfungsleiter) durch Vorgaben, Richtlinien und Vorentscheidungen übergeordneter Entscheidungsträger (Geschäftsleitung, Niederlassungsleitung des Prüfungsorgans).
– Begrenzung der Planung im Sachbereich (Festlegung der Prüfungsobjekte, der Prüfungsmethoden und der Prüfungsintensität) durch zeitliche Dispositionen (Zeitvorgaben, Reihenfolgebedingungen) und durch Vorentscheidungen im Personalbereich (Personalbereitstellung, Personalzuordnung).
– Begrenzung der Planung in zeitlicher Hinsicht durch Vorentscheidungen im Sach- und Personalbereich.
– Begrenzung der Planung im Personalbereich durch Vorentscheidungen im Sach- oder im Zeitbereich.

b) Exogene Begrenzungen, insbesondere durch standesrechtliche Vorschriften

Besonderer Erwähnung bedürfen an dieser Stelle die durch das Berufsrecht i.w.S. der prüfenden Berufe eingeführten exogenen Begrenzungen der Prüfungsplanung. Nachfolgend werden beispielhaft diejenigen exogenen Begrenzungen umschrieben, die sich aufgrund der handelsrechtlichen und standesrechtlichen Vorschriften ergeben können. Es zeigt sich, daß sich diese exogenen Begrenzungen auf sämtliche Objekte der Prüfungsplanung im Sachbereich, im personellen Bereich und im zeitlichen Bereich auswirken können.

b1) Begrenzungen im Sachbereich der Prüfungsplanung

Fast sämtliche Berufsgrundsätze der externen prüfenden Berufe sind im Falle ihrer Beachtung nicht ohne Einfluß auf den Sachbereich der Prüfungsplanung, also entweder auf die Planung des Auftragsbestands und damit der Auftragszusammensetzung oder auf die Modalitäten der Auftrags-(Prüfungs-)-Durchführung. Dies gilt namentlich für die Berufsgrundsätze der Unabhängigkeit und Unbefangenheit, für den Grundsatz der Gewissenhaftigkeit, für den Grundsatz der Eigenverantwortlichkeit, für das sog. berufswürdige Verhalten und für den Katalog der mit dem Beruf nicht zu vereinbarenden Tätigkeiten.

*b11) Begrenzungen bei der Planung des Auftragsbestands und der Auftrags-
zusammensetzung*

Ein Teil der genannten Berufsgrundsätze kann sich unmittelbar auf die Planung des Auftragsbestands und damit auf die Planung der Auftragszusammensetzung auswirken. Dies gilt insbesondere für die Berufsgrundsätze der
Unabhängigkeit und Unbefangenheit, der Gewissenhaftigkeit und für den
Katalog der mit den Berufsaufgaben nicht vereinbaren Tätigkeiten. Durch sie
werden bestimmte Aufträge oder bestimmte Tätigkeitsbereiche der Prüfungsorgane bzw. der qualifizierten Prüfer generell aus der Planung ausgeschlossen.

Der Bereich der durch den **Grundsatz der Unabhängigkeit und Unbefangenheit** ausgeschlossenen Tätigkeitsgebiete umfaßt zunächst den umfangreichen
Katalog der in § 319 HGB aufgezählten Abhängigkeitstatbestände.[51] Der
Kreis der ausgeschlossenen Aufträge umfaßt darüberhinaus alle jene Prüfungsaufträge, bei denen die „Besorgnis der Befangenheit" des Prüfers oder
des Prüfungsorgans besteht.[52]

Eine ähnlich strenge Begrenzung der von Prüfern oder Prüfungsorganen
wahrnehmbaren und damit in die Planung als Alternativen aufnehmbaren
Tätigkeitsbereiche ergibt sich aus dem Katalog der „**mit dem Beruf nicht
vereinbaren Tätigkeiten**".[53]

Danach ist den Prüfern und analog den Prüfungsorganen grundsätzlich jede gewerbliche Tätigkeit und jede Tätigkeit im Beamten- oder Angestelltenverhältnis untersagt mit
Ausnahme derjenigen Tätigkeiten, die die Beratung und Wahrnehmung fremder Interessen in wirtschaftlichen Angelegenheiten zum Gegenstand haben und mit Ausnahme
der treuhänderischen Verwaltung.

Mehr auf indirektem Wege sind die **Grundsätze der Gewissenhaftigkeit und
des berufswürdigen Verhaltens,** insbesondere die **Regeln der „Kundmachung"** und des **„Auftragsschutzes"** geeignet, den Auftragsbestand und dessen Zusammensetzung zu beeinflussen. Die Beachtung der genannten Grundsätze wird auf jeden Fall nicht ohne Auswirkungen auf die einzuschlagenden
Strategien der Auftragserlangung und der Auftragserhaltung sein können. So
verlangt der Grundsatz der Gewissenhaftigkeit[54] in diesem Zusammenhang,
daß ein Auftrag nur angenommen werden kann, wenn der Prüfer oder das
Prüfungsorgan über die besonderen Kenntnisse und Erfahrungen verfügt, die
erforderlich sind, um den Auftrag sachgerecht durchführen zu können. „Berufswürdiges Verhalten" wird insbesondere im Bereich der „Kundmachung"
und des Auftragsschutzes verlangt. Zumindest in Deutschland ist den Angehörigen der prüfenden Berufe jede Werbung untersagt.[55]

Eine ähnliche Tendenz dürfte sich auf dem Gebiet der „Preispolitik" ergeben:
Wenngleich einer Festlegung von Gebührensätzen z.Z. kartellrechtliche Be-

---

51 Vgl. oben, Kap. III Abschn. A 4 a1)
52 Vgl. oben, Kap. III Abschn. A 4 a2)
53 Vgl. oben, Kap. III Abschn. A 4 e)
54 Vgl. oben, Kap. III Abschn. A 4 g)
55 Vgl. oben, Kap. III Abschn. A 4 f)

denken entgegenstehen,[56] so sind doch die Grenzen der Bemessung von Gebühren durch die Berufsauffassung abgesteckt: Nach oben begrenzen das
Verbot der Entgegennahme von Provisionen, das Verbot der Vereinbarung
von Erfolgsbeteiligungen sowie der Hinweis, daß die Berufsaufgabe des Prüfers „nicht im Erwerb, sondern in der fachlichen Leistung zu sehen" sei,[57] das
Erwerbsstreben. Eine Begrenzung nach unten ergibt sich insbesondere aus
der Verpflichtung zu „berufswürdigem Verhalten",[58] die einer Unterbietung
von Berufskollegen entgegenstehen soll.

b12) Begrenzungen bei der Planung der Auftragsdurchführung

Die berufsrechtlichen Regelungen, die zur Begrenzung der möglichen Alternativen bei der Auftragsdurchführung führen könnten, sind bei weitem nicht
in dem Maße konkretisiert wie die Grundsätze, die zu Begrenzungen des
Auftragsvolumens und der Auftragszusammensetzung führen. Das Berufsrecht beschränkt sich in dieser Hinsicht lediglich auf die Feststellung, daß der
Prüfer bei Erfüllung seiner Aufgaben Gesetze und fachliche Regeln beachten
müsse sowie nach seinem Gewissen zu handeln habe; er habe sich hierbei von
dem **Grundsatz der Gewissenhaftigkeit** leiten zu lassen.[59] Es sind also die für
die jeweiligen Prüfungen gültigen Prüfungsordnungen zu beachten; ein Abweichen von den durch Gesetz, durch vertragliche Vereinbarungen mit dem
Auftraggeber oder auf andere Weise (z. B. durch Berufsübung) für den Prüfer
verbindlichen Regeln der Prüfungsdurchführung und -berichterstattung ist
zugleich ein Verstoß gegen den Grundsatz der Gewissenhaftigkeit.

b2) Begrenzungen im personellen Bereich der Prüfungsplanung

Eine Reihe von mittelbar auf die Art der Prüfungsdurchführung wirkenden
Begrenzungen finden sich im personellen Bereich der Prüfungsplanung. Die
hier zu erwähnenden Begrenzungen sind sämtlich dazu bestimmt, bei der
Planung des Auftragsbestands und bei der Planung der einzelnen Prüfung
sicherzustellen, daß die Prüfungsaufgaben entweder nur von hinreichend
qualifizierten Personen wahrgenommen werden oder daß die Mitarbeiter
wenigstens in der Weise beaufsichtigt werden, daß eine fachgerechte Auftragsdurchführung gewährleistet ist. Insoweit sind das Prüfungsorgan und
seine Planungsträger daran gehindert, bei der personellen Bereitstellungsplanung und bei der Besetzungsplanung, d. h. bei der Zuordnung von Prüfern zu
Prüfungsaufträgen, zu Prüffeldergruppen oder zu einzelnen Prüffeldern sämtliche denkbaren Planungsalternativen auszuschöpfen.

Der Grundsatz der **Eigenverantwortlichkeit**[60] begrenzt den Spielraum der
Prüfungsplanung in zweierlei Hinsicht: Er fixiert das zahlenmäßige Verhält-

[56] Vgl. oben, Kap. III Abschn. B 4 a2)
[57] Begründung zu § 1 WPO, abgedr. bei Gerhard, Wirtschaftsprüferordnung 1961,
S. 18
[58] Vgl. oben, Kap. III Abschn. A 4 h)
[59] Vgl. zum Grundsatz der Gewissenhaftigkeit oben, Kap. III Abschn. A 4 g)
[60] Vgl. oben, Kap. III Abschn. A b)

nis zwischen qualifizierten Prüfern und deren Mitarbeitern (Prüfungsgehilfen) und begrenzt somit die Möglichkeiten der Bereitstellungsplanung in
personeller Hinsicht; er greift ferner unmittelbar in die Organisation der
Prüfungsplanung und damit in die Planung der Prüfungsdurchführung ein,
wenn er bestimmte Entscheidungskompetenzen unabdingbar den qualifizierten Prüfern vorbehält.

Der Zweck der Begrenzung der Mitarbeiterzahl liegt darin, daß der Tätigkeitsbereich des qualifizierten Prüfers für diesen selbst überschaubar bleiben
muß. Er soll in der Lage sein, die Verantwortlichkeit für Prüfungshandlungen, die in seinem Namen vorgenommen werden, auch tatsächlich zu übernehmen. Er soll sich von der Tätigkeit seiner Mitarbeiter, für die er verantwortlich ist, ein ausreichendes Bild machen können, damit diese Tätigkeit
ihm nicht nur formal, sondern als mit seinem Wissen und mit seiner Billigung
ausgeübt wie seine eigene Tätigkeit zugerechnet werden kann.

Durch den Grundsatz der Eigenverantwortlichkeit wird ferner insoweit in die
Personalorganisation der Prüfungsorgane und damit auch in die Organisation der Prüfungsplanung eingegriffen, als durch die Wirtschaftsprüferordnung (§ 44 WPO) verlangt wird, daß angestellte qualifizierte Prüfer nicht
verpflichtet werden dürfen, Gutachten und Prüfungsberichte gegen ihre
Überzeugung zu unterzeichnen.

Ohne Zweifel muß die Beobachtung der vorstehenden Grundsätze Auswirkungen nicht nur auf die Art der Prüfungsdurchführung, sondern auch auf
die Planung der Prüfungsdurchführung haben: Die Geschäftsleitung des Prüfungsorgans hat sich jeder Einflußnahme, also auch jeder Planvorgabe, zu
enthalten, die den eigenverantwortlichen Entscheidungsspielraum des angestellten qualifizierten Prüfers einschränken kann. Es spricht deshalb vieles für
eine grundsätzlich dezentrale Organisation der Prüfungsplanung in den Prüfungsorganen. Zumindest die Durchführungsplanung des einzelnen Prüfungsauftrags müßte, wenn sie nicht dem verantwortlichen Prüfungsleiter
ganz überlassen bleibt, doch wenigstens im Benehmen mit dem verantwortlichen Prüfungsleiter vorgenommen werden.

Die Zuordnung von Mitarbeitern zu bestimmten Prüffeldern oder Prüffeldergruppen kann schließlich durch den **Grundsatz des berufswürdigen Verhaltens** exogen beeinflußt werden. Weirich[61] stellt beispielsweise fest, daß das
Berufsrecht den Prüfungsorganen die Ausbildung des Berufsnachwuchses zur
Aufgabe mache. Es sei deshalb erforderlich, bei der Besetzungsplanung u. U.
von rein ökonomischen Erwägungen abzusehen und z. B. Mitarbeiter zu Ausbildungszwecken gerade zur Bearbeitung derjenigen Prüffelder einzusetzen,
in denen diese bislang noch keine große Erfahrung besitzen.

Weitere Begrenzungen bei der Besetzungsplanung können durch die jeweiligen **Prüfungsordnungen** bedingt sein. So kann z. B. durch den Prüfungsauftrag festgelegt sein, daß ein bestimmter Prüfer oder ein bestimmtes Prüferteam den betreffenden Auftrag (nicht) durchzuführen hat. Derartige Vereinbarungen finden sich sehr häufig bei Folgeprüfungen, z. B. dann, wenn das zu

---

61 Vgl. Weirich, Ermittlung 1965, S. 94 f.

prüfende Unternehmen Wert darauf legt, durch Prüfer geprüft zu werden, denen die Verhältnisse des Unternehmens bereits aus Vorprüfungen bekannt sind oder – umgekehrt – dann, wenn das zu prüfende Unternehmen ggf. im Einvernehmen mit dem Prüfungsorgan auf einen **turnusmäßigen internen Prüferwechsel** Wert legt, um so einer möglichen „Betriebsblindheit" der Prüfer oder des Prüferteams entgegenzuwirken. Soweit solche Verpflichtungen bzw. Vereinbarungen bestehen, ist das Prüfungsorgan auch hier daran gehindert, die Prüfer und Prüfungsgehilfen ausschließlich nach betriebsinternen Gesichtspunkten den anfallenden Prüfungsarbeiten innerhalb des gesamten Auftragsbestands zuzuordnen.

Das nachfolgende Schema (Abb. 52) gibt einen längerfristigen Plan für einen prüfungsorgan-internen turnusmäßigen Prüferwechsel wieder. Wie daraus hervorgeht, umfaßt der Prüferwechsel nicht das gesamte Prüferteam zur gleichen Zeit, sondern es wird dafür gesorgt, daß jeweils neue Prüfer mit solchen zusammenarbeiten, die das Unternehmen schon kennen. Auf diese Weise soll ein brauchbarer Kompromiß zwischen der vor allem aus Wirtschaftlichkeitsgründen notwendigen Kontinuität bei Folgeprüfungen und der erwarteten Unbefangenheit der jeweils neu hinzutretenden Prüfer erreicht werden.

Abb. 52: Übersicht über den internen Prüferwechsel bei verschiedenen Pflichtprüfungsaufträgen einer Prüfungsgesellschaft

Prüfung für das Geschäftsjahr	Auftrag I			Auftrag II			Auftrag III		
	Prüfungsleiter	1. Ass.	2. Ass.	Prüfungsleiter	1. Ass.	2. Ass.	Prüfungsleiter	1. Ass.	2. Ass.
1976		X	X		X		X		
1977				X					X
1978		X					X	X	X
1979		X							X
1980		X			X			X	–
1981	X		X	X		X	X		X
1982		X	X			X			–

Erläuterung: Die mit X bezeichneten Stellen der Teams sind gegenüber dem Vorjahr neu besetzt. Die Pfeile zeigen an, wie lange der gleiche Prüfer bei einem Auftrag eingesetzt ist. Die mit (-) bezeichneten Stellen sind nicht besetzt.[62]

b3) Zeitliche Begrenzungen bei der Prüfungsplanung

Zeitliche Begrenzungen, denen die Prüfungsplanung, insbesondere die Planung einzelner Prüfungsaufträge unterworfen ist, ergeben sich in erster Linie aus **vertraglichen Vereinbarungen zwischen dem Prüfungsorgan und dessen Auftraggeber**, also durch die jeweils gültige Prüfungsordnung, durch die die

---

[62] Vgl. dazu: Treuarbeit AG, Turnusdenkschrift 1975

zur Verfügung stehende Prüfungszeit und die Zeitpunkte des Beginns und der Beendigung des Prüfungsauftrags festgelegt werden.

Bei periodischen Prüfungen, insbesondere aber **bei periodischen Pflichtprüfungen steht die Festlegung der zur Verfügung zu stellenden Prüfungszeit keineswegs im Belieben der Vertragspartner.** Zumindest der Zeitpunkt der spätest möglichen Beendigung der Prüfung ist z.b. bei der Jahresabschlußprüfung von mittleren und großen Kapitalgesellschaften nach § 325 HGB fixiert.[63] Der möglicherweise bei solchen Prüfungen entstehende Termindruck wird deutlich, wenn auf der anderen Seite berücksichtigt wird, daß das Handelsgesetzbuch den Verwaltungen großer und mittelgroßer Kapitalgesellschaften für die Aufstellung des zu prüfenden Jahresabschlusses einen Zeitraum von drei Monaten nach Ablauf des Geschäftsjahrs beläßt (§ 264 Abs. 1 Satz 2 HGB).

Auf die Möglichkeiten, den Termindruck durch (vorverlegte) **Zwischenprüfungen** und durch **mehrjährige Prüfungspläne mit wechselnden Prüfungsschwerpunkten** abzumildern, wurde oben[64] hingewiesen. Zur Beseitigung von zeitlichen Engpässen verbleiben als zulässige Anpassungsmaßnahmen lediglich: Intensivere Prüfungsarbeit (Überstunden), vermehrter Personaleinsatz und verbesserte zeitliche Abstimmung der einzelnen Prüfungshandlungen untereinander sowie mit den prüfungsvorbereitenden Arbeiten des zu prüfenden Unternehmens. – Es ist in diesem Zusammenhang darauf hinzuweisen, daß eine Intensivierung der Prüfungsarbeit z.b. durch Einlegen von Überstunden sehr häufig daran scheitern wird, daß die Prüfung „vor Ort" regelmäßig nur während der normalen Arbeitszeit in dem zu prüfenden Unternehmen möglich sein wird, jedenfalls insoweit, wie die Prüfer auf die Mitwirkung von Kontaktpersonen angewiesen sind.

6. Zur Verwendung von Optimierungsverfahren bei der Prüfungsplanung

Es fehlt nicht an Versuchen, die Problemstruktur der Planung komplexer Prüfungen mit Hilfe von Planungsmodellen abzubilden und durch Einsatz von Methoden des Operation-Research Lösungen zu erarbeiten, die die möglichen Abhängigkeiten und Begrenzungen bei komplexen Prüfungen hinreichend berücksichtigen. **Es zeigt sich aber, daß die auf die Prüfungsplanung anwendbaren Planungsmodelle meist nur Teilbereiche der Planung komplexer Prüfungen zu erfassen in der Lage sind und daß diese Modelle meist von vereinfachenden Prämissen ausgehen, die ihre praktische Verwendbarkeit und ggf. ihre Erklärungskraft einschränken.** Es handelt sich im wesentlichen um die folgenden Ansätze:

---

[63] § 325 Abs. 1 Satz 1 HGB: „Die gesetzlichen Vertreter von Kapitalgesellschaften haben den Jahresabschluß unverzüglich nach seiner Vorlage an die Gesellschafter, jedoch spätestens vor Ablauf des neunten Monats des dem Abschlußstichtag nachfolgenden Geschäftsjahrs, mit dem Bestätigungsvermerk oder dem Vermerk über dessen Versagung zum Handelsregister des Sitzes der Kapitalgesellschaft einzureichen ..."

[64] Vgl. Kap. V Abschn. A 4 c)

- Personal-Zuordnungsmodelle, mit Hilfe derer die Zuordnung von Prüffeldern bzw. Prüffeldergruppen auf die verfügbaren Prüfer entsprechend den jeweiligen Zielsetzungen der Prüfungsplanung vorgenommen werden soll.
- Netzwerkmodelle, mit Hilfe derer die zeitliche Strukturierung komplexer Prüfungen erfaßt werden soll.

Verfahren, mit Hilfe derer die optimale Prüfungsintensität und die optimalen Prüfungsverfahren bzw. Prüfungsstrategien bestimmt werden sollen, sind bislang nur in Ansätzen vorhanden; es ist fraglich, ob diesen auf spieltheoretischen oder informationstheoretischen Überlegungen beruhenden Ansätzen in absehbarer Zukunft praktische Bedeutung beigemessen werden kann.[65]

a) Personal-Zuordnungsmodelle

Gemeinsames Merkmal der sog. Personal-Zuordnungsmodelle ist es, daß mit ihrer Hilfe die Zuordnung von Prüfern unterschiedlicher Qualifikation (z.B. gemessen an dem Zeitbedarf, den die Prüfer für die Durchführung bestimmter Prüfarbeiten benötigen bzw. an dem Aufwand, den sie für die Prüfungsdurchführung verursachen) zu Prüffeldern unterschiedlicher Art (nach Gegenstand und Bearbeitungsanforderungen) nach bestimmten Zuordnungskriterien ermöglicht werden soll.

Im deutschsprachigen Raum hat Seicht[66] als erster die Verwendung der sog. Floodschen Zurechnungstechnik zur Lösung des Problems der zieladäquaten Zuordnung von unterschiedlich qualifizierten Prüfern zu einer vorgegebenen Zahl von Prüffeldern vorgeschlagen.[67] Die Kritik an dieser Methode bezieht sich vornehmlich auf die einschränkenden Bedingungen, unter denen die Methode ausschließlich anwendbar ist. Diese Bedingungen sind u.a.:

- Die Zahl der verfügbaren Prüfer und die Zahl der zu bearbeitenden Prüffelder müssen gleich groß sein, m.a.W. jeder Prüfer hat nur ein und mindestens ein Prüffeld zu bearbeiten.
- Bei Anwendung der Methode muß unterstellt werden können, daß jeder Prüfer wenigstens für den gesamten Zeitraum zur Verfügung steht, den die Bearbeitung des zeitaufwendigsten Prüffeldes in Anspruch nehmen würde, d.h. das Verfahren ist nicht in der Lage, mögliche Begrenzungen der zeitlichen Verfügbarkeit von Prüfern zu berücksichtigen.
- Die einzelnen Prüffelder müssen zeitlich unabhängig voneinander bearbeitet werden können, d.h. das Verfahren gestattet es, wie die übrigen Personal-Zuordnungsmethoden nicht, die Zeitstruktur des Prüfungsablaufs zu erfassen.

Ein Teil der einschränkenden Voraussetzungen für die Anwendung von Personal-Zuordnungsmodellen entfällt bei der sog. Vogelschen Approxima-

---

[65] Vgl. u.a. zu diesen Ansätzen: Loitlsberger, Buchprüfung 1968, S. 137ff.; Klages, Spieltheorie 1968; Sorensen, Analysis 1969, S. 555ff.; Baetge, Überwachungstheorie 1983, Sp. 1556ff.

[66] Seicht, Ermittlung 1965, S. 90ff.

[67] Im angelsächsischen Schrifttum war dieses Verfahren bereits erwähnt worden, vgl. Acklin, Resources 1962, S. 81f.

tionsmethode.[68] Zunächst hängt die Anwendbarkeit der Methode nicht davon ab, daß die Zahl der Prüffelder gleich der Zahl der Prüfer ist und daß dementsprechend jeder Prüfer nur ein Prüffeld bearbeiten kann. Ein weiterer Vorteil der Vogelschen Approximationsmethode besteht darin, daß sie verschiedene zeitliche Begrenzungen bei der Zuordnung von Prüfern auf Prüffelder zwanglos zu berücksichtigen in der Lage ist.

Der Verfasser hat in der 2. Auflage der „Grundlagen des betriebswirtschaftlichen Prüfungswesens" eine **allgemeine Lösung des Personal-Zuordnungsproblems mit Hilfe der ganzzahligen linearen Programmierung vorgeschlagen.**[69] Danach kann das Personal-Zuordnungsproblem auch allgemein als ganzzahliges lineares Gleichungssystem formuliert werden, wobei allerdings nur begrenzte Problemgrößen bewältigt werden können. Das Modell gestattet die Anwendung verschiedener Zielfunktionen (z.B. Kostenminimierung, Zeitminimierung). Es ist ferner möglich, Begrenzungen der verfügbaren Prüferzeiten explizit in das Modell aufzunehmen, d.h. es können z.B. Urlaubszeiten bzw. Einsatzzeiten der Prüfer bei anderen Aufträgen explizit berücksichtigt werden. Schließlich sind Vorauszuordnungen möglich, d.h. es können bestimmten Prüfern vorweg bestimmte Prüffelder zugeordnet werden und somit Sondersituationen bei dem Prüfungsorgan jederzeit berücksichtigt werden.

Gemeinsamer Nachteil sämtlicher Zuordnungsmodelle ist es aber, daß sie nicht in der Lage sind, Interdependenzen zwischen den einzelnen Prüffeldern, z.B. Reihenfolgebedingungen, zu berücksichtigen. Es gelingt deshalb mit Hilfe dieser Modelle nicht, die zeitliche Struktur des Prüfungsablaufs, also den gesamten Zeitbedarf des Prüfungsablaufs, das Nacheinander oder Nebeneinander einzelner Prüfungshandlungen zu optimieren.[70]

b) Netzwerkmodelle

Gegen Ende der fünfziger Jahre wurden mehrere Verfahren zur Planung komplexer Projekte entwickelt, von denen die bekanntesten die „Critical Path Method" (CPM) und die Methode des „Program Evaluation and Review Technique" (PERT) sind. Allgemein ausgedrückt handelt es sich bei diesen Netzwerktechniken um „Verfahren zur Abstimmung von Teilvorgängen."[71]

Die Netzwerktechnik hat in den verschiedensten Bereichen Anwendung gefunden, so z.B. bei Forschungs- und Entwicklungsarbeiten, bei Konstruktionsarbeiten, bei der Programmierung von Datenverarbeitungsanlagen, bei der Anlagenwartung und -un-

---

[68] Es ist das Verdienst von Krug und Krane, diese Methode auf das betriebswirtschaftliche Prüfungswesen angewandt zu haben, vgl. Krug/Krane, Anwendung 1968, S. 621 ff.; die Methode wurde erstmals vorgestellt von Reinfeld/Vogel, Programming 1958

[69] Vgl. v.Wysocki, Grundlagen 1977, S. 199 f.

[70] Vgl. zu den Personal-Zuordnungsmodellen bei der Prüfungsplanung grundsätzlich: Buchner, Personalzuordnungsmodelle 1983, Sp. 1051 ff. und die dort angegebene umfangreiche Literatur.

[71] Remington Rand GmbH, Planung PERT, S. 4

terhaltung, bei Hochbauvorhaben, bei der Standortverlegung von Produktionsanlagen, bei der Finanz- und Liquiditätsplanung, bei der Planung von Werbefeldzügen und bei Marketing-Programmen.[72]

Es liegt nahe, die Grundidee der Netzwerktechnik auch bei der Planung komplexer Prüfungen anzuwenden, geht es doch auch hierbei darum, die zeitliche Struktur komplexer Abläufe zu erfassen, d. h. eine Vielzahl zeitlich nacheinander oder parallel geschalteter „Aktivitäten" so aufeinander abzustimmen, daß nicht nur der Zeitpunkt der Beendigung der Prüfung und dementsprechend der Beginnzeitpunkt festgelegt werden können, sondern auch die Zeiträume, während derer die einzelnen „Aktivitäten" abgewickelt werden müssen oder können.

Tatsächlich hat sich das Schrifttum auch in Deutschland seit Erscheinen der ersten Auflage dieser Schrift[73] intensiver mit der Verwendung der Netzwerktechnik bei der Prüfungsplanung beschäftigt, **ohne allerdings damit auf „Gegenliebe" seitens der Prüfungspraxis zu stoßen.**[74] Es erübrigt sich deshalb, auf die Vielzahl der angebotenen und offenbar auf den verschiedensten Gebieten mit Erfolg eingesetzten EDV-Standardprogramme zur Berechnung von Netzwerken einzugehen.

Ein Hauptgrund für die Nichtanwendung von Netzplantechniken im betriebswirtschaftlichen Prüfungswesen dürfte in **Wirtschaftlichkeitsüberlegungen** zu suchen sein. Zwar wird berichtet, daß bei größeren Projekten die Kosten der Anwendung von Netzwerktechniken 1-2% der gesamten Projektkosten nicht überschritten haben, daß aber die Kosten- oder Zeiteinsparungen, die mit Hilfe von Netzwerkanalysen erzielt werden konnten, bis zu 20% betragen hätten.[75] Es ist aber nicht auszuschließen, daß diese Angaben auf einer gewissen „Netzwerkeuphorie" beruhen, zumal der angegebene Planungsnutzen auf Schätzungen beruht, „denen wegen der Einmaligkeit der Projekte die Vergleichsbasis fehlt."[76] Unabhängig davon beziehen sich diese Angaben offenbar auch nur auf Großprojekte, im Vergleich zu denen sich komplexe Prüfungsaufträge, was die Gesamtkosten, den Zeitbedarf und die Zahl der zu verknüpfenden Aktivitäten angeht, recht bescheiden ausnehmen.

Ein weiterer Grund dafür, daß ein Bedarf zur Anwendung von Verfahren der Netzwerktechnik bei der Prüfungsplanung nicht besteht, könnte in dem **relativ geringen Verflechtungsgrad komplexer Prüfungsabläufe** gesehen werden. Trotz der durch das Stufengesetz der Prüfung festgelegten Reihenfolgebedingungen sind die Freiheitsgrade für die Gestaltung des zeitlichen Ablaufs einer Jahresabschlußprüfung so groß, daß ggf. die Vorteile der Netzwerktechnik kaum zum Tragen kommen können.[77]

---

72 Vgl. Mertens, Netzwerktechnik 1964, S. 400

73 Vgl. v.Wysocki, Grundlagen 1967, S. 299 ff.

74 Zur Anwendung der Netzplantechnik bei der Prüfungsplanung vgl. Münstermann, Netzplantechnik 1983, Sp. 983 ff. und die dort angegebene umfangreiche Literatur

75 Vgl. Mertens, Netzwerktechnik 1964, S. 406; Kern, Netzplantechnik 1969, S. 76; Münstermann, Netzplantechnik 1983, Sp. 989

76 Vgl. Münstermann, Netzplantechnik 1983, Sp. 989

77 Vgl. Münstermann, Netzplantechnik 1968, S. 137 f.

B. Prüfungskontrolle

1. Übersicht

In der jüngeren Zeit wird vermehrt eine „Kontrolle der Kontrolleure" mit der Begründung verlangt, daß das in die Prüfer gesetzte Vertrauen nur dann gerechtfertigt sein könne, wenn nicht nur Grundsätze ordnungsmäßiger Berufsausübung und Grundsätze ordnungsmäßiger Prüfungsdurchführung aufgestellt werden, sondern wenn auch in nachvollziehbarer Weise Sorge dafür getragen wird, daß diese Grundsätze und Regeln tatsächlich eingehalten werden.

Dem Sprachgebrauch in Literatur und Praxis folgend werden alle Maßnahmen (und Unterlassungen) der Prüfungsorgane, die dazu dienen, die Qualität der (Abschluß-)Prüfungen und der Berichterstattung über diese Prüfungen zu erhalten und ggf. zu verbessern, unter der Bezeichnung „Quality Control" zusammengefaßt. Es handelt sich bei diesen Maßnahmen um das „Interne Kontrollsystem" der Prüfungsorgane, das dazu bestimmt ist, bei der Prüfungsdurchführung die Einhaltung der Qualitätsstandards zu sichern, d.h. es wird unterstellt, daß immer dann, wenn die Funktionsfähigkeit dieses Kontrollsystems gegeben ist, die Prüfungsdurchführung den an sie gestellten, durch Gesetz und Berufsgrundsätze festgelegten Qualitätsanforderungen entspricht.

Inhalt und Zweck der Quality Control-Maßnahmen werden durch die Empfehlung Nr. 6 des Auditing Statements Board der UEC, „Gewährleistung und Verbesserung der Prüfungsqualität", wie folgt umschrieben: [78]

„Unter Quality Control werden ... alle Maßnahmen von Prüfungspraxen verstanden, die dazu dienen, eine hohe Qualität der Abschlußprüfungen und der Berichterstattung hierüber zu gewährleisten und – soweit dies erforderlich – zu verbessern.

Die Notwendigkeit solcher Maßnahmen ergibt sich aus der Pflicht der Abschlußprüfer, die ihnen übertragenen Aufgaben mit der ihrer beruflichen Verantwortung entsprechenden Sorgfalt und Gewissenhaftigkeit auszuführen.

Das Ziel der Quality Control-Maßnahmen ist es insbesondere, die sachgerechte Bildung und Weitergabe eines Urteils über die Rechnungslegung eines Unternehmens zu gewährleisten, um dadurch das Vertrauen der Urteilsempfänger in die Richtigkeit des Urteils zu stärken.

Darüber hinaus kann durch die Anwendung von Quality Control-Maßnahmen gegenüber Dritten der Nachweis erbracht werden, daß alles getan wurde, einen hohen Prüfungsstandard zu gewährleisten."

---

[78] Vgl. Union Européenne des Experts Comptables Economiques et Financiers, Empfehlung 1979, Abschn. 1.1.-1.4.

Die von den nationalen und internationalen Berufsorganisationen angesprochenen Maßnahmen zur Quality Control[79] beziehen sich nur auf die Abschlußprüfung, weil sie im Interesse einer breiten Öffentlichkeit durchgeführt wird. Beumer[80] weist jedoch darauf hin, daß es im eigenen Interesse der Prüfungsorgane liege, auch ihre anderen Dienstleistungen wie Beratungen, Gutachtertätigkeiten und Treuhandaufgaben in ihr Quality Control-System einzubeziehen.

In Deutschland sind die international üblichen Maßnahmen der Quality Control teils gesetzlich geregelt,[81] teilweise sind sie in den Berufsrichtlinien der Wirtschaftsprüferkammer als dem öffentlich-rechtlichen Aufsichtsorgan[82] niedergelegt und schließlich sind sie insbesondere in den Fachgutachten des Instituts der Wirtschaftsprüfer formuliert worden.[83] Gleichwohl sind die Maßnahmen zur Quality Control seit 1982 nochmals in einer **gemeinsamen Stellungnahme der Wirtschaftsprüferkammer und des Instituts der Wirtschaftsprüfer zusammengefaßt worden.**[84]

2. Einzelmaßnahmen zur Sicherung der Prüfungsqualität

Nach der gemeinsamen Stellungnahme der Wirtschaftsprüferkammer und des Instituts der Wirtschaftsprüfer zur Gewährleistung der Prüfungsqualität betreffen die Einzelmaßnahmen einerseits die **fachliche Organisation der Prüfungsorgane** und andererseits die **Abwicklung einzelner Prüfungsaufträge.** Da sämtliche dort genannten Maßnahmen in dieser Schrift bereits ausführlich besprochen worden sind, bedarf es, um Wiederholungen zu vermeiden, an dieser Stelle nur noch einer Wiedergabe der Ansatzpunkte für die Quality Control-Maßnahmen.

Die fachliche Organisation der Prüfungsorgane betreffen:

– Entscheidungen über Auftragsannahme und Auftragsfortführung;[85]
– Sicherung der Unabhängigkeit und Unbefangenheit der Prüfer und des Prüfungsorgans;[86]

---

[79] Vgl. für Deutschland: IdW/WPK, Gewährleistung 1982; ferner: Union Européenne des Experts Comptables Economiques et Financiers, Empfehlung 1979; International Federation of Accountants, IAPC 7/1982 und IAPC 19/1984
[80] Vgl. Beumer, Quality Control 1983, Sp. 1245
[81] So z.B. in § 319 HGB und in den §§ 43-56 WPO
[82] Vgl. WPK, Richtlinien 1987
[83] Vgl. IdW, FG 1/1977, FG 2/1977, FG 3/1977; vgl. auch IdW, Entwurf FG 1987
[84] Vgl. IdW/WPK, Gewährleistung 1982
[85] Vgl. oben, Kap. V A 4 a1); IdW/WPK, Gewährleistung 1982, Abschn. B I; International Federation of Accountants, IAPC 7/1982, Abschn. 15 E; Union Européenne des Experts Comptables Economiques et Financiers, Empfehlung 1979, Abschn. 2.4.
[86] Vgl. oben, Kap. III A 4 a); IdW/WPK, Gewährleistung 1982, Abschn. B II; International Federation of Accountants, IAPC 7/1982, Abschn. 15 A; Union Européenne des Experts Comptables Economiques et Financiers, Empfehlung 1979, Abschn. 2.4.

- Qualifikation und Information der Mitarbeiter, Grundsatz der Gewissenhaftigkeit;[87]
- Gesamtplanung aller Aufträge;[88]
- Allgemeine Anweisungen zur Prüfung (Prüfungsanweisungen) und zur Dokumentation.[89]

Bei der Durchführung einzelner Prüfungsaufträge stehen im Vordergrund der Sicherung der Prüfungsqualität:

- Hinreichende Prüfungsplanung einzelner Aufträge in sachlicher, personeller und zeitlicher Hinsicht;[90]
- Beaufsichtigung der Prüfungsdurchführung durch die (den) verantwortlichen Prüfer;[91]
- Prüfungskritik durch mit dem Prüfungsauftrag nicht befaßte qualifizierte Prüfer.[92]

3. Überwachung der Einhaltung von Quality Control-Maßnahmen

Es liegt nahe, auch die Einhaltung der vorgesehenen Quality Control-Maßnahmen durch Soll-Ist-Vergleiche zu überwachen, um auf diese Weise nicht nur auf die Einhaltung der Qualitätsnormen hinzuwirken, sondern auch ggf. festgestellte Qualitätsmängel abzustellen.

Verantwortlich für die Existenz und für die Wirksamkeit des Systems der Qualitätssicherung ist das jeweilige Prüfungsorgan. Das Prüfungsorgan kann

---

[87] Vgl. oben, Kap. III A 4 g); IdW/WPK, Gewährleistung 1982, Abschn. B III; International Federation of Accountants, IAPC 7/1982, Abschn. 15 B; Union Européenne des Experts Comptables Economiques et Financiers, Empfehlung 1979, Abschn. 2.4.

[88] Vgl. oben, Kap. V A 4 a1); IdW/WPK, Gewährleistung 1982, Abschn. B IV; International Federation of Accountants, IAPC 7/1982, Abschn. 15 E; Union Européenne des Experts Comptables Economiques et Financiers, Empfehlung 1979, Abschn. 2.4.

[89] Vgl. oben, Kap. V A 4 a4); IdW/WPK, Gewährleistung 1982, Abschn. B V; International Federation of Accountants, IAPC 7/1982, Abschn. 15 D; Union Européenne des Experts Comptables Economiques et Financiers, Empfehlung 1979, Abschn. 2.4.

[90] Vgl. oben, Kap. V A 4; IdW/WPK, Gewährleistung 1982, Abschn. C I; International Federation of Accountants, IAPC 7/1982, Abschn. 6 und 7; Union Européenne des Experts Comptables Economiques et Financiers, Empfehlung 1979, Abschn. 3.2.1.

[91] Vgl. oben, Kap. III A 4 b; IdW/WPK, Gewährleistung 1982, Abschn. C II; International Federation of Accountants, IAPC 7/1982, Abschn. 8 bis 10; Union Européenne des Experts Comptables Economiques et Financiers, Empfehlung 1979, Abschn. 3.2.3.

[92] Vgl. oben, Kap. III B 4 b1); IdW/WPK, Gewährleistung 1982, Abschn. C III; International Federation of Accountants, IAPC 7/1982, Abschn. 12; Union Européenne des Experts Comptables Economiques et Financiers, Empfehlung 1979, Abschn. 3.3.

die Überwachung (Kontrolle) in der Weise regeln, daß die **Geschäftsleitung des Prüfungsorgans** die „Nachschau" selbst wahrnimmt oder diese durch qualifizierte Mitarbeiter durchführen läßt, sich dann aber über die bei der Nachschau getroffenen Feststellungen und Empfehlungen berichten läßt. **Die Überwachung der Quality Control-Maßnahmen kann aber auch durch Dritte, d. h. durch unabhängige externe Prüfungsorgane erfolgen.**

Die europäischen Berufsorganisationen haben der externen Prüfung der Quality Control-Maßnahmen durch unabhängige fremde Prüfungsorgane, wie sie in den USA seit 1977 – allerdings in begrenztem Umfang – unter der Bezeichnung „Peer Review"[93] praktiziert wird, allerdings von Anfang an Widerstand entgegengesetzt.[94] Aus diesem Grund sehen auch die internationalen Stellungnahmen der UEC und der IFAC[95] ebenso wie die gemeinsame Stellungnahme der Wirtschaftsprüferkammer und des Instituts der Wirtschaftsprüfer eine Verpflichtung, die Einhaltung der Quality Control-Maßnahmen durch Dritte prüfen zu lassen, nicht vor. An Gründen für den Verzicht auf eine externe Prüfung der Einhaltung von Quality Control-Maßnahmen werden vor allem mögliche Verstöße gegen den Grundsatz der Verschwiegenheit, Kostengesichtspunkte und die Befürchtung einer Differenzierung der Prüfungsorgane in solche, die sich der Peer Review unterwerfen und solche (minderer Qualität), die sich einer Peer Review nicht unterwerfen, genannt.[96]

Für die **Durchführung der internen (und ggf. auch der externen) Überwachung von Quality Control-Maßnahmen** schlagen die deutsche Verlautbarung zur Gewährleistung der Prüfungsqualität und die Stellungnahme IAPC 7 umfangreiche Kataloge der vorzunehmenden Überwachungshandlungen vor, die zugleich der Dokumentation der durchgeführten Überwachungshandlungen dienen sollen. Danach sind im Zuge der „Nachschau" sowohl die fachliche Organisation des Prüfungsorgans als auch die Abwicklung ausgewählter, bereits abgeschlossener Prüfungsaufträge durch Soll-Ist-Vergleiche zu würdigen, wobei die Soll-Objekte aus den gesetzlichen Vorschriften, den Berufsgrundsätzen und ggf. aus speziellen Standards des Prüfungsorgans als Normen der Quality Control abgeleitet sind.

Der Fragebogen, der der gemeinsamen Stellungnahme der Wirtschaftsprüferkammer und des Instituts der Wirtschaftsprüfer als Anlage beigefügt ist, wird wegen seiner allgemeinen Bedeutung für die Qualitätssicherung der Prüfungsarbeiten nachfolgend im Wortlaut wiedergegeben:[97]

---

[93] Vgl. zur „Peer Review": Schemmann, Qualitätskontrolle 1978, S. 425 ff.; Niehus, Prüfung 1980, S. 149 ff.; Nücke, Entwicklung 1982, S. 30 ff.; Lück/Brandi/Volkeri, Qualitätsverbesserung 1980, S. 34 ff.

[94] Vgl. Marks, Gewährleistung 1982, S. 27

[95] Vgl. Union Européenne des Experts Comptables Economiques et Financiers, Empfehlung 1979; International Federation of Accountants, IAPC 7/1982

[96] Vgl. Niehus, Prüfung 1980, S. 158 f.

[97] IdW/WPK, Gewährleistung 1982, S. 42 f.

„Beispiel eines Fragebogens zur Nachprüfung der Maßnahmen zur Gewährleistung der Prüfungsqualität (Nachschau)

A. Nachprüfung der fachlichen Organisation der Wirtschaftsprüfungspraxis

I. Auftragsannahme und -fortführung

1. Werden vor Annahme eines neuen Prüfungsauftrages Informationen über den neuen Mandanten eingeholt?

2. Wird vor Annahme eines neuen Prüfungsauftrags geprüft, ob keine Ausschließungsgründe durch

– persönliche, verwandtschaftliche oder geschäftliche Beziehungen
– finanzielle oder kapitalmäßige Bindungen
– eigene Beziehungen zur Sache vorliegen?

3. Werden Kontakte mit dem bisherigen Abschlußprüfer hergestellt?

4. Gibt es über diese Kontakte Dokumentationen?

5. Wird jeder neue Prüfungsauftrag nach Inhalt und Umfang schriftlich bestätigt unter Hinweis auf die Allgemeinen Auftragsbedingungen des Institut der Wirtschaftsprüfer?

6. Enthält die Auftragsbestätigung klare Hinweise zum Haftungsumfang?

7. Entsprechen die im Auftragsschreiben genannten Bedingungen den Vorschriften des AGB-Gesetzes?

8. Wird bei Auftragsfortführung regelmäßig überprüft, ob die Bedingungen für eine Auftragsannahme noch gegeben sind?

II. Unabhängigkeit und Unbefangenheit

1. Gibt es ausreichende Regelungen zur Sicherung der persönlichen und finanziellen Unabhängigkeit des Fachpersonals von den Mandanten der Wirtschaftsprüfungspraxis?

2. Wird das Fachpersonal zur Einhaltung der persönlichen und finanziellen Unabhängigkeit von Mandanten schriftlich verpflichtet?

3. Sind die weiteren zur Sicherung der Unabhängigkeit und Unbefangenheit getroffenen Maßnahmen ausreichend, um den in den gesetzlichen Vorschriften und in den Berufsrichtlinien enthaltenen Anforderungen zu genügen?

III. Qualifikation und Information

1. Gibt es angemessene Leitlinien zur Einstellung von Mitarbeitern?

2. Werden diese Leitlinien in jedem Falle beachtet?

3. Werden vor Einstellungen Unterlagen oder Auskünfte über einzustellende Mitarbeiter eingeholt?

4. Werden die Mitarbeiter bei Einstellung schriftlich zur Verschwiegenheit verpflichtet?

5. Werden alle fachlichen Mitarbeiter über die Berufsgrundsätze informiert?

6. Steht eine ausreichende Fachbibliothek allen fachlichen Mitarbeitern zur Verfügung?

7. Wird die Fachbibliothek auf dem laufenden gehalten?

8. Werden den Mitarbeitern Fachzeitschriften und andere fachliche Informationen zur Verfügung gestellt?

9. Erfolgt eine ausreichende Schulung durch Besuch:

– von Aus- und Fortbildungskursen des Instituts der Wirtschaftsprüfer?

- praxiseigener Aus- und Fortbildungsveranstaltungen?
- sonstiger Schulungsveranstaltungen?

10. Gibt es im Hinblick auf die praktische Ausbildung entsprechende Einsatzpläne, die es ermöglichen, daß die fachlichen Mitarbeiter in angemessener Zeit mit den üblichen Aufgaben einer Abschlußprüfung in Berührung kommen?

11. Gibt es regelmäßigen Erfahrungsaustausch zwischen den fachlichen Mitarbeitern (Wirtschaftsprüfern, Prüfungsleitern, Assistenten)?

12. Gibt es klare Regelungen der fachlichen Zuständigkeiten?

13. Werden Fachfragen von grundsätzlicher Bedeutung einheitlich für die gesamte Wirtschaftsprüfungspraxis entschieden?

14. Gibt es Anweisungen an die fachlichen Mitarbeiter, solche Fragen dem dafür zuständigen Gremium der Wirtschaftsprüfungspraxis (Fachausschuß, Geschäftsleitung u.a.) zur Entscheidung vorzulegen?

15. Werden die fachlichen Mitarbeiter regelmäßig schriftlich beurteilt?

16. Werden die Beurteilungen bei der Betrauung der fachlichen Mitarbeiter mit Auftragsdurchführungen unterschiedlichen Schwierigkeitsgrades berücksichtigt?

IV. Gesamtplanung aller Aufträge

1. Gibt es eine Gesamtplanung in personeller, sachlicher und zeitlicher Hinsicht für alle durchzuführenden Prüfungsaufträge?

2. Enthält die Zeitplanung angemessene Reserven für unvorhersehbare Ereignisse wie

- Mandantenwünsche für kurzfristig vorzunehmende Terminänderungen?
- Ausfall von Mitarbeitern?
- Zusatzaufträge?

3. Berücksichtigt die Personalplanung die persönlichen und fachlichen Voraussetzungen der einzusetzenden Mitarbeiter?

4. Wird der mögliche Einsatz von fachlich besonders qualifizierten Mitarbeitern (z.B. Steuerfachleute, Versicherungsmathematiker, EDV-Spezialisten, Branchenspezialisten) geplant?

5. Werden Planänderungen laufend erfaßt?

V. Prüfungsanweisungen

1. Werden angemessene Prüfungsanweisungen erteilt in Form von:

- Literaturhinweisen?
- Rundschreiben?
- Prüfungsrichtlinien?

2. Erstrecken sich die Prüfungsanweisungen auf

- Prüfungsdurchführung?
- Dokumentation der Prüfungshandlungen?
- Berichterstattung über das Prüfungsergebnis?

3. Werden die Prüfungsanweisungen regelmäßig aktualisiert?

4. Werden die Prüfungsanweisungen allen fachlichen Mitarbeitern ausgehändigt?

B. Nachprüfung der Abwicklung einzelner Prüfungsaufträge

I. Prüfungsplanung

1. Liegt ein langfristiger Prüfungsplan vor?

2. Sind die Erfordernisse des langfristigen Prüfungsplans bei der Erstellung des Prüfungsplans für das Berichtsjahr berücksichtigt worden?

3. Sind im Prüfungsplan folgende Aspekte berücksichtigt worden:

− Beurteilung des internen Kontrollsystems?
− vollständige Erfassung des Prüfungsstoffes?
− zweckmäßige Aufteilung des Prüfungsstoffes in Prüffelder?
− Zuordnung der Prüffelder zu den einzusetzenden Mitarbeitern?
− hinreichende Bestimmung der Prüfungshandlungen?
− Anzahl der einzusetzenden Mitarbeiter?
− Qualifikation der einzusetzenden Mitarbeiter?
− zeitliche Verfügbarkeit der Mitarbeiter?
− zeitlicher Rahmen der Vor- und Hauptprüfung?
− mögliche Interessenkollisionen?
− Abstimmung mit der Gesamtplanung?
− Berücksichtigung von Reserven für unvorhergesehene Schwierigkeiten?

4. Sind bei der Prüfungsplanung die Arbeitsergebnisse der Innenrevision des zu prüfenden Unternehmens berücksichtigt worden?

II. Beaufsichtigung der Prüfungsdurchführung

1. Sind wesentliche Abweichungen vom Prüfungsplan hinreichend begründet und vom zuständigen Wirtschaftsprüfer gebilligt worden?

2. Sind im Laufe der Prüfung angemessene Kontrollen über den tatsächlichen Zeitanfall im Verhältnis zum geplanten Zeitaufwand vorgenommen worden?

3. Ist die Dauerakte aktualisiert worden?

4. Ist die Dauerakte überschaubar und verständlich?

5. Enthält die Dauerakte folgende Informationen:

− Satzung/Gesellschaftsvertrag?
− Ergebnisabführungs-/Beherrschungsvertrag?
− andere wesentliche Verträge?
− Handelsregisterauszug?
− Grundbuchauszüge?
− Darstellung der Grundlagen der Altersversorgung?
− Vollständigkeitserklärungen?
− Beschreibungen oder Ablauf-Diagramme der Organisation und des internen Kontrollsystems des Unternehmens?
− Aufbau des Rechnungswesens und Anwendung von EDV?
− Richtlinien des Mandanten zur Buchführung und Bilanzierung?
− Konzernschema?
− Prüfungsfeststellungen?

6. Sind die laufenden Arbeitspapiere den Prüfungsanweisungen entsprechend geordnet und abgelegt?

7. Lassen sich aus den Arbeitspapieren für die jeweiligen Prüffelder

− die Prüfspur
− die einzelnen Prüfungshandlungen
− das Prüfungsergebnis

nachvollziehen anhand angemessener und übersichtlicher

− Inhaltsverzeichnisse
− Blattnumerierung
− sachlicher Verweise
− Datierung und Abzeichnung?

8. Lassen die Arbeitspapiere erkennen, daß

– ausreichende Prüfungshandlungen vorgenommen wurden?
– alle Zweifelsfragen zufriedenstellend geklärt wurden?
– alle wesentlichen Prüfungsfeststellungen zusammengefaßt und mit dem zuständigen Wirtschaftsprüfer besprochen wurden?
– der zuständige Wirtschaftsprüfer den Fortgang der Prüfung angemessen überwacht hat?
– für die Prüfung einzelner Prüffelder Spezialisten (z.B. Steuerfachleute, Versicherungsmathematiker, EDV-Spezialisten, Branchenspezialisten) hinzugezogen wurden?

9. Sind

– die Prüfungsergebnisse
– die Begründungen für getroffene Entscheidungen dokumentiert?

10. Sind wesentliche Prüfungsfeststellungen und darauf aufbauende Verbesserungsvorschläge, z.B. zum internen Kontrollsystem, zum Jahresabschluß oder zum Geschäftsbericht dem Mandanten schriftlich zugeleitet worden?

11. Ist die Vollständigkeitserklärung in geringem zeitlichen Abstand vor Datierung des Bestätigungsvermerks abgegeben worden?

12. Ist die Vollständigkeitserklärung

– eindeutig, zutreffend und lückenlos erstellt worden?
– rechtsgültig unterschrieben worden?

13. Sind in allen wesentlichen Teilen der Prüfungsdurchführung

– die Grundsätze ordnungsmäßiger Durchführung von Abschlußprüfungen (FG 1/ 1977)
– die Prüfungsanweisungen der Wirtschaftsprüfungspraxis beachtet worden?

14. Wurde im Falle der Verwendung von Prüfungsergebnissen anderer Abschlußprüfer eine Abstimmung über Art und Umfang der Prüfungshandlungen vorgenommen?

15. Wurden im Falle der Verwertung von Prüfungsergebnissen eines ausländischen Abschlußprüfers

– Informationen über dessen berufliche Qualifikationen und Unabhängigkeit eingeholt?
– Einsicht in die Arbeitspapiere genommen?
– eine Bestätigung des ausländischen Abschlußprüfers über die Erfüllung der an seine Arbeit zu richtenden Erfordernisse eingeholt?

16. Sind bei der Abfassung des Prüfungsberichts

– die Grundsätze ordnungsmäßiger Berichterstattung bei Abschlußprüfungen
– die Anweisungen der Wirtschaftsprüfungspraxis für die Berichterstattung beachtet worden?

17. Sind wesentliche Ereignisse oder Entwicklungen nach dem Bilanzstichtag zutreffend dargestellt?

18. Wurde ggf. der Redepflicht Genüge getan?

19. Wurden die Grundsätze für die Erteilung von Bestätigungsvermerken bei Abschlußprüfungen beachtet?

III. Prüfungskritik

1. Sind die wesentlichen Prüfungshandlungen und Prüfungsergebnisse vor Erteilung des Bestätigungsvermerkes durch einen mit der Prüfung nicht befaßten Wirtschaftsprüfer oder qualifizierten Mitarbeiter überprüft worden?

2. Ist im Rahmen dieser Überprüfung festgestellt worden, daß

– die zur Erteilung des Bestätigungsvermerks unabdingbaren Prüfungshandlungen abgeschlossen waren?
– ausreichende Prüfungshandlungen zur Prüfung von Ereignissen oder Entwicklungen nach dem Bilanzstichtag vorgenommen wurden?
– alle aus der Prüfung resultierenden Fragen und Unklarheiten mit dem Mandanten zufriedenstellend geklärt waren?
– der Entwurf des Prüfungsberichts alle für die Beurteilung des Jahresabschlusses wesentlichen Tatbestände vollständig und zutreffend darstellte?

3. Wurden diese Feststellungen dokumentiert?

4. Hat sich der Prüfungskritiker ein Urteil über die Übereinstimmung von Jahresabschluß und Geschäftsbericht mit den gesetzlichen Vorschriften gebildet?

5. Wurde der Prüfungsbericht vor Auslieferung im Hinblick auf formelle oder materielle Mängel durchgesehen?"

Es ist anzunehmen, daß allein schon durch die Beobachtung der vielfältigen, die Qualitätssicherung betreffenden Aspekte, die sich in dem vorstehenden Fragenkatalog finden, wesentliche Impulse für die Sicherung und ggf. Verbesserung der Prüfungsqualität für Prüfungsorgane aller Größenklassen ausgehen können.

Kapitel VI
Die Berichterstattung über das Prüfungsergebnis

A. Übersicht

Immer dann, wenn der Prüfungsberechtigte mit der Person des Prüfers nicht identisch ist, bedarf es der Mitteilung des Prüfungsergebnisses an den Auftraggeber und/oder an einen weiteren Kreis von Auskunftsberechtigten. Die Mitteilung des Prüfungsergebnisses kann durch eine mehr oder weniger ausführliche Begründung des Prüfungsurteils und ggf. durch einen Bericht über den Zustand der Prüfungsobjekte ergänzt werden.

Die Berichterstattung über durchgeführte Prüfungen kann schriftlich und/oder mündlich erfolgen; **die Regel ist allerdings die schriftliche Berichterstattung**. Die mündliche Berichterstattung, z. B. in Form der sog. Schlußbesprechung, tritt allenfalls ergänzend zur schriftlichen Form der Berichterstattung hinzu; im weiteren Sinne können auch die sog. Arbeitspapiere als Prüfungsbericht besonderer Art bezeichnet werden.

Es ist Sache der Prüfungsordnungen, den Umfang der zu gewährenden Informationen und den Kreis der Berichtsempfänger zu bestimmen.

Bei freiwilligen Prüfungen werden die Auftraggeber stets die Mitteilung des Prüfungsergebnisses und die dazugehörige Begründung verlangen können; es steht ihnen frei, im Rahmen ihrer Prüfungsberechtigung und im Rahmen ihrer vertraglichen Vereinbarungen mit dem Prüfungsorgan weitere Informationen über das Prüfungsgebiet zu verlangen. Den Auftraggebern bleibt es regelmäßig auch unbenommen, den Bericht über die Prüfung – ggf. nach Abstimmung mit dem Prüfungsorgan – an Dritte weiterzuleiten oder das Prüfungsorgan mit der Weiterleitung zu beauftragen.[1] U.U. kann auch Dritten durch Vertrag oder Gesetz das Recht eingeräumt werden, von dem Auftraggeber die Herausgabe des Prüfungsberichts zu fordern.[2]

Bei gesetzlich vorgeschriebenen Prüfungen bedarf es immer dann eines differenzierten Informationssystems, wenn die Prüfungen im Interesse eines größeren Personenkreises oder der Öffentlichkeit vorgenommen werden, den geprüften Unternehmen aber nicht zugemutet werden soll, daß sämtliche potentiellen Berichtsempfänger volle Kenntnis über die Interna des geprüften Unternehmens erhalten. In Abwägung des Informationsinteresses der Öffent-

---

[1] Union Européenne des Experts Comptables Economiques et Financiers, Prüfung 1973, S. 136f.
[2] Vgl. insbes. die Vorlagepflicht gegenüber der Finanzverwaltung nach der Abgabenordnung.

lichkeit einerseits und der Belange des geprüften Unternehmens andererseits sehen die Prüfungsordnungen in diesen Fällen meist vor, daß der Öffentlichkeit nur Informationen über das Prüfungsergebnis (z. B. in Form eines Bestätigungsvermerks oder Bestätigungsberichts), einem kleineren, ggf. zur Verschwiegenheit verpflichteten Personenkreis darüberhinaus auch sog. Prüfungsberichte (Erläuterungsberichte)[3] zugänglich gemacht werden, die eingehende Darlegungen nicht nur über die Begründung des von den Prüfern abgegebenen Urteils, sondern auch über das jeweilige Prüfungsgebiet selbst enthalten. Man kann in diesen Fällen von einer „gestaffelten Publizität" der Berichterstattung sprechen, die den durch die Rechtsordnung anerkannten unterschiedlichen Informationsinteressen der Berichtsempfänger entsprechen soll.

Die Berichterstattung über die Prüfung hat im allgemeinen eine doppelte Funktion: Die **Informationsfunktion** besteht darin, die interessierten Kreise über das Ergebnis der Prüfung zu informieren, den Gang der Prüfung darzustellen und über die Prüfungsgegenstände zu berichten. Im Sinne der **Dokumentationsfunktion** stellt die Berichterstattung über die Prüfung den Nachweis über die Prüfungsdurchführung dar.

Die nachfolgenden Erörterungen sind i.w. der schriftlichen Berichterstattung über die Prüfung und über das Prüfungsergebnis gewidmet, und zwar dem sog. **Bestätigungsvermerk** bzw. **Bestätigungsbericht (B 1)**, dem **Prüfungsbericht (B 2)** und den **Arbeitspapieren (B 3)**. Einige Bemerkungen zur sog. mündlichen Berichterstattung, z. B. in Form der **Schlußbesprechung**, beschließen das Kapitel (**C**).

---

[3] Zum Begriff des Erläuterungsberichts vgl. Union Européenne des Experts Comptables Economiques et Financiers, Prüfung 1973, S. 120, 124 ff.

B. Die schriftliche Berichterstattung

1. Der Bestätigungsvermerk und der Bestätigungsbericht

In vielen Fällen kann das Informationsinteresse der Berichtsempfänger durch **Mindestangaben** befriedigt werden; es genügt offenbar, wenigstens zu erfahren,

- daß Prüfungen durchgeführt worden sind,
- durch wen Prüfungen durchgeführt worden sind,
- auf welche Objekte sich diese Prüfungen bezogen haben,
- nach welchen Normen oder Normensystemen diese Prüfungen durchgeführt wurden und
- welches Ergebnis diese Prüfungen gehabt haben.

Bei Standardprüfungen, insbesondere bei Ordnungsmäßigkeitsprüfungen der Jahresabschlüsse lassen sich die Berichtstexte weitgehend normieren. Solche normierten Bestätigungsberichte, in Deutschland als „**Bestätigungsvermerke**", in Großbritannien und den USA als „**Short-Form-Reports**" bezeichnet, finden sich dementsprechend vornehmlich als Berichterstattungsform über gesetzlich vorgeschriebene, d.h. normierte Prüfungen, bei denen wegen der Verwendung einheitlicher Prüfungsordnungen die oben genannten Berichtsgegenstände auch einheitlich formuliert werden können. Solche Bestätigungsvermerke finden sich aber auch bei freiwilligen Prüfungen; sie sind hier im wesentlichen auf Normierungsbestrebungen der Berufsorganisationen zurückzuführen.

a) Bestätigungsvermerke bei Pflichtprüfungen

a1) Die Kernfassung des Bestätigungsvermerks nach dem Handelsgesetzbuch

Bei Pflichtprüfungen haben die Gesetzgeber regelmäßig, d.h. wo immer dies möglich erscheint, den Text des Bestätigungsvermerks verbindlich vorgeschrieben. Als Beispiel hierfür sei nachfolgend § 322 Abs. 1 HGB (Bestätigungsvermerk) wiedergegeben:

„(1) Sind nach dem abschließenden Ergebnis der Prüfung keine Einwendungen zu erheben, so hat der Abschlußprüfer dies durch folgenden Vermerk zum Jahresabschluß und zum Konzernabschluß zu bestätigen: ‚Die Buchführung und der Jahresabschluß entsprechen/Der Konzernabschluß entspricht nach meiner/unserer pflichtgemäßen Prüfung den gesetzlichen Vorschriften. Der Jahresabschluß/Konzernabschluß vermittelt unter Beachtung der Grundsätze ordnungsmäßiger Buchführung ein den tatsächlichen Verhältnissen entsprechendes Bild der Vermögens-, Finanz- und Ertragslage der Kapitalgesellschaft/des Konzerns. Der Lagebericht/Konzernlagebericht steht im Einklang mit dem Jahresabschluß/Konzernabschluß.' "

Diese Formulierung enthält sämtliche oben angeführten Berichtsgegenstände, und zwar:

- Es wird festgestellt, daß eine Prüfung überhaupt stattgefunden hat: „... nach meiner/unserer pflichtgemäßen Prüfung ...".
- Durch die Unterschrift (§ 322 Abs. 4 HGB) wird der Name des verantwortlichen Prüfers oder der verantwortlichen Prüfungsgesellschaft mitgeteilt; die Angabe der Berufsbezeichnung (Wirtschaftsprüfer, vereidigter Buchprüfer) weist auf die hinreichende Qualifikation des Prüfers hin.
- Der Vermerk enthält, wenn auch pauschal, die Objekte, auf die sich die Prüfung erstreckt hat: Buchführung, Jahresabschluß/Konzernabschluß, Lagebericht/Konzernlagebericht.
- Der Vermerk enthält den Hinweis auf das Normensystem, nach dem die Urteilsbildung vorgenommen wurde: Gesetzliche Vorschriften, Grundsätze ordnungsmäßiger Buchführung, den tatsächlichen Verhältnissen entsprechendes Bild der Vermögens-, Finanz- und Ertragslage, Einklang des Lageberichts/Konzernlageberichts mit dem Jahresabschluß/Konzernabschluß.
- Der uneingeschränkte Bestätigungsvermerk enthält schließlich das Gesamturteil: ... entspricht den gesetzlichen Vorschriften, ... vermittelt ein entsprechendes Bild, ... steht im Einklang.

Die Kernfassung des Bestätigungsvermerks soll es den Adressaten ermöglichen, mit dem formelhaft verwendeten Text eine **stets gleichbleibende Interpretation zu verbinden**. Dies setzt voraus, daß den Adressaten des Bestätigungsvermerks der gesetzlich gezogene Rahmen der Rechnungslegung vertraut ist. Deshalb sind Kürzungen der Kernfassung grundsätzlich ebensowenig möglich wie eine Steigerung des Positivbefunds oder sonstige Änderungen, auch wenn diese die Aussage der Kernfassung nicht verändern.[4]

a2) Abweichungen von der Kernfassung des Bestätigungsvermerks

Abweichungen von der Kernfassung sind lediglich zur Anpassung an abweichende Prüfungsgegenstände und zur Anpassung an abweichende, der Urteilsbildung zugrundeliegende Normensysteme sowie in der Form von „Ergänzungen" nach § 322 Abs. 2 HGB oder als „Einschränkungen" nach § 322 Abs. 3 HGB möglich. – Kann ein positives Gesamturteil über den Jahresabschluß nicht abgegeben werden, so kann ein Bestätigungsvermerk nicht erteilt werden.

---

[4] Vgl. IdW, Entwurf FG 1987, Abschn. C I, Anm. 1. Vgl. zum Bestätigungsvermerk nach neuem Recht insbesondere: Breycha/Schäfer, Bestätigungsvermerk 1986, S. 1613 ff.; Gmelin, Anforderungen 1986, S. 53 ff.; Grewe, Kommentierung 1986, Fach 4, S. 1-23; Gross, Bericht 1987, S. 341 ff.; IdW, WP-Handbuch 1985/86, Bd. II, S. 549 ff.; IdW, SABI 1/1986, S. 54 ff.; Ludewig, Bestätigungsvermerk 1986, S. 377 ff.; Schruff, Bestätigungsvermerk 1986, S. 181 ff.; Schulze-Osterloh, Bestätigungsvermerk 1987, S. 355 ff. Zum Bestätigungsvermerk nach bisherigem Aktienrecht vgl. Bolsenkötter, Bestätigungsvermerk 1983, Sp. 125 ff.

a21) Anpassung bei abweichenden Prüfungsgegenständen und bei abweichendem Normensystem

Eine Anpassung des Wortlauts der Kernfassung des Bestätigungsvermerks ist dann erforderlich, wenn der geprüfte Jahresabschluß hinsichtlich der Prüfungsgegenstände und/oder hinsichtlich des auf den Jahresabschluß anzuwendenden Systems der Rechnungslegungsnormen von den für Kapitalgesellschaften nach neuem Handelsrecht vorgeschriebenen Regeln (§§ 264 ff. HGB) abweicht.

So sieht z. B. § 6 Abs. 1 des Publizitätsgesetzes vor, daß die Vorschriften des Handelsgesetzbuchs über den Bestätigungsvermerk nur sinngemäß angewendet werden müssen. Dies bedeutet, daß die Kernfassung des Bestätigungsvermerks nur dann unverändert übernommen werden kann, wenn die Rechnungslegung bezüglich Gliederung, Bewertung und Anhangsangaben die Anforderungen der Generalnorm des § 264 Abs. 2 HGB (true and fair view) erfüllt. Trifft dies nicht zu, so darf der zweite Satz der Kernfassung nicht unverändert übernommen werden. Das ist z. B. der Fall, wenn ein Personenunternehmen nicht nach den für Kapitalgesellschaften geltenden Vorschriften bilanziert, also z. B. keinen Anhang oder/und keinen Lagebericht erstellt. Der zweite und dritte Satz der Kernfassung müssen dann entfallen. Der zweite Satz der Kernfassung darf für einen Jahresabschluß ohne Anhang generell nicht verwandt werden. Macht ein dem Publizitätsgesetz unterliegendes prüfungspflichtiges Unternehmen von den Bewertungsmöglichkeiten Gebrauch, die Kapitalgesellschaften nicht zustehen, so kann der zweite Satz der Kernfassung des Bestätigungsvermerks nur verwendet werden, wenn im Anhang die jeweiligen Unterschiedsbeträge zur Bewertung nach den Vorschriften für Kapitalgesellschaften angegeben werden (§§ 279, 280 und 281 Abs. 2 HGB).[5]

a22) Ergänzungen des Bestätigungsvermerks

Nach bisherigem Aktienrecht war es umstritten, ob sog. Zusätze zum formelhaften Bestätigungsvermerk zulässig seien. Nach neuem Recht ist diese Streitfrage geklärt worden: Nach § 322 Abs. 2 HGB ist der Abschlußprüfer in bestimmten Fällen sogar verpflichtet, den Bestätigungsvermerk zu ergänzen:

„Der Bestätigungsvermerk ist in geeigneter Weise zu ergänzen, wenn zusätzliche Bemerkungen erforderlich erscheinen, um einen falschen Eindruck über den Inhalt der Prüfung und die Tragweite des Bestätigungsvermerks zu vermeiden. Auf die Übereinstimmung mit dem Gesellschaftsvertrag oder der Satzung ist hinzuweisen, wenn diese in zulässiger Weise ergänzende Vorschriften über den Jahresabschluß oder den Konzernabschluß enthalten."

a221) Ergänzungen in der Form bedingender Zusätze

Als Ergänzungen des Bestätigungsvermerks kommen zunächst die sog. bedingenden Zusätze in Betracht. Ergänzungen in der Form der bedingenden Zusätze sind zur Vermeidung eines falschen Eindrucks von der Tragweite des Bestätigungsvermerks erforderlich, wenn der geprüfte Jahresabschluß bereits Sachverhalte berücksichtigt (z. B. Kapitaländerungen in Sanierungsbilanzen

---

[5] Vgl. IdW, Entwurf FG 1987, Abschn. C I, Anm. 2 u. 3

nach §§ 234, 235 AktG), die zu ihrer Wirksamkeit noch weiterer Beschlüsse der zuständigen Organe oder noch der Eintragung in das Handelsregister bedürfen. Ähnlich liegen die Verhältnisse, wenn z.B. der Vorjahresabschluß aufgrund von Bilanzänderungen noch nicht wirksam festgestellt worden ist. In diesen Fällen ist der Bestätigungsvermerk so lange schwebend unwirksam, bis die zu seiner Wirksamkeit erforderlichen Bedingungen eingetreten bzw. herbeigeführt worden sind.[6]

a222) Ergänzungen in der Form hinweisender Zusätze

Daneben können ergänzende Hinweise über den Inhalt der Prüfung dann in Betracht kommen, wenn z.B. der Vorjahresabschluß nicht geprüft war oder der Bestätigungsvermerk zu diesem Abschluß verweigert wurde. Hinweisende Zusätze sind z.B. auch bei fehlender Inventurbeobachtung durch den Abschlußprüfer erforderlich, falls der Prüfungsauftrag erst nach der Durchführung der Inventur erteilt wurde. Ergänzungen des Inhalts, „daß der Abschlußprüfer bestimmte Risiken nicht endgültig beurteilen kann, sind nur zulässig, wenn der Abschlußprüfer keine Einwendungen gegen die Ordnungsmäßigkeit der Rechnungslegung erheben kann, aber dennoch auf eine bestimmte Problematik hinweisen möchte. Bestehen dagegen z.B. Bedenken gegen die Angemessenheit der Bewertung, so ist eine Einschränkung oder Versagung des Bestätigungsvermerks geboten."[7]

a223) Ergänzungen wegen der Berücksichtigung von Bestimmungen des Gesellschaftsvertrages oder der Satzung

Das Handelsgesetzbuch verlangt eine Ergänzung des Bestätigungsvermerks ausdrücklich dann, wenn bei der Prüfung in zulässiger Weise ergänzende Vorschriften der Satzung oder des Gesellschaftsvertrags über den Jahresabschluß berücksichtigt worden sind. Ein solcher hinweisender Zusatz auf die Entsprechung mit dem Gesellschaftsvertrag oder der Satzung sollte jedoch nur dann erfolgen, wenn diese materiell wesentliche Regelungen vorsehen.

a224) Ausbau des Bestätigungsvermerks zu einem Bestätigungsbericht

Die vom Gesetzgeber ausdrücklich vorgesehenen Ergänzungen zum Bestätigungsvermerk erlauben es, **den Bestätigungsvermerk nach angelsächsischem Vorbild zu einem sog. Bestätigungsbericht (short-form-report) auszubauen.** Das Institut der Wirtschaftsprüfer[8] sieht hierin die Möglichkeit einer auch für den Laien verständlicheren Mitteilung des Prüfungsergebnisses. Ein solcher Bestätigungsbericht könnte wie folgt aufgebaut sein:[9]

---

6 Vgl. IdW, Entwurf FG 1987, Anm. 5 u. 6

7 Vgl. IdW, Entwurf FG 1987, Abschn. C I, Anm. 3

8 Vgl. IdW/WPK, Stellungnahme 1985, S. 547; Gross/Schruff, Jahresabschluß 1986, S. 294

9 Vgl. IdW, Wirtschaftsprüfer-Handbuch 1985/86, Bd. II, S. 553

1. Teil
- Prüfungsauftrag,
- Prüfungsgegenstand,
- maßgebliche Normen für die Prüfung.

2. Teil
- Besonderheiten zu Jahresabschluß und Lagebericht,
- Ergänzungen,
- erläuternde Zusätze,
- Hinweis auf zulässige Abweichungen.

3. Teil
- Bestätigungsvermerk bzw. Vermerk über dessen Versagung,
- Begründung einer eventuellen Einschränkung oder Versagung,
- bedingende Zusätze.

Es bleibt abzuwarten, ob sich der Bestätigungsbericht in der vorstehenden Form auch in Deutschland durchsetzen wird.

a23) Einschränkung oder Versagung des Bestätigungsvermerks

Eines von der Standardformulierung des Bestätigungsvermerks abweichenden Wortlauts bedarf es schließlich, **wenn die Prüfung nicht zu einem uneingeschränkten positiven Gesamturteil geführt hat.** § 322 Abs. 3 HGB überläßt es in diesen Fällen dem Prüfer, ob bei Vorliegen von Einwendungen, d. h. wesentlichen Beanstandungen, der Bestätigungsvermerk entweder eingeschränkt oder sogar versagt werden muß:

„Sind Einwendungen zu erheben, so hat der Abschlußprüfer den Bestätigungsvermerk einzuschränken oder zu versagen. Die Versagung ist durch einen Vermerk zum Jahresabschluß oder zum Konzernabschluß zu erklären. Die Einschränkung und die Versagung sind zu begründen. Einschränkungen sind so darzustellen, daß deren Tragweite deutlich erkennbar wird. Ergänzungen des Bestätigungsvermerks nach Absatz 2 sind nicht als Einschränkungen anzusehen."

Danach kommt eine **Einschränkung des Bestätigungsvermerks** immer dann in Betracht, wenn zwar in einzelnen Bereichen des geprüften Jahresabschlusses wesentliche Beanstandungen durch den Prüfer vorzubringen sind, in den übrigen Bereichen des Jahresabschlusses ein Positivbefund aber noch möglich ist. Dabei ist die Einschränkung des Bestätigungsvermerks deutlich als solche zu kennzeichnen, etwa durch die Formulierung „... mit der Einschränkung, daß ...". Die Einschränkung ist zu begründen und ihre Tragweite, d. h. die Abgrenzung der fehlerhaften Bereiche innerhalb des Prüfungskomplexes, möglichst genau zu umschreiben.

Eine **Versagung des Bestätigungsvermerks** kommt dagegen dann in Betracht, wenn als Ergebnis der Prüfung solche Einwendungen zu erheben sind, die einen Positivbefund zu wesentlichen Teilen der Rechnungslegung als nicht mehr möglich erscheinen lassen. Dies gilt vor allem dann, wenn die Nachprüfbarkeit des Jahresabschlusses aufgrund von Mängeln in der Buchführung oder wegen der Verletzung von Auskunftspflichten nicht gegeben ist.[10] Im Gegensatz zum bisherigen Aktienrecht ist auch die Versagung im Rahmen eines „Versagungsvermerks" eindeutig zu begründen.

b) Vermerke und Bescheinigungen bei freiwilligen Prüfungen

Der Vorteil des formelhaft ausgedrückten Bestätigungsvermerks, dem Informationsempfänger in knapper Form ein relativ umfangreiches Informationsbündel zukommen zu lassen, kann auch bei freiwilligen, d. h. bei nicht gesetzlich normierten Prüfungen ausgenutzt werden. Voraussetzung dafür ist allerdings, daß die Formulierung des Vermerks so eindeutig ist, daß der Informationsempfänger sich ein hinreichendes Bild über die Wesensmerkmale der durchgeführten Prüfung machen kann, auf der das Gesamturteil aufbaut, also vor allem über die Objekte, auf die sich das Urteil bezieht und über das Normensystem, das der Urteilsbildung zugrunde gelegen hat.

Danach kann der volle Wortlaut der Kernfassung des Bestätigungsvermerks nach § 322 Abs. 1 HGB nur dann nach der freiwilligen Prüfung eines Jahresabschlusses erteilt werden, wenn nicht nur der Jahresabschluß nach den Vorschriften für Kapitalgesellschaften aufgestellt ist, sondern auch eine Prüfung durch einen qualifizierten Abschlußprüfer nach §§ 316 ff. HGB stattgefunden hat.[11] In allen anderen Fällen können nur „Bescheinigungen" erteilt werden, deren Wortlaut sich von dem eines Bestätigungsvermerks oder eines Bestätigungsberichts – zumindest durch die Verwendung des Wortes „Bescheinigung" – deutlich unterscheiden muß.

In dem Entwurf eines Fachgutachtens „Grundsätze für die Erteilung von Bestätigungsvermerken bei Abschlußprüfungen" wird im Interesse einer klaren Unterrichtung der Adressaten von Bescheinigungen und zur Abgrenzung der möglichen Haftung des Bescheinigenden empfohlen, in die Bescheinigung mindestens die folgenden Angaben aufzunehmen:[12]

– Den Adressaten der Bescheinigung,
– den (Prüfungs)-Auftrag,
– den Gegenstand, die Art und den Umfang der Tätigkeit,
– die Durchführungsgrundsätze,
– die zugrundeliegenden Rechtsvorschriften und Unterlagen,
– die getroffenen Feststellungen.

Eine solche ausführliche Fassung des Inhalts von Bescheinigungen empfiehlt sich insbesondere, wenn kein gesonderter Prüfungsbericht abgefaßt wird und wenn eine Prüfung nur in eingeschränktem Umfang stattgefunden hat oder der Bescheinigende bei der Buchführung und/oder bei der Aufstellung des Jahresabschlusses mitgewirkt hat.

---

[10] Vgl. IdW, Entwurf FG 1987, Abschn. C IV.
[11] Vgl. zu den Anpassungen des Bestätigungsvermerks bei Prüfungen von Nicht-Kapitalgesellschaften, Kap. VI B 1 a21)
[12] Vgl. IdW, Entwurf FG 1987, Abschn. G II, Anm. 3

Es zeigt sich im übrigen, daß die Möglichkeit, das Prüfungsergebnis durch formelhafte und vereinheitlichte Bestätigungsvermerke zum Ausdruck zu bringen, nicht bei allen Prüfungsarten gegeben ist. So muß der Bericht über das Prüfungsergebnis vor allem bei sog. **Quantifizierungsprüfungen,** z. B. bei der steuerlichen Außenprüfung, stets auf die individuellen Verhältnisse des geprüften Unternehmens Bezug nehmen. U. U. besteht bei freiwilligen (Sonder-)Prüfungen in vielen Fällen auch gar kein Bedürfnis zur Erteilung gesonderter Bestätigungsvermerke in standardisierter Form, da der interessierte Personenkreis ohnehin die Möglichkeit haben dürfte, in den vom Prüfer zu erstattenden ausführlichen Prüfungsbericht Einsicht zu nehmen.

2. Der Prüfungsbericht

a) Funktionen des Prüfungsberichts

Immer dann, wenn die Belange des geprüften Unternehmens einer vollständigen Information der Berichtsempfänger über eine durchgeführte Prüfung nicht entgegenstehen, werden die Berichtsempfänger über die Mitteilung des Prüfungsergebnisses (z. B. durch einen Bestätigungsvermerk) hinaus eine Begründung des Urteils über das Prüfungsgebiet erwarten. Eine solche Begründung muß mindestens diejenigen Angaben enthalten, die den Berichtsempfänger in die Lage versetzen, sich ein eigenes Urteil über das Prüfungsobjekt bzw. über das Prüfungsgebiet zu bilden und die notwendigen Schlußfolgerungen daraus zu ziehen.

Der Prüfungsbericht muß, wenn er seine Aufgabe erfüllen soll, Angaben über die durch den Prüfer gefällten Einzel- und Zwischenurteile enthalten; er muß angeben, mit Hilfe welcher Prüfungsmethoden diese Urteile zustandegekommen sind; er muß schließlich die Erwägungen des Prüfers bei der Zusammenfassung der Einzel- und Zwischenurteile zu dem von ihm vertretenen Gesamturteil erkennen lassen, wenn diese Angaben nicht in den „Arbeitspapieren" enthalten sind.

Ein solcher begründender und erläuternder Prüfungsbericht ist nach herrschender Auffassung zugleich ein Rechenschaftsbericht des Prüfers über seine eigene Tätigkeit. Er ist ein urkundlicher Nachweis darüber, ob und wie die Verpflichtungen aus dem Prüfungsauftrag erfüllt worden sind; der Bericht kann deshalb (zusammen mit den Arbeitspapieren) in Regreßfällen große Bedeutung erlangen.

Im Vergleich zu dem normierten Bericht über das Prüfungsergebnis (Bestätigungsvermerk, Bestätigungsbericht) ist den Prüfern bei der Abfassung der Prüfungsberichte ein relativ weiter Spielraum belassen. Selbst dort, wo die Gesetzgeber die Erstattung von Prüfungsberichten zwingend vorschreiben, beschränken sie sich darauf, nur einige wenige Hinweise auf den Inhalt und die Art der Berichterstattung zu geben. Berufsübung, Prüfungsauftrag und Erwartungen der Auftraggeber beeinflussen deshalb die Art und den Umfang der Berichterstattung wesentlich.

Es fällt vor allem auf, daß die Prüfungsberichte in vielen Fällen **nicht nur Ausführungen über die abgeschlossene Prüfung, sondern in recht weitem Umfang auch Informationen über die einzelnen Prüfungsobjekte enthalten.** Der Grund dafür ist wohl darin zu suchen, daß die Berichtsempfänger in erster Linie eine von Fachleuten durchgeführte Analyse des Prüfungsobjekts erwarten und erst in zweiter Linie eine eingehende Begründung des Prüfungsurteils. Es entsteht mitunter der Eindruck, daß die Prüfungsberichte eher der Erläuterung des Prüfungsgebiets als der Erläuterung des abgegebenen Urteils dienen.

So wird in den Prüfungsberichten über Jahresabschlußprüfungen regelmäßig ein breiter Raum der eingehenden Aufgliederung und Erläuterung der einzelnen Abschlußpositionen und ggf. der Darstellung und Analyse der wirtschaftlichen Lage der geprüften Unternehmen gewidmet; der Bericht über die Prüfungshandlungen und der Bericht über die Herleitung des Gesamturteils aus den Einzelurteilen treten demgegenüber unverhältnismäßig stark zurück. Kennzeichnend für die Akzentverschiebung in der üblichen Berichterstattung sind u.a. die Ausführungen von Schulze zur Wiesch zur Berichterstattung über durchgeführte Prüfungshandlungen innerhalb des Prüfungsberichts über die Jahresabschlußprüfung:[13]

„Die Frage, ob zur vollständigen Berichterstattung auch die vollständige Aufzählung der durchgeführten Prüfungshandlungen gehört, ist noch nicht einheitlich beantwortet. Der Literatur ist zu entnehmen, daß ein Verzeichnis der vorgenommenen rechnerischen und vergleichenden Prüfungen häufig dem Prüfungsbericht beigefügt wird. Es wird auch darauf hingewiesen, daß dieser Katalog ‚kurz, aber möglichst vollständig‘ gehalten werden soll. Diese Übung mag durchaus zweckmäßig sein und dem Prüfer im Regreßfalle unter Umständen zur Entlastung dienen; ein verpflichtendes Gewohnheitsrecht hat sich indessen nicht ausgebildet; denn es wird zugestanden, daß diese Aufzeichnungen in der Praxis vielfach lediglich zu den Prüfungsunterlagen genommen werden. Eine Darstellung der Prüfungstechnik und eine lückenlose Aufzählung aller Prüfungshandlungen gehört also nicht zum Pflichtteil des Prüfungsberichtes. Es wird genügen, daß der Prüfer seine Tätigkeit nur insoweit beschreibt, als dies zum Verständnis und zur Würdigung der durch die Prüfungshandlungen gewonnenen Erkenntnisse erforderlich ist."

Begründet wird die Ergänzung des Berichts über die Prüfung durch einen Bericht über die Prüfungsobjekte mit dem besonderen Informationsbedürfnis der Berichtsempfänger: Es wird festgestellt, daß bei prüfungspflichtigen Aktiengesellschaften die erste und wichtigste Aufgabe des Prüfungsberichts in der Unterrichtung des Aufsichtsrats der Aktiengesellschaft und bei der prüfungspflichtigen Gesellschaft mit beschränkter Haftung in der Unterrichtung der Gesellschafter durch eine unabhängige und sachverständige Stelle liege.[14] Für das geprüfte Unternehmen, dessen Vorstand und dessen Geschäftsführung selbst sei der Bericht nicht nur das begründete Prüfungsergebnis, sondern darüberhinaus die sachverständige Darstellung der Verhältnisse des Unternehmens durch einen objektiven Dritten. Schließlich sei der Prüfungsbericht auch Unterlage für Auskünfte gegenüber den Steuer- und sonstigen

---

13 Schulze zur Wiesch, Grundsätze 1963, S. 142f.
14 Vgl. IdW, WP-Handbuch 1985/86, Bd. II, S. 521

Behörden, für Kreditverhandlungen u.a.m.[15] Es ist einsichtig, daß den genannten Berichtsempfängern an einer eingehenden Erläuterung des Jahresabschlusses und an der sich darin widerspiegelnden Lage des Unternehmens mehr gelegen ist als an einer bloßen Begründung des Gesamturteils, zumal diese Begründung immer dann farblos ausfallen muß, wenn wesentliche Beanstandungen aufgrund der Prüfung nicht zu erheben sind. Der deutsche Handelsgesetzgeber hat sich diese Argumente zu eigen gemacht. Nach § 321 Abs. 1 HGB ist in dem Prüfungsbericht besonders festzustellen, ob die Buchführung, der Jahresabschluß, der Lagebericht, der Konzernabschluß und der Konzernlagebericht den gesetzlichen Vorschriften entsprechen und die gesetzlichen Vertreter die verlangten Aufklärungen und Nachweise erbracht haben. Über diese, das Prüfungsergebnis betreffenden Ausführungen des Prüfungsberichts hinaus ist auch über die einzelnen Posten des Jahresabschlusses zu berichten, und zwar sind die „Posten des Jahresabschlusses aufzugliedern und ausreichend zu erläutern." (§ 321 Abs. 1 Satz 3 HGB.)

Ein allgemeiner Bericht über die wirtschaftliche Lage der Gesellschaft wird dagegen auch durch das neue Handelsgesetzbuch nicht gefordert. Um die Berichtsempfänger aber rechtzeitig über Fehlentwicklungen zu informieren, verlangt das Handelsgesetzbuch neuerdings in jedem Prüfungsbericht die Angabe und Erläuterung von nachteiligen Veränderungen der Vermögens-, Finanz- und Ertragslage gegenüber dem Vorjahr und der Verluste, die das Jahresergebnis nicht unwesentlich beeinflußt haben. Darüberhinaus haben die Prüfer nach § 321 Abs. 2 HGB – wie bisher – auch zu berichten, wenn sie bei Wahrnehmung ihrer Aufgaben Tatsachen festgestellt haben, die den Bestand eines geprüften Unternehmens gefährden oder seine Entwicklung wesentlich beeinträchtigen können oder die schwerwiegende Verstöße der gesetzlichen Vertreter gegen Gesetz, Gesellschaftsvertrag oder Satzung erkennen lassen (§ 321 Abs. 2 HGB).

b) Zur Gestaltung des Prüfungsberichts bei Jahresabschlußprüfungen

In praxi hat sich trotz der weitgehenden, dem Prüfer überlassenen Gestaltungsfreiheit bei der Abfassung der Prüfungsberichte eine relativ einheitliche Gliederung der Berichte durchgesetzt.[16] In Deutschland ist es üblich – zumin-

---

[15] Vgl. IdW, WP-Handbuch 1985/86, Bd. II, S. 522; vgl. die Vorlagepflicht gegenüber der Finanzbehörde nach §§ 97 Abs. 1, 150 Abs. 4 AO, § 60 Abs. 4 EStDV i.V.m. § 49 Abs. 1 KStG; die Abschlußprüfer von Kreditinstituten haben nach § 26 Abs. 1 KWG den Prüfungsbericht unverzüglich nach Beendigung der Prüfung dem Bundesaufsichtsamt für das Kreditwesen und der Deutschen Bundesbank einzureichen; der Vorstand eines Versicherungsunternehmens ist verpflichtet, Ausfertigungen des Prüfungsberichts dem Bundesaufsichtsamt für das Versicherungswesen gemäß § 59 VAG, § 17 Abs. 1 Nr. 4a i.V.m. § 8 Abs. 1 Nr. 4 Interne Rech-VuVO zuzuleiten.

[16] Vgl. zur Gestaltung der Prüfungsberichte: Pohlentz, Prüfungsbericht 1983, Sp. 1168 ff. und die dort angegebene Literatur; ferner: IdW, WP-Handbuch 1985/86, Bd. II, S. 519 ff.; Breycha/Schäfer, Prüfungsbericht 1986, S. 1587 ff.; Gmelin, Anfor-

dest bei umfangreicheren Abschlußprüfungen – in den sog. **Hauptbericht** nur die wesentlichen Feststellungen des Prüfers zum Jahresabschluß, zur Buchführung und zum Lagebericht sowie mögliche besondere Berichtsfeststellungen und den Bestätigungsvermerk aufzunehmen. Zur Entlastung des Hauptberichts wird die vom Gesetz geforderte Erläuterung der Posten des Jahresabschlusses im einzelnen in den sog. **Berichtsanhang** aufgenommen. Als **Anlagen** schließlich werden dem Bericht die Bilanz, die Erfolgsrechnung, der Anhang, der Lagebericht, mögliche umfangreiche Tabellen und ggf. ein Exemplar der allgemeinen Auftragsbedingungen beigefügt. Danach ergibt sich der folgende Aufbau des Prüfungsberichts:[17]

I. Hauptbericht

A. Prüfungsauftrag und Auftragsdurchführung

B. Veränderungen in den rechtlichen Verhältnissen

C. Entwicklung der wirtschaftlichen Grundlagen

D. Der Jahresabschluß zum ...

   1. Bestandsnachweise, Gliederung und Bewertung

   2. Bilanzanalyse (Vermögens- und Finanzlage)

   3. Wesentlicher Bilanzinhalt

   4. Ergebnisrechnung im Vergleich zum Vorjahr (Ertragslage)

   5. Feststellungen zu nachteiligen Veränderungen und nicht unwesentlichen Verlusten

E. Die Buchführung

F. Der Anhang und der Lagebericht

G. Schlußbemerkung und Bestätigungsvermerk

II. Anhang: Besprechung der Jahresabschlußpositionen

III. Anlagen: Bilanz, Erfolgsrechnung, Anhang, Lagebericht, sonstige Zusammenstellungen.

3. Die Arbeitspapiere

Unter den sog. Arbeitspapieren werden alle Unterlagen verstanden, die der Prüfer im Zusammenhang mit der Planung und Durchführung der Prüfung und zur Herleitung des Prüfungsergebnisses selbst erstellt, sowie alle Schriftstücke und Unterlagen, die er von dem geprüften Unternehmen oder von Dritten als Ergänzung seiner eigenen Unterlagen zum Verbleib erhält.[18]

Den Arbeitspapieren kommen als besondere Form der schriftlichen Bericht-

---

derungen 1986, S. 53 ff.; Grewe, Kommentierung 1986, Fach 4, S. 1 ff.; Gross, Bericht 1987, S. 341 ff.; Ludewig, Bericht 1987, S. 373 ff.; Weirich, Konzernprüfungsbericht 1987, S. 649 ff.; IdW, FG 2/1977; IdW, Entwurf FG 1988

[17] Vgl. IdW, WP-Handbuch 1985/86, Bd. II, S. 535

[18] Vgl. IdW, Stellungnahme 2/1981, Abschn. B I; zu den Arbeitspapieren vgl. Schultzke, Arbeitspapiere 1983, Sp. 30 ff. und die dort angegebene Literatur.

erstattung bei komplexen Prüfungen, insbesondere bei Jahresabschlußprüfungen, vielfältige Funktionen zu; im einzelnen sind zu nennen:

Die **Nachweisfunktion.** Aus den Arbeitspapieren sollte, wenn sie vollständig geführt sind, hervorgehen:

- Welche Prüfungsobjekte mit welchen Methoden in welcher Intensität geprüft worden sind.
- Wann die Prüfungshandlungen durchgeführt wurden.
- Durch wen die Prüfungshandlungen durchgeführt worden sind.
- Welche Unterlagen für die Prüfung zur Verfügung gestanden haben.
- Zu welchem Ergebnis die Prüfungshandlungen geführt haben (Einzel- und Zwischenurteile).

Die Nachweisfunktion der Arbeitspapiere ist eng verknüpft mit ihrer **Kontrollfunktion.** Die Arbeitspapiere können dienen:

- **Für den Prüfungsleiter** der Kontrolle der Arbeitsausführung durch die Prüfungsgehilfen.
- **Für das Prüfungsorgan** der Kontrolle der Arbeitsausführung durch die jeweiligen Prüferteams; die Prüfungsorgane bedienen sich hierzu regelmäßig der sog. materiellen Berichtskritik, für die die Arbeitspapiere wesentliche Grundlage der Überprüfung der Berichtsentwürfe sind.
- **Für Dritte** der Kontrolle der Arbeitsausführung durch das Prüfungsorgan; Arbeitspapiere sind Urkunden im Sinne der Zivilprozeß- und Strafprozeßordnung.

Nicht zuletzt dienen die Arbeitspapiere der **Information der an der Ausführung eines Prüfungsauftrages bzw. der an der Ausführung von Folgeprüfungen Beteiligten:**

- In die Arbeitspapiere können Informationen aufgenommen werden, die andere Prüffelder oder andere Prüfungsobjekte desselben Prüfungsauftrages betreffen, so z. B. Kontrollmitteilungen, Hinweise auf abstimmungsbedürftige andere Prüffelder, Hinweise auf noch zu klärende offene Fragen.
- Die Arbeitspapiere bilden die Grundlage für die Berichtsabfassung; sie sind vor Fertigstellung des Berichts die einzige Grundlage für Zwischenbesprechungen und/oder Schlußbesprechungen mit Organen des geprüften Unternehmens.
- Sie gewähren Informationen über die Einhaltung der zeitlichen und sachlichen Vorgaben des Prüfungsplanes.
- Die Arbeitspapiere sind geeignet, Hinweise für Folgeprüfungen aufzunehmen, und bilden insoweit die Grundlage für die (mehrjährige) Prüfungsplanung von Folgeprüfungen.

Alles in allem sollen die Arbeitspapiere nach der Stellungnahme 2/1981 des Instituts der Wirtschaftsprüfer so angelegt werden, „daß ein Prüfer, der nicht mit der Prüfung befaßt war, sich i.V.m. dem Prüfungsbericht in angemessener Zeit ein Bild über die Abwicklung der Prüfung machen und die für den Nachvollzug des Prüfungsergebnisses insgesamt und im einzelnen notwendigen Informationen aus ihnen entnehmen kann."[19]

---

[19] Vgl. IdW, Stellungnahme 2/1981, Abschn. C.

Es hat sich in der Praxis als zweckmäßig erwiesen, diejenigen Unterlagen, die über einen Zeitraum von mehreren Jahren Bedeutung haben, in einer sog. **Dauerakte** zusammenzufassen, während die **laufenden Arbeitspapiere** die systematische Sammlung von Unterlagen, die nur den zu prüfenden Jahresabschluß betreffen, umfassen. Der nachfolgende Vorschlag für die Gliederung der Arbeitspapiere vermittelt einen Begriff von der notwendigen Differenzierung der Arbeitspapiere bei der Durchführung von komplexen Jahresabschlußprüfungen:[20]

1. Dauerakte

a) Rechtsverhältnisse

– Gesellschaftsvertrag
– Beteiligungsverhältnisse an der Gesellschaft
– Unternehmensverbindungen (Konzernschaubild, Unternehmensverträge)
– Beschlüsse von Gesellschaftsorganen mit längerfristiger Gültigkeit
– Handelsregisterauszüge
– Zweigniederlassungen/Betriebsstätten
– Grundstücksnachweise
– Verträge von wesentlicher Bedeutung (z. B. Liefer- und Abnahmeverträge, Miet- und Leasingverträge, Lizenz- und Konzessionsverträge)
– Versorgungszusagen
– Betriebsvereinbarungen, Manteltarifverträge

b) Geschäftsführung und Aufsichtsorgane

– Zusammensetzung
– Amtsdauer
– Vertretungs- und Geschäftsführungsbefugnisse
– Geschäftsordnung

c) Wirtschaftliche Grundlagen

– Geschäftsgebiete und Produktionsprogramm
– Technische Kapazitäten
– Abbaufähige Vorräte (bei Grundstoffgewinnung)
– Marktverhältnisse
– Zahl der Mitarbeiter

d) Organisation

– Organisationsplan
– Organisation des Rechnungswesens (z. B. Aufbau, EDV-Einsatz, interne Kontrolle)

e) Prüfungsdurchführung

– Längerfristig gültige Vereinbarungen mit dem Auftraggeber
– Mehrjähriger Prüfungsplan unter Berücksichtigung des internen Kontrollsystems
– Hinweise für Folgeprüfungen
– Übergreifende Feststellungen vorhergehender Prüfungen
– Steuerliche Betriebsprüfung

2. Laufende Arbeitspapiere

a) Auftrag und Auftragsbestätigung, Auftragsbedingungen (soweit nicht an anderer Stelle aufbewahrt)

---

[20] Vgl. IdW, Stellungnahme 2/1981, Abschn. D.

b) Prüfungsplan, soweit der Umfang des Prüfungsstoffes eine Dokumentation der Prüfungsplanung erforderlich macht:

– Zeitlicher Ablauf der Prüfung einschl. evtl. Vorprüfungen
– Aufteilung des Prüfungsstoffes auf die Prüfer
– Notizen über Vorbesprechungen zur Prüfung und Hinweise auf besondere Prüfungsschwerpunkte
– aus dem mehrjährigen Prüfungsplan für die laufende Prüfung vorgesehene Prüfungsschwerpunkte

c) Unterlagen zum Jahresabschluß:

– Der zur Prüfung vorgelegte Jahresabschluß
– Abschlußübersicht (Sachkonten-Saldenliste)
– Nach- und Umbuchungslisten (mit Querverweisen zu den entsprechenden Arbeitspapieren)
– Aufzeichnungen über Prüfungsfeststellungen und Besprechungsnotizen (z.B. über die Schlußbesprechung)
– Vollständigkeitserklärung, soweit nicht an anderer Stelle aufbewahrt
– Unterlagen über Geschäftsvorgänge von Bedeutung nach Schluß des Geschäftsjahres

d) Abstimmung und Unterlagen der internen Revision; Prüfung des internen Kontrollsystems

e) Arbeitspapiere zur Prüfung und Darstellung der rechtlichen und wirtschaftlichen Verhältnisse:

– Verträge von Bedeutung, sofern diese Unterlagen nicht Bestandteil der Dauerakte sind
– Protokollauszüge über Beschlüsse, z.B. von Gesellschafterversammlungen und von Aufsichtsgremien, sofern diese Unterlagen nicht Bestandteil der Dauerakte sind
– Ausarbeitungen des Prüfers über die Analyse des Jahresabschlusses hinsichtlich der Entwicklung der Ertragslage, des Vermögens- und Kapitalaufbaus und der Liquidität

f) Arbeitspapiere zu den einzelnen Posten des Jahresabschlusses:

– Darstellung der Zusammensetzung der Posten des Abschlusses und deren Ableitung aus dem Rechnungswesen
– Aufzeichnungen über die Art und den Umfang der durchgeführten Prüfungshandlungen und die Prüfungsergebnisse hinsichtlich Bestandsnachweis, Bewertung und Ausweis
– Aufzeichnungen darüber, inwieweit die Prüfungsfeststellungen auf eigenen Erhebungen des Prüfers, Auskünften der benannten Auskunftspersonen, Bestätigungen oder Arbeitsergebnissen Dritter beruhen

g) Arbeitspapiere zur Prüfung des Anhangs und des Lageberichtes:

– Aufzeichnungen über die Beurteilung der Darstellung im Lagebericht
– Aufzeichnungen über die Prüfung der Vollständigkeit und Richtigkeit der Angaben im Anhang. Hierbei können Verweise auf die übrigen Arbeitspapiere zweckmäßig sein

h) Abschließende Feststellungen:

– Abweichungen vom Prüfungsplan
– Durchsicht der Arbeitspapiere durch den Prüfungsleiter
– Prüfungskritik.

Auf die Bedeutung der Arbeitspapiere für die Prüfungskontrolle (Quality Control) wurde bereits oben ausführlich hingewiesen.[21]

---

[21] Vgl. oben, Kap. V B.

C. Die mündliche Berichterstattung, insbesondere die Schlußbesprechung

Die Mitteilung von Prüfungsergebnissen ausschließlich in mündlicher Form ist selten. Wenn eine mündliche Erörterung von Prüfungsergebnissen stattfindet, dann meist nur in Verbindung mit einem schriftlichen Prüfungsbericht. Solche mündlichen Erörterungen von Prüfungsergebnissen können als „Zwischenbesprechungen" über einzelne Teilergebnisse der Prüfung zwischen dem Prüfer und Angehörigen des geprüften Unternehmens bereits während der laufenden Prüfung stattfinden; von besonderer Bedeutung sind aber die sog. Schlußbesprechungen als abschließende mündliche Berichterstattung über die Ergebnisse einer komplexen Prüfung.[22] Die Durchführung solcher Besprechungen ist nur in Ausnahmefällen durch die Prüfungsordnungen vorgeschrieben oder vorgesehen.

Im deutschen Rechtsbereich gibt nur das Genossenschaftsgesetz dem Prüfungsverband bzw. dem Prüfer die Möglichkeit, eine Schlußbesprechung anzuberaumen:

§ 57 Abs. 4 GenG: „In unmittelbarem Zusammenhang mit der Prüfung soll der Prüfer in einer gemeinsamen Sitzung des Vorstandes und des Aufsichtsrats der Genossenschaft über das voraussichtliche Ergebnis der Prüfung mündlich berichten. Er kann zu diesem Zwecke verlangen, daß der Vorstand oder der Vorsitzende des Aufsichtsrats zu einer solchen Sitzung einladen; wird seinem Verlangen nicht entsprochen, so kann er selbst Vorstand und Aufsichtsrat unter Mitteilung des Sachverhalts berufen."

Im Bereich der steuerlichen Außenprüfung verlangt § 201 Abs. 1 der Abgabenordnung:

„Über das Ergebnis der Außenprüfung ist eine Besprechung abzuhalten (Schlußbesprechung), es sei denn, daß sich nach dem Ergebnis der Außenprüfung keine Änderung der Besteuerungsgrundlagen ergibt oder daß der Steuerpflichtige auf die Besprechung verzichtet. Bei der Schlußbesprechung sind insbesondere strittige Sachverhalte sowie die rechtliche Beurteilung der Prüfungsfeststellungen und ihre steuerlichen Auswirkungen zu erörtern."

Unabhängig von entsprechenden Regelungen in den Prüfungsordnungen sind offizielle Schlußbesprechungen im Zusammenhang mit komplexen Prüfungen vor allem bei abgeschlossenen Pflichtprüfungen durchaus üblich.[23] Im folgenden seien deshalb einige Gesichtspunkte zur Umschreibung der Aufgaben und zur Gestaltung von Schlußbesprechungen wiedergegeben.

---

[22] Vgl. zur Schlußbesprechung Vohburger/Thoma, Schlußbesprechung 1983, Sp. 1381 ff. und die dort angegebene Literatur.

[23] Zu Vorschriften über die Schlußbesprechungen im Eigenbetriebsrecht und im Sparkassenrecht vgl. IdW, WP-Handbuch 1985/86, Bd. I, S. 998.

Als **Aufgaben von Schlußbesprechungen,** die in Ergänzung des Prüfungsberichts stattfinden, werden in der Literatur genannt:[24]

- **Allgemeine Aufgaben:** Zusammenfassende Darstellung der wichtigsten Prüfungsfeststellungen (bei der steuerlichen Außenprüfung: Mitteilung der sich ergebenden Steuernachforderung); Klärung strittiger Sachverhalte und damit Vermeidung möglicher Rechtsbehelfe; Erhaltung bzw. Herstellung eines Vertrauensverhältnisses zwischen Prüfern und Geprüften.

- **Aufgaben für die Geschäftsleitung des geprüften Unternehmens:** Information über das Prüfungsergebnis vor der endgültigen Abfassung des Prüfungsberichts; Möglichkeit zum Vorbringen von Gegendarstellungen und ggf. neuer Unterlagen, Beweismittel etc.; Information über die Beschaffenheit von Prüfungsobjekten und über Möglichkeiten zur Beseitigung von festgestellten Mängeln; Information von Mitgliedern des Aufsichtsorgans (falls anwesend) über die Art der Geschäftsführung der Leitungsorgane im Bereich der Prüfungsobjekte.

- **Aufgaben für den Prüfer bzw. für das Prüfungsorgan:** Gelegenheit zur zusammenfassenden Darstellung der wichtigsten Prüfungsergebnisse vor endgültiger Abfassung des Prüfungsberichts; Möglichkeit, „Einwendungen zu widerlegen, Zweifel und Irrtümer aufzuklären sowie Berichtsausführungen, zu denen nachträglich weitere Tatbestände, Rechtfertigungen und andere Gegebenheiten vorgebracht und nachgewiesen werden, nötigenfalls zu ändern";[25] Gelegenheit zur Ausübung von Beratungsfunktionen, vor allem im Hinblick auf die Abstellung festgestellter Mängel.

Aus den genannten Aufgaben lassen sich einige **Konsequenzen für die zweckmäßige Gestaltung von Schlußbesprechungen** ableiten:

Was den **Teilnehmerkreis der Schlußbesprechung** angeht, so sollten, wenn anläßlich der Besprechung Entscheidungen zu treffen sind, selbstverständlich auf beiden Seiten entscheidungsberechtigte Vertreter anwesend sein, also auf der Seite der Prüfer der verantwortliche Prüfungsleiter und ggf. ein verantwortliches Mitglied der Geschäftsleitung des Prüfungsorgans. Ähnliches gilt auf der Seite des geprüften Unternehmens: Zumindest die für die Prüfungsobjekte der abgeschlossenen Prüfung zuständigen entscheidungsberechtigten Angehörigen des geprüften Unternehmens sollten an der Schlußbesprechung teilnehmen. Darüberhinaus kann es zweckmäßig sein, auf der Seite der Prüfer auch die Prüfungsgehilfen ggf. zur Schlußbesprechung heranzuziehen, und zwar nicht nur zu Ausbildungszwecken, sondern um ggf. auf die Informationen spezialisierter Prüfer zurückgreifen zu können.

Da der Prüfer bzw. das Prüfungsorgan anläßlich der Schlußbesprechung das Prüfungsergebnis mitzuteilen hat, sollte dem verantwortlichen Prüfungsleiter bzw. dem teilnehmenden verantwortlichen Mitglied des Prüfungsorgans auch die **Leitung der Schlußbesprechung** übertragen werden.

---

[24] Vgl. u.a. Kalb, Betriebsprüfungsordnung 1966, S. 22; Baier/Fähnrich/Sigl, Betriebsprüfung 1963, S. 243; Ehlers, Technik 1961, S. 221 f.; Horschitz, Technik 1974, S. 49; Fähnrich, Schlußbesprechung 1972, S. 571 f.; Kürschner, Bedeutung 1961, S. 634 f.; Eich, Prüfungsbericht 1944, S. 103; Stupka, Objekte 1962, S. 126.

[25] Kürschner, Bedeutung 1961, S. 634

Der Gesprächsleiter der Schlußbesprechung sollte auch dafür Sorge tragen (lassen), daß den Teilnehmern an der Schlußbesprechung die **Möglichkeit zu einer ausreichenden Vorbereitung** auf die ggf. bei der Schlußbesprechung zu erörternden Sachfragen gegeben wird. Ob die Vorinformation der Teilnehmer des geprüften Unternehmens durch Übersendung eines vollständigen Entwurfs des Prüfungsberichts oder auf andere Weise (z. B. durch eine mehr oder weniger eingehende Besprechungsvorlage) erfolgen soll, ist umstritten. Kürschner meint hierzu: „Je sicherer die Haltung des Prüfers in der Ermittlung des Prüfungsbefundes ist, je objektivierter die einzelnen Beanstandungen, Bemerkungen, Erinnerungen und Anregungen des Prüfungsberichts-Entwurfs sind, um so weniger Bedenken sollten bestehen, die betroffenen und angesprochenen Vertreter des Prüfungsobjekts im voraus von dem Befund, dem Ergebnis der Prüfung zu verständigen."[26]

Die anläßlich der Schlußbesprechung zu erörternden **Besprechungsgegenstände** dürften klar abgrenzbar sein, wenn die „Prüferseite" sich streng an den sog. Kongruenzgrundsatz bei der Darstellung der Prüfungsergebnisse hält, d. h. wenn zwischen den erarbeiteten Prüfungsfeststellungen (Arbeitspapiere), der schriftlichen Darstellung (Prüfungsbericht) und der mündlichen Erläuterung des Prüfungsbefundes (Schlußbesprechung) eine vollkommene Kongruenz herrscht.[27] Gleichwohl kann die Berichterstattung durch die „Prüferseite" auf die wesentlichen Feststellungen über das Prüfungsergebnis sowie auf die möglicherweise kontroversen Einzel- oder Teilurteile der komplexen Prüfung beschränkt werden.

Die **Konzentration der Schlußbesprechung auf kontroverse Prüfungsurteile** bedeutet nicht, daß insoweit das Prüfungsergebnis zum Gegenstand eines Aushandlungsprozesses zwischen den an der Schlußbesprechung Beteiligten gemacht werden könnte. Der Kongruenzgrundsatz hindert zunächst daran, von anläßlich der Prüfung getroffenen Tatsachenfeststellungen (Ist-Feststellungen) bei den Prüfungsobjekten im Gefolge einer Schlußbesprechung abzuweichen, es sei denn, diese Feststellungen würden sich anläßlich der Schlußbesprechung doch als unzutreffend herausstellen. Die jeweilige Prüfungsordnung hindert andererseits daran, Prüfungsurteile auszuhandeln, die nicht mehr mit dem jeweils anzuwendenden Normensystem vereinbar sind. Die zu diskutierenden Zweifelsfälle werden sich immer nur im Gebiet der „Unschärfe-" bzw. „Toleranzbereiche" der Soll- oder Ist-Feststellungen befinden können, wobei eine „Einigung" immer nur dann zulässig ist, wenn die „Prüferseite" sich in der Lage sieht, nach Maßgabe der Prüfungsordnung Wünschen des geprüften Unternehmens zuzustimmen. – Leider fehlt es bislang an eingehenderen Untersuchungen über die „Psychologie der prüferischen Überzeugungsbildung im Rahmen von Schlußbesprechungen."

Es dürfte im Interesse aller Teilnehmer an der Schlußbeprechung liegen, wenn die **Ergebnisse der Besprechung** in einem (Ergebnis-)Protokoll festgehalten werden, das der endgültigen Formulierung des Prüfungsberichts zugrunde gelegt werden kann.

---

[26] Kürschner, Bedeutung 1961, S. 633
[27] Vgl. dazu Kürschner, Bedeutung 1961, S. 634

Literaturverzeichnis

Acklin, James F. (Resources 1962): Assigning Personnel Ressources. JoA, Aug. 1962, S. 81 f.

Adam, Adolf (Messen 1959): Messen und Regeln in der Betriebswirtschaft. Würzburg 1959

Adler, Hans/Düring, Walther/Schmaltz, Kurt (Rechnungslegung 1971): Rechnungslegung und Prüfung der Aktiengesellschaft. Handkommentar, bearb. v. Kurt Schmaltz/Karl-Heinz Forster/Reinhard Goerdeler/Hans Havermann. 2. Bd., 4.Aufl., Stuttgart 1971

AICPA, Hrsg. (Approach 1968): An Auditor's Approach to Statistical Sampling. Vol. 4, Supplementary Section. New York 1968

AICPA, Hrsg. (Audit 1983): Audit Sampling. New York 1983

AICPA, Hrsg. (Code 1969): Code of Professional Ethics, as amended December 30, 1969, New York 1970

AICPA, Hrsg. (Estimation 1972): An Auditor's Approach to Statistical Sampling. Vol. 5: Ratio and Difference Estimation. New York 1972

AICPA, Hrsg. (Field 1974): An Auditor's Approach to Statistical Sampling. Vol. 6: Field Manual for Statistical Sampling. New York 1974

AICPA, Hrsg. (Introduction 1974): An Auditor's Approach to Statistical Sampling. Vol. 1: Introduction to Statistical Concepts and Estimation of Dollar Values. New York 1974

AICPA, Hrsg. (Overview 1980): Overview of Sampling for Variables. New York 1980

AICPA, Hrsg. (Random-Sampling 1974): An Auditor's Approach to Statistical Sampling. Vol. 3: Stratified Random Sampling. New York 1974

AICPA, Hrsg. (Sampling 1974): An Auditor's Approach to Statistical Sampling. Vol. 2: Sampling for Attributes. Estimation and Discovery. New York 1974

AICPA, Hrsg. (Statement 1981): Audit Sampling. Statement on Auditing Standards No. 39. JoA 1981, S. 106–110

Albrecht, Werner (Kommentierung 1986): Kommentierung zum § 291 HGB. Bonner Handbuch Rechnungslegung. Aufstellung, Prüfung und Offenlegung des Jahresabschlusses, hrsg. v. Max A. Hofbauer u. Peter Kupsch. Loseblattsammlung, Bonn 1986, Fach 4, S. 1–12

Aly, Hamdi F./Duboff, Jack J. (Sampling 1971): Statistical vs. Judgement Sampling: An Empirical Study of Auditing the Accounts Receivable of a Small Retail Store. The Accounting Review 1971, S. 119-128

Appelhoff, H.-W./Scherhag, W. (Planung 1984): Planung der computergestützten Prüfung. BFuP 1984, S. 424–434

Arbeitskreis Krähe der Schmalenbach-Gesellschaft (Unternehmensorganisation 1963): Unternehmens-Organisation. 4. Aufl., Köln, Opladen 1963

Arkin, Herbert (Handbook 1974): Handbook of Sampling for Auditing and Accounting. 2. Aufl. New York 1974

Arkin, Herbert (Methods 1982): Sampling Methods for the Auditor. New York 1982

Ausschuß für wirtschaftliche Verwaltung (AWV), Hrsg. (Inventur 1982): Permanente Inventur mit Stichproben. Eschborn 1982

Ausschuß für wirtschaftliche Verwaltung (AWV), Hrsg. (Sequentialtest 1980): Sequentialtest für die Inventur von nicht bewegten Lagereinheiten in automatisch gesteuerten Lagersystemen. Eschborn 1980

Ausschuß für wirtschaftliche Verwaltung (AWV), Hrsg. (Stichprobenverfahren 1978): Stichprobenverfahren zur Inventur buchmäßig geführter Vorräte im Lagerbereich. Eschborn 1978

Baetge, Jörg (Auswahlprüfungen 1986): Auswahlprüfungen auf der Basis der Systemprüfung. Wirtschaft und Wissenschaft im Wandel. Festschrift für Carl Zimmerer. Frankfurt 1986, S. 45–63

Baetge, Jörg (Möglichkeiten 1970): Möglichkeiten der Objektivierung des Jahreserfolges. Düsseldorf 1970

Baetge, Jörg (Sicherheit 1980): Art. Sicherheit und Genauigkeit. Lexikon der Wirtschaftsprüfung. Rechnungslegung und Prüfung, hrsg. v. Wolfgang Lück, München 1980, S. 454–455

Baetge, Jörg (Überwachungstheorie 1983): Art. Überwachungstheorie, kybernetische. HWRev. Stuttgart 1983, Sp. 1556–1569

Baetge, Jörg (Zielvorschrift 1985): Eine Zielvorschrift für Rationalisierungsansätze bei der Prüfung. BFuP 1985, S. 277–290

Baetge, Jörg/Fröhlich, Martin (Bestellung 1986): Art. § 318: Bestellung und Abberufung des Abschlußprüfers. Handbuch des Rechnungswesens, hrsg. v. Karlheinz Küting und Claus-Peter Weber, Stuttgart 1986, S. 1445-1490

Baetge, Jörg/Mayer zu Lösebeck, Heiner (Prüfungsplanung 1981): Starre oder flexible Prüfungsplanung?; in: Seicht, G., Hrsg. (Management 1981), S. 121-172

Baetge, Jörg/Moxter, Adolf/Schneider, Dieter, Hrsg. (Bilanzfragen 1976): Bilanzfragen. Festschrift zum 65. Geburtstag von Ulrich Leffson. Düsseldorf 1976

Baetge, Jörg, s. Leffson, Ulrich

Baier, Willi/Fähnrich, Herbert/Sigl, Hans (Betriebsprüfung 1963): Die steuerliche Betriebsprüfung. 2. Aufl., Stuttgart 1963

Ballmann, Wilhelm (Unternehmensprüfung 1962): Unternehmensprüfung und Unternehmensprüfer. Bd. II der Schriftenreihe des Instituts für Interne Revision, München 1962, S. 13–51

Ballwieser, Wolfgang (Prüfungslehre 1985): Prüfungslehre. DBW 1985, S. 322–346

Ballwieser, Wolfgang (Rationalisierung 1985): Rationalisierung im Prüfungswesen. Meinungsspiegel der BFuP 1985, S. 333-343

Bangen, Gerd (Wahrscheinlichkeitsrechnung 1969): Wahrscheinlichkeitsrechnung und mathematische Statistik. 5. Aufl., Frankfurt a.M., Hamburg 1969

Barclay, Alasdair G. (Beitrag 1963): Der Beitrag des Abschlußprüfers zur Steigerung der Produktivität. WPg 1963, S. 649–659

Barnett, Vic (Inference 1973): Comparative Statistical Inference. London, New York 1973

Barth, Kuno (Publizitätspflicht 1986): Die Publizitäts- und Prüfungspflicht der GmbH & Co. KG. BB 1986, S. 2235–2239

Becker, Wilhelm (Prüfung 1983): Art. Prüfung aufgrund von öffentlichen Zuwendungen. HWRev. Stuttgart 1983, Sp. 1148-1155

Becker, Wilhelm (Prüfungsplan 1962): Der Prüfungsplan für die Prüfung des Personalaufwandes. WPg 1962, S. 204–210; abgedr. in: v. Wysocki/Hagest, Praxis 1976, S. 38–51

Becker, Wilhelm/Petersen, Heinz (Entwicklungstendenzen 1964): Entwicklungstendenzen auf dem Gebiete der Prüfungsmethoden. WPg 1964, S. 408–415; abgedr. in: v. Wysocki/Hagest, Praxis 1976, S. 38–51

Bedingfield, James P. (State 1975): The Current State of Statistical Sampling and Auditing. The Journal of Accountancy 12/1975, S. 48–55

Beißel, Horst (Preisprüfung 1983): Art. Preisprüfung. HWRev. Stuttgart 1983, Sp. 1093-1100

Beumer, Heinz (Quality Control 1983): Art. Quality Control. HWRev. Stuttgart 1983, Sp. 1243-1250

Biener, Herbert (Vereinheitlichung 1981): Art. EG, Vereinheitlichung des Rechnungswesens. Handwörterbuch des Rechnungswesens, hrsg. v. Erich Kosiol, Klaus Chmielewicz, Marcell Schweitzer. 2. Aufl., Stuttgart 1981, Sp. 410-418

Binz, Hans-Herbert (Kritik 1985): Kritik an deutschen Wirtschaftsprüfern - ein Glaubwürdigkeitsproblem? Eine Profession im Spannungsfeld der Interessen. 2. Aufl., Bergisch-Gladbach, Köln 1985

Bleymüller, Josef (Stichprobenverfahren 1983): Stichprobenverfahren für Wirtschaftswissenschaftler. Münster 1983

Bleymüller, Josef/Gehlert, Günther/Gülicher, Herbert (Statistik 1983): Statistik für Wirtschaftswissenschaftler. 3. Aufl., München 1983

Blocher, Edward/Robertson, Jack C. (Sampling 1976): Bayesian Sampling Procedures for Auditors: Computer-Assisted Instruction. The Accounting Review 1976, S. 359–363

Blohm, Hans (Innenrevision 1957): Die Innenrevision als Funktion der Leitung in Industriebetrieben. Essen 1957

Blohm, Hans/Brenneis, Franz-Josef (Revision 1968): Interne und externe Revision. Herne, Berlin 1968

Böhmer, Georg-August/Hengst, Franz-Josef/Hofmann, Rolf/Müller, Otto/ Puchta, Rudi (Revisison 1981): Interne Revision. Ein Handbuch für die Praxis. Berlin 1981

Bönkhoff, Franz J., s. *Leffson, Ulrich*

Böttcher, Hans-Georg (Neuregelung 1986): Die Neuregelung der Prüferfrage nach dem Bilanzrichtlinien-Gesetz. DStR 1986, S. 104–113

Bolenz, Gerhard/Frank, Roswitha (Zuordnungsproblem 1977): Das Zuordnungsproblem von Prüfern zu Prüffeldern unter Berücksichtigung von Reihenfolgebedingungen - Ein Lösungsansatz der binären Optimierung. ZfbF 1977, S. 427–447

Bolsenkötter, Heinz (Bestätigungsvermerk 1983): Art. Bestätigungsvermerk. HWRev. Stuttgart 1983, Sp. 125-138

Bolsenkötter, Heinz (Prüfung 1985): Art. Die Prüfung der wirtschaftlichen Verhältnisse. HdJE, Lieferung 1985, Abt. IV/7

Bortz, Jürgen (Entscheidungen 1980): Statistische Entscheidungen im Binomialtest in Abhängigkeit vom Stichprobenumfang. WiSt 1980, S. 388–392

Bräuer, Martin, s. *Ossadnik, Wolfgang*

Brand, Hans, s. *v. Wysocki, Klaus*

Brandi, Erhard, s. *Lück, Wolfgang*

Breith, Eva, s. *Buchner, Robert*

Breng, Ernst-Günther (Revision 1955): Die konzerneigene Revision. Aufgaben, Organisation und Arbeitsgebiete. ZfhF 1955, S. 351–375

Brenneis, Franz-Josef, s. *Blohm, Hans*

Bretzke, Wolf-Rüdiger (Terminologie 1972): Zur Terminologie einer Theorie der Prüfung. BFuP 1972, S. 253–265

Bretzke, Wolf-Rüdiger/Hövermann, Klaus/Löcherbach, Gerhard (Problematik 1972): Zur Problematik der Verteilungshypothesen bei der Anwendung von Stichprobenverfahren im Rahmen von Unternehmensprüfungen. BFuP 1972, S. 633–641

Bretzke, Wolf-Rüdiger, s. *Sieben, Günter*

Breycha, Ottokar/Schäfer, Rolf (Bestätigungsvermerk 1986): § 322 Bestätigungsvermerk. Handbuch der Rechnungslegung. Kommentar zur Bilanzierung und Prüfung, hrsg. v. Karlheinz Küting u. Claus-Peter Weber, Stuttgart 1986, S. 1613–1629

Breycha, Ottokar/Schäfer, Wolf (Prüfungsbericht 1986): § 321 Prüfungsbericht. Handbuch der Rechnungslegung. Kommentar zur Bilanzierung und Prüfung, hrsg. v. Karlheinz Küting u. Claus-Peter Weber, Stuttgart 1986, S. 1587–1612

Breycha, Ottokar, s. *Schwerin, Fritz Graf v.*

Brimberg, Annemarie (Aufbauorganisation 1962): Aufbauorganisation der internen Revision in tiefgegliederten Unternehmungen und Konzernen. Berlin 1962

Bruse, Helmut/Riedlinger, Peter (Ansätze 1987): Ansätze zur Vereinfachung der Werkstattinventur. DB 1987, S. 2001–2005

Buchholz, Paul, s. *Zirwas, Reinhold*

Buchner, Robert (Auswahl 1961): Bewußte Auswahl oder Zufallsauswahl bei der aktienrechtlichen Pflichtprüfung?. WPg 1961, S. 657–659, abgedr. in: v. Wysocki/Hagest, Praxis 1976, S. 86–90

Buchner, Robert (Diskussion 1983): Zur Diskussion um die Frage Zufalls- oder Urteilsstichprobe bei Buchprüfungen. ZfbF 1983, S. 478–502

Buchner, Robert (Grundzüge 1981): Grundzüge der Finanzanalyse. München 1981

Buchner, Robert (Personalzuordnungsmodelle 1983): Art. Personalzuordnungsmodelle bei der Prüfungsplanung. HWRev. Stuttgart 1983, Sp. 1051-1058

Buchner, Robert (Poisson-Prozeß 1983): Der Poisson-Prozeß und das Gesetz der kleinen Zahlen. WiSt 1983, S. 470–473

Buchner, Robert (Statistik 1985): Finanzwirtschaftliche Statistik und Kennzahlenrechnung. München 1985

Buchner, Robert (Stichprobenprüfung 1983): Art. Stichprobenprüfung, Zufallsauswahl. HWRev. Stuttgart 1983, Sp. 1495-1502

Buchner, Robert (Wirtschaftsprüfer 1985): Der Wirtschaftsprüfer, Beruf und Berufsorganisation. Herne, Berlin 1985

Buchner, Robert/Breith, Eva (Problem 1981): Das Problem der optimalen Allokation von Urteilsbildungsbeiträgen unter Kostenaspekt im Rahmen einer Buchprüfung. Management und Kontrolle. Festschr. f. Erich Loitlsberger, hrsg. v. Gerhard Seicht. Berlin 1981, S. 13–46

Buchner, Robert/Krane, Hans Günter/Reuter, Hans H. (Anwendung 1971): Zur Anwendung des Bayesschen Theorems bei Buchprüfungen auf Stichprobenbasis. ZfB 1971, S. 1–26

Buchner, Robert/Reuter, Hans H. (Bestimmung 1976): Zur approximativen Bestimmung von Schätzintervallen bei Buchprüfungen auf Stichprobenbasis. Bilanzfragen. Festschr. f. Ulrich Leffson, hrsg. v. Jörg Baetge, Adolf Moxter u. Dieter Schneider. Düsseldorf 1976, S. 309–324

Buchner, Robert/Reuter, Hans H. (Hypothesentest 1972): Der Hypothesentest - ein Mittel zur Steigerung der Wirtschaftlichkeit bei Buchprüfungen. BFuP 1972, S. 533–550

Buchner, Robert/Weinreich, Jürgen (Optimierungsproblem 1979): Zum Optimierungsproblem Urteilsbildung und Prüfungskosten im Rahmen einer stichprobenweisen Buchprüfung. ZfbF 1979, S. 829–837

Bundesaufsichtsamt für das Versicherungswesen (BAV 1982): Rundschreiben 3/82 v. 25.6.1982, Durchführung der Prüfung des Rechnungsabschlusses und Inhalt des Prüfungsberichtes. Veröffentlichungen des BAV 1982, S. 409–412

Bundesminister der Finanzen (Verwaltungsvorschriften 1973): Vorläufige Verwaltungsvorschriften zur BHO. MBL. des BdF und BMW 1973, S. 190; abgedr. in: WP-Handbuch 1985/86, Bd. I, S. 464–468

Bundesministerium für Wirtschaft und Finanzen, Hrsg. (Merkblatt 1972): Merkblatt für die Prüfung von Rechnungswerken, die mit ADV erstellt sind. Bonn 1972

Busse von Colbe, Walther/Lutter, Marcus, Hrsg. (Wirtschaftsprüfung 1977): Wirtschaftsprüfung heute: Entwicklung oder Reform?. Ein Bochumer Symposion. Wiesbaden 1977

Busse von Colbe, Walther/Sieben, Günter, Hrsg. (Information 1969): Betriebswirtschaftliche Information, Entscheidungen und Kontrolle. Festschrift für Hans Münstermann. Wiesbaden 1969

Bussmann, Karl F. (Prüfung 1972): Die Prüfung der Unternehmung. 2.Aufl., Wiesbaden 1972

Cochran, William G. (Stichprobenverfahren 1972): Stichprobenverfahren. Berlin, New York 1972

Coenenberg, Adolf G./Hanisch, Heinz (Stichprobenprüfung 1983): Art. Stichprobenprüfung, Entdeckungsstichproben. HWRev. Stuttgart 1983, Sp. 1474-1487

Coenenberg, Adolf G., s. v. Wysocki, Klaus

Committee on Measurement of the British Association for the Advancement of Science (Report 1940): Final Report. London 1940

Csik, Andreas (Revisionswesen 1976): Revisions- und Treuhandwesen. Opladen 1976

Danert, Günter (Betriebskontrollen 1952): Betriebskontrollen. Essen 1952

Deindl, Josef (Quantifizierung 1982): Die Quantifizierung der Anforderungen an die Genauigkeit und Sicherheit der Stichprobenprüfung. BB 1982, S. 1641–1647

Deindl, Josef (Stichprobenprüfung 1982): Stichprobenprüfung mit Hilfe von Dollar-Unit Sampling. BB 1982, S. 1585–1591

Delp, Udo, s. Marx, Petra

Deppe, Hermann (Rationalisierung 1985): Rationalisierung im Prüfungswesen. Meinungsspiegel der BFuP 1985, S. 333–343

Deutsche Gesellschaft für Qualität e. V., Hrsg. (Stichprobenpläne 1980): Stichprobenpläne für quantitative Merkmale (Variablenstichprobenpläne). Berlin 1980

Deutsche Gesellschaft für Qualität e. V., Hrsg. (Stichprobenprüfung 1981): Stichprobenprüfung anhand qualitativer Merkmale. Verfahren und Tabellen nach DIN 40 080. 8. Aufl., Berlin 1981

Deutsches Institut für Interne Revision e. V., Hrsg. (Aufgaben 1959): Aufgaben und Praxis der Internen Revision. München 1959

Deutsches Institut für Interne Revision e. V., Hrsg. (Grundsätze 1983): Grundsätze der Internen Revision o.V., o.J. (Frankfurt 1983)

Deutsches Institut für Interne Revision e. V., Hrsg. (Revision 1983): Die Interne Revision in der Bundesrepublik Deutschland – 1983. Berlin 1983

Deutsches Institut für Normung e. V., Hrsg. (DIN 40080): DIN 40080 Verfahren und Tabellen für die Stichprobenprüfung anhand qualitativer Merkmale (Attributprüfung). Berlin, Köln Apr. 1979

Dinter, Hans (Frage 1962): Zur Frage der Verwendung von Stichprobenverfahren im Rahmen von Prüfungshandlungen. WPg 1962, S. 85–91

Dober, Willy (UEC 1977): Der UEC Auditing Statements Board (ASB). Journal UEC 1977, S. 171–174

Doellerer, Georg (Grundsätze 1959): Grundsätze ordnungsmäßiger Bilanzierung, deren Entstehung und Ermittlung. WPg 1959, S. 653–658

Dopfer, Claus (Aufgabenkreis 1962): Der berufliche Aufgabenkreis der Wirtschaftsprüfer. BB 1962, S. 1216–1219

Drukarczyk, Jochen (Kapitalerhöhung 1983): Art. Kapitalerhöhung und Kapitalherabsetzung, Prüfung der. HWRev. Stuttgart 1983, Sp. 701-711

Duboff, Jack J., s. Aly, Hamdi F.

Düring, Walther, s. Adler, Hans

Dürrhammer, Willy W. (Reform 1950): Reform der aktienrechtlichen Abschlußprüfung. ZfB 1950, S. 27–32

Dürrhammer, Willy W. (Unabhängigkeit 1971): Unabhängigkeit des Abschlußprüfers im Aktiengesetz und in der Praxis. Düsseldorf 1971

Duke, Gordon L./Neter, John/Leitch, Robert A. (Characteristics 1982): Power Characteristics of Test Statistics in the Auditing Environment: An Empirical Study. Journal of Accounting Research 1982, S. 42–67

Dworin, Lowell/Grimland, Richard A. (Dollar 1984): Dollar Unit Sampling for Accounts Receivable and Inventory. The Accounting Review, April 1984, S. 218–241

Ebisch, Hellmuth/Gottschalk, Joachim (Preise 1977): Preise und Preisprüfungen bei öffentlichen Aufträgen. 4.Aufl., München 1977

Eckardt, Ulrich, s. Geßler, Ernst

Eden, Siegfried (Treuhandschaft 1981): Treuhandschaft an Unternehmen und Unternehmensanteilen. Bielefeld 1981

Egner, Henning (Anwendung 1976): Anwendung des Planungsmodells MISP auf die Planung einer Jahresabschlußprüfung. Arbeitspapier Nr. 19/1977 des Instituts für Unternehmensführung der Freien Universität Berlin

Egner, Henning (Programm 1970): Zum wissenschaftlichen Programm der betriebswirtschaftlichen Prüfungslehre. ZfbF 1970, S. 771–789

Egner, Henning (Prüfungslehre 1980): Betriebswirtschaftliche Prüfungslehre. Berlin, New York 1980

Egner, Henning (Prüfungstheorie 1983): Art. Prüfungstheorie, verhaltensorientierter Ansatz (Syllogistischer Ansatz). HWRev. Stuttgart 1983, Sp. 1230–1242

Ehlers, Hans (Technik 1961): Zur Technik der Schlußbesprechung im Blick auf ihren Zweck. Die steuerliche Betriebsprüfung 1961, S. 219–223

Eich, Wilhelm (Prüfungsbericht 1944): Der Prüfungsbericht über den Jahresabschluß einer Aktiengesellschaft. 3. Aufl., Berlin 1944

Eichhorn, Siegfried (Krankenhäuser 1983): Art. Krankenhäuser, Selbstkostenprüfung. HWRev. Stuttgart 1983, Sp. 828–836

Ellinger, Theodor (Terminplanung 1976): Art. Terminplanung. HdB. Stuttgart 1976, Sp. 3877–3889

Elliot, Robert K./Rogers, John R. (Sampling 1972): Relating Statistical Sampling to Audit Objectives. The Journal of Accountancy 1972, S. 46–55

Elmendorff, Karl (Anwendbarkeit 1963): Anwendbarkeit von Zufallsstichproben bei der Abschlußprüfung. Düsseldorf 1963

Emmerich, Volker (Kontrolle 1977): Die Kontrolle der Kontrolleure. Wirtschaftsprüfung heute: Entwicklung oder Reform? Ein Bochumer Symposion, hrsg. v. Walther Busse von Colbe u. Marcus Lutter. Wiesbaden 1977, S. 213–232

Erhard, Fritz (Betriebsprüfung 1980): Steuerliche Betriebsprüfung. 4.Aufl., Bonn, Achim 1980

Ernst u. Ernst, Hrsg. (Audit 1974): Audit Sampling – Reference Manual, Professional Development Series, o.O., 1974

Ertel, Hermann A. (Treuhänder 1925): Treuhänder und Treuhandgesellschaften in Deutschland. Berlin 1925

Euler, Karl A. (Maßnahmen 1985): Maßnahmen zur Effizienzsteigerung im Bereich der internen Revision. BFuP 1985, S. 323–332

Fabian, Walter (Prüfung 1962): Die Prüfung der rechtlichen Verhältnisse bei Abschlußprüfungen – Prüfplan und -methode. WPg 1962, S. 57–61; abgedr. in: v. Wysocki/Hagest, Praxis 1976, S. 173–179

Fachausschuß Revision der Wirtschaftsvereinigung Eisen- und Stahlindustrie, Hrsg. (Richtlinien 1959): Revisions-Richtlinien. Krefeld 1959

Fähnrich, Herbert (Schlußbesprechung 1972): Die Schlußbesprechung im Rahmen einer steuerlichen Betriebsprüfung. BBK 1972, Fach 27, S. 525–530

Fähnrich, Herbert, s. *Baier, Willi*

Faißt, Lothar, Hrsg. (Verbandsrevision 1987): Verbandsrevision. Stuttgart 1987

Fettel, J. (Maßstäbe 1949): Objektive und subjektive Maßstäbe der Beurteilung. Der Wirtschaftsprüfer 1949, S. 275–276

Fienberg, Stephen E., s. *Neter, John*

Fischer-Winkelmann, Wolf-F. (Bestimmungsgrößen 1978): Bestimmungsgrößen des Entscheidungsverhaltens bei Unternehmensprüfungen. ZfB 1978, S. 741–763

Fischer-Winkelmann, Wolf-F. (Grundlagen 1972): Grundlagen und Probleme neuerer Ansätze in der Lehre vom Prüfungswesen. Diss. Nürnberg 1972

Fischer-Winkelmann, Wolf-F. (Prüfungslehre 1975): Entscheidungsorientierte Prüfungslehre. Berlin 1975

Fischer-Winkelmann, Wolf-F. (Prüfungstheorie 1983): Art. Prüfungstheorie, empirisch-kognitiver Ansatz. HWRev. Stuttgart 1983, Sp. 1198-1209

Fläming, Christian (Auswahl 1974): Die Auswahl des Abschlußprüfers für die GmbH – eine Existenzfrage für die steuerberatenden Berufe. Deutsches Steuerrecht 1974, S. 163–172

Foerster, H. (Prüfungsrecht 1986): Das Prüfungsrecht für Steuerberater, Rechtsanwälte und vereidigte Buchprüfer nach dem Bilanzrichtlinien-Gesetz. NWB 1986, S. 1761–1766

Forster, Karl-Heinz (Gedanken 1976): Gedanken zur passiven Sicherung der Unabhängigkeit des Abschlußprüfers. Bilanzfragen. Festschrift f. Ulrich Leffson, hrsg. v. Jörg Baetge, Adolf Moxter u. Dieter Schneider. Düsseldorf 1976, S. 325–338

Forster, Karl-Heinz (Grundsätze 1977): Grundsätze ordnungsmäßiger Abschlußprüfung, Berichterstattung und der Erteilung von Bestätigungsvermerken. WPg 1977, S. 1–9

Forster, Karl-Heinz (Haushaltsgrundsätzegesetz 1983): Art. Haushaltsgrundsätzegesetz, Prüfung nach § 53. HWRev. Stuttgart 1983, Sp. 591–602

Forster, Karl-Heinz (Rechnungslegung 1968): Die Rechnungslegung der Aktiengesellschaft während der Abwicklung (§ 270 AktG 1965). Wirtschaftsprüfer im Dienst der Wirtschaft. Festschr. f. Ernst Knorr, hrsg. v. Erwin Pougin u. Klaus v.Wysocki. Düsseldorf 1968, S. 77–96

Forster, Karl-Heinz (Revisionsbetriebe 1976): Art. Revisions- und Treuhandbetriebe. HdB. Stuttgart 1976, Sp. 3435-3448

Frank, Gerold/Schneeweis, Lothar (Stichproben 1984): Stichproben im Bereich von Revision und Wirtschaftsprüfung. DB 1984, S. 2629–2631

Frank, Roswitha, s. *Bolenz, Gerhard*

Freiling, Claus (Erfahrungsbericht 1967): Erfahrungsbericht über das Zusammenwirken von Revision und Organisation. ZIR 1967, S. 65–74

Freiling, Claus/Lück, Wolfgang (Überwachung 1986): Interne Überwachung und Jahresabschlußprüfung. ZfbF 1986, S. 996–1006

Frey, Günther (Sonderprüfung 1966): Die Sonderprüfung wegen unzulässiger Unterbewertung nach §§ 258 ff. AktG. WPg 1966, S. 633–641

Frick, Heinrich (Staatsaufsicht 1962): Die Staatsaufsicht über die kommunalen Sparkassen. Berlin 1962

Frielinghaus, Otto (Beruf 1932): Der Beruf des Wirtschaftsprüfers. 2. Aufl., Berlin 1932

Fröhlich, Martin, s. *Baetge, Jörg*

Frotscher, Gerrit (Außenprüfung 1980): Die steuerliche Außenprüfung nach der Abgabenordnung 1977. 2. Aufl., Heidelberg 1980

Gans, Christian (Prüfungen 1984): Betriebswirtschaftliche Prüfungen als heuristische Suchprozesse. Arbeitspapier für die Doctoral Sessions des 7. Jahreskongresses der EAA in St. Gallen 1984

Garstka, Stanley J./Ohlson, Philip A. (Estimation 1979): Ratio Estimation in Accounting Populations with Probabilities of Sample Selection Proportional to Size of Book Values. JoAR 1979, S. 23–59

Gehlert, Günther, s. *Bleymüller, Josef*

Gelbert, Ekkehard (Anwendungsmöglichkeiten 1975): Anwendungsmöglichkeiten und -grenzen von Stichprobenverfahren bei der aktienrechtlichen Abschlußprüfung. Diss. Köln 1975

Gelhausen, Friedrich (Prüfung 1986): Die Prüfung der kleinen Aktiengesellschaft nach Inkrafttreten des Bilanzrichtlinien-Gesetzes. AG 1986, S. 67–75

Gerhard, Karl-Heinz (Wirtschaftsprüferordnung 1961): Wirtschaftsprüferordnung, Textausgabe. Köln, Berlin, Bonn, München 1961

Gerigk, Wolfgang (Bedeutungslosigkeit 1986): Die rechtliche Bedeutungslosigkeit des § 291 Abs. 3 Satz 2 HGB für die Befreiung von der Pflicht zur Aufstellung eines Teilkonzernabschlusses. DB 1986, S. 1375–1377

Gerstner, Paul (Organisation 1926): Die Organisation der Treuhandunternehmungen. Revisions- und Treuhandwesen, Grundriß der Betriebswirtschaftslehre, Bd. 10, hrsg. v. Walter Mahlberg, Fritz Schmidt u. Eugen Schmalenbach, Leipzig 1926, S. 55–72

Gerstner, Paul (Revisions-Technik 1930): Revisions-Technik, Handbuch für kaufmännische und behördliche Buchprüfung. 5.Aufl., Berlin, Leipzig 1930

Geßler, Ernst/Hefermehl, Wolfgang/Eckardt, Ulrich/Kropff, Bruno (Aktiengesetz 1973): Aktiengesetz. Kommentar, §§ 148-178. Bd. III., München 1973

Glade, Anton (Rechnungslegung 1986): Rechnungslegung und Prüfung nach dem Bilanzrichtlinien-Gesetz. Systematische Darstellung und Kommentar. Herne, Berlin 1986

Gmelin, Hans Jörg (Anforderungen 1986): Neue Anforderungen an die Darstellung des Prüfungsergebnisses im Einzel- und Konzernabschluß. Bericht über die Fachtagung 1986 des Instituts der Wirtschaftsprüfer, Düsseldorf 1986, S. 53–62

Goerdeler, Reinhard (Gedanken 1985): Gedanken zum Eigenkapital und seiner Beschaffung aus der Sicht des Wirtschaftsprüfers. Festschr. f. Klaus v. Wysocki, hrsg. v. Gerhard Gross. Düsseldorf 1985, S. 283–299

Goerdeler, Reinhard (Festschrift), s. *Havermann, Hans*

Goronzy, Friedhelm/Löcherbach, Gerhard (Anwendung 1973): Zur Anwendung von statistischen Verfahren in der Wirtschaftsprüfungs- und Unternehmensberatungspraxis. BFuP 1973, S. 467–491

Gottschalk, Joachim, s. *Ebisch, Hellmuth*

Grewe, Wolfgang (Kommentierung 1986): Kommentierung zu §§ 321 und 322 HGB. Bonner Handbuch Rechnungslegung. Aufstellung, Prüfung und Offenlegung des Jahresabschlusses, hrsg. v. Max A. Hofbauer und Peter Kupsch, Bonn 1986, Fach 4, S. 1–23

Grewe, Wolfgang (Pflichtprüfung 1986): Die Pflichtprüfung nach neuem Recht. WPg 1986, S. 85–92

Grimland, Richard, s. *Dworin, Lowell*

Grochla, Erwin/Wittmann, Waldemar, Hrsg. (HdB 1976): Handwörterbuch der Betriebswirtschft. 4., völlig neu gestaltete Aufl., Bd. 1, Stuttgart 1974, Bd. 2, Stuttgart 1975, Bd. 3, Stuttgart 1976

Gross, Gerhard (Bericht 1987): Der Bericht über die Jahresabschlußprüfung nach neuem Recht. ZfB-Ergänzungsheft 1/1987, S. 341–353

Gross, Gerhard (Überlegungen 1985): Überlegungen zum Bestätigungsvermerk und zur Bescheinigung bei freiwilligen Abschlußprüfungen. Festschr. f. Klaus v. Wysocki, hrsg. v. Gerhard Gross. Düsseldorf 1985, S. 269–282

Gross, Gerhard, Hrsg. (Wirtschaftsprüfer 1985): Der Wirtschaftsprüfer: im Schnittpunkt nationaler und internationaler Entwicklungen. Festschr. f. Klaus v. Wysocki. Düsseldorf 1985

Gross, Gerhard/Schruff, Lothar (Jahresabschluß 1986): Der Jahresabschluß nach neuem Recht. Aufstellung – Prüfung – Offenlegung. 2. Aufl., Düsseldorf 1986

Gross, Gerhard/Schruff, Lothar/v. Wysocki, Klaus (Konzernabschluß 1987): Der Konzernabschluß nach neuem Recht. Aufstellung – Prüfung – Offenlegung. 2. Aufl., Düsseldorf 1987

Gross, Gerhard, s. *v. Wysocki, Klaus*

Grote, Helga (Wettbewerbsprobleme 1970): Wettbewerbsprobleme wirtschaftsberatender Berufe. Köln, Opladen 1970

Großmann, R. H. J. (Aufbau 1959): Aufbau und Organisation einer Internen Revisionsabteilung. Bürotechnik + Organisation 1959, S. 258–262

Grünefeld, Klaus-Peter (Gutachten 1972): Das betriebswirtschaftliche Gutachten. Düsseldorf 1972

Gülicher, Herbert, s. *Bleymüller, Josef*

Gumpp, Josef (Sparkassenprüfung 1951): Sparkassenprüfung vom Sparkassenleiter gesehen. Vorträge für Sparkassenprüfer, hrsg. v. der Arbeitsgemeinschaft deutscher Sparkassen- und Giroverbände und Girozentralen e.V., Sept. 1951, Stuttgart o.J.

Haaker, Karl (Prüfungsplanung 1962): Prüfungsplanung und -methoden für Debitoren und Kreditoren. WPg 1962, S.169–176; abgedr. in: v. Wysocki/Hagest, Praxis 1976, S. 265–276

Haas, Helmut, s. *v. Wysocki, Klaus*

Haegert, Lutz (Grundsatz 1985): Der Grundsatz der Prozeßunabhängigkeit des Abschlußprüfers – Soll und Ist. Festschr. f. Klaus v. Wysocki, hrsg. v. Gerhard Gross. Düsseldorf 1985, S. 201–219

Härle, Dietrich (Alternativplanung 1967): Alternativplanung und Entscheidung im Rahmen einer Prüfungsplanung. ZfB 1967, S. 459–470

Härle, Dietrich (Informationsgewinnung 1966): Die Informationsgewinnung im Rahmen einer Prüfungsplanung. ZfB 1966, S. 704–716

Hagen, Karl (Revisionswesen 1978): Revisions- und Treuhandwesen. Stuttgart, Berlin, Köln, Mainz 1978

Hagest, Joachim (Logik 1975): Zur Logik der prüferischen Überzeugungsbildung bei Jahresabschlußprüfungen. Diss. München 1975

Hagest, Joachim (Urteilsstichprobe 1976): Die Urteilsstichprobe des Abschlußprüfers, eine Stichprobe zweiter Klasse?. Praxis des Prüfungswesens, hrsg. v. Klaus v.Wysocki u. Joachim Hagest, München 1976, S. 113–127

Hagest, Joachim, s. v. Wysocki, Klaus

Hagest, Karl (Grundsätze 1949): Grundsätze ordnungsmäßiger Abschlußprüfung, WPg 1949, S. 450–454

Hanisch, Bärbel (Pflichtprüfungen 1983): Art. Pflichtprüfungen, aperiodische. HWRev. Stuttgart 1983, Sp. 1058–1070

Hanisch, Heinz, s. Coenenberg, Adolf G.

Hasenack, Wilhelm (Theorie 1955): Theorie und Praxis der Prüfungen im Betrieb, insbesondere die Abgrenzung von Revision und Kontrolle. WPg 1955, S. 418–421

Havermann, Hans, Hrsg. (Bilanzrecht 1987): Bilanz- und Konzernrecht. Festschrift zum 65. Geburtstag von Reinhard Goerdeler. Düsseldorf 1987

Havermann, Hans (Fachorganisation 1983): Art. Fachorganisation der Wirtschaftsprüfer, internationale. HWRev. Stuttgart 1983, Sp. 353-364

Havermann, Hans (Meinungsspiegel 1976): Meinungsspiegel der BFuP 1976, S. 206–219

Havermann, Hans (Organisation 1975): Organisation und Thematik der internationalen Facharbeit und ihre Auswirkungen auf die tägliche Berufsausübung. WPg 1975, S. 6–7

Hefermehl, Wolfgang, s. Geßler, Ernst

Heine, Klaus-Henning (Prüfungsplan 1962): Der Prüfungsplan für die Prüfung der Ordnungsmäßigkeit der Buchführung. WPg 1962, S. 29–36; abgedr. in: v. Wysocki/Hagest, Praxis 1976, S. 335–347

Heinen, Edmund (Zielsystem 1966): Das Zielsystem der Unternehmung, Grundlagen betriebswirtschaftlicher Entscheidungen. Wiesbaden 1966

Helbig, W. (Planung 1978): Planung und Durchführung der Jahresabschlußprüfung mittels Netzplantechnik. Diss. Berlin 1978

Helbling, Carl (Wirtschaftsprüfung 1983): Art. Wirtschaftsprüfung in der Schweiz. HWRev. Stuttgart 1983, Sp. 1804-1809

Hengst, Franz-Josef, s. Böhmer, Georg-August

Hennecke, Rudolf (Berichte 1986): Die Berichte der Kommission für Insolvenzrecht und ihre Bedeutung für Insolvenz- und Abschlußprüfungen. BB 1986, S. 2019–2026

Hessler, Heinz-Dieter (Wirtschaftsprüfer 1960): Der Wirtschaftsprüfer als Notvertreter von Unternehmungen. WPg 1960, S. 322–328

Hintner, Otto (Praxis 1949): Praxis der Wirtschaftsprüfung. Einführung in Wesen und Technik der kaufmännischen Revision. 3. Aufl., Stuttgart 1949

Hintner, Otto (Treuhandwesen 1975): Art. Treuhandwesen. Dr. Gablers Wirtschafts-Lexikon. 9. Aufl., Band. 2, Wiesbaden 1975, Sp. 1660-1666

Hintner, Otto (Wirtschaftsprüfung 1965): Art. Wirtschaftsprüfung. HdSW. Bd. 12, Stuttgart, Tübingen, Göttingen 1965, S. 232–238

Hönle, Bernd M. (Unabhängigkeit 1978): Die Unabhängigkeit des aktienrechtlichen Abschlußprüfers. Baden-Baden 1978

Hörner, Fridolin (Geschichte 1987): Geschichte. Verbandsrevision, hrsg. v. Lothar Faißt, Stuttgart 1987, S. 17–44

Hövermann, Klaus (Frage 1976): Zur Frage der Objektivierung von Prüfungsaktivitäten im Rahmen der aktienrechtlichen Abschlußprüfung. Diss. Köln 1976

Hövermann, Klaus (Grundsätze 1979): Grundsätze der Prüffelder und Reihenfolgeplanung bei Jahresabschlußprüfungen. WPg 1979, S. 62–71

Hövermann, Klaus (Phasen 1976): Phasen der Gewinnung stichprobenfundierter Prüfurteile bei Jahresabschlußprüfungen. WPg 1976, S. 257–264

Hövermann, Klaus, s. *Bretzke, Wolf-Rüdiger*

Hofbauer, Max A. (Prüfung 1986): Art. Prüfung. Bonner Handbuch Rechnungslegung. Aufstellung Prüfung und Offenlegung des Jahresabschlusses, hrsg. v. Max A. Hofbauer u. Peter Kupsch, Loseblattsammlung, Bonn 1986, Fach 3

Hofbauer, Max A./Kupsch, Peter, Hrsg. (Bonner Handbuch 1986): Bonner Handbuch Rechnungslegung. Aufstellung, Prüfung und Offenlegung des Jahresabschlusses. Loseblattsammlung, Bonn 1986

Hoffmann, Friedrich (Revision 1983): Art. Interne Revision, Organisation. HWRev. Stuttgart 1983, Sp. 668-677

Hofmann, Rolf (Revision 1972): Interne Revision, Organisation und Aufgaben, Konzernrevision. Opladen 1972

Hofmann, Rolf, s. *Böhmer, Georg-August*

Holzer, Peter/Lück, Wolfgang (Quality Control 1975): Quality Control. Grundsätze zur Verbesserung der Prüfungsqualität. WPg 1975, S. 541–546

Hopt, Klaus (Haftung 1986): Die Haftung des Wirtschaftsprüfers – Rechtsprobleme zu § 323 HGB (§ 168 AKtG a.F.) und zur Prospekt- und Auskunftshaftung (Teil I u. II). WPg 1986, S. 461–466 und 498-506

Horschitz, Harald (Technik 1974): Die Technik des Vortrages in der Schlußbesprechung. Die steuerliche Betriebsprüfung 1974, S. 49–51

Horváth, Péter (Kontrollsystem 1983): Art. Internes Kontrollsystem, allgemein. HWRev. Stuttgart 1983, Sp. 628-642

Hubbard, Thomas D./Strawser, Robert H. (Test 1972): A Test of „A Modell for Integrating Sampling Objectives in Auditing". Journal of Accounting Research 1972, S. 404–406

Hunger, Joe R., s. *Sieben, Günter*

IdW (Entwurf 1987): Hauptfachausschuß: Entwurf einer Verlautbarung zur Anwendung stichprobengestützter Prüfungsmethoden bei der Jahresabschlußprüfung. WPg 1987, S. 294–301

IdW (Entwurf FG 1987): Hauptfachausschuß: Entwurf eines Fachgutachtens für die Erteilung von Bestätigungsvermerken bei Abschlußprüfungen. FN 1987, S. 6–12

IdW (Entwurf FG 1988): Hauptfachausschuß: Entwurf eines Fachgutachtens über die Grundsätze ordnungsmäßiger Berichterstattung bei Abschlußprüfungen. WPg 1988, S. 65–72

IdW (Erläuterungen 1966): Stellungnahme des Hauptfachausschusses Nr. 2/ 1966: Erläuterung der Grundsätze für die Zusammenarbeit der Wirtschaftsprüfer mit der Internen Revision. FN 1966, S. 122

IdW (FAMA 1/1978): Verlautbarung des Fachausschusses für moderne Abrechnungssysteme (FAMA) Nr. 1/1978: Die Datenverarbeitung als Prüfungshilfsmittel. WPg 1978, S. 208–217

IdW (FAMA 1/1987): Verlautbarung des Fachausschusses für moderne Abrechnungssysteme (FAMA) Nr. 1/1987: Grundsätze ordnungsmäßiger Buchführung bei computergestützten Verfahren und deren Prüfung. WPg 1988, S. 1–35

IdW (FG 1/1977): Fachgutachten des Hauptfachausschusses Nr. 1/1977: Grundsätze ordnungsmäßiger Durchführung von Abschlußprüfungen. WPg 1977, S. 210–214

IdW (FG 2/1977): Fachgutachten des Hauptfachausschusses Nr. 2/1977: Grundsätze ordnungsmäßiger Berichterstattung bei Abschlußprüfungen. WPg 1977, S. 214–217

IdW (FG 3/1977): Fachgutachten des Hauptfachausschusses Nr. 3/1977: Grundsätze für die Erteilung von Bestätigungsvermerken bei Abschlußprüfungen. WPg 1977, S. 217–221

IdW (FG 6/1934): Fachgutachten Nr. 6/1934: Kann ein Wirtschaftsprüfer bei Vornahme einer Pflichtprüfung sich der Hilfe vorhandener Prüfungseinrichtungen bedienen? Wenn ja, inwieweit?. Der Wirtschaftstreuhänder 1934, S. 432

IdW (Gesetz 1976): Gesetz über eine Berufsordnung der Wirtschaftsprüfer (Wirtschaftsprüferordnung). Düsseldorf 1976

IdW (SABI 1/1986): Stellungnahme SABI 1/1986: Zur erstmaligen Anwendung der Vorschriften über die Pflichtprüfung nach dem Bilanzrichtlinien-Gesetz und zum Wortlaut des Bestätigungsvermerks bei freiwilligen Abschlußprüfungen. FN 1986, S. 54–57; WPg 1986, S. 166–169

IdW (Stellungnahme 1/1981): Stellungnahme des HFA 1/1981: Stichprobenverfahren für die Vorratsinventur zum Jahresabschluß. WPg 1981, S. 479–491

IdW (Stellungnahme 2/1981): Stellungnahme des HFA 2/1981: Arbeitspapiere des Abschlußprüfers. WPg 1982, S. 44–45

IdW (WP-Handbuch 1973): Wirtschaftsprüfer-Handbuch 1973. Handbuch für die Rechnungslegung, Prüfung und Beratung. Düsseldorf 1973

IdW (WP-Handbuch 1985/86, Bd. I): Wirtschaftsprüfer-Handbuch 1985/ 86. Handbuch für die Rechnungslegung, Prüfung und Beratung. Bd. I, Düsseldorf 1985

IdW (WP-Handbuch 1985/86, Bd. II): Wirtschaftsprüfer-Handbuch 1985/ 86. Handbuch für die Rechnungslegung, Prüfung und Beratung. Bd. II, Düsseldorf 1986

IdW, Hrsg. (Fachgutachten 1956): Die Fachgutachten und Stellungnahmen des Instituts der Wirtschaftsprüfer auf dem Gebiete der Rechnungslegung und Prüfung, bearb. v. Robert Kenntemich. Düsseldorf 1956

IdW, Hrsg. (Gesetz 1986): Gesetz über eine Berufsordnung der Wirtschaftsprüfer (Wirtschaftsprüferordnung). Düsseldorf 1986

IdW/WPK (Gewährleistung 1982): Gemeinsame Stellungnahme der Wirtschaftsprüferkammer und des Instituts der Wirtschaftsprüfer in Deutschland e. V. zur Gewährleistung der Prüfungsqualität (VD 1/1982). WPg 1982, S. 38–43

IdW/WPK (Stellungnahme 1985): Gemeinsame Stellungnahme der Wirtschaftsprüferkammer und des Instituts der Wirtschaftsprüfer zum Entwurf eines Bilanzrichtlinien-Gesetzes. WPg 1985, S. 537–553

Ijiri, Yuji/Kaplan, Robert S. (Model 1971): A Model for Integrating Sampling Objectives in Auditing. JoAR 1971, S. 73–87

Institut für Interne Revision e. V., s. Deutsches Institut für Interne Revision e. V.

Institute of Internal Auditors, Hrsg. (Sampling 1967): Sampling Manual for Auditors, 2. Ed. o.O., 1967

Institute of Internal Auditors, Hrsg. (Survey 1957): Survey of internal Auditing 1957. Administration of the Internal Auditing Activity, Statement of Responsibilities of the internal Auditor. New York 1958

International Federation of Accountants (ED 8 1984): Exposure Draft, ED 8: Charging of Professional Fees and Payment and Receipt of Commissions. 1984

International Federation of Accountants (ED 9 1985): Exposure Draft, ED 9: Ethics in Tax Practice. 1985

International Federation of Accountants (ED 10 1985): Exposure Draft, ED 10: Incompatible and Inconsistent Businesses, Occupations or Activities. 1985

International Federation of Accountants (Guideline 1980): Professional Ethics for the Accountancy Profession. 1980

International Federation of Accountants (IAPC 6/1981): International Auditing Guideline 6, Study and Evaluation of the Accounting System and Internal Control in Connection with an Audit, 1981

International Federation of Accountants (IAPC 7/1982): International Auditing Guideline 7, Control of the quality of Audit Work, 1982

International Federation of Accountants (IAPC 19/1984) International Auditing Guideline 19, Audit Sampling. 1984

International Federation of Accountants (SGE 1 1982): Statement of Guidance on Ethics, SGE 1: Advertising, Publicity and Soliciation. 1982

International Federation of Accountants (SGE 2 1982): Statement of Guidance on Ethics, SGE 2: Professional Competence. 1982

International Federation of Accountants (SGE 3 1983): Statement of Guidance on Ethics, SGE 3: Integrity, Objectivity and Independence. 1983

International Federation of Accountants (SGE 4 1983): Statement of Guidance on Ethics, SGE 4: Confidentiality. 1983

International Federation of Accountants (SGE 5 1983): Statement of Guidance on Ethics, SGE 5: Ethics Across International Borders. 1983

International Federation of Accountants (SGE 6 1983): Statement of Guidance on Ethics, SGE 6: Conditions for Acceptance of an Appointment when another Accountant in Public Practice is already carrying out Work for the same Client. 1983

International Federation of Accountants (SGE 7 1983): Statement of Guidance on Ethics, SGE 7: Conditions for Superseding another Accountant in Public Practice. 1983

Jacobs, Otto H. (Frage 1975): Zur Frage der Vereinbarkeit von Jahresabschlußprüfung und Beratung. DB 1975, S. 2237–2241

Jacobs, Otto H. (Möglichkeiten 1985): Möglichkeiten zur Verbesserung der Eigenkapitalquote deutscher Unternehmen durch steuerliche Maßnahmen im Rahmen der offenen Selbstfinanzierung. Festschr. f. Klaus v. Wysocki, hrsg. v. Gerhard Gross. Düsseldorf 1985, S. 301–317

Jäckel, Günther (Unabhängigkeit 1960): Die Unabhängigkeit der Abschlußprüfer bei der Pflichtprüfung von Aktiengesellschaften der öffentlichen Hand. Hamburg, Berlin, Bonn 1960

Jäger, Werner, s. v. *Wysocki, Klaus*

Jöhnk, Max-Detlev, s. *Wetzel, Wolfgang*

Kalb, Franz (Betriebsprüfungsordnung 1966): Betriebsprüfungsordnung (Steuer). Textausgabe mit Erläuterungen und ergänzenden Bestimmungen. Neuried am Rhein, Berlin 1966

Kaminski, Horst (Institut 1980): Art. Institut der Wirtschaftsprüfer. Lexikon der Wirtschaftsprüfung. Rechnungslegung und Prüfung, hrsg. v. Wolfgang Lück. München 1980, S. 247–249

Kaplan, Robert S. (Sampling 1973): Statistical Sampling in Auditing with Auxiliary Information Estimators. Journal of Accounting Research 1973, S. 238–258

Kaplan, Robert S., s. *Ijiri, Yuji*

Keifer, Rüdiger, s. v. *Wysocki, Klaus*

Kellerbach, Heinrich (Betriebsprüfung 1981): Die Betriebsprüfung (Außenprüfung). Wiesbaden 1981

Kellerer, Hans (Theorie 1963): Theorie und Technik des Stichprobenverfahrens. 3. Aufl., München 1963

Kelley, J. W. (Sampling 1980): Attribute Sampling in Compilance Audits. New York 1980

Kenntemich, Robert, s. *IdW*

Kern, Werner (Netzplantechnik 1969): Die Netzplantechnik als ein Instrument betrieblicher Ablaufplanung. Schriften zur Unternehmensführung Bd. 9, Wiesbaden 1969, S. 53–80

Kicherer, Hans-Peter (Fachgutachten 1972): Die Fachgutachten des Instituts der Wirtschaftsprüfer (IdW) über die Grundsätze ordnungsmäßiger Abschlußprüfung. BB 1972, Beilage S. 68–74

Kicherer, Hans-Peter (Grundsätze 1970): Grundsätze ordnungsmäßiger Abschlußprüfung. Berlin 1970

Kissel, Karlheinz (Krankenhäuser 1983): Art. Krankenhäuser, Prüfung der

Ordnungsmäßigkeit der Geschäftsführung. HWRev. Stuttgart 1983, Sp. 823–828

Klages, Albrecht (Spieltheorie 1968): Spieltheorie und Wirtschaftsprüfung. Anwendung spieltheoretischer Modelle in der Wirtschaftsprüfung. Hamburg 1968

Klebba, Walter (Revisionspraxis 1952): Revisionspraxis. 4.Aufl., Nürnberg 1952

Klein, Adolf (Wahrscheinlichkeit 1911/12): Über die Wahrscheinlichkeit der Entdeckung von Fehlern bei Revisionen. ZfhF 1911/12, S. 580ff.

Klein, Günter (Ergebnisse 1983): Art. Ergebnisse Dritter, Verwendung bei der Prüfung. HWRev. Stuttgart 1983, Sp. 314-319

Klein, Werner (Unparteilichkeit 1983): Art. Unparteilichkeit. HWRev. Stuttgart 1983, Sp. 1610–1615

Klein, Werner/Sahner, Friedhelm (Möglichkeiten 1987): Möglichkeiten und Grenzen der Zusammenarbeit von Interner Revision und Wirtschaftsprüfung in der Praxis. BFuP 1987, S. 162–176

Kleineidam, Hans-Jochen (Umwandlung 1983): Art. Umwandlung und Verschmelzung, Prüfung bei. HWRev. Stuttgart 1983, Sp. 1573–1587

Kleiter, Gernot (Bayes-Statistik 1981): Bayes-Statistik – Grundlagen und Anwendungen. Berlin, New York 1981

Kloock, Josef (Tätigkeiten 1983): Art. Unvereinbare Tätigkeiten für Wirtschaftsprüfer. HWRev. Stuttgart 1983, Sp. 1623–1628

Knapp, Anna (Organisation 1977): Die Organisation der Wirtschaftsprüfungsunternehmung. Unveröff. Diplomarbeit Köln 1977

Knief, Peter (Rationalisierung 1985): Rationalisierung im Prüfungswesen. Meinungsspiegel der BFuP 1985, S. 333–343

Knoblauch, Peter/Stangner, Karl-Heinz (Rationalisierung 1985): Rationalisierung im Prüfungsbetrieb. BFuP 1985, S. 291–307

Knolmayer, Gerhard (Begutachtungsverfahren 1978): Art. Begutachtungs- und Beratungsverfahren. Treuhandwesen, hrsg. v. Karl Lechner. Wien 1978, S. 863–880

Knorr, Ernst (Festschrift), s. *Pougin, Erwin*

Knorr, Ingomar, s. *Parczyk, Wolfgang*

Knoth, Joachim (Prüfung 1983): Art. Progressive und retrograde Prüfung. HWRev. Stuttgart 1983, Sp. 1131-1140

Koch, Waldemar (Beruf 1957): Der Beruf des Wirtschaftsprüfers. Berlin 1957

König, René, Hrsg. (Handbuch 1962): Handbuch der Empirischen Sozialforschung. Bd. 1, Stuttgart 1962

Köpper, Franz (Sequentialtests 1987): Sequentialtests für die Stichprobeninventur. Ein Beitrag zur Anwendbarkeit sequentieller Testverfahren bei heterograder Fragestellung. Ahaus 1987

Köster, Heinrich (Prüfungsmethoden 1974): Computergestützte Prüfungsmethoden. Düsseldorf 1974

Kolarik, Franz G. (Buchprüfung 1964): Die Buchprüfung als Allokationsproblem von heterograden Wahrscheinlichkeitsstichproben. Diss. HfW, Wien 1964

Korn, Klaus (Prüferausschluß 1986): Der Prüferausschluß wegen Mitwirkung bei der Buchführung oder Aufstellung des Jahresabschlusses nach dem BiRiLiG. Kölner Steuerdialog 1986, S. 6584

Korndörfer, Wolfgang/Peez, Leonhard (Einführung 1981): Einführung in das Prüfungs- und Revisionswesen. Wiesbaden 1981

Kortzfleisch, Hermann von (Revisor 1955): Der Revisor in der industriellen Unternehmung. Diss. Köln 1955

Kosiol, Erich (Grundlagen 1959): Grundlagen und Methoden der Organisationsforschung. Berlin 1959

Kosiol, Erich (Organisation 1962): Organisation der Unternehmung. Wiesbaden 1962

Kosiol, Erich, Hrsg. (HdR 1970): Handwörterbuch des Rechnungswesens. 1. Aufl., Stuttgart 1970

Krähe, Walter, s. *Arbeitskreis Krähe*

Kraft, William H. jr. (Sampling 1968): Statistical Sampling for Auditors: A New Look. JoA, Aug. 1968, S. 49–56

Krag, Joachim/Müller, Herbert (Zweckmäßigkeit 1985): Zur Zweckmäßigkeit von Teilkonzernabschlüssen der 7.EG-Richtlinie für Minderheitsgesellschafter. BB 1985, S. 307–312

Krane, Hans-Günter (Problem 1973): Zum Problem des optimalen Personaleinsatzes bei Prüfungen. Diss. Gießen 1973

Krane, Hans-Günter, s. *Buchner, Robert*

Krane, Hans-Günter, s. *Krug, Henning*

Kraus, Herbert (Organisationsberatung 1978): Art. Die Organisationsberatung. Treuhandwesen, hrsg. v. Karl Lechner. Wien 1978, S. 1075–1092

Kraushaar, Peter (Anwendung 1971): Die Anwendung der Netzplantechnik bei Abschlußprüfungen. Berlin 1971

Kropff, Bruno, s. *Geßler, Ernst*

Krudewig, W./Lang, H.-U. (Steuerberater 1986): Vom Steuerberater zum vereidigten Buchprüfer und Wirtschaftsprüfer. Bonn 1986

Krüger, Dieter (Bilanzrichtlinie-Gesetzentwurf 1984): Der Bilanzrichtlinie-Gesetzentwurf der Bundesregierung und die 8.Richtlinie des Rates der EG über die Zulassung der mit der Pflichtprüfung der Rechnungslegungsunterlagen beauftragten Personen. DB 1984, S. 1837–1838

Krüger, Ralf (Grundlagen 1968): Grundlagen der Planung einer aktienrechtlichen Jahresabschlußprüfung. Diss. Münster 1968

Krug, Henning/Krane, Hans-Günter (Anwendung 1968): Die Anwendung mathematischer Optimierungsverfahren auf die Planung des Personaleinsatzes im Wirtschaftsprüferbetrieb. WPg. 1968, S. 621–627

Krumb, Dieter (Depotprüfung 1983): Art. Depotprüfung. HWRev. Stuttgart 1983, Sp. 223–231

Krumb, Dieter, s. *Spieth, Eberhard*

Krumbholz, Wolf/Pflaumer, Peter (Möglichkeiten 1982): Möglichkeiten der Kosteneinsparung bei der Qualitätskontrolle durch Berücksichtigung von unvollständigen Vorinformationen. ZfB 1982, S. 1088–1102

Kühnberger, Manfred (Anmerkungen 1987): Anmerkungen zum Argument vom „hohen Grad an Professionalisierung der deutschen Wirtschaftsprüfer als Garantie für vertrauenswürdige Jahresabschlußinformationen" – eine kritische Bestandsaufnahme. ZfbF 1987, S. 455–478

Kühnberger, Manfred (Wirtschaftsprüfer 1985): Wirtschaftsprüfer im Widerstreit der Interessen. Eine Rekonstruktion der Erwartungsdiskrepanz, einige programmatische Anmerkungen zu Möglichkeiten einer sozialwissenschaftlichen Erklärung und ein exemplarischer Anwendungsversuch am Beispiel der Rollenkonflikte. Spardorf 1985

Küpper, Willi/Lüder, Klaus/Streitferdt, Lothar (Netzplantechnik 1975): Netzplantechnik. Würzburg 1975

Kürschner, Hans (Bedeutung 1961): Die Bedeutung der Schlußbesprechungen über Prüfungsergebnisse. WPg 1961, S. 632–635; abgedr. in: v. Wysocki/Hagest, Praxis 1976, S. 351–355

Küting, Karlheinz/Weber, Claus-Peter, Hrsg. (Handbuch 1986): Handbuch der Rechnungslegung. Kommentar zur Bilanzierung und Prüfung. Stuttgart 1987

Kupsch, Peter (Prüfungsplan 1983): Art. Mehrjähriger Prüfungsplan. HWRev. Stuttgart 1983, Sp. 976-982

Kupsch, Peter, s. Hofbauer, Max, A.

Lachnit, Laurenz (Globalabstimmung 1983): Art. Globalabstimmung und Verprobung. HWRev, Stuttgart 1983, Sp. 519-542

Lamers, Andreas (Optimierung 1981): Die Optimierung von Folgetestverfahren für Anwendungen im Prüfungswesen. Ein Überblick über einige neuere Entwicklungen. Diss. Münster 1981

Lammer, Willi (Depotprüfung 1987): Depotprüfung. Verbandsrevision, hrsg. v. Lothar Faißt, Stuttgart 1987, S. 212–237

Lanfermann, Josef (Stichprobenprüfung 1983): Art. Stichprobenprüfung, bewußte Auswahl. HWRev. Stuttgart 1983, Sp. 1468-1474

Lang, H.-U. s. Krudewig, W.

Langenbucher, Günther (Einholen 1978): Das Einholen von Saldenbestätigungen. Ein neuer Prüfungsgrundsatz. WPg 1978, S. 148–161

Lechner, Karl (Ziele 1978): Art. Ziele der Prüfung, Begutachtung und Beratung. Treuhandwesen, hrsg. v. Karl Lechner. Wien 1978, S. 623–659

Leffson, Ulrich (Prüfungswesen 1969): Das wirtschaftliche Prüfungswesen im System der allgemeinen Betriebswirtschaftslehre. WPg 1969, S. 389–397

Leffson, Ulrich (Systemprüfung 1983): Art. Systemprüfung. HWRev. Stuttgart 1983, Sp. 1519-1523

Leffson, Ulrich (Wirtschaftsprüfung 1985): Wirtschaftsprüfung. 3. durchgesehene Aufl., Wiesbaden 1985

Leffson, Ulrich/Bönkhoff, Franz (Materiality 1981): Materiality-Entscheidungen bei Jahresabschlußprüfungen. Management und Kontrolle. Festschrift f. Erich Loitlsberger, hrsg. v. Gerhard Seicht. Berlin 1981, S. 61–78

Leffson, Ulrich/Bönkhoff, Franz J. (Prüfungsplanung 1983): Art. Prüfungsplanung. HWRev. Stuttgart 1983, Sp. 1187–1193

Leffson, Ulrich/Lippmann, Klaus/Baetge, Jörg (Sicherheit 1969): Zur Sicherheit und Wirtschaftlichkeit der Urteilsbildung bei Prüfungen. Düsseldorf 1969

Lehmann, Herbert (Zusammenarbeit 1987): Zusammenarbeit zwischen Innenrevision und Verbandrevision. Verbandsrevision, hrsg. v. Lothar Faißt, Stuttgart 1987, S. 297–323

Leifer, Franz (Berufsrecht 1957): Das Berufsrecht der Wirtschaftstreuhänder. Wien 1957

Leitch, Robert A., s. *Duke, Gordon L.*

Leitch, Robert A., s. *Neter, John*

Lensmann, Wolfgang (Verprobungsmethoden 1964): Rechnerische und wirtschaftliche Verprobungsmethoden. Deutsches Steuerrecht 1964, S. 162–164 u. 195-197

Leopold, Heinzgeorg (Effektivität 1985): Effektivität und Effizienz der Jahresabschlußprüfung. BFuP 1985, S. 308–322

Letschert, Reinhold (Pflichtprüfung 1951): Die genossenschaftliche Pflichtprüfung. 5. Aufl., Wiesbaden, Bieberich 1951

Liebich, Dieter/Mathews, Kurt (Treuhand 1983): Treuhand und Treuhänder in Recht und Wirtschaft. Ein Handbuch. 2.Aufl., Herne, Berlin 1983

Lippmann, Klaus, s. *Leffson, Ulrich*

Loebbecke, James K., s. *Neter, John*

Löcherbach, Gerhard, s. *Bretzke, Wolf-Rüdiger*

Löcherbach, Gerhard, s. *Goronzy, Friedhelm*

Löw, Herbert (Fachgutachten 1978): Das Fachgutachten 1/1977 des Instituts der Wirtschaftsprüfer über die Grundsätze ordnungsmäßiger Durchführung von Abschlußprüfungen. AG 1978, S. 158–162

Loitlsberger, Erich (Abriß 1978): Art. Dogmengeschichtlicher Abriß des Treuhandwesens. Treuhandwesen, hrsg. v. Karl Lechner. Wien 1978, S. 35–53

Loitlsberger, Erich (Buchprüfung 1968): Die Buchprüfung als spieltheoretisches Problem. Der Österreichische Betriebswirt 1968, S. 137–179

Loitlsberger, Erich (Fehlergewichtung 1985): Die Fehlergewichtung als Problem der Prüfungstheorie. Festschr. f. Klaus v. Wysocki, hrsg. v. Gerhard Gross. Düsseldorf 1985, S. 187–200

Loitlsberger, Erich (Prüfungsordnungen 1983): Art. Prüfungsordnungen. HWRev. Stuttgart 1983, Sp. 1183–1187

Loitlsberger, Erich (Prüfungstheorie 1983): Art. Prüfungstheorie, spieltheoretischer Ansatz. HWRev. Stuttgart 1983, Sp. 1222–1230

Loitlsberger, Erich (Stand 1978): Art. Der gegenwärtige Stand des herkömmlichen Treuhandwesens. Treuhandwesen, hrsg. v. Karl Lechner. Wien 1978, S. 55–71

Loitlsberger, Erich (Theorie 1953): Zur Theorie der Prüfung. Grundlagen der Buchprüfung. Veröffentlichungen des Instituts für Organisation und Revisionswesen an der HfW, Wien, hrsg. von Leopold L. Illetschko, Bd. 1, Wien 1953, S. 20–56

Loitlsberger, Erich (Treuhandwesen 1961): Treuhand- und Revisionswesen. 1. Aufl., Stuttgart 1961

Loitlsberger, Erich (Treuhandwesen 1966): Treuhand- und Revisionswesen. 2. Aufl., Stuttgart 1966

Loitlsberger, Erich (Festschrift), s. *Seicht, Gerhard*

Louwers, P.C. (Sampling 1969): Statistical Sampling and the Auditor. UEC-Journal 1969. S. 136–144

Ludewig, Rainer (Auftragsbearbeitung 1966): Die verwaltungsmäßige Auftragsbearbeitung in einem Wirtschaftsprüferbüro. WPg 1966, S. 225–229

Ludewig, Rainer (Bericht 1987): Der Bericht über die Prüfung des Einzelabschlusses nach neuem Recht. WPg 1987, S. 373–385

Ludewig, Rainer (Bestätigungsvermerk 1986): Der Bestätigungsvermerk gemäß § 322 HGB im Hinblick auf den Lagebericht. WPg 1986, S. 377–380

Ludewig, Rainer (Frage 1965): Zur Frage des optimalen Einsatzes von Prüfungsassistenten. WPg 1965, S. 96

Lück, Wolfgang (Wirtschaftsprüfung 1986): Wirtschaftsprüfung und Treuhandwesen. Institutionelle und funktionale Aspekte der Betriebswirtschaftlichen Prüfungslehre. Stuttgart 1986

Lück, Wolfgang, Hrsg. (Lexikon 1980): Lexikon der Wirtschaftsprüfung. Rechnungslegung und Prüfung. München 1980

Lück Wolfgang/Brandi, Erhard/Volkeri, Friedrich (Qualitätsverbesserung 1980): Qualitätsverbesserung von Abschlußprüfungen. Anmerkung zur Quality Control. BFuP 1980, S. 34–53

Lück, Wolfgang, s. *Freiling, Claus*

Lück, Wolfgang, s. *Holzer, Peter*

Lüder, Klaus, s. *Küpper, Willi*

Luik, Hans (Diskussionsbeitrag 1977): Diskussionsbeitrag in Wirtschaftsprüfung heute: Entwicklung oder Reform? Ein Bochumer Symposion, hrsg. v. Walther Busse von Colbe, Marcus Lutter. Wiesbaden 1977, S. 125–126

Luik, Hans (Prüferwechsel 1976): Ist ein obligatorischer Prüferwechsel für Aktiengesellschaften sinnvoll?. BB 1976, S. 237–239

Lutter, Marcus (Wirtschaftsprüfer 1975): Der Wirtschaftsprüfer und seine Aufgaben in unserer Zeit. Bericht über die Fachtagung 1974 des Instituts der Wirtschaftsprüfer in Deutschland e. V., Düsseldorf 1975, S. 227–247

Lutter, Marcus, s. *Busse von Colbe, Walther*

Macharzina, Klaus (Wirtschaftsprüfung 1983): Art. Wirtschaftsprüfung im United Kingdom und Commonwealth. HWRev. Stuttgart 1983, Sp. 1814–1822

Magg, Alexander (Prüfungsumfang 1981): Der notwendige Prüfungsumfang bei Anwendung des Hypothesentests im betriebswirtschaftlichen Prüfungswesen. BFuP 1981, S. 87–90

Mahlberg, Walter/Schmidt, Fritz/Schmalenbach, Eugen, Hrsg. (Grundriß 1926): Grundriß der Betriebswirtschaftslehre. Bd. 10, Revisions- und Treuhandwesen. Leipzig 1926

Mandel, Gerwald (Auswahl 1981): Zur Auswahl statistischer Stichprobenverfahren im heterogenen Fall der Buchprüfung. Management und Kontrolle, hrsg. v. Gerhard Seicht. Festgabe für Erich Loitlsberger zum 60. Geburtstag. Berlin 1981, S. 173–196

Mann, Gerhard (Revisionswesen 1967): Revisionswesen als wissenschaftliche Disziplin. BFuP 1967, S. 393–414

Marks, Peter (Gewährleistung 1982): Gewährleistung der Prüfungsqualität. WPg 1982, S. 25–29

Marx, Petra/Delp, Udo (Einbeziehung 1986): Einbeziehung der GmbH & Co. KG in die Publizitäts- und Prüfungspflicht nach neuem Recht?. DB 1986, S. 289–290

Mathews, Kurt (Rechenschaftslegung 1978): Rechenschaftslegung über Treuhandverhältnisse. Behandlung im Jahresabschluß und Geschäftsbericht. Herne, Berlin 1978

Mathews, Kurt, s. *Liebich, Dieter*

Mattes, Winfried (Modell 1976): Ein heuristisches Modell zur Mehrprojektablaufplanung (MISP). Arbeitspapier Nr. 19/1977 des Instituts für Unternehmensführung der Freien Universität Berlin.

Mattessich, Richard (Messung 1959): Messung, Vorausberechnung und Buchhaltungsmodelle. ZfhF 1959, S. 179–194

Mayer zu Lösebeck, Heiner, s. *Baetge, Jörg*

McRae, T.R. (Study 1982): A Study of the Application of Statistical Sampling to External Auditing. London 1982

Melcher, Heinrich (Unternehmensberater 1974): Der Unternehmensberater. Partner auf Zeit. München 1974

Mertens, Hans J. (Erwartung 1977): Erwartung und Wirklichkeit der aktienrechtlichen Pflichtprüfung. Wirtschaftsprüfung heute: Entwicklung oder Reform? Ein Bochumer Symposion, hrsg. v. Walther Busse von Colbe, Marcus Lutter. Wiesbaden 1977, S. 13–28

Mertens, Peter (Netzwerktechnik 1964): Netzwerktechnik als Instrument der Planung. ZfB 1964, S. 382–407

Mertz, Herbert P.J. (Prüfschärfe 1963): Prüfschärfe bei Revisionen. Ein Beispiel zur Entscheidungstheorie. Ablauf- und Planungsforschung. Operational Research Bd. 4, 1964, S. 315 ff.

Meyer, Carl W. (Eigenverantwortlichkeit 1983): Art. Eigenverantwortlichkeit. HWRev. Stuttgart 1983, Sp. 279–286

Meyer, Carl W. (Prüfungseinrichtungen 1970): Art. Prüfungseinrichtungen, private und öffentliche. Handwörterbuch des Rechnungswesens, hrsg. v. Erich Kosiol. 1. Aufl., Stuttgart 1970, Sp. 1466–1471

Michael, Heinrich (Prüfungsmethoden 1959): Genetische Prüfungsmethoden und Verwendung von Kennzahlen bei Bilanzprüfungen. Frankfurt am Main 1959

Minz, Günter (Buchführungssysteme 1985): Art. Buchführungssysteme und Grundsätze ordnungsmäßiger Buchführung. HdJE, Lieferung 1985, Abt. I/3

Minz, Günter/Zepf, Günter (Jahresabschlußprüfung 1982): Computergestütze Jahresabschlußprüfung. Möglichkeiten, Entwicklungstendenzen. WPg 1982, S. 117–123

Minz, Willy (Prüfungsmethoden 1960): Prüfungsmethoden. WPg 1960, S. 89–97; abgedr. in: v.Wysocki/Hagest, Praxis 1976, S. 28–38

Möhle, Fritz (Berufsbild 1962): Das Berufsbild des Wirtschaftsprüfers. WPg 1962, S. 197–203

Moog, Karl (Analysen 1985): Metatheoretische und objektwissenschaftliche Analysen zur Betriebswirtschaftlichen Prüfungslehre: am Beispiel der Handlungsunwirksamkeit von sozialen Normen. Spardorf 1985

Moonitz, Maurice, s. *Stamp, Edward*

Moser, Helmut M. (Zukunft 1975): Die Zukunft der treuhändigen Wirtschaftsberatung. Berlin 1975

Moxter, Adolf, s. *Baetge, Jörg*

Müller, Herbert, s. *Krag, Joachim*

Müller, Otto, s. *Böhmer, Georg–August*

Münstermann, Hans (Netzplantechnik 1968): Netzplantechnik und Jahresabschlußprüfung. Wirtschaftsprüfer im Dienst der Wirtschaft. Festschrift für Ernst Knorr, hrsg. v. Erwin Pougin u. Klaus v.Wysocki, Düsseldorf 1968, S. 111–140

Münstermann, Hans (Netzplantechnik 1983): Art. Netzplantechnik bei der Prüfungsplanung. HWRev. Stuttgart 1983, Sp. 983-990

Münstermann, Hans (Festschrift), s. *Busse von Colbe, Walther*

Munk, Volker (Krankenhäuser 1983): Art. Krankenhäuser, Jahresabschlußprüfung. HWRev. Stuttgart 1983, Sp. 819–823

Munkert, Michael (Gründungsprüfung 1971): Externe aktienrechtliche Gründungsprüfung. München 1971

Munkert, Michael (Gründungsprüfung 1983): Art. Gründungsprüfung. HWRev. Stuttgart 1983, Sp. 542-554

Muuss, Harro, s. *Schröder, Johannes*

Naeve, Peter, s. *Wetzel, Wolfgang*

Nagel, Kurt (Programmprüfung 1983): Art. Programmprüfung. HWRev. Stuttgart 1983, Sp. 1115-1131

Neitemeier, Harald (Übernahme 1979): Die Übernahme fremder Urteile bei Prüfungen. Düsseldorf 1979

Neter, John/Leitch, Robert A./Fienberg, Stephen E. (Dollar 1978): Dollar Unit Sampling: Multinomial Bounds for Total Overstatement and Understatement Errors. The Accounting Review, Jan. 1978, S. 77–93

Neter, John/Loebbecke, James K. (Consideration 1975): Consideration in Choosing Statistical Sampling Procedure in Auditing. The Journal of Accounting Research, Supplement 1975, S. 38–52

Neter, John, s. *Duke, Gordon L.*

Neter, John, s. *Vance, Lawrence*

Neyman, J./Pearson, E.S. (Contributions 1936): Contributions to the Theory of Testing Statistical Hypothesis. Statistical Research Memoirs. University of London, Vol. 1 (1936), S. 1ff.

Niehus, Rudolf J. (Bemerkungen 1965): Bemerkungen zur Zusammenarbeit mit der Innenrevision im Rahmen der Abschlußprüfung. WPg 1965, S. 29–38

Niehus, Rudolf J. (Peer Review 1983): Art. Peer Review. HWRev. Stuttgart 1983, Sp. 1021–1031

Niehus, Rudolf J. (Prüfung 1980): Prüfung der Prüfer durch die Prüfer – „Peer Review" in den USA. WPg 1980, S. 149–160

Nies, H. (Methoden 1976): Mathematisch-statistische Methoden als Hilfsmittel zur Aufstellung des Inventars. StBp 1976, S. 245–248

Nies, H. (Rationalisierung 1975): Rationalisierung der körperlichen Bestandsaufnahme des Vorratsvermögens. StBp 1975, S. 73–80

Nücke, Heinrich (Entwicklung 1982): Entwicklung des Peer Review in den USA. WPg 1982, S. 30–33

Obermeier, Irmgard (Abschlussprüfung 1983): Statistische Abschlußprüfung. Bern und Stuttgart 1983

Oettle, Karl (Charakter 1966): Über den Charakter öffentlich-wirtschaftlicher Zielsetzungen. ZfbF 1966, S. 241–259

Ohlson, Philip A., s. *Garstka, Stanley J.*

Ossadnik, Wolfgang/Bräuer, Martin (Diskussion 1985): Zur Diskussion über eine Erweiterung des zur künftigen GmbH-Abschlußprüfung berechtigten Personenkreises. BFuP 1985, S. 374–383

Ossadnik, Wolfgang, s. *Sieben, Günter*

o. V. (Zusammenarbeit 1950): Zusammenarbeit mit den Prüfstellen der Sparkassen- und Giroverbände. WPg 1950, S. 573–574

Panter, Heinz (Prüfungen 1987): Prüfungen nach § 44 KWG und sonstige Prüfungen. Verbandsrevision, hrsg. v. Lothar Faißt, Stuttgart 1987, S. 274–296

Parczyk, Wolfgang/Knorr, Ingomar (Befangenheit 1968): Zur Befangenheit des Abschlußprüfers – Mitwirkung bei der Erstellung des Jahresabschlusses. WPg 1968, S. 229–232

Paul, Henning (Anwendung 1974): Zur Anwendung binominalverteilter Stichproben bei Unternehmensprüfungen. ZfB 1974, S. 111–124

Pearson, E. S., s. *Neyman, J.*

Peemöller, Volker H. (Management 1978): Management Auditing. Berlin 1978

Peemöller, Volker H. (Prüfung 1983): Art. Direkte und indirekte Prüfung. HWRev. Stuttgart 1983, Sp. 243–248

Peez, Leonhard, s. *Korndörfer, Wolfgang*

Perridon, Louis (Wirtschaftsprüfung 1983): Art. Wirtschaftsprüfung in Frankreich. HWRev. Stuttgart 1983, Sp. 1763–1774

Petersen, Heinz (Gedanken 1955): Gedanken zur unternehmenseigenen Revision. WPg 1955, S. 389–392

Petersen, Heinz, s. *Becker, Wilhelm*

Petzel, Oskar (Gliederung 1962): Die Gliederung des Prüfungsstoffes für den mehrjährigen Prüfungsplan und für die Zwischenprüfung. WPg 1962, S. 2–7

Pfanzagl, Johann (Methodenlehre 1 1966): Allgemeine Methodenlehre der Statistik. 1. Bd., 3. Aufl., Berlin 1966

Pflaumer, Peter (Bemerkungen 1981): Einige Bemerkungen zur Bestimmung von Konfidenzintervallen für Anteilswerte bei Buchprüfungen auf Stichprobenbasis. ZfbF 1981, S. 753–761

Pflaumer, Peter, s. *Krumbholz, Wolf*

Piening, Hans (Prüfungsplan 1962): Der Prüfungsplan für die Halb- und Fertigfabrikate. WPg 1962, S. 113–118; abgedr. in: v. Wysocki/Hagest, Praxis 1976, S. 248–256

Plüschke, Roderich B. (Verfahrensvorschlag 1982): Ein Verfahrensvorschlag für die permanente Stichprobeninventur. OR-Spektrum 1982, S. 206–219

Pöhlmann, Helmut (Jahresabschlußprüfung 1986): Jahresabschlußprüfung auf Stichprobenbasis – Die Anwendung von Verfahren der statistischen Qualitätskontrolle auf die Jahresabschlußprüfung. Diss. Univ. München 1985, Pfaffenweiler 1986

Pohl, Ernst A. (Eigen- und Regiebetriebe 1983): Art. Eigen- und Regiebetriebe, Prüfung der. HWRev. Stuttgart 1983, Sp. 271–279

Pohlentz, Heinz (Prüfungsbericht 1983): Art. Prüfungsbericht. HWRev. Stuttgart 1983, Sp. 1168-1182

Pokropp, Fritz (Stichproben 1980): Stichproben: Theorie und Verfahren. Königstein/Ts. 1980

Potthoff, Erich (Prüfung 1982): Die Prüfung der Ordnungsmäßigkeit der Geschäftsführung. Köln 1982

Pougin, Erwin (Berücksichtigung 1959): Die Berücksichtigung des internen Kontrollsystems als Grundlage ordnungsmäßiger Abschlußprüfung. Düsseldorf 1959

Pougin, Erwin (Entwicklung 1985): Die Entwicklung des Internen Kontrollsystems und ihre Auswirkung auf die GoA – unter besonderer Berücksichtigung des Einsatzes elektronischer Datenverarbeitungssysteme. Festschr. f. Klaus v. Wysocki, hrsg. v. Gerhard Gross. Düsseldorf 1985, S. 221–238

Pougin, Erwin/v. Wysocki, Klaus (System 1970): Zum System der Unternehmensberatung. WPg 1970, S. 149–153

Pougin, Erwin/v. Wysocki, Klaus, Hrsg. (Wirtschaftsprüfer 1968): Wirtschaftsprüfer im Dienst der Wirtschaft. Festschrift für Ernst Knorr. Düsseldorf 1968

Puchta, Rudi, s. *Böhmer, Georg-August*

Rackles, Rolf (Problem 1961): Das Problem der repräsentativen Auswahl bei der aktienrechtlichen Abschlußprüfung. Diss. Frankfurt a.M. 1961

Ramer, Rudolf A. (Pflichtprüfungsrecht 1987): Zum Pflichtprüfungsrecht der vereidigten Buchprüfer und der Buchprüfungsgesellschaften. BB 1987, S. 234–237

Rat der Europäischen Gemeinschaften (3.EG-Richtlinie): Dritte Richtlinie des Rates vom 9. Oktober 1978 (Verschmelzungsrichtlinie). Amtsblatt der Europäischen Gemeinschaften L 295 v. 20.Oktober 1978

Rat der Europäischen Gemeinschaften (4.EG-Richtlinie): Vierte Richtlinie des Rates vom 25. Juli 1978 (Bilanzrichtlinie). Amtsblatt der Europäischen Gemeinschaften L 222 vom 14. August 1978

Rat der Europäischen Gemeinschaften (7.EG-Richtlinie): Siebente Richtlinie des Rates vom 13. Juni 1983 (Konzernrichtlinie). Amtsblatt der Europäischen Gemeinschaften L 193 vom 18. Juli 1983

Rat der Europäischen Gemeinschaften (8.EG-Richtlinie): Achte Richtlinie des Rates vom 10. April 1984 (Prüferbefähigungsrichtlinie). Amtsblatt der Europäischen Gemeinschaften L 126 vom 12. Mai 1984

Reinfeld, N. V./Vogel, W. R. (Programming 1958): Mathematical Programming. Englewood Cliffs 1958

Reittinger, Wolfgang (Pflichtprüfungen 1983): Art. Pflichtprüfungen, periodische. HWRev. Stuttgart 1983, Sp. 1070–1088

Remington Rand GmbH (Planung PERT): Planung mit PERT und CPM. Univac-Mitteilungen Nr. 233023164. Frankfurt/M o.J.

Reuter, Hans H., s. *Buchner, Robert*

Richter, Gerhard (Frage 1964): Zur Frage der Wirtschaftlichkeit im Wirtschaftsprüfungsunternehmen. Diss. Frankfurt/M. 1964

Richter, Gerhard (Wirtschaftlichkeit 1964): Zur Frage der Wirtschaftlichkeit im Wirtschaftsprüfungswesen. Diss. Frankfurt/M 1964

Richter, Horst (Versicherungsunternehmen 1983): Art. Versicherungsunternehmen, Prüfung der. HWRev. Stuttgart 1983, Sp. 1668–1676

Richter, Martin (Prüfungsbereitschaft 1983): Art. Prüfungsbereitschaft. HWRev. Stuttgart 1983, Sp. 1163–1167

Richter, Martin (Sicherung 1975): Die Sicherung der aktienrechtlichen Publizität durch ein Aktienamt. Köln, Berlin, Bonn, München 1975

Richter, Martin (Umfang 1982): Umfang und zeitliche Struktur der Unterstützungsleistungen eines Unternehmens für eine gesetzlich vorgeschriebene Jahresabschlußprüfung. Diskussionsbeiträge, Fachbereich Wirtschaftswissenschaft der Universität des Saarlandes, Nr. A 8201, Saarbrücken 1982

Richter, Martin (Veranlassung 1978): Die Veranlassung von Prüfungen als Entscheidungsproblem. ZfbF 1978, S. 716–733

Riedlinger, Peter, s. *Bruse, Helmut*

Rieger, P. Heinz (Prüfung 1986): Die Prüfung des Jahresabschlusses nach Bilanzrichtlinien-Gesetz. Ludwigshafen 1986

Roberts, Donald M. (Auditing 1978): Statistical Auditing. New York 1978

Robertson, Jack C., s. *Blocher, Edward*

Röder, Alfons (Wohnungsunternehmen 1983): Art. Gemeinnützige Wohnungsunternehmen, Prüfung. HWRev. Stuttgart 1983, Sp. 449–454

Rogers, John, s. *Elliot, Robert K.*

Rose, Gerd (Außenprüfung 1983): Art. Außenprüfung, steuerliche. HWRev. Stuttgart 1983, Sp. 82–94

Rückle, Dieter (Diskussion 1980): Zur Diskussion um systemkonforme Prüfungsgrundsätze. BFuP 1980, S. 54–73

Rückle, Dieter (Grundsätze 1983): Art. Grundsätze ordnungsmäßiger Abschlußprüfung. HWRev. Stuttgart 1983, Sp. 554–571

Rückle, Dieter (Interessenausgleich 1975): Interessenausgleich und wirtschaftliche Aufgabenteilung bei der Entwicklung von Grundsätzen ordnungsmäßiger Abschlußprüfung. ZfbF 1975, S. 517–537

Rückle, Dieter (Prüfungswege 1978): Art. Prüfungswege. Treuhandwesen, hrsg. v. Karl Lechner. Wien 1978

Rusch, Horst (Verwendung 1985): Die Verwendung von Prüfungsergebnissen und Untersuchungen Dritter. Festschr. f. Klaus v. Wysocki, hrsg. v. Gerhard Gross, Düsseldorf 1985, S. 253–267

Russ, Wolfgang/Schmitz, Johannes (Saisonabhängigkeit 1982): Zur Saisonabhängigkeit von Wirtschaftsprüfungsunternehmen. Ergebnisse einer empirischen Untersuchung. WPg 1982, S. 149–159

Russ, Wolfgang, s. *Sieben, Günter*

Saage, Gustav (Geschäftsführungsprüfung 1983): Art. Geschäftsführungsprüfung. HWRev. Stuttgart 1983, Sp. 472–484

Sahner, Friedhelm, s. Klein, Werner

Sarkowski, Luzian (Prüfungsplan 1962): Der Prüfungsplan für die Prüfung des Geldverkehrs. WPg 1962, S. 141–147; abgedr. in: v. Wysocki/Hagest, Praxis 1976, S. 230–241

Sauer, Klaus-Peter (Fragebögen 1983): Art. Fragebögen als Prüfungshilfsmittel. HWRev. Stuttgart 1983, Sp. 437–442

Sauer, Otto M. (Richtsatz 1983): Art. Richtsatz- und Kennziffernprüfung. HWRev. Stuttgart 1983, Sp. 1305–1311

Schäfer, Wolfgang, s. Breycha, Ottokar

Schäuble, Wolfgang (Stellung 1971): Die berufsrechtliche Stellung der Wirtschaftsprüfer in Wirtschaftsprüfungsgesellschaften. Diss. Freiburg 1971

Schaich, Eberhard (Anwendung 1983): Die Anwendung von Stichproben bei Inventuren. Allgemeines Statistisches Archiv 1983, S. 274–285

Schaich, Eberhard/Ungerer, Albrecht (Stichprobeninventuren 1979): Stichprobeninventuren in methodisch-statistischer Betrachtung. WPg 1979, S. 653–664

Schedlbauer, Hans (Sonderprüfungen 1984): Sonderprüfungen. Ein Handbuch der gesetzlichen und freiwilligen aperiodischen Prüfungen. Stuttgart 1984

Schemmann, Michael (Qualitätskontrolle 1978): Qualitätskontrolle im amerikanischen Berufsstand -„AICPA Division of Firms". WPg 1978, S. 425–427

Scherhag, W., s. Appelhoff, H.-W.

Scherrer, Gerhard (Neufassung 1977): Die Neufassung der Grundsätze ordnungsmäßiger Durchführung von Abschlußprüfungen. Eine kritische Stellungnahme. DB 1977, S. 1325–1330

Schettler, Klaus (Planung 1971): Planung der Jahresabschlußprüfung - Ein Beitrag zur Theorie der Prüfung. Wiesbaden 1971

Scheuch, Erwin K. (Skalierungsverfahren 1962): Skalierungsverfahren in der Sozialforschung. HdB der Empirischen Sozialforschung, hrsg. v. René König, Bd. 1, Stuttgart 1962, S. 348–384

Schidrich, Herbert (Kapitalanlagegesellschaften 1983): Art. Kapitalanlagegesellschaften, Prüfung der. HWRev. Stuttgart 1983, Sp. 697–701

Schildbach, Thomas (Stichprobenprüfung 1983): Art. Stichprobenprüfung, Annahmestichprobe. HWRev. Stuttgart 1983, Sp. 1458–1467

Schmalenbach, Eugen (Selbstkostenrechnung 1934): Selbstkostenrechnung und Preispolitik. 6.Aufl., Leipzig 1934

Schmalenbach, Eugen, s. Mahlberg, Walter

Schmaltz, Kurt, s. Adler, Hans

Schmidle, Lothar, s. v. Wysocki, Klaus

Schmidt, Andreas, s. Weiss, Heinz-Jürgen

Schmidt, Fritz, s. Mahlberg, Walter

Schmidt, Kurt (Berufsrecht 1978): Art. Das Berufsrecht der Wirtschaftstreuhänder. Treuhandwesen, hrsg. v. Karl Lechner. Wien 1978, S. 591–622

Schmidt, Peter (Berufsbild 1987): Das Berufsbild des Verbandsprüfers. Verbandsrevision, hrsg. v. Lothar Faißt, Stuttgart 1987, S. 325–348

Schmitz, Johannes, s. *Russ, Wolfgang*

Schmitz, K.-J. (Stichprobenuntersuchungen 1982): Mathematisch-statistische Stichprobenuntersuchungen als Hilfsmittel der steuerlichen Betriebsprüfung. StBp 1982, S. 239–243

Schnapauff, Andreas (Fragebogen 1986): Fragebogen zur Prüfung des Anhangs nach § 264 Abs. 1, S. 1 HGB. WPg 1986, S. 555–566

Schneeweis, Lothar, s. *Frank, Gerold*

Schneider, Dieter, s. *Baetge, Jörg*

Schnettler, Albert (Betriebe 1956): Öffentliche Betriebe. Essen 1956

Schnettler, Albert (Betriebe 1964): Betriebe, öffentliche Haushalte und Staat. Berlin 1964

Schnettler, Albert (Betriebsvergleich 1961): Betriebsvergleich. 3.Aufl., Stuttgart 1961

Schoenfeld, Hanns M. (Wirtschaftsprüfung 1983): Art. Wirtschaftsprüfung in USA. HWRev. Stuttgart 1983, Sp. 1822–1832

Schöttler, Jürgen (Methoden 1979): Statistische Methoden zur Vereinfachung der Inventur. Ein Beitrag zur Anwendbarkeit der Stichprobeninventur nach deutschem Bilanzrecht. Thun, Frankfurt a.M. 1979

Scholz, Walter (Kreditinstitute 1983): Art. Kreditinstitute, Prüfung der. HWRev. Stuttgart 1983, Sp. 848–863

Schroeder, Dietrich (Erfahrungen 1983): Praktische Erfahrungen beim Einsatz von Prüfsoftware. WPg 1983, S. 82–85

Schröder, Johannes/Muuss, Harro (Handbuch ab 1980): Handbuch der steuerlichen Betriebsprüfung. Losebls., Berlin ab 1980

Schrörs, Wolfgang (Abschlußprüfer 1978): Der Abschlußprüfer als externer Berater. Zur Problematik einer Unternehmensberatung durch Wirtschaftsprüfer. Diss. Köln 1978

Schruff, Lothar (Bestätigungsvermerk 1986): Der neue Bestätigungsvermerk vor dem Hintergrund internationaler Entwicklungen. WPg 1986, S. 181–185

Schruff, Lothar (Wirtschaftsprüfer 1973): Der Wirtschaftsprüfer und seine Pflichtprüfungsmandate. Eine Marktuntersuchung. Düsseldorf 1973

Schruff, Lothar (Wirtschaftsprüfer 1983): Art. Wirtschaftsprüfer, Formen der Berufsausübung. HWRev. Stuttgart 1983, Sp. 1723–1733

Schruff, Lothar, s. *Gross, Gerhard*

Schult, Eberhard (Prüfungsplanung 1974): Optimale Prüfungsplanung mit Hilfe der Netzwerktheorie. WPg 1974, S. 309–314

Schulte, Elmar B. (Methoden 1970): Quantitative Methoden der Urteilsgewinnung bei Unternehmensprüfungen. Düsseldorf 1970

Schultzke, Jürgen (Arbeitspapiere 1983): Art. Arbeitspapiere. HWRev. Stuttgart 1983, Sp. 30–34

Schulze zur Wiesch, Dietrich W. (Grundsätze 1963): Grundsätze ordnungsmäßiger aktienrechtlicher Jahresabschlußprüfung. Düsseldorf 1963

Schulze-Osterloh, Joachim (Bestätigungsvermerk 1987): Der Bestätigungsvermerk bei freiwilligen Abschlußprüfungen kleiner Kapitalgesellschaften. ZfB-Ergänzungsheft 1/1987, S. 355–364

Schulze-Osterloh, Joachim (Funktion 1976): Zur öffentlichen Funktion des Abschlußprüfers. ZGR 1976, S. 411–434

Schulze-Osterloh, Joachim (Jahresabschluß 1986): Jahresabschluß, Abschlußprüfung und Publizität der Kapitalgesellschaften nach dem Bilanzrichtlinien-Gesetz. ZHR 1986, S. 532–569

Schulze-Osterloh, Joachim (Stellung 1977): Stellung und Unabhängigkeit des Wirtschaftsprüfers. Wirtschaftsprüfung heute: Entwicklung oder Reform?. Ein Bochumer Symposion, hrsg. v. Walther Busse von Colbe u. Marcus Lutter. Wiesbaden 1977, S. 92–119

Schulze-Osterloh, Joachim (Umfang 1985): Zum Umfang der Berichtspflicht des Abschlußprüfers. Festschr. für Klaus v. Wysocki, hrsg. v. Gerhard Gross. Düsseldorf 1985, S. 239–251

Schulze-Osterloh, Joachim, s. v. Wysocki, Klaus

von Schweinitz, Wolf B. (Rechtsberatung 1975): Rechtsberatung durch Juristen und Nichtjuristen, insbesondere durch Wirtschaftsprüfer. Berlin 1975

Graf v. Schwerin, Fritz/Breycha, Ottokar (Wirtschaftsprüfung 1983): Art. Wirtschaftsprüfung in Schweden. HWRev. Stuttgart 1983, Sp. 1800–1804

Seicht, Gerhard (Ermittlung 1965): Die Ermittlung des optimalen Einsatzes von Revisionsassistenten mit Hilfe der Matrizenrechnung. WPg 1965, S. 90–92

Seicht, Gerhard (Prüfung 1983): Art. Formelle und materielle Prüfung. HWRev. Stuttgart 1983, Sp. 417–421

Seicht, Gerhard, Hrsg. (Management 1981): Management und Kontrolle. Festgabe für Erich Loitlsberger zum 60. Geburtstag. Berlin 1981

Selchert, Friedrich W. (Absatz 1971): Der Absatz im Wirtschaftsprüfungsbetrieb. Die Unternehmung 1971, S. 1–15

Selchert, Friedrich W. (Begriff 1978): Begriff und Prozeß betriebswirtschaftlicher Prüfungen. ZfbF 1978, S. 125–145

Selchert, Friedrich W. (Diskussion 1972): Zur Diskussion um das Erkenntnisobjekt des betriebswirtschaftlichen Prüfungswesens. WiSt 1972, S. 103–107

Selchert, Friedrich W. (Genossenschaftsprüfung 1983): Art. Genossenschaftsprüfung. HWRev. Stuttgart 1983, Sp. 454–467

Selchert, Friedrich W. (Jahresabschlußprüfung 1979): Aktienrechtliche Jahresabschlußprüfung. Durchführung und Probleme. Wiesbaden 1979

Selchert, Friedrich W. (Prüfungen 1977): Prüfungen anläßlich der Gründung, Umwandlung, Fusion und Beendigung von Unternehmungen. Düsseldorf 1977

Sieben, Günter/Bretzke, Wolf-Rüdiger (Frage 1972): Zur Frage der Automatisierbarkeit von Beurteilungsprozessen bei der Jahresabschlußprüfung. WPg 1972, S. 321–328

Sieben, Günter/Bretzke, Wolf-Rüdiger (Prüfung 1975): Art. Prüfung, Theorie der. HdB. Stuttgart 1975, Sp. 3269–3278

Sieben, Günter/Bretzke, Wolf-Rüdiger (Typologie 1973): Zur Typologie betriebswirtschaftlicher Prüfungssysteme. BFuP 1973, S. 625–630

Sieben, Günter/Hunger, Joe R. (Berufsnachwuchs 1979): Der akademische Berufsnachwuchs und die Anforderungen der Wirtschaftsprüfer. Ergebnisse einer Umfrage. WPg 1979, S. 221–234

Sieben, Günter/Ossadnik, Wolfgang/Russ, Wolfgang (Organisation 1983): Art. Organisation von Wirtschaftsprüfungsunternehmen. HWRev. Stuttgart 1983, Sp. 1011–1020

Sieben, Günter/Ossadnik, Wolfgang/Russ, Wolfgang (Unabhängigkeit 1983): Art. Unabhängigkeit und Unbefangenheit. HWRev. Stuttgart 1983, Sp. 1587–1600

Sieben, Günter, s. *Busse von Colbe, Walther*

Siebert, Wolfgang (Treuhandverhältnis 1933): Das rechtsgeschäftliche Treuhandverhältnis. Marburg 1933 (Neudruck 1959)

Sigl, Hans, s. *Baier, Willi*

Sigloch, Jochen (Verschwiegenheit 1983): Art. Verschwiegenheit. HWRev. Stuttgart 1983, Sp. 1663–1668

Sigloch, Jochen, (Gewissenhaftigkeit 1983): Art. Gewissenhaftigkeit. HWRev. Stuttgart 1983, Sp. 514–519

Sorensen, James E. (Analysis 1969): Bayesian Analysis in Auditing. The Accounting Review, July 1969, S. 555–561

Sperl, Andreas (Prüfungsplanung 1978): Prüfungsplanung. Düsseldorf 1978

Spieth, Eberhard (Bedeutung 1968): Zur Bedeutung der Grundsätze ordnungsmäßiger Abschlußprüfung. Wirtschaftsprüfer im Dienst der Wirtschaft, Festschr. f. Ernst Knorr, hrsg. v. Erwin Pougin u. Klaus v. Wysocki, Düsseldorf 1968, S. 141–168

Spieth, Eberhard (Bedeutung 1970): Zur Bedeutung der Grundsätze ordnungsmäßiger Abschlußprüfung. WPg 1970, S. 410–421; abgedr. in v. Wysocki/Hagest, Praxis 1976, S. 8–27

Spieth, Eberhard (Revision 1980): Interne Revision und Wirtschaftsprüfung. Wirtschaftsprüfung und Wirtschaftsrecht, Beiträge zum 750jährigen Bestehen der Treuhand-Vereinigung Aktiengesellschaft. Stuttgart 1980, S. 253–271

Spieth, Eberhard/Krumb, Dieter (Depotprüfung 1975): Die Depotprüfung. Stuttgart 1975

Spieth, Eberhard/Wundram, Robert (Fortentwicklung 1973): Zur Fortentwicklung der Grundsätze ordnungsmäßiger Durchführung von Abschlußprüfungen im Fachgutachten 1/1977 des Instituts der Wirtschaftsprüfer in Deutschland e.V. WPg 1978, S. 125–141

Stamp, Edward/Moonitz, Maurice (Auditing 1978): International Auditing Standards. London 1978

Stange, Kurt (Bayes-Verfahren 1977): Bayes-Verfahren. Berlin, New York 1977

Stangner, Karl-Heinz, s. *Knoblauch, Peter*

Steinecke, Volkmar (Einsatz 1978): Einsatz von Stichprobenverfahren bei Inventur und Revision. ZfbF-Kontaktstudium 1978, S. 71–79

Stenger, Horst (Stichprobentheorie 1971): Stichprobentheorie. Würzburg/Wien 1971

Steskal, Hans L. (Prüfungsrichtlinien 1983): Art. Prüfungsrichtlinien. HWRev. Stuttgart 1983, Sp. 1193–1198

Stratmann, Benno (Flowcharts 1983): Art. Flowcharts. HWRev. Stuttgart 1983, Sp. 378–393

Strawser, Robert H., s. *Hubbard, Thomas D.*

Streitferdt, Lothar, s. *Küpper, Willi*

Strobel, Wilhelm (Bedeutung 1973): Die Bedeutung mathematischer Stichprobenanalysen für die Praxis von Jahresabschlußprüfungen. WPg 1973, S. 485–491

Strobel, Wilhelm (EG-Prüferrichtlinie 1984): Die neue EG-Prüferrichtlinie und ihre berufsständische Bedeutung. BB 1984, S. 951–961

Strobel, Wilhelm (Weg 1986): Der neue Weg zur Abschlußprüfung mit der neuen Prüferverordnung zum Bilanzrichtlinien-Gesetz. Der Steuerberater 1986, Heft 5, S. 109–132

Strobel, Wilhelm/Sturm, Gernot (Bestimmung 1974): Die Bestimmung eines Konfidenzbereiches bei der stichprobenanalytischen Schätzung von Anteilsziffern für Kontrollzwecke. ZfbF 1974, S. 27–46

Stupka, Johannes (Genossenschaftsprüfung 1958): Art. Genossenschaftsprüfung (-revision). HdB. Bd. 2, 3. Aufl., Stuttgart 1958, Sp. 2210–2216

Stupka, Johannes (Genossenschaftsverbände 1958): Art. Genossenschaftsverbände. HdB. Stuttgart 1958, Sp. 2216–2220

Stupka, Johannes (Objekte 1962): Objekte und Leistungen der genossenschaftlichen Verbandsprüfung. Tübingen 1962

Sturm, Gernot, s. *Strobel, Wilhelm*

Supper, Roland (Organisationsprüfung 1987): Organisationsprüfung. Verbandsrevision, hrsg. v. Lothar Faißt, Stuttgart 1987, S. 238–254

Szyperski, Norbert (Problematik 1962): Zur Problematik der quantitativen Terminologie in der Betriebswirtschaftslehre. Berlin 1962

Takatsch, Helmut (Prüfung 1987): Prüfung der elektronischen Datenverarbeitung. Verbandsrevision, hrsg. v. Lothar Faißt, Stuttgart 1987, S. 255–273

Teckemeyer, Helmuth (Wirtschaftsprüfer 1986): Wirtschaftsprüfer-Examen, vereidigter Buchprüfer-Examen, Anerkennung von Wirtschaftsprüfungsgesellschaften – gestern und heute. WPg 1986, S. 650–659

Theisen, Manuel R. (Überwachung 1987): Überwachung der Unternehmungsführung. Betriebswirtschaftliche Ansätze zur Entwicklung erster Grundsätze ordnungsmäßiger Überwachung. Stuttgart 1987

Thoma, Hans, s. *Vohburger, Ferdinand*

Thümmel, Manfred (Bedeutung 1984): Die unterschiedliche Bedeutung des Begriffs „Unabhängigkeit" im Rahmen prüfender und beratender Tätigkeit sowie ihre Auswirkung auf Inhalt und Aussagekraft von Testat und Bescheinigungen. Anlage zum WPK-Mitteilungsblatt Nr. 112 vom 19. Sept. 1984

Thümmel, Manfred (Fragen 1983): Berufsrechtliche Fragen der Abschlußprüfung nach dem Entwurf eines Bilanzrichtlinie-Gesetzes. WPg 1983, S. 625–629

Thümmel, Manfred (Gebührenwesen 1983): Art. Gebührenwesen bei externen Revisionen. HWRev. Stuttgart 1983, Sp. 443–449

Thümmel, Manfred (Gebühren-Berater 1972): Düsseldorfer Gebühren-Berater für Steuerberatung, Prüfung und Treuhandwesen. Düsseldorf 1972

Thümmel, Manfred (Kundmachung 1983): Art. Kundmachung und Auftragsschutz. HWRev. Stuttgart 1983, Sp. 882–886

Thümmel, Manfred (Partnerschaft 1971): Die Partnerschaft – eine neue Gesellschaftsform für Freiberufler. WPg 1971, S. 399–400

Thümmel, Manfred (Verhalten 1983): Art. Berufswürdiges Verhalten. HWRev. Stuttgart 1983, Sp. 120–125

Thümmel, Manfred (Werbung 1960): Werbung und Wettbewerb der wirtschaftsprüfenden sowie steuerberatenden Berufe. Eine kritische Würdigung zur Sach- und Rechtslage. Diss. Köln 1960

Tracy, John A. (Intervals 1969): Bayesian Statistical Confidence Intervals for Auditors. JoA July 1969, S.41–47

Tracy, John A. (Methods 1969): Bayesian Statistical Methods in Auditing. The Accounting Review, Jan 1969, S. 90–98

Treuarbeit AG (Turnusdenkschrift 1975): Turnusdenkschrift, unveröff. Manusskript, Frankfurt 1961, i.d.F. von 1975

Uhlenbruck, Wilhelm (Insolvenzrecht 1979): Insolvenzrecht. Baden-Baden 1979

Uhlig, Bernhard (Anwendung 1987): Anwendung stichprobengestützter Prüfungsmethoden bei der Jahresabschlußprüfung – Zum Entwurf einer Verlautbarung des Hauptfachausschusses. WPg 1987, S. 228–290

Uhlig, Bernhard (Stichprobenverfahren 1980): Zu „Stichprobenverfahren für die Vorratsinventur im Jahresabschluß". WPg 1980, S. 25–27

Uhlir, Helmut (Strukturanalyse 1974): Strukturanalyse der Wirtschaftsprüfungs- und Steuerberatungsbetriebe. Empirische Untersuchungen in Österreich, der BRD und Großbritannien. Berlin 1974

Ungerer, Albrecht, s. Schaich, Eberhard

Union Européenne des Experts Comptables Economiques et Financiers (Berufsausübung 1983): Rahmen-Berufsgrundsätze für Wirtschaftsprüfer, Nr. 3: Sachgerechte Berufsausübung. 1983

Union Européenne des Experts Comptables Economiques et Financiers (Beziehungen 1983): Rahmen-Berufsgrundsätze für Wirtschaftsprüfer, Nr. 5: Beziehungen zu Kollegen. 1983

Union Européenne des Experts Comptables Economiques et Financiers (Empfehlung 1978): UEC-Empfehlung Nr. 2: Die Verwendung der Arbeit eines anderen Abschlußprüfers. FN 1978, S. 261–263

Union Européenne des Experts Comptables Economiques et Financiers (Empfehlung 1979): UEC-Empfehlung Nr. 6: Gewährleistung und Verbesserung der Prüferqualität (Quality Control). Journal UEC, Beilage zu Heft 3, 1979 oder WPg 1979, S. 479–480

Union Européenne des Experts Comptables Economiques et Financiers (Grundregeln 1984): Rahmen-Berufsgrundsätze Nr. 7: Grundregeln für Accountants, die weder freiberuflich tätig noch in einer freiberuflichen Praxis beschäftigt sind. 1984

Union Européenne des Experts Comptables Economiques et Financiers (Kundmachung 1980): Rahmen-Berufsgrundsätze für Wirtschaftsprüfer, Nr. 2: Kundmachung. 1980

Union Européenne des Experts Comptables Economiques et Financiers (Mandantengelder 1984): Rahmen-Berufsgrundsätze für Wirtschaftsprüfer, Nr. 6: Mandantengelder. 1984

Union Européenne des Experts Comptables Economiques et Financiers (Prüfung 1973): Die Prüfung des Jahresabschlusses. 3.Aufl., Düsseldorf 1973

Union Européenne des Experts Comptables Economiques et Financiers (Rahmen-Berufsgrundsätze 1977): Rahmen-Berufsgrundsätze für Wirtschaftsprüfer 1977

Union Européenne des Experts Comptables Economiques et Financiers (Unabhängigkeit 1979): Rahmen-Berufsgrundsätze für Wirtschaftsprüfer, Nr. 1: Unabhängigkeit. 1979

Union Européenne des Experts Comptables Economiques et Financiers (Verschwiegenheit 1983): Rahmen-Berufsgrundsätze für Wirtschaftsprüfer, Nr. 4: Verschwiegenheit. 1983

Union Européenne des Experts Comptables Economiques et Financiers (Vorschlag 1986): Vorschlag einer UEC-Empfehlung zur Abschlußprüfung, Nr. 20: Besondere Überlegungen zur Prüfung des Konzernabschlusses. WPg 1986, S. 425–428

Union Européenne des Experts Comptables Economiques et Financiers (Wirtschaftsprüfer-Verband 1977): Europäischer Wirtschaftsprüfer-Verband. Journal UEC 1977, S. 170

US-Department of Air Force, Hrsg. (Audit 1961): Audit General, Tables of Probabilities for Use in Stop and Go Sampling, o.O., 1961

Vance, Lawrence/Neter, John (Sampling 1956): Statistical Sampling for Auditors and Accountants. New York, London 1956

Vance, Lawrence/Neter, John (Sampling 1961): Statistical Sampling for Auditors and Accountants. 2. Aufl., New York, London 1961

Vodrazka, Karl (Unterscheidung 1981): Ist die Unterscheidung zwischen formeller und materieller Prüfung noch aktuell?. Management und Kontrolle. Festschr. f. Erich Loitlsberger, hrsg. v. Gerhard Seicht. Berlin 1981, S. 97–117

Vohburger, Ferdinand/Thoma, Hans (Schlußbesprechung 1983): Art. Schlußbesprechung bei Revisionen. HWRev. Stuttgart 1983, Sp. 1381–1387

Volkeri, Friedrich, s. *Lück, Wolfgang*

Voß, Heinrich (Sonderprüfung 1969): Die Sonderprüfung wegen unzulässiger Unterbewertung gemäß §§ 258 ff. AktG. Festschr. f. Hans Münstermann, hrsg. v. Walther Busse von Colbe u. Günter Sieben. Wiesbaden 1969, S. 443–475

Wald, Abraham (Analysis 1947): Sequential Analysis. New York, London 1947

Wald, Abraham (Analysis 1966): Sequential Analysis. 8. Aufl., New York, London, Sydney 1966

Wanik, Otto (Kontrollsystem 1983): Art. Internes Kontrollsystem, Prüfung. HWRev. Stuttgart 1983, Sp. 642–655

Weber, Claus-Peter, s. *Küting, Karl-Heinz*

Weber, Jürgen (Aufgaben 1987): Aufgaben und Grundlagen der Verbandsrevision. Verbandsrevision, hrsg. v. Lothar Faißt, Stuttgart 1987, S. 45–99

Weber, Jürgen (Ausblick 1987): Ausblick auf entstehende Neuerungen im Rechnungswesen und bei der Prüfung von Jahresabschlüssen der Sparkassen. Verbandsrevision, hrsg. v. Lothar Faißt, Stuttgart 1987, S. 349–353

Weber, Karl (Anwendungsmöglichkeiten 1972): Anwendungsmöglichkeiten des Theorems von Bayes bei Buchprüfungen. ZfbF 1972, S. 91–115

Weinreich, Jürgen, s. Buchner, Robert

Weinrich, Günter (Stichprobenverfahren 1979): Stichprobenverfahren bei Saldenbestätigungen. BBK Nr. 6 v. 17.3.1979, S. 229–236

Weirich, Siegfried (Ermittlung 1965): Zur Ermittlung des optimalen Einsatzes von Revisionsassistenten mit Hilfe von Verfahrensmethoden der Unternehmensforschung. WPg 1965, S. 93–96

Weirich, Siegfried (Konzernprüfungsbericht 1987): Konzernprüfungsbericht nach dem Bilanzrichtlinien-Gesetz. Bilanz- und Konzernrecht. Festschrift für Reinhard Goerdeler, hrsg. v. Hans Havermann, Düsseldorf 1987, S. 649–675

Weiss, Heinz-Jürgen/Schmidt, Andreas (Anmerkungen 1987): Anmerkungen zur Zulässigkeit des Sequentialtests als Verfahren der Werkstätteninventur. DB 1987, S. 2006–2007

Westrick, Peter (Abschlußprüfung 1963): Abschlußprüfung und Abschlußprüfer nach geltendem und zukünftigem Recht. Heidelberg 1963

Wetzel, Wolfgang (Grundausbildung 1973): Statistische Grundausbildung für Wirtschaftswissenschaftler. Bd. II, Schließende Statistik. Berlin, New York 1973

Wetzel, Wolfgang/Jöhnk, Max-Detlev/Naeve, Peter (Tabellen 1967): Statistische Tabellen. Berlin 1967

Wiedemann, Herbert (Aktienamt 1968): Warum kein Aktienamt in Deutschland?. FAZ vom 26.3.1968, S. 14

Wirth, Volker (Prüfung 1987): Prüfung des Kreditgeschäfts. Verbandsrevision, hrsg. v. Lothar Faißt, Stuttgart 1987, S. 174–211

Wirtschaftsprüferkammer (Richtlinien 1977): Richtlinien für die Berufsausübung der Wirtschaftsprüfer und vereidigten Buchprüfer. Festgestellt von der Wirtschaftsprüferkammer (Stand: 1. Dezember 1977). Düsseldorf 1977

Wirtschaftsprüferkammer (Richtlinien 1987): Richtlinien für die Berufsausübung der Wirtschaftsprüfer und vereidigten Buchprüfer – Berufsrichtlinien. Festgestellt von der Wirtschaftsprüferkammer (Stand: 12.März 1987). Düsseldorf 1987

Wirtschaftsprüferkammer, Hrsg. (Entscheidungen 1978): Berufsgerichtliche Entscheidungen sowie Rügen in Wirtschaftsprüfersachen. Bd. I, November 1961 bis Februar 1978. Düsseldorf 1978

Wirtschaftsprüferkammer, Hrsg. (Mitteilungsblatt 114/1985): Mitteilungsblatt der Wirtschaftsprüferkammer Nr. 114, 1985

Wirtschaftsprüferkammer, Hrsg. (Mitteilungsblatt 117/1987): Mitteilungsblatt der Wirtschaftsprüferkammer Nr. 117, 1987

Wirtschaftsprüferkammer, s. auch IdW

Witte, Eberhard (Wirtschaftsprüfer 1985): Der Wirtschaftsprüfer als empirischer Forscher. Festschr. f. Klaus v. Wysocki, hrsg. v. Gerhard Gross. Düsseldorf 1985, S. 177–186

Wittkowski, Klaus/Wittkowski, Marion (Prüfungstechnik 1987): Prüfungstechnik des Betriebsprüfers. Herne 1987

Wittmann, Waldemar, s. *Grochla, Erwin*

Wöhe, Günter (Probleme 1979): Probleme des Treuhandwesens aus betriebswirtschaftlicher und steuerrechtlicher Sicht. Steuerkongreß-Report 1979. München 1979, S. 301–357

Wörtmann, Konrad (Strukturprobleme 1971): Struktur- und Kompetenzprobleme der Revisionsstellen. ZIR 1971, S. 177–182

Wohlgemuth, Michael, s. *v. Wysocki, Klaus*

Wulf, Karl (Planung 1959): Die Planung des Jahresabschlusses am Beispiel einer Fertigungs-Aktiengesellschaft mittlerer Größe. WPg 1959, S. 509–531; abgedr. in v. Wysocki/Hagest, Praxis 1976, S. 128–158

Wundram, Robert, s. *Spieth, Eberhard*

v. Wysocki, Klaus (Auswahl 1986): Auswahl von Prüfelementen bei der Jahresabschlußprüfung. Der Schweizer Treuhänder 1986, S. 391–396

v. Wysocki, Klaus (Bedeutung 1968): Die Bedeutung des betriebswirtschaftlichen Hochschulstudiums im Rahmen der Ausbildung zum Wirtschaftsprüfer. Festschr. f. Ernst Knorr, hrsg. v. Erwin Pougin u. Klaus v. Wysocki. Düsseldorf 1968, S. 391–411

v. Wysocki, Klaus (Bestimmung 1981): Zur Bestimmung der Vertrauensgrenzen bei der Anteilswertprüfung mit Hilfe mathematisch-statistischer Stichprobenverfahren. ZfbF 1981, S. 333–351

v. Wysocki, Klaus (Betriebswirtschaftslehre 1966): Betriebswirtschaftslehre und Staat. ZfbF 1966, S. 198–219

v. Wysocki, Klaus (Einzelfragen 1980): Einzelfragen zur Verwendung gebundener Schätzverfahren bei der Stichproben-Inventur. WPg 1980, S. 28–33

v. Wysocki, Klaus (Finanzierungshilfen 1961): Öffentliche Finanzierungshilfen. Forschungsberichte des Landes Nordrhein-Westfalen, Nr. 946, Köln und Opladen 1961

v. Wysocki, Klaus (Grundlagen 1967): Grundlagen des betriebswirtschaftlichen Prüfungswesens. 1. Aufl., Berlin, Frankfurt 1967, unveränderter Nachdruck 1974

v. Wysocki, Klaus (Grundlagen 1977): Grundlagen des betriebswirtschaftlichen Prüfungswesens. 2. Aufl., München 1977

v. Wysocki, Klaus (Grundsätze 1977): Grundsätze ordnungsmäßiger Bilanzierung und Prüfung. Wirtschaftsprüfung heute: Entwicklung oder Reform?, hrsg. v. Walther Busse von Colbe u. Marcus Lutter, Wiesbaden 1977, S. 175–183

v. Wysocki, Klaus (Kontrolle 1969): Kontrolle durch Kollegen. Der Volkswirt 1969, Heft 16, S. 47–48

v. Wysocki, Klaus (Prüfungstheorie 1983): Art. Prüfungstheorie, meßtheoretischer Ansatz. HWRev. Stuttgart 1983, Sp. 1210–1222

v. Wysocki, Klaus (Prüfungswesen 1972): Betriebswirtschaftliches Prüfungswesen. Prüfungsordnungen und Prüfungsorgane. München 1972

v. Wysocki, Klaus (Soll-Ist-Vergleich 1983): Art. Soll-Ist-Vergleich bei der Revision. HWRev. Stuttgart 1983. Sp. 1402–1411 *v. Wysocki, Klaus* (Tendenzen 1980): Neuere Tendenzen in der Lehre der betriebswirtschaftlichen Prüfung. Der Schweizer Treuhänder, Heft 3/ 1980, S. 4–9

v. Wysocki, Klaus (Verwendung 1975): Zur Verwendung von Nomogrammen bei der Auswertung von Zufallsstichproben. WPg 1975, S. 484–499

v. Wysocki, Klaus (Wirtschaftlichkeit 1983): Art. Wirtschaftlichkeit von Prüfungen. HWRev. Stuttgart 1983, Sp. 1707–1715

v. Wysocki, Klaus (Überlegungen 1981): Überlegungen zu den Grundsätzen ordnungsmäßiger Stichproben-Inventur. Management und Kontrolle. Festgabe für Erich Loitlsberger, hrsg. v. Gerhard Seicht. Berlin 1981, S. 273–292

v. Wysocki, Klaus/Brand, Hans (Wirtschaftsprüfung 1982): Art. Wirtschaftsprüfung und Wirtschaftsprüfungswesen. HdWW. Bd. 9, Stuttgart, New York, Tübingen, Göttingen 1982, S. 206–238

v. Wysocki, Klaus/Coenenberg, Adolf G., Hrsg. (HWRev 1983): Handwörterbuch der Revision. Stuttgart 1983

v. Wysocki, Klaus/Hagest, Joachim, Hrsg. (Praxis 1976): Die Praxis des Prüfungswesens. München 1976

v. Wysocki, Klaus/Keifer, Rüdiger/Gross, Gerhard/Jäger, Werner/Haas, Helmut (Berichterstattung 1971): Die Berichterstattung deutscher Aktiengesellschaften über die Bewertungs- und Abschreibungsmethoden gem. § 160 Abs. 2 AktG. ZfbF 1971, S. 308–334

v. Wysocki, Klaus/Schmidle, Lothar (Verwendung 1979): Die Verwendung gebundener Schätzverfahren bei der Stichprobeninventur. WPg 1979, S. 417–432

v. Wysocki, Klaus/Schulze-Osterloh, Joachim, beratende Hrsg. (HdJE): Handbuch des Jahresabschlusses in Einzeldarstellungen. Loseblattsammlung, Köln ab 1985

v. Wysocki, Klaus/Wohlgemuth, Michael (Konzernrechnungslegung 1986): Konzernrechnungslegung. 3., auf der Grundlage des Bilanzrichtlinien-Gesetzes neubearbeitet Aufl., Düsseldorf 1986

v. Wysocki, Klaus, s. *Gross, Gerhard*

v. Wysocki, Klaus, s. *Pougin, Erwin*

v. Wysocki, Klaus (Festschrift), s. *Gross, Gerhard* (Hrsg.)

Zepf, Günter, s. *Minz, Günter*

Zimmerer, Carl (Organe 1966): Die Organe der Aktiengesellschaft und die Stellung des Wirtschaftsprüfers. Neue Betriebswirtschaft 1966, S. 44–49

Zimmermann, Erhard (Theorie 1954): Theorie und Praxis der Prüfungen im Betriebe, Essen 1954

Zimmermann, Hans-Jürgen (Stichprobenprüfung 1983): Art. Stichprobenprüfung, Schätzstichprobe. HWRev. Stuttgart 1983, Sp. 1487–1495

Zirwas, Reinhold/Buchholz, Paul (Prüfungswesen 1938): Das genossenschaftliche Prüfungswesen, Berlin 1938

Zoller, Martin (Prüfung 1987): Prüfung des Jahresabschlusses. Verbandsrevision, hrsg. v. Lothar Faißt, Stuttgart 1987, S. 101–173

Zünd, Andrè (Konzernrevision 1983): Art. Konzernrevision. HWRev. Stuttgart 1983, Sp. 792–799

Zünd, Andrè (Kontrolle 1973): Kontrolle und Revision in der Multinationalen Unternehmung. Die Überwachung als Führungsmittel internationaler Konzerne. Bern, Stuttgart 1973

Zünd, Andrè (Revisionslehre 1982): Revisionslehre. Zürich 1982

Stichwortverzeichnis

Im Urteil der Medien:

„… ein umfassendes Werk von inhaltlicher und didaktischer Brillanz"
BR Michael Rutz im Bayerischen Rundfunk

„Eine Konzeption für hohe Ansprüche, praktisch eine 'Wirtschaftsdatenbank'"
(V) Fuchs-Brief Nr. XL/98, vom 19. 3. 1987

„… kann sich mit Recht 'Großes Wirtschaftslexikon' nennen".
Georg Giersberg in **Frankfurter Allgemeine** vom 12. 3. 1987

„… ein Produkt… bei dem nicht nur das Preis/Leistungsverhältnis stimmt, sondern das darüber hinaus die längst erforderliche Hilfestellung bei der täglichen Arbeit in Wirtschaftspraxis und -wissenschaft bietet."
Dr. Manuel R. Theisen in **DER BETRIEB**

„… ein schnörkelloses Werk…, das sich nicht in theoretischen Labyrinthen verliert, sondern in aller Kürze die nötigen Informationen zu Spezialfächern und Nebendisziplinen der Wirtschaftswissenschaft bereithält." **Wirtschafts Woche**

Vahlens Großes Wirtschaftslexikon
1987. 2 Bände in Kassette.
Band 1: XXII, 1126 Seiten.
Band 2: XXII, 1038 Seiten.
In Leinen DM 350,–
ISBN 3-8006-1142-2

**Verlage C.H.Beck/
Vahlen München**